栖霞年鉴

QIXIA YEARBOOK

南京市栖霞区人民政府 主办

南京市栖霞区地方志编纂委员会办公室 承编

2017

杨轶绘

千古一帝秦始皇统一中国后，废封建，立郡县，在南京地区首置江乘县，其治所就在现栖霞区西岗街道。始皇三十七年（公元前210），秦始皇第五次东巡，返程时经江乘石埠桥古渡口北上。如今栖霞山凤翔峰有"始皇临江处"以记其事

方志出版社
Publishing House of Local Records

图书在版编目（CIP）数据

栖霞年鉴. 2017 / 南京市栖霞区地方志编纂委员会办公室编. —北京：方志出版社，2017. 12

ISBN 978-7-5144-2820-9

Ⅰ. ①栖… Ⅱ. ①南… Ⅲ. ①区（城市）—南京—2017—年鉴 Ⅳ. ①Z525.33

中国版本图书馆CIP数据核字（2017）第308382号

栖霞年鉴（2017）

编　　者： 南京市栖霞区地方志编纂委员会办公室

责任编辑： 张　颢

出 版 人： 冀祥德

出 版 者： 方 志 出 版 社

地址　北京市朝阳区潘家园东里9号（国家方志馆4层）

邮编　100021

网址　http://www.fzph.org

发　　行： 方志出版社发行中心

电话（010）67110500

经　　销： 各地新华书店

印　　刷： 南京顺和印刷有限责任公司

开　　本： 889×1194　　1/16

印　　张： 23.25

字　　数： 1003千字

版　　次： 2017年12月第1版　　2017年12月第1次印刷

印　　数： 0001～1200册

ISBN　978-7-5144-2820-9　　**定价：** 180.00元

栖霞年鉴

2017 QIXIA YEARBOOK

地址

南京市尧化门街189号

电话

025-85664155

传真

025-85664155

邮编

210046

电子信箱

qxqzb123@126.com

栖霞区档案局、地方志政务微博（南京栖霞档案－方志）

栖霞区档案局、地方志政务微信（南京栖霞档案方志）

栖霞区地方志编纂委员会

栖霞年鉴编辑部

各编纂单位主审人员名单

（按姓氏笔划顺序排列）

丁　彤	万安云	马　奎	王小峰	王春宝	王　勇
王瑞金	王燕江	仇金龙	仇雪生	方　坤	邓　伟
叶方林	史学经	付建龙	冯存国	冯宗雷	宁国信
朱从政	朱　红	朱　榕	乔云星	乔　强	刘莎莎
池建华	许晓燕	孙　伟	孙晓华	孙璐璐	李　宏
李学民	李　萍	杨兴兵	杨秀凤	吴学成	吴霞峰
汪金宝	沈　芸	沈　满	张大武	张青杰	张　瑶
陈珺珺	陈敬仁	欧阳慧珠	金　旭	金苏荣	周朱伟
周佳贤	周根宝	赵日团	胡春香	洪立军	姚树昌
徐兴东	秦声宁	袁百强	贾胜如	顾　磊	徐　震
章水云	梁　超	葛　兵	葛　铭	蒋　剑	雷诗华
翟朝阳	熊明高	黎祜彬	颜　康		

编辑说明

一、《栖霞年鉴》是由南京市栖霞区人民政府主办、栖霞区地方志编纂委员会办公室承编的年度资料性文献。坚持以马克思列宁主义、毛泽东思想、邓小平理论、“三个代表”重要思想和科学发展观为指导，贯彻落实习近平总书记系列重要讲话精神和治国理政新理念、新思想、新战略，坚持辩证唯物主义和历史唯物主义的立场、观点、方法，系统记述栖霞地区（含南京经济技术开发区、南京仙林大学城及驻区企事业单位）自然、政治、经济、文化和社会等方面的情况，为各级部门决策提供依据，为社会各界人士及海内外客商研究栖霞、投资置业，提供翔实、准确、权威的信息资料，为续修《栖霞区志》积累史料。

二、《栖霞年鉴（2017）》主要记述2016年栖霞区各项事业发展状况和最新成就。收录范围以地域为界，凡在栖霞区境域之内的单位、各行各业，不论其性质、隶属关系和级别，均在收录之列。为提高年鉴的时效性，对于事件主体发生在2016年度，但其相关内容延伸至2017年初的，予以跨年度记述。部分条目在记述时涉及2016年度前的情况，为方便查阅和了解事物的完整性，仍予简略记述。

三、《栖霞年鉴》基本结构分为“编目”“类目”“分目”“条目”，部分涉及面较广的“分目”增设“副分目”。2017年卷框架结构微有调整，设视觉栖霞、专文、重要文献、区情概览、大事记、机关团体、城市环境、南京仙林大学城、科技创新平台和管理、区域经济、南京经济技术开发区、公共服务、法治、街道、人物·荣誉录、综录16个编目。

四、《栖霞年鉴》从创刊号始而至今，一以贯之，坚持每期固定设置“视觉栖霞”“综录·栖霞掌故”“综录·往事钩沉”“综录·邑人档案”“专题彩页(魅力栖霞系列)”等栏目，以彰显地方特色、时代特色。

五、为减少层次，避免交叉重复，《栖霞年鉴》多数“编目”和“类目”下不设“综述”，仅在“分目”或“副分目”下设“概况”作为第一“条目”，以对部门、单位期内情况进行综合性或概括性记述。

六、为便于阅读，《栖霞年鉴》“编目”“类目”“分目”“副分目”“条目”标题以及相关链接、附表等使用不同字体、字号，配以不同符号，分色印刷。其中，“编目”标题下加横线，“类目”标题加网纹衬底，“副分目”标题前后加“·”符号，“条目”标题前加“◆”标记。凡需设“相关链接”的，在文中相关处加“*”符号标明。另在卷首设置机构(单位)简、全称对照表。

七、《栖霞年鉴(2017)》卷首有“总目录”“目录”，卷尾有“索引”，并附制光盘以方便检索。为便于涉外交流，年鉴“总目录”采取中英文对照，“目录”后有英文简目。

八、《栖霞年鉴(2017)》采用的稿件均由各街道、各部门、各直属单位以及驻区有关单位专人撰写，并经领导审阅，文中所用统计数据均经供稿单位审核，撰稿人随文署名，以示尊重其劳动成果并自负文责。“统计资料”由区统计局提供，凡因统计口径、方法、时间不同造成与条目中数据不一致时，均以区统计局资料为准。

栖霞区地图
长芦
南京化工学校
南京化学
扬子石化
雍庄立交
葛塘
大厂
南化集团
南化氮肥厂
瓜埠客运站
瓜埠山
国家地厂
滁河闸站管理处
红山窑
白庙
新
合
区
沿江高等级公路
楼子
渔樵
龙袍
江堤管理所
洲滩度假村
皇厂河渡口
通江集渡口
南京西坝码头有限公司
荣盛集团
玉带
长江二桥（北汊桥）
沙漠风情园
外沙
二八养殖场
坝村
八卦洲
下坝
八卦洲造船基地
东江
新闸
大同
八卦洲服务区
浩驰生态养殖公司
七里
长江二桥
南京钢铁集团
港池码头
洲头鱼嘴广场
长江四桥
惠宁码头有限公司
新生圩码头
小漓江生态园
石埠桥
市铅锌银矿
栖霞山风景区
栖霞山
栖霞寺
江南粉磨公司
摄山
扬子水泥公司
新生圩海关
华港酒店
乌龙山
乌龙山公园
龙山纪念林
金陵石化
寺星数码仙
二桥公园
熊猫电子工业园
金陵石化化肥厂
南京经济技术开发区
南炼公园
北象山
栖霞区医院
何家山
沪宁高速铁路
燕子矶公园
南京电气集团
金陵石化化工一厂
燕子矶
博西华电器
十月广场
南象山
基督教公墓
栖霞
幕府山－燕子矶风景区
柳塘立交
柳塘科技园
佳和日化
仙林站
大凹山
南京理工大学（紫金学院）
南京技师学院
南京工业职业技术学院（仙林校区）
南京邮电大学（仙林校区）
南京财经大学（仙林校区）
南京大学（仙林校区）
南京师范大学（仙林校区）
南京中医药大学（仙林校区）
仙林
栖霞区
仙林鼓楼医院
应天学院
市农科院
紫东创意园
南京农马场
麒麟铺社区
迈皋桥
红山
中车集团
尧化
栖霞区医院
新港医院
长江大桥
宝塔桥
幕府山
五塘广场
上元门
小市
红山动物园
南京站
南京火车站
中央门
长途汽车站
京沪铁路
钟山风景区
紫金山
中山陵
明孝陵
灵谷寺
紫金山天文台
徐庄软件园
钟山国际体育公园
汉庭连锁
马群
马群立交
马群广场
钟山学院
南京交通技师学院
麒麟
跨世纪物流
金陵制药厂
牛头山
麒麟科创园开发指挥部
青龙山
黄龙山
汤山林场余村管理区
五峰岭
半面山
狮子山
江
沪蓉高速公路
绕城高速公路
宁
麒麟科创园
青海营水区
白下科技园
名人岛度假村
宝善寺公墓
五百户立交
七桥瓮生态湿地公园
高桥门立交
玄武湖
鼓楼区
省政府
市政府
玄武区
南京大学
东南大学
金陵饭店
新街口
汉中门
上海路
秦淮区
大行宫
西安门
明故宫
孝陵卫
下马坊
钟灵街
莫愁湖
水西门
中华门
雨花台风景区
南双桥门立交
宁铜铁路

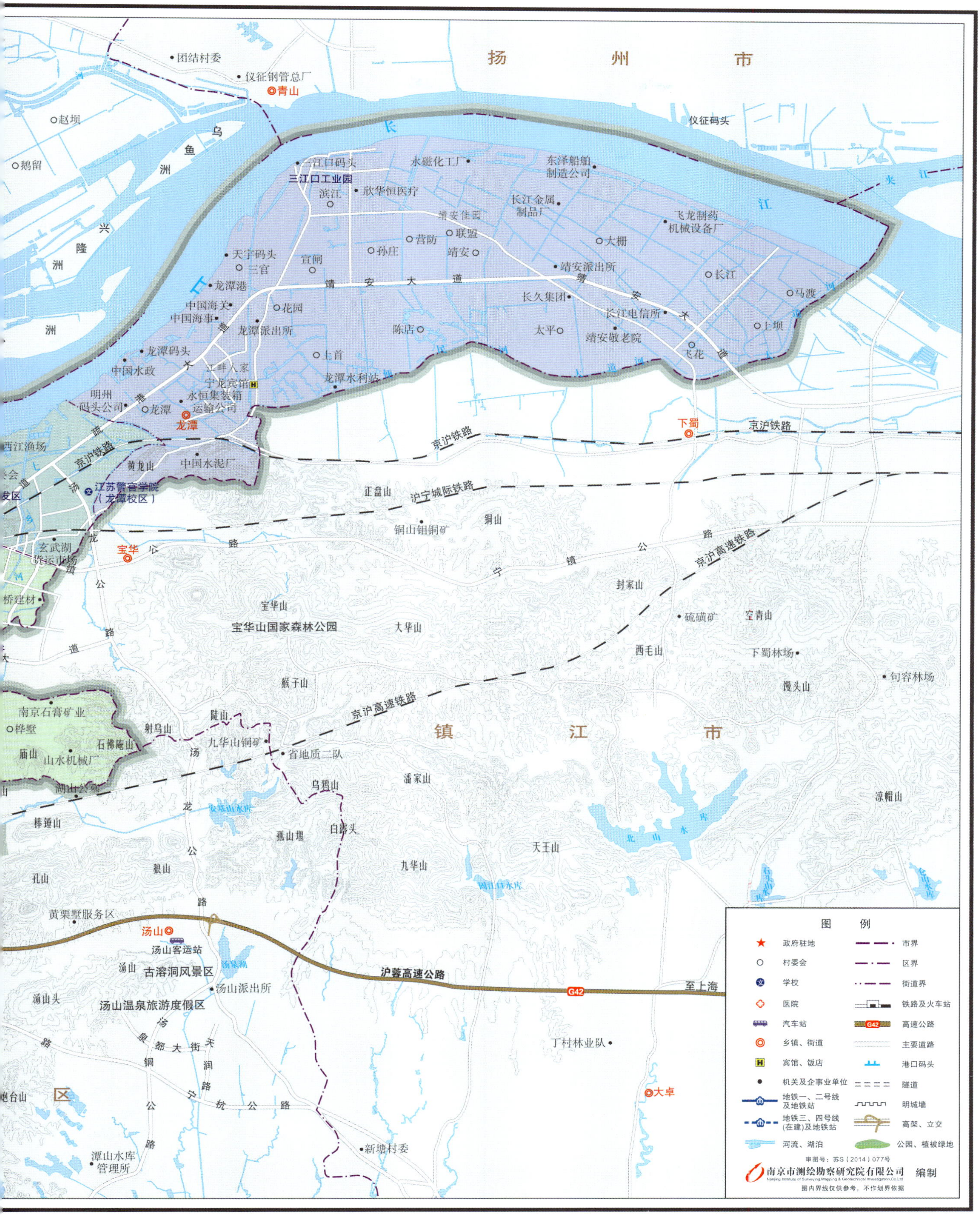

扬州市
团结村委
仪征钢管总厂
青山
赵坝
鹅留
乌鱼洲
兴隆洲
仪征码头
长江
夹江
三江口码头
三江口工业园
永磁化工厂
东泽船舶制造公司
滨江
欣华恒医疗
长江金属制品厂
靖安佳园
飞龙制药机械设备厂
联盟
营防
孙庄
靖安
大栅
天宇码头
三官
宣闸
靖安派出所
长江
龙潭港
靖安大道
马渡
中国海关
中国海事
花园
长久集团
长江电信所
上坝
龙潭派出所
陈店
太平
靖安敬老院
龙潭码头
中国水政
七乡河
大道
飞花
江畔人家
宁龙宾馆
上首
龙潭水利站
明州码头公司
龙潭
水恒集装箱运输公司
龙潭
下蜀
京沪铁路
西江渔场
京沪铁路
黄龙山
中国水泥厂
江苏警官学院（龙潭校区）
正盘山
沪宁城际铁路
铜山钼铜矿
铜山
宝华
玄武湖饮运市场
宁镇公路
京沪高速铁路
封家山
桥建村
宝华山
宝华山国家森林公园
大华山
硫磺矿
空青山
西毛山
下蜀林场
句容林场
猴子山
馒头山
南京石膏矿业
桦墅
射乌山
陡山
镇江市
石佛庵山
九华山铜矿
省地质二队
汤龙公路
庙山
山水机械厂
乌龟山
潘家山
凉帽山
湖山公墓
安基山水库
棒锤山
孤山堰
白露头
北山水库
天王山
狼山
九华山
孔山
西江口水库
黄栗墅服务区
汤山
汤山客运站
汤泉湖
沪蓉高速公路
G42
至上海
汤山
古溶洞风景区
汤山派出所
汤山头
汤山温泉旅游度假区
汤泉都大街
天润路
铜宁路
丁村林业队
宁杭公路
大卓
新塘村委
潭山水库管理所
图例
政府驻地
村委会
学校
医院
汽车站
乡镇、街道
宾馆、饭店
机关及企事业单位
地铁一、二号线及地铁站
地铁三、四号线（在建）及地铁站
河流、湖泊
市界
区界
街道界
铁路及火车站
高速公路
主要道路
港口码头
隧道
明城墙
高架、立交
公园、植被绿地
审图号：苏S（2014）077号
南京市测绘勘察研究院有限公司 编制
Nanjing Institute of Surveying,Mapping & Geotechnical Investigation,Co.Ltd
图内界线仅供参考，不作划界依据

《栖霞年鉴》主要机构（单位）简、全称对照

简称	全称
区委	中国共产党南京市栖霞区委员会
区人大常委会	南京市栖霞区人民代表大会常务委员会
区政府	南京市栖霞区人民政府
区政协	中国人民政治协商会议南京市栖霞区委员会
区纪委	中国共产党南京市栖霞区纪律检查委员会
区法院	南京市栖霞区人民法院
区检察	院南京市栖霞区人民检察院
区委办	中国共产党南京市栖霞区委员会办公室
区人大办	南京市栖霞区人大常委会办公室
区政府办	南京市栖霞区人民政府办公室
区政协办政协	南京市栖霞区委员会办公室
区人武部	南京市栖霞区人民武装部
区委保密办	中共南京市栖霞区委保密委员会办公室
区委组织部	中共南京市栖霞区委组织部
区委宣传部	中共南京市栖霞区委宣传部
区委党史工办	中共南京市栖霞区委党史工作办公室
区委统战部	中共南京市栖霞区委统一战线工作部
区委政法委	中共南京市栖霞区委政法委员会
区委区级机关工委	中共南京市栖霞区委区级机关工作委员会
区委老干部局	中共南京市栖霞区委老干部局
区委党校	中共南京市栖霞区委党校
区民宗局	南京市栖霞区民族宗教事务局
区台办	南京市栖霞区政府台湾工作办公室
区工商联	南京市栖霞区工商业联合会
区侨办	南京市栖霞区人民政府侨务工作办公室
区台联	南京市栖霞区台湾同胞联谊会
区侨联	南京市栖霞区归国华侨联合会
区综治委	南京市栖霞区社会管理综合治理委员会
区综治办	南京市栖霞区社会管理综合治理委员会办公室
区法制办	南京市栖霞区人民政府法制办公室
区外事办	南京市栖霞区人民政府外事办公室
区发改局	南京市栖霞区发展和改革局
区经信局	南京市栖霞区经济和信息化局
区住建局	南京市栖霞区住房和建设局
区科技局	南京市栖霞区科学技术局
科创中心	南京金港科技创业中心
区科协	南京市栖霞区科学技术协会
区残联	南京市栖霞区残疾人联合会
区国资办	南京市栖霞区人民政府国有资产监督管理办公室
区人社局	南京市栖霞区人力资源和社会保障局
区安监局	南京市栖霞区安全生产监督管理局
区安委会	南京市栖霞区安全生产委员会
区环保局	南京市栖霞区环境保护局
区城管局	南京市栖霞区城市管理局

简称	全称
区交运局	南京市栖霞区交通运输局
区卫计局	南京市栖霞区卫生和计划生育局
区人防办	南京市栖霞区人民防空办公室
区志办	南京市栖霞区地方志编纂委员会办公室
区拆迁办	南京市栖霞区房屋拆迁安置管理办公室
区人才办	南京市栖霞区人才工作办公室
区文明办	南京市栖霞区精神文明建设指导委员会办公室
区编办	南京市栖霞区机构编制委员会办公室
区委农委	中共南京市栖霞区委农村工作委员会
区农资办	南京市栖霞区政府农村集体资产管理办公室
区防汛办	南京市栖霞区防汛防旱指挥部办公室
团区委	中国共产主义青年团南京市栖霞区委员会
区妇联	南京市栖霞区妇女联合会
区文联	南京市栖霞区文学艺术界联合会
区关工委	南京市栖霞区关心下一代工作委员会
区国税局	南京市栖霞区国家税务局
区地税局	南京市栖霞地方税务局
区公安分局	南京市公安局栖霞分局
区国土分局	南京市国土资源局栖霞分局
仙林大学城	南京仙林大学城
南京开发区	南京经济技术开发区
紫金(仙林、新港)科创特区	紫金(仙林、新港)科技创业特别社区
新尧新城	新尧新城开发建设指挥部
迈整指挥部	迈皋桥地区环境综合整治指挥部
栖霞建设	南京栖霞建设集团公司
高科置业	南京高科置业有限公司
工行新港支行	中国工商银行新港支行
农行城东支行	中国农业银行南京城东支行
南京银行和燕路支行	南京银行股份有限公司和燕路支行
南京工程公司	中国石油化工股份有限公司南京工程有限公司
南京电气集团	南京电气集团有限责任公司
龙潭物流基地	龙潭物流基地开发有限公司
南京二桥	南京长江第二大桥
东站	上海铁路局南京东站
南大	南京大学
南师大	南京师范大学
南财	南京财经大学
南中医	南京中医药大学
南邮	南京邮电大学
紫金学院	南京理工大学紫金学院
南信院	南京信息职业技术学院
南工院	南京工业职业技术学院
应天学院	应天职业技术学院
钟山学院	钟山职业技术学院
技师学院	南京交通技师学院
特教学院	南京特殊教育职业技术学院
南师大附校	南京师范大学附属实验学校
南外仙林分校	南京外国语学校仙林分校

仙林街道基层党建网格化治理

2016年7月，南京市栖霞区仙林街道党工委被中共中央表彰为全国先进基层党组织。12月12日，中央政治局委员、中央组织部部长赵乐际到仙林街道调研，充分肯定街道网格化党建做法，对发挥基层党组织战斗堡垒作用、探索城市基层管理新模式提出要求。中共江苏省委书记李强明确提出，要总结推广仙林经验，推动全省城市基层党建工作整体提升。

12 月 12 日，中共江苏省委书记李强（左三）调研仙林党建工作，区委书记邢正军（右二）等陪同调研　　仙林街道供稿

3 月 3 日，新华社记者孙彬（右二）到仙林街道采访党建先进事迹　　仙林街道供稿

“十三五”规划开局新篇章

2016年是“十三五”发展开局之年。栖霞区在以习近平同志为核心的党中央和省、市委坚强领导下，全面落实党的十八大和十八届三中、四中、五中、六中全会精神，深入贯彻习近平总书记系列重要讲话精神，坚持稳中求进工作总基调，自觉践行新发展理念，扎实推进“强富美高”新栖霞建设，经济社会保持平稳健康发展，圆满完成全年各项目标任务。

12月28日，南京市妇幼保健院、栖霞区人民政府深化共建市妇幼保健院北院签约　　区政府办供稿

春节前夕，燕子矶街道1200多户拆迁居民入住新城保障房　　李慧珍摄

4 月 9 日，南京大学医学院附属仙林鼓楼医院揭牌

南京仙林大学城管委会办公室供稿

4 月 16 日，江南公交旅游专线 G4 路（仙林中心杉湖东路至江宁湖山圣村）开通，促进栖霞区美丽乡村旅游业发展

西岗街道供稿

4 月 28 日，蔚来汽车等项目签约落户南京开发区　　南京开发区供稿

7 月 6 日，Google AdWords 江苏体验中心在南京开发区开业

6月1日,微软项目签约落户南京开发区

南京开发区供稿

南京开发区供稿

9月10日，2016年中国·南京金秋经贸洽谈会重大项目集中开工仪式在南京开发区举行　　南京开发区供稿

9月28日，LG电子汽车零部件项目竣工

9 月 24 日，第四届南京市龙舟公开赛在小江河开赛

八卦洲街道供稿

南京开发区供稿

9月27日，省人民医院与栖霞区人民政府签署深化“院府合作”（2016-2020年）协议　区卫计局供稿

11月19日，中国南京第十七届“金秋栖霞”艺术节暨纪念长征胜利80周年广场文化活动在马群街道举行　马群街道供稿

12 月 6 日，南京开发区重大项目签约　　南京开发区供稿

银贡山南保障房建成　　骆名刚摄

特色小镇建设

2016 年，栖霞区的两家小镇——栖霞山禅意小镇和紫东创意小镇成功入围首批市级特色小镇建设和培育名单。栖霞山禅意小镇将与栖霞山、栖霞寺，形成“一山一寺一古镇”的总体结构，采用“政府掌舵、企业划桨、市场发展”的运作模式加快小镇建设；紫东创意小镇将依托现有建成基础，突出创意核心特色，力争打造沿江地区首屈一指的创意、科技、双创综合平台。除此之外，栖霞区围绕创建目标要求，还建立一批包括西岗桦墅生态小镇、燕子矶滨江小镇、灵山康养小镇、八卦洲服贸小镇等在内的特色小镇储备库。

●栖霞山禅意小镇

栖霞山禅意小镇内新建的牌坊

栖霞山文化休闲旅游度假区管委会供稿

8 月，红枫路一期通车　　栖霞山文化休闲旅游度假区管委会供稿

10 月，首届“山 · 寺 · 桃花”汇活动举行　　栖霞山风景区管理处供稿

●紫东创意小镇

紫东创意小镇商业街　　　　奚永根摄

紫东创意园　　　　奚永根摄

●西岗桦墅生态小镇

桦墅村村头　吴波摄

桦墅周冲远眺　　徐皓摄

●燕子矶滨江小镇

小镇内新建的 1934 南京第九区　　燕子矶新城指挥部供稿

幕燕滨江风光带　　燕子矶新城指挥部供稿

●灵山康养小镇

老人在欧葆庭康养　　仙林大学城管委会办公室供稿

欧葆庭颐养中心远眺　　仙林大学城管委会办公室供稿

光影乡愁　印象栖霞

9 月至 11 月，栖霞区、仙林大学城联合江苏省摄影家协会先后举办“光影乡愁 印象栖霞”“遇见仙林”摄影大赛，从多角度、多侧面、多层次集中展现栖霞区地区的自然风貌、人文景观、城市建设、生态宜居、民俗民风等方面的新变化、新发展和新面貌。

枫林秀色　　李全中摄

荷塘晨呓 刘新生摄

静 葛巍摄

俯瞰水一方

林琨摄

1	3
2	

1 幕府山中　颛超英摄

2 达摩仙境　刘晶摄

3 朝霞满天　吴呈昱摄

SINOKOR
SINOKOR
SINOKOR
YANG MING
YANG MING
MAERSK
Hapag-Lloyd
COSCO
EVERGREEN
SITC

港口暮色

刘晶摄

绿色羊山 蔡峥嵘摄

仙林霞光　　陈学兵摄

静　阅　　孔晨摄

川

刘乙摄

飞渡

杨开源摄

仙林今夜未眠　　沈旻摄

西岗果牧场采菱人　陶发银摄

绿色家园　吴戎摄

地区生产总值(亿元)

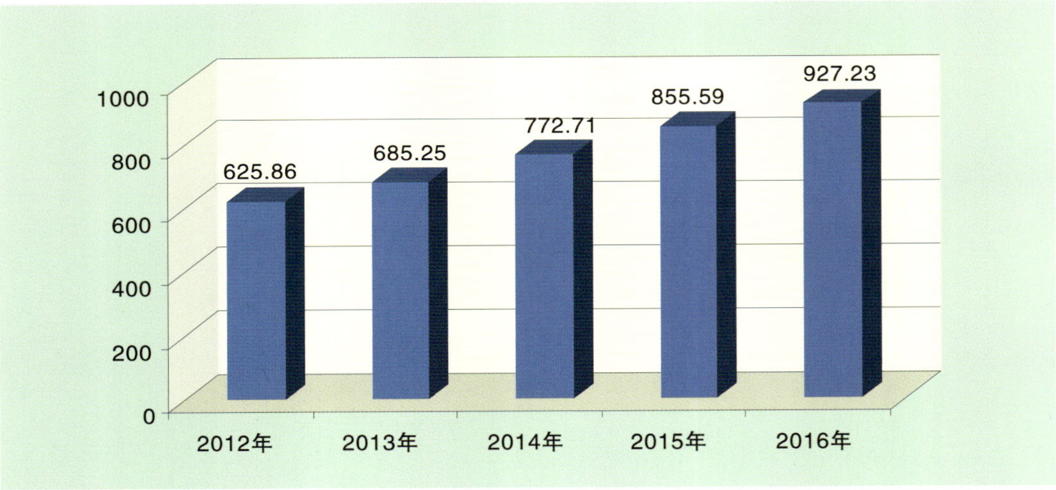

第一、第二、第三产业生产总值 (亿元)

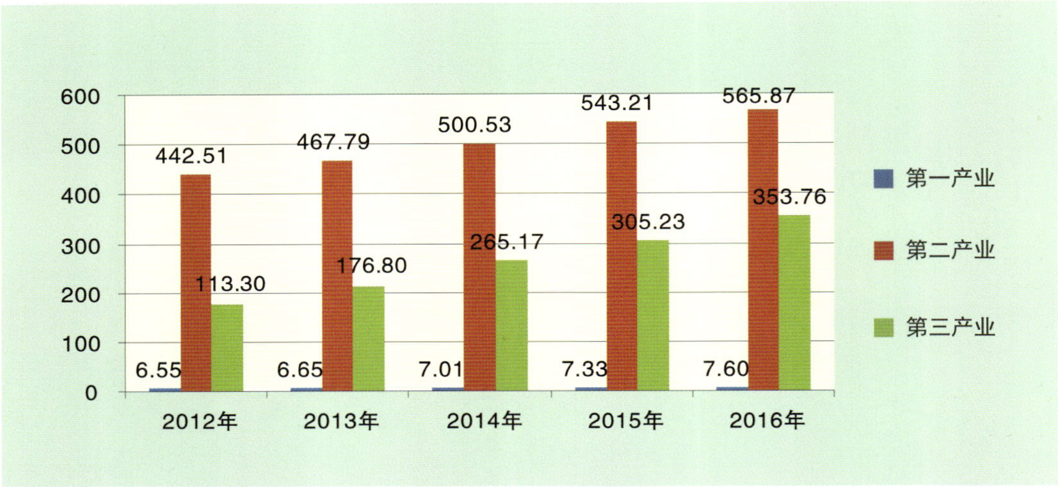

财政总收入、地方财政一般预算收入(亿元)

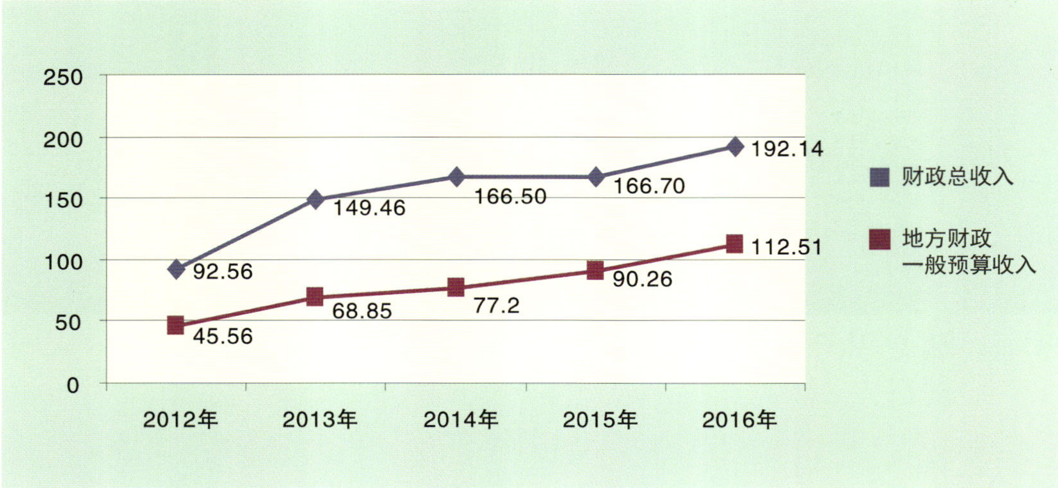

财政总支出、地方财政一般预算支出(亿元)

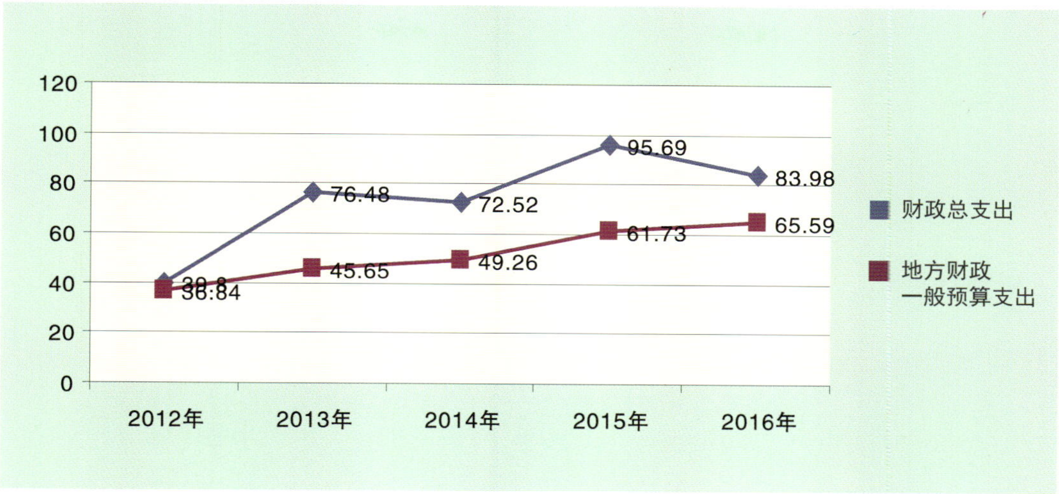

社会商品零售总额(亿元)

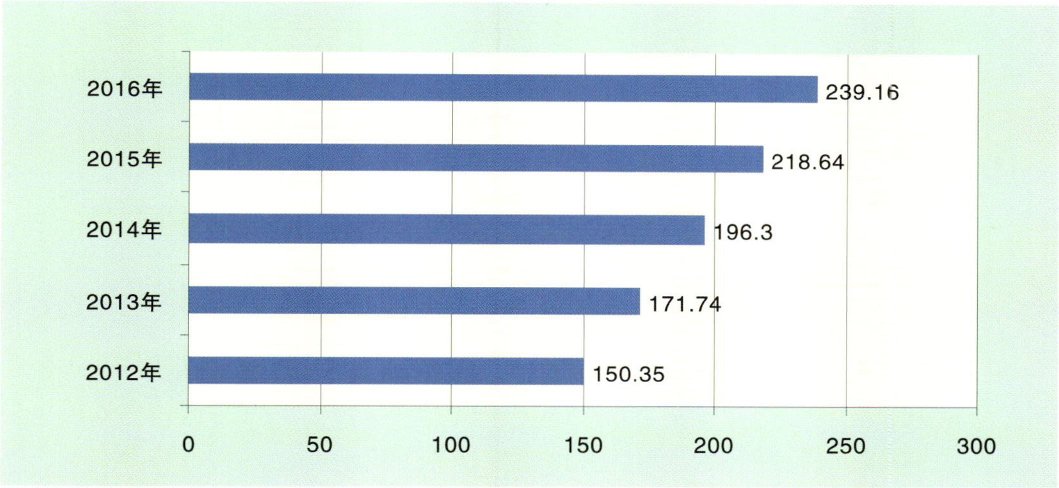

全社会固定资产投资总额(亿元)

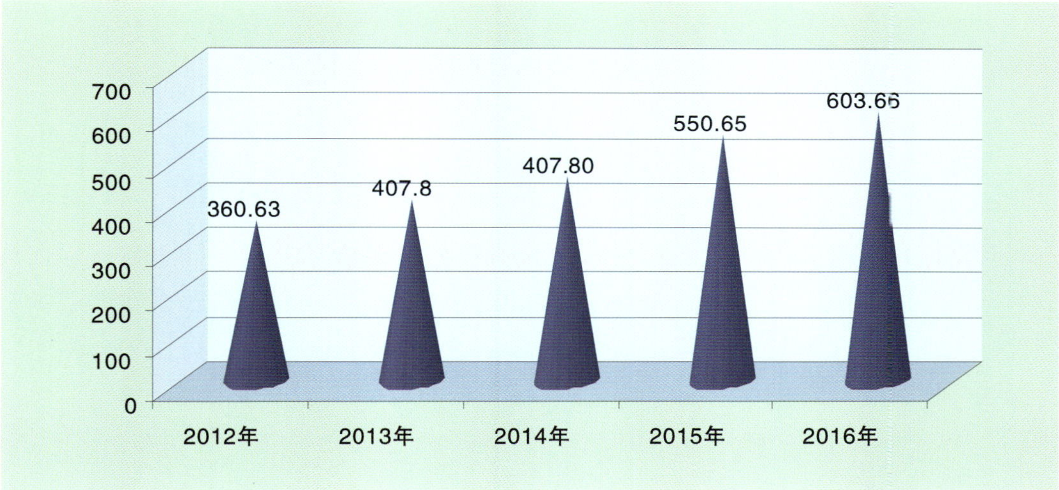

实际利用外资(亿元)

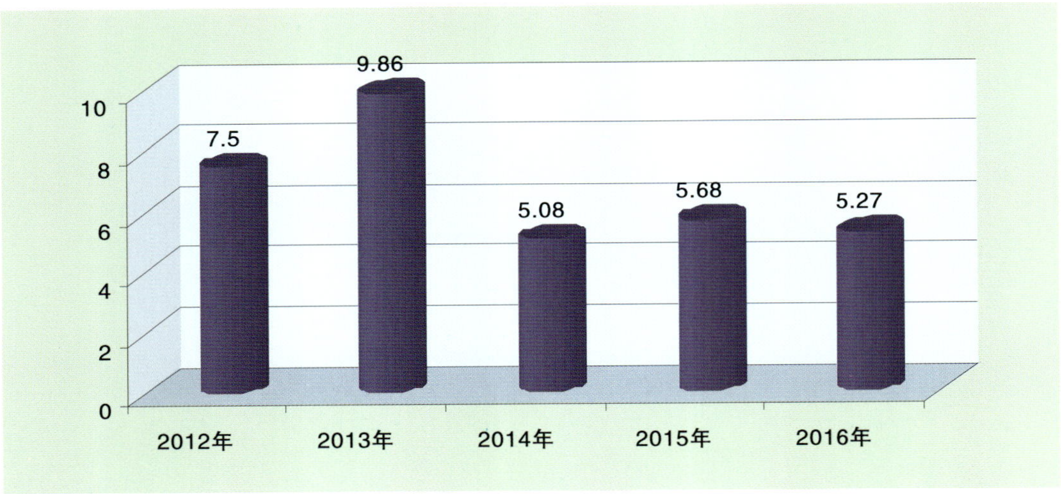

城市居民、农村居民人均可支配收入(元)

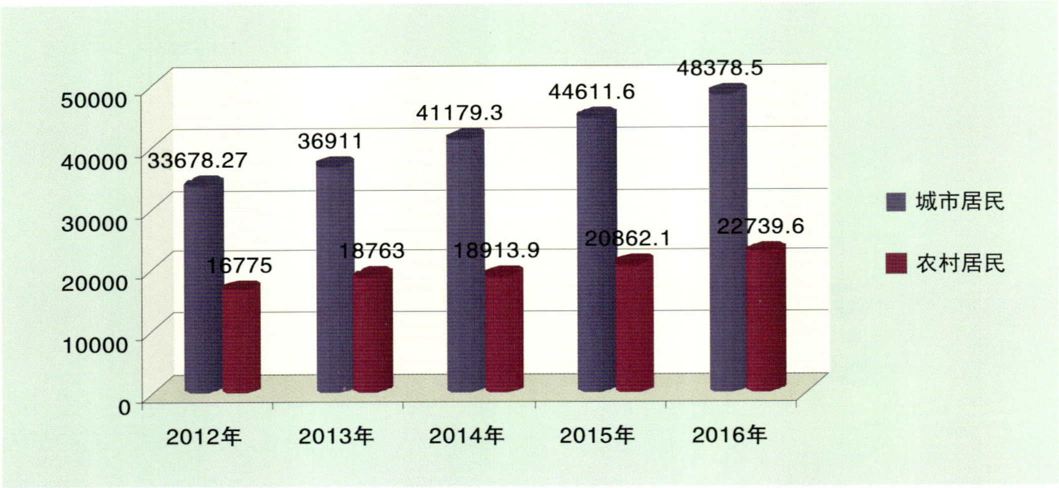

城市居民、农村居民人均可支配支出(元)

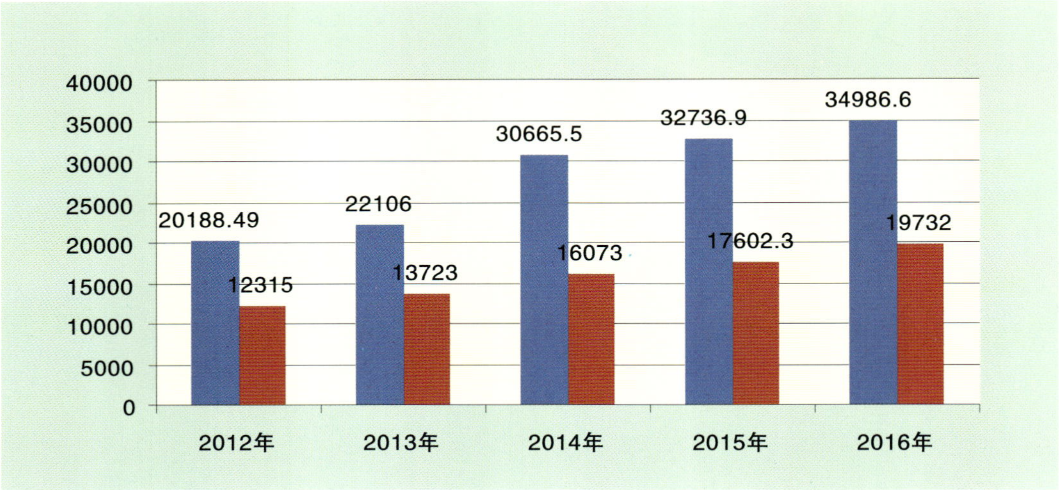

总目录

目录

大　事　记

机关团体

中共栖霞区委

综　述

组织建设

宣　传

统一战线

老干部工作

党校教育

党史研究

区级机关党建

栖霞区人民代表大会

综　述

街道人大工委

栖霞区人民政府

综　述

重要政务活动

人事管理

民主党派·工商联

民主党派

工商联

群众团体

栖霞区总工会

共青团栖霞区委员会

栖霞区妇女联合会

栖霞区科学技术协会

栖霞区红十字会

栖霞区残疾人联合会

城市环境

城市规划

市政建设

交　通

综　述

道路管养

交通行业管理

港口·铁路

·南京港龙潭集装箱有限公司·

·南京明州码头有限公司·

·上海铁路局南京东站·

新城建设

新尧新城

燕子矶新城

迈燕新城

拆迁安置

城市管理

环境整治

物业管理

建筑安装管理

国土资源管理

环境保护

环境质量

环境监管

污染源治理

环保执法

南京信息职业技术学院

南京工业职业技术学院

应天职业技术学院

南京审计大学金审学院

南京技师学院

南京华东信息工程技工学校

南京师范大学附属实验学校

南京外国语学校仙林分校

科技创新平台和管理

综　　述

科技创新平台

金港科技创业园

江苏生命科技创新园

南京紫东国际创意园

紫金科技创业特别社区

南大科学园

东南大学国家大学科技园栖霞园区

软件和信息化产业园

马群科技园

十月公社科技创业园

工业科技

知识产权保护

科普教育

区　域　经　济

工　　业

综　　述

重点企业选介

·南京电气（集团）有限责任公司·

·中石化南京工程有限公司·

农业·水利

综　　述

种 植 业

养 殖 业

林　　业

农业机械

水利建设

服务业

商　贸

·概　述·

·栖霞商务区·

·商业综合体·

旅　游

·概述·

·栖霞山文化休闲旅游度假区·

·栖霞山风景区·

·燕子矶公园·

·“水一方”生态休闲度假区·

·中国最美村镇——八卦洲·

物　流

房地产

·栖霞建设集团·

·高科置业·

审计管理

统计管理

南京经济技术开发区

综　　述

基础设施建设与管理服务

项目建设

特色平台

南京综合保税区（龙潭片）

南京新港高新技术产业园

南京光电技术研究院

入驻企业选介

公共服务

人口与计划生育

劳动就业

教　育

综　述

学前教育

初等教育

普通中学教育

职业教育

社区教育

驻区院校选介

·金陵科技学院·

电 视 台

报　　纸

文化产业

文化市场管理

档　　案

地 方 志

社会保障

住房保障

社会服务

双拥共建

养老服务

婚丧管理

地名勘界

民族宗教事务

体　育

综　述

群众体育

体育训练与竞赛

体育产业

江苏省体育局训练中心

法　治

法治建设

综合治理

政府法制

公　安

·概述·

·安全保卫·

·专项行动·

· 案件侦破 ·

检　察

法　院

司法行政

信　访

公共安全

防震减灾

社会治安

市场安全

栖霞街道

马群街道

仙林街道

迈皋桥街道

燕子矶街道

八卦洲街道

西岗街道

人物·荣誉录

新任区级领导

先进模范人物

江苏省劳动模范

江苏省先进工作者

南京市五一劳动奖章获得者

南京好市民

荣　誉　录

综　　录

新闻报道题录

文件目录选辑

Contents

Special Records

Important Literature

Overviews

Major Events

Organizations

City Environment

Nanjing Xianlin University Town

Sci. & Teck. Innovative Platforms and Management

Regional Development

Nanjing Economic & Technological Development Zone

Public Service

Law and Regulations

Subdistricts

Figures, The Commended Outstanding Individuals and Collectives

Appendix

专　文

Special Records

仙林街道一角

杨铁绘

◎责任编辑　王旭东

毛泽东视察十月村60周年记

“似酡似醉佳人色，如火如荼夕照天”，是古人对栖霞山枫叶的赞美；“一座栖霞山，半部金陵史”，是今人对栖霞山历史蕴涵的概括。栖霞，因栖霞山而名扬海内外。而60年前，中华人民共和国的缔造者毛泽东视察十月农业生产合作社，又使其平添传奇色彩，在中国现代史上留下璀璨一页。从此，十月村，这个名不见经传的小村，在中国人的脑海中刻下了深深的印记。

背　景

毛泽东视察十月社的时间为1956年1月11日。

1956年，在中国现代史上是极其重要的一年。这一年，中国基本实现了对农业、手工业和资本主义工商业的社会主义改造，建立起崭新的社会主义制度。在农业上，社会主义制度建立的标志是农业生产合作化的基本完成。

为了实现这一伟大变革，毛泽东领导全党和全国人民在推翻了延续几千年的剥削制度、建立起新中国之后，以一个无产阶级革命家的气魄和胆略，思考着、探索着中国社会的进一步发展和中国经济的快速腾飞。在毛泽东看来，农业上一家一户的小规模的分散生产，力量薄弱，难以发展。只有实现农业合作化，才能利用集体的力量，使农民生活得以改善，走上共同富裕的道路，才能使农村土地连成一片，为农业规模化、机械化奠定基础，同时也为国家工业化提供充分的原料和广阔的市场。为了推动农业合作化制度的建立，毛泽东支持人民群众的首创精神，以高瞻远瞩的视野、满腔的热情，为农业合作化这一新生事物而喝彩，而引导。1955年，即毛泽东到十月村视察的前一年，他在百忙之中，亲自编辑约90万字的《中国农村的社会主义高潮》一书，收集了176篇反映全国各地农业合作化的文章和报告，并为其中104篇文章和报告写了按语。

对于这一段往事，人们最熟悉的大概就是“穷棒子社”和“鸡毛也能飞上天”的故事。

1952年，河北省遵化县西铺村的村干部王国藩把村里最穷的23户农民联合起来，办起一个初级社。办社之初，他们没有农具，只能上山砍柴，换来一些简单的农具。社里唯一的一头驴，只有四分之三的使用权属于入社的农民，三条驴腿的“穷棒子社”因此得名。但是，正是靠着这三条驴腿，王国藩和他的社员们一起，从砍柴换农具做起，使合作社得以发展壮大，第二年社员就发展到83户，粮食亩产从60公斤提高到150公斤，几乎翻了一番。这就是“穷棒子社”的故事。毛泽东为报道“穷棒子社”的文章写下按语：“遵化县的合作化运动中，有一个王国藩合作社，二十三户贫农只有三条驴腿，被人称为‘穷棒子社’。他们用自己的努力，在三年时间内，从山上取来了大批的生产资料，使得有些参观的人感动得下泪。我看这就是我们整个国家的形象。难道六万万穷棒子不能在几十年内，由于自己的努力，变成一个社会主义的又富又强的国家吗？社会的财富是工人、农民和劳动知识分子自己创造的。只要这些人掌握了自己的命运，又有一条马克思列宁主义的路线，不是回避问题，而是用积极的态度去解决问题，任何人间的困难总是可以解决的。”

同在这个时期，河南省安阳县洪河屯乡南崔庄村经常遭受洪水侵袭，农民生活十分贫困。为依靠集体力量战胜困难，村里18户农民成立合作社。对此，村里一个富裕户冷嘲热讽：“一伙穷光蛋还想办社哩！没见过鸡毛能上天。”可社员们不为所动，坚持办社。秋收一算账，合作社的谷子平均亩产101公斤，而富裕户平均亩产才80公斤。合作社取得了胜利，鸡毛上天了！这就是“鸡毛也能飞上天”的故事。毛泽东为报道这个故事的《谁说鸡毛不能上天》一文写下按语：“这一篇很好，可以说服很多人。这个地方的党组织，在合作化的问题上，从来没有动摇过。它坚决地支持贫苦农民的办社要求。在和富裕中农的竞争中取得了胜利，由小社变大社，不到三年，实现了合作化。富裕中农说：‘穷光蛋想办合作社呢，没有见过鸡毛能上天。’鸡毛居然飞上天去了。”“‘鸡毛不能上天’这个古代的真理，在社会主义时代，它已经不是真理了。穷人要翻身了。旧制度要灭亡了，新制度要出世了。鸡毛确实要上天了。在苏联，已经上天。在中国，正在上天。”

农业合作社这一崭新的社会主义农业制度在中国大地上横空出世，毛泽东的欣喜心情，毛泽东对它的赞许和期待，在他挥动如椽之笔撰写的按语里，如春潮一般汹涌激荡，如旭日一般光芒四射。

其实，农业合作化这一社会主义制度在中国的建立并不是一帆风顺的。在这个过程中，既有揠苗助长式的急躁冒进，也有“小脚女人走路”式的摇摆缓慢。针对这两种倾向，毛泽东坚持他一贯倡导的深入调查研究的工作作风，做细致的工作，力求从中国的实际出发，既不简单冒进，也不因循守旧，而是挺立时代的潮头，积极而又稳妥地把中国这艘巨轮引入社会主义的航道。1953年10月和11月，在中共中央召开第三次农业互助合作会议前夕，毛泽东两次召集中央农村工作部负责人谈话，了解情况，沟通思想；1955年11月，毛泽东先后同15个省、自治区的党委书记就全国农业发展问题交换意见，共同制定《农业十七条》；1955年12月21日夜里，毛泽东乘火车离开北京，先后到保定、邢台、郑州、武汉、长沙、南昌、杭州、上海、南京，找沿途的干部谈话，征求对《农业十七条》和农业合作化运动的意见，直到1956年1月12日才回到北京。南京是他这次到九地巡视、调查的最后一站。这就是毛泽东视察十月社的背景。

视　察

1956年1月11日上午，毛泽东在视察了邻近的玄武湖乡红光蔬菜生产合作社之后，在陈毅、谭震林、罗瑞卿和江渭清、彭冲等中央和省、市领导陪同下，驱车前往尧辰乡十月社。

十月社，当时名为“十月高级农业生产合作社”。该社是1955年10月，由花林、尧太两个初级农业生产合作社合并组建而成。当时，新成立的高级社使用何名，两个初级社领导争执不下，因高级社成立的月份是10月，时任区委副书记丁明秀崇尚苏联十月社会主义革命，就借用苏联“十月革命”之名，拍板将该社定名为十月农业生产合作社。

对于十月社来说，毛泽东来视察显得十分突然，事先没有接到任何通知，也没听到什么风声。1月11日早晨，尧辰乡信用社主任、共青团总支书记葛宝富到乡里开会，遇到乡公安组长李义林，李义林打招呼说，今天有中央领导到十月社视察，他要忙保卫的事，说完就匆匆走了。因为急着要办一些信用社的事，在向会议报到后，葛宝富朝位于尧化街上的信用社赶去。此时，正值尧化街早市，推车卖柴的、挑担卖菜的，摆摊卖早点的，上街买东西的、逛街看热闹的、匆匆赶路的挤了满满一街，呈现出农业合作化时期一个普通小镇的热闹与繁荣。与以往不同的是，街面上一字儿排着十几辆小汽车，因为拥挤，小汽车时开时停，向乡政府方向缓慢前进。因听公安组长说过今天有中央领导来，葛宝富就留心看着车里有些什么人。一辆小车，窗帘已经拉开，紧靠车窗的是一张熟悉的脸，一双眼睛饶有兴致地看着窗外。这张脸和家中挂的毛主席像一模一样，更无可置疑的是，这张脸的右下巴颏有一颗痣。毛主席！确实是毛主席来了！年轻的23岁的信用社干部心头好像被什么东西猛地撞了一下，热血直往头顶上涌，他脑袋有些迷糊，可瞬间又清醒了。待他清醒之后，立刻转身撒腿向乡政府跑去，因为乡政府领导还不知道毛主席已经来了呢，他得火速报信。葛宝富气喘吁吁地跑到乡政府，心急火燎地对区委副书记丁明秀说：“毛主席，毛主席已经到十月社了。”谁知丁明秀压根儿不相信，呵斥道：“你瞎吹些什么，毛主席怎么会到我们这里来？”葛宝富说是自己亲眼所见，不会有错，又来不及与他多说，转身顺着铁路边小路向十月社跑去，他不能错过这个千载难逢的机会，要仔仔细细看看毛主席，最好能和毛主席说上话。

原来，毛泽东是9点多钟到达十月社的。

就在这天上午，中共栖霞区委接到中共南京市委的电话，说有领导人要到十月社视察。领导人是谁，电话里并未明确告知，但听口气，来人级别很高。其时，栖霞区正在召开高级社社长会议，接到市委电话后，立即休会，参会的十月社副社长余福洲立刻回村。

9点多钟，13辆轿车和2辆吉普车赫然停靠在村头。毛泽东走下车，栖霞区委书记李玉华、办社干部李春田，十月社党支部书记刘桂庭、社长何昌椿就迎了上去。毛泽东头戴呢帽，身穿银灰色中山装，外加大衣，脚蹬棕色皮鞋，风尘仆仆。南京市委书记彭冲向毛泽东一一介绍李玉华、李春田、刘桂庭和何昌椿等人。毛泽东见人就熟，谈笑自若，戏称李春田是“办社专家”，因何昌椿读过几年初中，就称他为“小知识分子”，说完哈哈大笑。空气中弥漫的紧张、拘谨的气氛顿时轻松了许多。毛泽东把询问的重点转向何昌椿。他问何昌椿多大岁数了，有没有入党，这里什么时候土改的，土改以后农村有哪些变化，毛泽东问得仔细，何昌椿一一作答。毛泽东又问这里的办社情况，有没有困难，何昌椿回答，贫下中农办社的积极性很高，许多人写了入社申请。毛泽东笑了，说群众愿意办，你们领导又肯带头办，这很好。

毛泽东提出要到田里看看，何昌椿就做向导，一行人来到村南面的田野。这里大大小小的田块如衣服上的补丁一般，东一块，西一块，零零碎碎，老百姓戏称为“梳子背”“粽子角”“油条沟”，小农经济的特点十分明显。毛泽东说：“今后要把土地平整好，将来用机器生产就好了。”

毛泽东指着北面的山坡，问道：“那里有没有栽树呀？”何昌椿回答，栽了一些桑树。毛泽东兴致勃勃地说：“走，领我去看看。”在山坡上，毛泽东看到许多桑树的枝条上都裹着稻草，好奇地问：“为什么用草扎起来？”何昌椿回答：“秋天用草扎起来，到了冬天，虫子怕冷就会躲进去，开春时把草解下来放在火里一烧，害虫就消灭了。”毛泽东夸奖说：“你们还挺讲究科学的。”

毛泽东沿着山坡向上登去，直至山顶。明晃晃的太阳照着大地。冬天的风虽然不大，却带着点力道，掀动着他的衣角。毛泽东俯瞰大地，大地阡陌纵横，沟渠参差，田里的麦苗绿中带黄，正沉睡着，蓄聚着力量，迎接着春天的到来。毛泽东目视远方，侃侃说道：“把四周的荒山种上果树多好！”“你们要组织起来，走集体化的道路，走共同富裕的道路，让荒地变良田，荒山变果园。”

接着，毛泽东走进普通社员吴邦林的家。吴邦林不在家，他的妻子正在洗衣裳。毛泽东打过招呼，问：“你家几口人？”吴邦林妻子回答：“我们家四口人，老的老，小的小。”毛泽东问：“那你们生活困难了？”吴邦林妻子回答：“不困难，托毛主席的福。”她眼神不好，没有认出来人是毛主席，自顾自地往下说：“我们靠大社，老头为社里拖粪。”社员们习惯把合作社称为“大社”。毛泽东说：“那辛苦。”吴邦林妻子说：“拖粪不苦，社里有大车、驴子。”毛泽东走进里屋，看了看粮屯，还看了看挂在墙上的咸鱼咸肉。吴邦林妻子喜滋滋地说：“合作社好啊，我家已经吃上两顿稀饭一顿干饭了。现在不愁吃不愁穿，年终还分了几十块钱。”吴邦林妻子搓洗完衣服，准备拿到塘边去漂洗，心中总有些疑惑，觉得来人和家中挂的毛主席像很像，会不会是毛主席。当有人告诉她来人正是毛主席时，毛主席已经离开了。

毛泽东又走进副社长余福洲的家。毛泽东问：“你们家几口人？”余福洲回答：“6口人。”毛泽东问：“一年收入多少？”余福洲回答：“去年分红460多元。”毛泽东连声说：“那可以，可以！你们办得好，过两年我再来看你们。”

离开余福洲家，毛泽东路过一间草房，听说是冬学，是社员们利用冬闲时间学文化的地方，就进去看一看。冬学里极为简陋，桌子板凳都是用泥土垒成的，简直不成看相。这在高级社刚成立不久，集体经济薄弱、百废待兴的情况下并不奇怪，可何昌椿等一帮社领导心里却十分紧张，害怕毛泽东批评。可毛泽东对合作化初期农村集体经济的状况了如指掌，不但没有批评，反而赞扬说："你们勤俭办学很好。"

毛泽东深知，在机械化之前，耕牛等大牲畜是农业生产的主要动力，它对农业生产的发展和农民对集体经济的信心至关重要。高级社成立之后，耕牛等大牲畜归集体饲养，情况如何，能不能做到养好牲口、不死牲口？毛泽东决定到养牛的地方看一看。来到牛房，饲养员吴邦忠得知来人是毛主席，机灵的他立即意识到毛主席一定是来检查工作的，赶忙把毛主席领进牛房内。牛房内干燥而清爽，十多头耕牛被栓在各个角落，有的在吃着稻草，有的躺在地上反刍，一个个体形壮硕，悠闲自得。毛泽东十分满意，对吴邦忠说："你干得不错嘛，你辛苦了！"吴邦忠回答："毛主席，我不辛苦。"毛泽东用质朴的语言亲切地说："好好干，好好干！用不了多久，我们就会用机器生产的！""毛主席，我一定好好干！"吴邦忠响亮地回答。

毛泽东塑像公园照壁浮雕　　吴国权摄

毛泽东到来的消息像冬天里的一声惊雷在十月社炸响，像冬天里忽来的春风吹拂十月社的大地，十月社沸腾了！听说毛主席来了，人们从家里，从开荒的山坡上，从挖泥的河塘里，从挑担的田埂上，从劳作的田野里狂奔，奔向毛主席，奔向带领他们打倒蒋介石建立新中国、分得田地，如今又带领他们搞互助合作、走上共同富裕道路的毛主席！人们在路边围住毛泽东，争相目睹人民领袖的非凡风采。青年女社员余福珍听说毛主席来了，撂下肩上挑肥泥的担子，任凭粪箕里的肥泥四溅，一个劲地奔向毛主席。她拨开人群，直往前挤，一直挤到毛泽东跟前。当毛泽东慈祥的面容清晰地映入她的眼帘，她确认真的是毛主席时，这个旧社会做过童养媳、新中国才过上幸福生活的青年妇女高声喊道："毛主席万岁！"余福珍是脱口而出，没有人教过她，她自己也没经过酝酿，这是纯自然的表达，是发自内心的呼喊！

余福珍的大胆和热情引起毛泽东注意。毛泽东问她叫什么名字，余福珍回答："我叫余福珍。"毛泽东在自己的手心上写了个"余"字，问道，是这个"余"字吗？余福珍不好意思地摇摇头——十月社的冬学才开办不久，她还是个文盲呢！明察秋毫又善解人意的毛泽东立刻明白是怎么回事，赶忙转移话题，问道："你入社了吗？"余福珍回答："入社了。"毛泽东问："一年做多少工呀？"余福珍回答："280个工。"当时，1个工为10分，280个工就是2800分，而一般妇女平均每天做8分工，照这样计算，余福珍一年得出工350天。除了过年过节和下雨下雪等恶劣天气，出工这么多天是很不容易了。毛泽东称赞说："能做这么多工，很好啊！"毛泽东问："你会耕田吗？""不会"，余福珍说，"我会耙地。"毛泽东又问："会栽秧吗？""不会"，余福珍说，"我会拔秧。"女人力气小，耕不了地；当时的风俗，男人栽秧，女人拔秧。这一问一答像是聊家常，领袖和老百姓之间的距离很快拉近了。

这时，葛宝富也从乡政府赶到了，急切地挤到毛泽东的面前。葛宝富大着胆子说："主席，我是特地赶来看你的。"毛泽东问："你干什么工作的，多大了？"葛宝富一一作答。来看毛泽东的群众越来越多。毛泽东一展他平易近人的领袖风范、机敏随和的人际交往艺术和谈笑风生的性格，指着身边的何昌椿，开起玩笑来，问："这是谁呀？"社员们齐声回答："谁不认识？我们的社主任！"毛泽东指着刘桂庭，问："他是什么人？"社员们回答："我们的书记。"毛泽东又指着葛宝富，问："这是谁呀？"社员们回答："信用社主任！"毛泽东问："他们好不好呀？"社员们回答："好！他们带领我们办社！"毛泽东又问："他们能不能领导好呀？"社员们见毛泽东这样和蔼可亲，没有架子，心里完全放松下来，七嘴八舌地答道："能呀！""怎么不能？""他们可好了！"毛泽东笑了："你们说好就是好嘛！"毛泽东看葛宝富像是干部中年纪最轻的，握住他的手，说："你们还年轻，好好干……过几年我再来看你们。"

上午10点多钟，毛泽东上了汽车，和十月社的干部群众挥手告别。

回　响

毛泽东离开十月社后立即回到北京。1月18日，中共中央对《农业十七条》进行修改，增加了农业科研、勤俭办社、工农联盟等内容；1月26日，《人民日报》发表《1956年到1967年全国农业发展纲要》，为10年内中国农业发展描绘出蓝图。这不能不说是毛泽东视察十月社的收获之一，从某种意义上说，这是十月社对农业合作化运动和中国农业

1956年1月11日，毛泽东和十月社村民在一起，孩子们最为兴高采烈　区档案馆供稿

发展所做的贡献。

毛泽东亲临十月社是破天荒的事。这里的老百姓听说过秦始皇东巡路过江乘村，乾隆皇帝五次登过栖霞山，他们虽然都曾驾临栖霞，但都与十月村无缘，隋炀帝三下江南，也是与栖霞擦肩而过，更别说他们走入寻常百姓家了。毛泽东虽不是封建帝王，但在老百姓的眼中，他是开国者，是国家最大的"官"，与封建帝王不同的是，他带领劳苦大众闹革命，使人民翻身做了主人，他是人民领袖。当时，通讯很不发达，连有线广播都没有，识字的人也不多，老百姓对毛泽东的了解大多限于口口相传，"爬雪山过草地""吃草根树皮""地上长猪毛（暗寓'朱毛'得天下的天意）""小米加步枪打败蒋介石800万军队"等等，这些传说使毛泽东闪耀着神话般的光芒，在老百姓心中具有无与伦比的威望。长城内外，大江南北，全国有近140万个农业合作社，灿若繁星，毛泽东偏偏在南京选中十月社来视察，这对十月社来说，是可遇不可求的良机，是莫大的荣耀。一时间，十月社如同地面上骤然升起的一颗明星，引来万人瞩目，参观者、效仿者、支援者蜂拥而至，十月社着着实实火了一把。

毛泽东视察后，新合、乌龙、尧辰3个乡的农民再也坐不住了，他们自发联合起来，要求加入十月社。经过紧张筹备，仅过两个月，1956年3月，由尧辰、新合、乌龙3个乡合并而成的新十月社宣告成立。当一种新生事物体现着社会本质、代表着历史前进方向时，它的示范作用是无穷的。下半年，栖霞区就全部实现农业合作化，农民昂首阔步迈上共同富裕的社会主义康庄大道。

新的十月社成立这天，这里洋溢着前所未有的隆重而热烈的气氛。南京军区、中共南京市委、中共栖霞区委领导到成立大会祝贺，南京军区送来当时少有的电话机、电话线、电线杆，并帮助安装电话，还送来4头耕牛和4部新式农具——双轮双铧犁，支援新十月社。上海铁路局南京铁路分局送来课桌椅等可以装备一个中等规模幼儿园的全套设备，还送来当时先进的代步工具自行车。南京军区前线歌舞团也前来祝贺、造势，在新十月社连续露天演出3天。演出时，四乡八集的老百姓都赶来观看，漫山遍野都是黑压压的观众，场面十分壮观。新十月社更加声名鹊起，家喻户晓，其示范效应愈发广泛而深入。在这种社会主义思潮推动之下，不仅是农业，1956年下半年，栖霞区的私营商业、饮食业和服务业也都快速完成社会主义改造，社会主义制度在区内基本建立。

毛泽东视察十月社20多天后即是中华民族的传统节日——农历新年。大年初一、初二，十月社乃至尧辰乡的团员、青年心潮澎湃，激情难抑。他们在乡团总支的组织下，打破过年不能下地、不能动锹的旧习俗，连续两天在十月社植树。每天约500人，举着红旗，扛着铁锹铁镐，背着干粮和水，敲锣打鼓，向毛泽东指点过的荒山岗进发。“姑娘们，小伙子们，响应毛主席的号召，绿化祖国”“响应毛主席的号召，绿化荒山”等巨幅标语在艳阳下舞动，鲜艳的红旗在春风中飘扬，起伏的山野布满植树的人群，铁锹铁镐闪着银光，欢声笑语在新栽的松树间荡漾。这气势何等浩大，这斗志何等高昂！

“天连五岭银锄落，地动山河铁臂摇”。凿石运土，铲草开荒，植树造林，于是，杂草丛生的乱石岗消失了，展现在眼前的是绿油油的庄稼和果树；挥锹挖土，铺路修渠，平整土地，于是，“梳子背”“粽子角”“烧饼田”“油条沟”不见了，呈现在人们面前的是棋盘般整齐的田畦和沟渠。白天，田野里、山岗上人影幢幢，挑水施肥，劳动号子震天动地；夜晚，池塘边、田埂上灯火点点，挖肥泥、筑路的社员干得热火朝天。

“红雨随心翻作浪，青山着意化为桥”。春天，这里茶树绿，菜花黄，桃花红，梨花白，姹紫嫣红；夏天，山岗上桑树、松树浓阴覆地，郁郁葱葱，66公顷的西瓜地里藤蔓如网，绿叶摇曳，西瓜满地；秋天，40公顷果树硕果累累，压弯枝条，“喜看稻菽千重浪”。

与此同时，十月社的工业经济如初生的婴儿，呱呱坠地，茁壮成长。南京第二阀门厂、小炼油厂、树脂厂、十月机电厂、砖瓦厂、塑料厂等十多个社办厂相继建成投产，隆隆的机器声给十月社带来滚滚资金。

毛泽东“组织起来，走集体化的道路，走共同富裕的道路”的伟大号召幻化成十月社壮美的现实，正如社员们自编民歌所唱的那样：“山上绿油油，长江水倒流。年年保丰收，吃穿不用愁。”

毛泽东视察的盛举令十月社人反复回味、终生难忘，尤其是那些和毛泽东握过手、与毛泽东交谈过、接受过毛泽东询问的人，更是把与毛泽东相见当作宝贵的精神财富，珍藏在心中，变成工作、事业的永恒动力。从某种意义上说，这段

位于十月村的毛泽东塑像　　吴国权摄

经历改变了或是决定了他们的命运。他们在创造事业辉煌的同时，也在熔铸着人生的辉煌。

何昌椿、刘桂庭、余福洲、葛宝富、余福珍、吴邦忠等就是这样一群人。何昌椿、刘桂庭、余福洲、葛宝富是社干部，自不必说。后来，何昌椿担任摄山乡党委书记，刘桂庭担任西岗农牧场场长，葛宝富担任十月公社党委副书记，他们都成了主政一方的栋梁。余福珍是一位普通的女社员。毛泽东视察的几天后，她就领着姐妹们扛着镐头、大锹上山，在毛泽东指点过的地方栽下桃树。经过精心护理，70多棵桃树全部成活，破除了流行多年的“女人栽树树不活”的封建迷信。在开荒造田的战斗中，在治山治水的工地上，她一马当先，抢着挑重担、干重活，赢得了群众信赖，先后担任过村党支部副书记、中共南京市委委员、南京市妇联常委等职，还受邀登上天安门参加国庆观礼，受到毛主席的接见。毛泽东到牛房时对饲养员吴邦忠所说的3个字“好好干”，吴邦忠记了一辈子，做了一辈子。他养的牛膘肥体壮，力气大，不生病，是因为他起早贪黑，勤观察，多试验，摸索出给每一条牛定时、定量喂料、饮水，定时排泄的一套方法，在平凡的岗位上做出不平凡的成绩，成为远近闻名的养牛“土专家”。

俱往矣！

岁月的砂轮磨平了十月村人的许多记忆，但毛泽东视察十月社时的魁伟身影、领袖风范却始终鲜活在十月村人的记忆中，历久而弥新。1967年，十月村的老百姓自发筹资并邀请南京工艺美术师朱至耀在毛主席伫立过的山头上竖立起一尊高大、雄伟的毛泽东塑像，以示对这位伟人的爱戴和敬仰。后于2006年扩建成公园，成为南京市第三批文物保护单位。

1976年，毛泽东逝世。此后，每逢毛泽东诞辰（12月26日）、忌日（9月9日）、视察十月社的日子（1月11日），葛宝富等村民都会到这尊塑像前祭奠，不管刮风下雨、酷暑严寒，从未间断。他们向毛泽东塑像敬献鲜花，摆放的供品不仅有水果，还有毛泽东生前的爱好——香烟，这足见十月村人对毛泽东的感情之深。

同年，中共栖霞区委调集吕佐兵、冯亦同、江广玉、何承业、朱大明、夏良锭六人组成写作组，编写《红日永照十月村》一书，并由江苏人民出版社正式出版发行，以纪念毛泽东视察十月村20周年。

1976年，为纪念毛泽东视察十月村60周年，中共栖霞区委组织写作班子，编写《红日永照十月村》一书，由江苏人民出版社出版发行　管秋惠供稿

毛泽东视察十月社，将永远鼓舞着十月村人在实现中国梦的征途上，不忘初心，继续前进！　□瞿志邦

“小网格”构建城市基层党建“大格局”

——南京市栖霞区仙林街道网格化党建调研报告

2016年7月，南京市栖霞区仙林街道党工委被中共中央表彰为全国先进基层党组织。12月12日，中央政治局委员、中央组织部部长赵乐际同志到仙林街道调研，充分肯定街道网格化党建做法，对发挥基层党组织战斗堡垒作用、探索城市基层管理新模式提出要求。省委书记李强同志明确提出，要总结推广仙林经验，推动全省城市基层党建工作整体提升。近期，省委组织部会同市、区委组织部组成联合调研组，深入街道7个社区实地考察，与110多位党员群众面对面交流，个别访谈市、区相关领导干部，现场观摩街道党员群众大会，对仙林街道网格化党建进行了专题调研。现将有关情况报告如下。

一、背景动因

仙林街道成立于2004年，是栖霞区委区政府所在地和仙林大学城核心区，区域面积32.67平方千米，下设7个社区，总人口23万人。辖区内有12所高校、35个小区、9个商业街区、1760个驻街单位。街道工委直属党组织30个、党员905名，区域内在职党员、流动党员过万名。

仙林街道集高校、商业街区、高档商品房小区、拆迁安置房小区于一体，面对城市化快速推进，城市基层党建和基层治理面临许多新的挑战和问题。一是群众诉求复杂多样。在大学城开发建设过程中，外来人口大量迁入，居民构成多样，既有高学历高收入人群，也有外来务工人员，还有拆迁安置群众，群众服务需求呈多样化增长，各种利益关系日趋复杂，物业矛盾、就业矛盾、拆迁遗留矛盾相互叠加。二是社会治理任务繁重。近年来，随着社会治理重心下移，街道社区承接了大量的行政管理和社会治理任务，“上面千条线、下面一根针”，大部分精力都在疲于应付各类行政事务上，服务群众有心无力，很多管理、服务都跟不上。三是区域资源条块分割。辖区内众多高校、单位拥有大量优质资源，但由于管理体制和隶属关系限制，相对封闭、各自为阵。特别是以高校为代表的驻区单位层级较高，街道统筹协调难度比较大，在整合资源开展服务方面，面临“小马拉大车”的困境。四是基层组织功能弱化。街道在国有企业仙林农牧场基础上建成，街道社区干部大多从农牧场职工转岗而来，缺乏群众工作经验，发现解决问题、化解矛盾纠纷的能力不足。现任街道党工委书记上任第一天，就发生了几十人到区委、区政府堵门上访，而基层党组织和党员干部事先却一无所知。这件事情引起了街道党工委深刻反思：街道这么多干部天天都在忙什么？这么多党的基层组织天天又在干什么？这种现象如果发展下去，党和政府的公信力何在？党的执政基础何在？面对这些问题和挑战，在上级党委的指导下，从2010年6月开始探索，持续创新实践，逐步形成“网格连心、服务为先、多元联动、协同发展”的网格化党建模式，走出了一条党建引领城市基层治理的有效路径。

二、基本做法

1.构建沉底到边组织体系，变条块分治为网格集成。适应城市社区空间形态与社会管理服务需求，建立一套结构严密、有机衔接的网格管理体系，把各级组织联起来，把各方力量统起来。一是三级网格连点成面。把辖区划分为7个一级网格、136个二级网格、1760个三级网格。一级网格以社区为基本单位，二级网格根据地域面积、小区楼栋和人口数量进行划分，三级网格具体到驻街各单位，大到容纳万余人的高校和小区，小到个体经营的夫妻店都是一个三级网格。对规模较大的三级网格，继续细分延伸网格层次，实现“横向到边、纵向到底”。二是机构职能整合重构。成立7个“功能型”服务办公室，按基层党建、城建城管、人才商务、经济发展、安全民生、群众工作、文化事业，对街道20多个内设科室职能进行优化重组。每个服务办公室捆绑负责1个一级网格，与社区党组织责任共担、工作共抓。三是组织设置嵌入网格。建立健全与网格相适应的“1+3+N”基层党组织架构，在一级网格设立党委（党总支），下辖社区居民党支部、服务办公室行政党支部、综合（两新）党支部，按照楼栋、商业街区、项目工地、志愿者队伍等分类，设立若干个党小组，把党组织的触角延伸到每个驻街单位、每片小区院落、每处建筑工地、每家五小行业，实现党的组织和工作全覆盖、无遗漏。

2.推行网格一线工作法，变群众上门为干部下沉。针对群众反映“门难进、人难找、事难办”的问题，组织街道社区党员干部下网格、进家门，让“管事的人”来到居民家中，把服务送到群众身边。一是人往格中去。街道领导班子成员每人分管1个一级网格，136名街道社区干部每人负责1个二级网格，驻街单位法人和党员骨干担任三级网格负责人。街道社区干部将“办公室”设在网格，配戴统一的党员标识、工作牌，身穿黄马甲，每天至少巡查网格2次，每季度至少上群众家门服务1次，干部始终处于“上网在线”状态。6年来，坚持每日点评，即时汇总推送网格巡查问题清单督促整改；每周工作小结，梳理一批难点问题，落实专人跟踪整改；每月绩效考评，通过网格自评、上下互评、群众参评，公布网格综合排名，与干部评优奖惩直接挂钩倒逼整改。二是事在网中办。建立网格“十联”工作机制，把街道各项工作梳理整合为网格十项职责，做到区域党建联动、城市管理联抓、公共安全联防、平安法治联创、流动人口联管、群众工作联做、民生保障联帮、科教人才联享、发展平台联办、精神文明联建。每个网格员都是“十联”办事员，对网格事务包干负责，将上面“千条线”收拢集聚到网格这根“针”里。三是服务零距离。常态化开展进万家门、访万家情、送万家暖、结万家亲“四万走访”活动，全面走访辖区3.2万户家庭和1760家驻区单位，对每个走访对象登记造册，实现“一户一档”，动态掌握驻街单位和居民群众服务需求。在小区公示栏、学校宣传栏、店面大堂等醒目处，统一制作悬挂网格服务责任公示牌，实行各级网格负责人姓名、职责、服务承诺、联系方式“四公开”，群众随时随地看得见、找得到。坚持网格员“首问负责制”，对群众反映的问题一办到底，做到一个“黄马甲”就是一个流动的“服务站”。

3.实行源头治理自我管理，变被动应对为主动作为。依托网格化党建模式，加强和改进群众工作，推进基层治理创新，营造运转有序、和谐稳定的社会环境。一是矛盾化解四步走。第一步：信息收集广开渠道，网格内城管协管员、绿化队员、环卫保洁员、小区物管员、建筑工地环保安全员等“十大员”，人人都做信息员；第二步：问题处理就地就快，通过网格当场处理、街道会办处理、领导包案处理、上级部门下访处理，做到第一时间发现、第一时间处理；第三步：跟踪问效事了人和，定期对化解、办结的信访矛盾“回头看”，落实网格人员上门回访，确保不出现反复；第四步：健全机制源头预防，建立群众诉求表达机制、网格巡访问访机制、矛盾化解督查机制，注重关口前移，对苗头性、倾向性问题发现在早、处置在先。二是网格管理全时空。组建街道信息化服务中心，建设集诉求反映、需求征集、网格考评、在线互动等为一体的党建服务网络互动平台。整合银行、商场、交通和治安监控等社会资源，建立区域性视频监控平台。在商业网点、市民广场等人员流动密集场所设立10个“网视通”，群众随时发送语音视频、反映情况，每个网格人员通过手机移动终端实时接收，及时处理反馈。三是群众自治多形式。采取“一下一上”全面发动、“二下二上”征求意见、“三下三上”共同约定的方式，在35个小区普遍订立居民公约，户户签字、人人遵守，引导居民自我管理、自我监督。制定基层群众自治组织依法履行职责事项、基层群众自治组织协助政府工作事项“两份清单”，使居民自治有章可循。建设小区“居民之家”，开展社区提事、党员议事、群众定事，畅通居民参与协作治理的渠道。四是幸福行动促和谐。常年开展网格文化年、网格“家乐汇”和幸福来敲门、幸福手牵手等“五大幸福”行动，组织开展文明小区、文明楼栋、文明家庭、文明商户、文明工地等30多项文明创建活动，引导居民群众自觉践行社会主义核心价值观。在居民小区建成“家风亭”“家风走廊”40多个，贴近群众讲好家风故事、引领家风建设。党员群众自编自演，创作“网格化赞”“仙林美拍”等群众性文体节目100多个，唱响主旋律，弘扬正能量。

4.搭建共驻共建共享平台，变政府独奏为社会合唱。坚持开放融合的区域化党建工作理念，以网格化党建为统领，网聚资源、互联互动。一是打造驻街单位“共同体”。以共同利益、共同需求、共同目标为纽带，与所有驻街单位逐一签订共建协议或共建责任书，建立党建联席会议制度，共同担负加强基层党建、创新社会治理、推动区域发展的责任。发动南京大学、中建安装公司等35个大单位成立“仙林一家亲”协会，自愿出资336万元建立奖励基金，每年评选表彰网格“最美十大员”、仙林“最美的人”、网格“特别贡献单位”，截止目前已奖励3750名居民群众、310个驻街单位。对物业管理评星定级、一月一评，组织居民群众民意测评、物业公司互学互评，考评结果与星级挂钩、街道兑现奖励，调动物业为居民服务的积极性主动性。二是搭建社会组织“孵化器”。按照“党建引领社团、社团服务群众”思路，建立社会治理创新促进中心，同步建立联合党支部，支部书记、中心主任一肩挑，在孵化社会组织的同时培育党员骨干、开展党的工作。引进“同一屋檐下”“帮帮团”等枢纽型社会组织，培育“四点半课堂”“亲近母语”“康宁”等17个社区社会组织，引导335个高校社团融入社区服务，开展助老、助小、助残、助困等各类服务，每年开展惠民活动近千场。三是拓展志愿者“培养链”。采取党组织倡议、党员带头的方式，推选4900多名热心社区事务的志愿者，组建“百事帮”“搭把手”“爱飞扬”等56支志愿服务队，党员志愿者和党员队长比例各占30%、41%，常年活跃在社区，服务在群众身边。建立志愿者培养激励机制，开辟“志愿者—志愿者骨干队员—万家欢志愿总队队员—盯得紧督导队队员—社区兼职副书记或居务监督委员会主任”成长通道，层层递进选拔，点燃志愿者持续发挥作用的热情。

5.注重思想引领示范带动，变外部要求为内心自觉。街道党工委始终突出抓班子带队伍，打造坚强有力的战斗堡垒，激发党员干部创先进争优秀的内生动力。一是做实思想教育。坚持谈心谈话制度，一把手与班子成员、班子成员与网格负责人、党员干部与“网格十大员”经常性开展谈心谈话，及时掌握思想动态，消除思想疙瘩，凝聚思想共识。扎实开展“两学一做”学习教育，坚持“三会一课”“统一活动日”等制度，常态开展“党旗辉映网格行”等主题党日活动，推动党内组织生活严起来实起来。二是主动接受监督。拓宽选人用人渠道，突出党性修养和服务能力，从科室优秀干部中“派”、从专业社会工作者中“选”、从城管物管人员中“聘”、从居民群众骨干中“推”，选好配强基层党组织带头人。选聘老教师、老干部和优秀党员志愿者组建“盯得紧”督导考核队，明确网格监督职责，邀请参加街道网格工作会议、列席工委班子会议，让他们更好地全程知情、全程参与、全程监督党员干部网格工作。每年年初和“七一”召开千人规模的党员群众大会，街道党工委向党员群众和驻街单位报告工作、作出承诺，在相互信任融合的氛围中，更加自觉主动接受群众监督评判。三是凸显先锋形象。街道党工委领导班子时时处处以身作则，带头加强理论学习、带头执行各项制度、带头加班加点吃苦奉献。深化在职党员到社区报到工作，广泛开展党员亮身份、亮承诺、亮行动、亮服务、亮成效“五亮”活动，引导党员比作风看表现、比实干看效能、比创新看能力，使党员亮相在网格、作用发挥在网格。

三、主要成效

1.夯实了基层基础，党的声音“一喊到底”。通过推行网格化党建，党的组织和工作实现了全面覆盖，党建工作从一个个“点”、一条条“线”，有机织成了覆盖驻街单位和居民群众的一张“网”，真正做到哪里有党员哪里就有党的组织，哪里有群众哪里就有党的工作。佩戴党员标识、身穿“黄马甲”的党员干部全天候活跃在网格中，当好党的政策“宣传员”、服务群众“贴心人”，群众可以随时随地找到党的组织、看到党的形象、听到党的声音，网格成了传递党委政府声音的“小喇叭”。在街道，处处可以感受居民群众对党衷心拥护、充满真挚感情。十八大以来，中央每次全会闭幕后，社区党员都自发以诗朗诵、打快板、歌曲联唱等群众喜闻乐见的形式，把中央精神第一时间传到千家万户。

2.整合了资源力量，职能任务“一网打尽”。在不加编制、不变职级的前提下，网格化打破以往街道科室职能界限、改变传统层级分工关系，实现网格、服务办公室、社区合而为一，各类资源力量整合到网格，上面的“千条线”要求、群众的多样化需求实现有效承接。136名街道社区干部每人负责一个网格，“十联齐发”各项工作一把抓，解决了以往科室2~3名干部负责条线工作管不细、管不住的问题，改变过去你管你的、我管我的工作方式，形成了“我为大家干、大家帮我干”良性格局，促进街道工作协调发展、整体提升。实行网格化管理后第二个月，城市管理工作就由原来的全市月度考核第23名跃升到第二名，之后连续62个月蝉联第一。

3.实现了多元共治，推进工作“一呼百应”。以网格为平台，将街道社区、驻街单位、物业公司、社会组织等各类组织有效凝聚起来，产生了聚合效应，每个单位不论层级、不论规模、不论性质都是社区建设的参与者、推动者、受益者，形成了"其乐融融一家亲"浓厚氛围。实施网格化之前，街道开展工作，驻街单位往往喊不动、叫不来，甚至干部上门走访，有的单位还反问："街道来找我干什么？"这几年，"社区是我家、建设靠大家"理念深入人心，街道社区有需求一喊就到，各单位有钱出钱、有力出力。南京大学主动拿出1200多平方米用房无偿提供给街道作为社区服务中心。栖园小区物业经理说，"街道社区不管是开会也好，还是搞活动也好，打个电话、发个信息，我们一定来！"

4.促进了区域和谐，党群关系"一网情深"。建立服务下沉机制，零距离、全方位地做好为民服务工作，打通了联系服务群众的"最后一公里"，密切了党群干群关系，推进了党员干部和群众之间、物业和业主之间、邻里之间的情感融合，大家互相包容、互相体谅、互相支持。一些居民群众深有感触地说，以前楼上下不来往、门对门不认识，现在有事搭把手、有难大家帮，家家户户都和和美美，住在仙林很幸福。网格化既是一张服务群众的"连心网"，又是一个化解矛盾的"减压阀"，实现小事不出网格、大事不出社区、突发事件不出街道。6年来，累计帮助群众解决实际问题2万多件，连年保持进京、赴省、去市、到区"4个零上访"，群众满意度长期保持在95%以上。

5.提升了能力素质，党员干部"一专多能"。网格化把每个党员干部职责定格在网格上，划分责任区、明确责任事、落实责任人、严格责任制，网格不仅是锻炼培养干部的有效途径，也是检验干部能力作风的重要标尺。以往干部各管一条线，业务能力单一，通过网格这片责任田，每个干部各项工作都要会做、各种情况都要处理、各项任务都要落实，眼界思路不断拓宽，能力水平全方位提升，由"条线专才"变成了"网格通才"。原来有的干部连居民家的门都敲不开，现在与群众走在一起、聊在一块、打成一片。仙林街道党员干部个个都是"多面手"，人人都能独当一面，近5年，11名干部被市、区提拔使用，53名一般工作人员被选拔进社区"两委"班子。

四、经验启示

仙林街道网格化党建经验是我省深入学习贯彻习近平总书记系列重要讲话特别是视察江苏重要讲话精神、持续加强街道社区党建工作的集中体现，也是近年来基层党组织发挥党建龙头作用、推动社会治理创新的典型范例，具有很强的示范意义和推广价值，给我们带来以下启示。

1.必须以习近平总书记系列重要讲话精神为指引。党的十八大以来，以习近平同志为核心的党中央对治国理政提出了一系列新思想新论断新要求。街道社区是党在城市工作的基础，是贯彻落实党的方针政策的最后一环。仙林街道党工委在推进网格化党建工作中，始终坚守忠诚之心，切实增强"四个意识"特别是核心意识、看齐意识，总书记每次重要讲话发表后，街道党工委都及时组织党员干部认真学习领会，把总书记重要讲话精神印在党员干部工作记录本和民情日记扉页上，做到跟进学、时时悟。每年都根据中央和上级最新要求理思路、定目标，确定年度重点任务，在网格中推进落实。实践证明，加强街道社区党建工作，要把习近平总书记系列重要讲话精神作为根本遵循，确保各项工作方向正确，推动中央和上级精神要求一贯到底、落地生根。

2.必须依靠群众、服务群众、办好群众的事。街道社区身处联系服务群众的第一线，要坚持把广泛组织和发动群众作为基本方法，把服务群众做群众工作作为主要任务。仙林街道积极践行全心全意为人民服务的根本宗旨，坚持党的群众路线，大胆改革、积极探索，在网格中汇集力量、凝聚民心，以为群众做实事办好事解难事的实际行动，赢得了群众广泛支持，获得了驻街单位一致赞誉。实践证明，加强街道社区党建工作，要始终把群众放在心中最高位置，把党的宗旨融入思想灵魂、化为自觉行动，依靠群众做群众工作，请群众参与、受群众监督、让群众满意。

3.必须突出问题导向，以改革创新的精神推进工作。问题是时代的口号、是工作的突破口。基层党建工作面临新形势新课题，需要我们结合实际创新、适应办法改革。仙林街道坚持从一个个现实具体的问题入手，创造性地把网格化理念运用到基层党建工作中，通过组织设置嵌入网格、职责任务落在网格、党员干部下沉网格、各方力量共建网格等创新举措，较好解决了群众难发动、资源难整合、利益难协调等老大难问题，促进了基层党建与基层治理的有效融合。实践证明，加强街道社区党建工作，要切实强化问题意识，善于发现问题、敢于直面问题、勇于解决问题，聚焦重点难点，拿出改革创新的真招实招，持续改进方法、载体和机制，推动基层党建工作不断取得新突破新成效。

4.必须坚持苦干实干，始终做到敢担当、争一流。敢于担当是共产党人的鲜明品格，是共产党人勇往直前的精神动力。做任何事情，既要有勇攀高峰、争先进位的目标追求，也要有抓铁有痕、踏石留印的实干精神。仙林街道党工委班子坚持困难面前不退缩、矛盾面前不回避、成绩面前不止步，真抓实干、久久为功，取得全国先进基层党组织、全国文明单位、全国和谐社区建设示范街道、全国安全社区等16项国家级荣誉后，进一步提出"不忘初心、做常青树"，不断自我加压、砥砺奋进。实践证明，加强街道社区党建工作，要把全面从严治党的责任扛起来，以钉钉子精神把工作抓到位，坚持一件一件抓、抓一件成一件，积小胜为大胜，努力实现基层党建工作全面进步全面过硬。（江苏省省市区联合调研组）

重要文献

Important Literature

南京长江第四大桥　　杨轶绘

◎责任编辑　王旭东

区委工作报告

区委书记　邢正军

2016年12月26日

一、今年主要工作回顾

今年是“十三五”发展开局之年，也是区委换届之年。我们在以习近平同志为核心的党中央和省、市委坚强领导下，团结带领全区干部群众全面落实党的十八大和十八届三中、四中、五中、六中全会精神，深入贯彻习近平总书记系列重要讲话精神，坚持稳中求进工作总基调，自觉践行新发展理念，深入开展“两学一做”学习教育，扎实推进“强富美高”新栖霞建设，经济社会保持平稳健康发展，圆满完成了全年各项目标任务。

（一）经济发展稳中向好，“十三五”实现良好开局。主动适应经济发展新常态，着力加强对经济运行的分析预测与风险应对，在供给侧结构性改革、“招大引强”、项目建设等方面展开了一系列新布局、推出了一批新举措，取得了实实在在的成效。预计实现地区生产总值920亿元、同比增长9%，一般公共预算收入112亿元、同比增长24.1%，增幅均超过全市平均水平；规上工业企业总产值2391亿元，利润增长快于主营业务收入增长；社会消费品零售总额239亿元、同比增长10%。华侨城文化旅游等一批重点项目签约落户，蔚来汽车等85个亿元以上项目开工建设，正大天晴医药产业园等17个重点项目竣工、投产，预计完成全社会固定资产投资603亿元、同比增长9.5%，其中民企投资超过五成、同比增长12%。以现代服务业为战略重点，着力打造海港枢纽、文旅休闲、服务贸易、创投基金等服务业集聚区，预计实现服务业增加值350亿元、同比增长11%，占GDP比重较去年提高2.4个百分点。以先进制造业为重要引擎，促进传统优势产业升级和智能制造产业发展，预计实现战略性新兴产业主营业务收入1880亿元、同比增长5%左右。以现代农业为增收致富重要途径，新增高效设施农业1280亩，培育新型农业经营主体15家，农业基本现代化水平居全市前列。努力提高开放型经济质量，新引进外资项目49个，预计完成实际利用外资近6亿美元，地方外贸出口41亿美元，服务外包执行额3.1亿美元。

（二）产业结构持续优化，转型升级步伐加快。紧紧扭住科技创新这一主线，加快转化发展动能，努力促进经济在平稳健康发展中提升质量和效益，区域创新浓度不断提高。认真贯彻中央、省市科技创新大会精神，制定培育发展创新型经济“1+3”政策文件，英国石墨烯创新中心、地平线人工智能研发中心等一批优质项目签约落户。企业创新主体活力得到有效释放，新增高新技术企业45家，总量达到177家，预计实现高新技术产业产值1700亿元、同比增长5%左右；新认定省民营科技企业60家、省科技型中小企业64家；规上工业企业研发经费投入38亿元、同比增长11.8%。“双创”载体建设迈上新台阶，南京大学国家级“双创”示范基地核心启动区落户南大科学园，15家众创空间通过市级以上备案，成功创建“省级现代农业科技园区”。科技成果转化力度得到加强，新增产学研合作项目60个。知识产权应用水平不断提高，发明专利授权850件、同比增长42.9%，万人有效发明专利拥有量38件、同比增长35.7%。全面实施“创业栖霞”人才计划，建成创业综合服务平台，6人入选国家“万人计划”，1人获评“省服务业专业人才特别贡献奖”。发挥金融杠杆作用，发行企业债196亿元，基金规模达100亿元，累计投资科技型企业11.7亿元。

（三）集聚资源激发活力，改革创新深入推进。贯彻落实中央和省市全面深化改革决策部署，制定出台《区委全面深化改革领导小组2016年工作要点》，年度20项重点改革任务圆满完成，20项重点创新项目成效明显。综合执法改革被中编办列为基层试点，“院府合作”项目获得省委领导批示并发文全省推广，事中事后监管得到国家工商总局充分认可。持续推进政府职能转变和机构改革，“两级政府、三级管理、权责一致”的治理体系更加完善。放大融合优势，厘清责任边界，进一步优化开发区托管街道的体制机制。调整园区管理体制，重点科技产业园区资源得到有效整合，金港科技创业中心获评国家A级科技企业孵化器，紫东国际创意园入选“江苏省重点文化产业园区”，生命科技创新园获得“市级留学人员创业园”称号。全市首推“全科政务、联网联办”改革，14项特色服务实现区、街、社区38个服务窗口无差别办理，群众办事更加便捷。深化商事制度改革，“多证合一、一照一码”登记模式和个体工商户“两证合一”全面推行，新设立私营企业5900多家、个体工商户4900多家，同比分别增长37%和19%。社会治理方式不断创新，发挥“信息化+”的优势，试点“掌上社区”治理模式，实现线上线下协同治理。农村改革持续深化，启动农村土地不动产登记试点，完成土地承包经营权确权登记颁证工作。建立农村集体资产“一个模式、一套制度、一个系统”管理方式，农村“三资”运作更加规范。全面完成仙林鼓楼医院混合所有制重组改革，交通、水务一体化改革顺利推进。

（四）城市品质持续提升，生态环境不断改善。充分发挥规划引领作用，不断优化功能布局，新型城镇化和城乡发展一体化深入推进。坚持产城融合发展理念，栖霞山禅意小镇、紫东创意小镇被确定为南京市首批市级特色小镇，龙潭“水一方”、西岗桦墅村生态品牌效应逐步显现。仙林副城全面实施城市品质提升计划，新尧新城公建配套设施更加齐全，燕子矶新城“六横六纵”道路格局初步形成，龙潭新城70万平方米安置房竣工交付。制订交通堵点整治计划，开展312国道快速化改造、红山南路东延二期等前期工作，路网布局更加完善。加快重点水利工程建设，九乡河治理应急工程进度过半，便民河综合整治一期、农田水利重点片区三期等工程基本竣工。结合新一轮土地规划修编，完成城市周边永久基本农田划定，加强城市设计，推进“多规融合”。提升精细化管理水平，道路机扫率达90%，垃圾分类覆盖率达80%，在全市城市治理月度考核中持续保持领先。深入践行绿色发展理念，把生态文明建设作为全面小康的重要标杆。铁腕治水初见成效，国考、省考断面全部达标，南十里长沟二支、三支、幕府山沟基本消除黑臭，完成24个排水达标区创建、13个小区二次供水改造，集中式饮用水源地100%达标。落实大气污染治理举措，对95个环境突出问题进行整治，淘汰黄标车2200余辆，空气质量达标比例69.9%，居六城区第一；PM2.5平均浓度同比下降19.6%，降幅居六城区第一位。深入推进节能减排，完成重点电力、水泥企业超低排放、综合脱硝等技术改造。大力开展造林绿化，新增造林面积1661亩，全区林木覆盖率达32.7%。

（五）社会事业协调发展，群众获得更多福祉。始终坚持民生为先，全面完成20项惠民实事工程。推进稳就业促增收，新增城镇就业超过2万人、创业带动就业8200多人，城乡居民人均可支配收入分别达4.84万元和2.3万元，同比分别增长8.5%和9%，增幅位居全市前列。实施精准扶贫，增强经济薄弱村“造血”功能，全面开展党员干部结对帮扶低收入农户。完成43万平方米棚户区改造、30万平方米小区出新，新竣工保障性住房130万平方米。医疗服务质量显著增强，栖霞区医院成功创建“二级甲等医院”，并与省人民医院实施新一轮“院府合作”，三级康复链成功试点推广，市妇幼保健院北院开工建设。教育布局更加均衡，中考成绩超全市均分实现历史突破，举办“互联网+教育”产业发展论坛，学前教育荣获全市改革创新奖。养老服务水平持续提升，社区居家养老服务站“医养融合”率达100%，法国欧葆庭、钟山颐养园等中高端养老服务项目有效带动了区域养老产业多元化发展。加大政府购买公共服务力度，全区每万人拥有登记注册社会组织数20.79个，继续保持全市首位。档案信息化建设取得突破，建成全省首家国家级数字档案馆。深入践行社会主义核心价值观，持续选树道德模范、“身边好人”，加快书香城区建设，开展“活力仙林”系列活动，地区人文活力不断提升。严格执行《安全生产法》，安全生产形势总体平稳。成功抵御长江流域性特大洪水，全区人民团结一心、严密防守，夺取了防汛抗洪的全面胜利。

（六）民主法治稳步发展，社会大局和谐稳定。加强党对人大、政协工作的领导，顺利完成新一届区人大代表换届选举和政协委员推荐考察工作。充分发挥驻区高校人才资源优势，建立区域统战新格局。增强商会组织活力，完成工商联换届工作，构建“亲”“清”政商关系。推进依法治区，成立区法学会，全面启动“七五”普法，强化领导干部尊法学法守法用法，实施法官、检察官员额制改革。落实全市街道工会建设实施意见精神，各街道成立总工会，更好地维护职工群众利益。区域化团建工作获团中央认可，顺利通过社会力量参与服务社区重点青少年群体试点验收。支持区妇联深化家庭、家教、家风建设，以家庭文明促进社会和谐。深入开展第六轮“春风化雨”握手行动，做好流动人口管理，侵财性案件发案同比下降31%，公共安全感达93%，保持了社会和谐稳定的良好局面。加强党管武装工作，深入开展“双拥在基层”活动，17家单位、12名个人分别获得创建全国双拥模范城有功单位和有功个人称号。

（七）全面从严管党治党，党的建设得到加强。系统学习党的十八届六中全会精神，筑牢“四个意识”，在思想上政治上行动上同以习近平同志为核心的党中央保持高度一致。举行建党95周年纪念庆祝活动，扎实推进“两学一做”学习教育，开展多种形式的亮身份、树形象“三比三争”活动，争做“四讲四有”合格党员。仙林街道工委被评为“全国先进基层党组织”，中组部专题调研，“仙林模式”全面推广；微视频《坚守平凡》《共产党员郭凤萍》分别荣获全省党员教育微视频大赛一等奖和全省党史优秀成果奖，在新栖霞建设中发挥了先锋模范作用。圆满完成区委换届工作，理清了发展思路、描绘了宏伟蓝图，中央换届风气巡回督查组给予充分肯定。加强区委常委会自身建设，完善“三重一大”事项决策和监管制度，不断提高常委会科学、民主、依法决策水平。健全从严管理干部制度体系，制定进一步规范科级干部管理工作的意见，让年轻干部在实践中经受磨炼、增长才干。加强基层组织建设，成立社会组织党委，完成739个基层党组织换届选举，选派10名优秀机关干部到经济薄弱村任“第一书记”，班子能力得到有效提升。创新党建品牌，评选首批“十大党建品牌村居”。坚决落实党风廉政建设“两个责任”，启动区委首轮巡察工作，专职配备街道纪工委书记，把纪律挺在前面，抓早抓小、防微杜渐。持续抓好中央“八项规定”精神的贯彻落实，严格执行《准则》《条例》《问责条例》，对12名履职不到位、工作监管不力的责任人进行问责处理。坚持有案必查、有腐必惩，全年核实违纪线索116件，查办81人。

在取得成绩的同时，我们也清醒地看到在改革发展过程中面临的挑战和存在的问题，主要是：宏观经济环境复杂多变，内生增长动力仍显不足，经济下行压力依然较大，产业转型升级任重道远；环境保护、民生保障、基础设施等领域仍有不少短板，尤其是改善大气、水环境质量任务较重，城乡居民增收难度加大；党要管党、从严治党需要进一步加强，个别干部作风不实，慢作为、不作为等现象仍有发生。应对挑战、抵御风险、改进工作，必须紧密团结在以习近平同志为核心的党中央周围，切实抓好中央、省市各项决策部署的贯彻执行，统一思想、统一意志，求真务实、敢于担当，不断推动全区经济社会发展取得新成效。

二、奋力推进全面从严治党迈上新台阶

党的十八届六中全会，深刻分析了全面从严治党面临的形势和任务，系统总结了近年来特别是党的十八大以来全面从严治党的理论和实践，制定了新形势下党内政治生活的若干准则，修订了党内监督条例。省委、市委全会分别审议通过了关于学习贯彻党的十八届六中全会精神深入推进全面从严治党的决议，全区各级党组织和广大党员干部要按照省委、市委的部署要求，牢固树立"抓好党建是最大政绩"的理念，坚持把纪律和规矩挺在前面，不断完善党内监督制度，严厉惩治腐败，纠正不正之风，打造政治生态上的绿水青山。

（一）从严抓好思想教育。坚定理想信念是开展党内政治生活的首要任务。要强化理论武装，深入推进"两学一做"学习教育，深入领会党的十八届六中全会重大政治成果、思想成果、制度成果，深入学习习近平总书记系列重要讲话特别是视察江苏重要讲话精神，系统地读原著、学原文、悟原理，在真学真懂真信真用上下功夫。要加强党的宗旨教育、党风党纪教育和党史教育，着力提高党性修养，始终保持共产党人的政治本色。要发扬理论联系实际的优良作风，深刻领会党中央治国理政的新理念新思想新战略，学用结合、知行合一，全力做好经济社会发展各项工作。

（二）严肃党内政治生活。党内政治生活是解决党内矛盾和问题的"金钥匙"，是党员干部锤炼党性的"大熔炉"，是纯洁党风政风的"净化器"。要严格执行民主集中制，充分发扬民主，鼓励讲真话、讲实话、讲心里话；善于进行正确集中，防止议而不决、决而不定。要坚持"三会一课"制度，抓好专题民主生活会和领导干部双重组织生活会，开展严肃认真、积极健康的思想斗争，不断清除党内各种政治灰尘和政治微生物。要畅通党员参与讨论党内事务途径，拓宽党员表达意见渠道，试行党员旁听基层党委会等做法，促进党内生活制度化、常态化、规范化。

（三）加强基层组织建设。党的执政根基在基层，党的工作最坚实的力量支撑也在基层。要深化基层服务型党组织建设，在全区深入开展向仙林街道党工委学习活动，推广"1+3+N"网格化党建模式，建好建强党在基层的战斗堡垒。要加强基层党务工作者能力建设，常态化开展软弱涣散基层党组织整顿。要抓好园区、楼宇、非公等重点领域党建工作，实现组织覆盖与特色打造同步推进。要深化地方党建与驻区高校、央企党建的联系互动，探索成立党建联盟，打造党建创新点和发展增长点。

（四）切实选准管好干部。我区将在明年初完成区人大、政府和政协换届选举工作，这是全区政治生活中的一件大事，要严格把好人头关、质量关、纪律关、程序关，营造风清气正的换届环境。发挥领导干部表率作用，从区委常委会做起，从各级"一把手"做起，增强标杆意识、表率意识，形成一级做给一级看、一级带着一级干的良好氛围。坚持"20字"好干部标准，抓住想干事、敢干事这两个关键点，优化干部配备结构，选拔优秀干部到"四个一线"经受锻炼，着力打造一支"有定力、善创新、敢担当、重实干、守规矩"的干部队伍。坚定不移地狠抓作风建设，对于媒体曝光、反复投诉、明察暗访中发现的问题要一查到底、逐条整改。严肃问责并曝光一批办事拖拉、推诿扯皮的反面典型，切实让失责必问成为常态，让担责尽责更加自觉。建立健全容错纠错机制，为敢于担当的干部担当、为敢于负责的干部负责。

（五）织密筑牢监督体系。各级党组织要牢固树立"抓好党建是本职、不抓党建是失职、抓不好党建不称职"的观念，严格执行"一岗双责"，用好巡察"利剑"，打通全面从严治党"最后一公里"。要落实好谈心谈话、个人重大事项报告等重要工作制度，完善权力运行制约和监督机制，扎牢制度的"笼子"。各级纪检组织要切实担负起党风廉政建设监督责任，把监督执纪问责落实到日常管理中、下沉到基层组织中，综合用好监督执纪"四种形态"，让"红脸出汗、咬耳扯袖"成为常态。要紧盯"四风"隐形、变异问题，锲而不舍落实中央八项规定精神。始终保持惩治腐败的高压态势，从严查处顶风违纪行为，推动全面从严治党向基层延伸。

三、明年工作总体要求和主要任务

明年是实施"十三五"规划的重要一年，是供给侧结构性改革的深化之年。中央和全省经济工作会议明确提出把坚持稳中求进作为工作总基调，将继续实施积极的财政政策和稳健的货币政策，为经济增长注入持续动力。总体来看，明年经济社会发展将继续保持稳中有进、稳中向好的态势。在以供给侧结构性改革为主线的政策引领下，深化改革、民生改善、社会治理等关键领域将进一步释放发展活力，我们要抓住改革契机，以问题为导向，推动各项任务落细落小落实。随着"一带一路"、长江经济带等重大国家战略的深入实施，扬子江城市群的正式启动，宁镇扬同城化的加快推进，栖霞迎来了城市大发展、大建设的重要机遇。浦仪公路、和燕路过江通道以及地铁6号线、7号线等一批交通重点工程明年开工建设，对外"大交通"格局初步拉开，为我们发挥接南连北、承东启西的区位优势，提供了战略空间。"共抓大保护、不搞大开发"的长江经济带发展基调以及"两减六治三提升"的环保专项行动，进一步倒逼我们持续改善生态环境质量、解决突出环境问题，我们要在上一轮环境综合整治打下的良好基础上，顺势而为、乘势而上，下决心补齐生态短板、擦亮城市"门户"，还绿水青山的栖霞底色。全区上下要聚力聚焦、突破重点，把握机遇、发挥优势，争取更大发展主动权，不断开创发展新局面。

明年全区工作的总体要求是：全面落实党的十八大和十八届三中、四中、五中、六中全会精神，深入贯彻习近平总书记系列重要讲话精神，按照中央、全省经济工作会议和省市党代会部署要求，统筹推进"五位一体"总体布局和协调推进"四个全面"战略布局，坚持稳中求进工作总基调，牢固树立和贯彻落实新发展理念，适应把握引领经济发展新常态，坚持以提高发展质量和效益为中心，以推进供给侧结构性改革为主线，锐意改革创新、全面转型升级，全力做好稳增

长、促改革、调结构、惠民生、优生态、防风险等各项工作，推动全面从严治党迈上新台阶，促进经济平稳健康发展和社会和谐稳定，在高水平全面建成小康社会上迈出坚实步伐，以优异成绩迎接党的十九大胜利召开。

明年经济社会发展主要预期目标是：力争地区生产总值、全社会固定资产投资、一般公共预算收入、城乡居民人均可支配收入均增长9%以上。做好明年工作，要重点做到“七个突出、七个着力”。

（一）突出“招大引强”，着力提升经济增长新质效。栖霞能否在“十三五”时期争取经济社会发展的主动权，项目至关重要。我们必须优化招商意识、增强服务意识，始终保持一股再抓大项目、再上好项目的热情和定力，狠抓“招大引强”不放松。一要提高项目招引成效。健全完善产业链招商机制，根据产业定位，密切关注世界500强、大型央企、知名民企的投资意向，全方位、多渠道开展招商选资。聚焦“三大三新”产业，实施精准招商，着力引进一批商业模式优、规模效益好、引领作用大的行业龙头项目，力争全年招引亿元以上项目55个。要通过市场化运作，探索筹办具有栖霞特色的载体活动，放大栖霞投资环境、吸引优质资源集聚，切实把信息变成项目、把意向化为成果。基金是发展活力的象征、创业环境的体现，要瞄准千亿产业基金、百亿创投基金的目标，做好省沿海开发等重点基金的引进工作，打造基金产业集聚区。发挥区内现有基金的杠杆效应，吸引更多优质企业进驻栖霞，为产业补链、强链。二要强化项目服务保障。认真当好“店小二”，大力扶持实体经济发展，开展“企业精准走访”活动，找准制约企业发展的“堵点”和“痛点”，通过简政放权、减税降费、优化服务，降低企业负担，让企业家放手放心做大做强企业。按照“一个项目、一位领导、一套班子”的推进机制，严格执行“挂表作战”、“解难题”等制度，将任务细化到月、责任到人，力争月月有重大项目开工、竣工和投产。确保华侨城文化旅游、德科码等一批重点项目尽快开工建设，蔚来汽车、联东U谷等一批项目年内竣工、投产。有序推进PPP、EPC等项目试点，创新资金筹集使用模式。三要推动园区转型升级。高水平推进园区平台建设，加速完善园区管理机制，加紧落实各项扶持政策，鼓励支持园区探索体制创新、功能创新，全力打造创新发展新高地。开发区要突出产城融合，加快东区城市化进程，吸引重大项目集聚，打造一流产业新城。紫东国际创意园要立足文创产业基础优势，推动产业融合发展、创新发展、开放发展。金港科创园要不断提升创业创新环境，打造产学研集中区、高层次人才集聚区和高科技企业孵化基地。生命科技创新园要加大全产业链和龙头企业招商，实现项目数量、质量双提升。街道园区要突出提质增效，加速向专业化、特色化园区转型，着力破解“低小散”格局。

（二）突出结构调整，着力增创转型升级新优势。全力加快转型升级、结构调整步伐，推动产业加速迈向中高端，不断增强区域发展综合竞争力。一要着力培育新兴产业。新兴产业是转型升级的“生力军”，要准确把握科技发展前沿领域和产业发展最新动向，密切关注国家重点发展产业和支持引导的最新技术，着力提升“三大三新”产业高端化、智能化、规模化水平，高新技术产业产值占规上工业比重达70%以上。实施“瞪羚”企业培育计划、“四上”企业倍增计划、拟上市企业孵育计划，在政策、资金、投融资、市场开拓等方面给予最大程度的扶持，力争新增“四上”企业150家以上、上市企业5家以上、高新技术企业10家以上。扩大液晶谷产业规模，大力引进集成电路、整机制造等龙头企业，打造具有较强自主创新能力和国际竞争力的产业集群。深入实施“互联网+”行动计划，推动移动互联网产业基地、物联网产业基地集聚发展，引育一批领军企业，力争全区互联网产业主营业务收入同比增长10%以上。二要扩量提质现代服务业。把繁荣发展服务业作为提升区域经济转型升级的重要路径，坚持产城融合、文旅融合，确保服务业增加值增长10.5%以上。加快建设金鹰奥莱城二期、羊山风情街等重点项目，培育壮大招商花园城、万谷慧等现有商圈，适时出让仙林、尧化等商业地块，提升区域辐射功能。推进中建大厦、高创大厦发展，让楼宇经济构筑城市竞争的“新蓝海”。加快特色小镇规划建设，发挥各小镇在产业基础、人文底蕴、资源禀赋等方面的优势，全面改善区域综合服务功能和人居环境。大力发展文化休闲旅游等综合服务业态，不断提升幕燕滨江风光带、栖霞山等景区形象，开工建设滨江公园二期、完成禅修主题宾馆一期等重点项目。三要改造提升传统农业。完成八卦洲总体规划报批工作，集中力量举办好高水平的农业嘉年华活动，打造长三角地区乃至全国现代都市农业典范。加快调优农业结构，强化耕地和基本农田保护，提高农业现代化水平，新增高效设施农业1000亩以上。全面开展农村集体资产清产核资，推进以资源资产化、资产资本化、资本股份化为重点的股份合作制改革。规范运行农村产权交易平台，加快培育新型职业农民，大力发展新型农业经营主体，增强农村发展活力。高标准推动美丽乡村建设，优化乡村旅游配套，促进基本公共服务均等化。

（三）突出改革创新，着力培育加快发展新动能。改革创新是引领经济发展新常态的开路先锋，要全面深化改革，强化创新驱动，扩大对外开放，不断增强发展的动力源泉。一要狠抓改革攻坚突破。继续推动政府职能转变，按照前端放权便民、监管同步跟进、执法提质增效的思路，持续深化“放管服”改革，促进审批制度改革、分类监管改革、综合执法改革同步发力。全面实施“双随机、一公开”监管，推进失信行为联合惩戒制度创新，加快信用体系示范区建设，营造良好的发展环境。深入实施“互联网+政务服务”，通过全域联网联办、上门代办等便捷服务，实现就地高效审批。完成区政务服务中心建设，审批、备案窗口全面进驻。有效整合“12345”“96106”和综合执法三个中心，构建三位一体的综合指挥体系。加大工作创新力度，持续深化安全生产、能源管理、社会治安、食品安全等重点领域的标准化、信息化建设，形成更多具有栖霞特色的改革创新成果。二要强化科技创新支撑。发挥“近水楼台先徥月”的优势，深度推进与高校的合作，大力开展与科研院所的对接，组织机关干部到高校、科研院所挂职锻炼，充分释放创新策源地的优质资源，使更多产学研项目在栖霞落地。用好培育发展创新型经济"1+3"政策，通过政策的"深刺激"和"强刺激"，构建激励创新、推动创业的浓厚氛围，提升创新创业的栖霞浓度，力争全社会研发投入占GDP比重达4%。启动仙林科技城发展战略研究，初步形成"双创"指数指标体系，探索园区、高校、企业耦合联动发展路径。加快南大"双创"示范基地建设，共建"科技成果转化平台"，吸引一批"高精尖"项目落户。开放共享创新创业资源，发挥好紫丁香、飞马旅等一批众创空间作用，再打造一批"布局合理、特色鲜明、集约高效、错位互补"的众创空间。稳步推进"创业栖霞"人才计划，完善高层次人才创业服务中心职能，引进各类高层次创业人才100人以上，着力打造人才创业服务业集聚区，让人才活水源源不断地涌向栖霞。三要坚持对外开放发展。主动对接融入"一带一路"国家战略、扬子江城市群发展，积极争创宁镇扬同城化先行区、核心区，全面提高对外开放水平。提升外资利用质量，鼓励引导驻区企业加大国际市场开拓力度，推进国际化发展。以江北新区服务贸易"十条政策"为基础，制定配套政策，打造八卦洲服务贸易创新试验区。增强龙潭综保区竞争优势，提升跨境电商发展水平，提高物流通关效率，积极申报自贸区，构筑全方位开放新格局。

（四）突出产城融合，着力打造宜业宜居新环境。顺应城市工作新形势、改革发展新要求，不断提升新型城市化发展水平。一要提升城市功能品质。更加注重以人为本、生态优先、统筹兼顾、精益求精，加快城市建设。高标准、全方位完善仙林地区景观形态，万达茂室内游乐场、学则路商业广场等重点项目竣工封顶，建成仙林公交停保场东场站、仙林湖社区服务中心等配套项目。加快地铁小镇西岗片区开发进程，完成危旧房拆迁，全面拉开建设框架。继续提升尧化地区生态环境和城市品质，注重培育新经济增长点。迈皋桥地区要完成老旧楼宇升级改造，推进总部经济和商务载体重点区域建设，打造税收"亿元楼"。燕子矶地区要在加快片区改造的同时，引进商贸服务业项目，实现区域转型升级。马群地区要基本完成城中村改造，狠抓窗口地区环境整治，打造南京美丽"东大门"。龙潭地区要扩展新城建设空间，变"项目等土地"为"土地引项目"。二要推进城市有机更新。深入实施"两整治两提升"工程，完成198万平方米棚户区改造，33万平方米小区出新，农村危房应改尽改，让市民居住安全得到保障，居住条件进一步改善。把城市畅通作为重要目标，找准堵点，查准病因，实施红山南路东延二期、312国道快速化改造等道路工程，构建互联互通综合交通网络。推动轨道交通建设，全力保障地铁1号线北延、地铁7号线进场施工。紧紧围绕群众反映的出行难、停车难等问题，新增优化一批公共自行车站点、公交线路，提高公交覆盖率和出行分担率。坚守工程质量、抓牢施工安全，把每一项工程都建成精品工程。继续深化星级物业评比，完善财政补贴与考核奖惩机制，促进物业管理水平得到提升。强化城市精细化管理，确保城管考评稳居全市前列，环境更加整洁有序。三要改善城市生态环境。开展好"两减六治三提升"专项行动，不断提高项目引进的环保门槛，健全"大环保"联防联控机制，拿出坚决有力的举措补齐环境短板。持续推进工业布局调整，加快推动烷基苯厂等企业搬迁工作，大力实施金陵石化周边中小企业综合整治，加强对搬迁地区的整体规划和统筹开发，确保万元工业增加值综合能耗、非工企业碳排放分别下降3%以上。以铁的决心、铁的意志、铁的措施，打赢水环境整治攻坚战，排水达标区创建全域覆盖，建成区基本消除黑臭水体。完成九乡河治理应急工程建设，提升区域生态景观功能和防洪能力。深入实施"蓝天工程"，加强工业废气、城市扬尘治理防控，下更大力气降低PM2.5浓度，确保空气质量优良率在全市领先。高度重视土壤污染防治，做好搬迁企业和废弃露采宕口生态修复工程。积极借鉴成功经验，有序实施新城新区海绵城市、综合管廊、绿色步道建设，有效改善城市环境。

（五）突出优质均衡，着力谱写民生幸福新篇章。坚持问题导向、需求导向，认真办好十件民生实事，不断增强群众的获得感。一要拓宽增收渠道。扎实推进就业促进计划和创业带动计划，健全劳动者终身职业技能培训制度，做优做强与地区产业相契合的特色培训，全年新增城镇就业1.1万人以上、扶持自主创业1300人以上，保持居民收入增长与经济增长同步，切实让百姓的"口袋"鼓起来。创新帮扶路径，健全帮扶机制，加大社会救助力度，实现帮扶由"输血"向"造血"转变，所有经济薄弱村稳定收入过百万，扶贫开发对象脱贫比例达30%。二要完善公共服务。深入开展新一轮"院府合作"，加快市妇幼保健院北院建设，实现社区康复体系全覆盖。强化全科医生培训，扩大家庭医生服务范围，方便居民就医。立足"学高为师、身正为范"，强化师德师风建设，不断壮大名优骨干教师队伍。建成仙林湖第一小学等11所中小学、幼儿园，力争教育现代化区级监测总分达90分以上。升级打造养老服务新阵地，通过创新政府购买服务、延伸养老机构服务等方式，构建多元化养老服务体系。推动城乡医保、养老、低保统筹衔接，完善社会保障体系。以民生领域为重点，全面开展区域公共法律服务。继续建好安居工程，竣工保障性住房60万平方米以上。三要创新社会治理。坚持"三化融合"引领社会治理创新，健全网格化社会服务管理体系。加强信息化支撑保障作用，全面推行"掌上社区"治理模式，建立社区主导、居民参与的协商交流平台，激发居民参与社区治理的积极性。深入实施"社会组织+"，逐步完善结果评价制度，充分发挥社会组织的桥梁纽带作用。创新精细化社群治理、精准化社会服务，有效对接不同层次居民需求，切实增强群众的认同感和满意度。

（六）突出文化建设，着力营造文明和谐新氛围。认真贯彻习近平总书记在党的新闻舆论工作座谈会上的重要讲话精神，坚持党管宣传、党管意识形态、党管媒体的根本原则，进一步加强和改善党对新闻舆论工作的领导。领导干部要增强同媒体打交道的能力，充分运用媒体了解社情民意、发现矛盾问题、引导社会情绪，推动工作开展。坚持把社会主义核心价值观贯穿到日常宣传中，选树一批模范典型，倡导文明礼仪，不断巩固壮大积极健康向上的主流思想舆论。加强栖霞文化的宣传推介，传播好栖霞声音，讲述好栖霞故事，彰显本土文化底蕴和历史积淀。牢牢把握正确舆论导向，加强互联网管理，强化网上思想文化阵地建设。探索建立专项民情库，提高群众对文明城市创建工作的知晓度和关注度，促进创建工作常态化长效化。组建栖霞高校志愿服务联盟，推进志愿者服务制度化。加大公共文化服务投入，加快“阅享栖霞”建设，创建省级基层综合性文化服务中心20家以上，提升基层文化服务水平。扶持文化产业发展壮大，用好专项资金，推进“七个一批”重点产业项目，不断提高文化产业增加值占GDP比重。

（七）突出依法治区，着力开创团结稳定新局面。坚持和完善人民代表大会制度，支持区人大及其常委会围绕预算审查、民生问题、司法工作等重点领域开展监督。支持区政协深入进行调研视察、协商议政，积极开展民主监督，围绕“十三五”目标任务贡献智慧、凝聚力量。做好新形势下统战工作，加强党外干部及非公经济人士队伍建设，壮大爱国统一战线。不断增强工青妇等群团组织的吸引力、凝聚力、战斗力，更好地围绕中心、服务大局。加强司法监督，支持法院、检察院依法独立行使审判权、检察权，确保司法公正高效。高标准开展武装工作规范化建设，加快区民兵训练基地建设，深化省级双拥模范区创建成果。全面推进依法行政，建立完善党委、政府法律顾问制度，争创全国民主法治示范社区。深入实施“七五”普法，提升公务人员法治思维和法治方式的运用自觉，引导群众依法合理表达利益诉求、维护自身权益。继续深化“平安栖霞”建设，严厉打击各类违法犯罪活动，不断提升群众的安全感。开展“信访积案化解攻坚年”行动，加大突出信访问题化解稳控。严格落实《中共中央国务院关于推进安全生产领域改革发展的意见》精神，完善“党政同责、一岗双责、齐抓共管、失职追责”的安全生产责任体系，确保社会和谐稳定。

同志们，做好明年工作，意义重大，任务艰巨。让我们更加紧密地团结在以习近平同志为核心的党中央周围，高举中国特色社会主义伟大旗帜，以习近平总书记系列重要讲话精神为指引，在省委、市委的坚强领导下，团结带领全区广大党员和干部群众，稳中求进、奋发有为，为高水平全面建成小康社会，建设经济强、百姓富、环境美、社会文明程度高的新栖霞而努力奋斗！

梦幻水一方　　左建华摄

区政府工作报告

代区长　黎　辉

2017年1月4日

五年来的工作回顾

过去五年，我们在市委、市政府和区委的坚强领导下，牢牢把握“四个全面”战略布局和“强富美高”目标定位，团结带领全区人民锐意进取，攻坚克难，顺利完成了“十二五”规划和区十七届人民代表大会确定的目标任务，揭开了栖霞“十三五”规划发展的崭新一页。

综合实力跃居全市前列。经济增长稳中有进，2016年预计实现地区生产总值920亿元，年均增幅保持在10%以上；一般公共预算收入完成112.3亿元，增幅达24.4%，比五年前翻了一番；累计引进重大项目1205个，G108高世代液晶面板、LG化学新能源电池等一批重大产业项目相继建成投产，完成全社会固定资产投资2382亿元，是上一个五年的两倍。经济结构不断优化，制造业转型升级步伐加快，2016年实现规模工业总产值2391亿元，总量位居全市第二；服务业发展全面提速，服务业增加值占GDP比重从2011年的21.5%提高到38%；农业现代化水平不断提升，高效设施农业达3.16万亩，创成省级八卦洲现代农业产业园区。开放型经济迈上新台阶，龙潭综合保税区封关运行，五年实际利用外资33亿美元，外贸进出口总额632.9亿美元。五年来，全区综合经济实力显著增强，市对区综合目标考核连续三年获得一等奖。

科技创新取得丰硕成果。五年实现高新技术产业产值超过6600亿元。“三大三新”产业年产值超过2000亿元，电子商务年交易额突破2000亿元；培育国家、省市级科技企业孵化器14家，累计新增高新技术企业129家，2016年发明专利授权量比2011年增长了三倍，蝉联“全国科技进步先进区”。园区平台成为创新创业主阵地，重点产业园区平台累计投入78.16亿元，建成科创载体面积400万平方米，入驻企业624家，实现税收15.96亿元。新港高新园获批“国家火炬光电及激光特色产业基地”，金港科创园、江苏生命科技园、紫东国际创意园均被授予国家、省市级基地或示范园称号。金融服务对科技创新的撬动作用显著增强，设立栖霞区创投母基金，累计投资科技型企业11.7亿元，全区上市企业和“新三板”挂牌企业达29家。启动“创业栖霞”人才计划，集聚包括3名诺贝尔奖获得者、69名国家“千人计划”特聘专家和省“双创”、市“321”等各类人才近700人，成功创建国家“创新人才培养示范基地”，三度蝉联“江苏省人才工作先进区”。

综合改革形成鲜明特色。以供给侧结构性改革为主线的综合改革稳步推进，六大领域43项重点改革任务落地见效。全面深化开发区托管街道体制改革，适时推动大学城向科技城全面转型。“院府合作”医疗模式获得省委市委主要领导肯定并在全省进行推广，《人民日报》专题刊发报道。仙林街道荣获“全国先进基层党组织”称号，网格化服务管理获评全国社会管理体制创新优秀成果奖。尧化街道开全国先河实施街道综合执法体制改革，全科政务服务和网格化社会服务管理成为省级地方标准，姚坊门基金会被评为全市社会建设创新“十佳案例”，区街政务一体化、物业管理星级评比获得“优秀案例”称号。完成新一轮政府机构改革，组建区市场监督管理局、水务局、卫计局、保障房管理办公室，在新尧新城、尧化街道实行园区与所在街道一体化建设管理。稳步推进农村土地制度改革，完成土地承包经营权确权登记颁证工作。

城乡面貌发生显著变化。市政基础设施不断完善，长江四桥建成通车，地铁4号线试运行，疏港大道快速化改造工程加快实施，建成33条城市道路。马群综合换乘中心开工建设，新增、优化公交线路30余条，投放公共自行车5000余辆。区人防地下指挥所投入使用，长江干堤（公共段）防洪能力提升工程全面建成。荣获国家和省级“国土资源节约集约模范区”称号。片区开发成果丰硕，仙林副城和迈燕新城、新尧新城、龙潭新城“一副三新”建设整体推进，完成10个片区控详规划编制工作，仙林片区城市品质快速提升；燕子矶新城全面启动建设，幕燕滨江风光带成为新的亮点；栖霞山核心景区及周边开发建设拉开序幕；迈燕、尧化、马群地区城市更新取得重大突破；龙潭片区城市化进程全面提速。商贸配套日益完善，招商花园城等一批商业综合体投入运营，南京万达茂、仙林金鹰奥莱城二期开工建设。“动迁拆违治乱整破”成效显著，累计动迁面积605万平方米，拆违面积211.5万平方米，实施棚户区改造项目69个，全区三分之二的老旧小区完成出新。生态环境质量大幅提升，连续4年开展“三高两低”企业整治，关停各类企业500多家；完成二桥沿线环境综合整治，开发区步入国家生态工业园区行列；治理地质灾害22处，修复矿山环境29处、188公顷；整治城乡河道132条，完成市下达84个排水达标区创建任务，实现成片造林800公顷；基本完成沿江35家黄砂码头整治工作；2016年，PM2.5浓度平均值同比下降19.6%，降幅居六城区第一，空气质量达到国家二级标准天数位列六城区第一。城市管理网格化、精细化、信息化水平不断提升，我区城市治理考核连续三年名列全市首位，仙林街道连续62个月在全市城管考核中排名第一。

民生福祉得以全面提升。就业创业工程深入推进，累计新增城镇就业9.3万人，农村劳动力转移就业2.2万人，创业带动就业3.6万人，大学生创业综合指标连续四年位居全市前列。2016年，全区城乡人均可支配收入分别达到4.84万元、2.3万元，是2011年的1.63倍和1.53倍。社会保障水平逐步提高，扶贫范围不断扩大，贫困线标准高于全市水平；在全市率先出台困难群众医疗综合救助、支出型贫困家庭救助办法，惠及困难群众4000余人次；全市首家完成户籍居民民生保险、残疾居民社会保险全覆盖；城乡低保统筹同标，提高到每月750元。建成保障房200万平方米以上，安置群众8782户。深入实施教育发展新三年行动计划，建成交付中小学、幼儿园31所，先后与南师附中、金陵中学等名校合作办学，成立7个教育共同体，中高考成绩稳步提升，成功创建"全国义务教育发展基本均衡区""江苏省学前教育改革发展示范区"。优质医疗资源向基层延伸并逐步全面覆盖，仙林鼓楼医院建成启用，栖霞区医院与省人民医院共建康复医疗体系，总投资7.8亿元的区妇幼保健院新院区开工建设，社区卫生服务不断提档升级。养老事业扎实推进，法国欧葆庭高端养老项目落户运营，76家社区居家养老中心全部实现"医养融合"，成为首批"全国社区与养老服务工程建设示范城区"。五年来，群众对民生幸福建设的满意度不断攀升，2014年、2015年全市测评分列第一名和第二名。

社会文明迈上崭新台阶。实施市民文明素质提升三年行动计划，不断深化文明城市创建，仙林街道荣获"全国文明单位"称号。文体事业繁荣发展，建成区文化艺术中心、全民健身中心，"阅享栖霞"形成全民阅读浓厚氛围，"金秋栖霞"艺术节成为南京市文化惠民品牌项目，入选首批"江苏省公共体育服务体系示范区"。社会管理服务创新取得显著成效，打响"三化融合"、全科社工等社会建设品牌，获批"全国社区治理与服务创新实验区"。优化青少年权益保护机制，尧化街道创成全国"青少年维权岗"。"平安栖霞"建设扎实推进，"春风化雨"握手行动接访1020人次，累计化解信访积案129件，确保了五年来，特别是青奥会、国家公祭日等重大活动期间全区和谐稳定。安全生产工作多次获得省市表彰，成功创建1个国际安全社区、4个全国安全社区，公共安全感稳居主城六区前列。荣获"全省第三次全国经济普查先进集体""全省价格工作先进集体"称号。创成全省首家国家级数字档案馆，《栖霞年鉴》屡获国家、省市评比特等奖。实现省双拥模范区"八连冠"，连续两次获评省级"征兵工作先进单位"。民族、宗教、台侨、外事、妇女儿童、青少年、红十字会等各项工作都取得了新的成绩。

政府治理更加规范有序。深入开展党的群众路线教育实践活动、"三严三实"专题教育和"两学一做"学习教育，拧紧思想"总开关"。坚持依法行政，对外公布3099项行政权力事项，主动公开政务信息2.7万余条。顺利完成"六五"普法，成为全国"六五"普法先进区，全区法治满意度达96.5%。自觉接受人大法律和工作监督，积极支持政协履行参政议政职能，五年共办理代表建议、委员提案1440件，持续保持办结率、满意率"双百"目标。进一步转变政府职能、强化效能建设，机构编制和财政供养人员总量控制扎实有效。建立"四单一图一机制"，区级行政审批事项减少至128项，审批平均办结时间压缩30%以上，商事登记服务窗口全面下放至街道便民服务中心，平均办理时间缩短50%以上。五年来通过"12345""96106"按时办结各类工单10万余件，办结率100%，综合满意率达90%以上。严格贯彻落实中央"八项规定"和省、市、区委作风建设有关规定，集中开展办公用房、公款接待、因公出国（境）等专项整治行动，完成党政机关公务用车制度改革，干部作风明显转变。强化对权力运行的监督制约，推进政府投资项目审计全覆盖，从严执行领导干部重要事项报告等制度，开展"三重一大"事项专项巡查，持续保持惩治腐败高压态势，在全区上下形成风清气正、干事创业的良好氛围。

过去的五年，是栖霞经济总量提升更快、产业结构加速转型的五年，是城乡面貌变化更大、功能品质持续优化的五年，是人民群众得益更多、社会民生不断改善的五年。五年的成就振奋人心，这是省、市、区委正确领导的结果，是全区干部群众团结拼搏的结果，是历届区政府接力奋斗的结果，是各民主党派、工商联、无党派人士携手共进的结果，是驻区部队、企业、高校院所和离退休老同志大力支持的结果。在此，我谨代表区人民政府，向区人大代表、政协委员，向奋战在各条战线上的全区人民，向所有关心支持栖霞发展的社会各界人士，致以衷心的感谢和崇高的敬意！

各位代表，过去五年取得的成绩来之不易，积累的实践经验和精神财富尤为宝贵，需要在新的发展阶段继续传承和弘扬：一是必须坚持三区融合发展。五年来，栖霞之所以取得快速发展，是因为我们充分发挥开发区的产业优势、大学城的科教优势、行政区的职能优势，三区之间相互支持配合，形成了整体合力。实践证明，只有坚持"一个领导核心、一个利益主体、一张规划蓝图"，促进三区功能优势互补、深度融合发展，才能开创栖霞科学发展新局面。二是必须坚持主动担当作为。五年来，我们不等不靠，凡事谋划在前、行动在先，院府合作、棚户区改造、水环境治理等多项工作，在省市部署前率先启动并取得成效，得到上级机关充分肯定，相关经验在省市范围内推广。实践证明，只有超前谋划、先行先试、敢于担当，才能牢牢把握发展主动权，引领栖霞发展实现新突破。三是必须坚持善于乘势借力。五年来，我们始终保持敏锐的触角，抓住苏南国家自主创新示范区建设、省市迎青奥、宁镇扬同城化等重大契机，积极对上争取，乘势而上，拓展了创新空间、重塑了城市形象、实现了协调发展。实践证明，只有不断解放思想、抢抓机遇、善借外力、争取支持，才能赢得发展先机，推动栖霞不断向上攀升。四是必须坚持民生福祉优先。五年来，我们以民生需求为导向，先后投入114亿元用于就业培训、新办学校、医疗补助、养老服务、小区出新、保障房建设等民生工程，全区群众的幸福感和满意度得以大幅提升。实践证明，只有把富民惠民、改善民生放在首要位置，才能得到广大群众的拥护和支持，栖霞各项事业的发展才能汇聚广泛力量，获得继续前行的不竭动力。五是必须坚持埋头苦干实干。五年来，面对产业转型、环境整治、动迁拆违、安全生产、防汛抗灾等困难和挑战，广大机关干部不退缩、不埋怨、不推诿、不张扬，脚踏实地、迎难而上，攻克了一个个难关，打赢了一场场硬仗。实践证明，只有继续发扬不计得失、埋头苦干的奉献精神，保持不怕吃苦、勇于攻坚的良好作风，一步一个脚印，积小胜为大胜，才能实现栖霞面貌的根本性改观。

在充分肯定成绩的同时，我们也清醒地看到存在的困难和问题，主要表现在：龙头型、引领型大项目不多，规模企业的带动作用不够明显，发展后劲亟待增强；政产学研合作还不够深入，科技成果就地转化率仍需大幅提高；城市建设项目多而分散，工程建设专业化水平不高，城市品质有待整体提升；水、大气、土壤等环境治理任务尤为繁重，生态环境质量改善面临巨大压力；城乡居民持续增收存在困难，公共资源配置不够均衡，公共服务水平还存在不小差距；部分机关干部在新常态下存在畏难情绪，破解发展难题的能力不强，有的仍然存在慢作为、不作为、乱作为的庸政懒政现象，等等。对此，我们一定高度重视，采取有效措施加以解决。

今后五年的奋斗目标和主要任务

今后五年，是栖霞创新驱动、改革攻坚的关键时期，也是全面建成更高水平小康社会并向基本现代化迈进的决胜阶段。纵观当前形势，我们既面对交织的各种矛盾挑战，也面临“内涵相应变化、仍可大有作为”的发展机遇。一方面，国际环境不确定性在增加，经济下行压力仍然较大。国内中西部地区后发优势、政策优势、土地和劳动力成本优势更加明显，区域发展格局正发生新的变化。从南京来看，兄弟区的发展突飞猛进，或高地已经形成，或要素快速集聚，或追赶全面提速，栖霞不进则退、慢进也是退。另一方面，世界新技术革命和产业变革孕育新的机遇，我国经济发展长期向好的基本面不会改变。随着国家长江经济带建设深入推进、长三角世界级城市群规划实施，南京定位为国家中心城市、长三角地区特大城市，宁镇扬同城化加快推进，仙林（汤山）副城联动发展，主城重大基础设施加快建设，同时栖霞多年持续发展的有效积累、改革活力释放的强力助推，我区发展的条件和机会也前所未有。我们必须增强忧患意识和担当精神，在抢抓机遇中增强主动，在应对挑战中保持定力，努力开创栖霞发展新局面。

今后五年政府工作的指导思想是：坚持以邓小平理论、“三个代表”重要思想、科学发展观为指导，深入贯彻习近平总书记系列重要讲话特别是视察江苏重要讲话精神，立足“十三五”规划，落实创新、协调、绿色、开放、共享五大发展理念，聚力创新，聚焦富民，锐意进取，顽强拼搏，着力在转型升级、创新驱动、深化改革、城乡发展、民生改善、生态建设6个方面实现新突破，全力推进“强富美高”新栖霞建设迈上新台阶。

今后五年主要目标是：综合经济更具竞争力，地区生产总值年均增长在9%以上，到2021年力争突破1400亿元；一般公共预算收入年均增长9%以上，到2021年力争突破170亿元。人民生活更加幸福，到2020年居民人均可支配收入比2010年翻一番，中小学优质资源覆盖率达到100%，人人享有更高水平的基本医疗和社会保障。生态环境更加优质，全区林木覆盖率达到32%以上，空气质量优良天数比例达到80%。文明程度更大提升，城市文明指数测评保持在全市前列。在高水平全面建成小康社会的基础上，积极探索开启基本现代化建设的新征程。

今后五年发展的主要任务

*突出转型升级，培植产业发展新优势。*加快产业结构调整和发展动力转换，大力发展“三大三新”产业，努力打造区域经济升级版。继续夯实光电显示产业国内领军地位，重点打造世界一流的光电显示产业基地，到2021年，实现光电显示产业产值达2000亿元；继续做大生物医药、智能制造等主导产业规模；推进“互联网+”行动，聚焦物联网、移动互联网及软件、新能源等新兴产业，到2021年，软件和信息服务业收入达到130亿元，全区规模工业总产值达到2730亿元。现代服务业坚持产城融合、文旅融合，按照集聚化、特色化、国际化导向优化产业内部结构，着力发展文化创意、旅游休闲、信息服务、养老服务等新兴服务业，加快推进南京万达茂、仙林荔枝广场、深圳华侨城等一批龙头项目建设，力争到2021年末，全区服务业增加值占地区生产总值比重在40%以上，实现金融业增加值占GDP比重达12%，全区产业基金规模突破400亿元。现代农业紧紧围绕设施、生态、都市、休闲的发展方向，提高八卦洲、龙潭现代农业产业园和西岗“桦墅”、龙潭“水一方”生态旅游等重点项目规划建设水平，到2021年年末，全区高效设施农业面积占种植面积30%以上。

*突出创新驱动，打造经济发展新引擎。*坚持把人才扩容、载体提升、制度优化作为构建创业创新体系的核心抓手。实施“创业栖霞”人才计划，围绕主导产业和重点企业，大力引进培育创新创业人才，加速集聚先进技术研发、成果转化、产业孵化机构，到2021年，引进高层次创业人才400名，其中国家“千人计划”人才20名，建成国家和省级以上备案的众创空间20家，培育创新型企业家25名，全区高新技术企业达250家以上。完善学城融合、创城融合的协同发展模式，发挥好仙林科技城和新港高新园的要素集聚优势，加快与区内高校共建大学科技园、产业研究院等创新平台，重点推进南京大学国家级“双创”示范基地、先进激光研究院等载体建设，同时加快园区平台体制机制调整和功能升级，实现“一园一策”、特色发展。构建高效率科技成果转化机制，推动资源配置从以研发环节为主向产业链、创新链、资金链统筹配置转变，培育千亿产业基金、百亿创投基金，形成激励创新、推动创业的浓厚氛围。到2021年，新申报自主品牌数达41个，每万人发明专利拥有量达50件，全社会研发投入占GDP比重达4%，科技进步贡献率达65%以上。支持非公经济发展，确保非公经济数量年均增长15%，力争五年总量翻番。

*突出先行先试，增创改革开放新动力。*抢抓国家和省、市全面深化改革机遇，加快释放发展活力。推进供给侧结构性改革，落实“三去一降一补”各项政策举措，不断优化供给

结构。坚持“优进优出”战略发展开放型经济，引资引技引智相结合，力争今后五年实际使用外资累计超37.5亿美元，培育各类交易市场挂牌上市企业30家。深入推进各领域改革，努力打造一批在全省乃至全国有影响力的栖霞改革品牌。深化综合执法、全科政务等改革试点，推进“放管服”改革，优化“网格化+”“信息化+”等服务方式，实现社会服务、城市治理、治安管理等多网融合、一体化运行。统筹推进全区信用体系建设，深化投融资体制改革、“营改增”等财税体制改革、园区资产管理市场化改革，不断优化市场环境。深化农村综合改革，按照“确权、赋能、搞活”的思路推进土地流转，发展规模化、专业化、现代化的农业经营模式。

突出品质提升，促进城乡面貌新变化。围绕“南京副城”定位，积极融入宁镇扬同城化发展，以片区改造加快新型城市化进程，到2021年年末，全区城市化率达86%以上。仙林片区进一步完善47平方千米建成区的城市功能，加快青龙、麒麟片区建设，打造“创业天堂、文化绿洲、宜居家园”。迈燕片区加快完成棚户区改造，发挥幕府山~燕子矶风光带山水交融优势，打造集商业贸易、文化休闲等业态于一体的“滨江新城”。栖霞片区推进金陵石化及周边环境综合整治，发挥资源禀赋，打造全国重要的“佛教文化展示区”“旅游度假休闲区”。马群片区抢抓亚洲最大的轨道交通综合换乘枢纽中心建设机遇，打造环境优美、配套完善的南京东部“宜居宜业新区”。尧化片区基本完成烷基苯厂等4家化工企业搬迁改造，推进栖霞商务区一期、二期等重点项目建设，实现“新城崛起”。西岗片区以新理念、高标准规划建设，通过五年努力，完成拆迁安置和基础设施建设，初步建成高品质的“地铁小镇”。龙潭片区拓展临港工业和商贸物流功能，打造以港口衍生产业和服务业为支撑的“新兴港城”。八卦洲片区对接江北新区规划，打造长江中下游凸显现代都市农业特色的“休闲丽岛”。

突出为民导向，实现民生福祉新提升。以民生需求为要，继续创新公共服务供给方式，扎实办好各项惠民实事。深入实施富民增收工程，保持居民人均可支配收入年均增长9%。紧扣全省教育现代化核心指标，规划新建41所幼儿园、中小学，不断加大合作办学、“外引内培”力度，推动栖霞教育发展进入全市第一方阵。深化“院府合作”“校府联动”，推进五大“医联体”建设，提升公共卫生服务水平。按照“医、养、教一体化融合发展”的思路强化养老服务供给，到2021年，每千名老人拥有养老床位数达50张，实现老有颐养。扩大社会保障覆盖面，健全社会保险、福利、救助、优抚、慈善相互衔接的保障体系，确保综合保障水平继续走在全国同类城区前列。加快推进各类保障房建设，优化保障房社区服务管理。突出精准扶贫，以家庭年人均纯收入低于1.2万元的低收入人群、村集体稳定收入不足150万元的经济薄弱村为重点，持续推动新一轮帮扶行动，促进全面达小康。加快构建现代公共文化服务体系建设，深入开展文化惠民“百千万行动计划”，打造城区15分钟、农村5千米公共文化服务圈。进一步强化社会治理，到2021年，公共安全感保持92%以上，法治建设满意度不低于90%。

突出绿色发展，推动生态建设新突破。努力形成节约资源能源、保护生态环境的产业结构、增长方式和消费模式，为建设“美丽栖霞”奠定坚实基础。扩大污水收集处理范围，开展流域综合治理，确保2020年之前完成全区黑臭河道整治任务，同时努力完成二次供水改造工程。建立符合区情的用水总量红线制度，确保万元GDP用水量在45立方米以下。分步落实海绵城市建设方案，推进全域排水达标区创建工作，力争建成区“零直排”，确保集中式饮用水源保护地水质达标率100%。推进重点行业氮氧化物减排，建立区域排污权交易机制，到2021年，实现能源消耗、二氧化碳排放强度大幅下降，主要污染物排放总量显著减少。依托栖霞智慧能源管理云平台，运用合同能源管理等新型模式，力争到2021年，全区原煤消耗比上一个五年减少20万吨以上。坚持依法、科学、节约集约用地，推动低效用地的再开发，高标准实施污染土壤修复。积极发展循环经济、低碳技术和节能环保产业，提升产业节地、节能、集约发展水平。

各位代表，重任在肩当奋进，使命光荣须图强。站在新的历史起点，只要我们团结一心，砥砺前行，就一定能够实现建设“强富美高”新栖霞的目标，谱写栖霞发展新篇章！

2017年的主要目标和任务

2017年，是党的十九大召开的喜庆之年，也是新一届政府的开局之年。2017年政府工作的总体要求是：深入贯彻落实党的十八届三中、四中、五中、六中全会精神，按照省、市党代会要求以及区委十届二次会议的部署，突出重大项目招引、城市品质提升和生态环境改善三大重点，努力让经济发展后劲更足，城市品质品位更高，人民群众获得感更强，实现高水平全面建成小康社会的良好开局。

2017年全区经济社会发展主要预期目标是：地区生产总值增长9%以上，突破1000亿元，其中第三产业增长10.5%以上；一般公共财政预算收入增长9%以上，突破120亿元；全社会固定资产投资增长9%；科技创业投资增长15%；社会消费品零售总额增长10%；实施棚户区改造及小区出新面积230万平方米以上；万元工业增加值综合能耗下降3%，规模工业煤耗控制在1085万吨以内；居民人均可支配收入增长9%。

为确保今年各项目标的全面实现，我们将认真做好以下六个方面的工作：

一、加快产业转型步伐，增强经济发展后劲

围绕产业转型升级，推进171个重点项目建设，确保新引进亿元以上重点产业项目55个，总投资在200亿元以上。

做强新兴主导产业。启动总投资300亿元的新型显示面板项目，全力保障中电熊猫G108项目做大做强。加快总投资50亿元的蔚来新能源汽车整车项目以及造隆汽车电子、LG电子汽车部件等一批配套项目建设，努力打造全国知名的新能源汽车产业基地。以总投资30亿元的德科码项目为龙头，推进陶氏化学、汉民科技、群丰科技等半导体研发、封装测试和设备生产项目，形成实力雄厚的集成电路产业集群。壮大生物医药产业，推进福瑞新药研发生产中心、美药星医疗器械、正大天晴固剂车间建设。大力培育激光、互联网、机器人等新业态，运营谷歌、微软、地平线、石墨烯创新中心等优质项目和平台。加快智能工程建设、促进企业装备升级，保障旷视科技人工智能系列项目顺利推进，推动传统产业数字化、网络化、智能化发展。2017年年底，“三大三新”等战略性新兴产业产值达2100亿元。实施“四上”企业倍增计划、拟上市企业孵育计划，力争新增“四上”企业150家以上、上市企业5家以上。围绕主导产业发展需求，继续实施“创业栖霞”人才计划，力争引进高层次创业人才100人以上。

做优现代服务业。推动生产性服务业向专业化和价值链高端延伸。与高校、科研院所广泛共建科技成果转化平台，南大科学园建成南京大学全国“双创”示范基地核心启动区。支持中自物联网研发中心、RFID检测中心、华测检测南京基地实施研发、技术转移和检验检测服务，进一步培育科技服务市场主体、创新服务模式、提高服务附加值。推动金融服务业发展，做好省沿海开发等重点基金的引进工作，打造基金产业集聚区。加快龙潭综保区建设，推动南京跨境电子商务产业园发展，着力发展物流贸易、跨境电商和海运装备等临港产业。推动生活性服务业向便利化、精细化、品质化提升。完善商贸服务业布点，加快推进南京万达茂、仙林金鹰奥莱城二期、羊山风情街、白金汉爵酒店等一批重点项目建设，完成栖霞商务区商业综合体、经五路商务商贸中心等项目落户，构建城东商贸服务中心。推进家庭服务业市场化、产业化、社会化，在迈皋桥、马群等经适房集中区域开辟养老服务业、家庭服务业集聚区，推动中小型养老及家庭服务企业品质化提升。

做精现代农业。深入实施农业现代化工程，加快省级八卦洲现代农业示范园区和市级龙潭现代农业示范园区建设，推进农业生产智能化，新增高效设施农业67公顷，农业机械化水平达87%。培育新型农业经营主体10家，形成农业企业、农民专业合作社、家庭农场、种养大户“四位一体”农业经营格局。叫响“芳草渡”等一批农产品品牌。大力发展观光休闲农业，加快建设南京农业嘉年华核心区，建成玻璃温室主场馆1.95万平方米，打造八卦花海、迷你植物园等一批田园观光项目。改造提升桦墅村、“水一方”景区，打造农产品采摘、精品民宿等一批休闲农业项目。

二、加大城市建管力度，完善城市功能布局

以精致建设、精细管理、精美品质为工作导向，推进131个城建项目建设。

统筹城市发展布局。强化规划引领作用，调整完善土地利用总体规划。推进“多规合一”，整合规划、国土、环保系统的“底图”和“红线”，实现“一本规划、一张蓝图”。加快仙林（汤山）副城建设步伐，推进白象片区南、北社区服务中心等配套建设，进一步完善仙鹤、白象片区城市功能；全面启动青龙地铁小镇片区拆迁和基础设施建设，加快推进麒麟片区开发建设。完成龙潭新城控详编制，扩展新城建设空间，推动港城一体化发展。加快城市更新力度，完成迈燕片区、马群片区等23个总面积198万平方米的棚户区改造任务。完成滨江公园二期建设，开工临江路一期西延等5条道路，拉开燕子矶新城“六横六纵”道路格局。强力推动栖霞山景区周边环境改造提升和道路基础设施建设，加快片区高端商务商贸、旅游休闲综合开发力度。全面实施栖霞山禅意小镇、紫东创意小镇等一批特色小镇建设，为区域发展开辟新空间。

完善城市功能配套。加快道路路网建设，推动312国道仙隐北路至绕越段快速化改造、疏港大道和栖霞大道改扩建、尧红路等一批重点工程，配合实施地铁1号线北延、6号线、7号线、浦仪公路西段、和燕路过江通道等省市重点工程。推进“四好农村路”建设，实施县道大中修5.85千米、乡村道大中修1.85万平方米、水泥化工程11.24千米。加大市政设施投入，提档升级一批公交站台，新增公共自行车站点80个。加快金马路地铁换乘中心人防工程建设，提高地下空间利用效率，实现地下管线数字化管理，有序推进地下综合管廊建设运营。推进丁家庄4.3平方千米海绵城市示范区建设试点，实施仙林（汤山）副城、燕子矶新城和新尧新城一批先导示范项目。加快游园绿地和城市小品建设，重点完成和苑小区南侧山体整治工程等7项总计约42万平方米的建设任务。

加强城市精细管理。全面落实管理标准化，推进城市智能管理部门数据共享，实现数字化管理系统应用新突破，继续保持栖霞城管考核领先地位。铁腕整治“城市病”，扎实推动“两整治、两提升”三年行动计划，今年重点实施十大类、126项环境综合整治任务和六大类40项城市品质提升任务。完成33万平方米老旧小区出新，实现“应出尽出”。加快城乡公用设施广覆盖，提高城乡污水收集处理能力，筹建餐厨废弃物处理厂，改建龙潭垃圾中转站。持续提升城市防汛防旱能力，开展马群五棵松、马栖路等4个积淹水片区改造，完成九乡河治理应急工程建设，加固八卦洲主江堤，续建便民河综合整治二期工程，实现龙潭地区14千米堤防建设达标。

三、狠抓生态环境治理，打造宜居宜业环境

下大力气推动发展与环境协调一致，投资24亿元以上，启动696个生态治理保护项目，让栖霞百姓拥有更多碧水蓝天。

落实绿色循环低碳发展要求。围绕南京建设国家生态文明示范区，严格生态红线区域保护。制定实施与污染物排放总量直接挂钩的财政政策，完善排污许可证、排污权有偿使用和交易等机制，用价格和市场机制倒逼企业转型。从严执行生态环境考核和责任追究等制度，坚决打击环保违法行为。推进土地节约集约，建立产业用地和低效产业用地数据库，探索弹性供地方式。大力发展生态型经济，支持绿色环保产业发展。实施锦湖轮胎、华泰船厂等17家工业企业关停搬迁，推进关停搬迁企业污染场地、废弃露采宕口生态修复工程。

确保水环境整治阶段性成效。实体化运作区水务集团，全面启动区域41条劣V类水质河道治理和436个排水达标

区创建任务。强化"河长制"管理，重点推进九乡河、北十里长沟西支等主要入江支流综合治理，利用九乡河原水向滨江河、百水河进行生态补水，启动八卦洲污水处理厂建设。基本完成滨江河一期等20条黑臭河道整治，实现10条劣V类河道水质提升，确保2017年年底基本消除建成区内"黑臭"河道，长江九乡河口、北十里长沟化工桥国考、省考断面达标。落实最严格的水资源管理制度，强化"三条红线"控制。建设节水载体5个，确保年取水总量不高于8亿吨、万元GDP用水量不高于71.8立方米。扎实开展河湖健康评估和水质监测，综合整治入河排口，选址重建八卦洲自来水厂取水口，努力实现九乡河、七乡河水功能区水质达标，全区水功能区水质达标率达80%以上。

*实现大气环境质量持续改善。*深入实施大气污染防治行动计划。强力推动扬尘治理，将178家在建工程列入管控对象，建立完善扬尘污染联防联控机制。开展对汽修、印刷等行业挥发性有机物污染专项整治。加大餐饮污染、秸秆禁烧管控力度，开展新一轮露天烧烤、未安装油烟净化设施的餐饮企业整治工作，秸秆综合利用率达96%。加大"黄标车"淘汰力度，鼓励淘汰国一汽油车，城市细颗粒物（PM2.5）浓度年均值达到市定标准，确保空气质量优良率在全市领先。

四、提高民生保障水平，惠及栖霞全体百姓

进一步加大民生保障投入，扎扎实实办好民生实事，让每一位栖霞百姓享受到改革发展的成果。

*力促城乡居民增收。*精准对接市场需求，全年开展技能培训1.1万人次，让群众带技上岗、稳定就业。新增城镇就业1.1万人以上，帮扶就业困难人员就业1000人。持续推动创业带动就业，扶持自主创业1300人以上，其中大学生创新创业300人以上、农村劳动力自主创业200人以上，创业带动就业6500人。构建农民增收长效机制，鼓励农民创业就业、创新农业业态、激活农村产权权能，确保农村居民人均可支配收入增幅始终高于城镇居民。继续开展精准扶贫，扶贫开发对象累计脱贫率达50%。

*扩大社会保障覆盖。*坚持"保基本、广覆盖"的原则，完成城乡居民养老保险参保9000人，城镇居民基本医疗保险参保75000人，征收社会保险基金12亿元。养老年龄段被征地人员全部纳入医保，企业退休人员纳入社会化管理率达100%。加大帮扶和救助力度，社会救助向非户籍居民延伸。建立健全低收入群体基本生活临时价格补贴机制，确保年度居民消费价格涨幅控制在省市规定的标准范围内。争创省双拥模范区"九连冠"。大力开展"残疾人之家"建设，切实提高残疾人日间照料和辅助就业水平。积极做好中低收入住房困难家庭解困工作，新开工保障房面积78.31万平方米，竣工60万平方米以上。

*优化公共服务供给。*切实解决好"看病、上学、养老"三个焦点问题。推进"健康栖霞"建设，区妇幼保健院新院区完成主体工程，龙潭社区卫生中心新院区完成内部装修。深化"院府合作"，与省中西医结合医院、省中医院合作推进燕子矶新城、白象地区医院项目建设。优化教育布局，以创建省教育现代化示范区为引领，建成仙林湖小学、丁家庄二期幼儿园等11所中小学、幼儿园。新开工建设新尧新城二小、晓院附小燕子矶分校等11所中小学。基本建成"20分钟养老服务圈"，推进欧葆庭二期、银城君颐东方、灵山医养一体等一批养老项目建设，千名老人拥有机构养老床位数达到42张，养老机构、社区居家养老服务中心医疗卫生服务覆盖率分别达到80%和60%。

*完善社会治理模式。*继续推进网格化服务管理，加快创建"全国社区治理与服务创新实验区"，凸显栖霞社会治理品牌效应。推行"掌上社区"治理模式，全面推广"为民服务全程代理"，全区社工职业化率稳定在70%以上。增强社区居民自我管理、自我服务能力，强化"社工+志愿者"联动机制。深入实施"社会组织+"，引进培育社会组织10个，购买公共服务资金1000万元以上，实施社会组织服务项目50个，为全区百姓提供品种更丰富、对接更精准的专业服务。深化"星级宗教活动场所"创建，增强宗教团体组织向心力。进一步提高外事服务水平，发挥台侨纽带作用。继续推进"平安栖霞"建设，优化社会风险预警机制，启动区社会矛盾纠纷调处中心建设，深入开展第七轮"春风化雨"握手行动和"信访积案化解攻坚年"行动，妥善化解不稳定因素。全面落实安全生产责任制，狠抓公共食品药品安全监管，保障人民生命财产安全，使全区公共安全感达到93%。

五、促进文化繁荣发展，丰富群众文化生活

传承栖霞历史文脉，进一步加快培育文化新业态，实现文化与经济社会融合发展。

*强化历史文化保护传承。*以更加严格的措施保护好栖霞111项物质文化和8项非物质文化遗产。加快栖霞区历史文化资源深度开发，推进佛学院、江南水泥厂工业遗存保护开发等项目建设，扩大栖霞佛教素食文化、舍利文化、石刻文化影响力。加快建设南京金箔博物馆、南京金陵折扇研究所，推动金箔锻造、金陵折扇传统技艺产业化、规模化。提高城市风格设计水平，将历史、文化、地域元素融入城市建设之中，塑造城市符号，打造特色地标，传承栖霞记忆。

*促进文旅产业繁荣发展。*争创"国家级文化金融合作试验区"，促进文化与科技、金融、旅游、教育等全方位融合，引进2~3家文化产业专业基金，建立文化企业与金融企业对接平台，培育区域经济新的增长点。加快文化产业结构调整，培育移动游戏、数字教育等文化产业新业态，推进"七个一批"重点文化产业项目，扶持游族网络、米兰婚纱摄影基地等一批文化企业做大做强。推进深圳华侨城等一批重点文化旅游项目建设，确保文化产业增加值占GDP比重达到5%。重点提升旅游项目品质，推进西岗桦墅村、八卦洲下坝村省星级乡村旅游点申报。建成黄天荡江滩湿地公园一期，力争打造南京最大的野菜公园。全区实现接待国内外游客280多万人次，旅游收入2亿元。

*丰富群众精神文化生活。*弘扬社会主义核心价值观，提高市民文明素养和精神品位，推出一批体现栖霞特点、文化特色和城市品位的主题活动。完善公共文化服务体系，完善

区文化艺术中心、全民健身中心配套服务功能，建设25个达到省级标准的社区综合性文化服务中心。实施文化惠民工程，丰富农村文化生活，确保送图书、送演出、送电影、送展览等文化进社区活动常态开展，提档升级公共文化活动阵地。推进“书香栖霞”建设，实现三星级农家书屋全覆盖。启动区档案馆建设，做好2017卷《栖霞年鉴》和《栖霞简志》编撰工作。举办区第十五届全民健身运动会，开展全民健身活动，建设完善城市社区“10分钟体育健身圈”。

六、加强施政能力建设，营造亲清政务环境

全面强化政府自身建设，提高干事创业的能力水平，打造亲民、亲商、清廉政务环境，为加快发展提供有力保障。

突出敢为施政，积极履职尽责。树立担当精神，狠抓作风建设。坚持马上就办，敢于动真碰硬，坚决惩治打着依法办事的旗号“不作为”“慢作为”的人和事，旗帜鲜明地为实干者鼓劲、为攻坚者撑腰、为创新者护航。加快推进政府职能转变和管理创新，持续深化“放管服”改革，促进审批制度改革、分类监管改革、综合执法改革同步发力。深入实施“互联网+政务服务”，通过全域联网联办、上门代办等实现就地高效审批和为民便捷服务。推行商事登记全程电子化，逐步推进银行网点代办营业执照。推进统计大数据系统建设，为政府决策提供有效支撑。提高建议提案办理质量，扎实办好“12345”“96106”政府服务热线，为群众解决更多实际困难。建设区中小企业服务中心，更加积极主动地帮助企业减负增效，发展壮大。营造学习氛围，紧跟时代步伐，把学习作为责任，提高对新情况、新事物的认知水准，增强谋全局、抓机遇、解难题的能力。

坚持依法行政，自觉接受监督。严格执行区委决策部署、区人大及其常委会的决议、决定，自觉接受人大法律监督、政协民主监督。扎实推进“七五”普法工作，支持法院、检察院依法独立行使审判权、检察权，增强全民法治观念。贯彻落实民主集中制，健全政府重大行政决策法定程序以及报告备案制度、实施后评估制度、终身责任追究制度、责任倒查机制。在土地征收、房屋拆迁、环境整治等重大事项中，落实公众参与、专家论证、风险评估等决策程序，切实把政府决策引入规范化、制度化、长效化轨道。成立区政府法律顾问委员会，对涉及公共利益事项、政府重大决策，一律进行合法性审查。进一步规范政务公开和新闻发布制度，主动接受社会公众监督。

狠抓廉洁从政，打造清廉政府。贯彻落实《廉洁自律准则》和《纪律处分条例》，严格执行中央八项规定，坚决把政治纪律和政治规矩挺在前面。认真落实党风廉政建设责任制，坚持用制度管权管事管人，完善政府采购和招投标工作，规范政府投资项目建设管理，加强财政专项资金监管和绩效评估，优化机构编制和财政供养人员配置。公开“三公”经费，严格控制一般性行政支出，完成企事业单位公务用车制度改革。强化审计监督全覆盖，加大对廉政风险的监督控制。加强行政监察，严肃查处各类违纪违法案件，让铁规发力、让禁令生威，坚决防止和纠正损害群众利益的不正之风，塑造风清气正的政府形象。

各位代表，立足新起点、推动新发展、实现新突破，是全体栖霞人民的共同期盼。风正扬帆潮正涌，借得东风好行船。让我们在市委、市政府和区委的坚强领导下，在区人大、区政协的监督支持下，乘势而上、凝聚合力，苦干实干、善作善成，以优异的发展实绩迎接党的十九大胜利召开！

夜色仙林　　马忠智摄

区情概览

Major Events

栖霞山·舍利塔 杨轶绘

◎责任编辑 王旭东

自然人文状况

◆**概况**　7000年前，栖霞地区已有先民从事渔猎活动，并创造了农业文明。公元前20世纪至公元前17世纪，栖霞境内开始出现两大原始聚落，一为玄武湖聚落，一为东北沿江聚落。春秋战国时期，“周武王有天下，封周章于其地”，栖霞地区先属吴，继属越，再属楚。秦始皇三十七年（前210），秦始皇第五次东巡经此北归，并设置江乘县。时江乘县境域广阔，西起南京石头城、白石垒沿江而东至句容市下蜀镇，再南折至江宁区淳化镇，连同今南京市玄武区、白下区、秦淮区、建邺区、鼓楼区、下关区、江宁区、雨花台区都在其领属之下。至南朝齐武帝永明七年（489），山东高士明僧绍，史称明征君，在摄山结庐隐居，后舍宅为寺，名为“栖霞精舍”，即今栖霞寺，栖霞始得以冠名至今。

“一座栖霞山，半部金陵史”，成为南京史学界一种定见和共识。栖霞区在南京市的历史变迁和实施沿江开发战略、科学发展、和谐发展、实现中华民族伟大复兴的中国梦进程中，具有独特的地位和作用，令世人瞩目。

◆**地理环境**　栖霞区位于北纬32°02′50″～32°14′41″，东经118°45′42″～119°14′50″，地处南京市东北郊。东，自龙潭街道马渡村东长江中心航道起，经龙潭街道马渡村、上坝村、飞花村、太平村、陈店村、上首村、兴隆村、中国水泥厂社区、龙潭街社区和栖霞街道东阳村、东湖村，再接西岗街道孟北村、桦墅村，与江宁区及丹徒、句容两市交界。南，以西岗街道西岗村，仙林街道灵山和马群街道芝嘉花园社区、南湾营小区、花岗村、石坝村、马群村，与江宁区、玄武区接壤。西，自迈皋桥街道十字街起，至燕子矶街道田园美居一线与鼓楼区毗邻。北，从燕子矶街道渡师石起，绕八卦洲街道北，经栖霞街道，至龙潭街道马渡村，以长江中心线为界，与六合区及仪征市隔江相望。全区东西长43千米，南北宽22.5千米，总面积395.44平方千米（含水域面积）。

栖霞区地质构造属宁镇褶皱带，是地质学上二叠系下统栖霞组命名地。地势起伏大，地貌类型多，低山、丘陵、岗地、平原、洲地交错分布。土壤类型，大致可分为低山丘陵区、岗地区和平原（含洲地）区三种。栖霞区地形大势南高北低。南部丘陵、岗地连绵起伏，海拔多在50～300米之间，栖霞山雄峙江左，海拔284.7米。北部沿江平原及江中洲地，地势低平，海拔在10米以下，水面、滩涂资源丰富。长江横贯东西，有长江岸线81.2千米（含八卦洲环江岸线）。区内植被区系属泛北极植物区中国—日本森林植物亚区的华东地区和华北地区，具有起源古老、植物种类丰富、南北成分兼有、亚热带植被性质显著的特点。区内动物属东部丘陵、平原亚区区系，系亚热带林灌、草地—农田动物群。由于受人类生产活动影响，自然界虎、狼等大型野生动物已经绝迹。

◆**气候特征**　栖霞区地处中纬度，近地面层受季风交替影响，季风气候明显，具有冬寒、夏热、春温、秋暖四季变化明显的气候特征。春季，大致于3月下旬开始，至5月下旬结束，平均历时60天左右，气温逐渐升高，寒暖、晴雨多变，常受北方强冷空气影响，出现“倒春寒”；夏季，大致从5月下旬到9月中旬，平均历时120天左右，分为初夏梅雨天气和盛夏伏旱天气两个季段；秋季，大致从9月中旬到11月中旬，历时60天左右，天高云淡，秋高气爽，风和日丽，温湿宜人；冬季，大致从11月中旬到翌年3月下旬，历时120天左右，气候寒冷干燥。栖霞区常年气温平均为15.3℃。一年中，日最低气温≤-10℃的日数平均为1天，日最高气温≥30℃的日数平均75天，日最高气温≥35℃的日数平均16天。全年日照时数约为2100小时，年日照率在47%左右，无霜期为7个月，在江苏省处于中等偏少的水平。年平均降水110天左右，降水量约1000毫米，以降落液态雨为主，占全年降水的90%以上，间有少量雪、雹等固态水降落。

◆**自然资源**　栖霞区金属、非金属、土地、水、动植物等自然资源丰富。矿产资源状况：非金属矿主要有白云石、石灰石、石膏、黏土、脉石、煤等，金属矿主要有铅、锌、银、金、锰等。土地资源状况：土地总面积为395.44平方千米（含水域面积）。水资源状况：除地表水域面积81.54平方千米外，年降水量约4.45亿立方米，径流量为1.16亿立方米；地下水含水厚度为25～30米。生物资源状况：野生植物主要有纤维植物、淀粉植物、油脂植物、芳香植物、树脂树胶植物、保健植物等，其中药用植物790多种；野生动物主要有中华鲟、鲥鱼、刀鱼等18种鱼类动物，龟、鳖、扬子鳄等13种爬行类动物和狐、獐、兔等14种哺乳类动物。

◆**历史文化遗存**　栖霞区历史悠久，文化底蕴深厚，历史遗存众多。区内有国家级重点文物保护单位14处，分别是舍利塔、千佛崖、明征君碑、南朝梁始兴忠武王萧憺墓石刻、南朝梁临川靖惠王萧宏墓石刻、南朝梁鄱阳忠烈王萧恢墓石刻、南朝梁吴平忠侯萧景墓石刻、南朝北家边失考墓石刻、南朝梁安成康王萧秀墓石刻、南朝梁新渝宽侯萧暎墓石刻、南朝徐家村失名墓石刻、南朝梁桂阳简王萧融夫妇合葬墓石刻、南朝陈文帝陈蒨陵石刻、六朝家族墓；有省级文物保护单位4处，分别是王德墓、邓廷桢墓、陶行知墓、栖霞寺；有市级文物保护单位18处，分别是笆斗山古墓葬群，燕子矶、头台洞、二台洞、三台洞，弘济寺石刻，寒桥，陈作霖墓，中华民国空军第二通讯台旧址，王芃生墓，狮子坝小辟邪，十月村毛泽东塑像，高奇峰墓园，栖霞山高僧塔林，乾隆行宫遗址，定照庵刻碑，江南水泥厂旧址，东阳双井，桦墅石佛庵石窟，府前路张氏住宅，龙潭会师亭；有区级文物保护单位24处，分别是八卦洲示禁碑、禁牧碑，西库古井，江南水泥厂古银杏树，上前古银杏树，受降井，乾隆金陵返跸驻栖霞诗摩崖石刻，栖霞山天开岩摩崖石刻，御龙桥，黄质夫墓，西沟桥，官窑村官窑遗址，原中央化工厂南京工厂民国建筑，南京晓庄碉堡，乌龙山炮台遗址，文天祥诗碑亭及金陵驿旧址，靖安王家大村王氏祠堂，龙潭南街炮楼，龙潭定水庵遗址，龙潭龙小山碉堡，龙潭司门桥，龙潭火车站民国建筑，中国水泥厂河西街民国建筑，中国水泥公司龙潭工厂旧址，南京外郭城（栖霞区段）。有栖霞区不可移动文物4处，分别是东阳街许家井、东阳街周家井、东阳街306号门前古井、龙潭大士阁井。有国家级非遗项目1项，即南京金箔锻制技艺；国家级非遗传承人1名，是王必生。有省级非遗项目3项，分别是南京传统真金线制作技艺、金陵折扇制作技艺、栖霞龙舞；有省级非遗传承人4名，分别是葛义根（金箔）、熊怀娣（金线）、王克礼（金陵折扇）、薛友新（栖霞龙舞）。有市级非遗传承人11名，分别是张谊娟（金箔）、金旗美（金箔）、陈道祥（金箔）、张锡贵（金箔）、王伦贵（金箔）、张丽（金箔）、王成（金线）、宗昌银（金线）、葛义秀（金线）、倪世金（金陵折扇）、吴家胜（金陵折扇）。有区级非遗项目7项，分别是南京云锦木机妆花手工技艺、柴龙道具制作技艺、金陵竹刻、泥人彩塑、千佛崖“石匠成佛”的故事、八卦洲来历的传说、莲湘舞。

◆建置沿革 秦始皇三十七年（前210），秦始皇“废分封而设郡县”，在其第五次东巡时，置江乘县，为栖霞地区历史上最早的独立建置，治所在江乘村，即今西岗街道摄山星城附近。至隋开皇九年（589），江乘县“被裁分并入江宁、丹徒、句容三县”，前后历时近800年。其间，东晋元帝司马睿于大兴三年（320），在当时的江乘县境内寄设侨郡、县，以“安顿随其南渡之北方流民”，使之“流寓江左，庶有旋返之期，故许其挟注本郡”，皆取与山东原籍相同的名字，分别称南琅琊、南东海、南兰陵、南东平等郡以及临沂、怀德、即丘、丹都、开阳等县。侨立郡、县，起于东晋，定型于刘宋，齐梁稍有变更，至陈亡隋兴时消亡，前后历时248年。唐上元二年（761），江宁县更为上元县，栖霞地区属之。五代十国，吴天祐十四年（917），上元县析为江宁、上元两县，栖霞地区分属江宁、上元、句容三县，宋、元、明、清，大体如旧。

中华民国元年（1912），废江宁、上元县，设南京府；民国2年（1913），重置江宁县，栖霞地区属之。民国23年（1934），划江宁县燕子矶和孝陵卫两个地区归南京市，成立燕子矶和孝陵卫两个乡区。民国31年（1942），汪伪维新政府将燕子矶区改为乡区自治实验区。民国34年（1945），国民政府还都南京，废汪伪建置，改燕子矶乡区自治实验区为第九区，孝陵卫区为第十区。民国38年（1949）1月，一度将八卦洲单设为第十四区，旋于当年6月废止。

中华人民共和国成立后，栖霞地区先后成立燕子矶、中山陵园、栖霞三区，鼎足而处。20世纪50年代至60年代初，成立南京市“大郊区”，三区建置一度撤销，栖霞地区又呈“朝分夕合，领属多变，治所无定”的分治局面，其间，江宁县、六合县、下关区、玄武区、鼓楼区等均分别管辖过栖霞地区部分地域。1963年4月，燕子矶区、中山陵园区、栖霞区建置恢复，1965年5月，合并成立栖霞区，三区鼎立局面终结。1970年1月，栖霞区又裂而为二，分设栖霞区和钟山区，至1975年4月，钟山区撤销并入后，栖霞区始最终归于“一统”，并延而至今。

1992年6月，中共南京市委、市政府决定在栖霞区沿江新生圩成立南京新港工业区管理委员会，属正局级市政府直属机构。1995年5月，更名为南京经济技术开发区（简称南京开发区）管理委员会。1996年1月14日，南京市市长办公会议专题研究加快南京开发区发展问题，确定从“实际出发，建立栖霞区与南京开发区联合开发的运行机制”。同年3月28日，栖霞区与南京开发区正式实施“区区联动、优势互补、共同发展”战略。

2001年11月30日，江苏省人民政府及南京市人民政府报经国务院批准，决定在栖霞区境内启动南京仙林大学城（简称仙林大学城）建设，成立仙林大学城建设领导小组，由省政府分管副省长任组长，并以栖霞区为主组建仙林大学城管理委员会，由区委书记任主任。

2010年1月20日，为进一步整合南京开发区、仙林大学城资源，实现栖霞区与南京开发区、仙林大学城优势互补、互利共赢局面，中共南京市委决定对栖霞区、南京开发区、仙林大学城实施三区融合一体化管理，实行“一个领导核心、一个利益主体、一张规划蓝图”的体制构架。2012年7月，受中共南京市委、南京市政府委托，区委、区政府管理南京开发区。

至2015年年末，栖霞地区仍延续栖霞行政区、南京开发区和仙林大学城“三区相互依存、互为一体”的建制格局。

◆行政区划 1999年年末，栖霞区辖马群、尧化、摄山、栖霞、龙潭、燕子矶、迈皋桥7个镇以及长江、营防、八卦洲3个乡。2000年5月30日，撤销迈皋桥、燕子矶、尧化和马群4镇，分别改为街道；撤销摄山镇，并入栖霞镇，组建新栖霞镇；撤销长江乡、营防乡，合并组建靖安镇。2001年12月14日，撤销栖霞镇，设立栖霞街道；撤销八卦洲乡，设立八卦洲镇。至此，栖霞区乡的建制撤销。2002

2016年栖霞区各街道社区居委会、村委会名录一览表

表1

街　镇	社区个数	经适房	纯居	村居合一	厂居	村委会个数	村委会名称
迈皋桥街道	16	奋斗社区、春晓园社区、汇虹园社区、景和园社区、山水园社区	长营、十字街、东井村、迈皋桥街、晓庄、万寿村、兴卫村、合班村、南塑、金宁新村		华电	0	

续表1

街　镇	社区个数	经适房	纯居	村居合一	厂居	村委会个数	村委会名称
燕子矶街道	13	幕府山庄、燕华花园、祥和雅苑、下庙、柳塘	太平村、燕子矶、晓庄村		化纤新村、电瓷新村、石化村、南化新村、吉祥庵	0	
马群街道	15	百水芊城、芝嘉花园、百水家园、宁康苑、润康苑、文康苑、馨康苑、南湾营、金陵驿社区、花岗社区	果场、青马、马群、石坝、紫金社区			0	
尧化街道	13	尧新、尧辰、金尧花园、尧林仙居、青田雅居、翠林山庄、吴边、王子楼	尧胜、尧化		尧石二村、尧安新村、尧化新村	0	
仙林街道	4	仙林新村	仙鹤、杉湖路、亚东			0	
龙潭街道	6	丽江苑、怡江苑、靖安佳园、龙岸花园	龙潭街		中国水泥厂	18	宣闸村、花园村、上首村、兴隆村、龙潭村、靖安村、联盟村、营防村、孙庄村、滨江村、陈店村、太平村、大鹏村、南中村、飞花村、上坝村、长江村、马渡村
栖霞街道	13	五福家园	甘家巷、石埠桥	东阳村、西花村、栖霞、红梅村（4）	南炼新村、滨江、栖化新村、银矿地质、江南水泥厂、南水新村	3	摄山村、石埠桥村、新合村
西岗街道	4	闻兰、观梅、听竹			西岗	2	桦墅村、孟北村
八卦洲街道	1		八卦花园			7	上坝村、七里村、新闸村、东江村、下坝村、外沙村、中桥村、
合计	85	37	27	4	17	30	

年3月26日，经南京市政府批准，原属南京市奶业集团的南京仙林农牧场改列为栖霞区政府直属单位，更名为“南京市栖霞区仙林农牧场”。2002年12月11日，市政府批复同意撤销龙潭镇，以其原辖区域设立龙潭街道。2004年2月6日，市政府批复同意,在仙林新市区规划范围内成立仙林街道。2005年5月16日，经省政府批准，撤销八卦洲镇和靖安镇，分别设立八卦洲街道和靖安街道，至此，栖霞区镇的建制撤消。2009年7月30日，经南京市政府批准，设立西岗街道。

2011年5月4日，桦墅村和孟北村从江宁区汤山街道划入西岗街道。2012年7月2日，撤销靖安街道，将其整建制划入龙潭街道。2013年8月21日，栖霞街道栖霞街社区并入栖霞村，改名栖霞社区；迈皋桥街道增设春晓园、汇虹园、景和园、山水园4个社区。至2016年年末，栖霞区辖尧化、龙潭、西岗、栖霞、马群、仙林、迈皋桥、燕子矶、八卦洲9个街道，共115个居（村）委会。

◆人口民族　栖霞地区人口绝大多数为汉族。据2010年11月1日第六次人口普查结果，全区总人口644503人（含流动人口），其中，汉族639734人，占99.26%，少数民族4769人，占0.74%。少数民族共22个，有回族、满族、蒙古族、壮族、仫佬族、羌族和朝鲜族等。其中，回族居多，为3253人，满族次之，为595人，而傣族、达斡尔族、撒拉族、阿昌族最少，各为1人。

2016年年末，全区户籍总人口为463942人，其中，汉族458375人，占总人口98.8%；回族、满族、蒙古族等少数民族5567人，占总人口1.2%。常住总人口为693300人，其中居住在本地、离开户口所在地半年以上和户口在本地、外出不满半年的流动人口为229358人。　□瞿志邦

经济与社会发展

◆概况 2016年，区委、区政府坚持稳中求进工作总基调，围绕"四个全面"（全面建成小康社会、全面深化改革、全面依法治国、全面从严治党）战略布局，主动适应经济新常态，坚持改革创新，全面推进"十三五"规划和年初区人代会确定的产业转型、综合改革、科技创新、园区建设和民生改善等重点任务，各项计划进展顺利。全区经济运行保持总体平稳、稳中有进，实现"十三五"规划良好开局。地区生产总值927.23亿元，比上年增长9%；公共财政预算收入112.51亿元，比上年增长24.6%；全社会固定资产投资603.66亿元，比上年增长9.6%；社会消费品零售总额239.16亿元，比上年增长10.2%；城乡居民人均可支配收入分别达4.84万元、2.27万元，比上年分别增长8.4%和9%。

◆三次产业 2016年，栖霞区推进制造业转型升级，举办新材料产业发展论坛，完成传感器产业集中区建设专项调研，积极开展世界智能制造大会招展工作；华威医药被认定为省级工程技术研究中心，达科科技被认定为省级软件企业技术中心，游族网络、三宝科技被评为省重点规划布局软件企业；规模以上工业实现生产总值2391亿元，其中，光电显示、生物医药、装备制造等产业产值占规模以上工业比重75%以上。提速发展服务业，文化创意、休闲旅游和健康养老等产业逐步壮大，新增大美天第文化、玲珑天动漫设计、东交工程设计等服务业规模企业28家；栖霞山禅意小镇、紫东创意小镇被确定为南京市首批市级特色小镇，生命科技园等5家省、市级服务业集聚区提速发展，实现营业收入110亿元，比上年增长15%；实现服务业增加值350亿元，比上年增长11%。农业现代化水平稳步提升，新增高效设施农业面积85.33公顷，占计划的128%；培育农民合作社、家庭农场等新型农业经营主体15家；不断加快美丽乡村建设，龙潭太平村获"南京十大特色乡村"，八卦洲成为"中国·南京农业嘉年华"永久会址。

◆创新活力 2016年，栖霞区全面贯彻落实国家、省、市科技创新大会精神，出台科技创新"1+3"政策文件，加快发展创新型经济。加快打造知识产权服务核心区，完成发明专利申请2700件、专利授权850件，比上年分别增长1.3%和42.8%，新增产、学、研合作项目60个。强化科技载体建设，南大国家级"双创"示范基地核心启动区落户南大科学园，14家众创空间通过市级以上备案。八卦洲农业园，成功创建江苏省现代农业科技园区，获国家级"星创天地"称号。促进科技金融发展，推动设立金茂大健康、赛弗互联网等产业专项基金；英田光学、茶花电气、金晓电子等8家企业成功挂牌新三板。"创业栖霞"计划稳步推进，参加"创业南京"高层次创业人才计划答辩环节69人，进入"千人计划"答辩环节3人，入选国家"万人计划"5人。

◆城乡面貌 2016年，栖霞地区面貌显著改善，城市空间布局逐步优化，燕子矶、栖霞山、仙林副城青龙片区等10个重点片区约160平方千米控详编制获南京市政府批复；仙林副城中心区、栖霞大道两侧等10个项目城市设计获南京市政府批准。加快完善路网结构，马群南路、青城路等一批道路实现全面通车；红枫路拓宽、玉尚路西延、逸文路二期、青城西路及燕子矶新城片区市政道路正加紧建设。制订交通堵点三年行动计划，对312国道（仙林段）快速化改造、红山南路东延二期、马高路北延等项目进行前期研究。不断提升城市功能品质，万达茂、金鹰二期、招商综合体等配套项目快速推进。继续推进城市治理标准化，完善"数字城管"信息系统建设。全年拆除违建345处1.41万平方米。城市管理排名稳居全市前列。贯彻新的住宅物业管理条例，继续开展住宅小区物业管理星级评比。

◆综合改革 2016年，栖霞区综合改革深入推进，制定年度改革工作要点，20项重点改革任务成效显著，其中，街道综合执法改革，全科政务联网联办，市场监管等国家、省、市级改革试点项目向纵深推进。进一步推进供给侧结构性改革，完善开发区托管街道体制，优化园区管理体制改革，顺利推进交通、水务一体化改革，有序开展"营改增"税制改革，基本完成农村土地承包经营权确权登记颁证。深化商事制度改革，全面实行"多证合一、一照一码"登记模式，共办理统一社会信用代码换照8152家。

◆生态文明 2016年，栖霞区强力推进水环境综合治理，完成九乡河治理应急一期、便民河综合整治一期、八卦洲重点片区三期等水利工程，基本建成八卦洲清水通道。完成排水达标区创建目标24个，完成新闸、下坝等6个自然村农村污水管网改造试点工程，完成田园美居等13个小区二次改水任务，在丁家庄片区启动"海绵城市"建设试点工作。完成南十里长沟二支、三支、幕府山沟等黑臭河道整治任务，文苑河等17条河道水系及羊山湖等12处景观湖实施清淤清表工程，区域水环境明显优化。大力推进节能减排工程。完成大唐电厂、华能电厂超低排放改造任务和江南—小野田脱硝工程改造任务。全面启动南京东站车辆段等5家市级挂牌督办的污染治理工程，加快实施仙林污水处理厂配套管网建设工程。大力推进"绿色栖霞"，完成成片造林面积110.73公顷，升级改造姚坊门遗址公园、和苑南路西侧山体2个游园绿地，新增省级绿化示范村6个。

◆民生保障 2016年，栖霞区全面就业创业服务体系不断完善，全区新增城镇就业2万人，培育自主创业者2295人，完成各类职业技能培训1.14万人，分别占计划148%、229%、114%。教育教学质量显著提升，全面实施教育发展新三年行动计划，引进名优骨干教师18人，1人获"江苏省特级教师"称号，15人获"南京市学科教学带头人"称号。全区中考均分超市均分4.47分，高考本二以上达线率接近50%，学前教育获南京市改革创新奖。优质医疗资源加快集聚，"院府合作""校府联动"模式不断深化。成功创建省级、国家级妇幼健康优质服务示范区。栖霞区医院成功创建二级甲等医院。积极提高社会保障覆盖面，低保、大病、困难群众多项救助政策惠及7.3万余人次，累计金额超过9500万元。大力加强慈善工作，募集各类慈善捐助4400余万元。加快养老事业发展，新增机构养老床位430张，AAA级居家养老服务中心提档升级率100%。不断完善住房保障体系，保障性住房新开工面积57.22万平方米，续建面积101.65万平方米，竣工面积130万平方米，顺利完成年度计划。不断强化社区治理，加快全国第三批社区治理与服务创新实验区创建，新建街道社区综合服务中心4个，社工持证率达90%。积极培育和践行社会主义核心价值观，扎实推进文明城市创建工作。深化“阅享栖霞”全民阅读行动，推进文化惠民工程，成功举办区第十四届全民健身运动会，不断提升文体服务水平。持续加强“平安栖霞”建设，全力化解信访矛盾，保持全区安全生产、食品安全、社会治安稳定态势，公众安全感和满意度持续上升。　□万婷婷

组织机构及负责人名录

栖霞区

◆中共栖霞区委

书　记：邢正军
副书记：黎　辉（5月27日任）
　胡晓健（7月18日免）
　陈　波（7月18日任）
常　委：曹海连（7月18日免）
　钱　维（女，7月18日任）
　杨白英（7月18日免）
　徐　春（7月18日任）
　孙中华（7月18日免）
　毛银玲（女，7月18日免）
　孙爱军
　尹　军（7月18日任）
　万　震（7月18日任）
　周　峰（7月18日免）
　陈云松（7月18日任）
　翟建明（7月18日任）
　李　斌（7月18日免）
　徐　刚（7月18日任）

◆栖霞区人大常委会

主　任：李汉桥
副主任：毕金生
　张　民
　王爱华（女）
　胡达贵（1月8日当选）
党组书　记：李汉桥（8月2日免）
　胡晓健（8月2日任，12月26日免）
　陈　波（12月26日任）
副书记：毕金生（12月26日免）

◆栖霞区人民政府

区　长：邢正军（6月8日辞）
代区长：黎　辉（6月8日任）
副区长：黎　辉（6月8日任）
　曹海连（7月20日免）
　钱　维（女，7月20日任）
　毛银玲（女，7月20日免）
　尹　军（7月20日免）
　万　震
　陈　松
　秦志刚
　秦亚平
　陆瑞峰（12月30日任）
　胡永红（女，江苏省第七批科技镇长团挂职干部，8月挂职期满）
　施　君（11月10日任，江苏省第九批科技镇长团挂职干部，挂职期两年）
副巡视员：朱青涛（7月22日免职退休）
　黄建平
　王　智
党组书　记：邢正军（5月27日免）
　黎　辉（5月27日任）
　副书记：曹海连（7月18日免）
　钱　维（女，7月18日任）

◆政协栖霞区委员会

主　席：夏　宁
副主席：时效俊
　蒋　励
　孟祥康（不驻会）
　王佩娟（女，不驻会）
　曹于平（不驻会）
党组书　记：夏　宁（7月18日免）
　杨白英（7月18日任）
　副书记：时效俊
　秘书长：梁　超

◆中共栖霞区纪委

书　记：杨白英（女，7月18日免）
　翟建明（7月18日任）
副书记：朱从政
　牛　立
常　委：江明洪（4月8日免）
　刘宗荣（7月31日免）
　齐　眉（7月31日任）
　刘建梅（7月31日任）
　李世发（7月31日任）
　庞　博（7月31日任）

◆栖霞区人民法院

院　长：王　睿（12月30日辞）
代理院长：李传松（12月30日任）
副院长：李传松（12月30日任）
　周　翊（2月2日免）
　赵　青（女）
　江永忠
　吕宁华（女）
　胡　雷（3月31日任）
　付坚强（7月20日任，挂职干部，挂职期一年）
政治处主任：胡　雷
执行局局长：吕宁华（女，兼，3月14日免）
　巫　杉（3月14日任，试用期一年）
党组书　记：王　睿（12月26日免）
　李传松（12月26日任）
　副书记：周　翊（1月22日免）
　江永忠（1月22日任）
　纪检组长：叶　琳（女，3月14日任，试用期一年）
审判委员会专职委员：冯存国
　（3月14日任，试用期一年）

◆栖霞区人民检察院

检察长：倪一斌（12月30日辞）
代理检察长：杨建萍（12月30日任）
副检察长：杨建萍（12月30日任）
　黎祜彬
　闵　钐（2月2日免）
　周　明（2月2日免）

黄月红（女，11月10日免）
马明玉（3月31日任）
纪检组组长：侯康美（女，3月14日免）
李　飞（3月14日任）
政治处主任：马明玉（3月14日免）
侯康美（女，3月14日任）
反贪局局长：李　飞（3月14日免）
孙贵宝（3月14日任，试用期一年）
检委会专职委员：隋礼华（女）
党组书　记：倪一斌（12月26日免）
杨建萍（12月26日任）
副书记：黎祜彬
闵　钐（1月22日免）

◆栖霞区人民武装部

部　长：李　斌（6月30日免）
政　委：徐　刚
副部长：陈海波

◆区委工作机构

办公室

主　任：田峥嵘
副主任：李春节（3月14日任）
吴克全（8月2日免）
王应松（8月2日任）
刘　轶（女，3月14日免）
佘凌云（女）
赵正轶（5月30日免）
方　坤（6月22日任，试用期一年）

研究室（根据《关于同意调整栖霞区委部分机构的批复》（宁编办字[2016]20号）要求，设立区委研究室，为区委工作机构，区委全面深化改革领导小组办公室、区委社会建设工作委员会与其一个机构三块牌子）
主　任：李春节（3月14日任）
副主任：徐兴东（3月14日任）
毕伟清（3月14日任，试用期一年）

保密委员会办公室

主　任：佘凌云（女）

组织部（根据《关于同意调整栖霞区委部分机构的批复》（宁编办字[2016]20号）要求，区委组织部挂“区委非公有制企业和社会组织工作委员会”、“区人才工作办公室”牌子）
部　长：陈　波（7月18日免）
徐　春（7月18日任）
副部长：潘尚俊
瞿卫星（11月10日免）
刘先明
武晓路（女）

组织员办公室

主　任：潘尚俊
副主任：武晓路（女，1月22日免）

人才工作办公室

主　任：瞿卫星（10月28日免）
副主任：臧勇强（兼，3月14日免）
胡　杰（江苏省第八批科技镇长团挂职干部，8月挂职期满）
王　磊（9月6日任，江苏省第十批科技镇长团挂职干部，挂职期一年）

党的建设领导小组办公室

主　任：武晓路（女）

非公有制企业和社会组织工作委员会
书　记：武晓路（女，1月22日任)
副书记：翟朝阳（3月14日任，试用期一年）

党史工作办公室

主　任：马春成（3月14日任）
副主任：王春宝

宣传部

部　长：周　峰（7月18日免）
陈云松（7月18日任）
副部长：赵家宝（兼）
王　勇（3月14日免）
杜　巍（女，1月22日免）
闫凤娟（3月14日任）

区精神文明建设指导委员会办公室

主　任：杜　巍（女，1月22日免）
刘　轶（3月14日任）
副主任：陈　宁（3月14日任，试用期一年）

区网络信息管理办公室

主　任：王　勇（兼，3月14日免）
副主任：闫凤娟（女，3月14日免）

统战部

部　长：时效俊（7月18日免）
尹　军（7月18日任）
副部长：刁志福
邢銮娣（女）

区民族宗教事务局

局　长：邢銮娣（女）

台湾工作办公室

副主任：吕文伟（女）

区工商业联合会

主　席：秦亚平（兼）
副主席：刁志福
党组书记：刁志福

侨务办公室

副主任：沈　芸（女）

政法委员会

书　记：孙中华（7月18日免）
孙爱军（7月18日任）
副书记：曹小勇
潘洪义
吴　捷（南京市安全局挂职干部，挂职期两年）

区依法治区领导小组办公室

主　任：潘洪义
副主任：陈　熙（女，10月28日免）

区社会管理综合治理委员会办公室

主　任：曹小勇

区维护稳定工作领导小组办公室

主　任：潘洪义（兼）

区国家安全领导小组办公室

主　任：曹小勇（兼）
副主任：宁国信

区法学会

专职副会长：潘　进（3月14日任，试用期一年）

区机构编制委员会办公室

主　任：臧勇强

副主任：张培卿（女，3月14日任，正处职）

　　　　蒋正龙（3月14日任，试用期一年）

区委区级机关工委

书　记：马春成（3月14日免）

　　　　江明洪（3月14日任）

副书记：朱　红（女）

纪工委书记：朱　红（女）

区委老干部局

局　长：刘先明

副局长：池建华

区信访局

局　长：吴克全（8月2日免）

　　　　王应松（8月2日任）

副局长：王应松

　　　　沈朝阳（10月28日免）

　　　　孙　薇（女，3月14日免）

　　　　黄志金

　　　　刘莎莉（女，3月14日任，试用期一年）

区委防范和处理邪教问题领导小组办公室

主　任：张德根

副主任：张松泉（满族，5月30日免）

　　　　顾　锋（3月14日任）

区委党校

校　长：胡晓健（兼，7月18日免）

　　　　陈　波（兼，7月18日任）

常务副校长：刘　爽（女，1月22日任）

副校长：葛　铭

　　　　孙　伟（5月30日任）

区委社建工委

书　记：王开宏（3月14日免）

副书记：徐兴东（3月14日免）

◆区人大常委会工作机构

办公室

主　任：华　巍

副主任：蔡家来

研究室

主　任：韩　锋

副主任：沈　燕（女，3月31日任，试用期一年）

内务司法工作委员会

主　任：施德胜（2月2日免）

　　　　罗光勇（2月2日任）

副主任：吴双龙（11月10日免）

　　　　黄月红（女，11月10日任）

人事代表联络工作委员会

主　任：刘淑琴（女）

副主任：刘　萍（女，3月31日任）

农业农村工作委员会

主　任：孙维良（2月2日任）

副主任：何俊喜（3月31日任）

财政经济工作委员会（更名为预算工作委员会）

主　任：于先志（11月10日免）

　　　　李　罡（11月10日任）

副主任：韩玉芬（女）

城建环保工作委员会（更名为环境资源城乡建设委员会）

主　任：汤宝海（11月10日免）

　　　　毕瑞夏（11月10日任）

副主任：李春龙

教科文卫工作委员会

主　任：刘家常

副主任：闵建平

民族宗教侨务工作委员会

主　任：吴双龙

◆区政府工作机构

办公室

主　任：张　农

副主任：赵锡斌

　　　　王　勇（兼，3月24日免）

　　　　安太平（2月3日免）

　　　　王　玮（7月1日任）

　　　　顾　磊

党组书记：张　农（9月29日任）

区法制办公室

主　任：周　明（2月2日任）

副主任：邓　萍（女）

　　　　孙　薇（女，3月24日任）

党组书记：周　明（9月29日任）

区外事办公室

主　任：赵锡斌（兼）

区发展和改革局

局　长：孔毅远

副局长：孙德发（2月3日任）

　　　　吴国罡（3月24日任）

　　　　张奋林（女，3月23日任）

　　　　乔　强（3月24日免）

　　　　王宪文（3月24日免）

　　　　杨　静（女，3月24日免）

　　　　杨　艳（女）

党组书记：孔毅远（9月29日任）

区经济和信息化局（根据《中共南京市委办公厅、南京市人民政府办公厅关于印发〈南京市栖霞区人民政府职能转变和机构改革方案〉的通知》（宁委办〔2015〕77号）、《中共栖霞区委、栖霞区人民政府关于栖霞区人民政府职能转变和机构改革的实施意见》（栖委字〔2016〕3号），区工业和信息化局更名为区经济和信息化局。）

局　长：孔毅远（兼，2月2日免）

　　　　徐　宁（2月2日任）

副局长：尹福玉（2月3日免）

　　　　赵玉泉（2月3日任）

　　　　张　青（7月1日任）

　　　　金苏荣（7月1日任）

　　　　吴国罡（3月24日免）

　　　　南赞荣（3月24日任，试用期一年）

党组书记：徐　宁（9月29日任）

区物价局

局　长：孙德发（2月3日任）

副局长：高庆海

　　　　魏　兵

区住房和建设局
局　长：胡达贵（2月2日免）
　　　　崔永国（2月2日任）
副局长：葛　兵
　　　　李　莹（女，3月24日免）
　　　　吴　军
　　　　王　玮（7月1日免）
　　　　王三友（11月3日免）
　　　　许　燕（女，6月8日任）
党工委书　记：崔永国（1月22日任，3月14日免）
　　　　施正西（3月14日任）
副书记：胡达贵（1月22日免）
　　　　崔永国（3月14日任）
纪工委书　记：施正西（3月14日任）

区房屋征收管理办公室
主　任：龚立才（兼）
副主任：周和斌（兼，3月24日免）
　　　　朱　榕（兼，3月24日免）
　　　　刘文刚（兼，3月24日免）
　　　　马景河（兼）
　　　　宋玉娟（女，兼，3月24日任，试用期一年）

区科学技术局
局　长：朱　勇
副局长：管建国（3月24日免）
　　　　田　刚
　　　　詹　阳（女）
　　　　仲崇蔚（3月24日免）
　　　　洪立军（3月24日任，试用期一年）
　　　　孙　林（江苏省第七批科技镇长团挂职干部，8月挂职期满）
　　　　李晓东（江苏省第八批科技镇长团挂职干部，挂职期一年）
　　　　陈银基（9月19日任，江苏省第十批科技镇长团挂职干部，挂职期一年）
党组副书　记：田　刚（9月29日任）

区科学技术协会
主　席：管建国
副主席：朱　勇
　　　　蔡现军
　　　　张晓东（女，不驻会）
　　　　施琴芬（女，不驻会）
　　　　赵肖文（不驻会）
　　　　朱成海（不驻会）
　　　　贾树田（不驻会）

区知识产权局
局　长：朱　勇

区教育局
局　长：徐观林
副局长：吴　兴
　　　　葛德华（试用期一年）
　　　　李　斌（6月8日任）
党工委书　记：王守云
副书记：徐观林
　　　　韩　俊
纪工委书　记：韩　俊

区民政局
局　长：葛启龙
副局长：陈卫民（3月24日免）
　　　　冯　欣（女，11月3日任）
　　　　余　斌
　　　　左元龙
党工委书　记：朱敏生
副书记：葛启龙
　　　　丁　晓（3月14日免）
纪工委书　记：丁　晓（3月14日免）

区残疾人联合会执行理事会
理事长：王红霞（女）
副理事长：石晓红（女，10月28日免）
　　　　王燕江

区司法局
局　长：卢　静（女）
副局长：崔雨笛
　　　　叶方林（6月8日任）
党组副书记：崔雨笛（9月29日任）

区财政局
局　长：张传荣
副局长：王兆仁（2月3日免）
　　　　胡春香（女）
　　　　仲崇蔚（3月24日任）
　　　　李　敏（女，6月8日任）
党组书记：张传荣（9月29日任）

区政府国有资产监督管理办公室
主　任：张传荣
副主任：涂建新

区财政结算中心
主　任：王兆仁（兼，2月3日免）

区人力资源和社会保障局
局　长：肖明宝
副局长：臧勇强（3月24日免）
　　　　张培卿（女，3月24日免）
　　　　陈若蓓（女，3月24日免）
　　　　姚树昌
　　　　吕步志
　　　　罗光勇（2月3日免）
党工委书　记：肖明宝
副书记：臧勇强（3月14日免）
　　　　陈若蓓（女）
纪工委书　记：陈若蓓（女，3月14日任）

区公务员局
局　长：张培卿（女，3月24日免）

区劳动就业管理中心
主　任：刘江峰

区社会保险管理中心
主　任：曾红艳（女，3月24日任，副处级，试用期一年）

区职业技术培训中心
主　任：刘　俊（女）

区审计局
局　长：田　进
副局长：蒋　剑
　　　　蒋　维

区统计局
局　长：陈　学（2月2日免）
　　　　王兆仁（2月2日任）
副局长：张中强
　　　　端红霞（女）
党组书记：王兆仁（9月29日任）

区市场监督管理局
局　长：毕瑞夏（11月10日免）
副局长：王永明（正处职，2月3日免）

曹红梅（女，3月24日免）
张　平
陈士武（3月24日免）
端　学
孙　华
林锡祥
张静林
李　芳（女，11月3日免）
袁百强（11月3日免）
刘春臻
党工委书　记：汪　浩（1月22日免）
盛　艳（女，3月14日任）
副书记：毕瑞夏（10月28日免）
纪工委书　记：曹红梅（女，3月14日任）

区食品药品监督管理局
局　长：王永明（2月3日免）

区市场监管综合行政执法大队
大队长：姚　远（3月24日任，副处级，试用期一年）

区安全生产监督管理局
局　长：许　斌
副局长：万安云
吴　丹（10月31日免）
叶余丰
党组书记：许　斌（9月29日任）

区环境保护局
局　长：孙德发（2月2日免）
王永明（2月2日任）
副局长：朱永强
杨克群（女，2月3日免）
徐　震（3月24日任，试用期一年）
魏　东（3月24日任，试用期一年）

区规划分局
局　长：于建勋
副局长：徐　宁（正处职，2月22日免）
钱　建
任　玮
陈敬仁（7月5日任）
党组书记：徐　宁（1月22日免）

区政务服务管理办公室（根据《中共南京市委办公厅、南京市人民政府办公厅关于印发〈南京市栖霞区人民政府职能转变和机构改革方案〉的通知》（宁委办〔2015〕77号），《中共栖霞区委、栖霞区人民政府关于栖霞区人民政府职能转变和机构改革的实施意见》（栖委字〔2016〕3号）组建区政务服务管理办公室，为区政府派出机构，挂区政务服务中心牌子。）
主　任：安太平（2月3日任）
副主任：乔　强（3月24日任）
陈士武（3月24日任）
党组书记：安太平（9月29日任）

区保障房片区管理办公室
主　任：汪　浩
副主任：宋薇薇（女，3月24日任，试用期一年）
党组书记：汪　浩（9月29日任）

区城市管理局
局　长：金　旭
副局长：邢宗显（3月24日免）
黄达举
束泽斌（3月24日免）
薛昆黎（7月1日任）
姜　浩（3月24日任）
叶银满
党工委书　记：戴　琳
副书记：金　旭
纪工委书　记：戴　琳（3月14日任）

区城市管理行政执法局
局　长：金　旭
副局长：邢宗显（3月24日免）
黄达举
束泽斌（3月24日免）
叶银满

区城市管理行政执法大队
大队长：徐广忠（6月8日任）
政　委：戴海强（5月30日任）

区交通运输局
局　长：赵一海
副局长：仇智勇（女）
刘　吉（3月24日任）
邬　立（3月24日免）
党工委书　记：汪金宝
副书记：赵一海
徐邦进（3月14日免）
纪工委书　记：徐邦进（3月14日免）
汪金宝（3月14日任）

区农业局
局　长：孙维良（2月2日免）
宋福红（2月2日任）
副局长：郑舒聪（3月24日免）
汤春华
党组书记：宋福红（9月29日任）

区委农村工作委员会
主　任：孙维良（1月22日免）
宋福红（1月22日任）
副主任：李德山

区政府农村集体资产管理办公室
主　任：郑舒聪
副主任：吴学成（6月8日任）

区水务局（根据《中共南京市委办公厅、南京市人民政府办公厅关于印发〈南京市栖霞区人民政府职能转变和机构改革方案〉的通知》（宁委办〔2015〕77号），《中共栖霞区委、栖霞区人民政府关于栖霞区人民政府职能转变和机构改革的实施意见》（栖委字〔2016〕3号）组建区水务局，不再保留区水利局。）
局　长：仇金龙（6月30日任）
副局长：侯书金（3月24日免）
束泽斌（3月24日任）
万士冬（7月1日任）
李　莹（3月24日任）
党组书记：仇金龙（9月29日任）

区商务局
局　长：李　罡（11月10日免）
瞿卫星（11月10日任）
副局长：顾　鹏
陈良琪
魏国鸿（3月24日任）
朱　玮（女，9月19日任，江苏省第十批科技镇长团挂职干部，挂职期一年）
党工委书　记：王　勇（3月13日任）
副书记：李　罡（10月28日免）

瞿卫星（10月28日任）
夏秀华（女）
纪工委书　记：夏秀华（女）

区文化旅游局
局　长：赵家宝
副局长：雷诗华
俞朝晖（10月31日免）
宁　坤
胡婷婷（女）
周丽华（女）
党组书记：赵家宝（9月29日任）

区卫计局（根据《中共南京市委办公厅、南京市人民政府办公厅关于印发〈南京市栖霞区人民政府职能转变和机构改革方案〉的通知》（宁委办〔2015〕77号）、《中共栖霞区委、栖霞区人民政府关于栖霞区人民政府职能转变和机构改革的实施意见》（栖委字〔2016〕3号）整合区卫生局、区人口和计划生育局的计划生育管理和服务职责，组建区卫生和计划生育局，为区政府工作部门。）
局　长：吕　俊（6月30日任）
副局长：苏桂茹（女，7月1日任，11月3日免）
汪厚忠（7月1日任）
马　奎（回族，7月1日任）
党工委书　记：陈志平（6月22日任）
副书记：吕　俊（6月22日任）
古　琳（6月22日任）
纪工委书　记：古　琳（6月22日任）

区红十字会
会　长：秦亚平
常务副会长：陈海频
副会长：丁　彤（女，3月14日任，试用期一年）
党组书记：陈海频（9月29日任）

区人民防空办公室
主　任：杨家龙
副主任：黄有露
程龙法
党组书记：杨家龙（9月29日任）

区档案局
局　长：吴炳根
副局长：徐　强
党组书记：吴炳根（9月29日任）

区档案馆
馆　长：吴炳根

区地方志编纂委员会办公室
主　任：吴炳根

区体育局
局　长：盛有福
副局长：张兵兵（11月3日免）

栖霞山风景名胜区管理处
主　任：王　俊
副主任：卢德和（3月24日任）
夏和宝（3月24日任）
李　宏（3月24日任）
见习主任：卢德和
夏和宝
李　宏
党组书记：王　俊（9月29日任）

区房屋拆迁安置管理办公室
主　任：龚立才
副主任：周和斌（3月24日免）
朱　榕（3月24日免）
刘文刚（3月24日免）
马景河
宋玉娟（女，试用期一年，3月24日任）
党工委书　记：周和斌（3月14日免）
朱　榕（3月14日任）
副书记：龚立才
纪工委书　记：周和斌（3月14日免）
朱　榕（3月14日任）

区工业公司
经　理：尹福玉（2月3日免）
赵玉泉（2月3日任）
党工委书　记：张　青
纪工委书　记：张　青

◆区政协工作机构
办公室
主　任：梁　超
副主任：靳黎丽（女）

专门委员会工作办公室
主　任：张华玲（女，3月31日免）

委员联络办公室
主　任：张华玲（女，3月31日任）
副主任：王　润（3月31日任，试用期一年）

◆区纪委（监察局）工作机构
区监察局
局　长：朱从政
副局长：任秋娴（女）

办公室
主　任：庞　博（3月14日任）

纪检监察干部管理监督室
主　任：刘建梅（女，3月14日任）

党风政风监督室
主　任：齐　眉（女，3月14日任）

信访室
主　任：陶　硕（3月14日任，试用期期一年）

案件监督管理室
主　任：厉　楠（女，3月14日任，10月28日免）

纪检监察一室
主　任：李世发（3月14日任）

纪检监察二室
主　任：晋爱民（女，3月14日任，试用期一年）

案件审理室
主　任：唐茜茜（女，3月14日任，试用期一年）

区督察工作办公室
主　任：朱从政
常务副主任：江明洪（3月14日免）

区纪委（监察局）纪检监察工作室
第一纪检监察工作室
主　任：刘宗荣

副主任：郑乐安

第二纪检监察工作室
主　任：陈芳琴（女）

第三纪检监察工作室
主　任：陈桂玲（女，1月22日免）
　　　　王开宏（3月14日任）

第四纪检监察工作室
主　任：李　明（女）

◆群众团体
区总工会
主　席：毕金生（兼）
常务副主席：裴艾军（女）
副主席：姚树昌（兼）
　　　　包正康
　　　　翁丽敏（女，10月28日免）
　　　　袁百强（10月28日任）
党组书　记：毕金生（9月29日任）
　　副书记：裴艾军（女，9月29日任）

团区委
书　记：付建龙
副书记：陈珺珺（女）
　　　　王　杨

区妇联
主　席：万　霞（女，1月22日任）
副主席：徐漫雪（女，3月14日任）
　　　　杨秀凤（女）
　　　　张奋林（女，试用期一年，3月14日免）
党组书记：万　霞（女，9月29日任）

◆区政府直属机构
南京金港科技创业园管委会
主　任：毛银玲（女，兼，8月调离）
常务副主任：朱　勇（兼，11月3日免）
　　　　　　管建国（11月3日任）
副主任：管建国（兼）
　　　　田　刚（兼，11月3日免）
　　　　蔡现军（兼）
　　　　蒋尚平（11月3日任）
　　　　詹　阳（女，兼，11月3日免）
　　　　仲崇蔚（兼，3月24日免）
　　　　徐　薇（女，11月3日任）
　　　　李　璨（9月19日任，江苏省第十批科技镇长团挂职干部，挂职期一年）

南京市栖霞区重点科技产业园区发展工作领导小组办公室
副主任：吴　丹（10月31日任）

江苏生命科技创新园管委会
主　任：陈　波（兼）
常务副主任：窦立华
　　副主任：张　捷
　　　　　　蒋尚平（11月3日免）
　　　　　　余　蓉（女）
　　　　　　狄留庆（江苏省第八批科技镇长团挂职干部，8月挂职期满）
　　　　　　蒋军锋（江苏省第八批科技镇长团挂职干部，8月挂职期满）
　　　　　　赵明芳（女，9月19日任，江苏省第十批科技镇长团挂职干部，挂职期一年）

南京紫东国际创意园管委会
常务副主任：赵玉泉（2月3日免）
　　　　　　黄　伟（女，3月24日任）
副主任：黄　斌
　　　　颜　雯（女）
　　　　殷　俊（江苏省第八批科技镇长团挂职干部，8月挂职期满）
　　　　陈欣荣（9月19日任，江苏省第十批科技镇长团挂职干部，挂职期一年）

南京紫金（仙林）科技创业特别社区管委会
常务副主任：张文敬
副主任：余　卫
　　　　王江河
　　　　贾胜如
　　　　王宪文（3月24日任）
　　　　顾　戟
　　　　赵金花（女）
　　　　徐　薇（女，11月3日免）
　　　　邓泽燕（女，9月19日任，江苏省第十批科技镇长团挂职干部，挂职期一年）

南京栖霞山文化休闲旅游度假区管委会
主　任：曹海连（8月16日免）
　　　　孙爱军（8月16日任）
常务副主任：时效俊
　　副主任：郭昌标（兼，7月21日免）
　　　　　　姚学敏
　　　　　　叶　宁
　　　　　　任　玮
　　　　　　王　俊

迈皋桥地区环境综合整治指挥部
副总指挥：孙爱军（兼，8月16日免）
　　　　　肖胜利（兼，8月16日任）
办公室副主任：颜　康
　　　　　　　杨小梅（女）

新尧新城开发建设指挥部
指挥长：陈　松（兼，3月24日免）
　　　　操文荣（兼，3月24日任）
常务副指挥长：周和斌（3月24日任）
副指挥长：操文荣（兼）
　　　　　王永怀（兼，3月24日任）
　　　　　施正西（兼，3月24日免）
　　　　　陈甫林（兼）
　　　　　熊明高（兼）
　　　　　袁国强（兼）

南京栖霞商务区管委会
主　任：孙中华（兼，8月16日免）
　　　　操文荣（兼，8月16日任）
副主任：秦志刚（兼，8月16日免）
　　　　操文荣（兼）
　　　　陆建尚
　　　　温世清
　　　　张福勇
　　　　林晓明
　　　　张卫星

江苏金箔文化产业园管委会
副主任：钟漫江（女，兼）

南京仙林物联网产业基地管委会
主　任：毛银玲（女，兼，8月调离）

南京八卦洲现代农业产业园管委会

主　任：曹显进（兼，8月16日任）
常务副主任：俞朝晖（10月31日任）

栖霞建设集团公司
党委书　记：江劲松
副书记：范广忠
纪委书　记：范广忠
集团公司董事长：江劲松
股份公司董事长：江劲松
总　裁：江劲松
常务副总裁：范业铭
副总裁：徐水炎
吕　俊
股份公司监事会主席：汤　群
总裁助理，董事会秘书：王海刚

◆南京市垂直机构
南京市栖霞区国家税务局
局　长：董晓力
纪检组组长：钟家宝
副局长：胡　亮
刘家宏
欧阳慧珠（女）
党组书记：董晓力

南京市地方税务局栖霞分局
局　长：殷壁峰
副局长：许晓燕（女）
张登明
谢寒生

南京市公安局栖霞分局
局　长：刘　勤（7月15日免）
薛汝军（7月15日任）
政　委：蒋　浩
副局长：肖世泉（正处级）
林家华（3月2日免）
高增强（3月2日任）
刘裕平
党委书　记：刘　勤
副书记：蒋　浩
纪委书　记：吴平顺
监察室主任：吴平顺
区维稳办副主任：章银树

南京市国土资源局栖霞分局
局　长：黄卫东
副局长：张文涛（女，2月22日免）
周根宝
何　文（女，2月17日任）
曹东升（5月25日任）
张庆喜
党组书记：黄卫东

◆迈皋桥街道
党工委书　记：孙爱军（兼）
副书记：肖胜利
张大武
吴德双（3月14日免）
办事处主　任：肖胜利
副主任：吴德双（3月24日免）
颜　康（3月24日免）
杨小梅（女）
程海博
顾　津（女）
孙璐璐（女，6月8日任）
汤　涛（南京工业大学挂职干部）
程　庄
人大工委主　任：张大武
政协工委主　任：吴德双（3月31日任）
副主任：吴德双
纪工委书　记：张大武（10月28日免）
沈朝阳（10月28日任）
人武部部长：刘光明
统战员：刘光明
综合行政检查执法大队大队长：范奕明
（10月31日任，试用期一年）

◆燕子矶街道
党工委书　记：周传明
副书记：盛　艳（女，3月14日免）
张　健（3月14日免）
赵晓琳（女）
王小锋（3月14日任）
办事处主　任：盛　艳（女，3月24日免）
赵晓琳（女，3月24日任）
副主任：赵晓琳（女）
邱家宏（3月24日免）
吕　俊
孔　娟（女）
刘文刚（3月24日任）
姜　浩（3月24日免）
韦　森（江苏省第八批科技镇长团挂职干部，8月挂职期满）
李应林（9月19日任，江苏省第十批科技镇长团挂职干部，挂职期一年）
周华明
人大工委副主任：陈　新
政协工委主　任：张　健
纪工委书　记：张　健（10月28日免）
陈　熙（女，10月28日任）
人武部部　长：梁会玉
统战员：梁会玉
综合行政检查执法大队大队长：杜继斌
（10月31日任，试用期一年）

◆马群街道
党工委书　记：刘海滨
副书记：王宇峰（1月22日任）
杨　明（3月14日免）
车金楼（1月22日免）
史学经（3月14日任）
郭　雷（江苏省第八批科技镇长团挂职干部，8月挂职期满）
陈欣荣（9月6日任，江苏省第十批科技镇长团挂职干部，挂职期一年）
办事处主　任：王宇峰（2月3日任）
副主任：杨　明（3月24日免）
黄升鹏（3月24日免）
史学经（3月24日免）
李晓萍（女）
吴国林（3月24日免）
唐维彬
陈砚墨
唐月朗
凌　云（3月24日任）
王旭东（3月24日任）
李世平（3月24日免）
人大工委主　任：杨　明（3月31日任）
副主任：车金楼（2月2日免）
政协工委主　任：杨　明（3月31日免）
副主任：黄升鹏（3月31日任）

纪工委书记：车金楼（1月22日免）
史学经（3月14日　任，10月28日免）
李　芳（女，10月28日任）
人武部部长：凌　云（4月20日免）
陈兴华（12月30日任）
统战员：凌　云（3月14日免）
陈兴华（12月26日任）
综合行政检查执法大队大队长：王邦保（10月31日任，试用期一年）

◆尧化街道

党工委书　记：操文荣
副书记：王永怀
胡　宁
黄　伟（女，3月14日免）
办事处主　任：王永怀
副主任：黄　伟（女，3月24日免）
孙晓华（女，3月24日免）
周　超
张福勇
袁国强
赵乃宏
雷朝国（6月8日免）
李　敏（女）
毛冠圩（7月1日任，试用期一年）
孙　林（女，江苏省第八批科技镇长团挂职干部，11月挂职期满）
郭　金（9月19日任，江苏省第十批科技镇长团挂职干部，挂职期一年）
纪家红（女）
人大工委主　任：胡　宁
副主任：王殿民（2月2日免）
政协工委主　任：黄　伟（女，3月31日免）
副主任：袁国强（3月31日任）
纪工委书　记：胡　宁（10月28日免）
厉　楠（女，10月28日任）
人武部部　长：强国荣
统战员：强国荣
综合行政检查执法大队大队长：邓少杰（10月31日任，试用期一年）

◆仙林街道

党工委书　记：孙金娣（女）
副书记：王宇峰（1月22日免）
王建国（3月14日免）
欧立祥
冯　欣（女，3月14日任，10月28日免）
付建龙（兼，10月28日任）
朱　玮（女，9月6日任，江苏省第十科技镇长团挂职干部，挂职期一年）
办事处主　任：王宇峰（2月3日免）
欧立祥（2月3日任）
副主任：欧立祥
冯　欣（女，3月24日免）
杨　静（女，3月24日任）
徐　骏（3月24日任）
蔡绍锦
徐正荣
吕　东（3月24日　任，试用期一年）
李　菁（江苏省第八批科技镇长团挂职干部，8月挂职期满）
韩东文
人大工委主　任：王建国（3月31日任）
副主任：王建国
政协工委副主任：欧立祥（5月6日免）
副主任：殷凤斌（3月31日任）
纪工委书记：王建国（3月14日免）
冯　欣（女，3月14日　任，10月28日免）
苏桂茹（女，10月28日任）
人武部部长：徐　骏（4月20日免）
周　春（12月30日任）
统战员：徐　骏（3月14日免）
周　春（12月26日任）
综合行政检查执法大队大队长：许元俊（10月31日任，试用期一年）

◆区仙林农牧场

党委书　记：孙金娣（女）
副书记：王宇峰（1月22日免）
欧立祥（1月22日任）
场　长：王宇峰（2月3日免）
欧立祥（2月3日任）

◆栖霞街道

党工委书　记：郭昌标（7月21日免）
姚学敏（7月21日任）
副书记：石　磊
刘　爽（女，1月22日免）
王晓林（3月14日免）
周朱伟（3月14日任）
办事处主　任：石　磊
副主任：王晓林（3月24日免）
王　俊
陈　峰
周朱伟（3月24日免）
徐光银
陈　云（女）
吴晓春（江苏省第八批科技镇长团挂职干部，8月挂职期满）
陆成雷
人大工委主　任：孔德年（3月31日任）
副主任：孔德年
政协工委主　任：王晓林（3月31日任）
副主任：王晓林
纪工委书　记：刘　爽（女，1月22日免）
周朱伟（3月14日　任，10月28日免）
翁丽敏（女，10月28日任）
人武部部长：周国强
统战员：周国强
综合行政检查执法大队大队长：丁　伟（10月31日任，试用期一年）

◆西岗街道

党工委书　记：高军玲（女）
副书记：葛山来
庄　荣
李　萍（女）
陶赋雯（女，挂职期一年）
办事处主　任：葛山来
副主任：李　萍（女）
张东俊
刘思玉
卞小兵
杨诗源（6月8日任）
叶　茂（江苏省第八批科技镇长团挂

职干部，8月挂
职期满）
徐孝全
人大工委主　任：庄　荣
副主任：殷凤斌（3月31日免）
政协工委副主任：李　萍（女）
纪工委书记：庄　荣（10月28日免）
石晓红（女，10月28日任）
人武部部长：徐小健
统战员：徐小健
综合行政检查执法大队大队长：夏建国
（10月31日任，试用期一年）

◆龙潭街道

党工委书　记：崔永国（1月22日免）
孙东方（1月22日任）
副书记：孙东方
车金楼（1月22日任）
钱　琍（女）
吴霞峰
王建中（江苏省第八批
科技镇长团挂
职干部，8月挂
职期满）
办事处主　任：孙东方（2月3日免）
车金楼（2月3日任）
副主任：吴霞峰
钟漫江（女）
杨恒开（3月24日免）
刘茂广（3月24日免）
陈晓芳（女）
袁秀平（试用期一年）
王秀山（3月24日任，试
用期一年）
马文胤（3月24日任，试
用期一年）
王　慧（女，9月19日任，
挂职期一年）
李志发（3月24日免）
李文武（3月24日任）
人大工委副主任：刘名祥（2月2日免）
陶学勤（11月10日任）
政协工委副主任：吴霞峰
纪工委书记：钱　琍（女，10月28日免）
张兵兵（10月28日任）
人武部部长：李　斌
统战员：李　斌
综合行政检查执法大队大队长：张福俊
（10月31日任，试用期一年）

◆八卦洲街道

党工委书　记：曹显进
副书记：李春节（3月14日免）
宋福红（1月22日免）
倪天华
孙晓华（女，3月14日任）
陈　俐（江苏省第八批
科技镇长团挂
职干部，8月挂
职期满）
办事处主　任：李春节（3月24日免）
倪天华（3月24日任）
副主任：宋福红（2月3日免）
朱　伟
何俊喜（3月24日免）
张立新
唐　军
孟桂正
张如年
张秩梁（3月24日　任，
试用期一年）
藤年军（9月19日任，挂
职期一年）
人大工委副主任：闻金海
政协工委主　任：徐邦进（3月31日任）
纪工委书记：倪天华（3月14日免）
孙晓华（女，3月14日　任，
10月28日免）
王三友（10月28日任）
人武部部长：曹夕阳
统战员：曹夕阳
综合行政检查执法大队大队长：张　伟
（10月31日任，试用期一年）
□祝阳平

南京开发区

◆中共南京市委南京开发区工委

书　记：邢正军
副书记：高德臣（4月份任职）
李　华
委　员：蒋　伟
张铁波
沈吟龙

◆中共南京市纪委南京开发区工委

书　记：翟建明

◆南京开发区管委会

管委会主任：高德臣
巡视员：杨友林（5月份辞职）
副主任：蒋　伟
张铁波
沈吟龙
王秀昌
副巡视员：涂志国
刘　众
陈林午

◆中共南京市委南京开发区工委工作机构

办公室

主　任：汤　伟（12月份任职）
张贤明（12月份免职）
副主任：黄　虎
王　慧（女）
梁晓苏（女）

组织人事局

局　长：罗红玲（女）
副局长：李家祥（正处级）
张宛平（12月份任职，正处级）

宣传局

局　长：黄忠洋
副局长：张晓东（3月份去世）

◆南京开发区管委会工作机构

经济发展局

局　长：胡　弘
副局长：梁　田（女）
周　俊（外派挂职）

安全生产监督管理局

局　长：薛富铭（6月份任职）
副调研员：徐小肖

投资促进局（招商局）

局　长：刘洪文

企业服务局

局　长：沈　耀
副局长：孙　涛（5月份任职）
卢文俊（5月份任职）
赵艳梅（女，12月份任职）

财政局
局　长：熊　俊
副局长：陈超义
　　　　王　伟
　　　　周　峻（5月份任职）

审计局
局　长：张　萍（女，5月份任职）
副局长：高　峰（6月份任职，正处级）

科技人才局
局　长：张鲁宁
副局长：倪　丹
　　　　张海燕（女，10月份任职）

南京新港高新园管委会
主　任：沈吟龙
常务副主任：万　舜
调研员：黄晓东

规划建设局
局　长：钱德福
副局长：金　普（6月份任职，正处级）
　　　　徐　洁（9月份任职）
　　　　周　博（9月份辞职）

东区建设指挥部
指挥长：李　华
常务副指挥长：黄德军
副指挥长：周敦文（正处级）
　　　　　冀　兴
　　　　　赵　辉
　　　　　蓝孝梁（5月份任职）

国土资源与环境保护局
局　长：曹望鸿
副局长：何丽莉

社会事业局（房屋征收办公室）
局　长：戴升强（6月份任职）
　　　　徐应卿（5月份免职）
副局长：王　青（女）
副主任（征收办）：陆　昆
城市管理局（综合执法支队）
副局长（副支队长）：
　　　　程时军（9月份主持工作）
　　　　陆　虎

◆南京综合保税区管理委员会（龙潭管理局）
副局长：卢咏歌（6月份任职）
综合服务处处长：王　宁（女，6月份任职）
产业发展处处长：计　红（女，6月份任职）
副处长：于建平（正处级）

机关党委
专职副书记：徐应卿（5月份任职）
调研员：谢世春

◆群众团体
南京市总工会南京开发区工会
常务副主席：宋持月

◆南京市监察局驻南京开发区监察室
副书记（主任）：周国正
正处级纪检监察员：张莉华

□柳云娇

仙林大学城

◆中共南京市委仙林大学城工委
书　记：邢正军
副书记：张连春（12月18日任）
　　　　黎　辉（5月17日免）
委　员：周　铳
　　　　赵子璧
　　　　潘志宏
　　　　翟建明（7月8日任）
　　　　孙金娣（女）
　　　　杨白英（女，7月8日免）

◆南京市仙林大学城管委会
主　任：张连春（12月18日任）
　　　　黎　辉（5月17日免）
副主任：周　铳
　　　　赵子璧
　　　　潘志宏
　　　　孙金娣（女）
副巡视员：张文敬
　　　　　盖立伟

◆中共南京市纪委仙林大学城工委
书　记：翟建明（7月8日任）
　　　　杨白英（女，7月8日免）
副书记：高红岩（女，3月10日任）
　　　　戴思平（3月10日免）

◆南京仙林大学城管委会工作机构
办公室
主　任：张青杰
副主任：刘中相
副调研员：魏仕兰（女）

规划建设处
处　长：尚　革
副处长：吴　震
副调研员：徐孝明

市政管理处
处　长：金　波
副处长：郑仲品
副调研员：李　强

计划财务处
处　长：严　进
调研员：史剑炯
副处长：李　媛

组织人事处
处　长：吴　芸（女）
副处长：盛　莉（女）

招商局
局　长：王　剑

科教服务处
副处长：罗　欣（主持工作）

监察室
主　任：高红岩
正处级纪检监察员：戴思平
副调研员：薛建东

投资审计办公室
副主任：朱宝忠（主持工作）

南大科学园管委会
副主任：谢晓燕（女，主持工作）

□常晓敏

大 事 记

Major Events

南京师范大学·仙林宾馆　　杨轶绘

◎责任编辑　王旭东

栖霞区

1 月

4日，区人大常委会召开主任会议，听取人代会筹备工作情况的报告。

6日，区第十七届人大常委会第三十二次会议，在区机关仙林办公楼举行。

6日，区中小企业服务中心启动仪式在紫东国际创业园举行。

8日，南京市安委会考核组组长郭玉宁一行，到区检查考核安全生产年度责任目标落实情况。

9~11日，区政协第八届委员会第五次会议在区机关大礼堂举行。

10~12日，区第十七届人大第五次会议在区机关大礼堂举行。

14日，区委召开2015年度区属党（工）委书记抓基层党建和履行党风廉政建设主体责任述职会议。

15日，创建省级示范性教师发展中心。

是日，区委常委会召开“三严三实”专题民主生活会，中共南京市委副书记、纪委书记龙翔参加会议并讲话。

2 月

1日，区委、区政府2016年军政座谈会在区委党校举行。

2日，区第十七届人大常委会第三十四次会议在区机关仙林办公楼召开。

3日，区政府召开安全生产工作会议。

14日，区委、区政府召开机关作风建设动员大会。

18日， 区教育系统召开2015年度工作总结表彰大会暨加强作风建设动员大会。

23日，区委、区政府召开平安法治建设暨信访稳定、安全生产工作会议。

26日，区人大常委会召开主任会议，听取造血干细胞捐献工作的汇报。

27日，区举办千场惠民活动启动仪式。

3 月

1日，区政协召开八届第四十三次主席会议，听取现代农业发展情况的汇报。

3日，中共南京市委常委、宣传部部长徐宁到十月军校未成年人社会实践基地调研。

10日，区委、区政府召开园区平台建设推进会。

16日，区委召开2016年党建工作会议。

23日，区政协召开八届第四十四次主席会议，听取棚户区（危旧房）和城中村改造情况的汇报。

24日，区人大常委会召开主任会议，听取客运执法工作情况的汇报。

26日，燕子矶新城合作办学集中签约暨《燕子矶》赠书仪式，在区委党校举行。

是日，《栖霞山赋》揭碑仪式在栖霞古寺举行，南京市人大常委会副主任臧正金、南京市政协副秘书长王曙生，区领导邢正军、李汉桥、曹海连、周峰、时效俊等参加活动。

31日，区第十七届人大常委会第三十五次会议在区机关仙林办公楼举行。

4 月

1日，区召开2016年度武装和征兵工作会议。

5日，全区月度工作现场会在仙林街道召开。

8日，区人大常委会召开主任会议，听取区政府关于政府职能转变工作情况汇报。

11日，区委、区政府召开全面深化改革工作会议。

12日，三区党（工）委中心组学习会在区机关大礼堂举行。

16日，区委召开统战工作会议。

25日，区委、区政府召开卫生工作会议。

28日，“共创栖霞美 共圆栖霞梦”——栖霞区庆祝“五一”国际劳动节暨第二届“最美劳动者”颁奖仪式，在区文化艺术中心举行。

29日，区人大常委会召开主任会议，听取区检察院关于民事行政检察工作情况报告。

是日，栖霞区、南京开发区、仙林大学会召开三区“两学一做”学习教育动员部署会。

5 月

6日，区政协召开八届第二十次常委会议，听取安全生产监管体系建设情况的汇报。

7日，南京市全功能性大学生创业服务中心启用，南京市副市长刘以安，区领导邢正军、毛银玲等出席启用仪式。

13日，“善行栖霞、让爱飞扬”——栖霞区第二十六个“全国助残日”主题活动，在区文化中心青春剧场举办。

18日，区政府召开2016年文化工作会议。

是日，区政府召开2016年度质量强区工作会。

27日，区委、区政府召开全区干部大会，中共南京市委组织部副部长、市人才办主任朱晓琳宣读中共江苏省委、中共南京市委关于区政府主要领导调整的决定，黎辉任南京市栖霞区委副书记、区长人选。

28日，南京“互联网＋教育”高端产业发展论坛，在区移动互联网产业基地举行。

6 月

3日，国家安全监管总局安全监察专员王力争、教育部发展规划司副巡视员葛华和专家华炜组成的国务院巡查组，调研区安全生产工作。

4日，2016中国·南京龙舟公开赛（仙林站）暨江苏省全民健身运动会高校部龙舟赛在仙林大学城羊山湖举行。

8日，区第十七届人大常委会第三十六次会议在区机关仙林办公楼举行。

是日，总投资30亿美元的南京德科码半导体产业园项目落户南京开发区。

12日，区政协召开八届第四十五次主席会议，听取区河道治理情况的通报。

16日，江苏省教育厅副厅长朱卫国一行，到区调研校园文化建设。

17日，区委、区政府召开农村工作暨扶贫开发工作推进会。

22日，区委、区政府召开档案、地方志工作会议。

23日，区人大常委会召开主任会议，听取区环保局关于全区污染源自动监控系统建设管理情况报告。

23~24日，区委书记邢正军率领党政代表团赴上海、杭州，实地考察科技园区、市民中心、创业孵化器平台、科技和金融小镇等。

7 月

2日，区领导黎辉、胡晓健、孙爱军、王爱华、陈松、蒋励等分别到迈皋桥街道和栖霞街道，走访慰问困难老党员。

7日，中共南京市委常委杨学鹏到八卦洲检查防汛工作。

是日，区政协召开八届第四十六次主席会议，听取众创空间建设情况通报。

15日，区人大常委会召开主任会议，听取区安监局关于危化行业安全监管情况的汇报。

20日，区第十七届人大常委会第三十八次会议在区机关仙林办公楼举行。

25日，区委召开九届十二次全体（扩大）会议。

28日，区人大常委会组织召开政情通报会，代理区长黎辉报告区上半年经济和社会建设完成情况及下半年工作。

29日~31日，中国共产党南京市栖霞区第十次代表大会在区机关大礼堂举行。

31日，南京幕燕滨江风貌区达摩古洞景区正式开门迎客。

8 月

1日，区领导邢正军、黎辉 陈波、徐春、万震、陈云松、徐刚等分别走访驻区部队。

4日，首批农村土地承包经营权证颁发仪式，在八卦洲街道中桥村举行。

5日，区召开月度工作推进会暨尧化现场会。

是日，区政协召开八届第二十一次常委会议，听取交通道路建设情况通报。

9日，中共荥阳市委书记宋书杰带领河南省荥阳市党政代表团到区参观考察。

10日，区委书记邢正军率三区党政代表团到江宁、浦口学习考察。

11日，区第十七届人大常委会第三十九次会议在区机关仙林办公楼举行。

19日，区水务局成立。整合原水利和部分城管、住建的相关职能，承担全区水行政管理责任。

26日，三区召开“两学一做”学习教育推进会暨全区基层党组织换届工作部署会。

9 月

1日，栖霞区“两整治、两提升”三年行动计划动员部署会，在区机关会议中心召开。

是日，区政协召开八届第四十七次主席会议，听取街道、社区便民服务中心建设情况的通报。

8日，“大美栖霞　幸福教育”栖霞区庆祝第32个教师节表彰大会，在金陵中学仙林分校中学部举行。

是日，区委书记邢正军、代区长黎辉分别到马群、西岗和仙林街道的部分中、小学和幼儿园，看望教师并送去节日慰问。

9日，栖霞区、仙林大学城双创示范基地揭牌仪式暨文化旅游产业发展推介会，在区委党校举行。

10日，2016年中国南京金秋经贸洽谈会重大项目在南京开发区集中开工。其中，栖霞区新开工重大项目10个，总投资114.4亿元。

12日，区委、区政府召开全面深化改革领导小组会议。

19日，区第十七届人大常委会第四十次会议在区机关仙林办公楼举行。

是日，国家发改委副主任兼国家统计局局长、党组书记宁吉喆一行，到区调研经济发展运行情况。

是日，中共西藏自治区区委常委、拉萨市委书记齐扎拉一行，到区考察三宝科技。

22日，区政协召开八届第四十八次主席会议，听取提案办理工作情况通报。

23日，中共南京市委常委、纪委书记沈文组一行到区调研。

23~24日，区委举办三区领导干部学习会。

27日，区政府与江苏省人民医院，在区委党校签署深化“院府合作”（2016~2020年）协议。

30日，区委、区政府召开水环境综合整治工作推进会。

10 月

8日，区委、区政府召开月度工作推进会暨迈皋桥街道现场会。

10日，江苏省人大常委会副主任史和平，到区检查《江苏省物业管理条例》实施情况，南京市人大常委会副主任林克勤、南京市副市长储永宏等陪同检查。

11日，区人大换届选举工作推进会在区委党校召开。

13日，区委、区政府召开科技发展座谈会。

27日，区人大常委会召开主任会议，听取2015年全区部门预算审计调查情况报告。

11 月

4日，区召开月度工作推进会，学习贯彻南京市第十四次党代会精神。

10日，区第十七届人大常委会第四十一次会议在区机关仙林办公楼举行。

是日，南京市市长缪瑞林到区就落实中共南京市第十四次党代会精神，推进民生保障工作进行调研。

11日，区委、区政府召开科技创新大会。

17日，区人大常委会召开主任会议，专题听取区创建国家食品安全城市工作情况报告。

22日，中共南京市委常委、宣传部部长蔡丽新到紫东国际创意园腾讯众创空间调研，区领导黎辉、陈云松陪同调研。

是日，中共南京市委常委、政法委书记徐锦辉一行到区调研政法工作。

23日，中国电信创新创业江苏基地在区移动互联网产业基地正式运营。

29日，区政协召开八届第四十九次主席会议，听取旅游产业发展情况的汇报。

30日，区第十七届人大常委会第四十二次会议在区机关仙林办公楼举行。

12 月

1日，区市场监督管理局颁发首张个体工商户“两证整合”营业执照，标志区个体工商户“两证整合”改革正式启动。

5日，中国共产党十八届六中全会、中共江苏省第十三次党代会、中共南京市第十四次党代会精神宣讲会，在区机关大礼堂举行。

9日，第三届江苏工业设计周开幕式在紫东国际创意园举行。

10日，民政部副部长宫浦光一行，到马群街道紫金社区调研居家养老情况。

12日，中共中央组织部部长赵乐际一行到仙林街道调研基层党建工作，中共江苏省委书记李强，中共江苏省委副书记、南京市委书记吴政隆，区委书记邢正军陪同调研。

15日，区委召开区委（扩大）会议，学习传达中央和江苏省、南京市有关会议精神，研究推广仙林街道网格化党建工作。

22日，区政协召开八届第二十二次常委会议，听取社区康复医疗体系建设情况的通报。

是日，栖霞山禅意小镇入围南京特色小镇。

24日，区举办“智库专家看栖霞”活动。中国社科院、科技部、中国人民大学、长城战略咨询、浙江省社科院、南大、中共江苏省委党校等国内相关领域的10位专家学者，为栖霞的经济社会发展建言献策。

26日，区委召开区委十届二次全体（扩大）会议。

28日，区政府与南京市妇幼保健院“深化共建市妇幼保健院北院”合作协议签字仪式，在区妇幼保健院举行。

30日，区第十七届人大常委会第四十三次会议在区机关仙林办公楼举行。

□孙　蕾

南京开发区

1 月

7日，中共南京市委副书记龙翔到南京开发区调研，走访天加空调、LG化学、中科煜宸、南京先进激光技术研究院和兴智科技园。

15日，南京开发区2015年度党工委（扩大）会在管委会举行。

16日，南京开发区科协被评为2015年度南京市科协企事业（园区）科协工作先进集体。

20日，江苏省质监局长刘大旺一行，到南京开发区调研检验检测产业集聚区，走访南京市特检院国家电梯职业技术鉴定中心、江苏省特种设备机电产品质量检验中心和南京诺唯赞生物科技有限公司。

22日，南京开发区总工会申报的《企业工会主席岗位津贴（试行）办法》，获南京市总工会第一届工会工作创新奖二等奖。

29日，南京开发区南京龙潭跨境电子商务产业园，迎来江苏省跨境贸易电子商务直购进口海运整柜“第一单”，南京成为全省首个实现跨境电子商务海运进口业务的城市。

2 月

4日，南京开发区总工会开展2016年春节“情系困难职工、工会寒冬送暖”

12月10日，民政部副部长宫浦光（右三）一行考察马群街道紫金社区朗诗常青藤居家养老机构　　区民政局供稿

走访慰问工作。

27日，南京开发区联合栖霞、西岗、龙潭街道，分别在五福家园、摄山星城和江畔人家社区广场举办2016年度“春风行动”暨“送岗位进社区”专场招聘活动。

3 月

2日，南京夏普电子有限公司获“全国模范职工之家”称号。

4日，中共南京市委常委、常务副市长刘以安一行，到南京开发区调研海港枢纽经济区建设工作，走访龙潭港疏港公路三环路互通建设现场、南京综合保税区龙潭片区。

是日，高淳区党政代表团一行30人到南京开发区考察，走访中电熊猫8.5代项目、红枫科技园、LG化学新能源动力电池项目和南京先进激光技术研究院。

是日，南京化工园考察团一行，到南京开发区LG化学参观考察非公企业党建工作。

7日，中共江苏省委常委、南京市委书记黄莉新到南京开发区调研基层党建工作，走访南京金陵制药厂。

15日，贵阳市政协副主席陈鲁西一行到新港高新园考察，走访南京先进激光技术研究院、南邮信息产业技术研究院和兴智科技园。

31日，南大11个大学生创业项目到南京开发区参观，走访大学生创业园南邮基地、创新公园基地和红枫科技园。

4 月

7日，南京开发区南京晶光电科技有限公司“LED高亮级照明专用蓝宝石衬底”、南京华格电气塑业有限公司“射频天线用不饱和聚酯/纤维复合拉挤异型材”项目，入围2016年度江苏省重点推广应用新技术新产品目录。

是日，南京联宁生物制药有限公司CEO李辉入选第十二批国家创新类“千人计划”，南京中储新能源有限公司法人代表赵宇光入选第十二批国家创业类“千人计划”。

23日，中共云南省委书记李纪恒、省长陈豪率党政代表团一行到南京开发区考察调研，走访南京先进激光技术研究院。

25~29日，南京开发区联合浙江大学继续教育学院，举办非公党组织书记示范培训班，区内非公企业党组织负责人、第一批非公党建指导员47人参加培训。

28日，南京市市长缪瑞林到南京开发区调研，走访南京宇都通讯科技有限公司、南京南邮信息产业技术研究院。

是日，总投资30亿元的蔚来汽车项目与南京市签署战略合作协议，在南京开发区建设高性能电机及电控系统生产基地。

29日，南京开发区康尼机电、英达热再生、汇金锦元和中电熊猫晶体科技等企业技术中心4个项目，入选2016年省重点技术创新导向计划项目。

30日，江苏省、南京市召开“五一”表彰大会，刘华红、刘彦军获“江苏省劳动模范”称号。喜星电子（南京）有限公司获 南京市“五一劳动奖状”，金诚中获南京市“五一劳动荣誉奖章”，刘文平、陈响获南京市“五一劳动奖章”。南京康尼新能源汽车零部件有限公司被评为创业先进单位， 南京紫金（新港）科技创业特别社区创业服务中心有限公司被评为扶持创业创新先进单位，刘落明被评为创新先进个人，林军被评为扶持创业创新先进个人。

5 月

4日，南京中电熊猫晶体科技有限公司的中电熊猫晶体智能制造——无人工厂工程项目、江苏龙蟠科技股份有限公司的以工业4.0为目标的生产智能管控一体化系统项目，被评为2016年江苏省两化深度融合创新示范工程。

13日，南京开发区人力资源服务中心，获共青团江苏省委“2014年~2015年度江苏省青年文明号”称号。

16日，内蒙古自治区阿拉善盟第五期人才工作者到南京开发区考察，走访天加空调、中科煜宸。

17日，科技部国际合作司副巡视员蔡嘉宁一行，到新港高新技术产业园进行国际科技与创新合作情况调研，走访南京先进激光技术研究院、南京晶升能源设备有限公司和南京夏普电子研发中心。

18日，南京市副市长华静一行到南京开发区调研华侨城项目。

30日，山东省商务厅代表团到南京开发区考察，走访光机所、兴智科技园、人力资源服务产业园。

31日，国家知识产权局专利检索咨询中心南京工作站在南京开发区揭牌成立。

是日，南京开发区与地平线机器人技术公司在北京中关村举行签约仪式，公司总部及研发中心落户南京开发区兴智科技园。

5月，江苏省职业介绍中心、江苏省人才市场和南京开发区联合举办“开发区招才纳贤，千企万岗进校园”系列公益招聘活动。

6 月

1日，南京开发区与微软（中国）有限公司在北京举行战略合作备忘录签约仪式。

3日，中共南京市委书记黄莉新到南京开发区调研，走访南京先进激光技术研究院、南京宇都通讯科技有限公司。

6日，中央改革办专职副主任陈一新一行到南京正大天晴调研。

8日，总投资30亿美元的南京德科码半导体产业园项目奠基仪式在南京开发区举行。

10日，江苏省军区综合工作组到南京开发区调研，走访南京先进激光技术研究院、南邮信息产业技术研究院。

12日，南京市质监局局长孙宁一行到南京开发区调研，参观国家电梯职业技术鉴定中心、江苏省特种设备机电产品质量检验中心、南京天加空调设备有限公司和南京正大天晴制药有限公司。

14日，江苏省军区副司令员鞠华一行到新港高新园考察调研，走访南京先进激光技术研究院、南京南邮信息产业技术研究院和红枫科技园。

是日，南京市副市长黄澜率市经信委、科委等相关部门到南京开发区调研智能工厂建设，走访南京华格电气塑业有限公司、南京中电熊猫晶体科技有限公司和南京熊猫电子装备有限公司。

16日，江苏省及南京市经信委专家组一行到南京开发区调研，走访南京中

6月8日，南京德科码半导体产业园项目奠基　　南京开发区供稿

建化工设备制造有限公司新建化工设备制造项目，乐金显示（南京）有限公司Auto移动装备升级项目。

21日，南京开发区通过江苏省知识产权试点园区验收。

22日，国务院办公厅调研组到南京开发区调研新经济发展情况，走访兴智科技园、正大天晴制药有限公司、康尼机电股份有限公司和中科煜宸激光技术有限公司。

23日，国家发改委党组成员、副主任林念修一行到南京开发区调研，走访南京康尼机电股份有限公司和南京正大天晴药业有限公司。

是日，南京平板显示行业协会、台湾显示器产业联合总会主办，南京开发区等单位协办的“2016海峡两岸（南京）新型显示产业高峰论坛”在南京召开。

是日，南京开发区金陵石化、乐金新港、乐金显示、中电熊猫、乐金化学、华新有色和夏普电子等7家公司，入围2015年度江苏省营业收入超百亿元的120家工业企业（集团）名单。

24日，南京市副市长黄澜到南京开发区检查安全生产工作，走访金翔石化和喜星电子。

7 月

6日，中国工程院院长周济率“中国制造2025”区域试点示范调研评估专家组一行，到南京开发区调研。

是日，南京开发区举办2016江苏企业扬帆出海行动计划暨Google AdWords江苏体验中心启动仪式。

24日，江苏省人社厅副厅长黄建荣一行到南京开发区调研，走访人力资源市场和大学生创业园。

31日，南京晶升能源设备有限公司李辉、南京煜宸激光科技有限公司邢飞、江苏可兰素汽车环保科技有限公司石俊峰入选第二批国家“万人计划”。

8 月

2日，全国政协副主席、科技部部长、科协主席万钢一行到南京开发区调研，走访南京先进激光技术研究院、中科煜宸激光技术有限公司和兴智科技园。

是日，江苏省副省长马秋林一行到南京开发区调研“先进制造业”，走访中电熊猫、正大天晴和康尼机电等企业。

8日，总投资20亿元的南京天加热能基地奠基仪式在南京开发区举行。

23日，中共江苏省委常委、南京市委书记黄莉新到南京开发区调研外贸工作，走访博西华家用电器和邦奇自动变速箱2家企业。

9 月

月初，江苏南大环保科技有限公司被评为南京市职工科技创新优秀组织单位、获南京市“五一劳动奖状”。中铁宝桥（南京）有限公司赵小军、南京康尼机电股份有限公司贾兢获南京市“五一劳动奖章”，被评为南京市技术能手、南京市“五一”创新能手、南京市青年岗位能手。

9日，海上丝绸之路沿线国家联合考察团到南京开发区考察，走访中电熊猫公司。

10日，2016年南京金洽会·全市重大项目集中开工仪式在南京开发区举行。10个总投资114亿元的重大项目落户南京开发区，涉及高端装备制造、集成电路、新能源汽车、通信科技等多个领域。

13日，江苏省省长石泰峰到南京开发区调研科技创新工作，走访中科煜宸激光技术有限公司。

是日，南京开发区博西华家用电器研发中心等8个项目集中签约，总投资约71亿元，涉及科技研发、新能源汽车、高端装备、集成电路等领域。

22日，英国BGTM公司与南京开发区签约，共建石墨烯创新中心暨产业园。

27日，南京开发区科协被评为2016年全国园区科协组织建设示范单位。

28日，南京开发区举行LG电子新能源汽车部件项目竣工投产仪式。

29日，南京市总工会追授南京开发区公安分局民警张戴庆南京市“五一劳动奖章”。

9月，开发区南京圣和药业股份有限公司、南京正大天晴制药有限公司获批南京市知识产权计划项目。

10 月

9日，中共安徽省委书记李锦斌、代省长李国英率党政代表团到南京开发区考察调研，走访中电熊猫8.5代线工厂。

17日，南京开发区龙蟠科技股份有限公司入选江苏省自主工业品牌五十强。

21日，高淳区党政代表团到南京开发区考察，走访天加空调、兴智科技园和南京先进激光技术研究院。

31日，南京开发区邀请江苏省MBA联合会、10所驻宁高校MBA管理中心主任，到南京开发区调研创新创业，参观兴智科技园和大学生创业园。

11 月

1日，南京市经信委副主任乔翠聪一行到南京开发区调研中小企业平台建设情况，走访南京南邮信息产业技术研究院。

是日，南京市人社局就业管理服务中心一行到南京开发区紫丁香科技园考察。

3日，南京开发区科协被评为全国园区科协组织建设示范单位。

14日，全国政协副主席王正伟一行，到南京开发区考察调研，走访南京永丰余纸业和江苏凤凰印务。

22日，博西家电在南京开发区举行大中华区研发中心奠基仪式。

24日，中共江苏省委副书记、中共南京市委书记吴政隆到南京开发区考察调研，走访液晶谷、LG化学和兴智科技园。

11月，圣和药业、英达热再生获批成立江苏省企业院士工作站，南邮信息技术研究院、先进激光技术研究院和北大研究院3家获批为江苏省众创空间。

12 月

6日，南京开发区集中签约，总投资487亿元，22个重大项目落户南京开发区。

13日，共青团中央书记处书记徐丰、团省委书记王伟、团市委书记林武平等一行，调研南京开发区团建工作。

16日，总投资200亿元的南京华侨城文化旅游综合项目开工建设。

是日，南京开发区南京先进激光研究院陈昱、南京辉锐光电有限公司齐欢、南京钻石激光有限公司周建平等9人入选2016年江苏省“双创计划”。

20日，南京市副市长谢志成到南京开发区调研，走访金港科创园、南京高华科技有限公司和南京长青激光科技有限公司。

27日，南京开发区获批为2016年度江苏省知识产权试点示范园区。

28日，南京开发区获批为2016年国家知识产权试点示范园区。

30日，南京开发区总工会推广实施的《基层工会工作手册》，获南京市工会工作创新一等奖。

是日，在中共南京市委宣传部、南京市文明办、南京市总工会联合组织的南京市文明职工评选活动中，邱健被评为南京市十佳文明职工，孔春光、姚晗被评为南京市文明职工。 □柳云娇

仙林大学城

1 月

30日，欧葆庭仙林国际颐养中心迎来首个开放日，该项目是欧洲养老康复第一品牌法国欧葆庭健康产业集团进军中国市场的第一个项目。

2 月

26日上午，江苏广电制作中心暨仙林·荔枝广场文化综合体项目签署投资合作协议。

3 月

4日，中共江苏省委常委、南京市委书记黄莉新，到南大科学园考察调研科技创新工作，市领导陈勇、黄澜陪同

11月22日，博西家电在南京开发区举行大中华区研发中心奠基仪式 南京开发区供稿

调研。

11日，美国北卡罗来纳州创新创业代表团一行到大学城进行创新创业合作考察交流，并举行美国卡罗莱纳—中国友好交流协会驻仙林大学城办事处揭牌仪式。

16日，中共南京市委副书记龙翔到大学城调研。

24日，南京市规划局长叶斌等到大学城管委会现场办公，研究解决江苏广电制作中心及仙林荔枝广场文化综合体项目规划难题。

29日，澳洲DFO公司中国区首席执行官缪拓一行考察大学城，洽谈仙林垂直公园合作项目。

4 月

9日，仙林鼓楼医院与南京大学、泰康人寿签署合作协议，正式成为南京大学医学院附属医院。

20日，青龙地铁小镇西岗片区开发建设动员会在大学城管委会召开。

27日，栖霞区、南京开发区、仙林大学城在仙林新地酒店召开生命健康产业招商投资说明会，对三区生命健康产业的发展进行招商推介。

5 月

8日，南京首家全功能性的大学生创业服务中心在大学城落成。

19日，溧水区党政代表团一行约30人到南大科学园考察调研。

23日，南京市公共自行车公司完成仙林公共自行车资产收购，正式纳入全市平台，实现统一运营、管理。

7 月

7日，深圳大学城图书馆馆长赵洗尘一行，到大学城参观考察。

8 月

5日，南师大3名大学生入选里约奥运会中国代表团。

9 月

8日，大学城管委会与瑞声科技（南京）有限公司签署全球研发中心合作项目协议。

9日，南京大学与大学城管委会签订国家级双创示范基地战略合作协议，并举行揭牌仪式。

11日，“明星校长”郑强走进仙林，成为仙林文化大讲堂的第一位主讲嘉宾，成为“活力仙林”系列活动的第一位文化使者。

29日，南师大、南中医、南邮、南财等四所驻区高校，在大学城与沪江教育科技有限公司，举行就业实习基地签约仪式。

10 月

15日，由区委宣传部、大学城管委会市政管理处等多个部门联合主办的“文明交通进高校”活动，在南师大中北学院举行，共1400多名师生、居民参加活动启动仪式。

11 月

25日，大学城管委会邀请南京市作风建设第七监督组，对机关作风建设和年度重点工作推进落实情况进行督导。

12 月

18日，张连春任仙林大学城管委会主任。　□常晓敏

4月9日，仙林鼓楼医院与南京大学、泰康人寿签署合作协议，正式成为南京大学医学院附属医院　仙林大学城管委会供稿

机关团体

Organizations

栖霞区人民政府办公楼

杨轶绘

◎责任编辑　张双全

中共栖霞区委

综　　述

◆概况　2016年，是“十三五”发展开局之年，也是区委换届之年。栖霞区委带领全区干部群众全面落实党的十八大和十八届三中、四中、五中、六中全会精神，深入贯彻习近平总书记系列重要讲话精神，坚持稳中求进工作总基调，自觉践行新发展理念，深入开展“两学一做”学习教育，推进“强富美高”新栖霞建设，经济社会保持平稳健康发展，完成全年各项目标任务。全区实现地区生产总值920亿元、比上年增长9%，一般公共预算收入112亿元、比上年增长24.1%，增幅均超过全市平均水平；规模以上工业企业总产值2391亿元，利润增长快于主营业务收入增长；完成全社会固定资产投资603.66亿元，比上年增长9.6%；社会消费品零售总额239亿元、比上年增长10%。

◆重要会议　3月10日，栖霞区召开园区平台建设推进会。3月16日，栖霞区召开2016年党建工作会议。4月1日，栖霞区召开2016年度武装和征兵工作会议，总结部署武装工作任务。4月5日，全区月度工作现场会在仙林街道召开。4月11日，栖霞区召开全面深化改革工作会议。4月12日，三区党（工）委中心组学习会在区机关大礼堂举行。5月27日，栖霞区召开全区负责干部大会，中共南京市委组织部副部长、市人才办主任朱晓琳宣读中共江苏省委、南京市委关于栖霞区政府主要领导调整决定，黎辉任栖霞区委副书记、推荐为区长人选。6月3日，三区党（工）委中心组学习会在机关大礼堂召开。6月17日，栖霞区召开农村工作暨扶贫开发工作推进会。7月25日，栖霞区召开区委九届十二次全体（扩大）会议。7月29~31日，栖霞区召开中共南京市栖霞区第十次代表大会。8月5日，栖霞区召开月度工作推进会（尧化现场会）。8月19日，栖霞区召开综合执法工作推进会；栖霞区召开信访维稳工作推进会。8月26日，三区召开“两学一做”学习教育推进会暨全区中共基层党组织换届工作部署会。9月5日，栖霞区召开月度工作推进会。9月8日，“大美栖霞　幸福教育”栖霞区庆祝第32个教师节表彰大会，在金陵中学仙林分校中学部报告厅举行。9月12日，栖霞区召开区委全面深化改革领导小组会议。9月20日，栖霞区召开区人大换届选举工作会议。9月23~24日，栖霞区举办三区领导干部学习会。9月30日，栖霞区召开水环境综合整治工作推进会。10月8日，栖霞区召开月度工作推进会暨迈皋桥街道现场会。10月13日，栖霞区召开全区科技发展座谈会。11月4日，栖霞区召开月度工作推进会，学习贯彻南京市第十四次党代会精神。11月11日，全区科技创新大会在区委党校多功能厅召开。12月5日，栖霞区召开本年度最后一次月度工作例会；中共十八届六中全会及江苏省第十三次、南京市第十四次党代会精神专场宣讲会在栖霞区机关大礼堂召开。12月15日，栖霞区召开区委（扩大）会议，学习传达中共中央和中共江苏省委、中共南京市委有关精神，研究推广仙林街道网格化党建有关工作。12月26日，栖霞区召开区委十届二次全体（扩大）会议。

◆重要活动　2月27日，栖霞区举办千场惠民活动启动仪式。3月26日，燕子矶新城合作办学集中签约暨《燕子矶》赠书仪式，栖霞区政府、燕子矶新城指挥部和区教育局，分别与南京外国语学校、晓庄师范学院、南京特殊教育师范学院等签署合作办学协议。栖霞区在栖霞古寺举行《栖霞山赋》诗碑揭碑仪式，市人大常委会副主任臧正金、市政协副秘书长王曙生，区领导邢正军、李汉桥、曹海连、周峰、时效俊等参加活动。4月28日，“共创栖霞美　共圆栖霞梦”——栖霞区庆祝“五一”国际劳动节暨第二届“最美劳动者”颁奖仪式，在区文化艺术中心举行。5月13日，栖霞区残联在区文化中心青春剧场举办“善行栖霞，让爱飞扬”——栖霞区第二十六次“全国助残日”主题活动。5月28日，南京“互联网＋教育”高端产业发展论坛在区内移动互联网产业基地举行。6月4日，2016年中国·南京龙舟公开赛（仙林站）暨江苏省全民健身运动会高校部龙舟赛，在仙林大学城羊山湖拉开序幕。6月8日，南京德科码半导体产业园项目正式落地南京开发区，总投资30亿美元。9月8日，区委书记邢正军、代区长黎辉分别到马群、西岗和仙林街道部分中小学校、幼儿园，了解学校发展情况，看望教师并送上节日慰问。9月10日，2016年中国南京金秋经贸洽谈会重大项目，在南京开发区集中开工。其中，栖霞新开工重大项目十个，总投资达114.4亿元。

◆领导考察和友好交流　8月9日，中共河南省荥阳市委书记宋书杰，率荥阳市党政代表团到栖霞参观考察，交流学习美丽乡村和特色小镇建设相关做法和经验。9月19日，国家发改委副主任兼国家统计局局长、党组书记宁吉喆一行到栖霞调研经济发展运行情况；中共西藏自治区党委常委、中共拉萨市委书记齐扎拉一行到区考察三宝科技。9月23日，中共南京市委常委、中共南京市纪委书记沈文祖一行到区调研。10月10日，江苏省人大常委会副主任史和平率队到区检查“江苏省物业管理条例”实施情况，南京市人大常委会副主任林克勤、副市长储永宏参加检查。11月22日，中共南京市委常委、中共南京市政法委书记徐锦辉一行到区调研政法工作。12月12日，中组部部长赵乐际一行到区内仙林街道调研基层党建工作，中共江苏省委书记李强，中共江苏省委副书记、中共南京市委书记吴政隆，区委书记邢正军陪同调研。

◆区党政代表团至沪杭学习考察　6月23、24日两天，区委书记邢正军率领区党政代表团到上海、杭州学习考察，实地察看上海市闵行区紫竹国家高新区、浦东市民中心、上海浦东软件园和浙江杭州余杭区梦想小镇、云栖小镇，了解当地科技园区、市民中心、创业孵化器平台、科技和金融小镇等成功运营模式，并结合政务服务、经济转型、三区联动机制促进科技成果转化等方面工作展开研讨和学习，为栖霞区“十三五”开局发展，借鉴新经验和新做法。

◆区党政代表团江宁、浦口学习考察

8月10日，区委书记邢正军，区委副书记、代区长黎辉率区党政代表团赴江宁、浦口学习考察。当天上午，代表团先后到江宁区牛首山文化旅游区、公塘头民宿、南瑞继保智能产业园以及紫金（江宁）科技创业特别社区，详细了解江宁在景区打造、美丽乡村建设、产业转型以及特色小镇建设等方面工作。中共南京市委常委、江宁区委书记李世贵一同考察，江宁区委副书记、代区长祁豫玮介绍江宁经济社会发展情况。当天下午，代表团到浦口区，学习考察江北新区高规格规划和先进理念。代表团先后参观考察江北滨江风光带、江北新区国际健康服务社区、老山生态旅游体验园项目展示中心及南京集成电路测试公共服务平台。江北新区管委会常务副主任、浦口区委书记瞿为民陪同考察。

□施　巍　时　伟

组织建设

◆概况　2016年，区委组织部门紧扣全面、从严治党主线，着力抓好党员教育、服务区委换届、规范干部管理、夯实基层基础、开启“创业栖霞”人才计划等重点工作。

区委组织部门坚持规范管理使用干部，适应街道、园区平台等发展需要、稳定一线干部配备，调整6个街道、6个园区平台主要负责人，选优配强9个街道综合行政检查执法大队大队长；出台《栖霞区关于进一步规范科级干部管理工作的意见》，对科级干部任职做出具体规定。按照规定晋升20名街道公务员职级。是年，区委组织部门选派8名处级干部、18名科级干部到发展、民生、稳定和党建等“四个一线”培养锻炼，举办军转干部培训班和新录用年轻干部岗前培训班，选派24名领导干部分别参加中共江苏省、南京市委党校专题研修班、中青年干部培训班，干部进高校自主选学278人。

区委组织部门对接“创业南京”计划，启动“创业栖霞”计划。先后组团参加南京“留交会”、深圳国际人才交流大会，洽谈对接海内外人才250人，达成落户意向34人、现场签订落户协议10人；出台《关于规范领军型科技创业人才初创扶持管理的意见》，实行人才企业分类管理，开展人才企业绩效评估，稳妥推进“僵尸企业”清退。在全市率先举办创业训练营，举办“千人计划”专家论坛、创业大讲坛、企业微课堂等15场，成立人才发展服务联盟，协助企业融资1.3亿元。全年，全区共评审出“创业栖霞”高层次创业人才引进计划70人（行政区34人、开发区36人），入选“创业南京”高层次创业人才引进计划28人（行政区14人、开发区14人），入选人数位居全市第一；入选市“高端人才团队引进计划”（开发区）企业1家；入选“江苏省双创人才计划”14人（行政区5人，开发区9人），其中“双创”人才7人（行政区3人，开发区4人），“双创”博士7人（行政区2人，开发区5人）；1人入选江苏省第五期“333工程”第二层次培养对象（开发区），入选第三层次培养对象13人（行政区9人，开发区4人）。实现江苏省“人才工作先进区”三连冠。

区委组织部门按照中共中央、中共江苏省委、中共南京市委和区委统一部署，在全区2万多名党员中开展“学党章党规、学系列讲话，做合格党员”（简称“两学一做”）学习教育活动。抓住基层党组织换届契机，夯实基层服务型党组织建设，完成党代会代表选举、全区基层党组织集中换届选举、政府部门和群团组织党组组建工作，举办各类基层党组织书记培训班3次；开展全区十大党建品牌村居评选，举办全区纪念建党95周年“永远跟党走·七月礼赞”系列活动，落实“为民服务专项资金”，为10个为民服务重点项目各提供资金支持50万元；在全市首家实现区社会组织党委组织、阵地“双实体”运作，与中共上海静安区社会组织联合会总支牵手共建，“在中心培育、到社区服务”社会党建案例入选“全省社会组织党建工作集锦”；全面推行发展党员全程纪实，完成党员组织关系排查和党员“两违”未予处理情况排查工作。是年，微视频《坚守平凡》、党员教育公益宣传片《与你同行》连续两年获全省大赛第一名，仙林街道党工委被评为全国先进基层党组织。八卦洲街道外沙村、区社会组织党委、南京海陵药业有限公司党支部被评为江苏省党员现代远程教育示范站点和示范基地。截至2016年年底，全区有党组织771个，党员22355人。其中，农村党组织30个（含村党委2个，村党总支18个），党员3233人；社区党组织90个（含社区党委20个，社区党总支28个），党员17903人；非公企业党组织124个、党员2021人；社会组织党组织37个，党员799人。企业党组织159个。全区在岗职工党员8885人。全年新发展党员157名，其中，具有大专以上学历达到88.54%，35岁以下占到68.15%。

2016年区委组织部被区委、区政府评为“五个建设”有功单位、区机关作风建设先进单位。

◆区属党（工）委书记述职　1月14日，区委召开2015年度区属党（工）委书记抓基层党建和履行党风廉政建设主体责任述职会议，全区23个党（工）委负责人述职，其中9个街道党工委和区机关党工委、教育局和商务局党工委书记大会述职。区委书记、区长邢正军点评各党（工）委书记2015年度区属党（工）委书记抓基层党建和履行党风廉政建设主体责任情况、存在问题，对2016年各党工委履行全面从严治党主体责任提出要求。中共南京市委组织部副部长施军肯定述职主题，强调抓好2016年基层党建工作重点难点和思路方向。参会代表120人测评23个党（工）委。中共南京市委组织部组织一处处长杨花伟全程列席会议。

◆“三严三实”民主生活会　1月15日，区委常委会“三严三实”专题民主生活会在区委党校进行。区委书记、区长邢正军代表常委会剖析常委会班子在“三严三实”方面存在的主要问题，分析原因，提出整改措施。与会区委常委紧密联系常委班子和个人实际对照检查，深入排查不严不实问题，严肃开展批评与自我批评。中共南京市委副书记、纪委书记龙翔点评区委常委会民主生活会内容。会前，常委会发放500份征求意见表，分领域召开座谈会，到基层一线走访调研，收集梳理出6个方面222条意见建议。常委会班子成员之间、常委与分管部门、联系单位负责人之间广泛开展谈心谈话活动。班子成员撰写对照检查材料并反复修改。中共南京市委办公厅副主任闫文献，中共南京市纪委常委张常军，中共南京市委组织部部务委员黄楚中列席会议。区委书记、区长邢正军主持会议。

◆“四个一线”干部选派 5月，根据中共南京市委关于选派优秀年轻干部到发展、民生、稳定和党建一线培养锻炼要求，区委组织部通过个人自荐、组织推荐、集体研究等方式，选派8名处级干部、18名科级干部到江苏生命科技园区，区民政局、区信访局，八卦洲街道等发展、民生和稳定一线挂职锻炼；7月5日，选派10名区机关优秀干部到龙潭、八卦洲街道薄弱村党建一线挂职锻炼，担任“第一书记”。10月10日，区委组织部召开“四个一线”（发展一线、民生一线、稳定一线、党建一线）挂职干部座谈会，详细了解干部挂职情况，对下一步工作提出具体要求。

◆“创业栖霞”人才计划 3月，结合“创业南京”英才计划工作要求，栖霞区启动实施“创业栖霞”人才计划，制定出台“1+4”系列文件，覆盖从大学生“创客”到科技顶尖专家创新创业人才开发梯次。其中高层次人才引进计划，全区507人申报（行政区267人、开发区240人），426人通过资格评审（行政区223人、开发区203人）；经第三方评估机构严格独立项目评审，76人入选首批“创业栖霞”高层次创业人才（行政区36人、开发区40人）。项目落户后，经过多轮实地走访、审核推荐“创业南京”人才项目申报，最终全区28人入选（行政区14人、开发区14人），占全市入选总数15.1%，位列全市第一。此外，全区3人入选市科技顶尖专家集聚计划（行政区1人、开发区2人），5人入选创新型企业家培养计划（行政区3人、开发区2人）。

注：“创业栖霞”人才计划：是指对应“创业南京”相关文件精神，结合栖霞区实际，研究制定的系列人才政策文件。具体包括一个实施意见《“创业栖霞”人才计划实施意见》，四项人才计划实施细则（区科技顶尖专家集聚计划、区创新型企业家培育计划、区高层次创业人才引进计划、区青年大学生创业引领计划）。

◆“两学一做”学习教育动员部署 4月29日，栖霞区、南京开发区、仙林大学城在区机关会议中心，采取电视电话会议形式，召开三区“两学一做”学习教育动员部署会。区机关各部门、各直属单位主要负责人，南京开发区、仙林大学城各部门主要负责人，各系统党（工）委分管负责人，三区“两学一做”学习教育工作协调小组约85人参加主会场会议，各街道党工委设分会场。区委常委、组织部部长陈波传达习近平总书记关于“两学一做”学习教育重要指示精神以及中共中央、中共江苏省委、南京市委相关会议精神，区卫计局党工委、开发区南京高科股份有限公司党委、大学城机关第三党支部、栖霞街道党工委、八卦洲街道下坝村党总支分别交流发言，三区党工委书记邢正军对活动开展提出要求。区委常委、三区纪工委书记杨白英，区委常委、宣传部部长周峰以及南京开发区、仙林大学城市管党员领导干部主席台就座。南京市“两学一做”学习教育督导一组杨花伟到会指导，区委副书记胡晓健主持会议。

◆党支部书记专题学习教育培训班 5月17日，区委“两学一做”学习教育党支部书记培训班在区委党校开班，区属各党（工）委分管领导、组织干事，区机关各部门、各直属单位（园区平台）党（总）支部书记，各村居书记、“两新”组织党组织书记，各街道“两学一做”学习教育督导组组长，区“两学一做”学习教育协调小组成员参加培训。区委书记邢正军做开班动员，区委常委、组织部部长陈波主持开班仪式。培训班分别邀请中共江苏省委党校教授张加华做学习党章专题辅导、中共南京市委党校教授郝继明做如何讲好党课专题辅导，中共南京市纪委常委、秘书长邵建光做学习党规专题辅导，区委组织部副部长、两新党工委书记武晓路做“两学一做”学习教育专题辅导。

◆首家创业训练营 6月16日，栖霞区创业训练营暨“创业栖霞”嘉年华在紫东国际创意园正式启动，200余名创业创新人才与数十家创业服务机构、金融机构、创业导师代表及江苏省、南京市、区相关职能部门领导出席开营仪式。栖霞区委、区政府领导为被选聘为首批创业导师的30名知名科技企业家，行业专家，风创投，财税法务、管理咨询等创业服务专家授牌。当天现场共设五个分会场，腾讯众创空间和江苏省高新技术创业服务中心举办TMT&智能硬件、节能环保与生物医药专场项目路演；工商银行、江苏银行、南京银行和江苏省再保金融等机构为小微科技企业提供融资咨询和服务；4位辖地内“创业千人”成员举办“聚焦供给侧改革，共话栖霞转型发展”专场千人论坛；南京市外专局等机构联合举办人才企业专场招聘、人才企业产品对接会。

◆全省首家创业发展服务联盟成立 6月16日，江苏省首家创业发展服务联盟在栖霞区紫东国际创意园正式成立。中共江苏省委组织部人才处调研员陶雨生，南京市外专局局长吴瑕，区委常委、组织部部长陈波出席成立大会，全市各区、各园区人才工作主管部门领导，各类创业服务机构、金融机构、创业导师代表以及栖霞区、南京开发区、仙林大学城人才企业家代表200余人参加大会。与会江苏省、南京市、区领导共同为创业发展服务联盟揭牌，首批选聘服务机构，涵盖公共服务、市场服务、金融服务、创业园区等方面。

12月29日，区创业发展服务联盟一届一次理事会在区委党校召开，会议选举产生联盟理事及执行机构。江苏省科技企业家联合会秘书长、江苏省人才创新创业促进会信息中心主任、江苏摩尔信息科技有限公司董事长仲从斌当选首任理事长，南京柯桥管理咨询公司、腾讯众创空间、毅达资本等21家机构负责人当选副理事长，21家机构当选理事单位。会议增补联盟成员单位，增补后联盟机构数达97家，充实公共服务、市场服务、金融服务、创业园区等分联盟力量；新成立众创空间、创业导师团、人才科技顾问团三个分联盟。其间，栖霞区创业发展服务联盟发布栖霞区高层次创业人才产品名录、为全区首批运营良好60家人才企业发放“创业红包”；邀请金沙江创投、毅达资本、创业邦等机构开展人才企业专场项目路演，开展创业集市活动，100余家人才企业与区创业发展服务联盟机构互动交流。

◆中共建党95周年纪念大会 6月28日，栖霞区、南京开发区和仙林大学城在区机关大礼堂举办“永远跟党走·七月礼赞”——栖霞区庆祝中共建党95周年纪念大会，三区处以上干部，村（居）党组织书记，三区优秀共产党员、优秀党务工作者、先进基层党组织，部分“两新”党组织书记代表共720人参会。其间，三区党工委书记邢正军致辞，参会领导为获全国和江苏省、南京市、区先进基层党组织代表颁奖，围绕建党95周年和纪念红军长征80周年主题，以建党以来重要历史节点和典型事件场景为主线举办大型文艺会演。会演以大合唱为主要形式，融入歌舞蹈、诗朗诵、红歌联唱、情景剧、微电影等，全体参会人员集体宣誓。中共南京市委常委、组织部部长郭腊军，中共江苏省委组织部组织一处调研员陈勇应邀出席大会。

◆区党代会代表选举 6月28日，区委组织部召开区第十次党代会党代表选举工作会议，对区第十次党代会党代表名额与结构、代表条件、产生办法、选举程序等展开业务培训，印发相关文件资料，严申换届选举纪律，集中观看专题片《镜鉴》，与各党工委签署“换届承诺书”。其间，区委组织部对党代表初步人选、候选人干部档案、个人重大事项报告开展专项审核，实行代表选举全过程审核机制。7月15日，选举工作结束，选举产生区第十次党代会代表220人，其中，各级领导干部132人，占60%；各类专业技术人员44人，占20%；各条战线先进模范人物40人，占18%；解放军、武警代表4人，占2%；妇女代表、45岁以下代表分别占36%和55%。

◆国外招才引智 7月12~19日，副区长、江苏省第八批科技镇长团团长胡永红带队，区人才办、栖霞街道、西岗街道、仙林街道等单位分管领导一行6人，到俄罗斯、印度开展招才引智活动。12~16日，在俄罗斯期间，先后至圣彼得堡市政府亚太国家合作中心、俄罗斯国家科学院圣彼得堡科学中心、莫斯科国立大学科技园等机构实地考察和交流访问。15日，在莫斯科Borodino Hotel举办栖霞区招才引智专场推介会，莫斯科华侨华人联合会荣誉主席、莫斯科社会科学院院士白嗣宏，俄罗斯远东商会主席孙雷等华裔侨领出席会议，近40名高层次创业人才到会对接。17~19日，在印度期间，先后拜访中印友好协会、考察班加罗尔创业园，观摩逻辑圣歌软件服务有限公司科技前沿项目路演，仙林街道、栖霞街道分别对接班加罗尔创业园、逻辑圣歌公司，并围绕栖霞“三大三新”产业发展和街道人才需求，作重点推介。

◆科技镇长团工作 8月26日，栖霞区、南京开发区、仙林大学城在区委党校多功能厅召开栖霞区科技镇长团总结欢迎会，总结第八批科技镇长团工作，欢迎第九批科技镇长团到区工作。中共栖霞区委书记、南京开发区党工委书记、南京市仙林大学城党工委书记邢正军讲话，肯定第八批科技镇长团到区工作以来在人才引育、科技进步和经济转型提升等方面做出的贡献。第八批科技镇长团工作期间，胡永红、王秀昌两位团长分获省级、市级优秀团长称号，7名团员获省级优秀团员称号（行政区5人，开发区2人），6名团员获市级优秀团员称号（行政区3人，开发区3人）。第九批“科技镇长团”栖霞区有团员12人。其中，985、211高校6人、省级机关2人、其他特色院校4人。

◆省创新创业大赛获奖 8月28日，第四届中国江苏创新创业大赛总决赛在苏州工业园区举行。栖霞区共有6名选手通过层层选拔和推荐进入总决赛。2016年“创业栖霞”入选者、江苏生命科技园落户人才陈熹，获全省唯一创新类一等奖，栖霞区也成为全省唯一连续收获两届全省创新创业大赛一等奖项目选送单位。“321人才”、南京皋知信息工程有限公司总经理姜肇国，南京赛梵电气科技有限公司总经理余海涛，以及南京市优秀大学生创业项目一等奖获得者朱凯获全省总决赛三等奖，“321人才”、南京嗎啊游通信科技有限公司总经理王可东获优胜奖。栖霞区被授予全省创新创业伯乐奖单位，获奖等次和人数均居南京各区（园区）首位。

◆村（居）党组织换届 9月10~25日，按照全市基层党组织集中换届工作统一部署和要求，完成全区776个中共基层党组织集中换届选举。8月26日，区委召开全区中共基层党组织换届动员部署会。区委书记邢正军对全区基层党组织换届做动员、提要求。各党（工）委向区委递交《严肃基层党组织换届纪律责任书》。此次村、社区党组织换届选举采取“两推一选”方式进行，即：党员、群众推荐，街道党工委推荐，举行党员大会选举。此次中共基层党组织换届选举涉及全区119个村、社区党组织，覆盖304个其他类型党组织。119名村居书记中新当选的有41人，平均年龄比上届下降2岁，大学生村干部中有3人担任书记、27人担任副书记，比例大幅提升；566名委员中具有大专以上学历占比92.6%，各项结构指标优于或达到市定目标。

◆新录用干部培训班 10月11~13日，区委组织部、区委党校、区人社局在区委党校联合举办新录用干部培训班，集中培训2016年度录用的5名选调生、22名公务员、19名省聘大学生村干部和29名事业单位工作人员。培训内容围绕帮助新录用干部尽快熟悉区情、民情，提高其思想政治素养和岗位履职等能力，区委组织部、区委党校邀请中共省委党校教授张加华、中共南京市委党校教授郝继明等专家授课。培训结束后，组织初任干部法律知识考试。

◆区社会组织党委成立　12月8日，中共栖霞区社会组织党委成立大会在区委党校召开，大会选聘懂党务、有经验、有热情的转员干部唐永庆，担任专职社会组织党委常务副书记，并以唐永庆名义，成立唐大姐党建工作室。会前，参会人员先行考察区社会组织党委活动阵地、尧化街道姚坊门居家养老服务站。中共栖霞区社会组织党委聘请南京市社科院院长叶南客、中共上海静安区社会组织联合会总支书记王家稹、中共江苏省委党校教授唐金玲等党建专家、教授为栖霞区社会组织党建智囊团成员。区委书记邢正军，南京市社科院院长叶南客，中共南京市委组织部副部长、两新党工委书记施军，南京市民政局副局长陈芳为社会组织党委和“唐大姐党建工作室”揭牌。中共栖霞区社会组织党委隶属于区委两新党工委，统筹指导全区社会组织领域党建工作。

◆人才工作者培训班　12月5~8日，区人才工作者专题培训班在南京、杭州两地举办。各街道（园区）分管领导和人才专管员，区人社局、区科技局、区经信局、区商务局等部门分管领导和科技镇长团全体成员等60余人参加培训。培训班采取现场教学、集中授课、小组讨论等学习形式。5日，培训班在区委党校举行开班仪式，区委常委、组织部部长徐春作开班动员，中共南京市委党校教授张家芳做党性教育报告，传达江苏省十三次党代会精神。6~8日，培训班在浙江大学先后邀请浙江大学及浙江省知名教授、专家、相关领导授课，解析杭州人才发展理论与实践探索和互联网金融等课题；到梦想小镇、滨江物联网小镇、杭州湾萧山信息港小镇、杭州经济技术开发区等地开展现场教学，参观数联中国、聚光科技、九阳集团、万事利集团等创新一线企业，学习杭州地区园区服务助推科技业发展经验和做法。

□祝阳平

宣　　传

◆概况　2016年，全区宣传思想文化和精神文明建设工作，围绕理论武装、舆论宣传、文明创建、文化产业四个方面展开。年初，突出党章党规、习近平总书记在江苏考察讲话精神、“供给侧结构性改革”等重大主题，区委宣传部门专门制定《2016年度区委中心组专题学习计划》，采取专家集中授课与外出走访学习相结合方式，组织区委中心组集体学习12次。1~3月，在全区9个街道开展党员冬训工作，参训率达98.5%。5~12月，对照“学党章党规、学系列讲话，做合格党员”要求，在宣传部门全体党员中开展“两学一做”学习教育。

是年，栖霞区宣传部门稿件被中央、省、市新闻单位采用2000篇。向区相关部门主要领导发送舆情预警信息2300余条；向区委、区政府主要领导报送舆情快报12期；协调西祠、龙虎网等处理热点舆情50余条。在“南京网络问政”“龙虎民声”等平台受理办结各类意见投诉2000篇次，及时回复率达99%，当日回复率超50%。栖霞新闻网累计发布各类宣传信息2000条，网页月均访问量近35万次，保持政务网站影响力列于南京市各区第一方阵的位置。“栖霞视点”政务微博发布博文4500篇次。区委宣传部门进一步完善全区66家政务微博、45家政务微信基本信息数据库，加强管理，规范网络发布内容。

3月1日，栖霞区召开迎接城市文明程度指数测评工作会议，全面部署文明城市迎查工作。区委宣传部门编制《迎查工作重点提示》《迎查操作手册》《栖霞区2016年街道精神文明创建月度考核办法》，形成精神文明创建月度考评工作机制，累计发现、通报、整改问题482处。是年，全区产生市级文明单位标兵2个、市级文明集体57个，省级文明集体11个，当选南京好人2人，参与“南京好人365访谈”节目18人次。全年，在仙林、尧化、马群等6个街道64个小区和4个小型广场内新设立2批、精神文明创建工作公益广告专属宣传栏72处，张贴公益广告及《今日栖霞》报纸并定期更新。是年，全区开展未成年人假期系列活动超过600场次，组织全区青少年开展“网上祭英烈”等活动200余场，承办“重走长征路　共筑中国梦”系列活动启动仪式和会师仪式，纪念红军长征胜利80周年。成立58支“善行栖霞”机关志愿服务队，开展各类常态化志愿服务2200余场。评选表彰区优秀志愿者34人、区优秀志愿服务组织11个。

是年，区宣传部门编制《2016年度全区深化文化体制改革工作要点》和《栖霞区文化产业发展“十三五”规划》。6月，组织亲近母语、童创慧云等9家文化企业参加2016年南京市文化人才专场招聘会。10月，组织开发区、紫东和春雨等园区、平台、文化企业等十余家单位参加第八届中国南京文化创意产业交易会，参展面积近500平方米，其中，江苏大美天第文化产业有限公司、紫东国际创意园公共文化服务平台和“光影科博城”三个项目在精品项目交流对接和推介会上签约。南京紫东国际创意园，被评为第二批江苏省重点文化产业园区；江苏春雨教育集团有限公司，被评为2015~2016年度“江苏民营文化企业30强”企业；春雨、可一、大贺等企业入选2016年度“南京市文化企业30强培育计划”。

是年，栖霞区获2015~2016年度江苏省基层党员冬训工作示范区称号，2016年南京创意设计周“优秀活动主体”；“栖霞视点”政务微博获2015江苏政务微博飞跃奖。

◆省内外宣传　2016年，栖霞区被中央、江苏省、南京市新闻单位采用稿件2000篇。其中，重点报道100余篇。在中央级媒体上发稿近20篇，《南京日报》头版见报40多条。《人民日报》4月13日、4月24日、12月6日先后刊载《南京栖霞将千项行政检查权下放街道》《读书日，书香满神州》《想找专家瞧病，政府掏钱来请》等报道，反映栖霞区改革工作和全民阅读工作创新等举措；《中国青年报》5月5日刊载《一个老化工基地的涅槃》，反映栖霞区转型升级亮点；中央电视台5月27日《新闻联播》播报《调结构转方式·创新成果辐射全国》专稿，反映北大协同创新研究院落户南京开发区取得的成果。此外，3月6日、6月22日《新华日报》先后刊登《老旧小区物管，托管还要托底》《有群创客在"水一方"》等一批报道；《南京日报》分别在5月9日、8月9日头版刊载《凝聚三区合力，优化区域功能定位》《精明增长，拓展产城融合新空间》等报道。

◆网络宣传管理 2016年，区委宣传部与江苏省、南京市舆情监控平台合作，完善区级舆情监控平台，强化突发舆论事件应急处置机制、重大舆情会商研判机制、联动处置机制等制度建设，做好舆情提示、《舆情快报》等信息报送工作。在"南京网络问政""龙虎民声"、官方微博等平台受理办结各类意见投诉1000篇次，为全区重点工作开展开创良好舆论环境。区委宣传部组建党媒记者"大V"50人团队、区街部门百人骨干团队、驻区高校党团员千人团队三级网评队伍，强化网络意见领袖培育，提升党政干部突发事件应对能力。完善区属新媒体平台登记备案制度，建立健全全区政务微博、微信数据库和考评体系，打造以"栖霞视点"为龙头的政务微博微信群，促进全区运用政务新媒体进行网络宣传和舆论引导水平不断提高。

◆"码头"文创品牌活动 2016年，区委宣传部策划打造的"码头"创意市集，分别在"二十四节气之立春""南京文艺家文化惠民再启动仪式""宁镇扬五四诗歌会"等市、区重大活动中亮相。9月、12月，区委宣传部结合南京大学、南京师范大学、南京艺术学院等主要高校，特别是仙林高校艺术院系资源，在栖霞主要商圈分别启动"码头"特展暨南京高校新锐艺术展、"码头"文创精品展。通过系列活动，为驻区高校、文创关联企业、文创人才、文创产品与文化产业园区、载体构建交流沟通和资源对接平台，特别是为高校搭建宣传、销售一体化创新创业创造平台，促成合作共赢，激发文创力量。

◆"廿四·以自然为师"系列活动 2016年，区委宣传部以西岗街道桦墅学堂为阵地，举办"廿四·以自然为师"系列文化活动24场。"廿四·以自然为师"是一项以二十四节气时间顺序开展的文化系列活动，全年举办二十四节气主题亲子博物活动24场。通过选取桦墅村自然景色，融入古代礼仪和汉服文化元素，将美丽乡村与传统文化有机结合，在亲子博物活动中阅读自然，感悟自然，感受"一山一水一村一年"变化。每场活动均根据节气内容，穿插相应博物教学课程，内容涵盖国学、绘画、手工、户外探索、思维开发等多个方面，培育一批热爱中国传统文化铁杆小"粉丝"。

◆道德先进典型培树 2016年，区文明办先后组织6批次、23名道德领域先进典型参与"南京好人365访谈"节目录制，利用智慧社区平台好人模块推荐身边"草根人物"典型事迹线索2160人次，通过短信平台向中国文明网推荐"身边好人"线索1080人次，好人库资源进一步得到充实。组织区内优秀典型、文明单位参加第二届"南京好人节"，推出一批善举凡人成为价值观"代言人"。12月，八卦洲街道廖志华家庭当选江苏省首届"江苏省文明家庭"，大学生殷良武、中共龙潭街道上坝村书记芦德根等共13人当选第十五届南京好市民，郭峰入选"江苏好人榜"。

◆志愿服务 2016年，区文明办推进志愿服务事业，在全区常态化组织开展全民健身、心理疏导、法律援助、文化科普等服务2200余场。1月，制定《栖霞区社区志愿服务集中行动日计划表》，把全年每月最后一个周六下午，定为社区志愿服务集中行动日，组织各街道、社区开展群众需要的志愿服务活动。2月，组织开展"文明栖霞·温暖新春"志愿服务集中活动。3月5日，发动各街道、区志愿服务活动协调小组成员单位、各级志愿服务组织，同一时间开展志愿服务集中活动，形成全区联动志愿服务氛围。3月23日，在仙林金鹰奥莱城仙乐湖广场举办贯穿全年的区志愿者文化节启动仪式，成立58支"善行栖霞"机关志愿服务队，表彰2015年度34名区优秀志愿者、11个区优秀志愿服务组织，合作建立1所栖霞区志愿服务学院和3家栖霞区志愿服务素质拓展基地。6月8日，组织开展栖霞志愿服务学院首期培训班暨栖霞区机关志愿者"践行'两学一做'重走长征之路"活动。8月，仙林街道"万家欢"巡逻服务获南京志愿服务项目最佳口碑奖入围奖。12月20日，马群、仙林、尧化、迈皋桥4个街道志愿服务总站创成南京市街道志愿服务总站示范点。

◆"三梦"文艺作品征集 2016年，区委宣传部、区文联联合主办，各街道党工委协办开展"中国梦·栖霞梦·我的梦"系列文艺作品创作征集活动。作品从各个层面书写"中国梦·栖霞梦·我的梦"，运用书法、绘画、剪纸、小故事、诗歌、散文、摄影、歌曲、曲艺等形式，抒发美丽梦想，阐述个人对"中国梦·栖霞梦·我的梦"的感悟。8月，区委宣传部从中挑选100多件作品汇编《中国梦·栖霞梦·我的梦系列文艺创作优秀作品选》，内容包括"宣传四中全会精神，争做守法公民"、讲好"栖霞故事""创栖霞·阅栖霞·游栖霞""缅怀英烈，珍惜幸福""奋斗者·创业者·开拓者""党在我心中""感恩今天""中国梦·栖霞梦·我的梦"纪念世界反法西斯战争暨抗战胜利70周年、中国工农红军长征胜利80周年、庆祝中华人民共和国成立66周年暨"说说我区新变化""美丽幸福栖霞""乡情、亲情、友情""梦想花开"等。

◆政校企合作 4月21日，区委宣传部和南京工业职业技术学院及相关文化企业，举行政校企合作签约仪式。区委宣传部与南京工业职业技术学院在非遗传承与创新、社会主义核心价值观宣传品设计、金箔旅游纪念品开发、特色农产品包装设计与产品开发、红木系列文创产品设计开发等8个方面签订战略合作协议。龙潭街道花缘里农产品专业合作社、南京金陵折扇工艺研究所、南京东升箔业有限公司等6家单位，与南京工业职业技术学院现场达成芳草渡系列产品包装设计、金陵折扇品牌形象设计与文创产品开发、金箔系列旅游纪念品开发设计等十余个具体合作项目，总金额为30万元。9月14日，在南京工业技术学院艺术设计学院召开政校企合作项目中期检查项目汇报会，三方结合年初签订的芳草渡系列产品包装设计、金陵折扇品牌形象设计与文创产品开发、金箔系列旅游纪念品开发设计等合作项目梳理阶段性成果，分析存在问题，研究解决办法。年底，三方签订的十余个合作项目全部完成。

◆区文艺创作精品　8~10月，区委宣传部在全区开展文艺创作精品评选活动，旨在贯彻落实《中共南京市委关于繁荣发展社会主义文艺的实施意见》精神，繁荣栖霞区文艺创作。通过区属各党（工）委、有关部门摸底、遴选、申报，组织评选出《清丽江南》《风雪中的苦与乐》《课间》《爱在栖霞》《塘村概略》《心眼好》等15件摄影、音乐、文学、曲艺、美术书法作品为2015年度栖霞区文艺创作精品及优秀作品。10月24日，区委宣传部做出决定，通报表彰2015年度栖霞区文艺创作精品及优秀作品。

◆智库专家看栖霞　12月24日，栖霞区、南京开发区、仙林大学城组织"智库专家看栖霞"活动。中国社科院、科技

12月24日，栖霞区、南京开发区、仙林大学城组织"智库专家看栖霞"活动

区委宣传部供稿

2016年栖霞区文艺创作精品及优秀作品目录

表2

奖　项	艺术门类	作品名称	栖霞区作者
精品奖	摄影	《清丽江南》	李全中
	摄影	《风雪中的苦与乐》	洪　澜
	摄影	《课间》	张晓宇
	摄影	《西湖之恋》	傅绍同
	摄影	《60梦想》	曾　敏
	音乐	歌曲《爱在栖霞》	作词：高安宁 作曲：陈丽君
	音乐	歌曲《我们是中国足球娃》	作词：谢意伟 作曲：彭泽民
	文学理论	《地方文学生产》	周根红
	长篇小说	《风云再起》	高　低
	中篇小说	《塘村概略》	曹　寇
	短篇小说	《我的战友李克勤》	刘跃清
优秀奖	曲艺	相声《心眼好》	表演者：纪兆辉、徐世亮
	书法	《朱熹诗》	薛　煦
	美术	《山水》	王国华
	摄影	《小记者参观》	李　剑

部、人民大学、长城战略咨询、浙江省社科院以及南大、中共江苏省委党校等国内相关领域10位专家学者，实地考察栖霞改革创新项目，实地感受栖霞全区上下抓改革、谋创新、促转型浓厚氛围，其间，专家学者与参会人员一起探讨栖霞改革创新难点，共同为栖霞改革、创新、转型献计出力。活动期间，栖霞区、南京开发区、仙林大学城还分别与中国社科院等受邀智库签订战略合作协议，开启与权威智库长期全面合作，借助智库丰富智力资源，助推区域经济社会发展新形式。 □葛新冬

统一战线

◆概况 2016年，全区统战工作部门贯彻落实中共中央、中共江苏省委、中共南京市委统战工作会议精神，按照全区党建工作会议和全年统战工作要点部署要求，主动顺应形势，紧贴栖霞实际，整合各方资源，以强化服务为理念，以搭建载体为抓手，以大胆创新为导向，以务求实效为根本，做新探索和尝试，完成各项统战工作任务。栖霞区成立由区委书记邢正军任组长的统一战线工作领导小组，全面加强对全区统战工作的组织领导。多党合作事业进入新阶段，顺利完成区人大、政协换届党派代表、委员的选拔推荐工作，完成党外代表人士政治安排和政治交接任务。启动区委统战部和区委组织部党外干部工作联席会议制度，专题研究党外干部和党外后备干部队伍建设，加快实施《栖霞区党外干部队伍建设五年规划》。成功指导8家街道商会和区工商联完成换届任务，3家基层商会通过南京市星级商会复选，全年新增基层商会2家，发展新会员达100余名，非公经济组织建设得到进一步加强。民族团结进步创建工作稳步推进，组织指导14个宗教团体和宗教活动场所实施档案提档升级，多个宗教场所通过上级“星级”创建验收，加大安全防范，确保重点宗教场所、重要宗教活动的安全稳定。对台友好交流成果进一步扩大，为6批赴台组团办理报批手续，接待5批台湾地区参访团，启动“南京栖霞·台湾彰化海峡两岸行知教育论坛”，栖、台两地经贸、教育、文化旅游、基层交流交往更加紧密。区统战部门发挥侨务优势，接待、安排澳大利亚珀斯市经贸交流团到区交流考察活动，并组织区侨联回访。开展侨情调查，加大为侨服务力度，开展示范创建活动，区侨办被江苏省侨办表彰为“省侨务工作示范单位”。指导校地统战开展共建“一街（校）一品”活动，梳理总结5年共建成果和经验做法，拍摄完成《同心共铸校地情》共建专题纪录片，在此基础上，推动服务创新，先后成立“同心社”“素心社”，为新时期构建区域统战工作大格局，找到新切入点和突破口，结社共商共进，强化合力同向。信息宣传工作取得新突破，围绕区委、区政府重大部署，结合统战工作实际，反映全区统战时讯和亮点工作，在《中国统一战线》《新华日报》以及中共江苏省委统战部主办的《挚友》杂志和市级党报党刊独立发表多篇稿件，宣传全区统战工作亮点，产生广泛社会影响。

◆全区统战工作会议 4月26日，区委召开统战工作会议。学习传达全国、全省统战部长会议精神和中共南京市委近期对统战工作提出的新要求，区委副书记胡晓健出席会议并讲话，区政协副主席、区委统战部部长时效俊作工作报告。胡晓健在讲话中指出，全区统战系统认真贯彻中央统战工作会议、习近平总书记系列重要讲话精神，围绕区委决策，以特色工作带动全局，用创新思维破解难题，靠实干落实彰显作用，在凝聚共识、服务发展、共促和谐上，做了大量工作，有一批特色活动和品牌工作取得显著成绩。胡晓健强调，全区统战系统要深入学习贯彻习近平总书记系列重要讲话精神，切实增强做好统战工作的使命感和责任感；要坚持开拓进取，推动统一战线在服务大局中有新作为；要加强队伍建设，不断提高统战工作科学化水平，为实现“十三五”良好开局、加快建设“强富美高”新栖霞做出新的更大贡献。时效俊在工作报告中总结回顾2015年全区统战工作在六个方面所取得的工作成绩，明确2016年统战工作的总体思路和重点工作，对做好2016年统战工作做出全面部署。副区长万震主持会议。副区长、区工商联主席秦亚平宣读表彰2015年全区统战工作先进单位、先进个人决定。南京中医院大学党委统战部、马群街道党工委、八卦洲街道党工委、区人社局党工委4家单位交流发言。各民主党派基层组织、各街道商会、区基督教三自爱国运动委员会、驻区高校党委统战部领导、结对共建高校民三党派基层组织负责人，部分受表彰先进单位和先进个人代表，近100人出席会议。

◆校、地统战共建服务进社区 5月31日，栖霞区燕子矶街道和南京中医药大学举办统战共建活动。南京中医药大学组织大学生志愿者到燕华花园社区，为居民提供针灸、刮痧、艾灸、推拿等服务。活动特别邀请江苏省中医院3名专科主任为居民提供免费诊疗检查、健康指导和医疗咨询，提高居民健康知识水平，增强居民的健康保护意识。7月14日上午，西岗街道邀请统战校、地共建单位南京中医药大学教授沈劼，到社区邻里中心举办夏季养生保健知识讲座，闻兰社区100多名中老年市民参加活动。沈劼将中医养生保健知识与中老年人实际生活相结合，用起居调养、饮食调养、情志调养和运动锻炼等知识，紧贴日常生活实际事例，结合讲述，为中老年人介绍食疗养生及自我保健方法，纠正中老年养生保健的误区，讲授自我预防疾病知识，拓展提高社区中老年人对中医保健常识了解，受到广泛好评。8月8日，燕子矶街道统战办与共建单位南京金陵科技学院统战部一道，组织在校大学生到吉祥庵社区，为社区空巢老人开展老年人互联网相关知识教学，现场为老人演示上网程序，手把手地教会老人如何上网浏览网页。帮助化解空巢老人负面心理感受，受到老人们赞扬。8月19日上午，马群街道启动2016年社区主任助理挂职锻炼暑期实践活动，活动由共建单位南京邮电大学牵头，联手该校自动化学院共同开展。活动坚持自愿原则，在学院内组织15名大学生在马群街道相关社区，开展为期7天的志

愿服务活动，服务内容有协助社区主任开展群众工作、与街道开展紫金山环保行、走访慰问辖区内统战对象以及孤寡老人等。

◆**市委统战部领导到区督查** 6月3日上午，中共南京市委统战部副部长、南京市民宗局党组书记李兰一行，到区专项督查贯彻落实中央、中共江苏省委、南京市委关于统一战线重大决策部署落实工作。区政协副主席、区委统战部部长时效俊作工作汇报。汇报会上播放栖霞区校地统战共建《同心共铸校地情》纪录片。李兰肯定栖霞区统战特色、亮点工作，要求区委统战部充分认清新形势下统战工作的地位作用，引导全区各级各相关部门自觉把统战工作放到大局中来认识、来谋划、来推进；要抓住机遇，深入一线加强调研，梳理基层在工作落实中遇到的新情况新问题，收集意见建议，研究对策措施，不断提高统战工作科学化水平。区委统战部领导班子成员陪同督查。

◆**统战宣传信息工作培训班** 7月5日上午，区委统战部组织基层统战干部，举办旨在强化全区基层统战信息宣传工作、提高基层统战干部信息宣传工作水平培训班。培训班邀请中共江苏省委统战部长期从事信息工作专家石军授课，区侨办副主任沈芸主持培训。各机关部门、各街道、部分社区、民主党派基层组织共计60余名基层统战信息员参加培训。其间，沈芸总结2016年上半年全区统战信息宣传工作，强调新形势下做好统战信息宣传工作重要性。随后，石军围绕统战信息工作的内容、作用、方法三个方面展开授课，对基层统战工作内容和栖霞区情结合做好统战信息工作给予指导。

◆**区统战工作专项会议** 8月26日上午，栖霞区委召开全区统战工作会议。中共南京市委统战部副部长、南京市社会主义学院党组书记孙绿叶，区委副书记陈波出席会议并讲话。区委常委、统战部长尹军主持会议，区委统战部班子成员，区各街道分管副书记、统战员、统战干事，各系统党工委分管领导、统战干事，各民主党派基层组织负责人，各基层商会会长，区基督教三自爱国运动委员会委员，区委统战部及区民宗局机关全体干部参加会议。会议总结上半年全区统战、民宗工作，集中部署下半年重点工作。龙潭街道、栖霞街道、燕子矶街道、教育局、卫计局5家单位交流发言。孙绿叶肯定栖霞区近年来特别是上半年统战工作取得的成绩，她指出，栖霞区统战工作资源丰富、活动纷呈、特色鲜明、成效明显，为全市统战工作创造很多好经验，树立好的典型。她还对区委统战部圆满完成年度目标任务、开创统战工作新局面提出要求。陈波在会上也发表讲话。

◆**政协党外委员推荐工作会** 11月16日，区政协第九届委员会党外委员推荐工作布置会，在区委党校召开。区委常委、统战部部长尹军，统战部副部长、区工商联党组书记刁志福，区台办副主任吕文伟，区侨办副主任沈芸等出席会议，区教育局、卫生局等6个部门，全区9个街道，区内4个重点园区分管领导共24人参加会议。尹军主持会议。会议对党外政协委员推荐工作做具体布置，印发《政协栖霞区第九届委员会人事安排意见》等文件，从指导思想和基本原则，政协规模和结构、界别设置、人选的对象和条件，推荐、提名及安排程序等方面做出明确规定。会议还传达布置区工商联换届相关工作。

◆**政协党外委员考察工作布置会** 12月6日下午，区委统战部牵头在尧化办公点常委会议室，召开区政协第九届委员会党外委员推荐人选考察工作布置会。区教育局、卫计局等17个机关部门，全区9个街道，区内4个重点园区分管领导以及民主党派区基层组织负责人39人参加会议。区委常委、统战部部长尹军出席会议，区侨办副主任沈芸在会上作考察工作说明。尹军要求各单位要从讲政治的大局和高度来认识和重视考察工作，要扩大考察范围，不能简单走形式，通过多方面多渠道摸清情况；要规范考察程序，要对考察结果充分论证、综合研判，做出组织结论；要扩大公示范围，广泛接受社会监督。 □何 颖

老干部工作

◆**概况** 2016年，栖霞区有离休干部76人。其中，本区离休干部73人（含供给关系转出1人），易地安置离休干部3人；抗战时期参加革命工作的离休干部16人，解放战争时期参加革命工作离休干部60名；行政单位27人，事业单位31人，企业单位18人；享受副省级医疗待遇的3人，享受地市级生活待遇的4人；90岁以上20人，80~89岁56人。区委老干部局按照"全面做好离退休干部工作"的总体要求，牢牢把握"为党的事业增添正能量"价值取向，深入开展"两学一做"学习教育，组织开展"增添正能量，助力中国梦"主题活动，加强

11月16日，区政协九届委员会党外委员推荐工作布置会在区委党校召开
区委统战部供稿

10月20日，区内老干部参加南京市纪念长征胜利80周年歌咏会，表演“革命歌曲大联唱” 付晓平摄

离退休干部组织建设，统一老干部思想和行动，凝聚老干部智慧和力量，引导老干部为建设“强富美高”新栖霞做贡献。是年，区委老干部局组织全区离退休干部党支部书记培训，学习贯彻中央办公厅《关于进一步加强和改进离退休干部工作的意见》文件精神，按照“更加注重加强教育引导、更加注重发挥离退休干部的独特优势、更加注重做好服务保障工作、更加注重对离退休干部工作的领导”原则，深化离退休干部党支部建设和思想政治建设；举办老干部情况通报会、座谈会，组织老干部考察全区转型发展成就，对老干部关心的热点问题及时给予解疑释惑，坚定老干部“道路自信、理论自信、制度自信”信念。组织开展“纪念建党95周年暨长征胜利80周年书画、摄影展”活动以及“纪念红军长征胜利80周年老干部歌咏会”活动，选送老干部书画作品10幅及“革命歌曲大联唱”节目1台，参加全市老干部书画摄影展及全市老干部歌咏汇报表演，展现老干部对党忠诚情怀；组织老干部“学党章党规、学系列讲话，做合格党员”学习教育，利用“老干部工作”微信群收看电视专题片《永远在路上》，激励老干部保持不忘革命初心、永葆革命本色的可贵品质。

◆**“两项待遇”落实** 2016年，区委老干部局以落实老干部政治、生活待遇为工作主线，及时将党和政府的温暖送到老干部身边，提升老干部幸福感和满意度。先后为老干部订阅《中国老年报》《老年周报》《南京日报》《银潮》等报纸报刊360多份，召开各种形式的情况通报会、学习报告会20多场（次），组织外出参观考察40多场（次）。落实领导干部联系老干部制度，分别组织相关部门开展春节、国庆、元旦等重大节日及高温季节走访慰问老干部活动，上门探望生病住院及面临困难的老同志，适时召开征求意见座谈会，保持与老同志的经常性联系。1月，调整落实全区离休干部提租补贴，交纳比例由原来基数的5%提高到10%；7月，按中共南京市委老干部局通知，调整张国泰、张志敏、闵承烈、曹庆和4位地市级离休干部津补贴标准，从2016年1月起开始执行；10月，再次调整落实全区离休干部提租补贴标准，交纳比例由原来基数的10%提高到15%。

◆**老干部活动** 1月10日，区相关部门邀请区原四套班子老领导参加“两会”，听取老领导意见建议；1月26日，组织区原四套班子老领导参观考察仙林万达茂、液晶谷及区文化体育中心；4月14日，组织区原四套班子老领导参观扬州瘦西湖；4月25日，组织区机关“百名退休干部春看牛首山”活动；5月12日，组织区原四套班子老领导参观考察仙林欧葆庭国际颐养中心、西岗街道桦墅村；6月2日，组织区原四套班子老领导参观考察迈皋桥颐和康复护理中心、栖霞悦园老年公寓；7月30日，邀请区原四套班子老领导列席中共南京市栖霞区第十次代表大会，听取党代会工作报告；10月19~23日，组织部分区原四套班子老领导赴杭州疗养，随同工作人员7人、医生1人参与服务保障。

◆**老干部医疗保健** 9月19~21日、9月29日，区委老干部局与区卫生局联合发文，组织区原四套班子老领导及基层离休干部50余人，先后在江苏省人民医院、栖霞医院健康检查。12月，按照《栖霞区企业离休干部医药费统筹实施办法》，协调全区18位企业离休干部所在的商贸局、工业公司、住建局、交通局、仙林农牧场、栖霞建设等7家单位，按8800元/人的标准征收2016年度离休干部医药统筹经费，补缴2015年度离休干部公费医疗支出78万元。

□付晓平

党校教育

◆**概况** 2016年，区委党校深入贯彻中共栖霞区第十次党代会精神，以“加快发展，争创全省一流区县级党校”为奋斗目标，凝心聚力，打造“名品、精品、正品”党校工程，着力提高培训、调研和行政工作水平，在建设“强富美高”新栖霞进程中不断凸显党员干部教育培训主阵地、主渠道作用。是年，区委党校协助区委组织部、区人社局举办“主体班”10期，培训学员960人次；与区委办、区统计局等部门联合办班24期，培训人数3400人次；受中共南京市委组织部委托办班22期，培训学员880人次；送教到基层43次，受训学员3100人次。承办各类会议785场，接待近3万人次。2013级江苏省委党校在职研究生毕业。组织教师赴中央党校和中共江苏省委、南京市委党校培训20人次。调研课题成功申报中共南京市委党校课题立项2项，完成中共南京市委党校结项课题3个，调研课题《栖霞区推进“大众创业万众创新”对策研究》获2015~2016年度全市党校系统调研课题结项优秀格次。调研课题《尧化街道的华丽转身——探索全科政务服务新模式》入选中共江苏省委党校编撰《江苏政府治理创新》（蓝皮书），《论陶行知教育思想与党员干部教育的思考》入选中共南京市委宣传部、党史办等单位编纂的“南京红色文化遗址遗迹内涵挖掘和利用”征文集，获通报表扬，《推进栖霞区义务教育优质均衡化发展的探索与思考》在南京市第十三次社科优秀成果评审中获三等奖。

是年，区委党校副校长孙伟教学专题《践行“三严三实”加强作风建设》，被中共南京市委宣传部评为2015—2016年度全市基层党员冬训工作课堂精品。教师顾楚均教学专题《供给侧结构性改革引领新常态》，在全市党校系统精品课评比中获一等奖。教师高小雅获“栖霞区十佳理论宣传员”称号。常务副校长刘爽和教师顾弥清获区2016年度完成“五个建设”工作目标先进个人称号。是年，区委党校获“区级机关作风建设2016年度先进单位”称号，党校团委获省级“青年文明”号称号。

区委党校“求是”书屋成功申报区“阅享栖霞”阅读基地，被南京市总工会评为“职工书屋”示范点建设单位。12月，根据《中共南京市栖霞区委党校主要职责、内设机构和人员编制规定》，区委党校确定内设办公室、干部培训课、调研科、对外培训管理科、教务科、总务科“一室五科”，明确工作职责，实施科级干部竞争上岗，调整领导班子职责分工。

是年，区委党校学员楼危旧房加固改造项目完工，原老楼危房面积1922平方米得到修缮改造，新扩建面积1200平方米，修缮改造后学员楼总建筑面积约3122平方米，全部工程主要有教学楼整修、学员楼业务用房抗震加固、房顶平改坡、增设公共设施、内外部改造等施工项目。项目总投资约2100万元，所需资金由区财政拨款解决。项目改造完工后，有学员住宿标准间48间、床位112个，会议室2间。

◆师资队伍建设　2016年，区委党校选派教师20人次，到中央和中共江苏省委、南京市委党校参加各类师资培训，旁听“主体班”课程，开展教学观摩活动。是年，区委党校实行集体备课、试讲、点评制度，6位教师结合自己专长，开发《“四个全面”战略布局解读》《学习党章遵守党章》《学党史、知党情、增党性》《学习习近平总书记系列讲话》《讲规矩、守纪律，全面从严治党》《做“四有四讲”的合格党员》等专题。5月24日，区委党校组织教师开展“两学一做”学习教育新课试讲，邀请区委办主任田峥嵘，区委办副主任、研究室主任李春节，区委组织部副部长、组织员办公室主任潘尚俊，区委组织部副部长、区老干部局局长刘先明，区级机关党工委书记江明洪担任评委，对教师新课试讲逐一点评，9个街道组织干事全程听课，提出授课意见建议。

是年，配合全区“两学一做”学习教育开展，区委党校成立“两学一做”宣讲团，组织教师宣讲十八届三中、四中、五中全会精神、习近平总书记系列讲话精神、“两学一做”等专题共43场，服务基层党员群众3100人次。

◆军转干部培训班　5月4日至6日，区委党校协助区委组织部、区人社局举办2016年军转干部培训班，参加培训军转干部39人。针对军转干部特点，围绕党性修养、角色转变、能力提升、廉政教育四个板块设置课程，采取专家解读、现场教学、经验交流、小组讨论等培训形式。安排专人全程负责，周密计划，培训完成，达到预期效果。其间，培训班邀请区政府、机关部门领导和专家教授授课。栖霞区副区长黄建平开设“加快角色转变，适应岗位需求，为栖霞五大文明建设立新功”，栖霞区政府办副主任顾磊开设“区情、区况与机关运转”，中共江苏省委党校党史党建教研部教授张加华开设“学习《中国共产党廉洁自律准则》和《中国共产党纪律处分条例》”，中共南京市委党校副校长刘喜发开设“理想信念教育”等专题讲座。还邀请在栖霞区工作多年的优秀军转干部现身说法，助力转业干部尽快融入地方建设与发展。

◆入党积极分子培训班　8月16~18日，区委党校协助区委组织部、区级机关党工委、区委党史办举办2016年栖霞区入党积极分子示范培训班，区属各党（工）委共计152名入党积极分子参加。针对培训班特点，创新培训形式，有专家教授课堂授课、优秀党员事迹报告、录像播放、现场教学、演讲比赛、党史知识竞赛等，帮助参训学员领会党的性质、宗旨，增强入党信心、决心。区级机关党工委书记江明洪作开班动员。培训班邀请中共南京市委党校副校长刘喜发、教授张家芳开设“坚定理想信念”“弘扬雨花英烈精神”专题讲座，邀请栖霞区优秀共产党员现身说法，组织观看《周恩来的严与实》《栖霞区庆祝建党95周年纪念大会》《栖霞印象》等影像资料片，举行“我为什么入党”演讲比赛和考试，抽选表现突出学员参加全区党史知识竞赛。

◆专项培训班　5月8~13日，区委党校组织举办“‘985’高校村官工程”驻村实习培训班，全国数家“985”高校47名学子参加培训。培训班课程设有中共南京市委党校教授高信奇“习近平总书记系列讲话精神解读”、中共南京市委农工委领导时新峰“南京市‘三农’工作情况”、区委党校教师顾楚均“十八届五中全会精神解读”、中共南京市委党校教授惠天“法治理念与依法治国”、中共江苏省委党校教授黄瑞玲“当前宏观经济形势”、区委党校教师朱慧“塑造得体的职场工作人员形象”、鼓楼区委党校教师邹婷“大力弘扬社会主义核心价值观”等培训内容，安排栖霞区和浦口区两名优秀大学生村干部代表石磊和王亮作村干部工作经验介绍，并选择大学生村干部到“生态丽岛”创业基地、桦墅最美乡村、大鹏村农业生态园实地参观学习。

10月10~16日，区委党校组织举办第一期西藏自治区墨竹工卡县公安局业务培训班，参训学员为墨竹工卡县公安局各科、所、队22名业务骨干。栖霞区委副书记陈波，墨竹工卡县副县长郭昌标，南京森林警察学院常务副校长张志平等出席开班典礼。该次培训班，区委党校借智借力，利用南京森林警察学院师资力量，邀请侦查系教授于成江、治安系教授匡爱明、信息系教授王新猛、王苏醒开设基于"'审判为中心'的诉讼制度与侦查相关问题""接处警工作探讨""涉网案件侦查""'互联网+'环境下的社区警务建设"等专题讲座。区委党校还组织学员参观栖霞公安分局指挥中心、仙林派出所、兴都花园、太平社区等一批具有鲜明特色与代表性现场教学点。10月21~28日，举办第二期西藏自治区墨竹工卡县公安局业务培训班，参训学员21人。

11月6~11日，区委党校组织举办贵池区中青年干部综合能力提升专题培训班，贵池区43名中青年干部参加培训。是年，栖霞区以与贵池区缔结为友好区为契机，达成开展人才培养合作共识，形成栖霞区、贵池区人才培养合作方案，开展人才培养合作。该期培训班是两地区委组织部共同组织，委托栖霞区委党校举办第一期贵池区青干培训班。培训内容紧扣时代主题，把握学员需求，既重视理论提升，又突出实践引领，培训班安排模拟新闻发布会、演讲比赛、桌面推演、案例教学、现场教学等多种培训形式。其间，培训班邀请中共江苏省委党校教授宗勇、吴宏开设"突发公众事件的应急处置"等专题讲座，中共南京市委党校教授李菁怡、周进萍开设"网络社会治理的实践与思考"等专题讲座，中共南京市委党校教授王建莲主持模拟新闻发布会。培训班还组织学员参观栖霞八卦洲农业产业园、燕子矶新城建设指挥部、紫东国际创意产业园，到雨花台烈士陵园开展党性和爱国主义教育。

◆友好交流 3月27日，缅甸联盟巩固发展党代表团一行21人到区委党校参观考察。中共江苏省委党校副校长胡志军，区委副书记胡晓健，区委常委、组织部部长陈波陪同考察。区委党校专门制作中英文版考察接待手册，区委党校教师高小雅为缅甸联盟巩固发展党代表现场解说。代表团实地参观考察区委党校会议室、教室、多功能厅、学员公寓等基础设施，参观设在区委党校集法治成果展示、案例讲解、在线视频播放和学员阅读测试四大功能为一体南京市领导干部公务员法制宣传教育基地。代表团随后，前往姚坊门居家养老服务中心王子楼站点，现场参观活动室、健康小屋、电子课堂、时间银行等多个功能服务区，并听取服务工作介绍，与活动中心十几位老年居民展开交流。最后又到尧化街道便民服务中心参观考察，听取服务内容、办事流程及工作人员队伍建设等情况。

◆干部教育培训现场教学研讨会 10月21日，区干部教育培训现场教学专题研讨会在区委党校召开。区委副书记、区委党校校长陈波，区委组织部部长徐春及相关单位负责人参加会议，中共江苏省委党校副校长桑学成应邀出席会议，参加会议还有各街道组织干事、现场教学基地负责人和讲解员。会议由区委党校常务副校长刘爽主持。会前，区委党校安排各街道干事、基地讲解员到南京紫东国际创意园、尧化街道便民服务中心开展现场教学活动，随后组织课堂授课，听取区委党校教师顾楚均结合栖霞区经济发展专题课"供给侧结构性改革引领新常态"。会上，区委组织部副部长、组织员办公室主任潘尚俊，总结自2013年以来全区干部教育培训现场教学工作总体情况，部署下一阶段工作任务。桑学成、陈波、徐春、潘尚俊为金陵廉政文化教育馆、陶行知纪念馆等8家区委党校现场教学基地授牌，向19名基地讲解员颁发聘书，南京三维打印应用产业创新中心、尧化街道便民服务中心和西岗街道桦墅村3家基地代表交流发言，介绍基地特色做法和下一步建设发展思路。桑学成发言，肯定栖霞区干部教育培训现场教学工作，并提出建设性意见。陈波对全区干部教育培训现场教学工作提出要求。

◆对外培训工作座谈会 12月10日，全省党校、行政学院系统对外培训工作座谈会在区委党校召开，中共江苏省委党校副校长胡志军，区委副书记、区委党校校长陈波，全省13个地级市及部分区县级党校行政学院分管校长及相关负责人共59人参加座谈会。会议由中共江苏省委党校继续教育学院院长朱学兵主持，陈波致辞。胡志军发表讲话，区委党校常务副校长刘爽汇报栖霞区委党校对外培训工作，11家党校代表先后交流发言。胡志军全面总结全省党校行政学院系统2016年在对外培训工作方面取得成绩和经验，并重点提出下一步工作要求，强调把对外培训工作和主体教学工作有机融合，高度重视涉外培训。下午，与会代表到南京紫东国际创意园、尧化街道便民服务中心、姚坊门

10月21日，区委组织部、区委党校在区委党校召开栖霞区干部教育培训现场教学研讨会
区委党校供稿

居家养老服务中心进行现场教学观摩。

◆课题调研成果 2016年，区委党校教师向中共南京市委党校和区委办申报调研课题，成立课题组到基层开展有针对性调研活动。顾楚均主持《栖霞区推进“大众创业万众创新”对策研究》课题组到区委组织部、仙林科技城、开发区创业平台开展调研，陈冰玉主持“尧化街道的华丽转身——探索全科政务服务新模式”课题组到尧化街道、尧化便民服务中心开展调研，陈冰玉主持《栖霞区依托社会组织推进社区治理探析》课题组到栖霞街道、社区（村）和仙林街道、社区开展调研，朱慧主持“论陶行知教育思想与党员干部教育的思考”课题组到区党史办、陶行知纪念馆开展调研，高小雅主持“融入新区发展，打造江中绿岛”课题组到八卦洲街道、社区（村）、农业生态园开展调研。是年，2015~2016年度中共南京市委党校下达的3项课题完成结项，其中1个课题被确定为中共南京市委党校重点课题。1篇调研文章在《调查与思考》刊登，2篇调研文章获区委领导批示。□朱 慧

党史研究

◆概况 2016年，区委党史办落实中共江苏省委、南京市委党史部门下达的各项任务。开展“两学一做”学习教育；开展信仰之歌诗词征集活动；5月，在江苏省、南京市2011~2015年党史优秀成果评选中，区委组织部、区委宣传部、区委党史办、区司法局联合摄制的电教片《共产党员郭凤萍》成功入围，该作品是南京市唯一受表彰影视作品。在全市党史优秀成果评选中，《青春的足迹》获影像类三等奖；《枫红栖霞》系列丛书荣获图书类一等奖；《栖霞的旗帜》获著作类二等奖。栖霞区“十月村毛泽东塑像”所在地，入选中共南京市委党史办确认的第四批南京党史教育基地。区委书记邢正军代表中共栖霞区委在全市党史工作会议作交流发言；举办“栖霞区‘两学一做’学习教育暨第四届党史知识竞赛”；开展“阅读·阅享·阅己”系列读书活动；在尧化街道王子楼社区开展志愿者服务活动。

◆党史工作“六进”活动继续开展 2016年，区委党史办借助合作共建梅园新村纪念馆、雨花台烈士纪念馆、侵华日军南京大屠杀遇难同胞纪念馆等党史教育基地优质党史资源、中共南京市委党史办专家资源，把党史宣讲、党史知识等送到街道社区、学校、部队，向区部分中小学、高校、部队、社区赠送红色图书。1月为西岗街道孟北村援建农家书屋，捐赠图书3000余册价值近4万余元；5月，与南京蓝鲸文化传播有限公司对接，为南京市仙林实验幼儿园学思路分园捐赠价值近3万元儿童读本、绘本。

◆信仰之歌诗词征集 3月22日~4月20日，为纪念中国共产党成立95周年，继承和弘扬共产党人理想信仰，激发人们为实现伟大中国梦而努力奋斗意志力量，区委组织部、区委宣传部、区委党史办、区委区级机关党工委、区教育局、团区委、区关工委、区文联8部门面向全区联合举办“信仰之歌——纪念中国共产党成立95周年暨弘扬雨花英烈精神诗词征集活动”。全区广大诗词爱好者，大中小学校学生，机关、街道及企事业单位人员踊跃参与，历时月余，共收到诗词稿件800余件。经过组委会评审小组严格筛选，小学组、中学组、高校组、机关组共产生一等奖12名、二等奖24名、三等奖18名，优秀组织奖6个。参与全市诗词征集活动，全市11个区中，栖霞区参赛人数最多、获奖等级最高、获奖人数最多，也是唯一获优秀组织奖参赛单位。

◆专题教育暨党史知识竞赛 6月初，区委组织部、宣传部、党史办、党校、区级机关党工委和团区委共同举办“栖霞区‘两学一做’学习教育暨第四届党史知识竞赛”。竞赛以践行“两学一做”学习教育为主题，近3000人参与网上答题，经过初赛选拔，区教育局、迈皋桥街道、区机关党工委（环保局）、马群街道、区卫计局、燕子矶街道6支代表队进入决赛。8月18日，竞赛决赛在区委党校多功能厅举行，中共南京市委党史办主任吴秀亮，区委副书记陈波，区委常委、宣传部部长陈云松，区人大常委会副主任张民，区政协副主席时效俊，中共南京市委党史办宣联处处长徐国前应邀出席见证，各街道及相关部门领导、全区入党积极分子培训班学员等近300人参加活动。最终，迈皋桥街道代表队获一等奖，教育局、卫计局代表队获二等奖，燕子矶街道、马群街道、机关党工委（环保局）代表队获三等奖；区市场监督管理局党工委等6家代表队获优秀组织奖，栖霞街道池荣梅等50人获优秀个人奖。□陈晓清

区级机关党建

◆概况 2016年，区级机关党工委辖直属党（总）支部60个。其中，总支11个，总支下属支部49个，有中共党员1846人。是年，区级机关党工委加强理论教育和学习培训，推进学习型机关建设，营造人人争当学习型干部良好氛围，努力提高机关党员干部整体素质；实行党建目标管理及党建创新项目，开展形式多样的组织活动，通过开展“党员责任岗”“四解四促”“千名干部联系万户居民”“在职党员进社区”“精准扶贫”，发挥机关党组织战斗堡垒作用和党员先锋模范作用；开展“两学一做”学习教育，为民办实事，加强机关作风规范化和制度化建设，严把党员发展“入口关”，组织机关作风监督员明察暗访、大学生志愿者机关作风调查、千人评议机关等举措，提升机关作风建设整体水平，为全区“五个建设”提供思想和组织保证。

◆党员发展 2016年，区级机关党工委在发展党员工作中，实行党建目标管理模式，按照区级机关党工委与各机关支部签订的党建目标管理责任书，将机关党员发展与管理纳入目标。根据“坚持标准，保证质量，改善结构，慎重稳妥”十六字方针，严把“入口关”，建立群众测评、入党公示和党工委委员票决制度、党内外群众座谈会和谈话制度，积极、慎重、稳妥地做好党员发展工作。是年，区机关共发展中共预备党员8人，

其中，35岁以下预备党员6人，占发展总数75%；女性预备党员5人，占发展总数63%；具有大专以上学历预备党员8名，占发展总数100%。

◆机关作风建设评议 4月14日，区机关作风建设评议动员大会在区委党校多功能厅召开。区委副书记胡晓健出席会议并讲话，全面动员和部署2016年机关作风评议工作。区委常委、区纪委书记杨白英主持会议。会上对2016年评议方案及组织实施情况进行说明。2016年机关作风评议工作突出日常评议与年终评议相结合、书面评议与实绩评议相结合，改变以往作风评议年终“一评定终身”情况，由一年一评改为一年评议两次。在评议部门同时，选取22个与全区经济和社会发展密切相关，群众关注度高，社会服务面广，具有一定代表性窗口科室参与评议。为扩大评议范围，增强区机关和街道评议互动，对全区9个街道办事处机关作风进行评议。开展“街道评机关、机关评街道”活动，推动机关和街道作风建设同频共振、互评互促。切实加大评议力度，在往年对口反馈各部门（单位）排名和意见建议基础上，分别列两组评议排名后两家单位确定为机关作风建设重点整顿单位，并由区机关作风建设工作领导小组责成其针对不足、找准问题，制定整改措施和计划，将整改结果以党组织名义做出专题报告。区机关61个部门、各平台、22个窗口科室负责人，各街道党工委专职副书记、机关党工委委员、作风监督员及评议工作小组成员等参加会议。

◆“书香机关”活动 5月25日，区机关党工委举办的“中国历史文化视阈中的南京”主题读书分享会，在区委党校求是书屋举办。分享会由知名作家、书法家诸荣会主讲。诸荣会谈到南京到底是“六朝古都”还是“十朝古都”？南京是否真是“短命之都”？南京在中国历史文化中到底处于什么地位？三个问题。诸荣会以全新视角详细解读南京历史文化。分享会上，区级机关党工委书记江明洪、区委党校常务副校长刘爽等向机关阅读推广人代表赠书。迈皋桥

5月25日，区级机关党工委在区委党校求是书屋，举办“中国历史文化视阈中的南京”主题分享读书会 区级机关党工委供稿

医院苏菁菁朗诵诸荣会的散文《巷韵》，区委党校陈冰玉和区物价局肖龙分别作《文化苦旅》读后感和《品味书香悦读机关》阅读分享介绍。主题读书分享会是区级机关党工委开展的“阅享栖霞·书香机关”系列活动之一，枫华读书会发起人杨轶主持分享会。全区机关各党（总）支部60多名阅读推广人参加分享会。8月26日，组织“童心向党亲子阅读”活动。通过以家庭亲子互动阅读方式，组织干部家庭子女参加征文和阅读分享活动，鼓励机关党员干部从自身、自身家庭做起，营造浓厚学习氛围，传承革命精神，树立良好家风。

◆志愿服务学院首期培训班 6月8日，区级机关党工委、区文明办，联合在十月军校举行栖霞志愿服务学院首期培训班暨机关志愿者“践行‘两学一做’，重走长征之路”活动。培训活动邀请中共南京市委宣传部、市文明办志愿者工作处处长、市志愿者协会秘书长任京路，结合志愿服务制度化和志愿文化有关情况专题授课。区级机关58支“善行栖霞”志愿者服务分队队长、联络人，以及机关部分党（总）支部17名预备党员，共75人参加培训班。

◆机关干部职工向盐城阜宁灾区捐款 6月27日，区级机关党工委，组织全区机关干部职工向盐城阜宁灾区捐款，全区机关部门（包括平台）66个部门3526名干部参与捐款，共计68.34万元；9个街道（包括社区）2776名干部职工参与捐款，共计45.11万元。全区总捐款额为113.45万元。

◆区级机关党工委党员代表会议 7月22日，区级机关党工委党员代表会议召开，依据中国共产党章程规定，选举产生25名出席区第十次党代会代表。根据《中国共产党章程》和党内选举有关规定，并请示区委同意，确定区级机关党工委出席区第十次党代会代表，通过召开党代表会议方式选举产生。区级机关党工委根据区委要求，明确出席区级机关党代表会议代表名额88名。此次党代会，区委分配机关党工委代表名额25名，其中，领导干部15名，先进模范人物4名，专业技术人员5名，区委提名下放代表1名。按照不少于20%差额比例要求，酝酿产生30名代表候选人预备人选。按照中国共产党章程规定，通过无记名投票方式，选举产生出25名区级机关出席区第十次党代会代表。

◆区级机关党组织换届选举 9月2日，区级机关党工委召开区级机关党组织换届选举工作动员会，部署区级机关党组织换届选举工作。区委常委、区委副书

记陈波出席会议。陈波指出区级机关党组织换届选举工作事关大局、事关长远，要按照区委统一部署，以高度负责任态度、细致严谨作风做好各项工作。要统一思想认识，认清做好机关党组织换届选举工作重要意义，切实抓好关键环节，合理安排统筹兼顾，加强领导严明纪律，选好书记配好班子。要以换届选举为契机，进一步提高机关党组织建设实际成效，确保换届选举工作有序推进圆满完成。区级机关党工委书记江明洪宣读《栖霞区区级机关党组织换届选举工作实施方案》。区级机关各党（总）支部书记、党务干部共120人参加动员会。是年，全区60个机关党（总）支部按规定完成换届选举工作。 □刘宏章

栖霞区人民代表大会

综　述

◆概况　2016年，区人大常委会围绕区十七届人大五次会议确定的各项目标任务，认真行使宪法和法律赋予的职权，在全区经济社会发展进程中发挥地方国家权力机关作用。是年，依法召开12次常委会会议和11次主任会议。听取和审议区人民政府、区人民法院和区人民检察院工作报告34项。组织常委会围绕全区经济社会发展开展专题视察、政情通报会和座谈调研39次。作出决议、决定6项，通过人事任免54人次。

◆建议督办　2016年，常委会不断完善建议督办制度、创新建议督办形式、提高建议督办效率，促进建议办理工作迈上新台阶。区人大常委会共受理代表建议136件，比上年增加24件，增幅21.4%。136件代表建议全部办结，解决和基本解决132件，占97.1%；被采纳、列入计划逐步解决2件；因条件限制而作说明解释的2件。其中，常委会确定10件重点建议办结率、满意率、办成率均达100%。

◆常委会会议　2016年，区人大常委会共召开常委会会议12次，涉及议题18

2016年栖霞区第十七届人大常委会会议

表3

时间	会　议	会　议　情　况
01-06	十七届常委会第三十二次会议	区人大常委会主任、党组书记李汉桥主持会议，常委会副主任毕金生、张民、王爱华及委员24人参加会议。区发改局、财政局、监察局相关负责人列席会议。会议专题审查栖霞区2015年经济建设和社会建设工作计划执行情况及2016年计划（草案）和栖霞区2015年财政预算执行情况和2016年财政预算（草案），听取区监察局局长朱从政代表区政府作的《关于2015年政府廉政建设工作情况的报告》，听取和审议区十七届人民代表大会第五次会议筹备情况报告，听取和审议区人大党组副书记、副主任毕金生代表区人大常委会代表资格审查委员会所作的代表资格审查报告，听取区委组织部副部长、组织员办公室主任潘尚俊宣读的拟提交区人代会各项建议名单、区人大常委会办公室主任华巍围绕人大常委会工作报告（草案）起草情况做出的说明。会议表决通过《栖霞区第十七届人大常委会代表资格审查委员会关于补选代表的代表资格审查报告（草案）》和《栖霞区人民代表大会常务委员会工作报告（草案）》，并通过相关人事任免
01-11	十七届常委会第三十三次会议	区人大常委会主任李汉桥主持会议，区人大常委会副主任毕金生、张民、王爱华及委员23人出席会议。会议专题审查区政府2015年经济和社会建设工作计划执行情况及2016年计划（草案）、2015年财政预算执行情况及2016年财政预算（草案）两个报告，听取区人大常委会财经委主任于先志关于计划、财政预算草案审查结果报告（草案）。会议表决通过关于栖霞区2015年经济和社会建设工作计划执行情况及2016年经济和社会建设工作计划（草案）审查结果报告，关于栖霞区2015年财政预算执行情况和2016年财政预算（草案）审查结果报告，并将两个审查结果报告（草案）提交区十七届人大五次会议主席团审议
02-02	十七届常委会第三十四次会议	区人大常委会主任、党组书记李汉桥主持会议，副主任毕金生、张民及委员共24人参加会议。区委常委、常务副区长曹海连，区人民法院、区检察院相关负责人，区人大常委会相关委室，南京开发区相关部门、各街道人大工委负责人和部分区人大代表列席会议。会议审议通过区人大常委会2016年工作议题安排（草案）、区人大常委会关于设立农业农村工作委员会的决定（草案），通过相关人事任免议案，并举行被任命人员宪法宣誓仪式
03-31	十七届常委会第三十五次会议	区人大常委会主任、党组书记李汉桥主持会议，常委会副主任毕金生、张民及委员共23人参加会议。区政府副区长尹军，区人民法院院长王睿，区检察院检察长倪一斌，区人大常委会相关委室、南京开发区人大联络办和各街道人大工委负责人，部分区人大代表列席会议。会议听取和审议栖霞区人民法院立案工作情况和全区社会保险全民参保登记工作情况两个报告

续表3

时间	会　议	会　议　情　况
06-08	十七届常委会第三十六次会议	区人大常委会主任、党组书记李汉桥主持会议，区委书记邢正军到会并提请相关人事任免，常委会副主任毕金生、张民、王爱华、胡达贵及委员23人参加会议。区人民法院院长王睿、区检察院检察长倪一斌，区人大常委会相关委室、南京开发区人大联络办和各街道人大工委负责人，以及部分区人大代表列席会议。会议分别审议区委书记邢正军提请的《区政府关于提请任命黎辉同志职务的议案》和区人大常委会主任李汉桥提请的《关于提请黎辉同志任职的议案》。经现场投票表决，黎辉全票当选栖霞区人民政府副区长、代理区长，并进行宪法宣誓仪式。会议还接受邢正军辞去栖霞区人民政府区长职务辞呈
06-30	十七届常委会第三十七次会议	区人大常委会主任、党组书记李汉桥主持会议，常委会副主任毕金生、张民、王爱华、胡达贵及委员共24人参加会议。区委常委、常务副区长曹海连，区检察院检察长倪一斌、区人民法院相关负责人，区人大常委会相关委室、南京开发区人大联络办和各街道人大工委负责人，以及部分区人大代表列席会议。会议听取和审议区审计局局长田进代表区政府作的《关于2015年度栖霞区预算执行和其他财政收支情况的审计工作报告》和区财政局局长张传荣代表区政府作的《关于2015年度栖霞板块财政决算草案的报告》，表决通过《栖霞区人民代表大会常务委员会关于批准2015年栖霞区财政决算的决议》。会议还听取和审议区科技局局长朱勇代表区政府作的《关于全区众创空间发展情况的报告》
07-20	十七届常委会第三十八次会议	区人大常委会主任、党组书记李汉桥主持会议，常委会副主任毕金生、张民、王爱华及委员20人参加会议。区政府代理区长黎辉，区委常委、区政府副区长万震，区检察院检察长倪一斌，区人民法院、区人大常委会相关委室、南京开发区人大联络办和各街道人大工委负责人及部分区人大代表列席会议。会议听取和审议区发改局局长孔毅远代表区政府作的《关于2016年上半年全区经济建设和社会建设工作目标执行情况的报告》和区财政局局长张传荣代表区政府所作的《关于2016年上半年全区财政预算执行情况的报告》。会议还听取和审议区住建局局长崔永国代表区政府做的《关于全区物业管理工作情况的报告》，并通过相关人事任免
08-11	十七届常委会第三十九次会议	区人大常委会主任、党组书记李汉桥主持会议，常委会副主任毕金生、张民、王爱华及委员共21人参加会议。区政府副区长秦志刚，区检察院检察长倪一斌，区人民法院、区人大常委会相关委室、南京开发区人大联络办和各街道人大工委负责人以及部分市人大代表、区政府工作部门负责人、区人大代表列席会议。会议听取和审议区司法局局长卢静代表区政府作的关于全区“六五”普法情况和“七五”普法规划制定情况报告。表决通过《南京市栖霞区人民代表大会常务委员会关于开展第七个五年法治宣传教育的决议》。会议还听取和审议部分市人大代表、区政府工作部门主要负责人关于履职情况报告，并进行满意度测评
09-19	十七届常委会第四十次会议	区人大常委会主任、党组书记李汉桥主持会议，区人大常委会党组副书记胡晓健，常委会副主任毕金生、张民、王爱华及委员共21人参加会议。区政府副区长秦志刚，区检察院、区人民法院、区人大常委会相关委室、南京开发区人大联络办和各街道人大工委负责人以及部分市人大代表、区政府工作部门负责人、区人大代表列席会议。会议听取和审议区城管局局长金旭代表区政府作的关于全区城市管理行政执法工作情况报告。表决通过《关于区人民代表大会换届选举问题的决定》
11-10	十七届常委会第四十一次会议	区人大常委会主任、党组书记李汉桥主持会议，区人大常委会党组副书记胡晓健，常委会副主任毕金生、张民、王爱华及委员25人参加会议。区委常委、常务副区长钱维，区法院、区检察院、区人大常委会相关委室、南京开发区人大联络办和各街道人大工委负责人以及部分市人大代表、区政府工作部门负责人、区人大代表列席会议。会议审议通过补选黎辉为南京市第十五届人民代表大会代表议案。会议还分别审议区人大常委会副主任毕金生提请的《关于提请毕瑞夏等同志职务任免的议案》区委常委、常务副区长钱维提请的《关于提请任命施君同志职务的议案》《关于提请瞿卫星等同志职务任免的议案》和区检察院副检察长黎祜彬提请的《关于提请黄月红同志免职的议案》。经现场投票表决，通过施君等人职务任免议案，新任职人员接受李汉桥任命书，并进行宪法宣誓

续表3

时间	会　议	会　议　情　况
11–30	十七届常委会第四十二次会议	区人大常委会主任、党组书记李汉桥主持会议，区人大常委会党组副书记胡晓健，常委会副主任张民、王爱华、胡达贵及委员共20人参加会议。区政府副区长秦亚平，区人民法院、区检察院相关负责人，区人大常委会相关委室、南京开发区人大联络办和各街道人大工委负责人，以及部分区人大代表列席会议。会议听取和审议区卫计局局长吕俊代表区政府作的关于全区新型农村合作医疗工作情况报告。会议还审查和批准区政府2016年财政预算调整方案，审议通过关于区第十八届人民代表大会代表资格审查报告和关于召开区第十八届人民代表大会第一次会议决定。会议还通过相关人事任免事项
12–30	十七届常委会第四十三次会议	区人大常委会主任、党组书记李汉桥主持会议，区人大常委会党组副书记胡晓健，常委会副主任毕金生、张民、胡达贵及委员22人参加会议。区委常委、常务副区长钱维，区人民法院、区检察院相关负责人，区人大常委会相关委室、南京开发区人大联络办和各街道人大工委负责人，以及部分区人大代表列席会议。会议分别听取和审议区发改局局长孔毅远作的《关于2016年经济和社会建设工作计划执行情况及2017年计划的报告》、区财政局局长张传荣作的《关于2016年财政预算执行情况及2017年财政预算的报告》以及区监察局局长朱从政作的《2016年政府廉政建设工作情况的报告》，听取区人大常委会工作报告起草情况汇报。会议还通过相关人事任免事项

项，听取“一府两院”工作汇报15项，决定任免国家机关工作人员54人次。

◆常委会主任会议　2016年，区人大常委会共召开主任会议11次，研究区人大常委会有关工作，涉及议题14项，听取“一府两院”重要工作汇报11次。

◆决议、决定　2016年，常委会根据全区人大工作会议相关议题，做出《关于设立农业农村工作委员会的决定》；听取和审议区政府《关于2015年度栖霞区财政决算草案的报告》，做出《栖霞区人民代表大会常务委员会关于批准2015年栖霞区财政决算的决议》；听取和审议区政府《关于全区“六五”普法情况和“七五”普法规划制定情况的报告》，做出《栖霞区人民代表大会常务委员会关于开展第七个五年法治宣传教育的决议》；根据《中华人民共和国全国人民代表大会和地方各级人民代表大会选举法》、《中华人民共和国地方各级人民代表大会和地方各级人民政府组织法》和《江苏省各级人民代表大会选举实施细则》有关规定，按照江苏省、南京市人大常委会统一部署，做出《关于区人民代表大会换届选举问题的决定》；听取和审议区政府《关于栖霞区2016年财政预算调整建议的报告》，做出《栖霞区人民代表大会常务委员会关于批准

2016年栖霞区第十七届人大常委会主任会议主要议题

表4

时　间	主　要　议　题
01–04	听取人代会筹备处关于人代会筹备工作情况报告
02–26	听取区红十字会常务副会长陈海频代表区政府作的《关于全区造血干细胞捐献工作的报告》
03–24	听取区交通局局长赵一海代表区政府作的《关于全区客运执法工作情况的报告》
04–29	听取区人民检察院检察长倪一斌代表区人民检察院作的《关于民事行政检察工作情况的报告》
05–26	听取区农业局局长宋福红代表区政府作的《关于全区新型农业经营主体发展情况的报告》
06–23	听取区环保局局长王永明代表区政府作的《关于全区污染源自动监控系统建设管理情况的报告》
07–15	听取区安监局局长许斌代表区政府作的《关于全区危化行业安全监管情况的报告》
08–26	听取区残疾人联合会理事长王红霞代表区政府作的《关于全区残疾人工作情况的报告》
09–24	听取区政府办公室主任张农代表区政府作的《关于区十七届人大五次会议代表建议办理情况的报告》和区教育局局长徐观林代表区政府作的《燕子矶新城教育资源布局规划及实施情况的报告》
10–27	听取区审计局局长田进代表区政府作的《关于全区2015年部门预算审计调查情况的报告》，并研究部署区人大常委会调研月开展有关事宜
11–17	听取区市场监督管理局党工委书记盛艳代表区政府作的《关于全区创建国家食品安全城市工作情况的报告》

栖霞区2016年财政预算调整的决议》；根据第四十二次常委会会议相关议题，做出《栖霞区人大常委会关于召开栖霞区第十八届人民代表大会第一次会议的决定》。

◆专项考察 2016年，区人大常委会先后组织专题考察19次。2月24日，区人大常委会组织部分区人大代表，专题考察全区保障房片区居民就业工作情况。区人大常委会主任、党组书记李汉桥，副主任张民、王爱华、胡达贵参加考察。区委常委、副区长毛银玲，区人社局、迈皋桥街道、马群街道主要领导陪同考察。3月10日，区人大常委会组织驻会委员和部分人大代表，专题考察区级医院医药价格综合改革落实情况。李汉桥、张民、王爱华、胡达贵参加考察。区政府副区长秦亚平，区物价局、尧化街道、迈皋桥街道主要领导陪同考察。3月17日，区人大常委会组织驻会委员和部分区人大代表，专题考察区看守所改扩建情况。李汉桥，张民、王爱华参加考察，区政府副区长秦志刚、区公安分局局长刘勤陪同考察。4月7日，区人大常委会组织部分区人大代表，专题考察全区现代农业园区建设情况。李汉桥，区人大常委会副主任毕金生、王爱华、胡达贵参加考察。秦志刚，区农业局、八卦洲街道主要领导陪同考察。4月22日，区人大常委会组织部分区人大代表，专题考察全区市级以上文物保护单位监控情况。李汉桥、张民、胡达贵参加考察，区政府副区长万震，区文化局、栖霞街道、仙林街道主要领导陪同考察。4月26日，栖霞区人大常委会组织部分区人大代表，专题考察尧化街道综合执法试点工作情况。李汉桥、毕金生、张民、王爱华、胡达贵参加考察。区政府副区长尹军，尧化街道主要领导陪同考察。5月12日，栖霞区人大常委会组织部分区人大代表，专题考察全区汽车驾驶员培训学校工作情况。李汉桥、张民参加考察。区政府副区长陈松，尧化街道、仙林街道主要领导陪同考察。5月19日，栖霞区人大常委会组织部分区人大代表，专题考察全区小型水利工程管理体制改革情况。李汉桥、毕金生、张民、王爱华参加考察。秦志刚，区水利局主要领导、八卦洲街道主要领导陪同考察。6月12日，栖霞区人大常委会组织部分区人大代表，专题考察全区固体废弃物环境管理工作情况。李汉桥、毕金生、张民、王爱华、胡达贵参加考察。秦亚平，区环保局、仙林街道、尧化街道、马群街道主要领导陪同考察。6月16日，区人大常委会组织部分区人大代表，专题考察街道便民服务中心工作情况。李汉桥、张民、王爱华参加考察。秦志刚，区政务服务管理办公室、马群街道、栖霞街道主要领导陪同考察。8月2日，区人大常委会组织部分区人大代表，专题考察区内全民健身中心营运情况。李汉桥、毕金生、张民、王爱华、胡达贵参加考察，秦亚平，区体育局、尧化街道主要领导陪同考察。8月4日，区人大常委会组织部分区人大代表，专题考察全区地下管线数字化管理工作。李汉桥、张民参加考察，陈松，区规划分局、尧化街道相关领导陪同考察。8月9日，区人大常委会组织部分区人大代表，专题考察全区交通事故处理工作。区人大常委会党组副书记胡晓健、毕金生、张民、王爱华参加考察，陈松，交警七大队相关领导陪同考察。9月1日，区人大常委会组织部分区人大代表，专题考察全区科普基础设施建设情况。李汉桥、胡晓健，毕金生、张民、参加考察，万震，区科技局、迈皋桥街道、仙林街道以及马群街道主要领导陪同考察。9月13日，区人大常委会组织部分区人大代表专题考察全区宗教活动场所。李汉桥、胡晓健，张民参加考察，区委常委、统战部部长尹军，区委常委、副区长万震，区民宗局、燕子矶街道主要领导陪同考察。10月14日，区人大常委会组织部分区人大代表，专题考察全区新建中小学建设情况。李汉桥、毕金生、张民参加考察，万震及区教育局、仙林街道、马群街道主要领导陪同考察。10月20日，区人大常委会组织部分区人大代表，专题考察全区文化旅游招商项目工作情况。李汉桥、张民、胡达贵参加考察。区政府副巡视员黄建平，区商务局、龙潭街道、西岗街道主要领导陪同考察。11月3日，栖霞区人大常委会组织驻会委员和部分区人大代表，专题考察代表建议办理情况。李汉桥、胡晓健、王爱华参加考察，秦志刚及区政府办、水务局、文化局、经信局、迈皋桥街道负责人陪同考察。11月16日，区人大常委会组织部分区人大代表，专题考察全区重点基础设施建设情况。李汉桥、胡晓健，毕金生、王爱华、胡达贵参加考察。区政府副巡视员王智，区住建局、迈皋桥街道、燕子矶街道主要领导陪同考察。

◆市人大栖霞区代表定向定点考察 4月14日，区人大常委会组织市人大栖霞区代表定向定点考察全市小流域建设和长江采砂管理工作。南京市人大常委会秘书长侯成新、区人大常委会主任李汉桥参加考察。市水务局副巡视员佘建明、艾旭华等领导陪同考察。8月31日，区人大常委会组织市人大栖霞区代表定向定点考察全市水生态、节水型社会建设工作，区人大常委会主任李汉桥、南京市人大常委会农业和农村工作委员会副主任毛新平参加考察，南京市水务局局长张孝科、副局长章志强、副巡视员佘建明等领导陪同考察。11月9日下午，区人大常委会组织市人大栖霞区代表定向定点考察全市重点水利工程建设情况，区人大常委会党组书记胡晓健、毛新平等领导参加考察，南京市水务局副局长束文杰、副巡视员佘建明、六合区副区长李长征等领导陪同考察。12月23日，市人大常委会组织市人大代表开展会前集中考察。栖霞区人大常委会按照市人大常委会统一部署，组织市人大栖霞区代表参加集中考察活动，市人大栖霞区代表20人参加集中考察活动。

◆区十七届人大五次会议 1月10日，栖霞区第十七届人大第五次会议在区机关大礼堂召开。全区人大代表肩负栖霞人民重托，认真履行代表职责。区委书记、区长邢正军代表区政府向大会做报告。报告回顾2015年全区工作及总结“十二五”工作实施情况，科学谋划“十三五”发展战略和目标，并对2016年工作做重要安排。

1月12日，区十七届人大五次会议

完成各项议程闭幕。邢正军在闭幕式上讲话。区人大常委会党组书记、主任李汉桥主持闭幕式。会议表决通过区人大常委会、“一府两院”工作报告和其他报告，确定2016年全区经济社会发展目标任务，选举区住建局原局长胡达贵为区十七届人大常委会副主任。

◆区街道人大工委主任会议 3月1日，区人大常委会召开街道人大工委主任联席会，区人大常委会副主任王爱华，各街道人大工委主任、南京开发区人大联络办负责人参加会议。各街道人大工委主任和南京开发区人大联络办负责人从代表学习、代表述职、代表活动、建议办理、定向定点考察工作等方面汇报2016年工作思路及近期工作。王爱华肯定各街道人大工委、开发区人大联络办工作思路，要求各街道人大工委和开发区人大联络办2016年要紧紧围绕全区工作大局，紧密结合开发区和街道工作实际，突出工作重点，拓宽工作思路，丰富工作内容；做到代表活动与街道重点工作有机结合，监督有力；代表履职与联系选民有机结合，求真务实。

9月19日，区人大常委会召开街道人大工委主任会议，区人大常委会副主任王爱华，区委组织部副部长潘尚俊、区人代委主任刘淑琴以及各街道人大工委主任、南京开发区人大联络办负责人参加会议。区人大办公室主任华巍主持会议。刘淑琴针对换届选举工作代表名额分配、选区划分等环节作布置，潘尚俊针对换届选举相关组织办法提出具体要求。王爱华对换届选举工作提出三点要求：一要正确把握形势，切实增强做好区人大换届选举工作责任感和使命感。二要抓住工作重点，认真把握全区人大换届选举工作各个紧要环节和步骤。三要加强组织领导，严肃工作纪律，努力确保人大换届选举工作风清气正。

◆市人大常委会领导到区调研基层人大机构设置 4月12日上午，南京市人大常委会秘书长侯成新一行到区围绕区、街人大工作机构设置等议题调研座谈，区人大常委会主任李汉桥，副主任王爱华，区人大办、区委组织部、区编办以及部分街道人大工委负责人参加座谈会。其间，区人大常委会领导介绍区人大机关、街道人大工委机构设置及人员编制基本情况，当前存在问题和困难，并针对加强区街人大建设议题提出相关工作建议。侯成新肯定栖霞区人大工作和建设情况。他指出，要贯彻落实中共南京市委《关于加强全市区镇人大工作和建设的实施意见》文件要求，切实做好区街人大工作机构设置和人员配备工作。要按照中共中央、中共江苏省委、南京市委要求，结合实际工作情况，加大推进区、街人大建设力度，并作为制度确定下来，确保区、街人大工作机构设置规范性、合理性，进一步夯实区街人大工作基础。

◆“两学一做”学习教育专题党课 5月20日，区人大机关举办“两学一做”学习教育专题党课报告会，区人大机关全体在职党员30余人参加会议。区人大机关党支部书记华巍从“两学一做”学习教育意义、内容以及如何联系工作实际开展三个方面进行详细讲解。会议提出党员领导干部要在学中刷新认知、提升自觉，在干中磨砺担当、建功立业，推动全面从严治党落到实处。要通过开展“两学一做”学习教育，紧紧围绕全区工作大局履职，推进中心工作落实；紧紧围绕社会热点难点问题履职，推动民生持续改善，确保“十三五”开好局、起好步；要与做好区、镇人大换届工作紧密结合起来，把“两学一做”学习教育贯穿换届工作全过程，教育引导广大党员特别是党员领导干部，自觉把思想和行动统一到区委决策部署上来，营造换届有利环境，确保选举工作风清气正，选举工作让人民满意。

◆“接待市人大代表日” 6月3日，南京市人大常委会副主任单景南到区参加“接待市人大代表日”活动，在尧化街道“人大代表之家”与操文荣、肖明宝、夏清瑕、郭昌标、徐观林5名市人大代表座谈交流。南京市人大常委会人代联委副主任李志强、副主任徐纪楼，区人大常委会主任李汉桥、副主任王爱华参加活动。驻区高校、辖区内街道和部门的5名市人大代表结合自己联系人民群众、参加定向定点视察和检查活动等履职情况，交流个人体会和认识；结合南京市人大常委会即将审议《南京市人大常委会关于进一步加强法制宣传教育的决议》以及关于公交都市建设情况报告等，提出建设性意见和建议。其间，王爱华汇报栖霞区代表工作开展情况，单景南对代表意见和建议给予肯定评价并对进一步做好代表履职工作提出要求。

◆人大代表履职学习会 6月12日，区人大常委会组织市人大代表参加南京市人大举办的代表履职学习会，区人大常委会主任、党组书记李汉桥，民盟南京市委驻会副主委兼秘书长戴云，金陵石化有限公司董事长、党委书记戚建国，南京工业大学副校长、博士生导师乔旭等24名代表参加履职学习会。南京市人大常委会副主任林克勤作动员讲话，南京市人大法制委员会主任委员夏公喜作《南京市住宅物业管理条例》解读，南京市人大常委会人代联委主任李建作《关于市人大代表建议、批评和意见办理评价标准导则及评价意见处理办法》解读，全国人大常委会代表资格审查委员会办公室原主任、办公厅联络局原巡视员李伯钧作题为“切实加强和改进人大代表工作”专题报告。

◆林克勤到区调研人大换届选举工作 6月15日，南京市人大常委会副主任林克勤到区调研人大换届选举工作。南京市人大常委会人代联委主任李建，南京市人代联委副主任李志强、徐纪楼等领导一同调研。区人大常委会主任、党组书记李汉桥，区人大常委会副主任王爱华，区人大常委会办公室、人代委、区委组织部负责人，部分街道人大工委主任参加调研。区人大常委会副主任王爱华从栖霞区换届选举基本情况、近期开展工作、面临问题及对策建议等方面作专题汇报。尧化街道、燕子矶街道、仙林街道、西岗街道人大工委主任结合本地区实际，对选民登记、选区划分、名额分配、代表候选人与选民见面、组织选举等工作提出建设性意见和建议。林克勤指出，区委、区人大领导高度重视人大换届选举工作，前期工作启动早，前期调研实，建议针对性强，为人大换届选举顺利进行奠定坚实基础。

◆陈光亚到区调研文体事业发展情况 6月27日，南京市人大教科委主任陈光亚带队到区调研文化体育事业发展情况，区人大常委会副主任张民，区人大教科委、区文化局、区体育局相关负责人陪同调研。调研组一行先后到区图书馆、区文化馆以及区全民健身中心等实地调研。其间，听取相关部门负责人工作汇报，了解全区文化体育事业发展情况。座谈会上，陈光亚听取区政府关于文化体育事业发展情况汇报。他充分肯定栖霞区在文化体育事业发展方面所取得的成绩并对栖霞区下一步文体事业发展提出要求。

◆臧正金到区调研 7月14日，南京市人大常委会副主任臧正金，率南京市第五督查组到区调研中共中央和中共江苏省委、南京市委加强区街人大工作和建设文件精神落实情况。区委书记邢正军，区人大常委会主任、党组书记李汉桥等陪同调研。邢正军从加强人大工作领导、发挥人大职能作用、保障人大工作开展等方面汇报栖霞区贯彻落实中共中央和中共江苏省委、南京市委加强区街人大工作和建设文件精神情况。李汉桥从理清工作思路，着力抓好贯彻落实；积极完善制度，着力指导开好人大会议；依法履行职责，着力提高监督工作实效等方面汇报区人大常委会对中央和中共江苏省委、南京市委加强区镇人大工作和建设文件精神落实情况。臧正金对栖霞区贯彻落实中共中央和中共江苏省委、南京市委加强区街人大工作和建设文件精神情况给予肯定，并对下一阶段工作提出具体要求。

◆区人大换届选举工作会议 9月20日下午，区人大换届选举工作会议召开，部署区人大换届选举工作。区委书记邢正军出席并讲话，区人大常委会主任李汉桥出席并做具体部署。区委副书记陈波主持会议。邢正军指出，这次人大换届选举，依法选举产生228名区人大代表和新一届区级国家机关领导人员，换届选举关系到栖霞群众切身利益，也是发展社会主义民主政治重要实践。栖霞区要立足全局、着眼长远，充分认识做好这次换届工作重要性，把思想认识统一到中央、中共江苏省委和南京市委工作部署上来，以高度政治责任感和历史使命感，认真抓好这次换届工作。区人大常委会主任李汉桥具体部署全区人大换届选举工作，要求围绕换届选举目标任务和总体安排，有序推进各阶段工作；严格依法办事，切实保障选民和代表民主权利；坚持依靠党的领导，凝聚做好换届选举工作合力，齐心协力做好换届选举工作。

◆全区人大换届选举专题培训 9月28日，区人大常委会举办全区换届选举工作专题培训讲座，区人大常委会副主任王爱华主持，区选举委员会办公室全体成员，南京开发区人大联络办领导和工作人员，各街道人大工委负责人、街道人大工委办公室主任、街道专职副书记，各村（社区）党组织书记和相关工作人员、驻区高校具体从事选举工作人员参加培训。讲座邀请南京市人大常委会人代联委主任李健，解读人大换届选举工作相关法律程序和工作要求、选举和选举制度基本原则、解答人大代表直接选举有关问题等，涵盖选举机构设立、代表名额确定、选区划分、选民登记和核对、提名推荐和协商确定代表候选人、投票选举和代表资格审查等方面内容。

◆史和平到区检查工作 10月10日，江苏省人大常委会副主任史和平，率队到区检查《江苏省物业管理条例》实施情况，南京市人大常委会副主任林克勤、副市长储永宏参加检查，区委书记邢正军、区人大常委会副主任毕金生陪同检查。检查组一行先后到尧顺佳园、省电建宿舍小区实地查看两个小区物业管理情况，史和平肯定栖霞区物业管理工作力度，通过星级小区评比、奖励项目管理处和项目经理等举措，推动全区物业管理水平提升。检查组指出，要加强物业管理有关政策法规和业务知识宣传，引导居民树立"花钱买服务"理念；同时，进一步完善基础设施建设和相关配套设施，加强后续服务和管理，为居民创建良好居住环境。

◆区人大工作研讨会 12月22日下午，区人大召开2017年工作研讨会。区人大常委会主任李汉桥、区人大常委会党组书记胡晓健，区人大常委会副主任毕金生、张民、王爱华、胡达贵，区人大常委会各委室主任、副主任，各街道人大工委主任、副主任，南京开发区人大联络办负责人参加会议。会议由胡晓健主持。常委会各委室、各街道人大工委、南京开发区人大联络办负责人分别总结回顾2016年各项工作任务完成情况，交流工作经验和做法，并围绕全区中心工作及人大工作重点，提出2017年人大工作思路，规划编印《区人大常委会2017年工作研讨会材料汇编》。会议交流2016年调研成果，印发《区人大常委会2016年调研文集》。区人大常委会领导详细点评一年以来分管工作情况。 □王 琪

街道人大工委

◆八卦洲街道人大工委 9月20日，全区召开区人大代表换届选举工作动员会。随后，八卦洲街道启动换届选举工作程序，街道党工委主抓、人大工委牵头，制定工作方案，成立换届选举工作领导小组，抽调人员，组建街道换届选举办公室，负责文字材料、选民登记、公告张贴、表格报送、宣传督查。经前期摸排、后期复核，圆满完成选民登记工作。相关部门靠前协调，及时沟通对接区下派代表。11月18日上午，街道8个选区分别召开代表候选人与选民代表见面会。街道组织选区联系点领导、相关人员进行选举大会业务工作培训。部署选举日计票、程序、时间及安排相关人员工作。经各选区精心组织、宣传发动，11月24日上午6点至12点，街道8个选区先后举行选举大会，并完成80个流动票箱投票工作。经汇总统计，各选区选民参选率与代表候选人得

票率均达97%以上，街道区人大代表换届选举工作圆满完成。12月23日，八卦洲街道人大工委组织新当选的区第十八届人大代表，集中视察街道现代农业园区，深入了解街道现代农业、生态农业、休闲农业发展情况。区人大代表先后视察虹越园艺家花园中心、俊红生态园、高智能玻璃温室、气雾栽培、农业园区公共服务平台等农业园区重点科技示范类项目，直观了解街道主导产业现代农业发展情况。区人大代表们表示，现代农业作为街道主导型产业，近年在市、区政府大力支持下，重点、示范类项目集中、连片发展，农业园区建设水平日益提升，生态农业、休闲农业发展取得新成绩。区人大代表建议，现代农业发展应加大与科技、大数据、物联网等新兴技术融合，以促进现代农业更好更快发展，同时，"酒香也怕巷子深"，街道应加大对八卦洲现代农业、休闲观光农业宣传，使广大南京市民甚至周边地区市民更加了解八卦洲，进一步提升八卦洲休闲农业、乡村旅游业知名度，促进地区产业稳步发展。 □祈　峙

◆龙潭街道人大工委　2016年，龙潭街道人大工委全程督查街道"'两学一做'教育实践活动、环境整治再提升"暨"9322"工程、秸秆禁烧等系列工作，使各项工作措施得到有效落实。在"两学一做"教育实践活动活动中，人大工委不仅坚持自身学习，还到18个联系点指导和督查学教活动并书写对照检查材料；举办区人大代表参加"两学一做"教育活动座谈会，收集各类建议10条。是年，街道人大工委全力参与防汛抗洪、保障房选房、入住等重点工作。积极参与对街道境内148条河道整治工作，有效地改善龙潭地区生态环境。通过参与重点工作，做好街道人大工作与街道中心工作相互结合、相互促进文章，推动民生改善。 □刘益萍

◆马群街道人大工委　10月20日上午，区人大常委会副主任王爱华，到街道调研人大换届选举选民登记工作。街道人大工委主任杨明、街道人大工委办公室主任王云陪同调研。王爱华听取马群街道选民登记工作进展情况汇报，街道对选举工作中存在问题和困难也提出咨询。王爱华对马群街道换届选举工作给予肯定，认为马群街道组织建设基础好，与驻街企业、部队关系相处融洽，虽然保障房片区、商品房小区工作难度较大，但基础工作仍然扎实到位，登记选民人数与之前上报估算数字基本吻合，录入率较准确，这些基本工作都为后期正式选举奠定良好基础。王爱华建议下一步要继续关注企业变化，梳理好马群科技园区企业及科创中心小型企业情况，动态关注居民选民，精准把握参选人员，避免登记人员错、漏，保证选举工作顺利进行。 □包　蓉

◆迈皋桥街道人大工委　3月29日下午，街道辖区人大代表会同区人社局相关人员，定向定点考察基本建设、环境整治、全民参保登记等工作情况。人大代表先后考察燕子矶街道便民服务中心、南十里长沟二支（晓庄段）整治、迈皋桥老街改造、北崮山路建设情况，并听取区人社局工作汇报。此外，区人大代表还就区内全民参保登记工作展开交流、探讨和沟通，区人大代表们对全区全民参保登记工作始终处于全市领先地位、对区人社局在全民参保登记工作中"登记不漏一户、户不漏一人、人不漏一项"等工作做法给予肯定。8月4日下午，区人大代表，会同区市场监督管理局相关人员，定向定点考察栖霞区食品安全工作情况。代表团先后考察南京艾尼卡食品有限公司（八卦洲）、南京鱼其多文化传媒有限公司（开发区）和迈皋桥街道十字街农贸市场，听取区市场监督管理局工作情况汇报。12月29日下午，区人大代表会同区人社局、区市场监督管理局相关人员，定向定点视察区内大学生创业服务工作和栖霞区特种设备管理情况。区人大代表们先后视察大学生创业服务中心、仙林金鹰奥莱城和百江液化气公司，并听取区人社局、区市场监督管理局工作情况汇报。其间，区人大代表就区内大学生创业服务工作和特种设备管理情况展开交流和探讨，区人大代表肯定区内大学生创业服务工作和特种设备管理取得的成绩，认可区人社区通过"出政策、建平台、做服务"等举措，打造金港、紫东、南大仙林等多个省级大学生创业示范基地，全市首家大学生创业服务中心落地仙林；栖霞区大学生创业工作始终处于全市前列，吸引数量可观的优秀创业人才落户栖霞，初步形成大学生创业栖霞品牌等努力所取得的成绩。代表团肯定区市场监督管理局始终把保障特种设备安全作为中心工作紧抓不放、突出隐患问题整改、强化企业安全主体责任落实、全面完成各项特种设备安全监理指标任务、保证区内特种设备全年安全无事故等工作做法。 □赵　玲

◆西岗街道人大工委　2016年，街道人大工委组织人大代表调研摄山星城、晶都茗苑、仙林湖片区等物业管理工作情况。对街道工作提出意见建议，督促新增非机动车棚并修复旧车位2555平方米，拓宽小区内部道路1000米，新增休闲点及凉亭31个。西岗街道人大工委发挥"代表之家"联系选民作用，组织人大代表每月在"代表之家"至少开展一次接待选民活动，倾听民声，收集民意。结合"千名干部进万家"和党员干部结对群众户活动，组织人大代表定期走访选民代表，收集民情民意。成立由22名来自各社区、（村）群众代表构成的"草根监督团"，邀请他们与人大代表直接对话，收集反映涉及党员干部作风、社会保障等8大类问题，42条意见和建议，人大代表按类分别负责督促处理。是年，街道人大工委组织人大代表，先后考察尧化街道王子楼社区法律诊所、北京德和衡（南京）律师事务所、江苏彦圣律师事务所等司法行政工作示范点，考察中电建地产洺悦府项目、丁家庄保障房二期A12地块项目、华润幸福里项目、新城香悦澜山项目等环保重点项目，听取环保局对相关项目环保情况介绍，听取街道物业公司及摄山派出所工作汇报，实地查看经适房物业管理小区、派出所可视化监控中心。街道人大工委依据区人大换届选举工作日程安排，依法依规完成换届任务。 □李　琳

◆**仙林街道人大工委** 2016年，仙林街道圆满完成人大换届选举工作。街道以社区、高校和部队为基本单位，划分20个选区（含95851部队选区），每个选区选举1~2名代表。20个选区共登记选民162102人。其中，高校登记140769人，社区登记21333人（含单位4494人、户籍地16839人）。选举产生区人大代表28人，其中高校代表17人、解放军代表1人、区提名下放或联合提名代表10人。其中，具有本科以上学历代表为28人，研究生以上学历代表22人，占比78.57%；妇女代表为5人，占比17.86%。街道人大工委组织人大代表视察调研、学习参观等活动4次，加强对仙林街道社会治理网格化工作、城市治理、水治理等方面视察调研，建立仙林新村、和园社区人大代表联系点。

□尹欢欢

◆**尧化街道人大工委** 3月初，尧化街道人大工委，走访辖地内区人大代表，征求区人大代表对街道2016年人大工作意见和建议，并邀请人大代表为街道重点难点工作献言建策。3月23日，组织人大代表定向、定点视察栖霞区基层医疗卫生站点建设工作，考察西岗社区卫生服务中心、桦墅社区卫生服务站，听取西岗社区卫生服务中心基层社区卫生服务站建设工作汇报；对区内基层医疗卫生工作提出改进意见和建议。3月29日，尧化街道城市治理标准化工作推进会在尧新社区召开，街道辖地内人大代表应邀参加会议。5月6日，尧化街道在尧新社区会议室，召开街道"两学一做"学习教育动员部署大会。区人大尧化街道代表团代表应邀出席会议。6月3日，南京市人大常委会副主任单景南一行考察街道人大代表之家，并与街道辖地内市人大代表交流人大代表履职情况和基层群众普遍关注的重点、难点问题。6月29日，街道人大工委组织人大代表定向定点视察栖霞区文物保护工作，人大代表先后视察梁临川靖惠王萧宏墓石刻、梁吴平忠侯萧景墓石刻、十月村毛泽东塑像等文物保护单位，听取区文物保护专项工作汇报，交流栖霞区文物保护工作中新情况、新问题，对全区如何做好文物保护工作提出改进意见和建议。7月28日，组织各级人大代表参加区政情通报会，听取区长黎辉代表栖霞区人民政府所做《栖霞区经济社会发展情况报告》，会后街道人大工委组织人大代表展开讨论交流。8月4日，组织人大代表参加区人大视察全区地下管线数字化管理工作。8月19日组织人大代表参加南京市人大视察栖霞区物业管理工作。9月至11月，尧化街道人大工委在区人大换届选举委员会统一安排下，在调查摸底基础上，按照属地单位、社区以及就近就便原则，划分12个选区，按时完成区人大代表换届选举工作。

□王小虎

栖霞区人民政府

综　　述

◆**概况** 2016年，全区预计实现地区生产总值920亿元，年均增幅保持在10%以上；一般公共预算收入完成112.3亿元，增幅达24.4%。规上工业企业总产值2391亿元；社会消费品零售总额239亿元，比上年增加10%。预计完成全社会固定资产投资603亿元，比上年增加增长9.5%。实现服务业增加值350亿元，比上年增加11%。预计实现战略性新兴产业主营业务收入1880亿元、比上年增加5%左右。仙林副城全面实施城市品质提升计划，新尧新城公建配套设施更加齐全，燕子矶新城"六横六纵"道路格局初步形成，龙潭新城70万平方米安置房竣工交付。提升精细化管理水平，道路机扫率达90%，垃圾分类覆盖率达80%，在全市城市治理月度考核中持续保持领先。国考、省考断面全部达标，完成24个排水达标区创建、13个小区二次供水改造，集中式饮用水源地100%达标。空气质量达标比例69.9%；PM2.5平均浓度比上年下降19.6%，降幅居六城区第一。新增造林面积110.73公顷（1661亩），全区林木覆盖率32.7%。全面完成20项惠民实事工程。推进稳就业促增收，新增城镇就业超过2万人、创业带动就业8200多人，城乡居民人均可支配收入分别达4.84万元和2.3万元，比上年分别增长8.5%和9%。医疗服务质量显著增强，栖霞区医院成功创建"二级甲等医院"，并与江苏省人民医院实施新一轮"院府合作"，市妇幼保健院北院开工建设。教育布局更加均衡，中考成绩超全市均分实现历史突破，举办"互联网＋教育"产业发展论坛，学前教育获全市改革创新奖。社区居家养老服务站"医养融合"率达100%。全区每万人拥有登记注册社会组织数20.79个，继续保持全市首位。档案信息化建设取得突破，建成全省首家国家级数字档案馆。安全生产形势总体平稳。成功抵御长江流域性特大洪水，夺取防汛抗洪的全面胜利。完成年度20项重点改革任务，20项重点创新项目成效明显。综合执法改革被中编办列为基层试点，"院府合作"项目获中共江苏省委领导批示并发文全省推广，事中事后监管得到国家工商总局认可。全市首推"全科政务、联网联办"改革，14项特色服务实现区、街、社区38个服务窗口无差别办理。深化商事制度改革，"多证合一、一照一码"登记模式和个体工商户"两证合一"全面推行。农村改革持续深化，启动农村土地不动产登记试点，完成土地承包经营权确权登记颁证工作。深入开展"两学一做"学习教育，认真领会党的十八大和十八届三中、四中、五中、六中全会和习近平总书记系列重要讲话精神。顺利完成"'六五'普法"任务，全区法治满意度达96.5%，获"全国法治区创建活动先进单位"称号。全年共办理人大建议、委员提案359件，连续13年保持办结率、满意率"双百"目标。进一步强化效能建设，行政审批提速一半以上。完善政府重大行政决策法定程序以及报告备案制度、实施后评估制度、终身责任追究制度、责任倒查机制。严格贯彻落实中央"八项规定"精神和中共江苏省委、南京市委、区委作风建设有关规定，集中开展办公用房、公款接待等专项整治行动，完成党政机关公务用车制度改革。依法公开政府及部门预决算、"三公"经费预决算，实行国有资产、国有资源、公共资金和领导干部经济责任审计全覆盖，提高政府公信力。

◆常务会议　2016年，区政府召开常务会议15次。2月1日，区政府召开第31次常务会议，研究延期回购江苏恒安方信科技有限公司股权和征收办考核事项，听取全区安全生产有关情况汇报。2月22日，区政府召开第32次常务会议，传达全市水污染防治工作现场会精神，听取全区水污染防治工作情况汇报，听取全区棚户区改造工作情况汇报、研究《南京市棚户区改造实施意见》，通报部门、街道、平台月度（季度、半年）考核办法，研究《栖霞区专利专项资金使用管理办法》修订意见。3月7日，区政府召开第33次常务会议，研究江苏广电节目制作中心及仙林荔枝广场项目区文化产业发展专项资金申报事项、重点民生项目建设事项、与国际大学创新联盟合作协议，综合执法工作。3月18日，区政府召开第34次常务会议，研究贯彻落实《国务院办公厅关于加强环境监管执法的通知》实施意见、燕子矶新城吉祥（神农）110千伏输变电工程建设事项和《南外仙林分校燕子矶校区合作办学框架协议》。4月6日，区政府召开第35次常务会议，研究水务一体化改革有关事项，听取全区康复医疗体系建设情况汇报，研究开放型经济绩效考核办法。4月25日，区政府召开第36次常务会议，研究2016年体育赛事举办事项，研究成立龙岸花园社区居民委员会事项，听取防汛防旱情况汇报。5月9日，区政府召开第37次常务会议，研究《栖霞区城市地下管线空间数据信息更新与成果使用规定（试行）》，研究农业嘉年华项目招标事项，研究车辆更新事项。5月16日，区政府召开第38次常务会议，研究栖霞建设集团关于终止重大资产重组事项，听取未成年人保护工作情况汇报，听取全区新型农业经营主体发展情况汇报。7月20日，区政府召开第39次常务会议，研究关于加强治理拖欠农民工工资问题实施意见、公租房货币化保障有关事项、区交通运输局下属畅友路桥公司股权转让事项、区妇幼保健院相关事项、关于开展法制宣传教育第七个五年规划相关事项，并听取全区安全生产工作汇报。8月8日，区政府召开第40次常务会议，听取全区残疾人工作和政务工作情况汇报，研究2016年度栖霞区旅游发展专项资金补助和排水达标区建设规划设计费拨付事项。9月9日，区政府召开第41次常务会议，研究南外仙林分校燕子矶校区建设、南京石膏矿业有限公司资产收购、挂牌出让南京仙谷医药有限公司股权、设立金茂保健品投资基金及熔拓创业创新基金、江苏捷峰高科能源材料股份有限公司股权回购事项，审议南京沃土新材料有限公司增资方案，听取2016年度建议提案办理情况汇报。9月30日，区政府召开第42次常务会议，研究金陵小学科技生态农业科普项目建设、南京迈燕建设发展公司融资担保、八卦洲农业产业园及栖霞商务区资金补助、区机关事业单位工薪所得个人所得税扣缴、尧化水田组危旧房改造项目启动及费用分摊等事项，听取区人防办工作情况汇报，审议《栖霞区安全生产管理责任体系方案（送审稿）》。11月7日，区政府召开第43次常务会议，传达中共南京市委主要领导调研城市建设、民生保障工作会议，南京市政府第八次全体（扩大）会议精神，审议《栖霞区教育事业发展“十三五”规划纲要（草案）（送审稿）》《栖霞区推进“四好农村路”建设实施方案（送审稿）》《沪宁城际铁路安全保护区公告（送审稿）》《2016年预算调整方案的报告（送审稿）》《龙潭街道三官村与龙潭村合并方案（送审稿）》，研究栖霞山管委会贷款担保、使用栖霞区城镇发展基金以及与杭州银行合作设立专项基金、区人才公寓转让等有关问题。12月13日，区政府召开第44次常务会议，研究燕江新城一期商业用房销售方案和燕子矶新城建设指挥部、南京迈燕建设发展公司、南京领马投资发展公司、新尧新城指挥部等单位融资方案，听取2017年民生十件实事编排汇报，审议2017年政府工作报告（讨论稿）。12月26日，区政府召开第45次常务会议，研究金浦集团江苏钟山化工有限公司老厂区搬迁补偿问题，审议《栖霞区2017年经济建设和社会建设工作计划（草案）》和《2017年财政预算（草案）》。

◆重要工作动员部署会　3月1日，栖霞区召开深化文明城市创建暨迎接国家卫生城市复审动员部署电视电话会议。区委书记、区长邢正军在会上指出，全区上下要多措并举、持之以恒，营造文明城市氛围，让百姓更满意，让城市更文明。3月10日，区平台建设推进会在仙林办公点召开。会上，区委书记、区长邢正军要求全区各园区平台要以加快建设发展为抓手，不断优化产业发展定位，加大招商力度，着力提升产业集聚水平。区委常委、常务副区长曹海连部署全年园区平台工作。紫金（新港）科技创业特别社区、金港科创园等15个平台建设常务负责人分别作交流汇报。区委副书记胡晓健主持会议。4月27日，区召开创建江苏省社区教育示范区动员大会，胡晓健、副区长万震参加会议并讲话。会议由区政府副巡视员王智主持。5月18日下午，召开质量强区工作会议，表彰2015年度江苏、南京名牌，以及质量获奖企业。其间，各部门、街道向区政府递交2016年质量强区工作目标责任状。区委常委、常务副区长曹海连出席会议并讲话。6月17日，召开农村工作暨扶贫开发工作会议，区委书记邢正军动员全区上下克难奋进，大力实施脱贫致富奔小康工程，强力推进现代农业发展迈上新台阶，为建设“强富美高”新栖霞奠定坚实基础。三区领导黎辉、胡晓健、李华、杨白英、陈波、毛银玲、秦志刚、张文敬等参加会议。7月5日，召开全区防汛工作电视电话会议，会上通报全区防汛工作情况和形势并部署具体工作。区委副书记、代区长黎辉主持会议。邢正军要求各级部门必须高度重视、高度警惕，立足防大汛、抢大险、抗大灾，力争全区安全度汛。7月26日，区卫生城市迎复审工作推进会在区机关会议中心举行，区市场监管局、水务局、燕子矶、马群街道办事处4家单位表态发言，会议通报全区迎复审工作情况，分析前期督查期间所发现问题。区爱卫会主任、副区长秦亚平主持会议，黎辉出席会议并讲话。8月19日，全区综合执法工作推进会在仙林办公点召开，区编办负责人通报全区街道综合执法工作推进情况，各街道汇报综合执法开展情况、存在问题困难、意见建议等，区委常委、常务副区长钱维、副区长秦志刚布置综合执法下一步工作。邢正军对如何做好全区综合执法工作做重要讲话，提出明确要求。会议由黎辉主持，副区长尹军出席会议。9月30日，栖霞区在仙林办公点召开水环境综合整治工作推进会。邢正军、黎辉出席会议并讲话，要求全区上下认清形势，迎难而上，确保完成2017年年底建成区消除河道黑臭目标。副区长秦志刚部署全区水环境综合整治工作，各街道办事处负责人向区政府递交水环境综合整治工作目标责任书。区水务局、住建局、环保局和燕子矶街道、龙潭街道作表态发言。会议由黎辉主持，区领导孙爱军、陈松、秦亚平、孙金娣等出席会议。12月19日，全区各街道"招大引强"工作推进会在区政府仙林办公点举行。各街道分别汇报"招大引强"在手项目情况及下一步工作举措。区领导邢正军、黎辉、钱维出席并讲话。

◆总结表彰暨机关作风建设动员大会 2月14日，全区2015年度工作总结表彰暨加强机关作风建设动员会在机关大礼堂召开。区委书记邢正军要求全区上下尽快调整好工作状态，迅速收心投入各项工作，为完成全年工作任务打好基础、提供保障，推动"十三五"发展实现良好开局。大会回顾总结2015年度全区作风建设工作，表彰2015年度完成"五个建设"工作目标有功单位、有功个人、先进单位、先进个人以及区机关作风建设先进单位。各街道、部门、平台代表向区政府递交2016年度工作目标责任书。区委组织部、区文化旅游局、栖霞街道、江苏生命科技创新园4家单位交流发言。区四套班子全体领导出席大会。

◆三年行动专项计划动员部署会议 9月1日，区"两整治、两提升"三年行动计划动员部署会议在区机关会议中心召开，区委副书记陈波主持会议，区委副书记、代区长黎辉讲话，他强调，"两整治、两提升"三年行动计划，相对以往几次整治工作，定位更高、举措更实、系统性更强。各部门、各街道要结合区域内实际情况，正视自身差距和问题，及时进行排查整改，着重提升城市精细化管理水平，重视工程质量、重视工作细节、重视文化特色，全面改善栖霞区城市面貌，全面提升栖霞区城市建设管理水平，全面提高人民群众归属感、幸福感和获得感，从而朝着"强富美高"新栖霞目标大步迈进。会上，区城管局、交警七大队、马群街道、尧化街道和燕子矶化整办5家单位表态发言。区委常委、区委政法委书记孙爱军，区委常委、区委宣传部部长陈云松，副区长陈松作动员部署，区领导秦志刚、秦亚平出席会议。

◆全区科技创新大会 11月11日，全区科技创新大会在区委党校多功能厅召开。会上印发栖霞区扶持科技创新及其成果转化相关政策文件。区委副书记、代区长黎辉主持会议。区委书记邢正军讲话，要求全区科技创新工作，要激活创新链、做强创新主体，匹配资金链做实创新支撑，紧扣产业链明确创新方向，构筑人才链强化创新动力，进一步深化产学研合作，让高校、企业强强联合，形成耦合效应，吸纳更多成果转化、人才创业，不断提升地区创新活力。南京大学双创基地办公室、新港高新园、南邮信息技术产业研究院、紫丁香众创空间、南京海陵药业有限公司5家单位交流发言。

◆提案建议办理情况 2016年"两会"期间，区人大代表、政协委员围绕加快建设"强富美高"新栖霞，积极建言献策。区政府共收到建议提案343件，比上年增加57件，增幅近20%。其中，代表建议136件，委员提案207件。区政府办根据建议提案内容和部门、街道职能管辖范围，将其中316件交由42个区级部门和9个街道办事处具体承办；其余27件由于超出区政府职能部门和街道办理权限，经协调，分别交南京开发区管委会负责办理19件和仙林大学城管委会负责办理8件。从办理结果看，已解决和基本的A类解决建议提案有321件，办成率为94%；被采纳和列入计划逐步解决的B类提案建议有16件；因条件限制而做出说明解释C类建议提案有5件；另有1件由区卫计局主办区人大第76号关于提升鼓楼医院仙林院区诊疗水平建议，由于代表所提内容超出职能部门权限，该件虽已按照规定流程办结，但办理结果未能达到其预期要求，相关代表对答复依然不满意。此外，2015年10件B类办件转入2016年继续办理，并全部办结；区人大常委会确定10件重点建议和区政协确定10件重点提案在办结率、满意率和办成率上均达到100%。

◆全国政协领导视察紫东国际创意园 4月6日，全国政协副主席罗富和率全国政协委员一行30人到区视察南京紫东国际创意园，实地走访园区内南京云思顿智能科技有限公司、南京五十岚数字科技有限公司、南京塔倍思信息咨询有限公司等重点企业，并考察腾讯众创空间。罗富和肯定紫东国际创意园先进建设理念和科学技术，他希望园区充分依托集生态环境、交通网络、人才科教资源及生活配套四位一体资源优势，打造"智慧新区"核心竞争力，同时，也要为科技创新人才提供金融、生活、娱乐等一系列配套服务，让人才进得来、留得住、发展得好、生活得愉快。南京市政协副主席陆平贵、南京市政协社会法制（民族宗教）委员会主任孙绵琪，区委常委、宣传部部长周峰，区政协副主席蒋励陪同视察。

◆缪瑞林到区调研民生工作 11月10日，中共南京市委副书记、市长缪瑞林到区专题调研落实中共南京市党代会精神，推动民生保障改善等工作。缪瑞林首先查看八卦洲小江河水环境整治和现代农业园区建设情况。随后又实地了解栖霞山文化休闲旅游度假区规划建设情况。最后到尧化街道，了解小区出新、社区养老等民生实事实施情况，该街道当地社会化参与、政府购买服务、开办公益服务"时间银行"等社区养老创新模式给予肯定。在听取栖霞区相关领导工作汇报后，缪瑞林强调，栖霞区要增强各项工作目标意识、进度意识、必成意识，狠抓薄弱指标完成和重点项目推进，确保完成全年发展目标任务。区领导邢正军、黎辉、陈波、钱维、孙爱军、万震、陈松、秦志刚、秦亚平陪同调研或出席汇报会。

◆民政部领导到区调研　12月10日，民政部副部长宫蒲光一行到区调研。区领导黎辉、万震等陪同调研。宫蒲光一行先后考察欧葆庭仙林国际颐养中心和栖霞区常青藤养老服务活动中心，详细询问养老中心开办模式和运营情况，并与入住老人亲切交谈，了解他们生活状况。最后到尧化街道便民服务中心，深入了解全科政务工作模式，肯定“全科政务受理，全科社工办理”便民服务做法。

重要政务活动

◆概况　2016年，区政府举办投资环境推介活动和招商引资项目签字发照仪式24次，工程项目集中开工仪式5次，参加各种联谊活动、专题峰会和论坛5次，组团到先进地区学习交流2次。

◆栖霞区中小企业服务中心启动　1月6日，栖霞区中小企业服务中心启动仪式在紫东国际创意园举行。其间，栖霞区发改局与企运网签订合作协议，授权企运网运作栖霞区中小企业服务中心。该中心采用互联网+跨界整合模式，整合服务商为栖霞区广大中小企业提供一站式服务。江苏省经信委副巡视员闫号、副主任郭玉宁，区领导邢正军、曹海连、时效俊，南京开发区管委会副主任徐志国等出席活动。

◆庆祝“五一”暨“最美劳动者”颁奖　4月28日，“共创栖霞美　共圆栖霞梦”——栖霞区庆祝“五一”国际劳动节暨第二届“最美劳动者”颁奖仪式在区文化艺术中心举行。20名来自全区不同行业劳动者获得“最美劳动者”和“优秀劳动者”表彰。南京市人大常委会副主任、南京市总工会主席臧正金，区领导邢正军、胡晓健、陈波、毕金生、万震、蒋励出席活动并为获奖者颁奖。

◆白金五钻级综合酒店落户尧化街道　6月28号，栖霞区政府与汉爵集团签署合作协议，投资10亿元白金五钻级综合酒店落户尧化街道。区委副书记、代区长黎辉，区委常委、常务副区长曹海连，副区长尹军等出席活动。香港汉爵酒店管理集团旗下拥有多家奢华酒店，遍布全国各大城市。该签约项目位于栖霞区仙尧路和玄武大道交叉口，为集大型餐饮、高档精品客房和娱乐于一体综合型酒店。

◆栖霞区水务局成立　8月19日，栖霞区水务局揭牌成立。栖霞区水务局成立后，整合原来水利、部分城管、住建部门相关职能，承担全区水行政管理责任。南京市水务局局长张孝科、副局长项阳，区委副书记、代区长黎辉，副区长秦志刚出席揭牌仪式。黎辉代表区委、区政府对栖霞区水务局成立表示祝贺，他肯定区水务系统干部多年来围绕全区中心工作，全力加强基础水利建设、强化农田水利配套、落实严格水资源管理、改善区域水环境所取得的成绩，希望能够一如既往地发扬团结、进取、务实精

4月28日，“共创栖霞美 共圆栖霞梦”——栖霞区庆祝“五一”国际劳动节暨第二届“最美劳动者”颁奖仪式在区文化中心举行
区政府办供稿

神，开创水务发展新篇章。

◆ **“双创”示范基地揭牌仪式** 9月9日，栖霞区、仙林大学城“双创”示范基地揭牌仪式暨文化旅游产业发展推介会在区委党校举行。会上，南京大学与仙林大学城管委会签订国家级“双创”示范基地战略合作协议，并举行揭牌仪式。南京市副市长胡万进，区领导邢正军、黎辉、钱维、万震，仙林大学城管委会副主任潘志宏出席活动。

◆ **金洽会重大项目集中开工** 9月10日，2016年中国南京金秋经贸洽谈会重大项目，在南京开发区集中开工。该届金洽会全市新开工建设重点产业项目60个，总投资487.4亿元。其中栖霞区新开工项目10个，总投资114.4亿元，涉及新能源汽车、云计算、软件信息服务、“互联网+”、高端装备制造、新材料、生物医药等领域，大部分为战略性新兴产业。新能源汽车开工项目最多，包括蔚然（南京）动力汽车关键零部件、乐金新能源汽车动力电池电极生产线、乐金化学电池五工厂、LG电子新能源汽车零部件4个项目。此外，邦奇自动变速箱、弓箭玻璃高档乳白器皿等装备制造业项目也同时开工。中共江苏省委常委、南京市委书记黄莉新致辞，南京市市长缪瑞林主持开工仪式。南京市领导刘以安、谢志成，区委书记邢正军、开发区管委会主任高德臣等出席活动。

◆ **全国街道服务管理创新经验交流暨示范培训班** 9月20~22日，全国街道服务管理创新经验交流暨示范培训班在仙林大学城南大科学园举办，与会者共同探讨推进街道治理体系和治理能力现代化，交流服务管理创新经验，谋划街道创新发展蓝图。此次培训对象为全国15个省、自治区民政厅（局）、基层政权和社区建设处以及部分市县级主要负责人。民政部副部长顾朝曦出席开班仪式并作动员讲话，江苏省民政厅厅长侯学元介绍江苏省基本概况和民政工作情况，南京市副市长华静介绍南京经济社会发展情况和街道改革创新主要经验，南京大学党委副书记朱庆葆介绍南京大学历史文脉和近年来办学成就。南京市栖霞区、南京市江宁区、北京市朝阳区、包头市青山区、大连市沙河口区、哈尔滨市道里区、杭州市西湖区、济南市历下区、成都市温江区9家单位介绍各自在街道服务管理创新方面具体做法。培训期间，与会者还参观考察南京大学校史馆、仙林街道网格化服务中心、尧化街道便民服务中心等地点。南京市、栖霞区领导华静、黎辉、万震出席活动。

◆ **深化“院府合作”协议签署** 9月27日，栖霞区政府与江苏省人民医院在区委党校签署深化“院府合作”（2016~2020年）协议。院府双方携手深化“院府合作”，探索区域性医联体建设新路径。具体为加快落实分级诊疗制度，优质医疗资源下沉；重构医疗服务模式，建立基层医疗卫生服务标准化和同质化；完善卫生体系建设，创新科学合理医疗服务体制和政策机制；探索创建可借鉴、可复制、可推广、可持续“院府合作”模式。江苏省卫计委副主任李少东，南京市卫计委副主任夏海鸣，江苏省人民医院院长唐金海，区领导邢正军、黎辉、夏宁、秦亚平出席仪式。唐金海和代区长黎辉代表双方签署合作协议。

◆ **“腾讯众创空间”南京基地新楼启动**
9月29日，“腾讯众创空间”南京基地新楼启动仪式在紫东国际创意园举行。南京市副市长谢志成，区委书记邢正军，区委副书记、代区长黎辉，区委常委、常务副区长钱维出席启动仪式。“腾

9月9日，栖霞区、仙林大学城“双创”示范基地揭牌仪式暨文化旅游产业发展推介会在区委党校举行

仙林大学城管委会供稿

讯众创空间”南京基地新楼规划建成2万平方米新平台，提供1813个工位、容纳200家创业团队办公。启动仪式由黎辉主持。邢正军致辞，他指出，众创空间作为推动大众创业、万众创新的重要平台和载体，已经成为创新创业者汇集地和“双创”活动主战场。紫东国际创意园拥有过硬的企业服务水平，优美的生态环境，腾讯企业拥有优质互联网服务，顶尖项目运作水准。双方联手必将为广大创业者打造创新创业顶级平台。

◆扶贫协作和经济合作战略协议签约　11月10日，栖霞区与商洛市商州区在区委党校签订扶贫协作和经济合作战略协议，栖霞区将在推动两区产业合作、人才支援、劳务协作、助学扶贫、医疗援建等方面给予商州区帮助和支持。此外，双方还将建立两区高层扶贫协作联席会议机制，栖霞区将加大帮扶资金投入力度，每年为商州区扶贫协作项目予以资金支持，实现贫困群众脱贫致富。栖霞区领导黎辉、陈波、秦志刚，商洛市商州区委副书记、代区长李旭光，区委常委、常务副区长冯朝勇出席活动。

◆中国电信创新创业江苏基地落户栖霞　11月23日，中国电信创新创业江苏基地在栖霞区移动互联网产业基地开业并正式运营。区领导邢正军、钱维出席开业仪式。落户栖霞的江苏基地拥有丰富网络、客户、平台、人脉、人力资源，为入驻团队和项目提供国际一流千兆网络、中国电信上千万客户资源等，带动和汇聚江苏产业链上下游企业，逐步打造规模化、高端化信息产业集群，助力江苏互联网产业发展。

◆区政府与市妇幼保健院新一轮合作协议签字　12月28日，区政府与南京市妇幼保健院“深化共建南京市妇幼保健院北院”合作协议签字仪式在栖霞区妇幼保健院举行。协议既是对双方已有合作进一步加深和强化，也代表着栖霞区进一步强化妇幼保健体系新起点开启。2013年，栖霞区政府已与南京市妇幼保健院签订共建南京市妇幼保健院北院合作协议，将原迈皋桥医院转型为以“妇产科、儿科、妇幼保健”为特色的“大专科小综合”的妇幼保健机构——“栖霞区妇幼保健院”，挂“南京市妇幼保健院北院”牌子，探索建立创新基层妇幼卫生服务管理机制，提升全区妇幼保健服务水平。根据新一轮合作协议，栖霞区在南京市妇幼保健院帮助下，进一步实施医疗供给侧改革，扩大栖霞优质医疗资源增量，探索公立医院发展新模式，促进栖霞区妇幼保健院转型建设，深化共建妇幼健康优质服务体系，提升栖霞地区妇幼保健医疗服务能力。南京市政府副秘书长张强，区领导黎辉、夏宁、秦亚平出席活动。　□高　颖

人事管理

◆概况　2016年，区人事工作贯彻江苏省、南京市和区各项决策部署，着力创新人才机制、优化人才环境、提升服务水平，为栖霞区“十三五”良好开局和加快实现两个率先目标，提供有效人事服务和人才支持。区人社局继续完善人事招考措施和人才队伍建设。是年，全区由人社局负责招录公务员7人、事业单位参照管理单位人员5人，接收安置2015年度军队转业干部41人、2016年度军转干部47人，接收自主择业军转干部15人；会同区教育、卫生等事业单位部门，招聘新教师354人，卫生系列专业技术人员47人，城管执法人员59名。区人社局建立健全常态化岗位管理工作机制，完成年度考核、管理服务、公开招聘、职称评审、岗位调整、工资福利审核等工作。

是年，区人社局按照全区人事制度改革计划进度，组织完成两批次事业单位参照管理单位人员申报和登记，第一批次为南京市国土资源局栖霞分局各国土所、环境监察大队等11家单位78人，第二批次为区财政结算中心、区社会保险管理中心等10家单位103人。

◆公务员管理服务　2016年，区人社局完成对全区1380名行政机关（含参照管理单位）公务员2015年度工作考核，确定优秀等次207人，优秀率15%。按照客观公正、注重实绩原则，细化考核内容，量化考核标准，增强考核科学性和规范性，进一步严格公务员考核机制。同时，做好相关人事任免、人员调动等管理服务工作，全年，颁发任免文件61份，任免137人次；办理人员调动20人，其中调入4人，调出8人，区内转任8人。

◆公务员公开招录　2016年，区人社局招录公务员（含参照管理单位人员）12人，所有招录人员均已经报到到岗。招录中，共有741人通过审核，37人笔试合格进入资格审查和面试环节，经过考核、体检、政审等层层筛选，经网上公示程序，最终确定12名录用人员。区人社局组织举办两个班次新录用人员、军转干部等共117人岗前任职培训，进一步增强新录用公务人员干事、创业信心。

◆军转干部安置　2016年，辖区共接收安置2015年度转业干部41人，其中行政正团职6人、行政副团职10人、技术八级及营职以下人员25人，按时完成军队转业干部培训、报到和档案整理及移交工作。是年，区人社部门完成15名自主择业军队干部档案接收、报到和工资核定工作。根据江苏省、南京市相关文件精神，对2001年以后安置到区内的26名自主择业军队转业干部调整工资，人均月增资650元。同时，发放自主择业军转干部“春节”和“八一”慰问金，标准为500元/人·节。

◆事业单位工作人员年度考核　2016年，区人社局根据《事业单位人事管理条例》及中共南京市委组织部、南京市人社局《关于做好2015年全市事业单位工作人员年度考核工作的通知》文件要求，以履行职责和完成工作目标任务情况为依据，开展事业单位工作人员2015年度考核工作。考核注重加强各事业单位主管部门对考核工作组织领导，确保考核结果客观、公正；注重加强对考核结果监督管理，严格执行年度考核审核备案制度，重点加强对基本合格、不定等次人员、受处分人员考核等次审核。全区4736名事业单位工作人员参加考核。其中，优秀882人，合格

3582人，基本合格2人，不合格4人，不定等次322人。

◆街道所属事业单位岗位设置 2016年，区人社局会同各街道，贯彻落实中共南京市委办公厅、南京市政府办公厅《南京市事业单位岗位设置管理实施意见》，深化人事制度改革，稳妥完成街道事业单位岗位设置方案审批、备案工作。同时，全面梳理2016年事业单位进人情况，加强事业单位进人凭证管理，做到事业单位进人与进保有效对接，开具进人计划卡533人次。为681名事业单位工作人员办理聘用合同鉴证工作，全区事业单位聘用合同签订率达99%。

◆事业单位人员公开招聘 2016年，区人社部门着力加强事业单位公开招聘工作，坚持德才兼备、以德为先招聘用人标准，在南京市人社局事管处指导下，做到招聘简章报市级管理部门备案，招聘信息、过程、结果"三公开"。全年，会同区教育、卫生、有关事业单位部门，经过报名、笔试、资格验证、面试、体检、考核、公示等程序，招聘新教师354人、卫生系列专业技术人员47人、城市管理综合行政执法大队工作人员59人、随军家属安置人员3人以及其他事业单位工作人员29人。

◆专业技术人员管理服务 2016年，区人社部门完成卫生系统282名专业技术人员初中级卫生专业技术资格考试报名资格审核，其中中级97人，初级176人，卫生管理系列9人；组织评审2016年南京市中小学一级综合学科教师专业技术职务申报人员304人，蔡子聪等277人通过评审（含乡村直定6人）；组织评审中小学一级语文教师专业技术职务申报人员321人，最终高燕霞等288人通过资格评审（含乡村直定2人）。

◆事业单位岗位管理调研 2016年，区人社部门针对全区事业单位岗位设置工作及聘用制中存在问题，开展专项调研，梳理全区事业单位人事管理基本情况，分析事业单位在人事制度改革中岗位设置、人员聘用、聘用合同管理等方面存在问题和困难，为进一步推进事业单位聘用制度和岗位管理制度改革，为事业单位转换用人机制、整合人才资源提供保障。

◆人才服务工作 2016年，区人社部门做好大、中专毕业生相关手续审批、落户、档案进出以及户籍管理等工作，全年办理人事代理开户58家，转进档案989份、调出档案156份，为栖霞建设、海陵药业等企业单位办理295名毕业生网上审批、落户等手续，区人社部门在燕子矶派出所申请设立集体户口，为118名毕业生办理落户手续。按照中共南京市委组织部相关要求，做好大学生村干部报到、落户、档案接收、合同签订、档案工资核定、养老保险、医疗保险、工伤保险、失业保险等相关保险缴纳工作，并为大学生村干部办理缴纳住房公积金和新人住房补贴等手续。

◆机关事业单位人员基本工资标准调整 2016年，区人社部门完成机关事业单位在职人员基本工资标准和离休人员基本离休费及退休人员基本养老金调整工作。根据《省人力资源社会保障厅、省财政厅关于2016年调整退休人员基本养老金的通知》，从2016年1月1日起，调整机关事业单位退休人员基本养老金，调整后人均月增资额334元；根据《省人力资源社会保障厅、省财政厅关于贯彻执行<国务院办公厅转发人力资源社会保障部财政部关于调整机关事业单位工作人员基本工资标准和增加机关事业单位离休人员离休费三个实施方案的通知>的具体实施意见》文件精神，从7月起，调整机关事业单位工作人员基本工资标准及离休人员基本离休费，同时相应减少和规范机关津贴补贴和事业单位绩效工资，调整后，机关事业单位在职工作人员人均月增资约297元，离休人员离休费月增加约550元。 □尤永坤

机构编制

◆概况 2016年，区编办被列为区委工作机构序列，既是区委工作机构，又是区政府工作机构，挂区事业单位登记管理局牌子，负责全区行政管理体制和机构改革以及机构编制的日常管理工作，内设综合科、行政机构编制科、事业机构编制科、绩效督查科4个科，行政编制9名。

是年，区编办聚焦全区经济社会发展，加强区政府职能转变和机构改革，全力推动综合执法改革和行政审批制度改革，严格机构编制管理，完成全年目标任务，被区委、区政府表彰为2016年度完成"五个建设"工作目标先进单位，区编办承担的街道综合行政执法体制改革试点为全市首创，被南京市编办评为南京市机构编制工作创新成果二等奖，被确定为全区2016年度重点创新项目且列为第一等次。4月12日，经中共栖霞区委区级机关工作委员会批准，成立中共栖霞区机构编制委员会办公室支部委员会，张培卿任支部书记。

◆区委工作机构调整 2016年，根据栖霞区委请示并报南京市编办批复，调整区委部分机构。区委办公室，挂"区督查工作办公室"牌子；设立区委研究室，为区委工作机构，区委全面深化改革领导小组办公室、区委社会建设工作委员会与其一个机构三块牌子；区委组织部，挂"区委非公有制企业和社会组织工作委员会""区人才工作办公室"牌子；区委保密委员会办公室为区委部门管理机构，由区委办公室管理，机构规格为区副局级，挂"区国家保密工作局"牌子，区委机要局与其合署，挂"区国家密码管理局"牌子；区机构编制委员会办公室，挂"区事业单位登记管理局"牌子；设立区委教育工作委员会，为区委派出机构，与区教育局一个机构两块牌子。调整后，区委办公室挂"区督查工作办公室"牌子，区委保密委员会办公室为区委办公室管理的部门管理机构，区信访局为区委办公室和区政府办公室管理的部门管理机构；区委组织部，挂"区委非公有制企业和社会组织工作委员会"、"区人才工作办公室"牌子，与区委组织员办公室、区委党史工作办公室合署办公，区委老干部局为区委组织部管理的部门管理机构；区委宣

传部挂“区精神文明建设指导委员会办公室”牌子；区委统战部，区委台湾工作办公室（区政府台湾事务办公室）与其合署办公；挂“区政府侨务办公室”牌子，区委政法委员会，区社会治安综合治理委员会办公室与其合署办公，“区依法治区领导小组办公室”“区国家安全领导小组办公室”设在区委政法委；区委研究室，区委全面深化改革领导小组办公室、区委社会建设工作委员会与其一个机构三块牌子；区机构编制委员会办公室，挂“区事业单位登记管理局”牌子；区委区级机关工作委员会，区委工作机构共有8个。

◆区党委巡查机构设置 2016年，按照中共南京市委常委会议要求，经南京市编委领导审定，根据南京市编办通知精神，区党委巡察办和巡察组设置参照省级做法和市级做法执行。栖霞区设立区委巡察工作领导小组办公室，设在区纪委，核定办公室主任1名（原则上由区纪委副书记兼任）、专职副主任（副处级）1人。综合考虑巡察工作任务需要，设立2~4个巡察组，组长从区管正职领导干部中优选，根据每次巡察任务确定并授权，各巡察组设专职副处级副组长1人。

◆“三定规定”制定 2016年，根据政府职能转变和机构改革实施意见，区编办对机构改革后的24个政府工作部门、2个政府派出机构、2个事业局（档案局、体育局）、2个副处级参照公务员管理事业单位（区市场监管综合行政执法大队、区社会保险管理中心）以及9家街道重新调整印发职能配置、内设机构和人员编制“三定规定”。

根据工作需要，区编办对区委新设立工作机构及原有工作机构、区人大机关、区政协机关、区总工会、区妇联、团区委、区残疾人联合会、区红十字会、区委党校等20个机构的“三定规定”实施调整并下发。

在“三定规定”启动初始，区编办通过组织业务培训，对做好“三定”工作提出具体要求，对各单位上报的“三定规定”仔细审核。制定过程中严把部门职责关，做到无职责遗漏、无超出职权范围；严把内设机构设置关，实行限额管理和综合设置；严把编制职数核定关，从严从紧核定部门人员编制，领导职数严格按规定的限额核定。

◆行政审批制度改革 2016年，按照行政审批制度改革“简政放权、放管结合、优化服务”的总要求，区编办会同区法制办，梳理全区行政审批事项和政府行政权力事项，分别建立区行政审批事项清单和区政府行政权力清单，并通过区政府网站对外公布。经梳理核实确认，全区确定政府10类行政权力共3098项权力事项。其中，行政许可110项，行政处罚2535项，行政强制168项，行政征收19项，行政给付9项，行政奖励15项，行政确认19项，行政裁决4项，行政征用2项，其他行政权力217项。同时，区编办建立健全权力清单动态调整和长效管理机制。在优化服务上，进一步落实“三集中三到位”（部门行政审批职能向一个科室集中、承担审批职能的科室向行政审批服务中心集中、行政审批事项向电子政务平台集中，切实做到审批事项进驻落实到位、授权到位、电子监察到位），克服“一长四多”（办理时限长、中介多、盖章多、收费多、材料多）等问题。

◆行政审批制度配套改革 2016年，根据南京市中介服务相关管理办法，严格执行中介服务清单，加强清单动态管理。经过上轮政府机构改革后，全区在清理“红顶中介”的同时，全区已梳理出台“行政审批涉及中介服务清单”进入区政务大厅，纳入办事流程。

是年，栖霞区推进“三多四联”工作，在区权范围内推进“多规合一、多评合一、多图联审、联合勘验、联合测绘、联合验收、区域性联合评价”。区编办多次牵头组织协调，区政务办和各相关部门通力配合，区发改局、住建局、国土分局、规划分局、环保局等部门进行一定程度上并联审批尝试，主要是业务部门加强沟通协调，一定程度上信息共享，优化办理流程，减少流转时间，提高服务质量。仙林街道梳理出台《街道公共服务事项清单》，明确办理事项、办理流程、所需材料和代办事项，服务辖区内群众办事。尧化街道推行全科政务服务改革，将130项政务服务事项分成4类办理模式，建立“全科窗口”，减少办事程序，并开通咨询服务热线和监督投诉热线，设置导办台，让居民群众在社区内就能享受高效便捷的政务服务。

是年，根据江苏省、南京市统一部署，全区建立并公布区政府权力清单，并实施清单动态管理。权力清单动态管理以来，未擅自增加部门权力。加强权力清单的运用，权力清单已进入政务大厅和综合执法监管平台，应用于政务服务、业务办理、法制监督、电子监察、信息公开等多系统，实现全区域覆盖、全程留痕，确保权力运行规范、阳光、高效。创新监管方式，依托区综合执法信息平台，研究“双随机、一公开”监督管理的综合运用，并根据信息的全方位、全过程留痕，按照部门责任清单，加强追责。

◆权力清单标准化 2016年，区编办会同政府各部门，按照行政权力清单标准化编制要求，核对完善全区行政权力清单，形成全区行政权力标准化清单，并逐项逐条编制行政权力办事指南。全区共涉及30个部门，其中区政府部门27个，党委部门3个（编办、保密办、侨办），另有区公安分局数据（权力1251项）汇入全区统计，梳理权力标准化事项5069项，编入办事指南5221项。至2016年年度，各部门权力标准化清单和办事指南已由区政务办组织录入江苏省政务服务“服务一站通”系统，并于全市首家完成此项工作。

◆“四单一图一机制” 2016年，区政府部门实施“四单一图一机制”，包括部门责任清单、行政审批涉及中介服务清单、盖章事项清单、收费事项清单和运行流程图以及取消和前置转后置行政审批事项事中事后监管机制。根据栖霞区政府职能转变和机构改革及市编办相关文件要求，区编办结合本轮政府部门“三定规定”重新制定，梳理出台栖霞区“四单一图一机制”。其中，部门责任清单梳理27个部门，主要是对部门主要职责细化分解，强化权责对应和追责机制。行政审批涉及中介服务清单包括10个部门共48项中介服务，明确设立依据、服务时限、收费标准、收费依据，没有明确规定依据的一律取消。行政审批涉及盖章事项清单包括20个部门共476项盖章服务，严格审核盖章依据，最大限度减少环节。行政审批涉及收费清单包括3个部门共17项收费项目，严格审核收费依据，最大限度削减收费项目、降低收费标准，没有法律法规规章依据的收费项目一律取消。行政审批运行流程图涉及21个部门，逐一制定审批流程图，包括设定依据、受理部门、提交材料清单、审批环节、审批时限、审核标准、中介服务、收费项目。取消和前置改后置行政审批事项事中事后监管机制涉及4个部门8项机制，对历次取消的以及前置改后置的行政审批事项，加强监督检查，明确监管的重点领域、范围和具体监管措施，分别制定事中、事后监管制度，加强对承接部门行使权力过程的指导和监督。

◆事业单位管理和中文域名注册 2016年，区编办调整区基层水务管理体制，撤销燕子矶、马群、尧化、栖霞、龙潭、八卦洲、仙林街道水利管理服务站，成立区水务管理服务综合一站、综合二站和尧化、栖霞、西岗、龙潭、八卦洲水务管理服务站，均为公益一类事业单位，隶属区水务局领导，同时接受街道党工委、办事处的工作指导。成立区投资建设代办服务中心，为区政务服务管理办公室所属全额拨款事业单位，相当正科级，公益一类。成立区企业服务中心，隶属区经济和信息化局，为公益一类事业单位，相当正科级。区编办为159家事业单位法人年度报告事项实施年检，合格率为100%；为14家事业单位办理登记、变更、注销等相关手续；为198个机关事业单位开办网站挂上标识，注册政务和公益域名208个。

◆政府职能转变和机构改革 1月20日，根据中共南京市委、南京市政府有关要求，区编办牵头制定《栖霞区人民政府职能转变和机构改革的实施意见》由区委、区政府印发。政府职能转变和机构改革的指导思想为：深入推进依法行政，以职能转变为核心，将机构改革和职能转变有机结合起来，全面深化综合改革，大力简政放权，优化机构设置，理顺权责关系，严控人员编制，提高行政效能，加强基层政权建设，努力建设人民满意的法治政府。按照“精简、统一、效能”的要求，围绕市场监管体制改革、城乡交通和水务一体化改革、行政执法体制改革等重点改革任务，优化政府机构，理顺部门职责，规范机构设置，统筹配套改革，进一步完善“两级政府、三级管理、权责一致”的治理体系，将职责功能相近、业务范围趋同、相互关联度高的部门职责相对集中，综合设置区卫生和计划生育局、区市场监督管理局、区水务局、区交通运输局等政府工作部门；区政府法制办公室由区政府办公室挂牌调整为单独设置，为区政府工作部门；区民族宗教事务局独立设置；组建区政务服务管理办公室，为区政府派出机构。政府机构改革后，共设置工作部门24个（不含监察局），另有列入政府序列不计机构个数的部门（市规划局栖霞分局、区监察局、区民族宗教事务局）3个。另有区政府派出机构2个，分别为区政务服务管理办公室和区保障房片区管理办公室。

◆综合执法体制改革试点 4月11日，区委召开全面深化改革工作会议，部署全区综合执法改革工作，由区编办、区法制办、区政务办负责实施。

7月，南京市编办批复同意各街道成立综合行政检查执法大队，为各街道所属副处级建制事业单位，分别核定编制12~15人，受各街道委托具体承担街道行政检查执法任务，统筹管理区城管局执法大队下派街道的城管执法中队、区市场监管局下派街道的市场监管分局、区交通运输局下派街道的部分执法力量以及各街道办事处抽调的部分执法人员和配备的综合执法协管人员，形成综合执法力量。9个街道综合执法队伍已整合到位，参与综合执法人数达799人。经区编办、区法制办再次审核确定1313项行政执法检查权，集中交街道综合履行。在此基础上，各街道也确定各自的重点检查事项。

按照“资源整合、数据共享、平台互通”的原则，相关部门业务平台对接综合执法，建立区综合执法信息平台和移动客户端执法应用程序，实现阶段执法现场与部门实时在线、信息及时传送，实施流程监控、结果反馈，并将处置过程和结果公开。建立电子档案，实现执法过程全程记录。实现电子监控、动态统计考核，并将综合信息平台向区政府有关部门开放，实现行政执法与行政管理的有机结合。8月19日，召开全区综合执法工作推进会，分析存在问题，进一步明确工作责任。完成区级综合执法指挥中心建设，开发区、街二级平台以及手机端APP，并组织人员培训，是年，平台共注册有847名工作人员；建立区、街道（部门）、社区、网格巡查员四级架构，梳理并建立“三单三库”（检查事项清单、人员责任清单、检查任务清单，典型案例库、法人库、处置标准库）；将全区5500余路视频监控整合到APP，为综合执法巡查提供巡查线索和处罚依据；梳理并导入29000多家区内企业基本信息库，为探索精确执法提供依据。9月13日，江苏省编办评估组实地评估区综合行政执法体制改革试点。

◆机构编制管理 5月28日，区编办牵头出台《栖霞区机关事业单位机构编制管理暂行规定》，重点落实联动互通、职数预审、事前审批、评估考核、监督检查等五项制度，按规定程序和权限审核编制使用情况。根据相关机构编制批文，栖霞区设置党委工作部门及党委工作部门的部门管理机构11个，政府工作部门24个，列入政府序列不计机构个数部门3个，群众团体机关5个，连同政协、人大、法院、检察院共计48个，核定内（下）设机构346个；全区设置派出机构11个，其中9个为街道并设有党工委、办事处，另2个分别为区政务服务管理办公室和区保障房片区管理办公室。
是年，上级下达核定全区行政编制总量890名，政法专项编制总量236名。核定领导职数935名。其中，正处级116名、副处级244名、正科级481名，副科级94名。是年，全区共有事业单位159个，核定事业编制5106人。其中，参照管理事业编制人员178人，全额拨款事业编制4021人（含参公管理事业单位），差额拨款事业编制438人，自收自支事业编制647人；核定事业单位领导职数18人，内（下）设机构领导职数310人。　□张培卿　向开宇

外事侨务与港澳台事务

◆概况　2016年，区政府外事办公室发挥职能优势、整合内外资源、创新涉外体制机制、完善优化管理服务、强化对外交流交往，为推动全区经济社会发展做出贡献。

◆澳大利亚珀斯市获赠“柴龙”　2月12~17日，区文化馆馆长赵伟伟，应邀到澳大利亚西澳洲首府珀斯市指导龙舞表演，同时协助《龙在珀斯》纪录片拍摄。2月14日晚，远渡重洋的栖霞“柴龙”舞动珀斯之夜，与当地民众共同度过“中国年”。2月16日，赵伟伟代表南京市政府向珀斯市赠送栖霞“柴龙”，双方共同祝愿两地深厚情谊持续发展。

◆对港招商　5月31日~6月2日，栖霞区组团，由区委书记邢正军带队，到中国香港地区参加南京现代服务业发展商机（香港）推介会，紫东国际创意园金光红地毯安意博影视文化基金、江苏生命科技园江苏万臻医药科技有限公司两个总投资共3000万美元项目，会上成功签约。在港期间，代表团还拜访香港永高集团、中建国际集团、中航地产，围绕企业增资、重大基础设施建设项目合作和地块开发等开展深入磋商。

◆境外招商　6月15~22日，区委常委、政法委书记孙中华带队到美国、加拿大招商引资。在美加期间，代表团先后与美国Yottaa Inc.、scalable display technologies、Grush和加拿大Webest Business Solutions Inc等公司进行项目洽谈，参观考察美国Google总部园区，并在麻省理工学院举办移动互联网专场推介会，吸取美国硅谷成功运作经验，相关项目合作取得实质性进展。8月29~9月3日，区委书记邢正军带队到德国和意大利推进相关项目。出访期间代表团拜访意中贸易促进会、意大利国家技术研究院、德国博世集团总部，考察意大利蒙塔纳环保技术股份公司、博西华家电投资公司，参加2016年德国柏林国际电子消费展，举办相关以生产性服务业为主题推介活动，介绍栖霞区优势发展资源，围绕项目引进相关话题交换意见。9月20~24日，区文明办牵头组团到英国参加伦敦“南京周”活动。在英期间，代表团参加百分百展览、商务洽谈会、文化创意设计与旅游产业融合发展调研等活动。在创意产业对接会上重点推介省级非物质文化遗产——金陵折扇和栖霞“非遗”创新中心开发的创新产品——绒花首饰，在招商资源推介会上重点推介栖霞山文化休闲旅游度假区、燕子矶永济江流、龙潭水一方生态休闲度假区等5个项目；在创意设计论坛上重点推介设在紫东国际创意园内的中国工业设计服务中心，并向欧洲设计企业发布各类设计需求。10月17~24日，区长黎辉率团出访日本、韩国，洽谈推进在手项目。出访期间，代表团先后参观考察LG集团、瑞声科技、夏普等企业及展示中心，与企业相关负责人开展沟通交流，加深对相关企业、项目及产业了解，拓展在栖霞区内落户项目及产业合作空间。12月下旬，区委常委、副区长万震带领相关部门、街道、平台负责人到英国、西班牙开展文旅产业专题招商推介。代表团一行先后拜会英国巴斯旅游局、西班牙马德里大区政府，考察调研马德里王宫、马约尔广场、巴斯古罗马浴场、皇家新月楼等旅游服务中心、文创产品中心，学习借鉴两地在文旅产业创新发展方面有益经验，并举行栖霞区文化旅游推介和栖霞山文化旅游招商路演，双方表示拟在旅游互惠、文旅招商等方面加深合作。

◆金中分校小学部组团访问旧金山　8月13日，应美国北加州华人文化体育协会和詹姆斯·利奇小学双重邀请，南京市金陵中学仙林分校小学部老师、学生及家长代表组成28人代表团，由区教育局党工委书记王守云带领，到美国旧金山市出席北加州华人第十四届文化体育大会，并参加“纪念孙中山先生诞辰一百五十周年暨剧圣汤显祖逝世四百周年”活动。在美期间，中国驻旧金山总领事馆总领事罗林泉接见代表团，金陵中学小学部昆曲社获“传播中华文化特别贡献奖”。代表团还参观詹姆斯·利奇小学校园。其间，代表团在美国通过当地图片、视频展示，初步了解美国小学生课堂及社会生活，双方结合进一步开展双边合作交流展开探讨。　□高　颖

政务服务

◆概况　2016年3月，栖霞区政务服务管理办公室组建，为区政府派出机构。2016年，区、街服务中心共接待市民100多万人次，办理行政许可和公共服务事项共102.7万件，受理19824家“多证合一、一照一码”企业设立变更和换照，办结率为100%，与区内市场监管、税务、财政等部门分工协作、共同推进2598家“营改增”换照工作，综合满意率达99.5%以上，在全市政务服务中心考核中排名前三。全年办理南京市12345政府服务热线中心派发的综合工单26197件，综合满意率85%以上。接办区96106市民来电2564件，办理各级领导信箱事项619件。是年，区政务服务中心被区委、区政府表彰为机关作风建设先进单位。

区政务办处理民生诉求，推动承办单位履职尽责，解决民生诉求。注重诉求舆情分析，每周编写诉求分析，汇总一周来各单位工单量环比变化，通报热点、集中、反复投诉诉求，联合机关党工委开展不满意工单和反复投诉工单核查。完善考核考评措施，提升工作成绩。将全区排名与中心工作人员绩效考核挂钩，充分调动工作人员积极性，努力提升全区水平。注重统计数据分析，监控舆情动态。不定期编写舆情动态，梳理热点和疑难点诉求。对市民反映的热点问题及可能突发的问题，及时提醒相关承办单位采取措施。

是年，按照政务服务“一张网”目标，区、街服务中心统筹规建、整体推

进，已从1个区政务服务中心、12个街道便民服务中心（含分中心），延伸到区内人社、民政、交运、公安、国税、地税、残联等7个部门分中心和116个社区（村），形成将136个服务阵地整合进“区街一体、上下对接、一网通办”的政务体系。

是年，全力推进“全科政务、联网联办”改革，实行“前台窗口全科受理、后台部门集中审批、中心窗口统一反馈”的服务模式将40个窗口压缩为26个前台窗口，并试点14项有关公共服务事项的区、街服务中心之间的联网联办。开展“互联网+政务服务”试点，建成区、街道中心的网上大厅，将实体大厅虚拟现实场景后搬到互联网上，市民可以通过电脑、智能手机进行事项查询、下载表格、网上提交、在线咨询和网上预约。利用科普大屏，公开审批信息，安装热敏打印机，提供办事指南快捷打印。

◆巾帼文明岗创建 9月10日，区政务办创建巾帼文明岗，以“巾帼文明岗”创建活动为抓手，全力提升工作人员业务水平，区、街服务中心工作人员及主要业务骨干均为女性。区政务办采取多种有效措施推动承办单位快速解决市民诉求，栖霞区2013年~2015年连续三年获市委市政府市民诉求办理工作先进单位表彰，区中心获得区委区政府2014年度五个建设有功单位表彰，区中心多名工作人员获得市、区级12345工作先进个人表彰。6年来，办理各类民生诉求10万余件，各级承办单位收到市民表扬件400多件。

◆拉萨市市民服务中心业务骨干驻训 10月24日，西藏自治区拉萨市市民服务中心业务骨干一行10人在该中心副书记、副主任苗永霞的带领下到区政务办进行为期一周的学习考察。在区政务办主要培训实践“全科政务”、企业设立登记并联审批以及12345政务热线办理。 □洪天安

政协栖霞区委员会

综　　述

◆概况 2016年，区第八届政协召开第五次全体会议，召开4次常务委员会议、主席会议8次。区政协常委会在区委领导下，牢牢把握团结和民主两大主题，紧紧围绕全区工作大局，认真履行政治协商、民主监督、参政议政职能，凝聚智慧服务科学发展，发挥优势助推民生改善，协调关系促进社会和谐，为谱写栖霞科学发展新篇章做出贡献。是年，政协委员主动深入基层、深入社区、深入群众，关注社会热点、难点问题，区政协收到委员报送的《关于建立符合法院工作规律和特点的激励机制的建议》《出台农村最低生活保障专门立法的建议》等各类信息50篇，经整理上报24篇，南京市政协采用12篇，全国政协采用3篇，信息工作排名位居南京市政协前列。

◆协商议政 2016年，区政协围绕全区经济社会发展中重大问题，广泛深入地开展各类协商议政活动，召开常委会议4次、主席会议8次和各类专题协商会议，围绕城市治理、安全生产、文化旅游产业发展等进行协商。经整理后向区委、区政府报送《关于加快区内现代农业发展的几点建议》等一批高质量协商议政成果，均为区委、区政府采纳。区委书记邢正军对《关于区内交通道路建设的几点建议》做出批示：“交通道路建设对区内城市化进程及经济发展具有举足轻重的作用。政协的建议立足栖霞实际，借鉴外地经验，具有较强的针对性。请交运局、住建局结合实际情况有序推进。”

◆民主监督 2016年，区政协为委员搭建监督平台，不断健全完善监督机制，推动一批监督事项落实。坚持区委办、人大办、政府办、政协办“四办”主任联席会制度，协商确定提案涉及的主办单位和协办单位，明确责任。联合召开交办会议，区委、区人大、区政府、区政协分管领导参加明确要求，确保提案办理高位运作。9月22日，专题召开主席会议，邀请委员代表听取提案办理工作情况通报，视察黑臭河道整治现场和区图书馆等提案办理成果，推动提案办理落实。

◆常务委员会会议 2016年，区八届政协召开常务委员会议4次。1月22日，区政协召开八届第十九次常委会议，视

2016年区政协常委会会议议题一览表

表5

时　间	届　次	主　要　议　题
01–22	19	视察南京综合保税区进口商品直销中心和龙潭街道长江新集镇建设、龙岸花园经济适用房小区；审议通过《政协南京市栖霞区委员会2016年度工作要点》、《政协南京市栖霞区委员会2016年度常委会议议题安排》；通报《政协南京市栖霞区委员会2016年度主席会议议题安排》和区政协2016年度重点提案，并进行协商讨论。
05–06	20	视察区内安全生产工作，听取区内安全生产监管体系建设情况通报，并进行协商讨论。
08–05	21	视察区内文化旅游重点项目，听取区内文化旅游产业发展情况通报，并进行协商讨论。
12–22	22	视察交通道路建设项目，听取区内交通道路建设情况通报，并进行协商讨论。

察南京综合保税区进口商品直销中心和龙潭街道长江新集镇建设、龙岸花园经济适用房小区；审议通过《政协南京市栖霞区委员会2016年度工作要点》《政协南京市栖霞区委员会2016年度常委会议议题安排》；通报《政协南京市栖霞区委员会2016年度主席会议议题安排》和区政协2016年度重点提案，并进行协商讨论。区政协主席夏宁主持会议并讲话，区政协副主席时效俊、蒋励出席会议。5月6日，区政协召开八届第二十次常委会议，视察区内安全生产工作，听取区内安全生产监管体系建设情况通报，并进行协商讨论。区政协主席夏宁主持会议并讲话，区政协副主席时效俊、蒋励、王佩娟以及区政协常委参加会议，区政府副巡视员王智，区安监局、住建局相关负责人应邀列席会议。8月5日，区政协召开八届第二十一次常委会议，视察区内文化旅游重点项目，听取区内文化旅游产业发展情况通报，并进行协商讨论。区政协主席夏宁主持会议并讲话，区政协副主席时效俊、蒋励、王佩娟、曹于平以及区政协常委参加会议，区政府副区长陈松、区交通运输局相关负责人应邀列席会议。12月22日，区政协召开八届第二十二次常委会议，视察交通道路建设项目，听取区内交通道路建设情况通报，并进行协商讨论。

◆区政协八届五次全体会议　1月9~11日，中国人民政治协商会议南京市栖霞区第八届委员会举行第五次全体会议，出席会议各界政协委员202人。区委、区人大、区政府、南京开发区管委会、仙林大学城管委会全体领导，区人民法院院长，区检察院检察长出席开幕式。区委书记、区长邢正军到会祝贺并对政协工作提出希望。区政协副主席时效俊主持开幕会议。区机关各部门、各街道、各直属、各有关单位负责人和各界人士代表列席会议，离退休区政协历届老领导应邀参加会议。会议期间，全体委员围绕邢正军在八届五次会议上讲话，区政协常委会工作报告和提案工作报告进行讨论。会议听取十个委、组委员代表发言，表彰2014–2015年度政协工作先进委员会、先进个人、优秀政协委员和信息工作先进个人。闭幕会议上，委员们听取《政协南京市栖霞区第八届委员会提案委员会关于第五次会议提案初步审查情况的报告》，通过《政协南京市栖霞区第八届委员会第五次会议决议》，号召全区各级政协组织和广大政协委员要在中共中央和中共江苏省委、南京市委、区委正确领导下，解放思想、坚定信心，攻坚克难、开拓创新，为实现“十三五”良好开局、加快建设“强富美高”新栖霞而不懈奋斗。会议共征集提案229件。其中，区工商联团体提案1件，民革栖霞区石化支部团体提案1件，委员联名提案31件，委员个人提案196件。

◆主席会议　2016年，区八届政协召开主席会议8次。1月22日，区政协召开八届第四十二次主席会议，视察南京综合保税区进口商品直销中心和龙潭街道长江新集镇建设、龙岸花园经济适用房小区；审议通过《政协南京市栖霞区委员会2016年度工作要点》《政协南京市栖霞区委员会2016年度常委会议议题安排》；通报《政协南京市栖霞区委员会2016年度主席会议议题安排》和区政协2016年度重点提案，并进行协商讨论。区政协主席夏宁主持会议并讲话，区政协副主席时效俊、蒋励出席会议。3月1日，区政协召开八届第四十三次主席会议，视察新型农业项目，听取区内新型农业发展情况通报，并协商讨论。区政协主席夏宁主持会议并讲话，区政协副主席时效俊、蒋励、孟祥康、曹于平以及部分区政协委员、区农业局、

2016年区政协主席会议议题一览表

表6

时　间	届　次	主　要　议　题
01–22	42	视察南京综合保税区进口商品直销中心和龙潭街道长江新集镇建设、龙岸花园经济适用房小区；审议通过《政协南京市栖霞区委员会2016年度工作要点》、《政协南京市栖霞区委员会2016年度常委会议议题安排》；通报《政协南京市栖霞区委员会2016年度主席会议议题安排》和区政协2016年度重点提案，并进行协商讨论
03–01	43	视察新型农业项目，听取区内新型农业发展情况通报，并进行协商讨论
03–23	44	视察棚户区（危旧房）和城中村改造项目，听取区内棚户区（危旧房）和城中村改造情况通报，并进行协商讨论
06–12	45	视察九乡河天工路桥和龙潭花园村新郭河、长江闸站，听取全区河道治理和当前工作情况汇报，并进行协商讨论
07–07	46	视察仙林大道众创空间带，听取区内众创空间建设情况通报，并进行协商讨论
09–01	47	视察街道便民服务中心、社区综合服务中心，听取区内街道、社区便民服务中心建设情况通报，并进行协商讨论
09–22	48	视察重点提案办理成果，听取提案办理工作情况通报，并进行协商讨论
11–29	49	视察社区康复医疗体系建设情况，听取区内社区康复医疗体系建设情况通报，并进行协商讨论

涉农街道相关负责人参加会议，区政府副区长秦志刚应邀列席会议。3月23日，区政协召开八届第四十四次主席会议，视察棚户区（危旧房）和城中村改造项目，听取区内棚户区（危旧房）和城中村改造情况通报，并进行协商讨论。区政协主席夏宁主持会议并讲话，区政协副主席时效俊、蒋励、王佩娟、曹于平以及部分区政协委员参加会议，区政府副区长陈松、区住建局相关负责人应邀列席会议。6月12日，区政协召开八届第四十五次主席会议，视察九乡河天工路桥和龙潭花园村新郭河、长江闸站，听取全区河道治理和当前工作情况汇报，并进行协商讨论。区政协主席夏宁主持会议并讲话，区政协副主席时效俊、蒋励、王佩娟、曹于平以及部分区政协委员参加会议，区政府副区长秦志刚和相关部门负责人列席会议。7月7日，区政协召开八届第四十六次主席会议，视察仙林大道众创空间带，听取区内众创空间建设情况通报，并进行协商讨论。区政协主席夏宁主持会议并讲话，区政协副主席时效俊、蒋励、孟祥康、王佩娟参加会议，区委常委、区政府副区长毛银铃，区科技局负责人应邀列席会议。

9月1日，区政协召开八届第四十七次主席会议，视察街道便民服务中心、社区综合服务中心，听取区内街道、社区便民服务中心建设情况通报，并进行协商讨论。区政协主席夏宁主持会议并讲话，区政协领导杨白英、时效俊、蒋励、孟祥康、王佩娟、曹于平，以及部分区政协委员参加会议，区委常委、区政府常务副区长钱维，区政务办相关负责人应邀列席会议。9月22日，区政协召开八届第四十八次主席会议，视察重点提案办理成果，听取提案办理工作情况通报，并进行协商讨论。区政协主席夏宁主持会议并讲话，区政协副主席时效俊、蒋励、孟祥康、曹于平参加会议，区委常委、区政府常务副区长钱维、区政府副巡视员王智，区政府办负责人员、部分政协委员应邀列席会议。11月29日，区政协召开八届第四十九次主席会议，视察社区康复医疗体系建设情况，听取区内社区康复医疗体系建设情况通报，并进行协商讨论。区政协主席夏宁主持会议并讲话，区政协领导杨白英、时效俊、蒋励、孟祥康、王佩娟参加会议，区委常委、区政府副区长万震和区文化旅游局负责人、市、区政协委员代表应邀列席会议。

提案工作

◆概况　2016年，区政协八届五次会议以来，各民主党派、工商联、政协各专门委员会、各街道政协工委和全体政协委员，围绕全区中心工作，认真履行政协职能，提交提案229件，其中，区工商联团体提案1件，民革栖霞区金陵石化支部团体提案1件，委员联名提案31件，委员个人提案196件。参与提案委员197人，占委员总数93.8%。按照提案内容划分，涉及经济科技方面37件，占16.2%；城建城管方面80件，占34.9%；教卫文体方面56件，占24.4%；民生保障方面43件，占18.8%，其他方面13件，占5.7%。区委、区政府高度重视政协提案工作，各承办单位将办理政协提案与践行“两学一做”、推进协商民主紧密结合，认真采纳建议，切实解决问题。年底，所有提案已经解决和基本解决229件，解决率100%。提案办结率、满意率均达到100%。

◆提案质量提升　2016年，区政协常委会抓住提案征集重点环节，促进提案质量不断提升。全会召开之前，主席会专题研究提案征集工作，梳理出《提案征集要目》，供委员选题参考。同时，召开委组负责人会议，动员各委组组织好委员提前选题、提前调研、提前协商，不断提高提案科学性和可操作性。通过召开党派团体座谈会、提案办理情况通报会、委组视察调研、委员进社区等形式，使委员更加解政情，体察民情，找准服务大局和发挥政协优势结合点，撰写出高质量提案。鼓励委员对提案深入探讨研究，帮助委员多方面收集信息资料，使提案内容更接“地气”、提案建议更加紧扣主题。坚持对提案进行全会期间初审、全会闭会后复审的审查制度，加大提案审查“立、撤、并、转”工作力度，确保立案质量。

◆提案办理　2016年，区政协常委会完善督办机制，切实提高提案办理质量。将提案督办与政协各项工作有效结合，通过常委会、主席会视察，各专委会对口协商，以及联合区政府开展“回头看”检查和印发《督察专报》等形式，对提案办理过程和协办单位，明确责任。围绕事关大局、委员关注、涉及人民群众切身利益重大问题，遴选10件重点提案，提请区政府重点办理。在区政协各位主席领衔督办下，10件重点提案不仅办结率、满意率达到100%，办成率也达到100%，为全区提案承办单位办理工作起到示范作用。

专门委员会

◆概况　2016年，区政协不断充实委组活动内涵，委员主体作用得到充分发挥，委员履职热情得到充分释放。各专门委员会发挥界别优势，围绕全区重点工作和关键领域，开展内容丰富、形式多样视察调研和协商议政活动。

◆教卫文体委二组　4月19日，教卫文体二组政协委员走进栖霞街道厂居社区，调研厂居社区建设情况，为提升厂居社区管理水平出谋划策。围绕基层民主协商制度展开交流，委员们分别与联系点社区负责人见面，并结合开展基层民主协商工作进行探讨。11月20日，应安徽省金寨县政协邀请，教卫文体二组委员到金寨县，开展考察调研活动。委员们一行参观红军广场，瞻仰洪学智将军纪念碑、红军纪念堂和县革命博物馆，聆听该县革命史迹解说。参加活动委员还对金寨县近年来经济社会情况开展了解考察。9月28日，在教卫文体二组委员、南京中医药大学教授张宗明牵线，九三学社南京中医药大学委员会与栖霞街道工委、办事处、政协工委正式结成共建单位，并开展首场“药香飘栖霞，医泽千万家”结对共建活动。

◆经济委二组　3月22日，经济二组全体委员深入栖霞街道、尧化街道、马群街道便民服务中心调研，体验便民服务中心给区域内群众带来成果。5月

19~20日，经济二组委员到浙江省安吉县，学习美丽乡村文化建设和乡村旅游特色经验，委员们结合栖霞区生态园发展提档升级话题讨论并提出建议。10月20日，经济二组委员考察江苏新恒基特种装备有限公司，参观企业经营生产车间，听取企业负责人对企业转型升级后发展情况汇报并提出建议。

◆科技委二组 4月13日，科技二组全体委员走进开发区，参观南京现金激光技术研究所、创书吧、创咖啡，一同领略高科技产业和创业众筹新模式。

◆社会法制委 3月11日，栖霞区政协主席夏宁，带领政协社会法制委组委员到金小华委员企业——南京金芒果服饰有限公司，走访调研民营企业经营情况，听取公司近况和企业发展规划详细汇报。3月底，区政协社会法制委组委员到江西省彭泽县，结合“合理开发利用自然资源，推动沿江经济发展”课题展开调研，并结合栖霞区借鉴九江沿江开发经验提出建议。5月9日，区政协主席夏宁、区政协副主席蒋励带领社会法制委组委员18人，到区内紫东国际创意园视察，并就园区特色产业建设与发展提出建议。9月19日下午，区政协副主席蒋励，带领社会法制委组委员16人到南京技师学院调研职业学校人才培养情况和就业前景。委员们听取学院领导关于学院发展概况、专业特色以及校企合作情况介绍，参观汽车、数控等实验室，就培养合格人才，推动全区职业教育发展提出建议。9月，社会法制委发挥委员资源优势，开展预防未成年人犯罪教育活动。在对接委员联系帮助下，尧辰社区组织辖区十几名青少年到栖霞区检察院预防青少年犯罪教育基地接受警示教育，给孩子们上一堂生动法治教育课。 □龚 捷

街道政协工作

◆政协八卦洲街道工委 4月22日，政协八卦洲街道工委组织政协委员至湖北麻城，考察凤凰白云山公司和孝感县杏花村等地，了解当地经济社会和生态文明建设协调发展情况。委员们首先到凤凰白云山公司，参观公司中药提取、液体制剂车间和全自动生产线，了解公司利用“互联网+”销售模式，在公司网站、网店销售平台销售胎菊产品情况。随后，委员们参观孝感乡杏花村，委员们高度赞赏杏花村运用创新思维，促进文化、旅游、产业三者深度融合，把过去历史文化与现代文明风尚对接，打造出独具特色的移民文化、孝善文化产业，吸引游客们来到杏花村寻幽问古，寻根旅游。参加考察委员表示，南京市栖霞区很多村镇，同样具有悠久文化历史，如何谋划文化旅游产业，杏花村经验值得学习借鉴。10月18日，政协八卦洲街道工委组织委员到位于仙林科技产业区的“中国南京液晶谷”，先后参观中电熊猫6代线项目生产车间和LG电子项目等，并听取项目负责人对液晶谷建设、项目配套服务及产业链招商等工作情况介绍。在详细了解项目建设运营情况后，委员们对项目先进技术给予肯定。委员朱勇表示，栖霞区大力发展新型显示产业，全力打造先进制造业基地，是实现南京电子信息产业二次振兴，推动全市产业转型升级又一次机遇。12月31日，政协八卦洲街道工委组织委员调研八卦洲现代农业和乡村旅游发展情况。委员们先后到八卦洲现代农业产业园参观虹越园艺家花卉市场，红掌、番茄种植基地，航天育种基地以及南京红杜鹃生态园，对八卦洲现代农业和乡村旅游发展有基本了解。在交流座谈中，委员们对八卦洲农业和旅游产业发展提出很多中肯意见。仇金龙委员指出，八卦洲应该主动与江北新区规划进行对接，推进当地道路交通、桥梁水利等基础设施建设；周晓红委员指出，八卦洲旅游文化特色还不是十分突出，应深度挖掘八卦本地养生文化、渔业文化、长江文化等，与当地旅游产业有机结合。其他委员也从产业规划、市场招商、宣传推广等各个方向为八卦洲发展提出建设性意见。 □祈 峙

◆政协龙潭街道工委 5月19日，政协龙潭街道工委组织政协委员到浙江省安吉县，学习美丽乡村文化建设和乡村旅游特色经验。通过学习，政协委员们普遍认为龙潭街道“水一方”园区建设必须找准定位，突出地方特色，扩大蔬菜和果树种植，增加一年四季具有时令特色的活动内容；建议地方政府大力引导，培育更多有特色农家乐和民俗旅馆，使游客来了能吃，能住，能玩，不断丰富园区乡村文化内涵，挖掘并注入当地民俗文化元素，使园区文化活动与园区旅游相得益彰。10月20日，政协经济二组一行，视察江苏新恒基特种装备有限公司、考察企业经营生产相关车间。其间，政协二组委员听取企业负责人民营企业升级转型后发展情况汇报，认可江苏新恒基特种装备有限公司发展势头，团队研发能力。政协二组委员建言政府加大资金帮扶力度，帮助企业融资，力争做大做强，助力企业走向国际市场。 □朱利虎

◆政协西岗街道工委 西岗街道政协工委建立每季度由5位政协委员重点社情民意信息报送制度，并按时通过“企信通”短信提示。是年，政协委员完成重点提案4篇，社情民意信息150篇，被市级以上媒体采用20篇。由区政协主席夏宁牵头，会同区政协委员中的区职能部门负责人参加，邀请高校委员实地走访桦墅村，邀请自然村长、党员代表、村民代表座谈商议，共同研究制定完成《周冲村村民公约》。街道政协工委确定以农村宅基地土地管理及房建制度改革为主要内容的全年重点调研课题，由崔永国、黄卫东委员牵头推进，完成现场调研和文字材料整理工作。组织政协委员与西岗街道社会组织开展结对帮扶活动，通过座谈交流，结合街道和服务项目，围绕助老、助残、扶幼、党建、社区服务等10项实事展开对接。由区政协主席夏宁带队，分别赴浙江桐庐、富阳和河南信阳郝堂村考察学习当地美丽乡村建设发展经验，为西岗桦墅相关项目建设提供指导性意见和建议，有效地推动桦墅美丽乡村建设规划建设进程和成效，为西岗街道美丽乡村建设指明方向。街道政协工委牵头承办“栖霞人看栖霞系列摄影活动”启动仪式，组织委员及区机关摄影爱好者至街道美丽乡村

建设核心区——桦墅村现场采风，参加“顾老师摄影技巧授课”等活动。围绕“养老”为主题，西岗街道政协工委组织委员参观“欧葆庭”项目。 □李 琳

◆政协仙林街道工委 4月5日，仙林街道政协工委组织政协委员，到南京邮电大学、南京信息职业技术学院考察互联网众创园，调研两所大学开展“大众创业、万众创新”工作具体情况；9月11日，组织委员到南京中医药大学，调研传统中医和现代医学结合以及开展医疗教学和服务情况；10月21日，组织委员参加2016年仙林“家乐汇”活动，调研仙林地区社会组织、志愿者队伍开展志愿服务情况，提出进一步拓宽社会组织工作广度和深度的若干建议。

□孟建生

中共栖霞区纪委

综　　述

◆概况 2016年，全区纪检监察组织按照上级纪委要求，聚焦主责主业，严格监督执纪问责，落实各项决策部署，深入推进全区党风廉政建设和反腐败各项工作，全面从严治党取得新成效。区纪检监察组织制定栖霞区《落实党风廉政建设责任制检查考核办法（试行）》，修改完善“五项清单”内的监督清单、问题清单和整改清单内容。督促各街道、各部门依法履职，12名履职不到位、工作监管不力责任人受到问责。对党员干部存在苗头性、倾向性问题早发现、早提醒，全年谈话、函询党员干部72人，初步核实违纪线索112条，查办案件80件80人。深入开展群众身边“四风”和腐败问题专项督办工作。配合区委成立巡察办，组建3个巡察组，对区统计局、区体育局和区残联等部门，开展换届后首轮驻点巡察。挖掘栖霞地区本土优秀清廉文化资源，弘扬优秀廉政文化，营造风清气正良好氛围。2016年，区纪委持续加大纪检监察干部队伍建设力度，先后安排44人次参加各类纪检监察培训。开展竞争上岗和挂职交流，优化队伍结构，增强工作动力。全面完成内设机构调整，强化监督执纪力量。推动街道纪工委书记专责专职要求落实，9个街道纪工委书记全部配备到位。选派年轻优秀纪检监察干部到中共南京市纪委跟班学习，扩展工作视野，提升工作水平。建立完善内控机制，及时处置反映纪检监察干部信访举报和问题线索，切实防止“灯下黑”。

◆区纪委常委会 2016年，区纪委召开常委会议15次。主要议题有：研究部署全区纪检监察工作；听取全区纪检监察组织监督责任履行情况汇报；研究处理全区党风廉政建设重要问题；讨论决定党员干部违纪案件和其他重要案件立案及涉案人员党纪处分；研究纪委内部人事机构调整相关问题。会议简况如下：

1月20日，区纪委常委会研究案件立案工作、春节前主要工作安排。2月16日，区纪委常委会研究案件审理工作、九届六次全会相关准备工作、党风廉政建设责任书起草情况、宣教相关工作。2月25日，区纪委常委会研究年度作风建设检查工作计划、重点工作督查计划、“三重一大”（重大问题决策、重要干部任免、重大项目投资决策、大额资金使用）再监督再检查工作计划、信息调研工作以及2015年度纪检监察综合考核、案件考核结果情况。3月15日，区纪委常委会研究案件立案结案工作、年度考核工作、年度纪检监察创新创优和重点工作推进计划、三区纪检监察组织年度学习培训计划。3月25日，区纪委常委会听取西岗街道、尧化街道、区机关党工委、区商务局、区教育局、区拆迁办、区人社局等单位监督责任履行情况汇报，研究案件立案及委、局、办领导分工工作。3月28日，区纪委常委会研究委、局、办机关科级干部竞职上岗方案。4月29日，区纪委常委会研究案件审理工作、区纪委换届相关准备工作。6月20日，区纪委常委会研究案件审理工作、廉政文化示范点建设工作。6月30日，区纪委常委会听取八卦洲街道、仙林街道、迈皋桥街道、区检察院、区人民法院、区公安分局等单位监督责任履行情况汇报。7月8日，区纪委常委会研究区党代会纪委工作报告、区党代会代表人选、督察办机构调整工作。9月23日，区纪委常委会听取龙潭街道、栖霞街道、区工业公司、区卫生局、区住建局、区交运局等单位监督责任履行情况汇报。11月2日，区纪委常委会研究案件立案工作。11月10日，区纪委常委（扩大）会学习党的十八届六中全会精神、南京市第十四次党代会精神，研究案件立案结案工作。12月23日，区纪委常委会听取马群街道、燕子矶街道、区城管局、区民政局、区市场监管局、栖霞建设集团等单位监督责任履行情况汇报。12月29日，区纪委常委会研究案件立案结案工作。

党风廉政建设

◆概况 2016年，区纪委、监察局按照党风廉政建设责任制要求，严格落实党委主体责任、纪委监督责任，层层压实责任，督促责任落实。坚持“一岗双责”与“责任倒查”相结合制度，严格责任追究，让失责必问、问责必严成为常态。

◆党风廉政建设责任制 2016年，区纪委制定栖霞区《落实党风廉政建设责任制检查考核办法（试行）》，修改完善“五项清单”（即：主体清单、监督清单、领导责任清单、问题清单、整改清单）内的监督清单、问题清单和整改清单。针对中共南京市委党风廉政建设责任制检查考核中发现栖霞区存在的6个问题，制定具体整改方案，推进长效机制建设。先后对6个街道、5个部门责任落实情况开展“两个责任”专项检查，发现问题36个，交办案件线索1条，下发问责建议1条。年底由区委常委分别带队，检查考核全区24家单位党风廉政建设责任制落实情况，促进责任有效履行。加大对各街道、各部门依法履职情况检查，12名履职不到位、工作监管不力责任人受到问责。

◆专项督查 2016年，区纪委围绕区委、区人大、区政府、区政协及村居换届工作，成立巡查组和督导组，通过查阅

资料、受理举报等方式，先后开展5轮换届督查，进行干部任前核查把关12批次1278人，为换届选举工作提供坚强纪律保障。加强对财政惠民补贴和扶贫资金发放、公有房屋土地出租管理、阳光拆迁等重点领域开展专项检查。充分借助基层力量，成立“群众监督团”，切实提增监督检查实效。

◆源头防腐　2016年，区纪委注重挖掘栖霞本土文化资源，常态化实施廉政短信提醒、优秀传统家规家训宣传等主题活动，弘扬优秀廉政文化，营造风清气正良好氛围。区纪检监察组织发挥金陵廉政文化教育馆辐射效应，全年接待2万多人次参观学习。认真贯彻《中国共产党廉洁自律准则》《中国共产党纪律处分条例》《中国共产党问责条例》，组织系列宣传解读，运用全媒体寓教于乐，让遵规守纪要求入脑入心。

作风建设

◆概况　2016年，区纪委、监察局深入贯彻中央“八项规定”精神，不断加强监督检查力度，重点整治群众身边不正之风和腐败问题，坚持不懈地纠正“形式主义、官僚主义、享乐主义和奢靡之风”问题，有力推动党风持续向好。

◆作风建设监督检查　2016年，区纪委突出重要时期、重点时段、重点场所、重点部门，通过发送廉政短信、印发廉洁自律通知、组织人员明察暗访等多种方式，加强对机关作风建设情况监督检查。针对媒体曝光区物价局作风问题，第一时间深入调查，对2名具体责任人给予党纪、政纪处理，对相关负责人给予问责处理。构建“上下联动、信访联动、部门联动、处置联动、检查联动”机制，通过随机抽查、财务检查等多种方式，深入开展专项整治，全年组织检查4次，明察暗访40次，发现问题线索7件，查实问题2个，全部整改落实到位。开展群众身边“四风”和腐败问题专项督办工作，围绕侵犯群众权益突出问题，实行分批次挂牌督办，中共江苏省纪委、南京市纪委交办的4件问题线索，区级挂牌督办6条问题线索，均已全部办结。

纪律审查

◆概况　2016年，区纪委坚持把纪律挺在前面，聚焦主责、主业，突出监督执纪，不断加大纪律审查力度。全年，查办党员干部违纪违法案件80件80人。

◆执纪审查力度加大　2016年，区纪委严格落实纪法分开、纪在法前、纪比法严要求，全年查办案件80件80人，相比2015年同期增长近一倍，获全市特等奖。综合运用谈话提醒、函询诫勉、立案审查、纪律处分等方式，发现问题及时提醒，违反纪律立即处理。全年运用“第一种形态”处理问题线索72人次，比上年增长227%；处分80人，其中党纪轻处分49人，重处分29人，移送司法机关2人，监督执纪“四种形态”（即：党内关系要正常化，批评和自我批评要经常开展，让咬耳扯袖、红脸出汗成为常态；党纪轻处分和组织处理要成为大多数；对严重违纪的重处分、做出重大职务调整应当是少数；重违纪涉嫌违法立案审查的只能是极少数）综合效应得到发挥。

◆严格信访监督　2016年，区纪委认真处置信访问题，全年共办理各类信访举报215件次，信访件按期办结率98.5%。对党员干部存在的苗头性、倾向性问题早发现、早提醒，防止小错酿成大错，全年谈话函询处级干部12人，其他党员干部60人。规范问题线索处置工作，按照拟立案、初核、谈话函询、暂存、了结五类方式强化线索管理，初步核实违纪线索112条。

◆案件审理质量提升　2016年，区纪委在维护被处分人合法权益基础上，及时审理、审结、移送案件。市纪委案件质量检查中，抽取栖霞区纪检监察组织办理的案件全部合格，其中有2卷被评为优秀卷宗。加强对重大典型案件剖析研究，发挥以惩、促防治本功能。

监督检查

◆概况　2016年，区纪委、监察局围绕“三重一大”事项，不断加大监督检查力度，加强依法行政监察，开展首轮区委巡察，切实保障政令畅通。

◆行政监察　2016年，区纪委对区商务局等单位开展行政监察，通过听取专题汇报、检查工作台账、抽查财务账册等形式，发现问题3个，提出建议3条，全部督促整改到位。

◆规范权力运行　2016年，区纪委严格规范“重大问题决策、重要干部任免、重大项目投资决策、大额资金使用”事项监督程序、工作流程和制度要求，督促相关单位做好事前申报、程序监督、事后备案，确保权力运行得到有效监督。协同相关职能部门，先后对8家联系单位开展重点检查，发现问题34个，提出整改意见36条。　□阮德奇

民主党派·工商联

民主党派

◆概况　2016年，全区有民革、民盟、民建、民进、农工党、致公党和九三学社7个民主党派基层组织，除民革、民建、民盟、民进4个总支外，还有15个支部，成员368人。其中，区人大代表5人、政协委员36人。是年，各民主党派深入贯彻落实党的十八大以来各次会议精神，全面贯彻落实中共中央关于统战工作方针政策和决策部署，坚持和完善中国共产党领导多党合作和政治协商制度，大力发展多党合作事业，促进全区统战工作和多党合作事业蓬勃发展，参政议政卓有成效，提出提案、建议案近50件，为区委、区政府当好参谋助手。

◆区委统战部专项座谈会　3月4日，区委统战部在区政府尧化办公点常委会议室，召开全区民主党派基层组织负

责人暨系统党工委领导座谈会。各民主党派市委会领导、栖霞区民主党派基层组织负责人及区属部分系统党工委分管领导参加会议。区委统战部副部长、区工商联党组书记刁志福主持会议，区政协副主席、区委统战部部长时效俊做工作部署。会议期间，各民主党派基层组织负责人围绕2015年工作开展情况及2016年工作计划主题展开交流。区委统战部分管领导通报栖霞区2015年度民主党派工作及2016年度工作安排。各民主党派南京市委员相关领导应邀出席会议，分别对栖霞区民主党派工作给予肯定，并对今后工作提出意见和建议，希望在栖霞各民主党派基层组织成员能在新形势下，充分发挥自身优势，积极参政议政，进一步加强组织建设，增强活力，为地方经济发展做出应有贡献。时效俊对各民主党派市委会及区属各系统党工委一直以来对栖霞民主党派工作支持和关心表示感谢，并结合做好2016年全区民主党派工作主题提出意见；希望各民主党派基层组织为建设“强富美高”新栖霞做出更大贡献。

◆徐锦辉到区专题调研 4月27日，中共南京市委常委、统战部部长徐锦辉，中共南京市委统战部部务委员张忠武、干部处处长王申春区调研党外干部队伍建设工作。区委副书记胡晓健，区委常委、组织部部长陈波，区政协副主席、区委统战部部长时效俊，区委统战部班子成员参加调研。徐锦辉一行首先到南京金港科创中心。党外干部、区科技局局长朱勇汇报中心概况，并陪同徐锦辉一行参观3D打印中心、国家射频识别产品质量检测中心、大学生科技创业苗圃。在创业苗圃，徐锦辉与创业人员交流，了解该企业发展状况和运行机制，鼓励他们借助国家和地区支持大学生创新创业的各项政策，奋发进取，努力工作，早日实现人生理想，助推经济发展。在区委党校，徐锦辉等领导观看栖霞区校地统战共建纪录片并给予肯定评价。胡晓健汇报全区党外干部队伍建设情况，重点介绍近年来栖霞“加强机制建设，营造利于党外干部成长的政治环境；加强培养锻炼，夯实利于党外干部成长的基础条件；加强改革创新，拓展利于党外干部成长的选用渠道”的做法和经验。徐锦辉肯定栖霞在区党外干部方面的工作经验和做法，建议栖霞区要充分抓住中央统战工作条例颁布契机，加强对党外干部培养和任用重视度；借助区四套班子换届契机，推进党外干部培养和任用工作；借助党外干部工作联席会议制度等工作机制完善，进一步做好党外干部培养和任用工作。

◆致公党栖霞区综合支部换届 8月26日，致公党栖霞区综合支部召开换届会议，会议选举产生新一届支部委员会，严进为主任委员，何旺翔为副主任委员，王樱、徐欣为委员。致公党南京市委副主委陈玄参加会议并讲话。严进总结致公党支部工作，并表示在致公党南京市委会和中共南京栖霞区委领导下，团结和带领支部党员立足本职，积极做好参政议政、社会服务等各项工作，努力开创支部全面发展新局面。陈玄代表致公党南京市委会对栖霞区综合支部新一届班子成立表示祝贺。对新一届班子提出希望。

◆民主党派成员到穗交流学习 9月6~10日，区委统战部组织区内民革、民盟等7个民主党派负责人，到广州市开展“忆革命看发展”交流学习活动。在广州市越秀区，通过互动交流、座谈讨论、实地参观等形式，实地了解、考察越秀区民主党派工作组织构架、办公环境等。越秀区民革、民盟、民进等党派主委，介绍区内基层党派工作基本情况。越秀区民主党派共有民革、民盟、民进、台盟等8个民主党派，计有成员1539名。随后，栖霞区民主党派基层负责人分别介绍栖霞区民主党派基层工作，双方围绕提升党派自身建设、民主监督、建言献策等方面展开交流。

◆尹军走访各民主党派市委会 11月，区委常委、统战部部长尹军走访各民主党派南京市委会，并与各民主党派南京市委会领导分别座谈。其间，交流近期栖霞区政协换届相关工作。尹军肯定栖霞区政协中各民主党派委员积极参政议政，履行监督职能，为全区民主政治建设和经济社会发展做出贡献，同时向各民主党派南京市委会通报栖霞区加强民主党派基层组织建设和民主党派干部培养措施办法，征求相关意见建议。各民主党派南京市委会就近期栖霞区政协换届工作和加强党外干部培养等方面工作与尹军交换意见。 □何　颖

工商联

◆概况 2016年，区工商联（商会）深入贯彻党的十八届五中、六中全会及中央统战工作会议精神，坚持“服务立会、依法治会、发展强会、和谐兴会”的工作思路，齐心协力，攻坚克难，引导全区非公经济人士健康成长，促进非公经济健康发展，各项工作取得进展。栖霞街道商会被评为江苏省工商联商会组织先进集体。是年，区工商联（商会）加大服务企业力度，成立“企心社”，建立区工商联执委微信群；联合区经信局、区人才办，成立区企业服务中心，线上线下为企业提供一站式服务。深入开展非公有制经济人士理想信念教育实践活动，组织3场“栖商讲堂”和2场区青年企业家沙龙活动，认真学习和贯彻党的十八届五中、六中全会精神，重点领会“创新、协调、绿色、开放、共享”五大发展理念，增强法治意识。

4月28日，栖霞区“同心·律师”服务团成立。该团为区委统战部、区司法局共同组建，团员由20名党外律师自愿组成，北京市德和衡（南京）律师事务所主任张艳任首任团长。

7月20日，南京·淮安工商联“百企帮百村”结对帮扶签约仪式在淮安市工商联举行。栖霞区栖霞街道商会、高力汽配城商会分别与涟水县的五港镇薛桥村、成集镇条河村签署结对帮扶协议。

12月28日下午，栖霞区龙潭街道大棚村社区商会成立大会，在大棚村社区会议中心召开。41位会员企业代表参加会议。选举产生商会首届执委。村委会主任、栖霞区海祥蔬菜土地专业合作社社长李洪当选会长。

◆区青商会结对帮扶 7月19日，区青

年企业家商会会长、南京年达炉业科技有限公司总经理陶伟，率商会班子成员到八卦洲街道外沙村考察，慰问防汛一线人员，捐送2万元慰问金和一批生活用品及食品。八卦洲街道外沙村在此前召开的南京市“万家民企帮万户精准扶贫工程”推进会上，被确定为“百企帮百村”精准扶贫对象，区青年企业家商会与该村签订结对帮扶协议，结合外沙村实际情况，共同细化帮扶方案，将更多的关心和帮助送到百姓群众身边。在外沙村村部，村委会负责人介绍外沙村的自然情况和发展规划，区青商会会长们也就精准帮扶工交流发言。区委统战部副部长，区工商联党组书记刁志福，副调研员陈学哲参加活动。

◆街道商会换届　10月26日，西岗街道商会换届，南京东模机电制造有限公司总经理陈东辉当选商会会长。10月27日，八卦洲街道商会换届，南京艾尼卡食品有限公司总经理陈林当选商会会长。10月28日，马群街道商会换届，扬子江药业集团南京海陵药业有限公司总经理贾树田当选商会会长。10月28日，栖霞街道商会换届，南京捷顺达物流集团董事长吕德宝当选商会会长。10月30日，尧化街道商会换届，南京金芒果服饰有限公司董事长金小华当选商会会长。11月3日，仙林街道商会换届，南京乔黛服务有限公司总经理俞岱维当选商会会长。11月8日，迈皋桥街道商会换届，栖霞房地产开发有限公司董事长刘新生当选商会会长。11月9日，燕子矶街道商会换届，南京三泉生物科技有限公司董事长马善权当选商会会长。

◆区工商联（商会）会员代表大会　11月29日下午，区工商联（商会）第八次会员代表大会在区委党校召开，区工商联会员代表106人参加。中共南京市委统战部副部长、南京市工商联党组书记毛卫华，南京市工商联副巡视员费学勤，区委书记邢正军，区委常委、统战部部长尹军，区委常委、副区长万震，区人大常委会副主任张民，副区长、区工商联主席秦亚平，区政协副主席时效俊等领导出席会议。会议选举产生区工商联（商会）第八届执委会领导班子，秦亚平当选主席（会长），刁志福等19人当选为副主席（副会长），彭中华当选为秘书长。会议还表彰2012~2016年度区工商联10家先进会员企业。　□彭中华

11月29日，区工商联（商会）第八次会员代表大会，在区委党校召开

区委统战部供稿

群众团体

栖霞区总工会

◆概况　2016年，区总工会认真学习贯彻中共中央和中共江苏省委、南京市委、区委党的群团会议精神，以开展“两学一做”学习教育为重要契机，引导工会干部准确把握习近平总书记“4·26”重要讲话丰富内涵和核心要义，把以职工群众为中心的发展思想体现在工会工作的各个方面。全区各街道均已成立总工会，工会干部全面配齐。基层工会组织达795个，涵盖3127家单位，工会会员6万余人，其中农民工会员1.9万人；职工入会率保持96%以上，企业动态建会率保持95%以上。

是年，区总工会开展“中国梦·劳动美”主题宣传活动、第二届“寻找最美劳动者”活动，举办庆祝“五一”国际劳动节暨第二届最美劳动者颁奖仪式，开展“建家故事·爱家感言”征集活动。联合区科技局、区人力资源和社会保障局在全区开展“大众创业、万众创新”立功竞赛活动，31家单位和31名个人参加市级立功竞赛先进单位和先进个人评选。组织参加第二届南京市职工科技创新奖暨第五届职工“十大科技创新成果、十大先进操作法、十佳合理化建议”评选，江苏凯米膜科技股份有限公司云金明开发的项目《高浓度井矿卤水双膜法精制工艺》被评为南京市十大科技创新成果奖。朱光成被评为江苏省先进个人，戴金荣和施义林被评为江苏省劳动模范。欧红、张明等4人获南京市“五一劳动奖章”，南京威克曼科技股份有限公司获南京市“五一劳动奖状”。开展“文明职工”、“十佳文明职工”评选活动，南京市栖霞区守望者青少年成长营主任黄怡宁被评选为南京市文明职工。组织全国劳模周福安、江苏省劳模朱光成参加第二批南京市劳模创新工作室评选工作。南京捷顺达物流被评为市级“书香企业”，江苏亲近母语文化教育有限公司等2家单位被评为市级“职工书屋”，扬子江药业集团南京海陵药业有限公司等2家单位被评为市级“职工优秀阅读组织”。参与南京市十五届工人运动会，组织职工参加各类文体活动和心理健康讲座等活动20余场。

加强工会维权服务机制建设，健全工会援助网络，代理职工法律援助案件12件，开展“法律援助月”普法巡回宣传活动4场，参与全区安全生产事故调

查7起。组织开展"安康杯"竞赛活动，全区新增参赛企业11家、参赛职工857人，参赛企业和参赛职工总数均比上年度分别增长10%；集中开展春季要约和秋季要约行动，发放要约600余份。创新开展行业（区域）集体协商和签订集体合同工作，召开尧化街道物业行业工资集体协商现场会，推广经验。支持企事业单位新建"爱心母婴室"6家，申报女职工工作"微创新"项目2个。健全困难职工帮扶体系及工作服务网络，建立182名特困职工、劳模档案，帮扶各类困难职工、大病互助会员1450人次，使用帮扶资金86万元。继续免费为建档特困职工、劳模先进人物办理互助保障，全年参保额近90万元；为创业职工成功申请小额贷款200余万元。南京长江工业炉科技有限公司和南京缘派蔬菜专业合作社代表全市职工创业孵化基地接受全总参观指导。开展"情系职工"社会服务需求座谈会、就业培训服务、创业贷款宣传、"春风送岗"专场招聘、劳模免费健康体检、民工子女夏令营等活动。开展工会组织进厂区、园区、社区"三进"宣传服务系列活动30场。开展园区工会工作调研，为下一步着力探讨破题方法打好基础。招聘9名社会化职业化工会工作者。加强业务指导，组织开展基层专兼职工会干部培训班。加快推进工会信息服务管理平台数据采集工作，全区已采集会员信息3万余条。

◆六届三次全委（扩大）会议 1月26日，区总工会六届第三次全委（扩大）会议在区常委会议室召开，传达学习南京市总工会十六届第三次全委会会议精神，回顾总结2015年工会工作情况，研究部署2016年工会工作任务。区委常委、组织部部长陈波出席会议并讲话。区总工会第六届三委会委员出席会议，各街道、局（系统）、直属单位工会主要负责人列席会议。区总工会常务副主席裴艾军主持会议。区人大常委会副主任、区总工会主席毕金生代表区总工会常务委员会作工作报告。仙林街道、迈皋桥街道、紫东国际创意园三家单位先后交流发言。依照工会章程，增补王建国、朱红、刘名祥、鲍丙根4人为区总工会第六届委员。

◆"情系职工　送温暖"慰问活动 2月1日，区总工会在尧化街道工会服务站举办"情系职工"社会服务需求座谈会暨春节"送温暖"慰问活动。区民政局领导、区社会组织服务中心和社会组织代表、街道工会负责人、困难职工代表参加活动。区社会组织服务中心负责人与社会组织代表介绍栖霞区近来实施的各种惠民、便民服务情况。区总工会与区民政局领导倾听困难职工代表心声，了解他们的实际需求，并提出建议。区总工会自筹资金，为全区164名市、区两级困难职工，140名省、市级劳模，18名困难劳模，3名困难企业工会主席，174名大病困难互助会员捐送慰问金和物品达75万余元。

◆"情系职工　春风送岗"招聘会 2月26日，区总工会联合区人力资源和社会保障局、迈皋桥街道工会联合会在迈皋桥市场民广场举办2016年"情系职工　春风送岗"专场招聘会。招聘活动得到南京市总工会职介中心大力支持。活动现场有80余家企业参会，提供工种70余种、岗位1800余个。招聘会吸引2300多人应聘。求职者与用人单位面对面洽谈，"零距离"咨询，900余名求职者当场与用人单位达成就业意向。活动为外来务工人员等各类求职人员提供免费服务900余人次，发放《春风行动手册》1200多本；组织报名参加职业技能培训90多人，免费提供劳动维权服务和法律咨询服务120余人次。此外，区总工会工作人员还向求职人员发放服务职工手册和康乐险宣传手册600余份。

◆市爱心基金会慰问区内重病困难职工 4月14日，南京市爱心基金会慰问区内困难职工张礼平和魏洁，给他们送上温暖和关爱，并向他们各送上1万元慰问金。张礼平和魏洁及家人表示，困难时刻有南京市爱心基金会和工会组织的关怀和帮助，让他们坚定生活信念，工会想职工之想，温暖人心，工会就是我们的"娘家"。

◆区级机关工会第六次代表大会 6月24日，区级机关工会第六次会员代表大会在区会议中心召开。区级机关党工委副书记朱红代表区级机关第五届工会委员会作工作报告。大会选举产生新一届工会委员会、经费审查委员会、女职工委员会和劳动法律监督委员会。区总工会副主席翁丽敏出席会议并致贺词。区级机关党工委书记江明洪出席会议。区级机关工会联合会第六届委员会名单：主席朱红，副主席伍其宇，委员张兵兵、陈珺珺、赵锡斌、徐玉静、翁丽敏。区级机关工会联合会第六届经费审查委员会名单：主任伍其宇，委员张丽华、陈丹。区级机关工会联合会第六届女职工委员会名单：主任徐玉静，委员杨欣、周一阳。区级机关工会联合会劳动法律监督委员会名单：主任伍其宇，委员余荣银、祖国强。

◆街道总工会成立暨观摩推进会 6月12日，全区街道成立总工会暨燕子矶街道总工会成立观摩推进会在燕子矶街道举行。南京市总工会、区委组织部、区总工会、各街道工会主席、专职副主席、工会工作人员以及燕子矶街道总工会首届会员代表参加会议。燕子矶街道总工会首届代表大会，审议通过燕子矶街道工会工作报告、工会经费审查工作报告；选举产生燕子矶街道总工会首届"三委会"组织机构以及工会劳动监督法律委员会。南京市总工会副主席刘方宁，区人大常委会副主任、区总工会主席毕金生为燕子矶街道总工会揭牌。区委常委、组织部部长陈波代表区委向率先在全区成立街道总工会的燕子矶街道总工会表示祝贺。陈波指出做好当前街道工会工作，要做到三个明确：明确要求、突破难点；明确任务、加强指导；明确目标、争取支持，用有效的作为和优异的成绩，赢得认可和支持。刘方宁最后讲话，对街道工会工作提出要求。燕子矶街道人大工委主任、街道总工会主席徐选，交流燕子矶街道成立总工会工作经验。

◆"共享快乐、共同成长"夏令营 6月28日，区总工会主办的"共享快乐、共同成长”农民子弟学校夏令营活动在金港科创中心开营，甘家巷小学、化二小学和宁燕外来务工小学四～五年级学生30人参加夏令营活动。上午，小营员们参观金港科创3D打印馆，再到Mr.Pizza仙林金鹰店，动手制作比萨食品。下午，营员们到西岗参观桦树嘤栖书院。在书院，营员们进行阅读交流分享，嘤栖书院向营员们赠书及其他学习用品。

◆行业（区域）性集体协商现场会　9月6日，区总工会在尧化街道人力资源和社会保障所召开物业行业工资集体协商现场会。南京市总工会副巡视员刘国庆、南京市总工会民管部副部长孙健，区劳动关系三方委员会有关领导，各街道、园区工会负责人及企业代表近80人参加会议。燕子矶街道物业行业联合工会、江苏欣华恒精密机械集团工会会上分别作工资集体协商工作经验交流，与会人员现场观摩尧化街道物业行业工资集体协商。企业行政、职工双方代表围绕行业最低工资标准、职工年度工资增长幅度、带薪年休假制度、节假日福利发放、女职工保护等议题进行协商并达成一致意见，现场签订尧化街道物业行业工资集体协商合同。

◆“三进”宣传服务　9月7日，区总工会在紫东国际创意园启动走进厂区、园区、社区“三进”宣传服务系列活动，通过活动宣传工会知识、促进企业发展、维护职工权益、推进重点工作，切实做到面对面、心贴心、实打实服务职工在基层。活动由以各街道总工会、园区工会举办，宣传服务活动与会员信息采集、建会行动、农民工入会、关注工会微博、微信等重点工作相结合，活动场地安排在工会服务站、社区服务中心、职工就餐点、职工宿舍区等职工聚集程度高，方便职工参与的场所，现场开展困难帮扶、小额贷款、互助保障、义诊等咨询服务活动，征集职工会员信息，向参与活动的职工会员发放赠品。

◆“金秋助学”　8月29日，南京市总工会副主席陈慧男、女工部部长何玄梅一行，在区总工会常务副主席裴艾军陪同下，到燕子矶街道太平社区看望慰问单身困难女职工，并为18名困难女职工的子女送上助学金。是年，区总工会筹措资金10.7万余元，分别为72名市、区两级困难职工子女发放助学金。“金秋助学”活动与往年相比，助学覆盖面扩大，助学活动体现精准化帮扶，对小学至大学阶段困难家庭学生发放1000元到5000元助学金，其中一名研究生新生的资助金额为5000元。

◆劳动关系宣讲会　9月20日，区总工会、金港科创中心工会联合会携手北京盈科律师事务所及江苏彦圣律师事务所，为金港科创中心园区企业举办劳动关系宣讲座谈会。区总工会副主席包正康、园区管委会副主任洪立军等参加会议。其间，北京盈科律师李金涛开设“劳动合同解除套路大揭秘”讲座，分层剖析劳动合同签订、终止、中止、解除等重要知识点。江苏彦圣律师宗雪从企业三类重要人群的管理角度，宣讲“科创型企业人力资源管理中的劳动法运用”的精彩案例分析。会后，参会HR（人事经理）们将日常工作中碰到的一些问题项律师们开展咨询并作探讨。

◆广场宣传活动　12月4日，区总工会、尧化街道总工会、尧化街道司法所、青田雅居社区联合在青田雅居社区广场开展“12·4”国家宪法日宣传暨知识竞赛活动。除开展法律知识竞赛外，工会工作人员向参与群众发放《职工权益维护手册》《栖霞区总工会服务职工手册》等法律法规、政策知识资料，现场为职工群众提供法律咨询服务，解答职工群众关心的法律问题。据统计，此次活动发放法律宣传资料及相关宣传手册600余份，接受职工群众法律咨询30余人次。

◆全总观摩区职工创业孵化基地　12月8日，由南京市总工会、南京市人力资源和社会保障局、南京市科委等联合主办的“南京工会助推就业创业高层论坛暨绿色科技创业大赛”活动在南京举行，栖霞区创业明星周福安、周德福、欧红、吕建明、李红萍5人同时入选《筑梦创业路——南京工会助推创业实录》。全国总工会权益保障部副部长陈杰平、中国机械冶金建材工会钢铁工作部部长刘向东、江苏省内12个兄弟城市工会及南京市各区总工会相关领导近百人，在南京市总工会副主席刘辉，南京市总工会保障部长宗子玮，区人大常委会副主任、区总工会主席毕金生的陪同下，到栖霞区职工创业孵化基地南京长江工业炉科技有限公司、南京缘派蔬菜专业合作社观摩。在长江工业炉科技有限公司，董事长周德福介绍企业生产运营情况。在缘派蔬菜专业合作社观摩现场，社长周福安介绍合作社情况。□刘洪飞

共青团栖霞区委员会

◆概况　2016年，团区委从巩固中国共产党执政青年群众基础和共青团自身发展需要出发，深入贯彻落实党的十八届六中全会精神，认真学习习近平总书记系列重要讲话，落实区委十届二次全会和团江苏省委、团南京市委全会工作安排以及相关群团改革精神。坚持服务凝聚青年，当好党委、政府桥梁，抓好团组织自身建设，围绕改革创新、服务大局中心，引领团员青年向上、向善、向党，为建设“强富美高”新栖霞汇聚青春、智慧和力量。在学雷锋日、中秋节等时间节点，团区委组织青少年广泛开展“践行社会主义核心价值观、弘扬当代雷锋精神”等系列活动。是年，“五四”青年节，团区委联合句容、仪征青年组织，共同举办“2016大地之爱——宁镇扬栖霞诗会”，三地近400名青年共聚栖霞，用诗歌追忆先烈、继承先烈精神。聚焦网络影响力。利用新媒体形式开展对青少年思想引领，依托“青善栖霞”微博、微信等自媒体平台，面向青年开展“‘七一’建党节·说句话儿给党听”、“我为‘十三五’建言献策”等主题的线上线下活动，加强学习分享和思想交流。2016年汛期，团区委充分运用新媒体平台，发起成立“青善栖霞”青年防汛服务队，在48小时内招募200余名青年志愿者，投入防汛服务一线，在关键时刻展现青春正能量。强化榜样示范性作用。组建“青善栖霞”记者团，深入青少年群体，挖掘身边典型，策划“青春

扶贫进行时”“青创大咖秀”等系列专题报道。在精准扶贫等活动中选树26名优秀团员青年典型，让正能量感染和影响更多青少年，让广大青少年感受到榜样示范就在身边。

团区委通过“1+100”、“2+9+N”、“1+1+1”等形式广泛联系青年维护青少年合法权益，助力精准扶贫。是年，团区委举办江苏省第七届“仙林成才杯”模拟法庭大赛，营造学法守法氛围，活动品牌进一步深化。推进“青年之家”综合服务平台建设，区团委打造和升级兴智科技园“青宁家Q+青少年之家”、金尧花园社区青春加油站、尧顺家园区高校公益性社会组织孵化培育联盟三个区级示范性综合服务平台，在全区7个街道通过联建、共建、改造等形式，打造各具特色青少年之家。加强“青年之声”网上共青团建设，进一步细化和优化“青善栖霞”微博、微信等新媒体平台板块条目设计。针对青年创业、立业需求，以“师青·e栖创”平台为载体，组织广大青年创客定期开展专业培训、“大咖分享”、小型座谈等活动；针对青年婚恋交友需求，以季度为单位，全年共举办四场“栖霞青交友”系列活动。夯实组织建设，让团干部不断获得自信。注重团干部培训，把办好团青班作为工作重点，举办春训班、夏令营、秋实园和冬享汇四场专题培训。推行“团干部+社工+志愿者”工作机制，推动基层共青团组织创新发展。团区委先后获团中央和团江苏省委授予的国家级、省级“青少年维权岗”称号，全省预防青少年违法犯罪工作先进集体，2011~2015年全市法治宣传教育先进集体等荣誉，青少年安全自护教育队会活动课程化建设被评为江苏省少先队工作优秀创新项目。尧化街道、栖霞街道、仙林街道分别入选第15期、第16期和第17期江苏省五四红旗团委创建单位。

◆宁镇扬栖霞诗会 5月4日，人民日报社《环球人物》杂志社授权区委组织部、区委宣传部、团区委等部门联合主办，旨在纪念建党95周年、长征胜利80周年暨弘扬雨花英烈精神党团主题教育活动之“用青春书写大爱2016大地之爱——宁镇扬栖霞诗会”在栖霞区西岗街道桦墅村周村大草坪举行。团江苏省委青农部部长卞胜平，团南京市委副巡视员曲征宇，区委常委、组织部部长陈波，区委常委、宣传部部长周峰，副区长万震，区政协副主席蒋励和中共句容、仪征两地市委有关领导出席活动。活动还特别邀请中国演讲协会副会长、大地之爱诗会创始人杨晓东、江苏演讲协会秘书长傅国、中央电视台主持人刘阳等名师“大咖”莅临现场。诗会由《多彩青春梦》《五四惊风雷》《如火岁月歌》《大美宁镇扬》四个篇章组成，根据共青团助力精准扶贫成果发布，区委常委、组织部部长陈波，中共句容市委常委、宣传部部长高庆华及中共仪征市委组织部副部长、企业工委书记、仪征市人才办主任樊荣臻为“e栖创”实体小铺揭牌，并由高校、团组织、电商项目三方代表共同交换战略合作协议。其间，活动表彰团省、市级“五四奖章”和“两红两优”获得者，并为评选出的十大“栖霞最美书屋”和“信仰之歌——纪念中国共产党成立95周年暨弘扬雨花英烈精神诗词征集活动”获奖作者颁奖。活动还采取“演出+”的模式，在舞台两边布置陈列各具特色的花卉、培育种植的瓜果展台。

◆团省委副书记王伟到区调研 8月24日，团江苏省委副书记王伟到区专题调研南京乐扶青少年发展服务中心建设和工作情况，团区委书记付建龙陪同调研。南京乐扶青少年发展服务中心是一家致力于青少年安全教育服务的社会组织。儿童安全自护教育项目在团区委支持下推动落实政府政策并印发文件，把安全自护教育设为学校少先队必修课。安全自护教育项目把少先队队会与多样创新性活动联合在一起，并在学期末以“自护小达人”PK赛形式给予考核。服务中心融合教育项目成功举办“我爱你”融合教育冬令营、“我爱你”融合教育画展等活动项目，旨在让特殊孩子和普通孩子彼此习惯，帮助特殊孩子更好地融入社会生活。王伟对栖霞区所开展的两个项目表示认可，希望栖霞团区委把儿童安全自护教育和融合教育项目开展的越来越好。

◆主题青年创客空间揭牌 9月9日，栖霞团区委和南京师范大学团委联合举办“女排精神·青创栖霞”冠军沙龙暨“师青·E栖创”青年创客空间揭牌仪式。中国女排队长惠若琪，栖霞区、南师大等校地领导参加活动。“十二五”期间，区委、区政府加大资金投入，高校、园区创业创新环境有较大提升；共青团、人社、科技、人才等多部门联合驻区高校举办互联网+创业创新大赛等活动，在区域内营造良好的创业创新氛围。注重与校内职能部门互动，与政府部门互动，与社会组织互动、与创投资本互动；为大学生创业项目对接人才、导师和资金三大服务。其间，栖霞区和南师大校地领导共同为“师青·E栖创”青年创客空间揭幕，象征着助力栖霞青年创业创新“圆梦号”正式起航。中国国家女子排球队队长惠若琪现场向青年朋友讲述自己成长经历、中国女排故事和自己对女排精神感悟。

◆青少年专门教育全国试点工作研讨会 11月10日，社会力量参与不良行为或严重不良行为青少年专门教育全国试点工作研讨会，在南京师范大学举行，团中央权益部协调督导处处长梅峰，团江苏省委副书记蒋敏，南京市司法局副局长李华，团市委副巡视员曲征宇，区委常委、组织部部长徐春，区委常委、政法委书记孙爱军等领导，以及南京大学、东南大学、南京师范大学、江苏司法警官高等职业学校、南京市建宁中学的专家学者，栖霞区预防青少年违法犯罪工作成员单位领导，青少年事务社工代表代表参加活动。徐春对社会力量参与严重不良行为青少年专门教育全国试点工作取得的成绩给予肯定。蒋敏发表讲话。

◆“仙林成才杯”模拟法庭大赛 11月，江苏省第七届“仙林成才杯”模拟法庭大赛启动。“仙林成才杯”模拟法庭大赛，在江苏省司法厅、共青团江苏省委、江苏省法学会等部门支持下，已连续举办七届。大赛发挥在社会管理、法治教育、法制宣传方面作用，引起江苏省、南京市相关部门及社会各界关注和反响，成为江苏省内有影响的赛事。辖区内18所高校、54支队伍齐聚仙林。16场比赛，126名选手群雄激辩。3名专业评委，展开精彩点评。11月16日，在区迈皋桥街道万寿村社区，举行模拟法庭大赛调解复活赛环节。12月3日，决赛在栖霞区人民法院大法庭举行，10所高校展开最后对决，参赛选手析辩法律关系，维护法律尊严。团中央权益部维权处处长冉云梅，区委常委、政法委书记孙爱军，区政法委副书记潘洪义，南京市法学会专职副会长丰友芳，区司法局局长卢静为决赛队伍授旗。

□葛若凡

栖霞区妇女联合会

◆概况 2016年，区妇联组织围绕中心，服务大局，完成年初确定的目标任务。区妇联领导深入街道，走访基层社区、女性社会组织、优秀创业女性、妇女群众，通过召开座谈会、现场会、交流会等形式，了解基层对妇联组织改革的期望和需求；总结西岗街道女性社会组织、马群街道轮值妇联主席等创新工作实践，让妇联改革创新在有条件的街道先行探索。

区妇联印发《栖霞区巾帼文明岗》管理办法，开展“创业创新巾帼行动”。有53个岗位、65名个人申报。栖霞区医院检验科，南京中医药大学图书馆等4家单位申报创建省级巾帼文明岗；蒿乡寻梦园女性创业社团、西岗街道“三点半课堂”等4家单位或项目创建达成市级巾帼文明岗。区妇联开展“春风送岗行动”，举办专场招聘会，提供就业岗位1800多个，成功推荐女性就业200多人；举办家政就业培训以及微营销创业沙龙、女性自主创业培训班40余场，培训妇女1500多人，发放妇女创业小额贷款790万元；组织12家女性社会组织参加南京市“芳茉莉”妇女儿童公益创意创业大赛，其中西岗“星巢家政”女性创、就业帮扶项目和马群“小雏菊”流动留守困境儿童陪伴教育项目进入大赛决赛，获2016年度江苏省妇女儿童公益社工服务项目，获江苏省妇儿工委10万元项目资金支持。区妇联推进妇女儿童规划实施，完成《栖霞区“十二五”妇女发展规划实施情况的调查与思考》专题，推进女性参政议政，新一届区党代会女代表、人大女代表、政协女委员比例分别为36%、30.84%、33.03%，比上一届分别提高6%、5.28%和7.68%。利用网络、微信、微博等新媒体，大力宣传妇女典型、妇女儿童工作成绩、经验，全年上报各类信息381条，被全国、江苏省、南京市妇女相关网站采用248条。是年，区妇联首次在全区开展“最美金婚夫妇”寻访活动，举办5·20“最美金婚夫妇”表彰暨幸福故事分享会，在全市率先开展“最美家庭”进机关活动，寻访表彰20户机关最美家庭，邀请全国“最美家庭”韩守训与区内最美家庭一起分享最美家庭故事。八卦洲、马群、迈皋桥等妇联组织分别开展“好人、好家庭”“最美女性、最美家庭”“至孝媳妇”评选表彰。区妇联开展家教惠民活动，争取全国儿基会“幸福万家·母婴1000天健康行动”公益项目，共举办公益讲座11场，惠及1500多名准妈妈；联合金审学院成立社区家庭教育指导中心，开展家庭教育公益讲座20场，惠及0–3岁家长近2000人；启动“书香家庭”评选推荐活动，尧化、八卦洲、龙潭等街道开展“书香润万家、亲子共成长”、“感恩母亲、携手五月”等主题教育活动。区妇联建立全区困境儿童资料库和单亲母亲资料库，利用节日走访慰问单亲困难母亲、困难儿童232人，捐送慰问品、慰问金16万多元；新成立龙潭中心小学“音乐种子”春蕾班一个，争取江苏省少儿基金会资助款2.4万元，帮助20名女童解决学习、生活困难；组织巾帼志愿者利用节假日开展心理辅导个性化服务，涌现出燕子矶爱心妈妈服务队、西岗“妈妈帮呀”、仙林小葵课堂、守望者青少年成长营、尧化“姚坊门为爱出发”等一批优秀巾帼志愿团队。区妇联探索维权工作宣教与专业化运作。开展“爱Ta护家，共建和谐栖霞”系列学习宣传活动，联合栖霞电视台制作《拿起法律武器，向家暴说不》专题节目在栖霞电视台滚动播出；邀请台湾反家暴专家吴淑美等专业人士为妇联干部、基层民警、人民调解员等近200人举办反家暴专题培训。是年，全区各级妇联处理来信来访49起，办结率100%，均无二次上访，区妇联秦赟获群众赠予锦旗4面。

区妇联加强妇联组织自身建设，召开全区妇联工作推进会，推动妇联组织全覆盖，妇联活动全覆盖。组织和做好街道妇联到期换届工作，扩大街道妇联兼职副主席和执委数量，吸纳优秀女性到妇联，举办三级妇联干部换届工作专题培训班，提高女性参选能力。新一轮社区（村）支委会、村委会换届，妇联主席100%入选两委。联合区委组织部、区委党校举办妇联三级干部培训班，组织基层妇联干部“参观新栖霞”活动，举办先进街道工作交流会、示范妇儿工作现场观摩会等形式多样的学习培训活动，提升妇联干部工作能力；组建栖霞区女性社会组织联谊会，推动女性社会组织发展壮大。是年，区妇联获南京市实施“十二五”妇女儿童发展规划先进集体、南京市“芳茉莉”妇女儿童公益创业大赛优秀组织奖。全区妇联系统12家单位、区内12户市民家庭及14名个人获全国、江苏省、南京市各类先进称号。

◆“三八”妇女节系列活动 3月4日，区妇联在燕子矶幕燕滨江风貌区，举办主题为“巾帼奋力‘十三五’，携手迈步幸福路”幸福健步走活动。区管女干部、区级机关各部门巾帼业务骨干、各街道村社区妇联干部、女大学生村干部、女企业家代表、女性社会组织负责人及各类妇女先进典型等11支巾帼健身队近500余人参加活动。区委常委、组织部部长陈波出席活动并致辞，南京市妇联副主席魏群，区人大常委会副主任王爱华、区政府副区长万震、区政协副主席王佩娟、区妇联主席万霞、区体育局局长盛有福等领导出席活动，并为11支巾帼健身队授旗。3月7日，区妇联在马群街道南湾营广场举办主题为“爱Ta护家，共建和谐栖霞”广场咨询活动，进行“家风、家训、家规”体裁的歌舞、快板、小品节目表演。市、区妇联领导，街道党工委、办事处领导，各社区两委班子、机关干部和妇女代表140人、女大学生村干部、女大学生社工60人参加活动。

◆妇女儿童发展规划监测评估工作会议 4月6日，区妇儿工委办公室召开全区“十二五”妇女儿童发展规划监测评估工作会议。会议通报2015年度妇女儿童发展规划监测评估工作基本情况，区妇女儿童事业综合指标在全市位列第二位；部署2016年度妇女儿童发展规划监测评估工作任务，结合2016年两个规划统计指标中的重点和难点问题具体讲解培训。区妇儿工委副主任、区妇联主席万霞和人社局、教育局、卫计局等20多家单位的联络员参加会议。

◆家教指导中心揭牌暨庆“六一”活动 5月28日，区妇联在五色花育儿园举行区社区家庭教育指导中心揭牌暨庆“六一”活动。南京市妇联副主席魏群、金审学院副院长沈明为栖霞区家庭教育指导中心揭牌；区妇联主席万霞和区社区家庭教育指导中心负责人签订家庭教育讲座进社区项目协议书，并安排项目经费3万元。魏群、沈明等领导及50余户家庭近150人参加活动。

◆市妇联主席到区调研 6月13日，南京市妇联主席宋晓辉一行，到区调研仙林高校妇联组织建设工作，区委书记邢正军等相关领导陪同调研。调研组听取区妇联关于仙林地区高校妇联组织建设情况汇报后，考察八卦洲街道的现代农业科技园。其间，还为市妇联精准帮扶外沙村做前期调研。

◆区妇联投身防汛防灾工作 7月，辖区内汛情严重，区妇联根据上级部门要求，组织全区各级妇联干部、妇女姐妹、巾帼志愿者，发扬刻苦耐劳精神，全力投入抗洪抢险，并成立防汛领导小组，一方面抓现场抗洪防汛，一方面做好安置应急。区妇联发动全区妇女干部到一线抗洪，动员1754名巾帼志愿者投入巡堤巡查、清理障碍以及后勤保障工作，每天对圩堤堤顶、堤身、堤脚10米内的树木、杂灌、农作物和违章建筑实施清理，在关键地段巡堤查险，为一线抢险人员提供饮食和物资保障。区妇联组织慰问与捐献，发挥区女企业家协会作用，组织常青藤、东升金箔厂、六子桥金箔厂、518批发部等13名女企业家慰问一线防汛人员，捐送慰问品价值近3万元；区妇联为其结对扶贫点捐送价值5000元防汛物资，援助防汛驻点龙潭街道10万元，发动妇女干部捐款11000元。

◆“爱之园”婚姻家庭服务中心成立 9月28日，区妇联在迈皋桥街道丁家庄景和园社区举办“爱之园”婚姻家庭服务中心成立暨“爱住心间　和谐家园”公益项目启动仪式。“爱之园”婚姻家庭服务中心是区妇联培育的第一个社会组织，分别在区民政局婚姻登记大厅和迈皋桥街道丁家庄景和园社区设立办公点，工作范围辐射全区，为广大妇女和家庭提供婚恋指导、婚姻咨询、家庭关系改善、婚姻调解等一站式公益性维权服务。其间，仪式上播放《让爱流动，为幸福家庭护航》维权工作宣传片。随后，“爱之园”婚姻家庭服务中心负责人鞠芸芸介绍公益项目具体内容；区妇联、区民政局分别与服务中心签订“爱住心间　和谐家园”项目协议书；南京市妇联副主席魏群与迈皋桥街道办事处主任肖胜利共同为“爱之园”婚姻家庭服务中心揭牌。“爱之园”婚姻家庭服务中心负责人鞠芸芸为参会人员进行婚姻家庭调解技能专题培训。全区各系统妇联主席、各街道妇联主席、社区（村）妇联主席代表、妇女代表近百人参加启动仪式。南京市妇联副主席魏群，区委常委、区委政法委书记孙爱军出席活动并讲话。

◆“国际反家庭暴力日”宣传活动 11月25日，第十八个“国际反家庭暴力日”，区妇联、区公安分局、区司法局在金尧社区广场联合开展主题为“爱Ta护家，共建和谐栖霞”专题法律宣传广场咨询活动，以对话交流的形式宣传反家暴理念，提升广大女性法治意识和维权能力，推进平安栖霞建设。活动现场不同事务所的9名省直律师接受结对妇女儿童之家聘书，担任法律顾问，为妇女儿童维权提供法律援助。区婚姻家庭服务中心专家宣读“反对家暴，从我做起，善待家人，尊重妇女，爱护儿童，争当守法、护法的好公民”倡议书。活动还组织现场问答、舞蹈、南京小拉、变脸等活动和表演节目，发放《反家暴宣传倡议书》《平安家庭手册》《中华人民共和国妇女权益保障法》等宣传册和宣传彩页近千份，解答群众婚姻家庭各类问题百余人次，律师志愿者现场对受暴妇女开展心理疏导和法律援助，并就家庭暴力发生后妇女自救的方法、途径展开讲解说明。 □秦　赟

栖霞区科学技术协会

◆概况 2016年，区科协围绕提升全民科学素质、服务经济社会发展和服务科技工作者推进各项工作，实现“十三五”科协工作良好开局。区科协努力提升全民科学素质取得新成效，实现科普活动形式多样化。举办南京科协大讲堂4场、栖霞科普讲堂13场，组织科普旅游等活动；推进网络科普益民系统建设，推广科普闻道APP，打造网络科普阵地；建成3家社区科普馆，接待社区居民4000余人次。区科协服务经济、社会发展取得新成果，组织企业与南京大学、东南大学等高校院所开展产学研对接；利用科技信息应用系统，培训专利系统应用工程师98人，形成应用典型案例11个，组织专家对重点企业帮扶5次，产生新专利11件；12项“产、学、研”成果入选南京市科协“金桥工程”，入选“双百工程”2项。为科技工作者服务取得新作为，引进各类科技研发和科技服务类项目30余项，新增德科瑞生物、宜怀智能科技等一批“创业栖霞”人才创办的创新项目，成立栖霞区物联网产业联盟科学技术协会，为全区物联网产业人才发展提供交流平台。是年，区科协获“十二五”江苏省《全民科学素质行动计划纲要》实施工作先进单位。

◆省科协党组书记陈惠娟到区考察 4月25日，江苏省科协党组书记、副主席

陈惠娟一行，到区考察海归人才创业工作，区科技局局长朱勇、区科协主席管建国陪同考察。陈惠娟一行考察调研先思达（南京）生物科技有限公司，听取汇报后，陈惠娟对公司研发工作给予评价，并肯定栖霞区科协工作，鼓励海归人才创业企业借助各级协会推进发展，要求区级科协要帮助海归人才继续争取更多扶持，积极帮助公司加快发展。

◆区物联网产业联盟科学技术协会 5月20日，栖霞区物联网产业联盟科学技术协会成立大会，在国家射频识别产品质量监督检验中心（江苏）学术报告厅召开。南京市科学技术协会副主席沈平、江苏省质量和标准化研究院副院长李军、南京市科学技术协会企事业部部长魏幸福出席会议。大会审议通过《栖霞区物联网产业联盟科学技术协会章程》，提名物联网产业协会第一届委员会委员名单。协会成立，成为全区分布在物联网产业链各环节的企业和单位，通过协会组织形成纽带进而密切联系在一起的标志，成员单位通过参与协会活动，创造更多合作机会，使物联网产、学、研、用等各环节有机结合，助力栖霞区物联网产业发展。

◆"疯狂科技嘉年华"活动 9月19日，区科协联合区教育局、仙林街道办事处、南京韩博士青少年综合素质发展中心等相关单位，在仙林街道南邮小学，举办全国科普日栖霞区主场活动"疯狂科技嘉年华"活动。活动分为两个部分，其一是南京韩博士青少年综合素质发展中心在学校礼堂，为到场学生、区内各小学科技辅导员、街道科技助理进行空气大力士、大象牙膏等趣味科学秀表演；其二是由南邮小学师生进行闯关嘉年华活动。让参与者体验科学奥妙、感受创新魅力，助力推动全区公民科学素质提升。

◆市科协"金桥工程"立项项目 2016年，区内12家企业获南京市科协"金桥工程"立项，分别是南京金长江交通设施有限公司"双行星排双电机混合动力型道路养护车辆关键技术攻关及产业化研究"项目、南京长江工业炉科技有限公司"蓝宝石晶体用超高纯氧化铝晶粒关键技术及装备研发与产业化"项目、南京皋知信息工程有限公司"不耗电且无光污染新式反射型显示器"项目、南京仁光电子科技有限公司"基于深度摄像机手势识别"项目、南京泰祺瑞新材料科技有限公司"低成本夜光陶瓷开发"项目、南京先欧仪器制造有限公司"超声波、干冰联合阻垢、抑垢换热设备开发"项目、江苏新恒基特种装备股份有限公司"高温气冷堆蒸汽发生器专用三维连接弯管研发与产业化"项目、南京安捷锐自动化有限公司"纠偏控制器"项目、江苏德佐电子科技有限公司"高性能固态放大器"项目、中建安装工程有限公司"新型硫酸铵结晶设备及工艺技术开发"项目、中建八局第三建设有限公司"中建八局渝中区大化路道路工程项目部"项目、南京银茂铅锌矿业有限公司"难处理铜铅锌复杂金属矿高效节能选矿关键技术研究及示范"项目。 □杭 铖

栖霞区红十字会

◆概况 2016年，区红十字会在组织建设、备灾救助、卫生救护、宣传筹资、志愿服务和无偿捐献六个方面，完成年度工作目标，发挥政府人道领域助手应有作用。元旦、春节"博爱送万家"活动中，发放款物165.38万元（含江苏省、南京市下拨5.953万元），其中区红十字会和街道配套合计35.27万元，区红十字会自筹款物124.16万元，全区2262户家庭受益，受益总人数7916人。

区红十字会组织开展"中医中药社区行"志愿服务活动10场次，为2100多名社区居民提供健康服务。组织志愿者参加造血干细胞采样，84人样本进入江苏省造血干细胞捐献者资料库。开展救护培训8820人，其中普及培训8042人，初级救护员培训778人。组织43所中小学和幼儿园开展红十字金陵宝宝"博爱校园行"募捐筹资活动，筹得义卖款13.71万元。245篇工作信息在《中国红十字报》《江苏红十字报》、中国人道网、江苏省、南京市、区红十字会网站、江苏省、南京市文明网、栖霞党建网、《金陵晚报》《栖霞简报》等媒体上登载。

是年，区红十字会宣传、捐献造血干细胞、救护培训三项工作成绩突出，获南京市红十字会先进单位称号。

◆备灾救助 2016年，区红十字会募集款物价值124.57万元，用于公益事业支出105.27万元，占年度捐赠总收入84.52%。走访慰问区癌友康复会工作人员和部分会员代表以及区"志友"大组代表，分别支持工作经费5000元，合计1万元。向区内11名经济困难家庭居民提供大病救助共8.99万元。为3名患大病经济困难居民申请南京市红会救助共1.96万元。为8名经济困难家庭儿童申请南京市红会"金陵宝宝"博爱资金救助1.6万元。为24名患病及经济困难家庭儿童发放"金陵宝宝"博爱资金救助4.7万元。为栖霞街道五福家园社区困难家庭提供助学款2万元，为栖霞区钱洁语音康复中心发放价值1.43万元配方奶粉。走访慰问八卦洲街道东江村困难家庭，了解脱贫情况，并帮助解决实际困难。

◆卫生救护培训 2016年，区红十字会走进机关、企事业单位、社区（村）、大中小学校开展救护培训8820人。其中，普及培训8042人，初级救护员培训778人。在区教育局支持和配合下，为全区14所中学初高中新生和新港职校新生开展救护普及培训。开展"红十字应急救护培训和国防教育相结合"活动，为燕子矶中学和栖霞中学新生开展救护培训。在栖霞山景区建立红十字志愿服务站。区红十字会为景区工作人员开展初级救护员培训，提高景区票务、安保、讲解等岗位一线工作人员现场救护能力。在八卦洲街道开展第四个"世界压疮（褥疮）预防日"活动，邀请解放军南京总医院专家为八卦洲康复颐养中心老人、护工及社区居民讲授压疮治疗、糖尿病医学知识及防治、失禁护理指导、脑卒中预防指导等，受到老人们和相关居民欢迎和好评。

◆**宣传筹资** 2016年，区红十字会针对不同群体和不同活动主题，投入9万多元设计定制各种红十字宣传品。举办纪念第69个世界红十字日文艺演出，演出实况也在江苏电视台国际频道播出。245篇工作信息在《中国红十字报》《江苏红十字报》金陵晚报、栖霞简报、中国人道网、江苏省、南京市、区红十字会网站、江苏省、南京市文明网、栖霞党建网、媒体上登载。区红十字会副会长丁彤和李正勇撰写的2篇红十字工作研究文章，分别在《中国红十字报》第1777期和第1733期上刊登。丁彤的新闻作品获《中国红十字报》优秀新闻作品二等奖。43所中小学和幼儿园开展“博爱校园行”爱心义卖活动，共筹得爱心款13.71万元，专项用于救助区内14岁以下患大病儿童。江苏豪森药业集团公司向区红十字会捐款10万元，专项用于造血干细胞捐献宣传推进工作。

◆**无偿捐献** 2016年，红十字“博爱周”期间，全区红十字系统广泛开展宣传活动，发放造血干细胞志愿捐献宣传彩页、无偿献血宣传资料、人体器官捐献宣传资料1000多份。区志友大组在全区九个街道共开展16场志友“两献”宣传活动，发放宣传资料和纪念品900多份。5月13日，区红十字会联合迈皋桥街道红十字会在万谷慧广场开展造血干细胞集中采样活动，全区9个街道和区机关党工委红会、区卫生与教育系统红会80多名志愿者报名参与，当天采样成功79例。全年，成功捐献造血干细胞志愿者2人，是全市第一例外企职工捐献者和第一例现役军人捐献者。

◆**志愿服务** 2016年，区红十字会组织开展“中医中药社区行”健康系列服务活动，为社区居民提供健康咨询、专家义诊、药粥药茶、中药香囊、传统功法健身、拔火罐、推拿、艾灸诊治和针灸治疗等无偿服务。3月13日～12月4日，“中医中药社区行”先后走进马群街道文康苑社区、栖霞街道江南厂社区、迈皋桥街道奋斗村社区、迈皋桥街道燕华花园社区、龙潭街道丽江苑社区、八卦洲街道八卦花园社区、迈皋桥街道景和园社区、西岗街道闻兰社区、仙林街道仙林新村社区、尧化街道青田雅居社区，服务居民2100多人，活动中发放红十字宣传物品和资料1300多份。

◆**防灾避险知识竞赛** 2016年，区红十字会组织全区红十字会基层组织参加中国红十字总会举办的“2016年全国红十字防灾避险知识竞赛”活动，区红十字会、区教育系统红十字会、钟山职业技术学院红十字会、龙潭中心小学红十字会、龙潭街道红十字会、仙林街道红十字会获一等奖，南京师范大学红十字会、八卦洲中心小学红十字会、区实验初级中学红十字会、八卦洲街道红十字会、迈皋桥街道红十字会、尧化街道红十字会获二等奖，南京财经大学红十字会、南京信息职业技术学院红十字会、南师附中仙林学校红十字会、南京市第一中学马群分校红十字会、伯乐中学红十字会、西岗街道红十字会获三等奖。

□李正勇

栖霞区残疾人联合会

◆**概况** 2016年，全区有持证残疾人8314人，约占户籍总人口1.8%。区残联以“加快推进残疾人小康进程”为总目标，推进残疾人在新兴产业中实现就业，努力在实现残疾人工作“保障全覆盖、康复进家庭”上下功夫。是年，完成754家用人单位按比例安排残疾人就业年审，通过区地税部门征收残疾人保障金2703.5万元。联合区人社局及驻区企业举办多场残疾人专场招聘会，推荐残疾人就业74人，鼓励和扶持残疾人自主创业4人；完成残疾人技能培训75人。新建农村残疾人扶贫基地2个，带动周边困难残疾人年人均收入超出当地平均水平50%以上。落实保障政策，贫困残疾人应保尽保。发放各种补贴1086万元，其中，无固定收入重残、“一户多残、依老养残”救助1294人计967.3万元，困难残疾人“护理补贴、低保重残补贴”1040人计102.6万元，残疾人机动轮椅车更换及燃油补贴196人计6.3万元，困难残疾人家庭临时救助金17人计2.5万元；接受中、高等教育残疾学生及贫困家庭残疾学生奖励及补助7.3万元。为未参加任何保险的残疾人购买城乡居民基本养老保险1086人、医疗保险2077人，投入资金173.87万元。各类节日期间开展“送温暖、献爱心”活动，共走访慰问贫困残疾人家庭近2000户，发放物资118万余元。与南京爱乐思养老服务指导中心合作开展“入社区、进家庭”精准康复服务。开展“三助一给”（助行、助视、助听，贫困精神病人免费给药及辅具适配）及康复“四进家庭”等活动，为570户残疾人家庭制定“个性化”康复档案，为32户残疾人家庭进行无障碍改造、配发各种辅助器具814件。为肢体残疾人免费安装假肢22例，为84名残疾人配备低视力辅具，为26名白内障患者实施免费复明手术，为276名贫困精神病人提供免费药品，为163名贫困残疾儿童申请免费抢救性康复训练。

8月，区残联组织区内8名残疾人参加江苏省残疾人职业技能选拔赛。最终，燕子矶街道残疾人张春伟、聂莹分别在CAD制图及网页制作比赛中获第一名和第二名。

◆**残疾人就业** 2016年，区残联联合区人社局及驻区企业，举办残疾人专场招聘会10余场，苏果超市、柳韩精密电子、奥托立夫安全系统有限公司等多家用人单位提供近百个工作岗位。与南京信息职业技术学院合作，6月28日～7月1日，在南京信息技术职业学院开设为期四天的技能培训，培训项目有淘宝微店、插花、计算机应用等，以提高残疾人就业和自谋职业能力。鼓励残疾人自主创业，继续扩大“八卦洲助残创业示范基地”建设规模，13名残疾人在此创业。新建八卦洲街道外沙村、西岗街道桦墅村2个农村残疾人扶贫基地，开展季节性果蔬种植与销售，带动周边残疾人灵活就业，实现年人均增收3000元以上。组织各街道残联理事长到无锡市惠山区学习当地“残疾人之家”建设经验，全年新建五福家园社区、姚坊门、八卦洲、大棚村和旭日阳光等5个“残疾人之家”。

◆**社区康复服务** 2016年，区残联与“南京爱乐思养老服务指导中心”深度合作，共同开展“入社区、进家庭”精准康复服务项目。在尧化、马群、龙潭等7个街道开展残疾人社区康复服务。全年开展“一对一”上门服务3416人次、康复站点服务3075人次，举办康复讲座及各类活动100场，30余名残疾群众取得明显康复成效。8月，在“腾讯公益”平台发起“爱心助力老养残群体”项目，以公益众筹形式，积极争取社会资源，助推项目发展，让更多残疾群众享受专业康复服务。

◆**残疾人文体活动** 5月，在全区残疾群众中开展文艺节目选拔活动，选送小品、歌唱、舞蹈等4个优秀作品参加全市残疾人文艺会演，并获一等奖1个、二等奖2个、三等奖1个；选拔13名残疾人体育爱好者参加江苏省第七届全民健身运动会残疾人比赛，在田径项目中，获男子100米、200米两块金牌。9月，在第15届巴西里约夏季国际残疾人奥运会中，栖霞区乒乓球选手闫硕，获乒乓球男子单打比赛TT7级铜牌。12月，栖霞街道残疾人朱建军书法作品入选中国残疾人联合会、全国政协书画室共同主办“放飞梦想、共奔小康”首届全国残疾人书画展。

◆**“全国助残日”活动** 5月13日下午，“善行栖霞，让爱飞扬”——栖霞区第二十六次“全国助残日”主题活动在区文化中心青春剧场举行。南京市残联副巡视员陈沙沙，区委副书记胡晓健，区委常委、副区长毛银玲，区人大常委会副主任张民，区政协副主席蒋励，区残工委成员单位及各街道分管领导等出席会议。活动以介绍区残联引进5个专业助残社会组织为主线，通过微电影、文艺表演等形式，展现这几个社会组织从康复、劳动就业、文化、志愿服务等方面为全区残疾群众提供专业化定制服务。活动中还表彰2016年度栖霞区助残先进单位、先进个人及优秀助残项目。

9月，在第15届巴西里约夏季国际残疾人奥运会中，栖霞区乒乓球选手闫硕，获乒乓球男子单打比赛T17级别铜牌
区残联供稿

◆**残疾人免费体检** 5月5日至5月31日，区残联出资60万元，为全区所有持证残疾人免费体检。此次体检项目包括测心电图、胸透、血常规、尿常规、B超（肝、胆、胰、脾、双肾）、物理检查（内科、血压）、血生化（血脂三项、空腹血糖、转氨酶）等项目。此前，区残联召开街道理事长会议专项部署，要求在保证安全前提下，为体检的残疾群众提供周到人性化的服务。体检活动结束之后，区残联还通过提供医疗救助、优惠服务以及配发辅助器具等措施，做好体检后续服务工作。

◆**“中途之家”揭牌** 12月3日，栖霞区脊髓损伤患者“中途之家”揭牌仪式在奥体中心主体育馆进行。区残联依托江苏省人民医院栖霞康复院区和栖霞区医院康复医学科资源支持，成立栖霞区脊髓损伤患者“中途之家”。帮助脊髓损伤残疾群众主动参与活动，不断提高生活自理能力、建立信心，最终走出家门、走向社会。 □傅 佳

城市环境

CityEnvironment

栖霞山·乾隆行宫

杨轶绘

◎责任编辑　赵建华

城市规划

◆概况　2016年，区规划分局围绕全市城乡规划事权改革要求，融入全区发展，办理各类规划审批1912件次。其中，选址意见书59件，计182公顷；用地规划许可证64件，计249公顷；建筑类建设工程规划许可证148件，计463万平方米；市政类建设工程规划许可证341件，计516千米；建筑类建设工程核实64件，计353万平方米；市政类建设工程核实47件，计544千米。开展全区规划编制工作，完成新尧、黑墨营、马群科技园3个片区控制性详细规划编制，获南京市政府批复控详图则单元面积达16.4平方千米，控详面积编制覆盖率达90.8%；完成栖霞大道、新尧新城片区等城市设计编制工作；推进全区近期建设规划编制工作；推进10处重点地铁站点周边一体化城市设计，其中桦墅、东流2个站点已通过市规划局编制例会审查。同时，有序开展市政专项规划，完成《南京市栖霞区充电设施布局规划》《南京市栖霞区地下停车场近期选址规划》编制工作，启动《青龙片区综合管廊专项规划及管线综合规划》。

◆栖霞山片区建设规划　2016年，区规划分局按照区委、区政府发展思路及建设时序分层次推进栖霞山重点项目规划设计。推进文化旅游产业开发，重点打造栖霞广厅与栖霞古镇两个“山—寺—镇”特色文旅休闲项目，配合南京市城乡规划委员会召开相关规划设计方案专家咨询会。栖霞广厅项目位于栖霞山景区的核心区域西部，用地面积约24.69公顷。2月26日，栖霞广厅规划设计方案通过专家咨询会。邀请中国城市规划协会会长、住房和城乡建设部原总规划师唐凯，中国科学院院士、同济大学建筑与城市规划学院教授常青，中国工程院院士、南京东南大学城市规划设计研究院有限公司院长、教授王建国，江苏省住建厅副厅长张鑑，同济大学建筑与城市规划学院教授卢济威，江苏省城市规划设计研究院副院长、南京市名城委专家委员会委员陈沧杰等6位业内知名专家参会。栖霞古镇项目选址栖霞山麓西侧，总规划用地面积约17.8公顷，总建筑面积约12万平方米。11月17日，栖霞古镇修建性详细规划设计方案通过专家咨询会，并邀请中国工程院院士程泰宁、南京规划委技术专家咨询委员会主任苏则民等6位专家为栖霞古镇项目规划建设事宜建言献策。12月底，区规划分局核发栖霞山石埠桥片区保障性住房项目建设工程规划条件。石埠桥保障房项目选址栖霞街道，东至九乡河路，南至便民河路，西至五福路，北至石埠桥北路。项目总用地面积约19.93公顷，总建筑面积约38.7万平方米，预计安置约2601户拆迁群众。此外，地块内还同步规划配建九年一贯制学校、12班幼儿园及居住级社区中心各一处。

◆新尧片区控制性详细规划编制　1月11日，区规划分局组织编制的《南京新尧片区（NJDBa021）控制性详细规划及相关城市设计》（以下简称《规划》）获南京市政府批复（宁政复〔2016〕4号）。范围北至栖霞大道，南至沪宁铁路，西至宁洛高速，东至仙新路，总用地面积6.82平方千米。功能定位是符合南京城东地区主要生活配套区、整个南京地区城市更新示范区和生态宜居的现代城区。《规划》形成“两心、四轴、三片区”的规划布局。其中，“两心”是指一个地区综合服务中心，一个太平山公园城市绿化中心；“四轴”是指尧佳路商业商务轴、尧新路发展轴、尧辰路发展轴和金尧路发展轴；“三片区”是指以金尧路和尧辰路为分界线的三个居住片区。

◆栖霞大道城市设计　5月9日，区规划分局组织编制的《栖霞大道（幕府山—绕城公路）两侧城市设计》（以下简称《城市设计》）获南京市政府批复[宁政复〔2016〕74号]。范围西至幕府山，东至绕城公路，总长约5.4千米，总用地面积约为3.84平方千米。《城市设计》以“展现南京特色的门户、集聚公共服务的平台、迈燕片区发展的引擎、城市绿色休闲的长廊”的功能定位为指导，形成以栖霞大道城市中心为风貌轴，包含行知民国文化区、晓庄综合商业区、经五路综合办公区、柳塘生态门户区，打造幕府山人文节点、晓庄综合商业节点、经五路综合办公节点、明外郭生态节点，贯穿幕府山生态廊道、明外郭—十里长沟生态廊道的“一轴四区四点两廊”的空间格局。景观设计方面主要从沿栖霞大道两侧绿带以及晓庄立交四周、经五路立交四周、明外郭及北十里长沟3个景观风貌节点展开，形成“一轴、一网、多节点”的景观结构，并从绿带、铺装、景观小品等角度展现栖霞大道新风貌。道路交通方面在优化原有路网体系的基础上，预留白云路、沿山路、嵩山路3处隧道，新增3条城市支路，衔接晓庄、经五路、寅春路3处立交，并发挥晓庄、万寿村地铁换乘站的双枢纽优势，建立公共交通、自行车、步行等不同接驳方式，加强与外界的交通联系，方便居民出行。

◆马群科技园控制性详细规划　6月18日，区规划分局组织编制的《马群地区NJDBd011单元控制性详细规划修编》（以下简称《规划》）获南京市政府批复[宁政复〔2016〕102号]。范围东起宁芜铁路，西至绕城公路，南起沪宁高速公路，北至仙林大道，总用地面积为3.33平方千米。功能定位是符合城市发展需求的环境优良的生态型、高科技型研发园区和产业转型升级示范区，重点发展物联网、电子商务+创意总部、高新科研三大主导产业。《规划》形成“一心四片”的空间布局。其中，“一心”是指园区服务核心，位于园区中心位置，规划三块商办混合用地，可包括行政管理、商业、金融等公共服务内容，形成园区的配套服务核心；“四片”是指电子商务+创意总部区、物联网产业区、高新科研区以及军事管理区。

◆黑墨营控制性详细规划　7月7日，区规划分局和市规划局城中分局联合组织编制的《黑墨营单元（NJZCb040）控制性详细规划（修编）》（以下简称《规划》）获南京市政府批复[宁政复〔2016〕109号]。《规划》范围南起板仓街、蒋王庙街，北至幕府东路、栖霞大道、玄武

马群科技园控详鸟瞰图　　区规划局供稿

大道,西至黄家圩路、龙蟠路,东抵经五路,总用地面积为16.22平方千米,涉及玄武、栖霞两区,其中栖霞区范围约为5.92平方千米。其功能定位是南京市重要的现代服务业基地、和谐发展的宜居城区。《规划》形成“一心、一轴、两片”的空间结构。其中,“一心”为晓庄地区中心,“一轴”为和燕路快速路发展轴,“两片”分别为军事用地片区和居住生活片区。

◆区地下停车场选址规划　12月29日,区规划分局组织编制的《南京市栖霞区地下停车场近期选址规划》(以下简称《规划》)通过专家评审。选址规划范围为栖霞区行政区界,总面积390平方千米,重点考虑城市集中建设区域。在当前城市发展逐步从增量发展向存量发展转变,积极将无须独立占地的城市功能向地下发展的大背景下,规划对缓解停车问题,挖掘存量用地,完善全区公共停车设施的供给具有重要意义。《规划》主要从以下几个方面来规划布局地下停车场:(1)城市集中建设地区充分挖掘潜力,如绿地、广场、公园等地下空间,鼓励地下立体化开发建设公共停车设施。(2)充分利用近期轨道交通等线路建设契机,沿轨道交通主要站点布设P+R停车场。(3)因地制宜鼓励复合开发,优先考虑学校操场地下空间的复合利用,结合公交场站立体综合开放,地上地下一体化建设。(4)在停车矛盾集中的地区新建地下人防设施。□顾正颖

市 政 建 设

◆概况　2016年,区住建局按照区政府统一部署,结合全区实际,大力推进丁家庄片区的海绵城市建设;牵头抓好游园绿地建设,重点推进姚坊门遗址公园、和苑小区南侧山体公园2个游园绿地的工程建设;加快排水达标区建设,完成创建南京市下达的排水达标区24个;开工建设逸文路、迈尧路一期,续建北崮山路一期等道路工程建设,总里程约38千米,总投资约6亿元;代建后新塘地块经济适用房、文体中心停车库等项目。

◆逸文路工程建设　2016年,为完善道路交通设施,方便居民生活和交通,提升迈皋桥地区城市形象,区住建局开工建设逸文路。工程分两期进行,一期工程北起青城路,南至熙湲路,规划为城市支路,全长891米,规划红线宽24米。工程建设内容为道路、雨水、污水、绿化、路灯及配套附属设施等。至年底,约500米道路已经完成沥青摊铺,其余路段待拆迁完成后,尽快施工。二期工程北起纬一路,南至青城路,全长267米,规划红线宽24米,为城市支路。工程实施内容为道路、排水、道路交通安全与管理设施、照明工程、绿化及附属工程等。至年底,施工单位进场清表,进行土方外运。

◆北崮山路续建工程　2016年,为搭建迈皋桥地区道路框架,满足各种管线载体、交通、景观和开房建设的需求,解决车辆通行难问题,区住建局开工续建北崮山路。工程西起霞云路,东至和燕路,长约450米,规划红线宽40米,采用双向6车道城市主干道标准。工程建设内容为实施沥青路面、绿化、亮化等工程。工程采用雨污分流制。至年底,南半幅已有200米路面建成并通车,其余工程正有序推进。

◆游园绿地建设　2016年,区住建局推进姚坊门遗址公园、和苑小区南侧山体公园工程建设。姚坊门遗址公园工程实施内容为园区绿化、园路建设、广场铺装等。景观绿化面积约31万平方米,总投资约1.9亿元。和苑小区南侧山体公园工程实施范围为新城路北侧、和苑南路(规划路)西侧、和苑小区南侧,占地面积约为6.89万平方米。工程实施内容为山体绿化、广场铺装、水景建设、土方外运、亮化照明、园区灌溉及配套设施,工程投资为4900万元。截至年底,姚坊门遗址公园中心广场基础、景观廊架制作已基本完成,园区道路、漫游步道及绿化施工均在抓紧推进;和苑南路西侧山体整治工程正在招投标。

◆后新塘地块经济适用房工程　2016年,区住建局继续扫尾后新塘地块经济适用房工程。项目位于尧化街道,北至尧佳路,西至太龙路,东至金尧路,南至金尧路泵站。项目总投资约2.5亿元,分为一、二两期。一期工程总投资1.2亿元,占地2.89万平方米,总建筑面积为2.92万平方米,包括住宅2栋和商业楼、配电房、地下停车场、物业管理用房等配套设施;二期工程投资1.3亿元,总建筑面积为4万平方米,包括住宅3栋和社区中心、商业楼、配电房、地下停车场等配套设施。一期项目建成后可提供经济适用住房355套,二期项目建成后可提供经济适用住房394套。至年底,

2月22日，后新塘经济适用房二期完成主体施工　冯灿摄

一期工程完成竣工验收备案等相关手续，二期工程完成主体建设。

◆晓师附小及配套幼儿园工程　2016年，住建局开工建设晓庄学院附属小学（燕城分校）及燕子矶新城配套幼儿园工程。项目位于栖霞区伯乐中学以东，燕华花园小区以北，占地约4.2公顷，总建筑面积3.88万平方米，总投资约1.85亿元。其中，小学8轨共48个班，建筑面积3.21万平方米，包括教学楼、综合楼、行政楼、报告厅、食堂、风雨操场、运动场及配建机动车位226个的地下停车场；幼儿园5轨共15个班，建筑面积0.67万平方米，包括教学用房、食堂及配建机动车位36个的地下停车场。至年底，施工单位已进场进行桩基施工。

◆涂家营沟河道综合整治工程　2016年，区住建局着手制订和申报涂家营沟河道综合整治工程项目。涂家营沟西起经五路壹城东区，流经金山花苑、华东金属市场、二手车交易市场后穿过纬一路、寅春路，向东穿越化工专用铁路线，最终汇入北十里长沟东支。河道总长1950米，汇水面积3.52平方千米，工程总投资约5700万元。工程实施内容包括河道蓝线范围内的拆迁拆违，绿化景观提升、河道箱涵清淤、6处束水桥涵改造及管线迁改、7处排口控源截污，增设溢流堰、拦水坝和闸门等蓄水构筑物，新建过铁路箱涵等。至年底，该工程已完成前期立项手续。

◆寅春路积淹水片区建设工程　2016年，为彻底解决寅春路部分路段积淹水问题，住建局拟定寅春路积淹水片区建设改造工程。工程施工范围，西起寅春路、东南至铁路专用线、北至栖霞大桥北侧规划道路的围合区域内。占地面积约4.1万平方米。工程总投资约3600万元。工程实施内容为地形整理、调蓄湿地、阔蓄池及相关附属设施建设等。至年底，工程已完成前期立项手续。

◆文体中心停车库工程　3月1日，区住建局开工建设区文体中心停车库工程。项目位于尧化街道新城路以南、尧辰路以东，建筑面积9228.54平方米，总投资4273.43万元。项目为7层直径39.2米的螺旋上升式圆形塔楼建筑。建成后可停放机动车206辆。至年底，土建工程基本结束，并开始进行室内装饰及室外管道施工。

◆尧化老街污水管道工程　7月21日，住建局开工建设尧化老街污水管道工程。工程西起新尧路，东至2号污水泵站。全长约1230米，总投资约2181.13万元。工程施工内容为污水泵站污水管道建设，全线采用DN800的污水管道。至年底，太龙路段顶管施工结束，并完成基坑回填和沥青恢复。　□赵雨馨

交　通

综　述

◆概况　2016年，区交通运输局扎实推进交通建设、管理和服务工作，全年共做出行政许可807件，行政处罚1335件，行政处理54件，罚没款263.92万元。至年底，全区公路总里程达到710千米，公路网密度达200.5千米/百平方千米。其中，高速公路通车里程达27.00千米，一级公路69.8千米，干线公路通车里程79.2千米，县道好路率达90%以上。形成沪宁高速、国道312、省道338、绕城公路、四桥高速、省道337“三横三纵”的干线公路骨架。全区通达公共交通总里程达813.2千米；交通行业管理水平不断提升，交通经济运行效率不断提高。全区在册道路运输业户5844户，其中普货运输业户5802户，道路运输辅助业户42户，货运车辆14867辆，从业人员4763人；危险货物运输企业7家，车辆459辆；安全监管重点运输企业32家。道路运输业户比上年下降1.7%，车辆比上年增长15.96%。有水运企业4家、港口码头共7家、水陆运输辅助业户共23家。有机动车维修企业共计252家，其中一类21家、二类104家、三类127家。有驾校12所，其中二类驾校1所、三类驾校11所。牵头完成编制《栖霞区三年公交规划和线路优化方案》，新增、调整线路10条，开通燕子矶至八卦洲免费轮渡，优化区域公共交通服务体系，为辖区居民提供更为便捷舒适的交通出行环境。新增公共自行车布点79个，公共自行车2800余辆；全区建设新能源汽车充换电设备524个，发放新能源充电设施补贴资金1100多万元。

是年，在全市“9322”环境综合整治组织评比中，栖霞区名列榜首，区交运局获得有功单位称号。

道路管养

◆概况　2016年，全区农村公路建、管、养总投入2267万元。其中，投入827万

元，实施农村道路建设和改造，完成水泥化工程10.15千米，机耕路10千米；投入470万元，完成3.686万平方米乡村道路维修；投入30万元，实施农村公路安保工程，进一步消除部分农村公路的通行安全隐患，降低农村公路的事故发生率。全区农村公路总养护里程630.1千米，其中县道82.5千米，乡道300.2千米，村道247.4千米。

◆专项治超行动 3月7日，栖霞超限站联合高淳、溧水、雨花三区超限站和交警七大队龙潭中队执法力量40余人、执法车辆12辆，在栖霞区境内开展专项治超行动，经过近10个小时的连续执法，累计检测涉嫌超限运输车辆43辆，查出超限车辆32辆，超限总吨位574.95吨。3月16日凌晨5点30分，栖霞路政、交警龙潭中队再次联合，打破正常作息规律， 出动联合执法人员18人以及执法车辆7辆，控制运输车辆必经路段，检查企图利用执法人员未上班时间段进行超限运输的车辆，历时3个小时，查获非法超限运输车辆14辆，超限总吨位达257吨。5月11日，接举报电话，当晚将有一大型车队途经栖霞，栖霞路政严阵以待，对国道312各路口严密部署，3个小组值守、1个小组来回流动巡查。18点40分，车队进入布控路段，但头车发现执法车辆，无视执法人员的停车检查手势，加速向镇江句容方向逃窜，执法人员随即向句容路政大队请求协助，最终将闯卡逃跑车辆暂扣。此次行动共查获河南籍超限车辆7辆，所有车辆均被卸驳载，并接受处罚。

◆跨区域联合治超行动 6月20日晚，栖霞超限检测站按照《跨区域联动治超合作协议》的相关要求，联合镇江句容市路政大队、国道312公路管理站和交警龙潭中队，开展跨区域联合治超行动。联合行动着重对恶意堵车、暴力抗法、干扰治超秩序等违法行为进行重点打击，对南京、镇江两市交界区域路段内车货总重超过55吨的非法超限车辆，特别是运输砂石料、水泥、钢材、煤炭等货物的大型运输车辆进行检查。至当晚23时，共出动执法人员210余人次，执法车辆58辆次，检查疑似超限运输车辆34辆，其中超限运输车辆22辆，超限货物吨位503.95吨，处罚超限车辆7辆，收缴罚款2.1万元。

6月20日，宁镇两地路政通力合作，跨区域集中治超　　孔俊摄

◆交通量调查 10月17日、18日，南京市2016年度公路机动车交通量调查工作全面开展，区公路管理站承担14个观测站点、共22条路线的监测工作。17日上午8点，在燕西线、尧新线、栖霞大道、栖马线、西延线、光明线、新合线、新杨线、衡阳线9条县乡道进行交通量观测。观测实行定人、定点、定线负责制，通过手动计数器记录。连续观测24小时，至10月18日上午8点，栖霞公路站2016年度公路机动车交通量调查工作全部完成。

◆超限超载新政实施 11月20日，区交运局根据交通部、工信部、公安部、工商总局、质检总局联合发布的《关于进一步做好货车非法改装和超限超载治理工作的意见》，在全区范围内展开整治公路非法超限超载运输行为专项行动。路政、交警部门组织精干力量，重点对三轴及以上非法超限超载运输车辆进行整治。交警负责引导涉嫌超限超载运输车辆进站检测，路政负责对超限超载车辆执行首次称重、卸驳载、拍照、二次称重、登记台账、移交材料等执法程序。共查获非法超限超载运输车辆2辆，分别给予违法行为人罚款2000元、记6分的处罚。同时加强新政宣传，悬挂宣传标语4幅，利用站内LED大屏幕滚动播放超限新政相关规定，向过往车辆驾驶员发放治超宣传手册，并对驾乘人员的咨询进行政策解读。执法人员还深入辖区物流企业、码头、矿山，发放《致货运源头企业的一封信》《卡车之友》等宣传材料，解答企业负责人或驾驶员对“一超四罚”的种种疑问，让治超新政深入人心。

交通行业管理

◆概况 2016年，区交运局办理道路运输行政许可714件，实施行政处罚475件，审验道路运输经营许可证5660本，审验道路运输证15308本。协调优化（新增）公交线路10条。对全区24个公交站点的站亭（牌）进行提档升级；完成全区524个新能源汽车充换电设备建设工作，完成新能源汽车补贴申报13辆，发放2016年批次新能源汽车补贴45万余元，发放新能源充电设施资金补贴1100多万元。

◆汽车维修行业管理 2016年，查处汽车维修行业违法违规行为80起，其中维修61件、驾驶培训19件，完成全年目标任务100%。处罚金额8万元，完成全年目标任务114%。8月份起，每月开展不少于2-3次联合执法，全面排查梳理辖区内的无证维修业户，并登记在册。通过现场指导、电话指导、电话跟踪等方式，为困难业户开通绿色通道。全年准予行政许可78件，延续行政许可28件，地址变更5件，服务咨询45次。办理许可件数比上年猛增6倍。

◆驾培行业监管　2016年，区交运局审核驾培开班计划34648人，实际开班22355人；累计审核学员培训29840人，其中科目一19997人、科目二、科目三联审9843人，指纹修改18件，回访在训学员2205人，占全部驾培学员人数的10%，反馈信息良好。办理教练车审批，全区新增教练车13辆，更新9辆，转出9辆。完成全区12所驾校智能化系统的升级更新，由原先的刷卡计时系统更换为人脸识别系统，大大提升驾校的教学水平和服务质量，避免学时弄虚作假现象。

◆航运年度核查　2016年，区交运局开展航运年度核查，重点核查水路运输业及船舶管理业经营资质的保持情况，了解企业的组织机构、管理人员、安全管理制度、企业安全生产管理应急预案等是否符合规定。实施航运服务业经营情况数字化管理，完成4家水路运输企业，22艘船舶，23家水路运输辅助企业相关信息的录入和更新工作。加强对监管的3家危化品码头和4家普货码头企业巡查力度，坚持安全现场监管制度化，全年出动执法人员322人次，检查港口码头安全生产，在企业自查和行业督查中发现隐患88起，落实经费65.84万元，隐患全部整改完毕，安全形势平稳。

◆公共自行车网点建设　年初，完成区第一批公共自行车网点建设，共设43个公共自行车站点。11月底，相继在西岗、尧化、马群、仙林、燕子矶、迈皋桥等街道新建公共自行车站点79个，投放车辆2800余辆，与地铁1号线、3号线及公交汽车停靠线路较多的公交站点对接，为周边居民出行提供便利。

◆交通运输行业安全监管　3月份，区交运局修订完善《栖霞交通运输局突发事件应急救援预案》，整合完善《栖霞区交通运输系统防汛防旱应急预案》《栖霞区公路突发事件应急救援处置预案》《栖霞区危险品运输突发事件应急预案》。航管所先后组织安全演练6次，分别为3月10日在蓝泉石化开展的防安全事故应急演练，3月25日在南京源港码头开展的消防应急处置演练，4月24日在南京吉达码头开展的灭火消防应急演练，6月21日在南京金石油品运输有限责任公司汽车修理厂组织的消防安全演练，9月18日在栖霞车队组织的槽罐车碰撞起火灭火驳载演练，10月18日在交运局开展的消防安全教育和应急演练。开展维修企业安全检查及隐患排查，其中重点检查辖区2家危险品维修企业、2家大客车维修企业和12家驾培学校。对检查中发现的问题一律整合成单，建立台账，责令企业限期整改。9月，联合南京市驾培处，取缔维港驾校违规培训点。

◆非法码头整治　5月份，区交运局牵头成立区非法码头整治领导小组，由区航管所具体实施沿江非法码头整治工作。按照江苏省和南京市沿江非法码头整治要求，制定栖霞区非法码头整治工作方案，协调区各相关部门和相关街道对辖区12家非法码头开展整治。走访街道调查核实，督促整治进度，共出动人员66人次，深入码头跟踪督查出动人员120人次，组织协调联合执法出动人员122人次。至8月底，全区有12家码头企业签订拆除补偿协议，码头现场输送带、高架等设施设备清理完毕。协同各街道做好拆迁补偿工作，同时争取到南京市补助资金1800万元。

◆交通综合执法　6月8日，区交通综合执法大队成立，整合原客运执法大队、路政大队、运政稽查队的执法力量，成立直属一中队和直属二中队，分别开展客运执法和超载超限执法。新成立的9个街道中队，在区综合执法大队和街道综合执法大队的双重领导下开展工作，形成街道日常管理配合、区综合执法大队统一调度联合的管理新模式。区综合执法大队开展运输企业上门宣传、政策引导、办证指导等服务460起，检查物流企业、汽修企业、驾校等企业近600家，对存在问题的企业发放整改通知书和处罚单共152份。街道中队巡查县乡道路4.9万千米，发现公交站点设置不合理、站台存在安全隐患、标牌模糊不清等问题近200起，清理障碍物130立方米，更新护栏400余米。检查超限超载车辆264辆；检查普货和危险品运输车1279辆，查处违法行为车辆143辆；查处污染路面案件8起、路损案件1起；查处未经许可进行道路施工或搭接案件4起。配合街道开展综合执法201次；各中队、行业管理所相互开展联合执法106次。　□刘文传

港口 · 铁路

· 南京港龙潭集装箱有限公司 ·

◆概况　2016年，南京港龙潭集装箱有限公司（简称“龙集公司”）配合南京港集团完成资产重组，主要经营指标在严峻形势下实现平稳增长，全年完成集装箱吞吐量277.30万吨，比上年增长13.58万吨，再创历史最好成绩。

是年，龙集公司聚焦业务重点，推动箱量逆势增长；聚焦远景战略，推动航线深化布局。深化推进内贸运输航线“Y”形战略框架，在原有“南京-京唐”直达航线基础上，新开通“南京-营口”直达航线，形成4条驳船在“京唐-营口-南京”线上穿插运营的良好局面。深化推进中转航线多点开花的战略布局，开通“南京-重庆”调头航线，打破长期以来长江上游及中西部与龙潭港之间无直航班轮的局面。同时，加密南昌中转航班，初步形成长江上、下游以龙潭港为枢纽的中转格局。是年，公司狠抓龙集四期工程整体验收、“绿色港口”建设以及安全生产标准化一级达标企业创建等工作，完成四期智能道口基建、8000平方米新仓库、海关人工查验区等尾留项目建设；完成试运行生产组织方案及安全应急预案评审、初期雨水收集系统建设、现场环境整治、公众

参与调查、质量环评验收等相关工作。4月，通过中国港口协会专家组现场评审，成为第一批被授予四星级“中国绿色港口”的8家单位之一，也是全国唯一一家内河港口码头。下半年，以956分通过交通运输部认证的中国船级社现场评审，在全国内河港口码头行列中率先取得国家安全生产标准化一级达标企业资质。

◆深水航道初通新闻发布会 7月4日，长江南京以下12.5米深水航道二期工程初通南京新闻发布会在南京港龙潭集装箱有限公司举行。长江南京以下深水航道建设工程指挥部副指挥长陈源华、方建华，江苏省交通运输厅巡视员王昌保、港口局局长朱培德，江苏海事局副局长王士明，南京市交通运输局副局长张小琴，集团总经理沈卫新等出席新闻发布会。新华社、中央电视台、《光明日报》《中国交通报》《中国水运报》《南京日报》、江苏电视台、南京电视台等20多家媒体参加发布会。12.5米深水航道初通南京，对南京港发展历史具有里程碑式意义。

◆李强调研龙集公司 9月21日上午，中共江苏省委书记李强到南京港及龙潭码头龙集公司调研。中共江苏省委常委、南京市委书记黄莉新，中共江苏省委常委、省委秘书长樊金龙，中共南京市委常委、市政府常务副市长刘以安及省、市相关部门负责人陪同调研，南京港集团总经理沈卫新等参加调研。李强对南京港及龙集公司近年来在经营发展方面取得的成绩表示肯定，并希望南京港进一步有效对接国家“一带一路”、长江经济带发展战略及12.5米深水航道建设，创新思维、创新经营，加速发展，更加凸显南京港江海门户地位，为江苏经济持续健康发展做出更大贡献。

◆吴政隆调研龙集公司 12月10日，中共江苏省委副书记、南京市委书记吴政隆到南京港龙潭集装箱有限公司码头调研。中共南京市委常委杨学鹏、南京市副市长黄澜等陪同调研，省、市相关部门负责人，南京港集团总经理沈卫新、党委书记章俊等参加调研。吴政隆首先实地考察南京港龙潭集装箱码头现场，随后召开座谈会。吴政隆在讲话中强调，随着长江12.5米深水航道疏浚至南京，南京市江海转运的节点地位更加突出。南京港要充分发挥好区位优势，进一步优化完善港口功能布局和周边的交通体系，大力发展多式联运，构建互联互通、无缝衔接的现代化综合性集疏运体系，进一步降成本、提效率，着力打造区域性航运物流中心。要抓住国家实施“一带一路”和长江经济带建设的战略机遇，不断扩大对内对外开放，强化航运对产业发展的带动、产业对航运发展的支撑，把枢纽型经济这篇文章做实做好，真正使“黄金水道”产生“黄金效益”。 □申淑辉

9月21日，中共江苏省委书记李强（前排左二）到南京港调研
南京港龙潭集装箱有限公司办公室供稿

· 南京明州码头有限公司 ·

◆概况 2016年，南京明州码头有限公司（以下简称“明州公司”）主营散货、件杂货和集装箱装卸业务，全年货物吞吐量完成895万吨，比上年增长17.76%；接卸量599万吨，比上年增长30.01%。

明州公司拥有长江岸线700米，陆域纵深1000米，占地70万平方米，现有2个5万吨级泊位和2个7万吨级泊位，年设计通过能力649万吨。码头前沿水深常年保持在-14.5米以上。码头配备卸船机2台、装船机2台和门机4台，场地配备斗轮机2台、轨道龙门吊1台和4000余米的皮带线，流动机械40余台，现有通过能力约为年吞吐量1500万吨。通过设计修改卸船机作业程序，实现卸船机一键切换“门机模式”功能，车船直取装卸效率达到门机300吨/小时正常水平。通过斗轮机加装搅刀板和卸船机加装皮带秤，进一步提高配沙质量，成功实现全自动流程配沙。公司建成硬化场地21万平方米，仓库1.5万平方米，还有预留场地近10万平方米，最终可形成一次性散货堆存能力150万吨，化肥堆存能力4万吨；建设破碎、过筛等物流加工中心，形成矿煤过筛3000吨、化肥过筛1500吨日处理能力。是年，明州公司获评2015年度全国“安康杯”竞赛优胜单位。

◆接卸主要货种 2016年，明州公司抓住南京市整治滨江风光带、关停不规范小码头的契机，大力发展黄沙、石子、水泥等腹地建材货源接卸业务，全年完成接卸量230万吨，比上年增长39.67%。同时，引进客户投资，实施流程场地拓展，承接石料加工，锁定黄沙货源；11月份，水泥熟料装船流程防尘系统改造项目启动，为做大建材业务打下基础。

9月3日，巨无霸“利电5”轮靠泊明州公司码头　戴文摄

◆**卸船配沙工艺**　2016年，明州公司充分利用两台卸船机具备独立卸船、独立放料的优势，在卸船的同时完成配沙工作。操作时严格控制两台卸船机各自放料流量的比例，在卸船机斗门口标注精确刻度，确保合理的粗、细沙放料比例；为进一步提高配沙效果，在斗轮机悬臂头部加装搅刀板，使粗细沙如进入搅拌机般充分混合；卸船机加装电子秤，便于货物计量交接。卸船同时完成配沙作业，配沙效率达1000吨/小时，货物经五大料斗冲击，尤其是经斗轮机搅刀板配制，粗细沙得到充分混合，赢得货主好评。

◆**刷新吃水纪录**　9月3日上午11时，在南京海事局、长江引航中心南京引航站全力配合下，首艘船长189.99米、载重57116吨的巨无霸“利电5”货轮安全靠泊明州公司码头，创下靠泊货轮11.36米吃水深度的纪录，同时也刷新南京港靠泊海船的最大吃水纪录，标志着南京港正逐步迈入通航能力5万吨级及以上的新时代。　□史　薇

·上海铁路局南京东站·

◆**概况**　2016年，南京东站正线管辖里程130千米，下辖20个自然站，包括1个路网性编组站、1个一等区段站、1个二等货运站、7个三等站和10个四、五等站。配有15台调机，承担路网、区域、枢纽服务功能，担负区段内35条专用线（铁道）的取送作业和周边20多家大型企业、部队及军工单位物资的运输任务，为长三角经济发展发挥重要作用。车站下设8个职能科室、14个车间（站）、4个经营公司、54个班组，有职工1365人。至12月31日，南京东站实现“3·22”安全1900天、“6·30”安全2000天、“10·8”安全2100天三个阶段安全目标，创下安全生产2184天新纪录。不断推进铁路现代化物流企业建设，整合运输资源，优化作业流程，加快南京东编组站综合自动化改造工程和尧化门货场建设步伐，有序组织普速货物列车、快速货物列车和特需货物列车开行，健全完善运输挖潜提效机制，运输经营效益稳步增长。是年，南京东站获得中国铁路总公司“全路优秀党组织”、“2013-2015年度江苏省“文明单位”、南京市“文明单位”等称号。

◆**运输效率提升**　2016年，南京东站适应货运组织改革深化带来的运输组织变化，突出车站调度集中、统一指挥的主导作用，以提高计划兑现率为抓手，以杜绝责任始发晚点为目标，落实红旗交接班制度，实现密集到发时段驼峰阶段性解体“保四、争五、奔六”目标。完善“站区、车间、班组”三级联劳体系，定期组织召开联劳会议，研究解决生产中结合部问题。全年，东站办理车辆数342.94万辆，日均9370辆；运用车保有量3302车；解编5.1万列，日均140列；中时5.8小时，较年计划压缩0.4小时；停时18.1小时，较年计划压缩0.4小时。完成年度各项运输指标任务。

◆**运输收入增长**　2016年，南京东站在经营形势严峻、物流市场竞争激烈的大背景下，加快推进铁路现代物流企业转型发展，落实“全品类、全流程、全方位、全过程”的要求，在稳大宗、抢白货、促转型上下功夫，提供强有力“后厂保障”。加强与南京货运中心对接，理顺流程，用好政策，搞好服务。完善货物快运组织考核机制，实行分类、分

夜色中的南京东站编组站　高大威摄

级、分项考核，将经营目标分解到岗到人，等强传递压力，超额完成年度关联货运任务。是年，完成关联运输收入7.36亿元，超计划382万元；完成其他业务收入853.5万元；完成考核利润5万元。同时，执行全面预算管理，狠抓节支降耗，推进堵漏保收，加强能源管理，回收转供水电费231.5万元。有权支出控制在预算范围内，集体企业实现收支平衡。

◆**生产和生活条件改善** 2016年，南京东站加快推进站场改造项目，年初，开工建设编组站综合自动化工程（CIPS），主动对接建设单位，把好施工方案审查、技术交底、进度质量和竣工验收关，优化整体功能，创建宜人生产环境。配合尧化门货场建设工作，从硬件和软件两方面入手，超前谋划、提前介入，加快现代物流一级基地建设进度。开展站场环境综合整治，解决消防栓、电线杆、风管路迁移等问题，整修、拓宽站场道路，搞好站场绿化，优化车站大门设计方案，实现编组站物业化、工厂化管理。是年，东站十三届五次职代会确定的10件实事全面完成。坚持收入分配向一线倾斜，在岗职工人均工资超过上海铁路局平均水平。投入45.17万元，提高体检质量和标准，为全站干部职工进行健康体检。全年共组织140名职工健康休养，组织劳模和先进工作者享受荣誉疗养。改善职工住房条件，发放住房货币化补贴330万元，为职工办理公积金支取2200万元。加大“三线”建设力度，对龙潭、兴卫村、栖霞山北站等生产生活设施和作业环境进行更新、补强。落实帮扶救助机制，全年助困38.71万元，助医1102人次、65.08万元。 □姚明志

新 城 建 设

新尧新城

◆**概况** 2016年，新尧新城开发建设指挥部印制《新尧新城建设工程管理制度汇编》，并修订完善。银贡山南保障房建成交付并安置入住，后新塘二期保障房实施室外景观工程，三元祠保障房项目开始前期办理。前新塘保障房项目地块内铁路水塔用地置换方案获铁路总公司批复，上海铁路局下发加压泵房还建项目正式立项。尧化居住社区中心和小吃小贩营业中心项目桩基工程结束，完成地下室施工。按照“一路一景”要求，修改完善尧辰路出新改造工程方案设计，道路工程招标完成，进入施工准备。按照“一园一品”要求，重新开展新尧新城和苑小区南侧山体公园方案设计，完成招标清单编制。新尧110千伏输变电站进场施工，主体已封顶。完成三元祠煤田四队家属区和水田组地块城中村危旧房改造项目前期办理，移交区征收办开展后续工作。综合体地块开展招商筹划工作，优化规划招标，办理土地挂牌出让前期手续。

◆**翠林北路西地块出让** 8月12日，尧化街道翠林北路西地块挂牌，9月21日竞拍，9月23日摇号成功出让。地块东至翠林北路，南至新城路，西至和苑南路，北至前塘路，总面积为3.17公顷，规划性质为住宅用地，容积率为1.01≤R≤2.6，建筑高度为10≤H≤50，绿地率≥40。经过竞拍和摇号后，被山东鲁能亘富开发有限公司以6.39亿元竞得，楼面地价达20171元/平方米。

◆**区实验小学尧化门街校区工程竣工** 8月16日，栖霞区实验小学尧化门街校区加固和新建工程竣工通过验收，并交付使用。按照国家关于校园抗震加固的要求，工程于上年10月4日开工。工程占地1.43万平方米；建筑面积7.88万平方米，其中新建面积3256.96平方米，加固面积4641平方米；运动场建筑面积约5200平方米；校园绿化、道路、景观建设面积约1万平方米；工程建设总费用约4063万元。9月，经过加固和新建，重新投入使用，安排学区内一年级8个班，二年级5个班，三年级6个班，四年级6个班，共计25个班。

◆**尧化居住社区中心项目开工** 8月20日，尧化居住社区中心（小吃小贩营业中心）项目进场施工。至年底，完成地下室施工。项目为市区重点工程，位于尧化街道，南至新城路，北至教育中心地块，东至前塘路，西至规划道路，用地面积约1.48万平方米，总建筑面积约3.97万平方米，包括地上建筑面积约2.82万平方米，地下建筑面积约1.15万平方米。其中，小吃小贩营业中心约9776平方米，农贸市场约4500平方米。由南京新尧新城开发建设有限公司负责建设，总投资约1.7亿元。

8月16日，栖霞区实验小学尧化门街校区建成 戴成露摄

◆**银贡山南东坡绿化工程开工**　10月12日，银贡山南地块东坡绿化工程开工建设。项目位于银贡山南侧，北至尖山路、西至银贡山南保障住房小区、东至绕城高速，绿化面积为1.19万平方米，工程内容包括整理绿化用地、苗木栽植、种植土回填、植被养护等。至年底，完成工程量80%。

◆**排水达标区工程招标**　11月18日，尧化街道排水达标区工程完成招标，中标单位为润盛建设集团有限公司。项目北至尧佳路，南至尧化老街，西至绕城公路，东至仙新路，总改造面积约0.76平方千米；该工程涉及46个片区及3条街巷，其中居民小区12个，事业单位16个，企业单位18个；街巷为规一路、新尧路、太龙路；工程实施内容为居民小区、企事业单位污水到户支管改造，完善污水支管及附属工程，总投资约1亿元。　□戴成露

燕子矶新城

◆**概况**　2016年，南京市江南小化工集中整治工作现场指挥部（简称燕子矶新城指挥部）继续推动燕子矶片区化工企业搬迁和环境综合整治。全年完成投资60.5亿元，其中列入市级考核的固定资产投资17.02亿元。

◆**项目规划设计**　2016年，燕子矶新城指挥部推动完成经五路城市设计，内容融入栖霞大道城市设计，一同上报南京市规划局审批并取得批复；开展吉祥片区公共服务中心项目设计，至年末取得项目意见书批复、环评意见等，前期手续顺利完成。开展保障房片区控规调整研究，10月，通过南京市规划局审批，晓院附小（燕城分校）及南外仙林分校（燕子矶校区）均完成方案审定，开展施工图审核并确定施工单位。

◆**下庙保障房建设**　2016年，燕子矶下庙保障房工程建设完成投资17亿元。其中，一期工程42万平方米、16栋住宅、4144套房屋竣工交付，至年末，入住3978套，余房待安排。二期工程A、B、D地块25栋住宅46万平方米。12月，D地块5栋住宅7万平方米、884套房屋竣工交付，入住858套；A、B地块进行室外管综、景观施工。三期工程C地块桩基施工完成，F、R地块桩基正在施工中。同时，续建神农路、庐山路、庐山东路、燕山路等配套工程。

◆**城中村危旧房改造**　2016年，燕子矶新城指挥部启动燕子矶老镇、吉祥村胜利村、燕子矶中学扩建、锦湖周边、新燕街、吴庄工业园、临江路二期、晓庄村三个组、伯乐地块、徐家村、沙地村、石化村等12个危旧房城中村改造项目的前期手续办理。其中，燕子矶老镇、燕子矶中学扩建、吉祥村胜利村3个项目年内进场实施，完成签约率85%。配合燕子矶街道、拆迁办开展拆迁扫尾项目，拔除钉子户35处，其中住户18处，企业17处。完成嵩山路一期、化一厂门口、燕恒路（静港宾馆）、梦荷烧鸡公、吉祥铜业等委托协议搬迁项目，面积6200.62平方米；完成薛家村枣林村、王家前化工一组城中村危旧房改造拆迁项目的安置入住，共计1074户、2096套房源。

幕燕滨江风光带　　燕子矶化工整治办公室供稿

◆**绿化景观工程** 2016年，燕子矶滨江公园项目建设有序推进，至年末，完成一期景观A、B、C区全部施工内容，种植乔木1530株；灌木1.67万平方米；草坪3.61万平方米，硬质铺装3万平方米，设置景观石150块，完成建设投资1.13亿元。明外郭百里风光带燕子矶新城段，完成种植乔木3800株、灌木2.1万平方米、草坪9万平方米，完成建设投资5000万元。和燕路两侧景观提升工程，种植乔木1098株，灌木色块4180平方米，草坪10231平方米，完成建设投资700万元。经五路两侧景观提升工程，种植乔木2830株，灌木色块2.32万平方米，草坪3.99万平方米，完成建设投资3000万元。

◆**企业搬迁** 6月12日，燕子矶新城指挥部与第二热电厂签订《第二热电厂界外南西管网线资产转让协议》，转让金额150万元，安全消险拆除部分管网线。12月30日，燕子矶新城与博世公司签订《博世公司和燕路工厂土壤修复补充协议》，修复成本2077.7万元，企业承担1385万元。至年末，全面关停锦湖轮胎厂、钟山化工厂、电气集团老厂，完成锦湖轮胎厂资产处置，协议金额1384万元；达成江苏钟化搬迁补偿共识，并上报市政府审定；促成电气集团老厂协议拆迁，推进评估工作。配合完善小南化、江苏钟化等地块修复效果跟踪监测；有序推进凯燕化工、铁合金厂地块场地调查风险评估、方案编制、修复招标，并组织现场实施；督促完成锦湖轮胎厂、博世公司和燕路工厂场地调查风险评估、方案编制，协助锦湖轮胎开展修复治理工作。 □周 昂

迈燕新城

◆**概况** 2016年，迈皋桥地区环境综合整治指挥部（简称迈整指挥部），完成新建、整治迈皋桥地铁站周围6个景观绿地，其中新增景观绿地0.68万平方米，投资705万元；续建迈皋桥老街环境提档升级工程。完成老街道路整治，全长1.23千米，投资5000万元；继续推进迈皋桥地区黑臭河道整治；启动万寿、金山花苑片区排污到户支管建设工程，投资3300万元；启动新迈尧路、红山路以西2个城中村危旧房改造项目，投资11亿元；续建和燕路390号地块、北崮山路一期共7条道路。开工新建青城路（和燕路–北苑西路段）、丰清路（青城路–新迈尧路段）2条道路；继续推进迈皋桥创业园南侧地块保障房一期、二期建设；开工建设新迈皋桥医院，总用地面积1.48万平方米，投入5.08亿元。

◆**迈皋桥老街民国建筑改造** 2016年，迈整指挥部实施老街民国建筑改造工程。对金盛农贸市场、迈皋桥街42号、迈皋桥街22号及南京市安装公司宿舍4个小区进行民国风格改造，工程面积约1.96万平方米，总投资1440万元。金盛农贸市场工程东临迈皋桥老街，西临迈皋桥街2–1号，北临教工新村，建筑面积约1240平方米，投资约390万元，10月竣工。迈皋桥街42号改造工程，东临迈皋桥老街，西临迈皋桥街18号大院，南临迈苑小区，北临迈皋桥街22号小区，建筑面积约1324平方米，投资330万元，11月中旬竣工。迈皋桥街22号工程，东至老街，南至迈皋桥街42号，西至迈苑小区，北至南京市安装公司宿舍，建筑面积约12000平方米，投资约390万元；南京市安装公司宿舍工程东至老街，南至迈街22号，西至迈皋桥幼儿园，北至农贸市场，建筑面积约5000平方米，投资约330万元。至年底，两项工程接近完成。

◆**南十里长沟二支河道整治** 2016年，迈整指挥部继续实施迈皋桥地区南十里长沟二支河道整治工程。南十里长沟二支河道全长约0.7千米。河道整治工程分为三个标段：一标段、二标段工程已于上年年末竣工，三标段箱涵清淤工程1月进场施工，8月竣工。至此，南十里长沟二支整治工程全线竣工，累计完成清淤约6800立方米，建设生态挡墙670米，新建溢流堰5座、沉泥池3座、拦污栅1座，新做河底对撑梁683米，新建生态护底1488平方米，铺装广场约1035平方米，修建仿木栏杆200米，新建景观六角亭2座、廊道1处、人行桥3座；种植绿化苗木1700平方米，配套建成100平方米公厕1座。

◆**排污到户支管建设** 2016年，迈整指挥部启动迈皋桥街道万寿、金山花苑两个片区排污到户支管建设。项目涉及8个小区、6个企事业单位。主要新建管道约2.49万米，改造面积约84.64公顷，投资约3300万元。5月，完成清淤工作，共清淤6.5万米。12月初，管道铺设工程进场施工，年末，管道铺设完成万兴世纪苑1000米、沁园山庄一村300米、沁园山庄二村350米、金山花苑900米、怡园小区200米、华电中学150米。

◆**市政道路建设** 2016年，迈整指挥部续建和燕路390号地块、北崮山路一期、北苑东路一期、玉尚路、新迈尧路一期、逸文路、青城路共7条道路。新建青城路、丰清路道路工程。和燕路390号地块配套市政道路分为玉尚路至青城路，长约200米，宽33米；北苑西路至逸文路，长约400米，宽24米两条；年末，完成投资2100万元，工程量42%。北崮山路一期长448.67米，宽40米；年末，完成投资2400万元，工程量35%。北苑东路一期长1075.57米，宽35米；年末，完成投资2560万元，工程量60%。玉尚路长267.05米，宽24米；年末，完成投资880万元、工程量60%。新迈尧路一期长1620米，宽35米；年末，完成投资2300万元、工程量53%。9月，丰清路（青城路–新迈尧路段）道路开工建设，项目南起迈尧路，北至青城路，全长523.69米，宽16米，投资约2706万元，资金自筹；年末，完成投资1250万元、工程量30%。

◆**迈皋桥创业园南侧保障房建设** 2016年，迈整指挥部完成对迈皋桥创业园南侧地块保障房一期建设投资2.2亿元。至年末，保障房一期建设全部竣工。通过与市地名办、区地名办对接确定，保障房一期正式命名为“馨合家园”。迈皋桥创业园南侧地块保障房二期建设项目，东至燕新路，南至尖山路，西至规划自强路，北至规划奋进路，占地面积约4.53万平方米，预计投入10.7

亿元，资金自筹。年末，完成投资3.61亿元。取得保障房二期建设项目立项，取得保障房二期地块上企业的征收许可证。征收企业涉及江苏新恒基特种装备股份有限公司、南京智达电气有限公司、七四二五厂3家。年末，江苏新恒基特种装备股份有限公司、南京智达电气有限公司2家企业已签订搬迁拆除补偿协议，共计补偿2.41亿元。

◆新迈皋桥医院建设项目　2016年，根据区委、区政府要求，迈皋桥医院转型成二级甲等"南京市妇幼保健院城北分院"及"栖霞区妇幼保健院"。项目位于迈皋桥街道北崮山路北侧，用地面积1.48万平方米，建筑面积约6.9万平方米，主要为医院及配套设施用房。项目总投资约5.08亿元，资金自筹。经区政府同意，迈整指挥部委托南京高科建设发展有限公司建设管理。8月，桩基工程先行进场施工；12月底，桩基工程全部完成。　□杨红梅

拆迁安置

◆概况　2016年，区住建局、征收（拆迁）办围绕旧城改造、新城开发、环境改善、民生保障等方面重点工程项目建设，组织实施燕子矶老镇城中村危旧房改造、栖霞村戴家库城中村危旧房改造、红山路以西城中村危旧房改造、新迈尧路城中村危旧房改造、宏大市场土地储备、王家边东西城中村危旧房改造、栖霞老街片区危旧房城中村改造、栖霞山片区污水收集系统泵站工程、迈皋桥创业园南侧地块危旧房改造、燕子矶老镇城中村危旧房改造等16个项目的征收工作。涉及住宅2194户、企业72家，征收房屋总面积32.3万平方米。同时，按照"街道属地责任、征收办牵头运作、部门分包推进"的工作机制，整合部门、街道优势工作力量，对全区41个存在征收遗留问题的扫尾项目进行梳理，加大扫尾攻坚力度，努力化解矛盾纠纷。

◆选房安置　2016年，区住建局、征收（拆迁）办根据职责分工，协同各有关职能部门和建设单位，办理被征收群众申购拆迁安置房的申报手续，落实房源、户型、面积等事项，确保选房工作的顺利开展。全年，配合区房改办、项目建设单位，完成临江路一期道路建设、明外郭观音门公园一期、二桥沿线燕子矶新城片区和新港开发片区环境综合整治、薛家村枣林村城中村危旧房改造、太平山公园环境整治工程、王家前化工一组城中村危旧房改造、中建八局基础公司环境整治、仙新路环境综合整治等10个项目的选房安置工作，涉及3372户，交付房屋6759套。

◆燕子矶老镇城中村改造项目　3月10日，按照宁栖府征字（2015）第005号燕子矶老镇城中村危旧房改造项目的具体政策，区征收（拆迁）办实施拆迁项目的征收工作。项目涉及燕子矶街道和燕街住宅户869户、工企单位18家，房屋建筑面积5.7万平方米。5月底，项目征收工作完成。6月22日，区政府发布宁栖府征字（2016）第004号燕子矶老镇城中村危旧房改造项目《南京市栖霞区人民政府房屋征收决定》并进行公告。区征收（拆迁）办于7月26日起实施该项目征收工作，涉及燕子矶街道和平街、新燕街住宅户183户、工企单位10家，房屋建筑面积1.1万平方米。10月底，项目征收工作完成。

◆宏大市场土地储备项目　5月17日，经宁规栖函字〔2014〕25号、苏政地〔2014〕823号批准，南京市国土资源局下发宁征房补字〔2016〕003号栖霞区宏大市场地块纳入土地储备项目《南京市征收集体土地涉及房屋补偿方案实施通知书》并进行现场公示。项目征（用）地单位为南京东部商务区投资发展有限公司，土地性质为集体土地，涉及尧化街道住宅户4户、工企单位3家，房屋建筑面积2.9万平方米。该项目执行《市政府关于印发南京市征收集体土地涉及房屋补偿安置办法的通知》（宁政规字〔2015〕15号）、《市政府关于印发南京市危旧房改造产权调换、城中村拆迁安置暂行办法的通知》（宁政规字〔2013〕4号）。当日，区征收（拆迁）办实施该项目征收工作，8月底，征收工作完成。

◆王家边危旧房改造　5月22日，南京市国土资源局下发宁征房补字〔2016〕004号王家边东（铁北）、王家边西（铁北）城中村危旧房改造项目《南京市征收集体土地涉及房屋补偿方案实施通知书》并进行现场公示。项目征（用）地单位为南京东部商务区投资发展有限公司，土地性质为集体土地，涉及尧化街道住宅户151户，房屋建筑面积2.6万平方米。项目执行《市政府关于印发南京市征收集体土地涉及房屋补偿安置办法的通知》（宁政规字〔2015〕15号）《市政府关于印发南京市危旧房改造产权调换、城中村拆迁安置暂行办法的通知》（宁政规字（2013）4号）。当日，区征收（拆迁）办实施项目征收工作，8月底，征收工作完成。

◆栖霞老街片区城中村改造（一期）　6月15日，区政府发布宁栖府征字〔2016〕第003号栖霞老街片区危旧房城中村改造项目（一期）《南京市栖霞区人民政府房屋征收决定》并进行公告。7月15日，区征收（拆迁）办实施项目征收工作，涉及栖霞街道栖霞街、北山村、栖霞南街住宅户733户、工企单位35家，房屋建筑面积9.8万平方米。10月底，项目征收工作完成。

◆栖霞山片区污水收集系统项目　7月22日，经宁规栖函字〔2015〕36号、苏政地〔2016〕81号批准，南京市国土资源局下发宁征房补字〔2016〕007号栖霞山片区污水收集系统泵站项目《南京市征收集体土地涉及房屋补偿方案实施通知书》并进行现场公示。项目征（用）地单位为南京栖霞山文化休闲旅游度假区管委会，土地性质为集体土地，涉及栖霞街道住宅户9户、工企单位2家，房屋建筑面积0.4万平方米。项目执行《市政府关于印发南京市征收集体土地涉及房屋补偿安置办法的通知》（宁政规字〔2015〕15号）《市政府关于印发南京市危旧房改造产权调换、城中村拆迁安置暂行办法的通知》

6月15日，栖霞老街片区城中村改造项目房屋征收初步评估结果公示
区拆迁办供稿

（宁政规字〔2013〕4号）。当日，区征收（拆迁）办实施项目征收工作，9月底，征收工作完成。

◆**燕子矶中学增容扩建项目** 9月26日，根据南京市燕子矶中学增容扩建项目建设需要和国务院《国有土地上房屋征收与补偿条例》《南京市国有土地上房屋征收与补偿办法》的相关规定，区政府发布宁栖府征字〔2016〕第006号南京市燕子矶中学增容扩建项目《南京市栖霞区人民政府房屋征收决定》并进行公告。11月20日，区征收（拆迁）办实施项目征收工作，涉及燕子矶街道太平村、和燕路住宅户94户、工企单位3家，房屋建筑面积0.9万平方米。12月底，征收程序基本完成，个别安置遗留问题尚在协调商谈之中。

◆**吉祥村胜利村和燕路沿线改造** 10月9日，为加快推进燕子矶地区城中村危旧房改造步伐，根据国务院《国有土地上房屋征收与补偿条例》《南京市国有土地上房屋征收与补偿办法》的相关规定，区政府发布宁栖府征字〔2016〕第007号栖霞区吉祥村胜利村（和燕路沿线）城中村危旧房改造项目《南京市栖霞区人民政府房屋征收决定》并进行公告。11月20日，区征收（拆迁）办实施项目征收工作，涉及燕子矶街道和燕路、神农路、胜利三村企业单位8家，房屋建筑面积5.5万平方米。

□陈　星　闫怀壮

城市管理

环境整治

◆**概况** 2016年，区城管局、住建局根据《南京市棚户区改造和老旧小区整治行动计划》（宁委办发〔2016〕19号），先后实施长营村29号、红山路省送变电老厂区棚户区、燕子矶老镇、栖霞老街等20个城中村危旧房改造项目。至年底，累计完成住宅2556户，工企单位31家的动迁，总面积为43.1万平方米；完成7个老旧小区出新整治工程，其中化工新村小区和幕府山庄小区被评为南京市老旧小区十佳整治项目。完成113条道路精细化管理，建设9个清洗示范小区、2座垃圾中转站，完成12条道路及广场市政园林绿化提档升级等任务。强力推进垃圾分类收集，抓好市政绿化设施管护，抓好停车秩序管理。根据群众需求设置临时摊点80个、临时西瓜摊点96个，进一步规范散乱摊点占道和扰民现象。是年，区城管局被评为南京市“2016年度完成‘五个建设’工作目标有功单位”。“数字化城管平台助推城市管理水平提档升级”项目获评栖霞区2016年“工作创新奖”一等奖。

◆**小区整治出新** 2016年，区住建局对化工新村等7个老旧小区、90幢房屋开展出新整治，整治面积30.05万平方米，投入资金约7800万元，惠及居民3252户。拆除违章建筑110处、0.23万平方米，新建物业管理用房2个，整治道路37条，安装路灯220盏、楼道灯929盏，安装监控设施远红外探头159个，安装单元防盗门265樘，增设停车位486个，新建电动车和自行车车棚3个。通过老旧小区整治，小区的居住、出行、停车、通邮和安全等生活设施功能得到改善，屋面渗漏、外墙渗水、楼道亮化和安全防盗等一系列与居民密切相关的民生问题得到解决。

◆**红山路以西危旧房改造项目** 2016年，区住建局对迈皋桥街道红山路以西地块城中村危旧房进行改造。项目包括红山路省送变电老厂区棚户区、东井村44号平房、金宁路898厂生活区、734厂生活区、898厂危房、三盟厂电力仪表厂及其周边5个项目。工程位于迈皋桥街道，东至红山路，南至十字街，西至金宁新村，北至北崮山路，共占地6.7公顷。其中，涉及住宅163户、建筑面积0.74万平方米；企业10家、建筑面积1.69万平方米。5月4日，拆迁开始，年底，拆迁工作完成。

◆**新迈尧路周边城中村改造** 2016年，区住建局对迈皋桥街道新迈尧路周边城中村危旧房实施改造。项目包括长营村29号、新迈尧路周边2个项目，具体实施合并进行。项目位于迈皋桥街道，东至北苑东路，南至华电北路，西至和燕路，北至玉尚路，共占地2.3公顷，涉及住宅41户，建筑面积0.15万平方米。涉及工企单位8家、建筑面积0.42万平方米。5月8日，拆迁开始，至年底，拆迁工作基本完成。

◆**吴庄工业园城中村改造** 2016年，区住建局为贯彻落实江苏省、南京市两级

环陵路绿岛出新　　区城管局供稿

政府关于城市环境综合整治精神，对燕子矶街道吴庄工业园进行改造。项目北至太新路，南至神农路，西至和燕路，东至经五路，占地11.8公顷。涉及住宅10户，企业33家，建筑面积5.8万平方米。年底，项目处于征收方案公示阶段。

◆九乡河治理工程　2016年，区住建局实施九乡河治理工程土地征收项目。项目东至栖霞山（朱家场、杨家场部分），南至五福家园，西至长江四桥，北至百威英博南京仓库（部分至江边），分为集体土地征收和国有土地征收，分别实施。集体土地征收23.07公顷，涉及住宅27户，企业13家，总建筑面积约1.96万平方米。国有土地征收23.07公顷，涉及住宅41户，建筑面积约为0.36万平方米。年底，征收、拆迁工作完成。

◆渣土运输管理　2016年，区城管局以片区巡防、整体联动为手段，全范围掌控区域内渣土运输动态，实行渣土管理全天候、全时段、全路段7×24小时巡查执法。强化错时整治，加强路面巡查，及时处理举报工单，第一时间查证可疑车辆，查处违规行为，确保渣土车在规定时段内运行有序，所经路段路面整洁。落实属地化管理，以队员轮岗为契机，加强对渣土运输管控，使辖区内渣土运输规范、有序地进行。完善区、街两级管理体系，明确渣土管理责任，确保渣土管控工作在时间和空间上不留盲点。是年，查扣违章渣土运输车辆490台次，扣证101本，查处施工单位73家。

◆违建管控　2016年，区城管局持续加大拆违控违力度，实现违建管控长效化。加强日常巡查，一旦发现违建，第一时间制止，并立即组织人员予以拆除。各街道城管执法中队队员加强日常控违巡查，加大执法力度，发现苗头，立即上报，记录当事人信息、拍照取证，并请街道城管科进行核实，确定属违法建筑的，立即处理，减少居民不必要的经济损失，钝化拆违控违的矛盾。针对规模较大、影响恶劣的新建违建，坚决彻底拆除，有效维护区域内市容环境。扩展区域违建管控覆盖面，开展地毯式排查，严格控制违建数量，结合拆迁改造，稳步推进拆违计划，确保区域内无新增违建，老违建分期分批拆除。是年，共拆除违建391处、1.66万平方米。

◆店招标牌与广告管理　2016年，城管局共办理店招标牌申请34例，整治店招店牌225处、面积1517平方米；整治违规广告265处、面积1428平方米。3月初，对各街道存在的有店招无经营执照或店招与营业执照不一致的近1100户店家进行普查、登记。3月14日，印发《关于整治违规店招店牌的通知》，要求各街道根据《南京市店招标牌设置管理办法》，对违规店招标牌进行整改。各街道按要求迅速启动整治工作，要求店招与营业执照不一致的店铺重新领取营业执照，或按照营业执照名称更换店招；要求没有营业执照的店家迅速领取营业执照，或拆除店招；向有授权的店家核发授权书。

◆热线工单办理　2016年，区城管局受理各类案件65万余件，其中受理“12345”“12319”“58012319”、网络问政、城管网站等各类举报工单3300余件。及时完成各类问题的派发和转接，提高办理时效，零散垃圾、乱堆乱放类工单最快能在15分钟内处置完成；渣土类举报可当即通过电台与渣土中队联系处理；部分违建类举报当天即可回复诉求人，办结率达100%，满意率达90%。加快对薄弱地区、薄弱环节问题的整改进度，对全区城市管理月度考核排名末位的街道和单位，组织有关人员学习、对照《南京市12345政务运行管理办法》和《南京市12345政务热线成员单位工作绩效考核实施细则》，结合考核丢分项及问题工单剖析原因、研判现状，提出建议，督促整改。

◆环卫基础设施建设　2016年，城管局完成对2座旱厕的提档升级，拆除设施量以外旱厕2座，其中1座拆除后在原址放置移动公厕。对十字街垃圾中转站和南湾营垃圾中转站基础设施和转运设备进行改造，满足垃圾转运实际需要。在燕子矶片区建成全区首座具有新能源车辆停放、保洁员休息、环卫集中管理等功能的综合性环卫工作站。为解决晓庄车队搬迁，环卫车辆无法停放的问题，公司与燕子矶化整办协商，在原火花塞厂内建设临时停车场1座。完成各种类型环卫设施维修950余次，清掏公厕化粪池70余次，外墙补新150平方米，安装果皮箱470个，更换果皮箱内胆500余个。

◆“门前三包”管理　2016年，城管局与各街道及相关单位签订“门前三包”责任书8593份，签订率100%。指导各街道根据实际情况，以网格化或以社区为单位成立“门前三包”工作室，在企事业单位、沿街商户、物业公司等成立多种形式的“门前三包”自治联盟组织，并建立微信或QQ群，及时联络、通报情况。全区共设置“门前三包”工作室66个，自治联盟组织126个，微信公众号6个，微信群94个，QQ群16个，整治门前三包38172起，处罚工作落实不到位的店家376家，处罚金额共4.51万元。

◆环卫职工工资福利 上半年，区城管局按照上级要求，采取先行垫资形式，对全区环卫职工的津贴、加班工资、高温补助、租房补贴以及住房公积金等全部按标准发放到位。7月份，新建2座安康驿站，以满足附近保洁员对茶水、热饭、歇脚的基本需求。全区共有“安康驿站”11座；“爱心驿站”45座。合理调整高温作息时间，在休息站点增设防暑降温设施，及时发放防暑物品，切实保障一线职工在夏季高温作业条件下生产安全和身心健康。在南京市第十一个“环卫工人日”，组织一线班组长代表参观学习新建成的环卫数字化平台，并开展慰问一线环卫职工系列活动。

◆垃圾分类示范小区创建 2016年，区城管局不断深入探讨垃圾分类工作的经验和困难，积极尝试新举措、新方法。3月，在燕子矶街道进一步扩大市场运作范围，新增3个小区开展试点工作。4月，在西岗街道选定垃圾分类市场化运作小区2个。5月，在仙林街道11个小区开展垃圾分类市场化招标工作，并于7月全部实行市场化运作。8月，在栖霞街道选定垃圾分类市场化运作小区2个。至8月底，全区已有54个小区加入垃圾分类市场化运作试点行列。根据市政府和市城管局2016年垃圾分类工作目标考核要求，全区拟创建20个市级示范小区。是年，有33个小区申报市级垃圾分类示范小区并成功创建。其中，迈皋桥街道4个、燕子矶街道4个、马群街道5个、仙林街道11个、尧化街道8个、八卦洲街道1个，加之上年南京市城管局验收认定的17个，全区共创建市级垃圾分类示范小区50个。

◆污染车辆清洗点整治 2016年，区城管局根据《南京市关于开展污染环境车辆清洗点综合整治工作的推进方案》，制定《栖霞区污染环境车辆清洗点综合整治工作方案》（栖城管字〔2016〕14号）。按照“严格管控、联合整治、疏堵结合”的原则，以街道为主、执法大队协助的形式组织开展专项整治，时间自3月持续至12月。整治期间，区执法大队、各街道城管科、执法中队等部门共出动执法人员249人次、执法车辆53车次，组织26次集中整治，整治占道洗车点43处，暂扣洗车物品33件，向6户不规范洗车店下达限期整改通知书。

◆城市治理标准化建设 2016年，区城管局全面落实《关于下达2016年城市治理标准化工作任务暨考核办法的通知》工作部署，制定发放《2016年栖霞区城市治理标准化工作实施意见》，将任务分解至各街道，按照“全覆盖、精细化、长效化”的工作目标，全力以赴抓启动、促建设、督过程、保结果，扎实推进标准化建设工作。是年，第一阶段目标任务完成比例为83.41%，已有26条城市道路、30条小街小巷、8条河道湖泊、8个市民广场、5个公园景区、4个各类市场、9条交通道路、4个老旧小区及77个其他单元通过验收。其中，小街小巷、老旧小区、公园景区的完成比例为100%。

◆智能化环卫平台建设 2016年，区环卫数字化平台建成并通过验收。环卫数字化平台具有“中转站安全监控、垃圾转运称重、保洁员出勤签到、道路保洁质量监控、作业车辆的GPS定位和油量监控”等多种功能，已陆续接待来自鼓楼、雨花、六合等多家兄弟单位的参观学习交流。为将环卫数字化平台作用发挥到最大，环卫部门与建设单位沟通，落实垃圾桶满溢和称重系统安装升级，不断补充完善平台功能。同时，结合平台的管理，制定环卫作业质量督查实施方案和管理细则，引入考核机制，进一步提高环卫作业的管理水平。

◆小街小巷整治 8月份，区城管局根据《栖霞区环境综合整治三年行动计划（2016–2018年）》，排查梳理出全区须整治的背街小巷47条。城管局与各街道紧密配合，加大宣传力度，在重点区域、窗口地区、主次干道悬挂横幅标语314条，电子屏宣传96条（次），发放《致亲爱的你一封信》，营造工作氛围。对相关道路的门前三包、市容秩序、店招店牌、规范停车、标识标牌、沿街立面等内容进行摸底排查，按道路列出整治菜单，发动社区进行自查自纠。至12月底，整治倚门出摊3116起，取缔占道摊点2865处，整治店招标牌179处、计231平方米，拆除户外广告33处、计74.3平方米，规范门前三包5593处，清理建筑立面392处，清除小广告、小招贴8432处。同时，利用街道微信公众号、门前三包微信群、官方微博、电子显示屏等宣传整治成果，通报整治进展情况，调动社会各界积极参与城市治理。

□赵雨馨　闫怀壮

物业管理

◆概况 2016年，区住建局强化行业监管，施行效能补贴、星级评比联动机制，分类实施商品房、保障房和老旧小区考评创建工作，探索街道物业提档升级方式。7月20日，区人大常委会审议通过区住建局递交的全区物业管理工作情况报告。8月19日，南京市人大领导听取区物业管理工作汇报，调研区物业管理工作的特色和亮点，并予以推广。10月10日，江苏省人大常委会副主任史和平、南京市政府副市长储永宏等领导检查栖霞区《江苏省物业管理条例》实施情况，考察尧顺佳园和省电建宿舍小区物业管理工作，给予高度评价。安徽省住建厅、蚌埠市、扬州市、泰州市、北京市石景山区等兄弟省市先后到栖霞区考察老旧小区出新成果和长效管理的经验做法。

◆物业行业监管 2016年，全区共有住宅小区336个，其中商品房小区100个、保障房小区52个、老旧小区153个、小产权房小区31个。全年，物业管理区域

物业管理星级化奖牌
区住建局供稿

备案16例，成功申报9个市级物业管理示范项目，其中商品房小区3个、保障房小区3个、老旧小区3个。对具备条件的30家物业企业资质延续或升级进行初审，对82个物业服务项目进行合同备案。开展物业专项检查和街道季度考核，加大业务培训力度，邀请行业专家组织两次实务操作培训，培训人数150人次。8月份、10月份组织全区老旧小区现场观摩会2次，街道之间互通有无、取长补短。

◆物业管理条例学习宣传贯彻　7月份，《南京市住宅物业管理条例》正式颁布（以下简称《条例》），区住建局组织各街道利用宣传栏、公告栏、电子屏、挂横幅等多种方式宣传《条例》。全区在小区挂横幅300多条，在500多处宣传栏、公告栏进行宣传，让更多小区居民了解《条例》。住建局为各街道、物业服务企业和区住宅小区物业管理工作委员会成员单位印发《条例》300多本。各街道结合本单位实际，自行印发《条例》1500本，发给街道、社区、业委会。8月份，住建局组织市《条例》宣传培训活动，街道、社区、业委会代表共260人参加培训。及时指导尧化、仙林、燕子矶等街道开展学习培训12余次，培训人员300人，使《条例》宣传贯彻进一步向社区、街道托管小区延伸。10月28日上午，栖霞区住建局在迈皋桥街道仙踪林苑小区广场举办《南京市住宅物业管理条例》宣传贯彻活动，区城管局、物价局、市场监管局、公安分局、综治办等部门有关人员参加。此次活动共发放《南京市住宅物业管理条例》60问、文明养犬等宣传资料400余份，现场咨询70多人次，有奖问答80余次。通过广场宣传活动，让更多的小区居民了解《条例》，学习《条例》，运用《条例》。

□赵雨馨

建筑安装管理

◆概况　2016年，全区有建筑业企业146家，其中总承包资质企业41家，专业承包资质企业72家，劳务作业分包资质企业33家。根据《建筑业企业资质标准》（苏建市〔2015〕第227号）及资质标准实施意见，分别上报申请换证企业186次，146家建筑企业均已分别换证。

◆清欠工作　2016年，区工程建设领域清欠工作领导小组办公室接待拖欠工资投诉91件，其中“12345”工单10件。通过走访、约谈用人企业等方式，共解决被拖欠民工工资2937.46万元，惠及民工2373人。对2家因不积极配合协调处理民工欠薪工作，以致发生重大讨薪事件造成恶劣社会影响的建筑施工企业，予以上报，由南京市清欠办公室给以“全市限制市场准入或通报批评”的处罚。

◆综合执法检查　2016年，区住建局根据市住建委《关于开展2016年上半年建筑市场综合执法检查的通知》《关于开展2016年下半年建筑市场综合执法检查的通知》《市建委关于开展2016年第四季度全市建设工程质量安全监督工作督查的通知》文件精神，对全区建筑市场施行专项执法联合大检查。全年共检查53个建筑工地，建筑面积689.64万平方米，工程造价312.58亿元。对8家单位开具检查通知单，对6家单位开具整改通知单，要求对查找出的存在安全隐患、违规堆放建筑材料等问题及时整改。

◆建筑工程施工许可　2016年，区住建局在区域内共核发“中华人民共和国建筑工程施工许可证”50份，共计建筑面积247.24万平方米，工程造价45.68亿元。全年查处3家建设单位未取得施工许可证擅自施工，处罚款共计212.51万元。

□赵雨馨

2016年栖霞区建筑工程“金陵杯”优质工程奖名单一览表

表7

序号	工程项目名称	施工企业名称	项目经理	项目技术负责人	建设单位
1	万寿村季家街03地块24班小学行政楼	扬州市天成建筑安装工程有限公司	陆会强	邓仕洲	南京市栖霞区建设投资有限公司
2	幸福城居住区项目一组（01地块社区中心）	南通长城建设集团有限公司	杨建锁	曹建武	南京栖霞建设股份有限公司
3	南京三金燕语庭5#、6#楼	江苏省江建集团有限公司	李　强	舒振兴	南京鑫和房地产开发有限公司
4	万寿村季家街03地块24班小学综合楼	扬州市天成建筑安装工程有限公司	陆会强	邓仕洲	南京市栖霞区建设投资有限公司

续表7

序号	工程项目名称	施工企业名称	项目经理	项目技术负责人	建设单位
5	NO.2007G81A2地块项目一标段29#楼	江苏通州四建集团有限公司	陈维荣	俞卫兵	南京高科仙林湖置业有限公司
6	南京东瑞医院医疗康复用房改建项目	南京市高淳建筑安装工程有限公司	杨　平	王玉田	南京瑞东医院
7	南京仙林NO.2011G96地块二标段05栋及地下室	江苏顺通建设集团有限公司	刘　巍	付　权	南京栖霞建设股份有限公司
8	南京臣功制药股份有限公司综合制剂车间项目工程施工	江苏邗建集团有限公司	蒋成祥	王义元	南京臣功制药股份有限公司
9	仙林NO.2007G84地块一标段02栋	金坛建工集团有限公司	欧罗保	黄国平	南京栖霞建设股份有限公司
10	仙林NO.2007G84地块一标段04栋	金坛建工集团有限公司	欧罗保	黄国平	南京栖霞建设股份有限公司
11	南京三金燕语庭1#楼	江苏省江建集团有限公司	李　强	舒振兴	南京鑫和房地产开发有限公司
12	马群街2号地块一期工程A标1#楼	上海家树建筑工程有限公司	李永其	吴军标	南京复地东郡置业有限公司
13	和燕路329号地块15#楼	南京大地建设（集团）股份有限公司	汪景德	王　波	南京大地建设豪丰房地产开发有限公司
14	南京仙林NO.2011G96地块项目06栋	南通长城建设集团有限公司	葛建青	葛　煜	南京栖霞建设股份有限公司
15	南京仙林NO.2011G96地块项目08栋	南通长城建设集团有限公司	葛建青	葛　煜	南京栖霞建设股份有限公司
16	南京仙林NO.2011G96地块项目15栋	南通长城建设集团有限公司	葛建青	葛　煜	南京栖霞建设股份有限公司
17	金尧华府06栋	通州建总集团有限公司	季学平	曹钱江	江苏志发房地产开发有限公司
18	欧风花苑二期项目10#楼	南京市瓜埠建筑安装工程有限公司	周世英	姚定云	南京华欧舜都置业有限公司
19	NO.2010G06地块二期二标段6#、8#楼	江苏双楼建设集团有限公司	袁日龙	刘铭宇	南京高科置业有限公司
20	NO.2010G06地块二期二标段19#楼	江苏双楼建设集团有限公司	袁日龙	刘铭宇	南京高科置业有限公司
21	汇杰新城02地块04#楼及商业	江苏南通三建集团有限公司	张洪井	高建洲	南京汇杰建设发展有限公司
22	汇杰新城02地块05#楼及商业	江苏南通三建集团有限公司	张洪井	高建洲	南京汇杰建设发展有限公司

□赵雨馨

国土资源管理

◆概况　2016年，区国土分局协调相关部门，核减基本农田3505.1公顷，获市级2015年和2016年农户保护奖励资金5534.80万元。探索省级平台竞购方法，竞得耕地占补平衡指标181.60公顷，保障耕地占补需求。梳理未来用地需求，为辖区争取未来用地规划空间1766.67公顷，其中新增空间966.67公顷，流量空间800公顷。加强两规协调统一，保障未来170多个重点项目上图落界。保障辖区项目落地，全年报批45个，完成供地65个。出让土地面积289.80公顷，合同出让金162.40亿元。推进全区土地节地提效，完成存量闲置清理任务。在全市率先开展先租后让试点，为企业降低成本取得土地探索新途径。落实地质矿产资源安全与绿色保护，地质灾害预防到位，全年无生命和财产损失。完成10个地质灾害治理项目施工与验收，争取市级以上资金433.70万元。探索不动产登记试点工作，研究出台农村不动产登记意见，制订出实施细则和工作计划，同时做好宅基地及集体建设用地登记发证扫尾工作，办理宅基地使用权登记579宗。

是年，区国土分局在江苏省国土资源节约集约利用县（市、区）综合评价考核中获得第2名，被省国土资源厅评为“江苏省土地执法先进县（市、区）”。区国土分局以考核第一名的成绩获得市国土局“先进单位”表彰，连续第五年获得栖霞区“五个建设”有功单位、机关作风建设先进单位表彰，获得“2014-2015年度全省国土资源信访工作先进集体”表彰。

◆**项目报批与供地** 2016年，区国土分局保障跟踪市级以上重点项目27个，其中17个已完成发证跟踪服务。先后组织上报13个批次、45个地块征地报批，申报用地总面积520.17公顷；取得6个批次、32个项目的征地批文，批准土地面积209.41公顷，年度批后实施完成率93%。完成辖区供地65宗，面积289.80公顷，合同出让金总额162.4亿元。其中，工业、科研用地招拍挂出让26宗，面积97.41公顷，合同出让金5.73亿元；协议出让用地12宗，签订补充协议6宗，补交土地出让金总额1840万元。收取土地年租金93万元，超额完成全年目标任务。

2016年栖霞区（出让）供地情况汇总一览表

表8 单位：公顷

序号	受 让 单 位	地块坐落	用途	年限	批准日期	出让面积
1	南京紫金（新港）科技创业特别社区建设发展有限公司	兴智路以东地块	科教	50	01-01	1.72
2	南京紫金（新港）科技创业特别社区建设发展有限公司	九龙山南侧	科教	50	01-01	3.67
3	沈定标、林得松、许加香	迈皋桥街42-1号	商务金融	40	01-01	0.02
4	南京中电熊猫现代服务产业有限公司	312国道以南地块	工业	50	01-01	6.84
5	南京栖霞建设股份有限公司	马群街道	批发零售其他商服	40	01-07	2.72
6	南京绿联环境科技发展有限公司	周家山以北地块	仓储	50	01-11	0.80
7	南京新尧新城开发建设有限公司	尧化	商服用地	40	01-29	0.63
8	南京四方源物流有限公司	三江路东侧地块	仓储	50	02-01	10.84
9	南京健然农业科技有限公司	湖圣路东侧A地块	公共设施	50	02-29	3.38
10	南京健然农业科技有限公司	湖圣路东侧B地块	公共设施	50	02-29	0.18
11	南京健然农业科技有限公司	湖圣路东侧C地块	公共设施	50	02-29	0.55
12	南京健然农业科技有限公司	湖圣路东侧B地块	公共设施	50	02-29	0.30
13	南京融佳置业有限公司	枣林村以西A、B地块	住宅	70	03-09	6.80
14	南京汉融石油化工有限公司	仙新路以东地块	科教	50	04-22	0.30
15	南京中诚石化（集团）有限公司	甘家巷栖霞油库	工业用地	50	05-02	0.03
16	南京国资新城投资置业有限责任公司	迈皋桥街道	商服用地、商务办公用地	40	05-02	0.41
17	南京汇杰建设发展有限公司	迈皋桥街道	批发零售	40	05-02	3.16
18	紫江炉业南京有限公司	紫江工业炉北侧地块	科研	50	06-08	0.61
19	瑞声科技（南京）有限公司	仙林大学城	科教	50	08-12	2.00
20	南京（紫金）科技创业特别社区建设发展有限公司	恒园路以北B地块	科教	50	09-12	3.54
21	山东鲁能亘富开发有限公司	尧华街道翠林北路西地块	住宅	70	10-12	3.17
22	和美（上海）房地产开发有限公司	仙林体育学院北侧地块一	住宅	70	10-12	10.60
23	江苏紫金农村商业银行股份有限公司	甘家巷	商务金融	40	11-14	0.02
合计						62.29

2016年栖霞区(划拨)供地情况汇总一览表

表9 单位:公顷

序号	建设项目名称	用地单位	批准用地文号	批准时间	用途	批准面积	划拨面积
1	经济适用房	南京安居保障房建设发展有限公司	宁政国土批〔2015〕273号	01-03	住宅	2.66	2.28
2	灵山公交场站复建工程	南京公交场站有限公司	宁政国土批〔2015〕274号	01-03	公交场站	1.16	0.51
3	尧化居住社区中心(小吃小贩)	南京新尧新城开发建设有限公司	宁政国土批〔2016〕11号	01-03	社区中心用地、商服用地、商务办公用地	1.47	0.84
4	仙林垃圾转运站工程	南京市栖霞区城市管理局	宁政国土批〔2016〕11号39号	01-19	公共设施	0.82	0.70
5	仙林湖小学	南京仙林新市区开发有限公司	宁政国土批〔2016〕号	03-11	科教小学(小学)	3.20	2.39
6	仙林湖幼儿园	南京仙林新市区开发有限公司	宁政国土批〔2016〕号	03-11	科教用地(幼)	0.93	0.84
7	仙林公交停保场东场站项目	南京仙林新市区开发有限公司	宁政国土批〔2016〕68号	03-25	公交场站	4.16	2.19
8	栖霞山风景区山门广场项目(游客服务中心)	南京栖霞山文化旅游开发有限公司	宁政国土批〔2016〕79号	04-08	公园与绿地	1.51	1.51
9	经济适用房	南京安居保障房建设发展有限公司	宁政国土批〔2016〕80号	04-08	住宅、商服商务办公	1.32	1.10
10	燕子矶新城下庙垃圾中转站	南京市燕子矶片区整治开发有限责任公司	宁政国土批〔2016〕106号	05-13	公共设施	0.37	0.37
11	明外郭百里风光带栖霞区小庙山片区(一期工程)	南京栖霞商务区管理委员会、南京东部商务区投资发展有限公司	宁政国土批〔2016〕109号	05-16	公园与绿地	4.09	4.09
12	晓庄学院附属小学及燕子矶新城配套幼儿园	南京市燕子矶片区整治开发有限责任公司	宁政国土批〔2016〕110号	05-18	科教	4.52	4.27
13	保障房	南京国资新城投资置业有限责任公司	宁政国土批〔2016〕115号	05-02	社区中心	2.11	1.03
14	110千伏吉冲变电站工程	国网江苏省电力公司南京供电公司	宁政国土批〔2016〕174号	07-29	公共设施用地	0.43	0.43
15	经济适用房	南京建设发展集团有限公司	宁政国土批〔2016〕173号	07-29	城镇住宅用地(混合)、社区中心用地、科教用地(幼)	4.80	4.27
16	中华人民共和国南京港边防检查站	南京港边防检查站机关营房迁建项目	宁政国土批〔2016〕175号	07-29	军事设施用地	2.32	1.44
17	迈皋桥中心小学教学综合楼项目	南京市栖霞区迈皋桥中心小学	宁政国土批〔2016〕199号	09-08	科教用地(小学)	1.95	1.95
18	西花岗西地块保障房项目	南京建设发展集团有限公司	宁政国土批〔2016〕214号	10-19	城镇住宅用地(混合)、社区中心用地、科教用地(幼)	5.09	4.25

续表 9

序号	建设项目名称	用地单位	批准用地文号	批准时间	用途	批准面积	划拨面积
19	南京燕子矶中学增容扩建项目	南京市燕子矶中学	宁政国土批〔2016〕217号	10–21	科教用地	4.76	4.23
20	栖霞区妇幼保健院工程	南京迈燕建设建设发展有限公司	宁政国土批〔2016〕230号	11–14	医卫慈善用地（医院）	2.05	1.48
21	应天学院6号学生公寓	应天职业技术学院	宁政国土批〔2016〕226号	11–04	科教用地（高校）	1.67	1.54
22	南京地铁四号线（青龙车辆段永久用地	南京地铁集团有限公司	宁政国土批〔2016〕244号	12–03	轨道交通、交通设施	31.07	31.07
合计						82.46	72.78

◆“先租后让”供地机制试点　2016年，区国土分局尝试土地供应方式探索创新，在全市率先鼓励各开发（园）区实施产业用地先租后让方式试点，旨在推进国土资源供给侧结构性改革，推动土地节约集约利用。8月，在南京经济技术开发区内实施试点工作，开发区就土地租赁期限、建设周期、租金标准等方面内容，与用地单位开展协商和谈判，为落实先租后让供地手续办理打下基础。12月，区国土分局根据试点情况，多方征求意见，研究出台《工业用地先租后让试行办法》，并启动相关试点地块的供地前期手续办理工作，已收到明显成效。

◆宅基地和农房统一登记试点　2016年，西岗街道桦墅村被南京市列为农村宅基地和农房统一登记*试点村。区不动产登记局及时整合机构、调整业务，以试点村为抓手，不断探索创新，为全面推进集体土地不动产统一登记积累经验。1月，着手前期准备，制定发放《致桦墅村民一封信》，将试点工作的意义和相关法律规定宣传到试点村每一户村民，提高社会对不动产登记工作的理解和支持。3月，梳理不动产统一登记相关文件，编发试点工作文件汇编，组织相关人员进行学习，全面把握《不动产登记暂行条例》《实施细则》及相关法律法规的主要内容，掌握不动产登记工作程序、技术方法和各种标准规范，使试点工作步入快车道。7月，协助专业队开展外业调查，完成工作底图制作与修测、宗地草图绘制、房屋测量和面积量算等工作。10月，进行权利人身份、家庭成员情况、房屋建成年份等信息的调查以及宗地权属来源、宗地用途的核实工作，完成262户村民的入户调查。12月，多方、多次征求意见，协助区政府下发《关于西岗街道桦墅村宅基地和房屋统一登记试点工作相关问题的处理意见》，通过“三级确认”，明确对宅基地使用权面积、房屋面积结构以及建设年代、权利人身份等信息的界定。

相关链接

农村不动产统一确权登记

2014年，国土部、财政部、住建部、农业部、国家林业局联合下发《关于进一步加快推进宅基地和集体建设用地使用权确权登记发证工作的通知》，明确要求尽快完成房地一体的全国农村宅基地和集体建设用地使用权确权登记发证工作。这是有关部门首次联合发文明确不动产统一登记城乡统一，对赋予农民更多财产权利、保障农户宅基地用益物权、建立城乡统一的建设用地市场、集体经营性建设用地“农地入市”等重大改革具有基础性作用和非常重要的意义，也标志着集体土地确权登记发证工作步入新的阶段和高度。

同年，江苏省成立不动产登记局，建立省不动产统一登记工作联席会议制度，同时确定在南京市、徐州市等地启动农村房地统一调查、统一登记、统一发证工作试点。南京市在栖霞区、六合区等地积极推进农村宅基地与房屋统一调查、登记试点工作，在试点过程中统一调查技术方案、权籍调查表等表格文书和数据库架构。待试点区域完成并进一步完善政策和技术标准后，面向其他区扩大推广工作经验。

◆耕地保护　2016年，区国土分局坚持“约束+激励”机制，层层落实耕地保护责任。推进本级耕地保护考核与奖励机制落实，筹集、考核兑现奖励资金2453.30万元，调动责任主体耕地保护的积极性。推进市级耕地保护奖励政策，牵头编制并实施栖霞区2016年度耕地保护补贴发放和2015年度补贴资金清算工作方案，完成2015年和2016年5534.80万元农户资金发放任务。完成城市发展边界划定，划定永久基本农田3119.50公顷，其中城市周边永久基本农田2700.00公顷，周边外永久基本农田419.50公顷。推进耕地占补平衡，竞得省级平台占补指标211.00公顷，破除耕地后备资源占补困境，保障辖区耕地占补需求。

◆土地节约集约　2016年，区国土分局全方位做好节地提效工作。推进批

"4·22"地球日地质灾害防治讲座　　区国土局供稿

而未供土地清理工作，处置目标任务为199.40公顷，全年处置完成242.80公顷，超额完成目标任务。编制《2016年低效用地年度计划和三年行动计划（2016–2018）》，对7家低效用地计划完成编制实施方案，其中4家已办理供地手续。在闲置土地处置方面，多次与区政府、开发区、用地单位对接，采取多种方式积极推进处置工作，全年处置闲置土地30.69公顷，超额完成目标任务。是年，区土地节约集约各项指标，在江苏省国土资源节约集约利用综合评价考核中排名第二位。

◆地质灾害防治　2016年，区国土分局着力抓好地质灾害防治工作，突出地质灾害防治和矿山监管两个重点，建设地质灾害防治群测群防体系，成功处置汛期突发性地质灾害险情，年度无生命和财产损失。实施10处地质灾害治理消险工程。其中，燕子矶太平村75–4号等5处工程已竣工验收；幕燕风景区等5处工程施工进展顺利；太新路北侧笆斗山滑坡等3处地质灾害治理项目的前期可研和设计工作推进有序。加大矿产资源保护力度，实现年度无非法偷盗采。争取市级以上补助资金773.7万元，其中省级补助资金93.7万元，市级补助资金680万元。及时下拨区级地质灾害防治资金500万元。　□秦　颖

环 境 保 护

环境质量

◆概况　2016年，区环保局严守生态红线，认真抓好环保部督察、G20峰会空气质量保障、大气污染防治、推进水环境治理和重点断面达标等工作，确保区域环境质量逐年提高。是年，全区空气质量达到国家二级标准天数比例为68.3%，位列六城区第一。PM2.5平均浓度为46微克/立方米，与基准年2013年相比下降40.3%，下降幅度位列主城区第一位，远超2016年区长目标下降18%的目标任务。其中，仙林大学城PM2.5在全市9个国控点中浓度最低，仅为39微克/立方米，低于全市平均值9个百分点，为全市11个区最低值；降尘均值为4.62吨/平方千米·月；功能区噪声达标率100%、区域环境噪声53.9分贝；固体废物综合利用率达90%。

环境监管

◆概况　2016年，区政府多次召集环保局等多个部门，通过专题会、现场会等形式，听取部署环保部督察、G20峰会空气质量管控、水环境整治、大气污染防控、营运黄标车整治淘汰、土壤治理等工作汇报，并进行分析和研究，出台文件，落实工作责任和措施。全区形成区环保局牵头，各相关单位分工负责、互相配合，一级抓一级，层层抓落实的环保工作格局。

◆环境监管网格化　2016年，区环保局牵头在全区建立三级网格环境监管机制，实行"区侧重执法、街道侧重调处、社区（村）侧重巡查，各层级有机衔接"的监管模式。通过实施网格化环境监管，及时发现、及时上报、及时解决环境问题，提升环境监管效能。其中，区级建立环保联合执法指挥中心，各相关单位和街道为成员单位，指挥长由区政府分管区长担任。按照"统一指挥、综合协调、分级响应、快速执法"的原则，区环保局制定工作规范，明确工作职责，构建网上平台，建立统一指挥协调、统一派单办理、统一监督考核的大环保联合执法机制。对9个街道环保科人员进行培训，确保接得住、查得清，切实解决"看得见、管不了，管得了、看不见"的执法现状，有效克服环保执法点多量大面广而人力不足的困难。

2016年栖霞区PM2.5和PM10情况一览表

表10

区（园区）	评价点位	PM2.5（μg/m³）		PM10（μg/m³）		达到国家二级标准天数比例（%）
		1~12月	同比（%）	1~12月	同比（%）	1~12月
栖霞区	仙林大学城、迈皋桥	46	–22.0	88	–12.0	68.3

2016年栖霞区空气质量综合考评结果一览表

表11

区（园区）	评价点位	PM2.5浓度情况							空气质量达标天数情况				综合考评
		2016年浓度（μg/m³）	基准年同期均值（μg/m³）	相比基准年下降幅度（%）	2015年同期均值（μg/m³）	相比2015年下降幅度（%）	年度要求		2016年（天）	2015年（天）	优良率上升幅度（%）	年度要求（比2015年上升幅度	
							相比2015年下降幅度（%）	相比基准年上升幅度（%）					
栖霞区	仙林大学城、迈皋桥	46	77	−40.3	59	−22.0	−3.00	−18.0	250	231	5.0	1.1	合格
全市	—	48	78	−38.5	57	−15.8	−3.00	−18.0	236	231	1.6	1.1	合格

2016年栖霞区省考地表水断面监测结果一览表

表12

序号	水体	控制断面	断面所在区	2016年考核目标	2020年考核目标	1–12月情况（按2016年目标评价）	提标断面达2020年目标年限	超标项目	备注
1	长江	九乡河口	栖霞区	Ⅲ	Ⅲ	Ⅲ	—	—	国考
2	十里长沟	化工桥	栖霞区	劣V	V	劣V	2020	氨氮、总磷	

说明：北十里长沟西支化工桥断面已于近期暂停监测，前期监测数据显示水质仍为劣V类

2016年栖霞区省考集中式饮用水源地水质监测结果一览表

表13

序号	所在地区	河流/湖库	名称	点位名称	属性	考核目标	1–12月水质
1	栖霞区	长江	燕子矶水源地	城北水厂取水口	地级	Ⅲ	Ⅲ

说明：按照《地表水环境质量标准》（GB3838–2002）表内21项评价，水温、总氮和粪大肠菌群不参与评价

◆建设项目环保审批与管理　2016年，区环保局实行严格的环保准入制度和环境容量控制政策，认真落实环保第一审批权，做好项目审批工作。全年，区环保局审批建设项目93个，其中报告书5个、报告表74个（含南京市环保局委托审批项目2个）、登记表4个。否决不符合环保要求或选址不当的项目6个。完成污染防治设施与主体工程同时设计，同时施工，同时投入使用的环保“三同时”验收项目82个，其中南京市环保局委托环保验收项目31个、区级环保验收项目51个，出具江苏省环保厅和南京市环保局环保预审项目意见12项。

◆扬尘污染防控　2016年，区扬尘污染管控办公室狠抓“四个到位”，即宣传到位、管理到位、整治到位、查处到位。不断探索和完善“联办联审、联防联动”管理机制。是年，区扬尘管控的经验和做法，先后3次被市扬尘办转发推广。区扬尘管控工作一改往年考核倒数的局面，在2016年全市月度考核中排名屡屡前移，其中9月、10月在全市扬尘防治考核中连续排名第一位。

◆环境污染处罚　2016年，区环保局立案查处环境违法案件97件，罚款金额301万元，立案数比上年增长27.7%，罚款金额比上年增长60.5%。上半年，将南京康土园环保科技有限公司未经环保部门核准处置医疗废弃物一案移送公安机关，并以污染环境罪追究刑事责任，犯罪嫌疑人被逮捕。这是区环保系统向公安机关移送的第一起环境类违法刑事犯罪案件，该案入选江苏省环保厅典型案例；全年陆续处罚此类案件9件，罚款30万元；责令涉案企业停限产2起；采取查封扣押方式14起。

污染源治理

◆概况　2016年，区环保局贯彻落实江苏省南京市《关于进一步做好环保违法违规建设项目清理工作》的通知

精神，从年初至11月，在全区开展违法违规建设项目的清理整治工作。环保局克服历史欠账多、整治难度大的不利因素，要求各个街道按属地原则主动申报易污染建设项目，并对辖区内所有企业进行调查摸底，做到底数清、情况明、问题准、措施实，从强化组织领导、强化联动合力、强化文件执行、强化督查四个方面开展工作。至年底，完成对462家企业一企一档的清理整治工作，占清理整治对象总数的100%。

◆污染源在线监控 2016年，区污染源在线监控平台接入17家污染源企业、7家废气企业，计19个监控点；接入废水企业12家，计13个监控点，其中2家企业兼有废水、废气监控点。污染源在线监控平台由专人负责看管，每日监控企业在线数据，发布国控重点企业在线监控数据，一旦发现数据异常，立即通报给相关人员，做到及时发现、及时处理。

◆危险废物污染源监管 1~10月，环保局对辖区内43家辐射单位持续实施监督检查。对南京华东电子集团医疗装备有限公司等4家单位辐射许可证延期换证进行预审和许可证专项核查；督促3家公司的3枚放射源安全报废收储；对江南检测等单位13枚II类放射源省内转移使用进行预备案初审和注销备案初审，并开展放射源省内转移现场专项核查18次；配合南京市核管中心对迈皋桥社区卫生服务中心等4家单位进行监督性监测。

◆营运黄标车整治 2016年，区淘汰黄标车办公室加大黄标车整治力度，实行定期例会制度，及时掌握黄标车动态，研究对策，印发工作简报，造成强大舆论。各街道、园区成立专项工作组，逐车逐人，上门入户，进行宣传动员。克服车辆数量大、人车信息杂等困难，在20天的工作日内，共派出300余批次淘黄工作组寻人寻车，帮助车主办理灭失注销、报废手续。至年底，全区应淘汰黄标车2545辆，已完成2423辆，待完成122辆，完成率95.6%，全市排名第五位。

环保执法

◆概况 2016年，区环保局结合新“环保法”四个配套办法，对全区污染治理设施采取定期、不定期检查、抽查、暗查，突击夜间检查、节假日检查等多种执法手段，加大和增强环境执法监管的力度和频次，从严、从重、从快打击环境违法行为。全年办理信访1996件，其中噪声投诉1140件，占57.1%；大气污染投诉548件，占27.5%；水环境污染投诉69件，占3.5%；其他239件，占11.9%。环境信访量比上年下降27.44%，群众对生态环境质量满意度逐年提升，“12345”受理结果满意率80.83%，在区部门排名第一位。

◆环保宣传 2016年，区环保局强化环境保护新闻宣传，提高市民环境保护意识。依据“环保法”、《南京市环境教育促进办法》等法律法规，先后举办4场专项讲座，组织企事业单位有关人员参加专题培训；协助区政府办组织相关人员参加国家环保部环保业务培训5批次；在金陵中学仙林分校开展环保绘画比赛，并在省级比赛中获得好成绩；组织社区居民、在校学生参观生态文明馆5次；协助组织拍摄六五宣传片1部，秸秆禁烧宣传片1部；环保部督察期间微信推送8期，编发环保督察简报24期。是年，在省级杂志《江苏环境》上刊发新闻信息1条；在《扬子晚报》《现代快报》上刊发稿件8篇；在区级媒体刊发环保专版2次，刊发环保稿件22篇；在南京市环保局官网发表信息175条；在栖霞环保官方微博发表微博162条。

◆环保部督察 7月15日至8月15日，环保部督察组在江苏进行环保督察，联合江苏省、南京市督导组在栖霞区先后开展10次以上的明察暗访。其间，栖霞区共接到环保部督察组举报受理转办件48件，列南京市第三位。其中，反映黑臭河道的14件，反映烧烤油烟扰民的12件，反映工业企业污染的9件，反映环境卫生问题的7件，反映土壤修复问题的1件，反映饮用水源地的1件，反映其他环境问题的4件。督察期间，区政府主要领导先后7次到区协调联络组指挥部靠前指挥，责成区环保局对每一件工单都落实人员坚守现场，督促整改，及时反馈。环保部督察结束时，栖霞区工单办理的回复和效果，得到江苏省南京市协调联络组充分肯定。栖霞区在严格的督察中，呈现“三没有、二提升”局面，没有一件交办单被退回、没有发生一起环境污染事件被通报、没有一位干部被问责；党委政府“党政同责、一岗双责”意识得到提升。

◆G20峰会环境空气质量管控 8月20日，区政府召开G20峰会期间全区环境质量保障工作会议。会议由副区长秦亚平主持，代区长黎辉部署相关管控要求。由环保局牵头，成立有30个成员单位组成的栖霞区重污染天气应急工作领导小组（G20峰会空气质量保障工作领导小组），专门负责日常协调联络工作，并建立区G20峰会空气质量保障工作微信群，及时迅速地传递信息、发布指令。区环保局安排专人每天将迈皋桥、仙林大气国控点的监测数据及12个重点企业的在线监测数据上传至微信群，便于街道部门及时了解情况采取措施。管控期间，共出动执法人员470人次，循环检查企业29家、工地247个；检查运输企业、维修企业、驾校21家，港口码头企业2家，查处超限超载车辆3辆。同时，对辖区所有道路进行不间断洒水降尘；对迈皋桥街道7425厂等20家企业实行限产、部分停产等管控措施，确保这些重点监控单位各类环保设施运行正常。 □田青青

生态区域建设

◆概况 2016年，区环保局具体提出全区大气环境质量改善的目标和任务，分解落实节能控煤、产业结构调整、大气污染物排放强度和PM2.5浓度控制、扬尘控制等重点工作任务。全年，控煤效

果明显，煤炭消耗总量低于序时目标。落实大气污染防控措施，区重点企业废气排放全部纳入在线监控范围。完成对大唐南京发电厂、华能南京金陵发电有限公司超低排放燃煤机组的改造，使SO_2排放浓度低于35毫克/立方分米，NOX排放浓度低于50毫克/立方分米，烟尘排放浓度低于5毫克/立方分米，均达到限值要求。开展汽修和印刷行业企业挥发性有机物专项整治，推进餐饮一条街污染集中整治工作。

◆水环境整治　2016年，区环保局先后印发《栖霞区水污染防治行动计划》《栖霞区水环境综合整治实施方案》等文件，明确全区年度目标任务，理清事项，落实责任。加强水源地日常巡查，做好隐患排查工作，确保水源地达标率稳定保持100%。对列入南京市考核目标的南十里长沟二支、三支和幕府山沟实施综合整治，增加监测频次，为黑臭河道治理提供技术支撑。排查区内工业企业水污染处理设施，督促企业加强水污染防治设施的运行和维护。开展辖区内码头专项整治，促成南京港第四港务公司和惠宁码头内部实施雨污分流改造，全部生活污水纳入新港开发区污水收集处理系统。按照全省生态红线监督管理要求，强化饮用水水源保护，在燕子矶和八卦洲水源地安装视频监控系统。至12月底，国考九乡河断面地表水监测全年达标，省考集中式饮用水源地水质监测以及11个市考断面水质监测均全年达标。

◆秸秆禁烧　2016年，区环保局调整秸秆禁烧工作领导小组，更新监控网络，安装“蓝天卫士”视频监控系统。在禁烧期间，24小时360度全方位适时监控，实现秸秆禁烧工作人防、技防有效结合，确保禁烧工作全覆盖。对禁烧工作实施动态通报，每日编发禁烧巡查信息，每周编发秸秆禁烧简报。成立4个秸秆禁烧巡查小组，对龙潭、西岗、栖霞、八卦洲4个涉农街道实行24小时不间断巡查。各巡查小组深入田间地头，动态检查与静态检查相结合，发现问题及时解决。是年，区内未发生秸秆违规焚烧现象。

◆环境监测　2016年，区环保局注重对重点污染源、环境质量的监测分析，完成监测数据13931个、质控数据1798个，编制环境质量季报4份、主要河流水质动态40份、环境质量监测分析报告10份。每季度完成对九乡河、七乡河和便民河3条河流5个断面地表水，1眼井地下水和1个饮用水源地的监测。对全区主要43条河流144个断面监测981次。完成对3个市考空气降尘监控点、2个国控大气自动监测点、3个空气硫酸盐化速率监测点和尧化门降水监测点的监测与数据上报工作；完成迈皋桥噪声功能区24小时连续监测，完成49个区域环境噪声监测点位、2个交通噪声监测点位的监测及数据上报工作。完成对长江航运公安局南京分局、南京源力混凝土有限公司2家单位竣工验收监测。完成对南京银茂控股公司、烷基苯厂等重点监管企业215家次监督性监测。完成一系列专项任务，配合区监察大队完成排污申报、排污费核定、“一厂一档”检查等工作，完成江南—小野田、烷基苯等国控污染源企业的在线比对监测分析，配合完成黑臭河道整治任务，设计并印制栖霞区水环境监测点位图，持续做好对10条黑臭河流30个断面的常态化监测。　□田青青

8月8日，区环境监测站监测人员在龙潭街道兴隆河采样　　区环保局供稿

南京仙林大学城

Nanjing Xianlin University Town

南京师范大学·图书馆

杨轶绘

◎责任编辑　张永芳

综　　述

◆**概况**　2016年，仙林大学城启动青龙地铁小镇西岗片区开发建设。纳入全市“挂图作战”的三大类8个子项目进展顺利。建成南邮小学、仙鹤片区北部社区中心及昆仑恒基南侧路、经天路南延、广志路西延等配套项目和道路工程。开工建设仙林湖片区小学、幼儿园、社区中心及学子路南延等12条道路，启动仙鹤片区北部中学项目。基本建成仙林湖110千伏吉冲变电站和仙林公交停保场东场站。完成地区信号灯智能化升级改造，实现公共自行车系统平稳交接，并纳入全市平台统一运营管理，新增、扩建31处公共自行车站点。南大科学园建成交付24万平方米，逐步进入产出阶段。江苏生命科技创新园全面建成，紫金（仙林）科创特区在建面积30多万平方米，地区各类科技创新载体累计建成面积200万平方米。与南财等高校洽谈，完善大学科技园规划，充分发挥学校学科优势，培植特色产业。租用南京高科及中建总部总部大厦部分办公用房，设立仙林高创中心、发展创业投资服务区和总部经济集中区。科技研发、现代服务业、总部经济三大主导产业形成集聚效应，中国电科28所仙林新所区、中科院紫金山天文台仙林基地、省建科院建筑工程质量检测中心建设进展顺利。截至年底，地区集聚各类优质企业上千家，区域特色产业体系加速形成。江苏广电制作中心暨仙林·荔枝广场文化综合体项目和瑞声科技全球研发中心项目签约落户。完成仙林鼓楼医院混合所有制改革，区域城市功能和配套水平进一步优化。5月，金陵中学仙林分校中学部获2015年度省城乡建设系统优秀勘察设计二等奖。至年底，仙林大学城各类大中小学达23所。南大、南师大、南中医、南邮、南财、南京森林警察学院、南工院、南信院、紫金学院、南京审计大学金审学院、南京技师学院等高等院校发展顺利。除原有南师大附校、南外仙林分校、金陵中学仙林分校（含中学部和小学部）、南师附中仙林学校（含中学部和小学部）、摄山中学、摄山星城小学外，金陵中学仙林分校小学部仙林湖校区、南邮小学2所小学新建成招生，地区在校师生人数超过20万人，总人口增加到30万人。

◆**土地出让**　2016年，完成2幅地块土地出让工作，累计出让面积22.6公顷，成交出让金额为58.6亿元。其中，江苏省计量学院北侧科研地块，编号No.宁2016GY16，东至南信院、南至国有土地、西至紫金学院、北至宁镇公路，面积12万平方米，规划性质为科教用地，容积率≤2.0，成交总额3495万元，2016年8月4日由瑞声科技（南京）有限公司竞得，南京体育学院北侧地块一，编号NO.2016G58，东至经天路、南至广志路（规划）、西至鲤鱼山路（规划）、北至纬地路，面积10万平方米，规划性质为R2二类居住用地，容积率≤2.2，成交总额58.2亿元，2016年9月23日和美（上海）房地产开发有限公司竞得。

◆**仙林大学城环境整治**　2016年，仙林大学城以启动城市品质提升三年行动计划为契机，全面提升城市环境品质。强化水环境综合治理，排查出47处雨污混接、错接、漏接等问题，完成整治点位13个。建成74千米污水主干管网，开工建设3千米中水引入连接管道。对文苑河、老十里长沟等17条河道水系及羊山湖、仙林湖等12处景观湖面进行清淤清表，累计清理面积27万平方米。全面梳理区域水资源状况，建立健全信息资料，实行河道管理专人负责制。提升绿化管养维护水平，累计完成学海路、文苑路、文成路、鸿雁路等8条道路共4.5万余平方米绿化整治。对辖区绿化景观实施市场化和精细化养护，全年园林绿化综合管养水平在全市功能区位列第一位。仙林湖公园景观提升工程进场施工，九乡河生态公园南大和园段景观提升工程完工，仙林大道湖东路至小野田铁路段绿化整治完成。

◆**地铁小镇西岗片区启动建设**　4月20日，仙林大学城联合栖霞区、南京开发区，召开地铁小镇（西岗片区）开发建设动员会，正式启动该片区开发建设工作。青龙地铁小镇北至龙王山山脊线、南至沪宁高速、东至规划江南快速三环、西至绕越公路，依江宁、栖霞行政区边界，分为西侧江宁片区和东侧栖霞西岗片区，规划总居住人口18万人，是仙林副城的重要组成部分、低碳生态新区。西岗片区总用地面积10.91平方千米，规划人口9.15万人，拟在地铁四号线桦墅站附近建设面积62.04万平方米的拆迁安置房。该片区内还将配备18班幼儿园、48班小学各1所以及社区医院、社会福利设施、体育中心和社区服务配套。根据南京市政府统一部署，西岗片区由栖霞区、仙林大学城管委会与市地铁小镇集团公司合资成立子公司，在仙林大学城管委会主导下，用5~10年时间完成该片区开发建设工作。截至年底，全面完成拆迁安置入户摸底，正推进拆迁工作、土地征用、用地规划调整等前期工作，计划2017年上半年进场拆迁。

◆**城市品质提升三年行动计划启动**　10月29日，大学城党工委、管委会召开仙林大学城城市品质提升三年行动计划动员会，部署地区城市品质提升三年行动计划。该计划包括城市空间精细化管控、城市功能品质提升、城市环境面貌提档升级、城市发展活力提升四项行动，主要针对区域城市品质方面存在的突出问题，坚持问题导向，以美化、净化、亮化、国际化、便利化、信息化为目标，以社区配套完善、环境景观提升、人文优势彰显、产城融合发展等为重点，统筹提升地区新建建筑和空间品质，优化完善建成区环境质量和功能配套，提升区域城市发展活力。通过高品质建设和科学管理，到“十三五”规划末，实现城市品质全面提升，区域特色进一步彰显。

◆**“金晓电子”登陆“新三板”**　年内，江苏金晓电子信息股份有限公司成功登陆“新三板”，成为南大科学园孵化的首家挂牌上市企业。该公司主要从事智能交通、电子监控、网络产品、交通节能等高科技产品的开发、生产和销售，为高速公路、城市交通、轨道交通等智能化工程、信息化工程提供全面、专业的技术服务。

重大项目建设

◆概况　2016年，列入全市“挂图作战”的3大类8个子项目有序推进。仙林大学城商贸功能提升类项目，包括南京万达茂、金鹰奥莱城二期、羊山风情街、学则路商业广场、扬家置业青春天地等子项目，完成投资37.89亿元，占全年投资计划的97.15%；仙林大学城电子信息系统研究及地理测绘产业园类项目，包括中国电科28所仙林新所区、兰德地理信息产业园等子项目，完成投资6.97亿元，占全年投资计划的98.17%；仙林鼓楼医院重组改制项目，成功引进泰康人寿保险股份有限公司（简称“泰康人寿”）投资12.5亿元，医院混合所有制改革完成，国内首个外资养老机构建成开业。此外，建成仙鹤片区北部社区服务中心，总面积1.5万平方米，菜场、超市等部分商户进场装修。仙林湖小学、幼儿园、社区服务中心开工建设。

◆仙林鼓楼医院重组改制　2016年，完成仙林鼓楼医院的混合所有制改革工作，泰康人寿成为医院控股方，持仙林鼓楼医院80%股权，南京市鼓楼医院持20%股权。仙林鼓楼医院由仙林大学城管委会根据《南京市区域卫生规划》，联合南京市鼓楼医院共同建设，建筑面积15万平方米，由基本医疗区、国际康复医疗区和医师培训中心三部分组成，于2013年11月开诊。2015年年初，为进一步提高该院的医疗品质和服务水平，实现既能满足基本医疗需求，又能提供高端医疗服务的高标准国际化医院的目标，经南京市政府批准后，仙林鼓楼医院混合所有制改革正式启动。经过引入战略投资者增资扩股、向市鼓楼医院无偿划转股权、公开竞价转让部分股权三个阶段的产权制度改革，仙林鼓楼医院混合所有制改革完成。截至年底，泰康人寿对仙林鼓楼医院的投资超过12.5亿元，增强了仙林鼓楼医院资本实力和发展后劲。仙林鼓楼医院的改制模式成为医疗领域的混改样本，是全市建立现代医院治理结构和管理机制的一次重要实践。

◆江苏广电制作中心暨荔枝广场项目签约落户　2月26日，江苏广电制作中心暨仙林·荔枝广场文化综合体项目签署投资合作协议，正式落户仙林大学城。中共江苏省委常委、宣传部部长王燕文，南京市市长缪瑞林，中共南京市委常委、宣传部部长徐宁，南京市政府秘书长林克勤、副秘书长张强，区委书记、仙林大学城党工委书记邢正军及仙林大学城管委会主任黎辉、副主任潘志宏等出席签约仪式。项目落户在仙林大学城南大北侧南大科技园内，用地18.67公顷，总投资约60亿元。将依托江苏广电的媒体优势，打造集演播集群、文化创意、国际交流、专业培训、服务配套为一体的综合性文化创意园区。项目建成后，江苏广电节目生产制作基地、国际交流会议中心、影视文化培训教育中心，江苏省广电集团旗下幸福蓝海、好享购、IPTV等影视文化延伸产业，南大共同打造的新闻传播、文化创意大学生实训基地等都汇集其中。

◆欧葆庭仙林国际颐养中心　3月22日，国内首个外资养老机构——法国欧葆庭健康产业集团投资的欧葆庭仙林国际颐养中心开业运营。欧葆庭仙林国际颐养中心是中法建交50周年之际，国家主席习近平访问法国时，两国之间签署的50个经贸合作项目之一，是中法养老产业战略合作的重点项目，也是法国欧葆庭健康产业集团进军中国市场的第一个落地子项目。项目位于仙林鼓楼医院

2月26日，江苏广电制作中心暨仙林·荔枝广场文化综合体项目签署投资合作协议　仙林大学城管委会办公室供稿

3月22日，欧葆庭仙林国际颐养中心开业　　仙林大学城管委会办公室供稿

内部，中心地面3层、地下1层，总面积1.7万平方米，设有111个房间，最大容量139张床位。项目秉承欧洲标准的服务质量和操作流程，主要为江苏省及周边地区的失能、半失能和失智老人提供高端舒适的生活空间和照护。

◆瑞声科技全球研发中心项目签约　9月8日，在2016年中国·南京金秋经贸洽谈会重大项目集中签约仪式上，仙林大学城管委会与瑞声科技（南京）有限公司*就瑞声科技全球研发中心项目签署合作协议。项目总投资2亿元，选址位于仙林大学城C65地块（位于紫金学院和南信院之间），项目建设用地面积约2公顷。作为瑞声科技的全球研发中心，该项目将为瑞声科技以及全球客户服务，研究最尖端的科学技术与产品。

相关链接

瑞声科技控股有限公司

瑞声科技控股有限公司是全球最大的声学元器件制造商，也是全球领先的通讯及消费类电子产品的微型元器件及整体方案提供商。作为行业的领导者，瑞声科技拥有1500多项科技专利，与苹果、三星、华为、联想、索尼、LG、中兴、亚马逊等世界顶尖品牌保持战略合作关系，产品广泛应用于智能手机、平板计算机、超薄笔记本电脑、可穿戴式设备等消费类电子产品。

配套设施建设

◆概况　2016年，仙林大学城基本建成昆仑恒基南侧路、经天路南延、广志路西延和鲤鱼山路等道路工程及水、电、气管线等配套设施。开工建设学子路南延等12条道路。为仙林湖片区居民及重大项目配套的110千伏吉冲变电站基本完工。仙林公交停保场建设进展顺利。完成地区信号灯智能化升级改造，更换38个路口的信号灯计297套，新建17个路口的信号灯计110套。实现仙林地区公共自行车系统平稳交接，纳入全市平台统一运营管理，新增、扩建31处公共自行车站点，截至年底，仙林地区共有公共自行车站点71个、车桩1898个、公共自行车2200辆。完成文苑路—学思路路口西口、文澜路—文苑路路口的南口和北口深化改造，有效缓解上下班高峰时期车辆通行压力。

◆公共自行车站点增建扩容　2016年，在仙林新增、扩建31处公共自行车站点。其中，新建公共自行车站点21个、新增车桩750个。新建站点主要集中在仙鹤片区人流量较大的居民小区、高校、公交枢纽周边以及兰德地理信息产业园、高科总部等新建成商务办公区域，并重点在白象片区金地湖城艺境、枫情水岸等新建成居民小区周边布局，方便师生、居民出行。扩建公共自行车站点10个，主要集中在亚东城、山水风华及地铁二号线沿线站点等区域，累计增加车桩168个，最大限度满足市民借车需求。11月初，新建和扩建公共自行车站点均投入使用。

◆新建道路命名　2016年，经南京市政府批复，仙林大学城羊山湖路、汇仙路、灵仙路等27条新建道路的路名正式启用。此次集中命名的道路主要分布在白象片区和仙鹤片区南部，命名延续仙林大学城建成区道路路名组团化、文化气息浓厚、简明易记等特点。道路命名完成后，仙林大学城管委会进一步规范地区道路路名牌、指示系统等市政基础设施，并协调有关部门设置道路门牌号码，便于各企事业单位入驻，提升区域社会管理水平。

◆仙林鼓楼医院挂牌南大医学院附属医院　4月9日，仙林鼓楼医院与南大、泰康人寿签署合作协议，正式挂牌成为南大医学院附属医院。南京市副市长胡万进，栖霞区委、南京开发区党工委、仙林大学城党工委书记邢正军，仙林大学城管委会主任黎辉、副主任周铳，南大、泰康人寿、南京市卫计委、鼓楼医院等相关单位负责人出席签约仪式。以此次签约为契机，仙林鼓楼医院将搭建医教研一体化平台，吸引人才，以“百万年薪”价码面向全球招揽高端医学人才，引进的优秀临床专家可担任南大医学院博士研究生导师或硕士研究生导师，并纳入南大体系进行职称评定。同时，还会根据引进人才的研究课题给予科研启动经费，共享南大医学院科研平台。

◆南邮小学建成投用　8月，南邮小学主体建筑及绿化景观工程全面完工并移交栖霞区教育管理部门，9月1日投入

2016年仙林大学城新命名道路一览

表14

序号	路名	道路方位及基本情况
1	羊山湖路	位于仙林大学城仙鹤片区,羊山湖北侧。东西走向,西起仙境路,东止九乡河西路。长1400米,宽12米
2	汇仙路	位于仙林大学城仙鹤片区,汇通路西侧。东西走向,西起仙隐南路,东止汇通路。长1186米,宽18米
3	灵仙路	位于仙林大学城仙鹤片区,灵山北路南侧。南北走向,南起仙隐南路,北止灵山北路。长517米,宽18米
4	汇通路（南延）	位于仙林大学城仙鹤片区,灵山北路南侧。南北走向,北起灵山北路,南止栖霞区与江宁区界。长1300米,宽66米
5	灵山根路	位于仙林大学城仙鹤片区,灵山北路南侧。南北走向,北起灵山北路,南止汇通路。长955米,宽12米
6	学子路（南延）	位于仙林大学城仙鹤片区,灵山北路南侧。北起灵山北路,南止栖霞区与江宁区交界处南延若干米。长1100米,宽28米
7	元和路	位于仙林大学城仙鹤片区,学海路东侧。东西走向,西起学海路,东止学典路。长340米,宽14米
8	桂山路	位于仙林大学城白象片区,仙林大道南侧。南北走向,北起仙林大道,南止栖霞区与江宁区界。长400米,宽40米
9	桂山西路	位于仙林大学城白象片区,仙林大道南侧。东西走向,西起仙林大道,东止桂山路。长480米,宽12米
10	光启路	位于仙林大学城白象片区,纬地路南侧。南北走向,北起纬地路,南止广志路。长450米,宽26米
11	仙林湖路	位于仙林大学城白象片区,仙林湖东侧。南北走向,北起经天路,南止仙林大道。长1900米,宽70米
12	茂民路	位于仙林大学城白象片区,仙林大道北侧。南北走向,北起广志路,南止仙林大道。长400米,宽25米
13	铭鸿路	位于仙林大学城仙鹤片区,学海路东侧。东西走向,西起学海路,东止鸿雁路。长320米,宽12米
14	立德路	位于仙林大学城仙鹤片区,文澜路东侧。东西走向,西起文澜路,东止广场。长142米,宽15米
15	思成路	位于仙林大学城仙鹤片区,文范路南侧。南北走向,北起文范路,南止广场。长120米,宽15米
16	阳春路	位于仙林大学城白象片区,仙林大道南侧。南北折向东西走向,北起仙林大道,折西止二龙路。长1100米,宽24米
17	白雪路	位于仙林大学城白象片区,仙林大道南侧。东西走向,西起花蕾路,东止阳春路。长285米,宽12米
18	花蕾路	位于仙林大学城白象片区,仙林大道南侧。南北走向,北起小红花路,南止白雪路。长385米,宽12米
19	小红花路	位于仙林大学城白象片区,仙林大道南侧。东西走向,西起花蕾路,东止阳春路。长780米,宽16米
20	羊山东路	位于仙林大学城仙鹤片区,羊山东侧。南北走向,北起羊山北路,南止羊山湖路。长540米,宽12米
21	羊山脚路	位于仙林大学城仙鹤片区,九乡河西路西侧。东西走向,西起羊山东路,东止九乡河西路。长140米,宽12米
22	二龙路	位于仙林大学城白象片区,仙林大道南侧。南北走向,北起仙林大道,南止栖霞区与江宁区界。长1900米,宽45米
23	灵山南路	位于仙林大学城仙鹤片区,汇通路东侧。东西走向,西起汇通路,东止九乡河西路。长2100米,宽40米
24	桂山东路	位于仙林大学城白象片区,桂山路东侧。东西走向,西起桂山路,东止仙林大道。长610米,宽16米
25	仲舒路	位于仙林大学城白象片区,纬地路北侧。南北走向,北起学森路,南止纬地路。长220米,宽16米
26	览胜路	位于仙林大学城仙鹤片区,羊山之上。东西走向,西起仙境路,东止羊山东路。长1900米,宽16米
27	览秀路	位于仙林大学城仙鹤片区,羊山之上。东西走向,西起揽胜路,南止山顶观景台。长200米,宽12米

使用。南邮小学位于仙林新市区仙鹤片区北部，与诚品城、鸿雁名居两大住宅区毗邻。学校总用地面积2.56万平方米，地上总建筑面积约1.49万平方米，设置规模为36个班，教职工130人，可容纳学生1620人。　□常晓敏

进驻院校

南京大学

◆概况　2016年，在自然指数排行榜中，南大位列全球科研机构第25位，全球高校第20位，中国高校第二位。有16个学科进入美国ESI排名世界前1%，其中化学、材料科学进入世界前1‰，化学进入世界前30名，材料科学位列世界第77名。在英国QS最新公布的世界一流大学综合排名中，南大位列全球第115位，比上年上升15位。本科“三三制”教学改革进入第二阶段，新建各类新型课程640门，新建创新创业课程17门，确立通识课、新生研讨课、通修课、学科专业课、实验课、翻转课、创新创业课七类优质课程标准。继续推进硕士研究生“二三三”培养机制改革和博士生“四三三”综合改革，形成以特色学科为支撑，风格各异、良性互动的从本科到博士生的人才培养体系，成功入选首批国家创业创新示范基地。是年，获得国家科学技术奖二等奖4项；获得教育部高等学校科学研究优秀成果奖15项，其中一等奖6项，获奖数位居全国高校第一位；文科获77项江苏省哲学社会科学优秀成果奖，其中一等奖19个，位居全省高校和科研院所第一位。全职引进中国科学院院士2人，引进和新增教育部长江特聘教授、国家杰出青年基金获得者10人；7人入选青年长江学者，9人入选国家优秀青年基金，21人入选青年千人计划，入选人数位居全国高校前列。授予德国总理默克尔名誉博士学位，聘任美国前国务卿基辛格博士为南大名誉教授，成功举办中美文化研究中心成立30周年庆典，美国前国务卿奥尔布赖特等嘉宾到访南大。与哈佛大学、斯坦福大学等著名高校合作建立联合研究机构。近1000名学生出境交流，1100多名海外留学生到校学习。成功举办第十届国际湿地大会等国际会议。南大学子在全国各类竞赛中屡获大奖。在第二届中国“互联网+”大学生创新创业大赛中获全国亚军（金奖）、银奖两项和先进集体奖，获2016年全国大学生英语竞赛非英语专业国家级特等奖、第五届国际口笔译大赛法译汉一等奖、第七届“华政杯”全国法律翻译大赛特等奖、中国研究生电子设计竞赛全国总决赛团体一等奖、第六届中国教育机器人大赛特等奖、2016年国际口腔医学本科生操作技能大赛一等奖、第五届全国大学生口述史成果交流赛一等奖。南大民乐团获第九届全国高校校园文化建设优秀成果奖特等奖。入选全国首批深化创新创业教育改革示范高校，“先进日盲紫外探测与应用技术”获第18届中国国际工业博览会四个创新金奖之一。

◆3个项目获国家科技奖　1月8日，2015年度国家科学技术奖颁奖典礼在北京人民大会堂举行，南大有3个项目获国家科学技术奖二等奖。现代工程与应用科学学院教授陈延峰等完成的研究成果“声子晶体等人工带隙材料的设计、制备和若干新效应的研究”获国家自然科学二等奖。该项目发现了声子晶体等人工带隙材料中的新效应并研制了一系列新材料和原型器件；发现了声波在声子晶体中负折射和双负折射的新规律，被评为中国基础研究十大新闻；提出“波矢跃迁”新原理并实现了声波二极管；发现了声波异常透射效应及声表面隐失波，拓展了声波亚波长材料与器件的研究领域。环境学院教授潘丙才主持完成的“基于纳米复合材料的重金属废水深度处理与资源回用新技术”获国家技术发明二等奖。该项目发明了用于重金属废水深度处理的系列纳米复合材料及其制备技术，突破了纳米颗粒吸附剂工程应用的关键瓶颈；发明了以纳米复合材料为核心的重金属废水深度处理与资源回用新技术，稳定实现了电子电镀、制革、矿采等行业废水的提标处理与资源回用。化学化工学院教授薛奇团队的研究项目“红外吸收微粒的表面改性及在节能树脂中的应用”获国家科技进步二等奖。该项目发表SCI论文80篇，获8项国家发明专利。

◆国家双创示范基地签约共建　9月9日，南京大学—仙林大学城共建国家双创示范基地签约仪式在栖霞区委党校举行。南京市副市长胡万进、区委书记邢正军、区长黎辉、南大副校长潘毅和校长助理李成等出席签约仪式。5月，国务院办公厅发布《关于建设大众创业万众创新示范基地的实施意见》，确定首批共28个双创示范基地，南大作为4所高校示范基地之一，位列其中。基地主要建设4个相互支持、各有侧重、优势集中的运行平台——产学融合“校园众创实训平台”、校地共建“科技成果转化平台”、校企协同“文化创意产业平台”、国际合作“创新创业支持平台”。促进科技成果转化和服务地方经济发展，仙林大学城管委会主导建设的南大科学园将规划4栋楼作为集成果转化孵化、公共服务、宣传展示等为一体的南大双创核心区域，形成以高水平大学为核心、集培育、孵化、服务为一体的新型双创公共平台。李成与仙林大学城管委会副主任潘志宏分别代表南大与仙林大学城管委会签订合作协议，随后邢正军和潘毅为双创示范基地揭牌。胡万进在讲话中表示，近年栖霞区经济社会发展日新月异，仙林大学城与南大加强合作，强强联手，共建国家双创示范基地，共同打造科技创新高地、人才创业高地、成果转化高地，这将对栖霞乃至南京市的创业创新工作起到不可估量的推动作用。

◆第十届国际湿地大会　9月19~24日，由南大、国家国际湿地公约履约办公室、国际生态学协会、中国生态学学会、湿地国际—中国办事处共同主办的2016年第十届国际湿地大会在江苏常熟举行。此次大会为研讨湿地生物多样性保护、湿地生态系统管理、湿地与全球变化、湿地废水处理、生态系统服务等新热点提供交流共享的平台，将对中国湿地研究、保护、建设和管理以及湿

地可持续利用和发展做出重要的贡献。大会组委会主席、南大校长陈骏，江苏省政协副主席、党组副书记徐鸣，环境保护部科技司巡视员兼副司长刘志全在大会上分别致辞。国家林业局副局长张永利致辞并宣布大会开幕。在为期五天的会议期间，南大第五届国际湿地论坛如期举行。论坛的主题是"湿地与人类福祉"，就湿地与人类的生存、幸福、长远的发展展开启发性的学术报告。会议期间还通过《湿地常熟宣言》。

◆合作共建项目签约 11月1日，南大、英国伯明翰大学、凤凰出版传媒集团举行三方合作签约仪式，南大校长陈骏出席并致辞，江苏省政府副秘书长王思源、中共江苏省委宣传部副部长徐宁、江苏省新闻出版广电局局长焦建俊、凤凰出版传媒集团董事长张建康、伯明翰大学校长伊斯特伍德、英国驻上海副领事克莱姆森等各方代表出席签约仪式。陈骏代表南大和伯明翰大学签署合作备忘录。双方将探索共同感兴趣的科研、教学等领域，建立战略合作伙伴关系。南大人文社会科学高级研究院院长周宪代表南大和译林出版社、伯明翰大学签署三方共建"莎士比亚（中国）中心"协议。南大教务处处长邵进和译林出版社、伯明翰大学签署三方"前沿科普文丛"合作出版协议。

◆万钢到校调研 11月8日，全国政协副主席、科技部部长、中国科协主席万钢到南大调研基础科学研究、科技成果转化以及双创工作。科技部高新司司长秦勇，科技部基础司副司长周文能，江苏省政府副省长张敬华，江苏省科技厅厅长王秦、副厅长蒋跃建，南大党委书记张异宾，南大党委常委、副校长潘毅，中国科学院院士、南京微结构国家实验室（筹）主任、人工微结构科学与技术协同创新中心主任邢定钰等陪同调研。调研中，潘毅首先介绍南大双创教育和双创示范基地的相关情况。万钢对南大创新创业工作给予肯定。万钢一行参观南京微结构国家实验室（筹）的介电体超晶格实验室和超导实验室，就相关问题和科研人员进行交流并听取潘毅对南大科学研究的相关汇报。万钢对南大近年在人才培养、科学研究、社会服务等方面取得的成绩表示祝贺。

◆李晓红考察南京微结构国家实验室 12月5日，中国工程院院士、教育部副部长、党组成员李晓红一行到南大考察南京微结构国家实验室（筹）。教育部规划司副司长刘昌亚、教师工作司副司长殷长春，中科院院士、南大校长陈骏，南大党委常委、副校长潘毅和邹亚军，中国科学院院士、南京微结构国家实验室（筹）主任、人工微结构科学与技术协同创新中心主任邢定钰，中科院院士、南大物理学院教授祝世宁等陪同考察。李晓红一行参观南京微结构国家实验室（筹）的介电体超晶格实验室和超导实验室，听取祝世宁和长江学者、物理学院教授闻海虎关于光量子芯片、超导材料等方面的最新科研和应用成果的汇报。随后，李晓红听取潘毅对南大科学研究的相关汇报。陈骏汇报新校区建设资金困难、留学生公寓建设待审批、老校区文物建筑维修等情况，希望教育部能给予重视和支持。李晓红表示，教育部围绕双一流建设将加大对相关学校在教学科研等方面投入，并对新校区建设、老校区维护和文物建筑保护等提出建议。 □陈 进

南京师范大学

◆概况 2016年，南师大有仙林、随园、紫金三个校区，设有二级学院26个、独立学院2个。在校本科生16763人，其中师范生3951人；在校研究生共10830人，其中博士研究生1246人、硕士研究生9584人。有133个国家和地区留学生1600余人，成人高等学历教育在籍生5216人。有国家地方联合工程研究中心、教育部人文社会科学重点研究基地、教育部重点实验室、公安部重点实验室、国家体育总局体育社会科学研究基地和体育文化研究基地、全国妇联妇女与性别研究与培训基地、江苏省国家重点实验室培育建设点、江苏省空间大数据工程实验室等。本科招生专业（含专业类）77个，硕士学位授权一级学科37个，博士学位授权一级学科23个，博士后科研流动站22个。拥有国家重点学科6个、国家重点培育学科3个，有江苏高校优势学科10个、江苏省一级学科国家重点学科培育建设点5个、江苏省一级学科重点学科23个。有在职教职工3213人，专任教师1898人，其中正高级职称555人、副高级职称680人；有中国科学院院士1名、国家级有突出贡献专家9名、"百千万人才工程"国家级人选9名、教育部创新团队1个、长江学者特聘教授5名，有国家"千人计划"人才3名、国家"千人计划"青年人才2名、国家杰出青年科学基金获得者8名、国家级教学团队4个、国家教学名师3人，国家"万人计划"人选6人、教育部"新世纪优秀人才支持计划"人选13人、中科院"百人计划"人选3人。

是年，南师大13个学科入选"十三五"江苏省重点学科，农学学科成功跻身ESI全球排名前1%；获批国家社科基金各类项目41项，其中重大项目2项、重点项目7项，"国家哲学社科成果文库"2项；获批国家自然科学基金各类项目93项，其中重大重点项目3项；获批国家杰出青年科学基金项目3项；SSCI和A&HCI论文发表81篇。新增国家级实验教学示范中心1个，获中国学位与研究生教育学会研究生教育成果一等奖1项；获"创青春"全国大学生创业大赛金奖1项、银奖2项、铜奖2项；获大学生"小平科技创新团队"称号1项；获第十四届江苏省哲学社会科学优秀成果奖50项，其中一等奖12项。南师大先后与苏州市吴中区文创园、常州市高新区签署共建协议，与镇江市政府签署全面合作协议，南师大科技园、南师大常州创新发展研究院、南师大镇江发展研究院揭牌。在2015年中国科学年度新闻人物评选活动中，南师大"973"项目首席科学家、地理科学学院教授蔡祖聪当选2015中国科学年度新闻人物；中华全国总工会授予南师大地理科学学院"工人先锋号"称号；中共中央宣传部、司法部、全国普法办公室表彰全国法治宣传教育先进集体和先进个人，南师大获2011~2015年全国法治宣传教育先进单位称号，南师大地理科学学院

教授汪永进获全国优秀共产党员称号。

◆教科研成果　1月18日，教育部公布2015年度数理和地学领域教育部重点实验室评估结果，南师大虚拟地理环境教育部重点实验室被评为优秀。该实验室作为地学领域中唯一依托省属地方高校建设的省、部共建实验室，成功跻身教育部实验室国内第一梯队行列。11月11日，由中国学位与研究生教育学会评选的2016年中国学位与研究生教育学会研究生教育成果奖揭晓，南师大马克思主义学院教授王跃领衔申报的《基于网络化教学的硕士生思政课教学模式实践探索》获一等奖，是思想政治课类唯一获奖的教育成果。

◆贡献突出在校学生　8月，南师大体育科学学院2014级研究生惠若琪和2015级本科生张常宁作为中国队主力，在里约奥运会女排比赛中获冠军；体育科学学院2014级本科生王嘉男在奥运会男子跳远比赛中获第五名，取得中国男子跳远运动员在奥运会上最好成绩。10月28日，在由国家测绘地理信息局指导，中国测绘宣传中心、中宣部党建杂志社主办，新浪网、国家测绘地理信息局管理信息中心协办的“吉威时代杯”第二届感动测绘人物推选活动颁奖盛典上，南师大地理科学学院2012级本科生于天星当选“全国感动测绘人物”，于天星研究成果发表在地理信息科学国际顶级学术刊物《*International Journal of Geographical Information Science*》上，成为国内在该刊物发表研究论文的首位本科生。

□翟云秋　薛传会

南京财经大学

◆概况　2016年，南财有学院18个，本科专业48个，硕士学位授权一级学科12个，硕士专业学位授权点9个，服务国家特殊需求博士人才培养项目1个，博士后流动站1个。5个专业入选《中国大学及学科专业评价报告》，列全国前20名。有教职工1669人，其中专任教师1062人。专任教师中，有教授167人，副教授378人，具有博士学位391人。全年引进海内外高水平博士64人，聘用兼职高水平专家5人。7名博士后科研人员成功进站。教师中，1人入选国家“万人计划”哲学社会科学领军人才，6人入选省“333高层次人才培养工程”第二层次培养对象，13人入选第三层次培养对象，1个团队入选省“青蓝工程”科技创新团队，7人入选中青年学术带头人，7人入选优秀青年骨干教师，1人入选省“六大人才高峰”高层次人才培养对象。1人获省教学名师称号，1人获省优秀教育工作者称号。招收公办本科生4032人，硕士研究生805人，博士研究生4人，留学生265人。本科生协议就业率98.13%，研究生协议就业率91.38%。获国家级大学生创新创业训练项目27项，1个项目在“挑战杯”中国大学生创业计划竞赛中获金奖。MBA研究生在第四届管理案例精英赛华东赛区获冠军、全国总决赛获季军，1个自编案例入选全国百优MBA案例。“一院一品”践行社会主义核心价值观项目获第九届高校校园文化建设优秀成果一等奖。有江苏高校优势学科3个、江苏省重点学科1个，新增江苏省重点培育学科5个。有国家级实验室2个，省级重点实验室4个，省部级工程技术研究中心2个，省级重点研究基地2个，江苏高校哲学社会科学重点研究基地2个，江苏高校人文社会科学校外研究基地1个，江苏省厅、局共建科研机构6个，江苏高校协同创新中心2个，江苏省首批中国特色社会主义理论体系研究基地1个。“现代服务业智库”获批为中共江苏省委宣传部重点培育智库。南财技术转移中心获批为江苏省技术转移中心。南财科技园通过省级大学科技园评估验收。获批国家社会科学基金项目17项、国家自然科学基金项目23项、国家重点研发计划课题3项、教育部哲学社会科学研究重大课题攻关项目1项、教育部人文社科基金项目8项。获全国教育科学研究优秀成果三等奖1项。2名教师学术成果获第三届刘诗白经济学奖，3篇研究成果获江苏省主要领导批示。科研到账经费6748万元。

南师大学生惠若琪、张常宁作为中国队主力参加奥运女排比赛获得冠军，王嘉男参加奥运会男子跳远比赛获得第五名　南师大供稿

◆江苏省副省长张敬华视察南财　10月13日，江苏省副省长张敬华到南财视察，调研该校改革发展情况。江苏省政府副秘书长陈少军、江苏省教育厅副厅长王成斌、江苏省粮食局副局长朱新华等陪同视察。座谈会上，张敬华代表省政府对学校建校60周年表示祝贺，并向全校师生员工表达问候。张敬华对学校未来改革发展提出希望和要求，要进一步提高教育质量；要进一步提升服务地方社会经济发展和行业发展水平；要继续坚持“人才强校”战略；要进一步

强化特色、彰显优势，在国内财经高校中打造知名品牌；要进一步深化改革创新，激发自身动力与活力。张敬华现场还回应学校提出的困难和问题，并要求相关部门认真研究，推进解决。

◆经济与金融课题国际研讨会 10月14日，由经济研究编辑部、南财金融学院、国家社科基金重大项目“基于物价调控的我国最优财政货币政策体制研究”课题组共同主办的经济新常态与宏观金融调控国际研讨会，在南财仙林校区图书馆报告厅举行。《欧洲经济评论》主编、美国华盛顿大学教授Theo S. Eicher，中国社会科学院经济研究所所长、《经济研究》主编裴长洪，中国金融出版社社长、《中国金融》主编魏革军，中国人民大学经济学院副院长陈彦斌，中国留美经济学会会长、美国阿拉巴马大学教授马俊，中国民生银行首席研究员温彬，江西财经大学金融学院院长、教授汪洋，安徽大学经济学院副院长、教授徐亚平，“经济新常态与宏观金融调控国际研讨会”征文入选论文作者，南财副校长、教授华仁海，科研处处长、教授胡永远，国际合作与交流处处长教授黄能，金融学院全体党政领导和相关师生共300余人参加此次会议。研讨会紧扣当前宏观经济形势，深入探讨经济新常态下宏观金融调控问题，研讨成果为认识新常态下宏观金融调控思路与方式，提高中国宏观金融调控效率提供理论依据和学术支持。

◆建校60周年庆祝大会暨第七届高等财经教育论坛 10月16日，南财建校60周年庆祝大会暨第七届高等财经教育论坛开幕式在仙林校区体育馆举行。各级领导、中国高等教育学会财经分会成员单位领导、兄弟院校领导、协作单位领导、优质生源基地领导、社会各界人士、专家学者、海外嘉宾齐聚学校，共商学校发展大计，共话高等财经教育的未来。南财全体校领导、前任学校老领导出席开幕式，历届校友和师生代表参加开幕式。开幕式由校党委书记陈章龙主持。工作人员首先宣读中共江苏省委书记李强、省长石泰峰为庆祝建校60周年分别发来的贺信。随后，南财校长宋学锋，兄弟院校校长代表、中国科学院院士、南大校长陈骏，海外大学校长代表、新西兰梅西大学副校长Stuart morris，中国高等教育学会高等财经教育分会理事长施建军，江苏省教育厅党组书记、省委教育工委书记葛道凯，国家粮食局副局长卢景波，校友代表、江苏汇鸿国际集团股份有限公司总裁张剑，教师代表、江苏省教学名师、经济学院教授王庚，学生代表、应用经济学2016级博士生刘婷分别发言。陈章龙作会议总结。其间，对外经济贸易大学、上海财经大学、西南财经大学、东北财经大学等40余所财经高校党委书记、校长、专家齐聚一堂，以“改革·创新·质量”为主题，探讨高等财经教育如何科学谋划“十三五”规划，进一步推进“一流大学和一流学科”建设，并就财经高校间合作展开充分交流。

◆粮食安全现状与未来国际研讨会 10月16日，由南财、江苏高校现代粮食流通与安全协同创新中心主办的粮食安全现状与未来国际研讨会在仙林校区召开。中国工程院院士、北京工商大学校长孙宝国，国家杰出青年科学基金获得者、教育部长江学者特聘教授、天津科技大学教授王硕，世界食品中心中国分中心主任、国家“千人计划”专家、美国加州大学戴维斯分校教授潘忠礼，加拿大曼尼托巴大学生物系统工程系主任、教授张强，加拿大农业与农业食品部研究员Paul Fields，南财副校长鞠兴荣以及学校校友和师生代表参加研讨会。鞠兴荣介绍粮食行业未来发展趋势，指出应高度重视粮食安全在中国经济和社会发展中的重要性。孙宝国在报告中介绍食品产业发展趋势，并提出通过技术创新生产健康食品理念。王硕作粮食中生物毒素与重金属检测技术演讲报告。潘忠礼在报告中介绍粮食生产中挑战、机遇以及新技术。张强在报告中介绍采后损失与食品安全关系及当前粮食采后损失现状。Paul Fields介绍用非化学方法处理粮食储藏过程中虫害的方法。研讨会上，与会专家还结合中、美、加三国农业现状，从农业食品生产、收储、加工和安全品控等角度，深入分析粮食行业安全现状，并对行业发展方向提出新思考，为中国粮食行业发展提供重要参考价值。

◆中加生态储粮国际研讨会 10月17日，由南财、南财江苏高校现代粮食物流与安全协同创新中心、加拿大曼尼托巴大学共同主办的中加生态储粮国际研讨会在仙林校区召开。加拿大曼尼托巴大学、国家粮食局科学研究院、中国储备粮管理总公司、各省市科研院所、粮食仓储设备加工企业专家学者和学校师生150余人参加研讨会。南财副校长鞠兴荣主持研讨。国家粮食局储粮技术专家组组长靳祖训讲述中国粮食行业发展历史，介绍近年取得的重要技术成果。曼尼托巴大学教授张强、Jitendra Paliwal和蒯福记分别就粮堆孔隙微观气流模拟、光学特性在谷物品质监控中作用和

10月16日，第七届高等财经教育论坛在南财开幕　　南财供稿

加拿大油菜籽三维传热传质模型构建预测研究等课题交流发言。

◆习近平治国理政思想与实践研讨会　11月5日，由中国社科院马克思主义研究学部、江苏省中国特色社会主义理论体系研究中心、南财主办，南财中国特色社会主义理论体系研究中心（基地）和南财马克思主义学院承办的习近平治国理政思想与实践学术研讨会在仙林校区举行。中国社会科学院马列所原所长、中国社会科学院马克思主义研究学部委员李崇富，中国社会科学院马克思主义研究学部主任程恩富，东南大学原党委书记、江苏省中国特色社会主义理论体系研究中心主任郭广银，南财党委书记、主任陈章龙，中共江苏省委党校常务副校长兼省行政学院常务副院长、党委副书记桑学成，中共江苏省委宣传部理论处处长李扬，南大党委常委、党委宣传部部长王明生等出席会议。来自北京、成都、省内各基地专家学者以及南财中国特色社会主义理论体系研究中心研究人员与马克思主义学院部分师生参加会议。会议研讨主题为四个全面战略与新发展理念、马克思主义理论当代发展。与会专家学者围绕“习近平治国理政思想与实践”主题，围绕“四个全面”、“五大发展理念”、党的十八届六中全会精神和马克思主义理论当代发展，结合各自专业背景和工作实践，从马克思主义理论、哲学、法学、政治学、经济学、社会学、新闻学等角度分享各自研究心得，深化对习近平治国理政思想深刻内涵理解和认识。

□郑　鄂　刘　璐

南京中医药大学

◆概况　2016年，南中医贯彻落实习近平总书记关于“把中医药继承好、发展好、利用好”的指示精神，紧扣“转变观念、改革创新、做好规划、加强整改、提升内涵、从严治党”6个关键点，各项工作取得显著成效。在2016中国大学评价中综合排名146名，位列全国中医药院校第一位。继续推进中医学、中药学、中西医结合、护理学4个江苏高校优势学科建设，依托上述优势学科，临床医学、药理学与毒理学两个学科进入ESI全球前1%；临床医学、药学2个一级学科入选“十三五”规划省重点学科。新增教育部“长江学者”特聘教授1人、“国家杰出青年基金”获得者3人、“中医药高等学校教学名师”3人、省特聘教授2人。“临床医学”和“生物技术”本科专业获教育部批准设立；在2016年“创青春”全国大学生创业大赛和第二届中国“互联网+”创新创业大赛中再创佳绩，成绩居全国中医药院校首位。年度招生省内本一批次文、理科投档线分别位居省属高校前3位与前8位，2016届毕业生总就业率为93.12%。获国家自然科学基金资助立项总数104项，资助经费总额稳居全国中医药院校榜首。新增国家自然科学基金重点资助项目1项、优秀青年基金项目1项，新增“中药品质与效能”国家重点实验室培育建设点1个、江苏省高校重点实验室2个，获江苏省科学技术奖一等奖1项、全国高等学校科学技术研究成果科技进步二等奖2项。与解放军八一医院签约建立直属附属医院关系。主动融入国家“一带一路”发展战略，推动中医药走出去，澳大利亚、瑞士、法国3个海外中医药中心获批为国家中医药管理局2016年中医药国际合作专项。

◆世界中医药学会联合会中医治未病专业委员会成立大会暨国际中医治未病学术大会　3月26日，由世界中医药学会联合会主办、南中医承办的世界中医药学会联合会中医治未病专业委员会成立大会暨首届国际中医治未病学术大会在仙林校区举行。江苏省政协主席张连珍，世界中医药学会联合会创会副主席李振吉，江苏省原常务副省长俞兴德，国家中医药管理局原副局长李大宁，中国工程院院士、国医大师石学敏，中国工程院院士黄璐琦，国医大师王琦、孙光荣等出席会议。学会的成立对世界范围内的中医治未病事业发展产生重要影响。学会选举南中医党委书记陈涤平为世界中医药学会联合会中医治未病专业委员会首届会长。

◆新成立学院　10月16日，国际经方学院成立大会在仙林校区召开。江苏省政协主席张连珍、副主席周健民，中国工程院院士吴以岭，国家中医药管理局人教司副司长金二澄，江苏省卫生计生委巡视员陈亦江等出席大会。吴以岭受聘为名誉院长，教授黄煌担任院长。国际经方学院将致力于发掘中医药宝库中的精华，开展经方的传承和推广，助推中医药现代化和国际化发展。全国人大常委会副委员长、中国农工民主党中央主席陈竺专门发来贺信。10月18日，南中医整合医学学院暨整合医学研究院成立大会在仙林校区召开。张连珍、中国工程院副院长樊代明、中国工程院院士顾晓松、国家中医药管理局原副局长吴刚、江苏省政府副秘书长陈少军、江苏省教育厅厅长沈健、陈亦江及兄弟高校的校长和海外中医药研究机构的代表出席大会。樊代明受聘为名誉院长，顾晓松受聘为院长。新学院将充分体现“整合”，力争在医学与生命科学重大科学问题攻关、中医药理论和技术创新、临床重大疾病和优势病种防治等方面创造标志性成果。

◆江苏省副省长张敬华一行到南中医调研　12月15日，江苏省副省长张敬华带领江苏省政府副秘书长陈少军，江苏省教育厅党组书记、中共江苏省委教育工委书记葛道凯，江苏省教育厅副厅长洪流，江苏省财政厅副厅长赵光，江苏省人力资源和社会保障厅副厅长朱从明等到仙林校区调研。南中医党委书记陈涤平主持调研座谈会，校长胡刚代表学校作题为“传承创新 追求卓越，努力建设高水平中医药大学”的学校工作汇报。张敬华充分肯定南中医在办学改革发展等方面取得的成绩，尤其对南中医为江苏医药产业和健康事业发展所做出的贡献给予高度评价。

◆“双清”论坛　12月16~18日，由国家自然科学基金委员会医学科学部、政策局主办，南中医承办的第173期“双清”论坛在南京召开。基金委医学科学部十处处长毕明刚、主任郭淑贞，南中医校长胡刚、副校长程海波和谭仁祥等出席论坛开幕式。该期论坛以“温病理论与感染/传染性疾病”为主题，中国中医科学院、北京中医药大学、南方医科大学、复旦大学、暨南大学、南开大学以及广安门医院、华西医院、中日友好医院等24所高校、科研院所的顶尖专家应邀出席。论坛共安排“温病理论的传承与创新”“温病的临床辨证论治特点”和“温病的基础研究及相关方剂作用机制”等3个分论坛以及15场专题报告。与会专家结合各自的研究工作踊跃发言，深入交流讨论。 □史文川

南京邮电大学

◆概况 2016年，南邮有仙林、三牌楼、锁金村、江宁4个校区。另外还在扬州开办独立学院—南邮通达学院。南邮有通信与信息工程学院、工程训练中心等21个院（部、中心），通信与网络技术国家工程研究中心、射频集成与微组装技术国家地方联合工程实验室等校级以上研究机构20余个，作为主要协同单位入选国家“2011协同创新中心”2个，作为牵头单位入选省“2011计划”协同创新中心2个。有博士后流动站3个，一级学科博士学位授权点3个，二级学科博士学位授权点14个，一级学科硕士学位授权点10个，二级学科硕士学位授权点34个，专业学位授权点（领域）13个，本科专业53个。有进入ESI学科排名全球前1%学科3个，国家特色专业建设点7个，国家专业综合改革试点项目1个，通过国家工程教育专业认证专业4个，国家级卓越计划专业8个。有各类在籍生3万余人。有国家地方联合工程研究中心1个，国家地方联合工程实验室1个，江苏高校哲学社会科学重点研究基地（含培育点）2个，国家级实验教学示范中心2个，国家级虚拟仿真实验教学中心3个，国家级工程实践教育中心1个，国家级校外实践教育基地1个，国家级高校学生科技创业实习基地1个。图书馆拥有纸质文献藏书量215万余册。有教职工2300余人，其中博士生、硕士生导师723人，具有高级专业技术职务比例为55.2%，具有博士、硕士学位比例为92.9%。有中国科学院院士（含双聘院士）5人，教育部“长江学者”特聘教授3人，“国家杰出青年基金”获得者3人，国家教学名师1人，全国优秀教师1人，享受政府特殊津贴51人，国家级有突出贡献中青年专家2人，引进江苏省属高校首位诺贝尔奖获得者1人、国外院士2人、IEEE Fellow4人。有国家重点领域创新团队1个。

南邮与29所外国高校签订合作协议，聘请29名外国专家到校任教，有35项学生交流项目，海外教育学院与美国纽约理工学院合作的通信工程、数字媒体技术、计算机科学与技术、财务管理4个专业获教育部批准为中外合作办学项目。南邮官微获“年度最佳原创奖”，南邮官方微信（njupt_1942）获“年度最佳原创奖”。

◆主动配电网大数据分析与控制工程实验室揭牌暨学术会议 4月30日，江苏省主动配电网大数据分析与控制工程实验室揭牌仪式暨第一届学术委员会议在南邮仙林校区举行。第一届学术委员会主任薛禹胜，南邮党委书记刘陈、江苏省教育厅科技与产业处副处长丁同玉出席并讲话。第一届学术委员会副主任、南邮副校长蒋国平，科技处、自动化学院相关负责人，第一届学术委员及相关代表参加揭牌仪式。南邮副校长颜晓红主持揭牌仪式。刘陈与薛禹胜共同为江苏省发改委主动配电网大数据分析与控制工程实验室揭牌，丁同玉为第一届学术委员颁发聘书。会上，薛禹胜做题为《大数据技术在工程计算中面临的挑战与落地》的学术报告，并与到会专家、师生就报告中相关细节展开讨论。

◆联合举办主题论坛 5月17日，由中国通信学会、江苏省通信管理局和南邮联合主办的2016年全国物联网技术与应用大会暨ICT创新创业主题论坛在南京举行。中国通信学会物联网委员会全体委员，全国各界物联网技术与应用领域专家、学者和企业家代表800余名代表参加大会。大会组织4个大会特邀院士报告会、1个圆桌高层论坛、6个大会专题报告会和7个专题分论坛。开幕式上还举行第二届“3S杯”全国大学生物联网技术与应用“三创”大赛颁奖仪式。中国工程院院士、东北大学教授柴天佑，中国科学院院士、南邮教授陈国良，中国科学院院士、南邮教授尹浩，中国科学院院士、清华大学教授陆建华等先后做题为《智能制造与智能优化制造》《大数据及其相关新兴技术》《5G移动通信与物联网》《信息通信创新——信息社会发展的动力》主题报告。高等学校、科研院所、有关企业和政府主管部门8位嘉宾应邀参加圆桌论坛。他们从不同角度，畅谈对“物联网技术与应用”发展趋势认识和理解，并对如何加快推进物联网技术与应用提出自己观点。6位嘉宾先后在专题报告会上做题为《物联网：战略基础业务的挑战与策略》《浅谈构建新型物联网业务的机遇与挑战》《窄带蜂窝物联网（NB-IoT）技术引发的市场机会探讨》《打造开放的物联生态，共建全连接的世界》《构建可运营的PLWAN物联网生态圈》《NI助力物联网创新》专题报告。大会还分别举办“ICT创新创业”“网络空间服务安全”“智慧交通与现代物流”“绿色生态与农业矿山”“泛在健康与智慧医疗”“智慧城市与智能制造”“智慧家庭与休闲旅游”7个“物联网技术与应用”专题分论坛。

◆联合举办专题国际研讨会 6月6日，“自然·柔性电子”研讨会——机遇和挑战暨光电子学、材料与能源国际研讨会在南京召开。研讨会由南京工业大学与南邮有机电子和信息显示国家重点实验室培育基地联合自然、自然·通讯杂志社举办，南邮信息材料与纳米技术研究院院长、院士黄维担任组委会主席。研讨会邀请美国斯坦福大学鲍哲南、英国牛津大学Donal Bradley、澳大利亚昆士兰大学Paul Burn、澳大利亚蒙纳什大学程一兵、美国佐治亚理工学院王中林等海内外200余位柔性电子领域权威专家学者与会。研讨会举行大会报告4场，邀请报告、口头报告34场。报告围绕柔性电子时代机遇、柔性电子材料探索、柔性电子技术挑战3个主题展开，涉及有机光电器件、有机太阳能电池、可穿戴传感器、柔性薄膜晶体管、有

机存储、柔性能量存储及转换器件等多个研究方向。研讨会还以柔性电子未来展望为主题，邀请牛津大学教授Donal Bradley、日本东京工业大学教授Hideo Hosono、美国西北大学教授黄永刚、住友化学高级管理执行官Ikuzo Ogawa、美国佐治亚理工学院王中林举行圆桌论坛，进一步探讨柔性电子科研与工业生产模式。

◆《中国反通讯信息诈骗蓝皮书》发布　10月14日，南邮与中国通信企业协会联合举行中国首部《中国反通讯信息诈骗蓝皮书》（以下简称《蓝皮书》）发布会。同时，举行由中国通信企业协会、江苏省通信管理局、南邮联合主办的反通讯信息诈骗学术研讨会。工业和信息化部、中国通信企业协会、中国信息通信研究院、江苏省通信管理局、中国政法大学等单位负责人和专家以及南邮师生代表、新闻媒体、社会各界200余人参加发布会和研讨会。《蓝皮书》是南邮信息产业发展战略研究院联合中国通信企业协会法治工作委员会，在进行广泛调研和大量案例及文献分析的基础上，撰写的中国首部以“反通讯信息诈骗”为主题的蓝皮书。《蓝皮书》全面梳理国内外反通讯信息诈骗相关研究内容，分为“中国通讯信息诈骗基本情况”“中国通讯信息诈骗犯罪的成因”“打击通讯信息诈骗的法律保障及存在问题”以及“防范通讯信息诈骗的对策研究”等4个章节。《蓝皮书》对中国通讯信息诈骗犯罪的基本现状、犯罪特征、涉及法律问题、“实名制”背后“记名制”、反通讯信息诈骗的协同治理机制、设立“全国反通讯信息诈骗中心”等专题进行研究，发布中国通讯信息诈骗十大典型案例，提出防范通讯信息诈骗建议与对策，并建议增设“国家反通讯信息诈骗宣传周”。《蓝皮书》特别修正“电信诈骗”或“电信网络诈骗”提法，提出该类违法犯罪行为准确定义是：“利用通讯信息技术和手段实施违法犯罪行为”。专家分别围绕“关于防范打击网络诈骗犯罪的若干问题”“信息通信行业治理通讯信息诈骗的机制”“网络网时代个人信息保护的模式与路径”“网络社会的信任与责任”“打击与治理电信网络诈骗的协同机制”“反通讯信息诈骗技术平台”等内容做专题报告。

◆本科教学工作审核评估　11月28日至12月2日，根据江苏省教育厅和教育评估院安排，教育部本科教学工作审核评估专家组到校综合考察南邮本科教学情况。考察期间，专家组走访学院（部）等有关教学单位21个、24人次；实地考察职能部门28个、40人次，考察校外实习基地2个，召开17家校外用人单位参加的座谈会，召开教师和学生座谈会5场，访谈校领导17人次，访谈职能部门负责人、学院领导、教师、教学管理人员、学生等300余人次，听课45节，调阅毕业论文31个专业、918份，调阅试卷33门、1331份，调阅学校常委会纪要、校长办公会纪要、学校职称评定办法等管理文件，调阅部分学生成绩单、图书借阅情况、体能测试情况，调阅听课记录、教研室活动记录等其他材料。12月2日，南邮本科教学工作审核评估专家意见反馈会在仙林校区召开。江苏省教育厅副厅长王成斌，教育部审核评估专家组全体成员，江苏省教育厅高教处、教育评估院等负责人，南邮全体校领导，各职能部门、教学机构和直属单位主要负责人参会。专家组组长、中山大学原党委书记李延保代表专家组反馈初步考察意见。专家组成员逐一发表个人考察意见，对南邮本科教学工作提出意见和建议。　□贯　姝

南京森林警察学院

◆概况　2016年，南京森林警察学院有仙林、花园路2个校区，占地面积72.87公顷。仙林校区主要承担本科全日制学历教育任务；花园路校区主要开展全国森林公安民警、森林防火指挥员培训和继续教育任务。设有治安学、消防工程、侦查学、刑事科学技术、公安管理学、网络安全与执法、公安情报学、警务指挥与战术等本科专业。有教职工441人，其中专任教师278人。专任教师中，具有高级职称教师126人，其中正高级职称28人；有博士48人，硕士研究生192人；有国家级、省级、部级教学名师各1人，江苏省优秀教学团队2个，省级示范性实验教学中心2个，享受国务院政府特殊津贴专家2人，江苏省“青蓝工程”中青年学术带头人5人，江苏省“333工程”第三层次培养对象6人，国家林业局“百千万人才工程”省部级人选3人；外聘教师66人。录取本科新生1435人，全日制在校生5751人。应届毕业生1087人，一次性就业率为96.04%。全年举办和在训各类培训班47期，培训在职民警、森林防火指挥员4385人次。完成本科教学工作合格评估迎评工作。教学改革研究与教学建设立项59项，组织申报江苏省“十三五”高等学校重点教材立项建设3项，1项成果获江苏省教育科学研究成果奖三等奖。获国家自然科学基金、社会科学基金项目，公安部软科学、国家林业局软科学项目等省部级以上项目立项17项，组织申报各级各类项目97项。公安技术、公安学、林学一级学科获“十三五”规划江苏省重点建设学科立项，消防工程二级学科被评为国家林业局重点（培育）学科。组织推荐各类专家20人，组织开展校内10个科研平台的申报、评审及立项工作。

◆校园文化　2016年，南京森林警察学院进一步丰富校园文化，成立公安文化研究中心，主办全国公安文化理论研讨会；学生合唱团到北京参加第十三届中国国际合唱节暨国际合唱联盟合唱教育大会，并荣获成人组银奖；举办以“青春·使命·梦想”为主题的第六届校园文化艺术节，历时近40天，开展校园歌手大赛、校园美食文化节、残疾人体验活动等16项活动；举办“筑梦社团 致敬青春”为主题的2016年社团巡礼等活动，组织参加各级各类征文比赛并取得优异成绩；组织学生参加江苏省第七届“仙林成才杯”模拟法庭大赛，从16所参赛高校中脱颖而出，获团体第三名，原告方和被告方以预赛第二名的成绩直接晋级决赛；在第三届全国学生军事训练营竞赛中获一等奖。

◆**龙舟队获奖** 4月，第十届世界龙舟俱乐部锦标赛公开组比赛在澳大利亚阿德莱德举行，南京森林警察学院龙舟队包揽公开组（精英组）2000米、500米、200米三个项目的金牌。10月，在2016年“铁人体育杯”南京高校大学生龙舟赛上，经过四轮角逐，最终夺得200米和500米直道赛双料冠军。

◆**全国公安院校教学技能大赛获奖** 11月14日，第二届全国公安院校教学技能大赛闭幕，南京森林警察学院获多项荣誉。教师吴育宝获网络安全与执法类个人一等奖，周海赟、王苏醒、肖军川3位教师分获交通管理类、治安类、警务技能类专业教师个人二等奖，徐静、张杨、吴刚、王智、邵贞5位教师分获公安法律类、思想政治类、刑事科学技术类、侦查类、经济犯罪侦类专业教师个人三等奖；学生衡金鑫获个人二等奖，王泽鑫、高正亮、张二龙、吴占朝、张梦、吴宇珂、闫慧慧7位学生获综合素质个人三等奖；学校获集体三等奖。南京森林警察学院党委书记王邱文、校长张高文出席闭幕式并为获奖师生颁奖。 □朱清怡

4月，龙舟队参加第十届世界龙舟俱乐部锦标赛载誉归来 南京森林警察学院供稿

南京理工大学紫金学院

◆**概况** 2016年，紫金学院有机械工程学院、电子工程与光电技术学院、计算机学院、经济管理学院、人文与社会科学学院、基础教学部等五学院一（部），28个本科专业，4个专转本专业。紫金学院占地总面积40.87公顷，总建筑面积20多万平方米。图书馆新采购图书2.62万册，图书总量72.1万册。

紫金学院在江苏省招生的全部专业升至本二批次招生。招收2690名新生，另招收专转本学生412名。至年底，在校生规模近万人，招生范围覆盖全国18个省、市。紫金学院在独立学校中率先启动大类招生，完成多轮共计4700余人次的学生专业选择摸底调查。毕业生首派就业率为82.97%，初次就业率为88.52%，最新就业率95.85%。新增教职工15人，其中10人为副教授以上、博士及双师型教师人才，1人被评为江苏省“青蓝工程”优秀青年骨干教师培养对象。至年底，有教职工616人，其中专任教师470人。组织3人申报江苏省高校自然科学研究面上项目，获立项3项，通过率100%；申报6类纵向课题，获立项15项；申报实用新型专利4项，获授权1项。在现有专业和5项嵌入式培养专业方向基础上，计算机科学与技术、网络工程、通信工程、电子信息工程又获批4项嵌入式人才培养项目，且当年全部实现招生。开发建设72门与企事业单位共建的课程，将行业企业的实际案例、现实场景带入课程教学；6门MOOC作为公选课，1800名学生选修；通过计算机科学与技术专业与国际贸易专业抽检的专家进校现场考察，并根据专业抽检的要求及反馈总结研讨，以评促建效果良好。人文学院大学英语教研室教师董莹莹在外研社“教学之星”大赛中获一等奖；开展国际交流项目20项，完成全院45人次赴国外交流，选拔4名教师到中国台湾地区研修。是年，在“创青春”江苏省大学生创业大赛中，学校两支代表队全部获铜奖；在仙林杉湖路社区举办的“纪念长征八十周年，重温幸福浪漫婚礼”活动中参与人次达150余人次。紫金学院在读学生参加省级及以上各类竞赛34个，获各类奖项315项，405人次获奖，其中国家级奖项20项。

紫金学院2016届本科毕业生升学率为7.38%，129名学生考入南大、南理工、南京农业大学、河海大学等国内知名一本院校，研究生升学率在同类院校中名列前茅；14人成功申请到澳大利亚悉尼大学、英国考文垂大学、英国纽卡斯尔大学等海外优秀高校研究生留学资格。在2016年江苏省普通高校本专科优秀毕业设计（论文）的评选中，2012级2名学生获三等奖，获奖比例居同类高校前列。

◆**校企校三方签订战略合作框架协议** 3月22日，紫金学院与南京马普科技有限公司、南京金陵中等专业学校三方战略合作框架协议合作签约仪式在南京金陵中等专业学校举行，该协议以“优势互补，互惠互利，协同创新发展”为目的。金陵中等专业学校校长姜峻、副校长赵文杰，马普科技有限公司董事佟钢、总经理廖俊春，紫金学院校长李新民、副校长陈仁平、职能部门负责人等共同出席。会上达成共识，为进一步加快建设现代职教体系，通过校企合作共同打通应用型人才培养立交桥；围绕职业教育应用型人才培养，“校校”上下贯通、“校企”左右协同，实现特色办学、互补办学、校企办学、教研技联合办学的“校企校”三方共同培养符合在线课程制作行业急需的应用型高技能人才为总目标，在合作中提高各自竞争力和社会影响力。李新民、姜峻、廖俊春分别在关于推进现代职教体系建设“校企校”

2016年紫金学院学术、科技竞赛获奖情况

表15

序号	获奖项目	级别	获奖数量
1	“纤科杯”江苏省第三届工业工程致善大赛	省级	优胜奖7人
2	第六届中国教育机器人大赛	全国	特等奖3人、二等奖12人
3	江苏省大学生土木工程结构创新竞赛	省级	三等奖3人
4	第九届BIM算量大赛总决赛	省级	三等奖3人
5	东南区高等院校建筑软件技能认证大赛—BIM算量	省级	本科组三等奖、优秀团队1个
6	第六届“浩辰杯”华东区大学生CAD应用技能竞赛	省级	三等奖4人
7	第二届全国高校BIM毕业设计作品大赛	全国	三等奖5人
8	全国大学生“西门子杯”工业自动化挑战赛	全国	华东区二等奖3人、三等奖9人、优胜奖4人
9	首届大学生交通科技大赛	省级	三等奖10人
10	第十届Honda节能竞技大赛	全国	油车组26名，电车组30名
11	第九届全国三维数字化创新设计大赛	全国	全国一等奖1个、二等奖2个、三等奖1个、江苏赛区二等奖16人、三等奖2人
12	第七届全国大学生机械创新设计大赛	省级	三等奖7人
13	江苏省高校大学生物理及实验科技作品创新竞赛	省级	三等奖3人
14	第三届江苏省虚拟仪器竞赛	省级	二等奖5人、三等奖15人
15	2016年智能互联创新大赛	全国	华东区二等奖4人、三等奖8人、优胜奖3人
16	全国大学生智能汽车竞赛	全国	全国二等奖，华东区一等奖3人、二等奖10人、三等奖3人
17	第七届中国大学生服务外包创新创业大赛	全国	一等奖1人、二等奖5人、三等奖2人
18	Imagine Cup 2016年微软创新杯全球学生大赛	全国	二等奖2人
19	第七届蓝桥杯全国软件和信息技术专业人才大赛	全国	全国总决赛二等奖、三等奖、优秀奖各1个，省赛一等奖7人
20	中国大学生计算机设计大赛	全国	一等奖1人、二等奖2人
21	第二届全国移动互联创新大赛	全国	二等奖2人、三等奖2人
22	全国大学生网络技术大赛省赛	全国	一等奖1人、二等奖1人、三等奖2人
23	中国机器人大赛暨robocup公开赛	全国	二等奖1人、三等奖2人
24	江苏省机器人大赛省赛	省级	二等奖2人、三等奖1人
25	全国大学生数学建模竞赛	全国	江苏省一等奖3人
26	江苏省第十三届高等数学竞赛	省级	一等奖25人、二等奖26人、三等奖37人
27	全国大学生数学竞赛	全国	一等奖1人、二等奖3人、三等奖10人
28	“新道杯”全国大学生沙盘模拟经营大赛	全国	三等奖5人
29	全国大学生英语竞赛	全国	省级一等奖7人

续表15

序号	获奖项目	级别	获奖数量
30	2016年“外研社杯”全国英语写作大赛江苏赛区决赛	省级	三等奖3人
31	2016年“外研社杯”全国英语演讲大赛	全国	二等奖2人、三等奖2人、优胜奖1人
32	江苏省“LSCAT杯”笔译大赛	省级	一等奖2人、二等奖2人、三等奖1人
33	“LSCAT杯”全国口译大赛	全国	三等奖1人
34	江苏省第七届“仙林成才杯”模拟法庭大赛	省级	团队一等奖1个

三方战略合作框架协议上签字。

◆“共建和谐社区，创建美好家园”公益活动 11月4日，由高校、企业、公益组织共同发起的“共建和谐社区，创建美好家园”项目启动仪式在紫金学院举行。紫金学院代表校长助理余志科、南京凤凰国际书城校长陈景和、仙林大学城文澜社区居委会书记李明贵以及仙林社会组织培育中心、仙林青年志愿者服务中心等相关部门负责人和部分爱心企业代表共同出席启动仪式。陈景和为活动致开幕词并与紫金学院代表共同为“居民之家”揭牌。李明贵为紫金学院颁发“青年志愿者服务基地”铜牌。此项活动旨在社区、公益组织和企业为高校学生提供实践机会，学校关心并支持学生的志愿服务活动，从而引导学生成长成才，服务社会，志愿者们在志愿服务工作过程中培养团队精神和服务水平，为和谐社区建设贡献力量。

◆党委换届 11月16日，紫金学院党员大会在小报告厅召开。南京理工大学校长助理、紫金学院副董事长韦志辉，南京理工大学党委组织部副部长董春秋等出席会议，紫金学院全体党政领导及中层干部、各民主党派人士代表、全体师生党员参加会议。会议由校党委副书记吴恒心主持。校长李新民致开幕词。紫金学院党委书记马跃勇代表党委做题为《统一思想，务实拼搏，为争创国内一流应用型本科大学而奋斗》的工作报告。大会审议《中共南京理工大学紫金学院委员会关于加强和改进党的建设工作的若干意见》，明确学校党建工作的指导思想、主要目标、基本原则和主要任务。最终，采取差额和无记名投票方式，选举马跃勇、李新民、陈仁平、吴恒心、余志科、于洋、马欣、徐春燕、刘红祥9人为学校新一届党委委员。韦志辉向新当选的党委委员表示祝贺并讲话。大会结束后，新一届党委召开第一次全体会议，采取差额和无记名投票方式，选举马跃勇为党委书记、吴恒心为党委副书记。

□辛柏哲

南京信息职业技术学院

◆概况 2016年，南信院发布《学院“十三五”事业发展规划》。信息产品检测认证生产性实训基地入选国家发改委产教融合工程项目。与麦可思公司和中国台湾龙华科技大学合作成立《悉尼协议》协同研究中心，牵头并联合135所院校成立《悉尼协议》应用研究高职院校联盟。中认南信实验室获批江苏省创新能力建设专项项目。新增教授3人、副教授及其他副高18人。在江苏省青蓝工程项目评审中，1人被列为科技创新团队培养对象，2人被列为中青年学术带头人培养对象，4人被列为优秀青年骨干教师培养对象。在省“333工程”项目评审中，1名教师被列为省“333高层次人才培养工程”第二层次中青年领军人才，4人入选第三层次培养对象。3个教师团队在全国职业院校信息化教学大赛中获一等奖，1个教师团队获二等奖。4个教师团队在省高职院校信息化教学大赛中获一等奖。与中邮建技术有限公司共建南信院—中邮建（柬埔寨）培训与实训基地，是学院第一个海外培训与实训基地。获纵向科研项目立项3项，获资助经费21万元；纵向社科项目立项23项，获资助经费16.3万元；与企事业单位开展横向合作累计实现到账经费1033.9万元。院级科研基金项目立项13项，院级社科基金项目立项20项。申请专利93项，其中发明专利58项。获专利授权60项，其中发明专利授权21项、实用新型专利授权18项、外观设计专利授权9项、获软件著作权登记12项。

应届毕业生对母校的满意度持续提高，用人单位对南信院人才培养工作满意度100%。2016年高招录取中，文、理科分数排名首次双双进入全省职业院校前三名，文、理科录取分数线分别超出江苏省本三线29分和17分。新生报到率95.7%，创历史新高。南信院以优秀成绩通过教育部、财政部骨干院校建设项目现场验收，先后获江苏省文明单位、江苏省大学生心理健康教育工作先进集体等称号。入选教育部“全国高等职业院校服务贡献五十强”，并受邀参加教育部推进职教现代化座谈会、教育部现代职业教育发展推进会，“一带一路”产教融合与企业国际化发展论坛等一系列重要会议、论坛。

◆学生获奖 2016年，学生在各级各类竞赛中获国家级奖项82项，省级奖项179项。在全国职业院校技能大赛“4G全网建设技术”“云计算技术与运用”“电子产品设计及制作”等赛项中获一等奖；在全国软件大赛、全国大学生计算机应用能力与信息素养大赛、全国职业学校创新创效创业大赛、全国工业机器人技术应用技能大赛中获一等奖；在中国大学生跆拳道锦标赛中获3金4银5铜；在全省数学竞赛196个一等奖中，南信院学生包揽50个一等奖。

◆承办省“天翼杯”信息安全技能竞赛决赛 9月4~9日，江苏省“天翼杯”第五届信息安全技能竞赛决赛在南工院举办。此次比赛由江省经济和信息化委员会、江苏省委网络安全和信息化领导小组办公室、江苏省教育厅主办，中国电信江苏公司、江苏省信息安全测评中心、南信院承办，江苏天创科技有限公司、江苏国瑞信安科技有限公司、苏州冠辰计算机信息技术有限公司、常州瑞新网络科技股份有限公司、北京威努特技术有限公司等单位协办。参赛对象为江苏省从事信息安全软硬件产品的研发设计、生产制造、运行维护以及相应管理咨询、监测预警、测试评估、检查加固等安全服务的企事业单位科技人员；两化融合试点（示范）企业技术人员；高等院校全日制在校学生；党政机关信息安全员。竞赛分为专业组、企业组、学生组、党政机关组4个组别。全省185所高等院校、党政机关和信息安全专业服务机构的401名选手参赛。竞赛以众创方式研发网上信息安全竞赛平台，初赛采用互联网竞答、远程检测角逐、互联网过关竞技的方式进行，复赛和决赛采用仿真情境实务、网络靶场渗透较量、信息安全风险评估和应急处置等方法比试，更加贴近工作实际，为参赛选手及竞赛技术支持服务队伍提供锻炼和展示机会。经过角逐，10支团队获一等奖、17支团队获二等奖、24支团队获三等奖。

◆《悉尼协议》应用研究高职院校联盟成立 12月26~27日，《悉尼协议》应用研究高职院校联盟成立大会在南京举行。江苏省高等教育学会会长丁晓昌、江苏省经济和信息化委员会副主任龚怀进、中国职业技术教育学会职教质量保障与评估研究会主任李志宏、江苏省教育厅高教处处长袁靖宇、教育部职业技术教育中心研究所评估中心主任唐以志等，南信院党委书记张旭翔、王院长钧铭以及全国135家高职院校的代表和相关单位负责人、专家近300人出席成立大会。会议由西安航空职业技术学院院长赵居礼主持。该联盟由中国职业教育质量保障与评估研究会牵头，南信院联合全国11家高职院校共同发起，联盟成员院校共135家。联盟是从事国际工程技术教育认证规范《悉尼协议》应用研究的全国性、群众性学术团体，是非营利性社会组织，旨在汇聚院校力量，以提升人才培养质量为核心，参照《悉尼协议》范式，开展专业建设研究和实践。成立仪式上，同济大学教授李亚东、南大教授陈道蓄、麦可思研究院院长王伯庆做学术报告，南信院副院长杜庆波、黑龙江职业学院副院长王明海、广东轻工职业技术学院副院长李丽作院校交流。最后，北京信息职业技术学院院长、联盟副理事长武马群宣读《会议共识》。 □吴笑欢

9月4~9日，江苏省第五届信息安全技能竞赛在南工院举办 南信院供稿

南京工业职业技术学院

◆概况 2016年，南工院录取新生5186人，其中本科生240人。新生报到4821人，报到率92.96%。应届毕业生就业率98.9%，协议就业率96.82%。扩大留学生招生规模，留学生在校生人数达114人，其中学历生62人。引进教职工31人，其中博士8人、副高级职称2人；获批享受国务院政府特殊津贴1人，江苏省“333高层次人才培养”工程7人，江苏省“青蓝工程”科技创新团队培养对象1个、中青年学术带头人培养对象1人、优秀青年骨干教师培养对象4人；获评省优秀教育工作者1人、省教学名师1人。牵头编制《全国职业教育国际交流与合作发展规划（2016~2020年）》。与中国有色矿业集团合作在赞比亚共建中赞职业技术学院机电分院，5名教师到赞比亚培训员工。

申报各类纵向科研项目163项，获批106项，到账经费309.8万元；申报横向科研项目39项，合同金额229.2万元。申请专利396项，其中发明专利申请94项；专利授权167项，其中发明专利授权42项。获省第14届哲学社会科学研究优秀成果奖1项、中国职业技术教育学会征文奖1项、第二届江苏省轻工业科学技术奖2项、江苏省社科应用研究精品工程奖1项。与华为公司合作建设数据中心实训基地，与南京富士通公司合作建立校外实习基地，与美国通用公司共建现代电气产教融合实训平台项目，与通力电梯公司合作设立通力电梯培训中心等。与栖霞区委宣传部签订战略合作协议，项目总金额30万元。

梳理全校专业，形成17个专业群、47个专业的专业设置格局，云计算技术与应用、数字媒体艺术设计2个专业被确定为新招生专业。机械制造与自动化专业教学资源库获批为国家级职业教育专业教学资源库。教师参加信息化教学竞赛、微课教学设计大赛，获国家赛一等奖1项、省赛一等奖4项。学生获全国大学生数学建模竞赛一等奖1项、全国大学生技能大赛一等奖3项、全国

"发明杯"创新创业创意大赛一等奖17项，获全省高职院校技能大赛一等奖8项、"互联网+"大学生创新创业大赛省赛一等奖2项，获"挑战杯—彩虹人生"全国职业学校创新创效创业大赛特等奖1项、省赛特等奖3项，获"创青春"江苏省大学生创业大赛金奖、银奖各1项。南工院党委被中共江苏省委评为先进基层党组织。南工院获世界职教院校联盟"应用研究与创新"金奖，位列全国高等职业院校服务贡献50强；在高职高专竞争力排名中，位列全国第四、江苏第一；蝉联江苏高职院校人才综合竞争力第一名，获批为国家"十三五"产教融合实训基地项目和江苏省产教深度融合实训平台；被确定为高职院校内部质量保证体系诊断与改进工作教育部和江苏省的试点学校，成为教育部首批职业教育"走出去"赞比亚项目试点学校。

◆领导班子调整 1月，中共江苏省委决定，免去尤建国南工院党委书记、委员职务，孙爱武任南工院党委书记；免去孙爱武南工院院长职务，吴学敏任南工院院长。5月，中共江苏省委教育工委决定，苏小冬任南工院党委副书记，崔新明任南工院副院长。

◆中缅职教留学生合作项目 5月11日，中缅职教留学生合作项目首批留学生欢迎仪式暨开学典礼在南工院举行。中国—缅甸友好协会副会长彭放、中国教育国际交流协会副秘书长宗瓦、缅甸—中国友好协会中央执委森纽（U Sein Nyunt）、江苏省教育厅副厅长丁晓昌等出席开学典礼，首批入学的87名缅甸留学生和相关单位嘉宾、中方学生代表参加开学典礼。中缅职教留学生合作项目作为教育参与"一带一路"建设的重要项目之一，计划每年由缅甸选送200名优秀学生到中国高职院校留学。该项目于2015年3月由中国缅甸友好协会和中国教育国际交流协会发起，江苏省教育厅支持，南工院为全省第一批项目院校。首期开设机电一体化、电子信息工程等专业，招收39名留学生。

◆刘凤云奖教基金项目启动 9月9日，刘凤云奖教基金项目启动仪式在南工院举行。刘凤云奖教基金由南工院电7909班39名校友捐资100万元，以已故班主任刘凤云的名字命名，在南工院校友会框架下成立的奖教基金项目，用于奖励母校具有高尚师德的一线教师。该项目每年评选一次，每次1~2个名额，在教师节期间进行表彰。南工院党委书记孙爱武与院长吴学敏共同为刘凤云奖教基金项目揭牌。

◆江苏省高职院校科技技能活动月 11月30日，江苏省高职院校科技技能活动月暨高等学校科研管理研究会高职分会年会在南工院召开，江苏省教育厅副厅长洪流等及省内37所高职院校分管科技工作的领导、48家企业代表等共150余人出席。活动月主题为"创新、引领、共享、发展"，主要包括启动仪式、成果展示与洽商、专题报告、经验交流等环节和内容。 □吴佳男 陈 青

应天职业技术学院

◆概况 2016年，应天学院占地33.84万平方米，建筑面积14.63万平方米，设有教育与艺术学院、商学院、机电与

5月11日，中缅职教留学生合作项目首批留学生开学 南工院供稿

信息工程学院和基础部3院1部，拥有12个专业。在校学生1226人。教职工304人，其中专任教师215人；专任教师中，高级职称82人，具有研究生学位教师占专任教师比例为62.79%。有2名教师到澳大利亚参加过桥英语培训、1名教师到美国访学，32人参加国家级、省级培训项目，28人次参加专业研修、学术会议及技能竞赛培训；有3名教职工取得中级专业技术职务任职资格，8名教师取得副教授任职资格。招收新生127名，应届大专毕业生747人。学校图书馆纸质文献藏书量达35.9万册，教学科研仪器设备值为4527万元。

是年，应天学院综合管理办公室和学生工作管理办公室被中共江苏省委教育工委评为江苏省教育工作先进集体，“五德五爱”主题教育活动被江苏省教育厅选入高校创新案例。南工院在江苏高等职业院校技能大赛汽车营销方面获省级二等奖，在第11届全国职业院校沙盘模拟经营大赛中获全国二等奖。教职工获省级奖项38个，在中国高等教育学会美育专业委员会、中华优秀传统文化教育研究会、“十二五”教育部规划课题美育专项课题组和中国美育网联合举办的“绚丽年华”第七届全国美育成果展评中，8位教师获等级奖、教研成果奖、优秀指导教师奖和教学成果奖。学生获省市级奖项32个，全国性奖项5个。获批大学生实践创新训练立项项目15项，其中推荐为省级一般项目10项、推荐为省级指导项目2项、创业训练项目1项。12月14日，2015年11项省级大学生创新训练项目通过验收。

◆合作办学 2016年，根据江苏省教育厅关于全省高校布局调整的总体规划，应天学院与南京审计大学金审学院合作办学。9月，金审学院2013~2016级学生全部入驻仙林大道100号校区。同时，根据江苏省教育厅相关会议精神，应天学院继续寻找新的合作单位和办学地址。12月，应天学院与南京东方文理学院签订合作办学意向性协议，拟迁址江宁区将军大道666-6号办学。

□金财财

南京审计大学金审学院

◆概况 2016年，南京审计大学金审学院（简称“金审学院”）占地33.84万平方米，建筑面积有14.63万平方米，设有金融与经济学院、会计与审计学院、管理学院、国际商学院、教育与艺术学院、工学院和基础部6院1部，拥有20个专业。新申报网络工程、视觉传达设计2个专业，新增计算机科学技术（嵌入式培养）、会计学（CIMA班）、审计学（CIMA班）3个专业方向，开设645门课程，设立会审、金融、管理3个实验班。上半年管理会计（CIMA班）嵌入式课程教学改革试点项目获江苏省教育厅批复同意，并纳入2016年招生计划，招生规模100人。在校学生7539人。教职工316人，其中专任教师215人。专任教师中，高级职称有87人，具有研究生学位教师占专任教师比例为62.79%。新进教师47人，其中，硕士研究生38名，具有海外留学经历的7名，具有正高级职称2人；副高级职称5人，专业带头人2名；成立教师发展中心，有3名教职工取得中级专业技术职务任职资格，8名教师取得副教授任职资格。招收新生2504名。应届本科毕业生有1742人，其中获得普通高等教育本科毕业生学士学位1725人。开展“创办你的企业”（SIYB）培训，培训学员120人次。全年发放奖学金87.16万元，奖励人数1673人，为50人次发放临时困难补助5万多元，帮助604名家庭经济困难学生获得469.98万元的生源地助学贷款，为服义务兵役及复学学生减免学费、代偿贷款等32万元。学校图书馆纸质文献藏书量35.9万册，教学科研仪器设备值为4527万元。

承担江苏省教育厅各类纵向课题12项，其中省哲学社会科学研究课题5项、省高校自然科学研究面上项目2项、省高等教育科学研究“十三五”规划课题1项、省社科应用精品工程课题1项。承接各类横向课题共6项。省级以上公开出版刊物发表论文60余篇。获批2016年大学生实践创新训练立项项目15项，其中，推荐为省级一般项目10项，推荐为省级指导项目5项。12月14日，2015年14项省级大学生创新训练项目通过验收。成立国家职业技能鉴定所，开展职业技能鉴定工作，全年完成校内鉴定6205人。

◆学生思政教育创新突破 2016年，金审学院强化学生思政教育。定期通过微信公众号推送优秀团支部先进事迹，学生阅读量达7196人次，点赞数1136个。把践行社会主义核心价值观融入“五德五爱”主题教育活动中，全年有87个先进集体、164名先进个人获表彰。校团委开展大学生百科知识竞赛、“金话筒”主持人大赛、中华经典诵读大赛等近20项校园文化活动。学生暑期社会实践“三下乡小分队”获团中央“镜头下的三下乡”优秀团队奖，是江苏省独立学院中唯一获奖的院校。在由中国福利基金会发起，校园生态与小白公益联合推进的“公益行动派·百万免费午餐”项目中，金审学院85名学生组成公益行动派，通过线上宣传和线下路演相结合的方式在校园内募集免费午餐，举办30场宣讲会和1场路演，为贫困地区学童共募集5000多份“百万免费午餐”，在全国270所高校中爱心值排名第一。

◆主要活动 3月30日，雷锋生前战友赵明才到金审学院为学生们开设一场“学时代楷模雷锋，做当代青年先锋”的专题讲座。金审学院仙林校区管委会副主任沈明、公益达人陈景和、南京团市委志工部部长周富强及学院全体教师和学生领袖成长营的所有同学参加讲座。5月25日，澳大利亚科廷大学教授Alina Lee一行与金审学院院长李敏、仙林校区管委会主任王薇、国际商学院院长曾晓虹洽谈中澳项目校际交流班后续合作办学事宜。6月3日，校风华英语励志社和校团委学生会在图书馆报告厅联合举办首届“新东方杯”南京市高校英语风采大赛总决赛，王昱颢等学生的话剧表演《非诚勿扰》夺冠。10月10日，税友集团·浙江衡信教育科技有限公司联合金审学院共同承办2016年“税友衡信杯”全国税务技能大

2016年南京审计大学金审学院学生主要获奖情况

表16

序号	获奖时间	颁奖单位	获奖项目	级别	获奖数量
1	1月	中国高等教育学会	绚丽年华第八届全国美育成果展评学生组	全国	一等奖6名、二等奖10名
2	3月	全国大学生英语辩论赛组委会	2016年“外研社杯”全国大学生英语辩论赛	全国	三等奖2名
3	3月	团中央学校部	镜头中的三下乡	全国	好团队入围奖1个、优秀志愿者1名
4	4月	高等学校大学外语教学研究会	2016全国大学生英语竞赛	全国	一等奖1名、三等奖2名
5	4月	外语教学与研究出版社	“外研社杯”华东赛区	华东赛区	三等奖1名
6	6月	电子商务及供应链系统重庆市重点实验室	第四届全国物流管理挑战赛	全国	三等奖8名
7	7月	中国计算机设计大赛组织委员会	2016全国大学生计算机设计大赛	全国	二等奖1名
8	7月	美国大都会集团香港亚太区总部	IEP挑战赛	全国	二等奖1名
9	7月	美国注册管理会计师协会中国分会	美国管理会计师案例大赛	全国	一等奖1名
10	8月	共青团中央学校部 全国学联秘书处	第三届“大智慧杯”全国大学生金融精英挑战赛	全国	优秀团队一等奖1个、优秀团队二等奖3个、优秀团队三等奖3个
11	8月	中国基金会	第七届“加油！乡村夏令营”公益项目	全国	“全国十佳志愿者”1名
12	11月	中国高等教育学会高等财经教育分会（全国联赛）	第十届“新道杯”全国大学生创新会计人才技能大赛	全国	三等奖1名、优胜奖2名
13	11月	中国高等教育学会高等财经教育分会	2016年“税友衡信杯”全国税务技能大赛（本科组）团体决赛	全国	三等奖1个
14	12月	中国商业会计学会	全国高校商业精英挑战赛“科云杯”财会职业能力竞赛总决赛	全国	一等奖4名、二等奖2名

赛江苏站师资培训项目，宿迁学院、江苏经贸职业技术学院、苏州市职业大学等14所高校的40多位教师参训。11月22日，思科公司大中华区公共事务部企业社会责任总监练沛强一行到校，听取金审学院思科网院工作汇报，并做题为“全球数字化转型”的专题报告。12月15日，加拿大亚洲二战历史教育中心行政总裁刘美玲在图书馆报告厅做关于第二次世界大战法西斯的讲座。

□金财财

南京技师学院

◆概况 2016年，南京技师学院招收新生1974人；应届毕业生推荐就业944人，就业率96%；提前启动2017届792名毕业生就业推荐工作，推荐就业（实习）775人，推荐率97.8%。与埃斯顿机器人、联想（北京）、龅牙兔情商集团等24家企业及高新开发区、电梯安全协会等3个部门集中签订校企合作协议，共同培养“订制型”技能人才。新增19个特色班、1个中德国际合作班、1个中加国际合作班。针对康尼机电、南京港、南京开发区管委会、中电熊猫等企业需求，订单式开展技能培训工作，完成社会培训15469人次，技能鉴定1550人次。有教职工303人，其中在编105人、雇员制155人、劳务派遣43人；教师中专兼任教师238人，其中高级职称52人、中级职称89人；外聘教师70人。有国务院特殊津贴获得者2名，全国技术能手2名；有省“333高层次人才培养工程”第二批中青年科学技术带头人1人，省“333高层次人才培养工程”第三层次培养对象1人。组织教职工参加各类培训104人次，其中出国培训2人次。

是年，南京技师学院强化教学改革，“一体化”课改教师参与度75%；公共课、体育课课改任务完成率100%。教师开发校本教材45本，主编并出版教材18本；开发校本课题50余个、部级课题2个，完成校本课题33个、部级课题2个。获国家级科研成果奖112项，其中一等奖7项、二等奖12项、三等奖37项、优秀奖56项；获部级教学示范比赛一等奖2项、二等奖1项、优秀奖1项。新增省级示范专业1个、省级精品课程1个、省级教学名师1人、省级专业带头人7人，市级示范专业1个、市级精品课程6个、市级教学名师1人。学院师生在国家、省、市各类技能竞赛中取得一等奖、二等奖、三等奖100余人次。在全国数控技能大赛中，2名教师分获全国第二名、第三名，入选“南京工匠”候选人；在44届世界技能大赛江苏选拔赛中，入选国家集训队1项，入围省集训队3项；在2016年江苏省工业机器人技术应用技能大赛暨全国工业机器人技术应用技能大赛选拔赛中，2名学生分获二等奖、三等奖，一名教师获二等奖；在全市技能竞赛中，4名学生获市大赛状元。学生男子篮球队获省职业学校锦标赛高职组第三名、市级比赛第一名；1名学生获省职业学校创新创效创业大赛三等奖；1名学生获市职业学校首届学生金话筒大赛银奖；1名学生获省第三届中小学生跆拳道锦标赛高中男子49公斤~56公斤级第二名；2014级“博世班”学生魏再捷、魏再利经考核被南京博世汽车公司推荐，作为交换生到德国学习。院团委连续19年荣获市五四红旗团委称号，学院先后被评为世界技能大赛中国集训基地、世界技能大赛江苏省综合集训基地、国家级高技能人才培训基地。

◆移动机器人项目进入世界技能大赛集训队 2016年，南京技师学院以世界技能大赛要求为标准，从复旦大学、南京理工大学、广州工贸技师学院、美国NI（美国国家仪器公司）、中电熊猫、南通科技投资集团股份有限公司等高校、企业，聘请27位国内外教授、专家为竞赛导师，组建移动机器人项目竞赛教练团队，把世界技能大赛标准与实际教学对接，做到技能竞赛、专业教学的双通双融。投入205万元，装备竞赛实训设备，其中工业机器人实训中心有六轴机器人工作站4台，相贯线集成系统1台，离线仿真系统8套；移动机器人实训中心有AGV搬运和分拣机器人设备20套、四轮驱动Ardnino（阿杜诺）机器人15台。建成移动机器人、焊接机器人、装配机器人等实训中心，实训区域建筑面积3.86万平方米，计算机房各类实验准备间102间。在师生中建立竞赛团队2支，机器人竞赛团队有教练及学生队员8名，5人次获全国前八名、3人次获省级第一名、5人次获省级第二名、3人次获省级第三名；一组选手进入第44届世界技能大赛中国集训队。学院承接移动机器人、工业机器人、商务软件解决方案、网站设计、网络安全等项目的竞赛集训任务，经集训，网站设计项目进入第44届世界技能大赛中国集训队，移动机器人、商务软件解决方案、网站设计3项目入选江苏省世界技能大赛集训基地。

10月28日，南京技师学院学生张靖（左二）、刘磊（右二）在全国工业机器人技术应用技能大赛江苏省选拔赛中获一等奖、三等奖，教师徐才广（左三）获二等奖

南京技师学院供稿

◆承办中国技能大赛暨全国数控技能大赛江苏选拔赛 10月9日，由江苏省人力资源和社会保障厅、江苏省教育厅、江苏省科学技术厅、江苏省财政厅、江苏省总工会、团省委、省妇联、省机械行业协会主办，南京市人力资源和社会保障局承办，南京技师学院协办的2016年中国技能大赛暨第七届全国数控技能大赛江苏选拔赛在南京技师学院开幕。中共江苏省委组织部副部长、江苏省人力资源和社会保障厅党组书记、厅长谭颖，中共南京市委常委、常务副市长刘以安，江苏省教育厅副厅长王成斌等出席开幕式。开幕式由江苏省人力资源和社会保障厅副厅长朱从明主持。大赛为期3天，全省13个市167名选手参赛，设有数控车工、数控铣工、加工中心操作工（四轴）、加工中心操作工（五轴）、数控机床装调维修工五大工种，职工组、教师组、学生组、职工组合、师生组合等11个组别，选拔出不超过26名选手组队，参加全国技能大赛总决赛。学院教师王刚、徐文城以各自组别第一名的身份代表江苏省参加决赛，获加工中心（四轴）、数控铣两个项目教师组亚军、季军；教师李国强、程振宇作为教练组成员，承担数控车、加工中心（五轴）两个项目的集训工作，指导选手获第一名、第二名、第三名。

◆ **“南京工匠”选树活动** 12月15日，由南京市总工会、南京市人力资源和社会保障局、南京广电集团联合主办，南京市职工技协办公室（简称“市技协办”）承办的“南京工匠”选树钳工、维修电工、数控入围选手绝技绝活竞赛（展示）活动在南京技师学院举行。金城集团、南京造币厂、中电熊猫、南京依维柯汽车等单位及学院的30名入围选手参加，现场采用专家评审与大众评审相结合的评审方式进行。展示会上，南京技师学院与市技协办签订战略合作协议书，共同打造技能人才技艺传承和交流平台。未来三年，双方将合作开展职工职业（行业）技能大赛、开发国家职业新工作、建立劳模工作室、开展校企订制班和提高班，利用双方资源，为学院的技能人才培养和毕业生实习就业等方面创造良好的条件。南京市总工会党组书记、常务副主席孙强，江苏省总工会纪检组长李晓洲，南京市人力资源和社会保障局巡视员周政学，南京广电集团副巡视员陈建明，南京技师学院党委书记、院长张国平等及部分企业事业单位专家、职工代表观摩此次活动。

□葛 炜

南京华东信息工程技工学校

◆ **概况** 南京华东信息工程技工学校（原南京港中等职业学校）隶属于南京市人力资源和社会保障局。始建于1972年，曾为南京港职工子弟学校，20世纪80年代初，兴办职业教育，为南京港输送大批技术骨干。学校原位于南京市浦口区宁港一村1号。2015年6月，搬迁至仙林大学城广月路，占地20多公顷，建筑面积4万多平方米。2016年，南京华东信息工程技工学校设有机电系、交通工程系、人文社科系、智能信息系，有学生2200余人;有教职工150余名，其中，高级职称教师50人，“双师”型教师30人，技师及高级专业实训教师30人，逐步形成一支以博士、硕士、“双师”型教师为骨干的教学科研队伍。学校开设机电一体化、汽车维修、港口机械操作与维护、幼儿教育、城市轨道交通运输与管理、铁路客运服务、航空服务、计算机3D打印、电子商务等20多个专业，无缝对接南京市的产业发展，与南京地区120多家大中型企业合作办学。学校教学体系完善，多重办学层次相结合，有效地将学历教育与职业技能教育相融合，全面推行“一人多证，一技多能”的复合型人才培养模式，实现中技与大学对接培养。与医疗机构、幼教机构、铁路局、机场、大型船务公司、港口企业及南京地区知名大中型企业，建立实训和就业性质的校企合作、订单式、冠名班等培养模式，毕业生以复合型、实用型综合人才的特点被各用人单位广为录用。强化校际专业对接，与江苏师范学院、江苏海事学院、南京机电职业技术学院、南京铁道学院、南京旅游学院、南京交通职业技术学院等联合办学。

◆ **专业特色** 2016年，南京华东信息工程技工学校在教学上以技能为核心，以实训为重心，定位于打造“高级蓝领”。学校实训中心设有护理实训室、钢琴房、舞蹈形体训练室、3D打印实训室、数控实训室、汽修实训室、电工实训室、钳工实训室、电子实训室等。计算机网络中心能同时满足200余人的技能实际操作教学和训练。是年，新开设计算机3D打印专业，购买12套3D打印设备，与北京三维博特集团签订校企合作协议，打通学生的就业渠道。11月，由教师贺丰、赵启超带领杨磊、何文涛两名学生，参加全国职业学校3D打印技能大赛，获全国技工学校组一等奖；12月，学生刘超参加南京市技工院校计算机技能大赛，获一等奖。

◆ **艺术节活动** 12月19日，由学生处、校团委联合主办的“用创意点亮校园”2016年仙林华东文化艺术节在学校报告厅大舞台拉开帷幕。此次艺术节活动历时半个多月，通过演讲、手工、器乐、舞蹈、书法、绘画、摄影、动漫等形式多样、内容丰富的比赛，加强学生文化道德修养，创造有利于学生健康成长的校园氛围，为学生生活带来更多的乐趣。12月28日下午，仙林华东文化艺术节闭幕式暨大合唱决赛落下帷幕。校长张福林致闭幕词，肯定该届艺术节展示的学校办学特色与理念。

□姚仲华

南京师范大学附属实验学校

◆ **概况** 2016年，南师大附校设有初中、高中和国际部，有54个教学班、1600余名学生、250多名教职员工，其中专任教师205人。南师大附校秉承“为人的成长创造最大空间”办学理念，2009至2016年连续8年获南京市高中教学质量优秀奖和教学管理奖。应届高三本科高考达线率81.89%。其中，美术类省统考合格率100%，本科过线率96.6%，专业最高分278分，位列全省第16位；学生张毕瑶获2016年省美术类统考速写单科状元。全国八大美院的校考过关率65%，整体校考过关率85%以上，其中，中央美院5人，中国美院8人、广州美院9人、湖北美院7人、西安美院6人、四川美院7人。学生王昊芳以校考全国第20名、文化346分的成绩被中国美院录取。音乐类学生专业过关率73.5%，校考成绩100%合格。编导类学生省联考过关率100%，最好名次列全省第8名。有9名学生获国家级运动员称号。国际部中澳、中加课程实验班家长和学生满意度均为100%，中澳班首批毕业生全部录取澳洲名校。成功承办“21世纪·新东方杯”英语演讲比赛、第七届“地球村”青少年双语演讲大赛。

◆ **教学教研成果** 2016年，南师大附校高中部获2015~2016学年度南京市普通高中教育发展性评价综合奖和教学质量优秀奖，初中部获2015~2016学年度栖霞区中小学素质教育质量评估二等奖，被评为南京市推进素质教育示范初中考察学校，被南京市民政局评审为社会组织评估AAAA级单位。学校课程建设成体系，有包含人文、科技、艺术等领域的120多门选修课程可供学生选择，其中“魅力礼仪”课程获南京市校本精品课程一等奖。校舞蹈团获南京市中小学艺术团——舞蹈团称号，并于12月挂牌。校筑梦青春健美操社团被评为南京市首批中学生优秀社团。教师在现代信息技术的教学运用研究方面成绩突出，高雪获第十四届全国中小学信息技术创新与实践活动大赛高中组一等奖，陈雨婷等在南京市第三届中小学教师微课竞赛活动中分获5个一等奖、1个二等奖，吴娟等教师在南京市“一师一优课、一课一名师”优课评比中获1个二等奖、3个三等奖；在南京市名师课堂和市级教研、研训活动中开设公开课、讲座18节，在区级活动中开设公开课、讲座67节；任庆等在南京市学科优质课评比、基本功大赛中获二等奖3次、三等奖3次；金晨等在栖霞区“红枫杯”赛课、优质课评比中获一等奖9次、二等奖14次、三等奖4次；赵瑞芬、陆春怀的“促进中学生多感官学习的课例研究”被立项为南京市“十二五”规划课题，戴云等5项第八期南京市个人课题结题，徐海燕等9项第九期南京市个人课题立项，李红等9项第九期栖霞区个人课题立项，穆成香等教师的7项栖霞区教育科学“十三五”规划课题立项，吕昌平等在国家级、省级等核心期刊发表文章13篇，敦小匣等在南京市组织的优秀论文评比和“行知杯”论文评比中分获一等奖2篇、二等奖4篇、三等奖5篇，李燕等在栖霞区组织的校本教研活动案例评比、教学论文评比、教学案例评比中获一等奖6篇、二等奖22篇、三等奖7篇。

◆学生获奖　2016年，南师大附校学子获多项荣誉。徐同在第15届“21世纪新东方杯”全国中小学生英语演讲比赛中获江苏赛区一等奖并晋级全国总决赛。牛悠笛、王天啸获栖霞区美德少年称号。校花样跳绳队初中组在由国家体育总局主办的全国跳绳联赛中获一等奖。校舞蹈特长生在全国优秀特长生文艺展演江苏赛区舞蹈大赛中获江苏省一等奖第一名。校啦啦操队在2016年南京市校园啦啦操联赛中再次获一等奖。校武术队在2016年南京市武术邀请赛中获团体一等奖，其中席坤、徐桃园、周天、肖梓健、林柏欣5名学生包揽个人组比赛少年男子组长拳所有奖项；12月，他们又在第六届中国南京武术精英（国际）比赛中获长拳第一名。校乐队在南京市首届中小学小乐器比赛中获最佳表演奖。

◆交流活动　4月，量子基金创始人、经济界巨擘吉姆·罗杰斯到校与学生交流。同月，曾任中央广播民族管弦乐团演奏指挥、中国广播艺术合唱团指挥、总政歌剧团指挥、总政交响乐团指挥、中国电视爱乐乐团指挥的音乐演奏家和指挥家刘森到校，与师生交流音乐。6月，中国香港艺术家协会音乐专业委员会主席、木结构乐团团长、梵呗狮吼艺术家、著名打击乐演奏家徐德梁到校，为学生们举办音乐活动。英国国王歌手合唱团男高音保罗·菲尼克斯到南师大附校，为学生现场教学。9月，里约奥运会冠军中国女排队员张常宁和奥运跳远名将王嘉男到校，与学生交流。12月，瑞士德莱蒙区CreaLab开放创新实验室创始人、日内瓦大学专业认知与教学实验室研究员理查德·伊斯特到校，带领学生开展一场科学活动。　□戴耳敏

南京外国语学校仙林分校

◆概况　2016年，南外仙林分校占地27.33公顷，设有小学部、中学部和国际高中部，有班级163个，学生6000余名，教职工近千名，其中，中方专任教师600余人，外籍教师71人。秉承“顺其自然”的校训和“培养德才兼备、特长鲜明的现代公民”的培养目标，取得骄人办学成果。延续南外“情景—结构—交际”的教学模式，实行小班上课、中外教师、多套教材教学，辅以外语节、英语沙龙、模拟联合国、英语辩论社、希望英语大赛、中美夏令营等活动平台。组织体育节、读书节、演讲节、外语节、科技节、艺术节等校园文化节日活动，春游远足、秋季体验活动，学生会干部竞选、校园一日实践、少年科学院、慈善义工、支教助学、模拟人才市场活动和学工、学农、军训等社会实践，拥有文学社、戏剧社等41个学生社团，最大限度地实现知和行的统一。是年，成为江苏广电红领巾电视台全媒体小记者团首批示范学校，校民乐团成功晋级2017南京少儿春晚。吴婷、王猛、陈坤、陆阳及黎鹤龄5位教师参加江苏省少年儿童研究会少年科学院建设与发展专业委员会第十五次年会，获优异成绩。在南京市中小学德育创新推进会上，南外仙林分校做题为《整体建构与实施理想教育效能工程》的德育创新交流发言。

◆社会心理学家黄菡到校做慈善公益讲座　11月16日，社会心理学家黄菡到南外仙林分校做“心灵解码——正念养身怡人，幸福从心开始”主题慈善公益讲座，全校教师参加。黄菡从树立合理信念、增加快乐感觉、协调人际关系等方面，解读如何才能获取幸福，告诉所有人要拥有良好的心态，懂得知足，懂得放慢，更要懂得积极和乐观。

◆为残疾儿童募善款　12月7日，南外仙林分校第14届文化艺术节之“爱的力量”师生慈善演唱会在小剧场里举行。活动由青年音乐教师黄可发起。演唱会期间，现场师生踊跃捐款，共计11716元，全部捐给残疾儿童。

◆第四届教职工暨工会会员代表大会　12月23日，南外仙林分校第四届教代会暨工会会员代表大会第一次会议召开。参加会议的正式代表119人，列席代表13人，家长代表18人。王瑞卿、张青杰和卓石平三位董事出席会议，王瑞卿代表董事会向大会致贺词。会议听取并审议通过校长钱铁锋所做的《2016年度学校工作报告》、工会主席殷如敏做的《2016年度工会工作报告》、提案委员会主任委员金敏做的《提案工作报告》。会议期间，部分中层干部在大会上作述职，其他中层干部均在各自部门进行了述职，与会代表们对述职干部进行了民主测评。　□宋国斌

科技创新平台和管理

Science and Technology Innovative Platforms & Management

南京市仙林鼓楼医院

杨轶绘

◎责任编辑　贾志忠

综　　述

◆**概况**　2016年，栖霞区实施创新驱动发展战略，加大科技成果转化工作力度，优化创新创业生态，提升科技创新服务产业发展能力，引导科技企业集聚发展。加大企业研发机构建设和创新创业人才培养力度，推动科技企业发展壮大。新认定高新技术企业28家、省民营科技企业43家、省科技型中小企业44家，新培育新三板上市科技型企业3家，新增省级工程技术研究中心2家、市级工程技术研究中心4家；区内企业获市级以上科技计划项目40项；3人入选国家“万人计划”，3人入选南京市创新型企业家培育计划，1人入选科技顶尖专家集聚计划。加快重点平台和众创空间建设，完善科技孵化服务体系。新增国家级科技企业孵化器1家，入选全国首批“星创天地”2家，入选江苏省现代农业科技园区1家；省级备案众创空间6家，市级备案众创空间13家。组织企业与南京大学、东南大学等高校院所进行产学研对接，科技成果转化能力实现新加强。新增江苏省研究生工作站2个，新增产学研合作项目30项；获国家科技进步二等奖1项；南京市科技进步奖4项。实施高价值专利培育计划，知识产权创造应用水平实现新提高。栖霞板块（含南京开发区）实现专利申请6137件，其中发明专利申请3229件；专利授权2580件，其中发明专利授权820件。入选国家知识产权保护规范化培育市场1个，新增知识产权管理体系认证企业7家，入选市知识产权示范企业11家，获中国专利奖（优秀奖）1件、南京市优秀专利奖3件。群众科技进步获得感实现新提升。承办南京科协大讲堂，举办区科普讲堂、“探索杯”科学探究师生作品展评等品牌活动，举办各类科普活动约400场，新设置全媒体科普阅览屏30块，入选国家“基层科普行动计划”1家，入选江苏省科普示范社区2个，新增南京市科普惠农服务站2个。是年，栖霞区顺利通过国家知识产权强县工程试点工作和江苏省知识产权战略示范区验收。

◆**科技体制改革**　2016年，根据全区深化改革工作部署，推进众创空间市场化发展，完善科技和金融结合机制。腾讯众创空间（南京）等6家通过省级众创空间备案、13家通过市级众创空间备案。推进众创空间政策体系不断完善，推动全区众创空间质量效益提升，实施科技创业创新载体绩效考评，努力形成运营主体多元化、运行机制多样化、组织体系网络化、创业服务专业化的发展局面。推动科技与金融相结合，南京金港科创园与飞马投资、栖霞创投等单位就助力科技型服务业创业者成长达成战略合同，共建飞马成长基金，出资1亿元成立南京晨骐股权投资中心。紫东创意园成立南京紫东国际创意园天使投资基金，生命科技园成立江苏泓霖惠众投资管理有限公司。

◆**科技经费投入**　2016年，下达科技创新平台建设专项资金项目42项，补助经费393万元；下达科技成果转化专项资金项目23项，补助经费287万元；下达科技创业家扶持资金125万元，拨付2013年、2014年入选南京市科技创业家企业贷款贴息74.6万元；下达专利资助专项资金239.5万元；下达区科技型企业技术创新基金项目30项，补助经费400万元；下达区级科技发展计划项目3项，补助经费50万元。此外，获得国家级、省级、市级各类科技计划项目40项，争取到项目扶持资金2492.4万元（含科技创新券155.6万元）；获得省、市级科技专项经费扶持981.8万元。

◆**飞马·金港科技创业节**　4月15日，由区政府主办，南京金港科技创业园管委会和飞马旅联合承办的“栖霞众创汇：飞马·金港科技创业节”在金港科创园举行。活动通过“会+展”的形式，通过垂直招标式分享、金港学堂、大学生创业动员、创新创业科技展等活动，齐聚创业者、投资机构、媒体，展示南京市及周边地区创新创业领域取得的优秀成果。活动中，飞马成长基金投资项目签约，柚柚育儿和意外艺术分别获得投资270万元和350万元；中科院南京先进激光技术研究院联合安徽春谷3D智能装备产业技术研究院共同发布“当激光宝石遇上3D打印”，双方优势互补，坚持“开放办院、合作共赢”的方式，致力于推动垂直科技领域的产业技术研发与技术转移转化。此外，飞马南京创业创新服务联盟正式成立。　□杭　铖

科技创新平台

金港科技创业园

◆**概况**　2016年，南京金港科技创业园

4月15日，栖霞众创汇：飞马·金港科技创业节在金港科创园举行
金港科创园供稿

实现财政总收入1.83亿元，新增科技创业投资额4220万元，新引进重点项目25个，实现服务外包执行额714.55万美元，其中离岸服务外包执行额425万美元；新增在孵企业42家，新增高新技术企业8家，新增发明专利申请量247件，新增新三板挂牌上市企业2家。建筑面积2.7万平方米的园区一期配套项目建成交付，是集员工食堂、员工公寓、餐饮、超市等生活服务为一体的综合体项目。占地3.73公顷、总建筑面积15万平方米、总投资7亿元的园区二期工程全部竣工，进入招商阶段。广泛开展引才招才活动，3人入选"创业栖霞"人才计划，2人进入"创业南京"人才计划评审阶段，6人在园区创办公司，启动运营。至年底，园区聚集国家千人计划9人，江苏省高层次创新创业人才6人，南京市领军型创业人才41人，南京市科技创业家10人，"创业栖霞"人才3人。与南财、南师大等仙林各大高校对接推广苗圃，为苗圃发掘种苗项目，聘请6位创业导师为创业项目提供全方位创业辅导。与区担保公司、银行协作，帮助落实奥斯汀、长江工业炉等7家企业贷款2200余万元。举办科技政策解读、科技金融等10余场金港学堂活动。组织园区企业申报各级各类计划项目，全年累计获得省级以上科技项目16个，获得扶持资金超过2000万元。推动入驻企业加快上市步伐，园区有8家上市公司。2016年，江苏吉山高新技术股份有限公司、南京维数软件股份有限公司、江苏汉典生物科技股份有限公司等6家企业在新三板成功挂牌。与飞马旅合作共建1.4万平方米"飞马新立方"众创空间，一年引进企业60家，出租面积1.1万平方米，为总面积的79%。推进与社会力量共建众创空间，已有"K-Bay创业港"纳入省级众创空间备案，"飞马新立方""猫妹咖啡"纳入市级备案。是年，南京金港科创园在国家级科技企业孵化器考核评价中被评为A类科技企业孵化器。

2016年，园区组织15家企业参加"赢在南京"青年大学生创业大赛

金港科创园供稿

◆青年大学生创业大赛获奖 2016年，金港科创园组织园区15家企业参加"赢在南京"青年大学生创业大赛，13家企业进入初审阶段，9家企业入围复赛。其中，魔秀街、会否社区等4家为平台研发企业，德厚环境为环保类产品研发企业，埃苏克为智能硬软件开发企业，阿普斯黛尔为生物医药研发类企业，奇奥贝拉、墨格2家为文化创意类企业，项目均来自知名高校。为了帮助企业成功入选，园区邀请专家评委对入围的决赛项目进行专题辅导，对存在的问题进行分析指导。最终，南京阿普斯黛尔生物技术有限公司获2016年"赢在南京"青年大学生创业大赛一等奖，另外有2家公司获得三等奖。

◆3人才入选创业栖霞高层次引进计划 2016年，"创业栖霞"高层次创业人才引进计划入选人才项目公示，金港科创园有3名人才入选。蔡利生，为美国芝加哥大学有机化学博士、美国哈佛大学博士后，曾任美国伊利若斯芝加哥助理教授，从事生物酶、无机抗癌药物和催化剂的研究；现任美国国立卫生研究院科学家研究员、北京大学医学院客座教授，发表论文44篇，获发明专利3件，从事研发正电子断层扫描剂，主要是针对老年痴呆症的诊断。刘国庆，上海交通大学工学硕士，上海宣邦科技创始人，16项专利的发明人，承担并已完成国家创新基金项目1项、上海市创新基金项目2项，承担上海市高转化项目3项；自主研发设备出口近20个国家；本次申报入选的项目是云存储仓库语音拣货系统及智能终端，语音技术以一种新的人机交互模式应用于物流拣货作业中，具有语音识别、语音导引、拣货路径优化等功能，大大提高拣货效率，降低拣货出错率，同时在一定程度上为企业节约人力培训成本。姜兴茂，美国新墨西哥大学化学工程博士，美国Lovelace呼吸研究所博士后，在气溶胶、纳米材料研究领域有较高的知名度；本次申报入选的项目是复合纳米抗菌技术的应用开发与产业化，项目采用世界领先的气溶胶法自组装过程工艺（EISA）制备纳米金属抗菌复合材料，将纳米金属粒子（如银、锌、铜等）均匀分散在纳米、微米级SiO2颗粒中，形成独特的"无皮火龙果"结构，使采用挤条、造粒、纺丝等生产工艺制备的高分子材料制品的机械物理性能基本保持不变，广泛用于建筑材料、家用电器、日用品、纺织、医疗、文具、玩具用品、汽车配件、食品相关用品等领域。

◆助推入驻企业"新三板"上市 4月20日起，园区有江苏吉山高新技术股份有限公司、南京维数软件股份有限公司、江苏汉典生物科技股份有限公司等6家企业挂牌上市。金港科创园把培育优质上市资源作为一项长期战略任务和基础性工作，不断壮大后备资源，有计划地选择重点企业进行重点培育；定期开展辅导培训，帮助企业熟悉资本市场，掌握最新动态，提升实际操作能力；鼓励有条件的股份公司引进战略投资者，优化股东构成和股权比例，完善公司治理结构，力争早日进入上市辅导备案。园区率先推动上市企业集聚，先后有8家企业在新三板挂牌上市，企业上市梯队逐步建成。

◆金港学堂　4月，开展“企业股权设计”培训和“知识产权宣传周专利知识”培训会；7月，开展“研发费用加计扣除”培训；9月，开展“劳动法律法规”培训；10月，开展“江苏省一站式检测公共服务平台”培训。“金港学堂”是园区坚持做精做强的培训品牌，是提升园区和谐创新创业氛围的重要文化服务。园区结合企业实际需求，合理安排培训内容，由大班授课向小班精细化培训转变。至年底，金港学堂开展5场培训。

◆美国创客空间TechShop总裁考察园区　6月8日，美国创客空间TechShop总裁Paul Duggan一行3人到金港科创园考察，科创园副主任管建国等陪同考察。Paul一行首先参观仙林大学城和新港开发区，走访南京大学软件学院、南京先进激光技术研究院和区人才馆，随后在金港科创园参观考察并座谈。其间，园区领导向Paul介绍栖霞区及金港科创园在产业布局、投资环境、配套服务等方面优势。TechShop是美国最具影响力的创客空间，由Mark Hatch和Jim Newton 2006年创建于硅谷，在全美有10家连锁店，1万多名会员。TechShop以会员模式提供创客空间、创客设备（含3D打印机、激光切割机、水刀等）培训课程，同时吸引各类创意工作者、软硬件工程师、艺术家、创业者、风险投资商等，加速具有现在价值的创客原型作品的商业化。TechShop在巴黎、慕尼黑、伦敦、阿布扎比、东京、首尔开设分店，寻求在中国的合作。

◆金港科创园二期竣工　12月28日，园区组织二期工程竣工验收会，园区领导、区质监站领导、设计单位、项目管理单位、监理单位、施工单位领导及项目负责人等20余人参加竣工验收。7幢楼房与绿化质量合格，通过验收，其中03#，05#，06#被评为南京市建设工程“优质结构工程”。金港二期占地3.7万平方米，办公楼为错层设计，每层都设有立体生态绿化景观带，着力构建高品质商务办公空间。重点规划建设知名企业总部、独立研发中心，计划形成办公、科研、试产、展示、交流为一体的人才和项目聚集基地。　□李潇树

江苏生命科技创新园

◆概况　2016年，江苏生命科技创新园根据区委、区政府要求，围绕“实现园区转型升级发展”为主题，以“改革、创新”为路径，完成社会固定资产投资3.8亿元，续建建筑面积6.4万平方米，工程建设全面进入竣工验收备案阶段；财政总收入6150万元，四上企业收入16亿元；服务外包执行额655万美元，离岸服务外包执行额315万美元；实到注册资本2.06亿元，发明专利申请量107件。至年底，共引进江苏联环、优科生物、华威医药、华润医药集团南京公司等13家企业总部项目，江苏开元医药、南京诺瑞特、南京安赛莱等300余家孵化器企业签约落户，有南京大学、中国药科大学、南京中医药大学、南京师范大学等16个产业成果转化基地、新药临床前国家和省级重点实验室、研究中心进驻园区；集聚国家“千人计划”7人，江苏省“双创人才”5名，高层次领军

12月28日，金港科创园二期竣工　金港科创园供稿

人才36名，海归专家120人，高端人才400名，国家技术进步发明二等奖获得者2名及诺贝尔奖获得者1名。是年，园区被江苏省科技厅认定为“省级众创空间”，被评为南京市总工会“大众创业 万众创新”立功先进单位，获南京市“五一劳动奖状”，获江苏省住房和城乡建设厅“江苏省节水型企业”奖牌，成功申报“南京市级留学人员创业园”和“南京市小企业创业基地”，江苏生命科技创新园分析测试公共技术服务中心顺利通过江苏省科技厅公共技术服务中心专家验收。

◆各级各界考察园区 1月26日，国际大学创新联盟秘书长孙万松、执行秘书长李京娜、北京天作创新科技孵化器有限公司总裁颜振军一行考察江苏生命科技创新园。副区长尹军、江苏生命科技创新园管委会副主任余蓉陪同考察。3月11日，美国北卡州立大学考察团到江苏生命科技创新园考察，园区管委会常务副主任窦立华陪同考察。4月20日，原国家计生委主任、第十一届全国政协人口资源环境委员会主任张维庆考察江苏生命科技创新园。区长邢正军，区委常委、组织部部长、江苏生命科技创新园管委会主任陈波，创新园管委会常务副主任窦立华陪同考察。7月4日，江苏省台办主任杨峰、南京市台办副主任季斌一行10余人考察江苏生命科技创新园。区委常委、组织部部长、江苏生命科技创新园管委会主任陈波，副区长万震等参加考察；园区常务副主任窦立华，副主任张捷、余蓉陪同考察。10月24日，1988年诺贝尔化学奖得主罗伯特.哈博与国家千人计划专家、南京大学化学与生物医学科学研究所学术带头人李桂根教授到江苏生命科技创新园参观考察。区委副书记陈波等陪同考察。11月3日，北京科技大学计算机与通信工程学院副院长宁焕生、副教授皇甫伟、王睿一行到园区参观考察。11月17日，第十四届国际新药发明科技年会嘉宾代表团在江苏省药学会副理事长刘晓梅、袁东海以及百奥泰项目主任王凤玮的陪同下，考察江苏生命科技创新园，园区管委会副主任余蓉陪同考察。

4月20日，张维庆（右一）考察江苏生命科技创新园

江苏生命科技创新园供稿

◆邢正军调研园区 6月14日，区委书记邢正军调研园区近期建设发展情况。区委常委、组织部部长、江苏生命科技创新园管委会主任陈波参加调研。管委会常务副主任窦立华、区委办主任田峥嵘、区委研究室主任李春节、区发改局局长孔毅远、区卫计委书记陈志平、区环保局局长王永明和管委会领导班子全体成员陪同调研。邢正军一行首先考察园区商务配套区和人工湖景观区的建设进展，对商务配套区的功能划分、营销定位进行现场部署；然后到园区孵化器楼，参观研发企业南京辰逸生物科技有限公司、江苏开元医药化工有限公司。调研座谈会上，窦立华汇报园区近期重点工作推进情况，陈波介绍园区下一步工作思路及重点举措。邢正军充分肯定园区的成绩，对企业研发环境表示肯定，就园区下一步工作提出明确要求，希望园区围绕转型发展的要求，进一步拓展园区功能定位、产业方向，向建设高端产业特色集聚明显的专业化园区迈进；要深入研究“互联网+”的概念，借助“互联网+医药”，打造高水平生殖健康产业基地；要树立精准招商的理念，对招商人员进行合理分工，加强市场调研，建立与各高校常态化对接机制，重视龙头企业的引进，力争有所突破；要运营好园区仙谷医药公司，注重综合效益，实现园区资金平衡；要坚持管理与服务并重，加强产业服务的力度，充分发挥好党建带动作用，加强指导，借助信息化手段，实现园区非公企业党建工作全覆盖、有亮点。

◆中欧（南京）生命科学论坛 6月24日，由中国科学技术协会海外智力办公室、全欧华人专业协会联合会、江苏省科学技术协会、中国药科大学联合主办，江苏省国际科技合作中心、江苏生命科技创新园、江苏省科技期刊学会承办的第二届中欧（南京）生命科学论坛在新地酒店开幕，德国、波兰、瑞士等欧洲国家的生物医药领域精英博士代表团，中国药科大学校长来茂德，中国工程院院士、中国药科大学原副校长、教授、博士生导师王广基，中国科协海智办副主任方进，江苏省科协副主任阮仁良和来自全国各地的120余名企业家、金融风投专家齐聚一堂，共同探讨“技术产业化”这一时代课题。论坛由江苏省科协国际部部长吕家勇主持，论坛组委会负责人贺毅和阮仁良、来茂德、江苏生命科技创新园管委会常务副主任窦立华在开幕式上分别致辞。中欧生命科学论坛是中国科协海智办和全欧华人专业协会联合会创建的中欧生命科学专家、学者及企业家实现高层次沟通交流的品牌活动，旨在增强中欧生命科学新思维和新技能的交流，促进中欧生命科学企业间实质性合作，以生命科学研究成果造福中欧人民。在大会主题报告中，王广基院士、高慧博士、贺毅博士、古春婧博士分别围绕精准细胞药代动力学研究及临床探索、体外诊断技术及可穿戴设备的发展趋势、生命科学与老龄产业、剑桥大学技术成果商业化模式的主题，向参会人员做详细介绍。

◆全国医学博士后创新研究学术交流会　7月2日，全国医学博士后创新研究学术交流活动在江苏生命科技创新园举行。来自全国在站和已出站博士后150余人参加会议。会议就医学领域博士后培养、临床医学、科学基金工作等议题展开深入研讨。江苏生命科技创新园管委会常务副主任窦立华致欢迎辞，会议特邀中国博士后科学基金会处长陈颖、科学出版社数据库资源部主任黄敏作报告。研讨会后，全体参会人员参观南京大学化学与生物医学科学研究所、江苏省中药高效系统给药工程技术研究中心2家园区实验室。

◆南京生物医药创业训练营开营　8月5日，江苏生命科技创新园举行南京生物医药创业营开营仪式。经过数月的精心准备、报名、筛选，共有8家企业获准加入。由优秀创业者、专业投资人、熟悉医药领域的律师及会计师等组成的精英导师团队，根据南京市人力资源和社会保障局关于“创业南京——南京领军型科技创业人才创业训练营”项目的部署与安排，落实《“321计划”人才创业导师制度》，对创业者所需的各方面进行辅导。园区管委会常务副主任窦立华就栖霞区（园区）的创业投资环境、平台、政策支持等进行开营发言。训练营承办方负责人及导师代表郑维义博士介绍训练营背景、内容、导师等各方面情况。在辅导讲座上，千年资本合伙人张骥、南工大药学院院长黄和、南京第二医院重症科主任郑以山分别围绕“训练营成员与投资机构合作”“训练营成员与高校合作”“训练营成员与医院合作”等主题作演讲，指导初创企业如何与投资机构、高校、医院进行合作。在交流环节中，围绕南京如何打造更好的生物医药创新创业生态环境这一主题，现场嘉宾和与会人员进行互动交流。开营后，园区将以深化人才管理改革为动力，以发挥创业导师专长、推动人才成长和企业发展为重点，开展一系列训练活动。训练营将对前来训练营报名的企业进行走访和面谈，并对前来报名的企业进行企业结构、文化、产品、市场、营销途径等专业分析。通过面对面辅导交流，针对入营企业的不同情况，为企业营造良好的创新创业环境，实现成功创业的目标。

◆全省创新创业大赛获奖　8月28日，第四届中国江苏创新创业大赛决赛结果揭晓，江苏生命科技创新园引进的陈熹教授凭借研究多年的“血清miRNA胃癌早期精准诊断技术”在1520个项目中脱颖而出，获大赛一等奖。此次大赛以“创新创业·共赢未来”为主题，由江苏省人才工作领导小组办公室主办，江苏省经信委、省教育厅、省人社厅、省科技厅、省文化厅、省科协、团省委、致公党江苏省委和各市人才办共同组织开展。陈熹教授是2016年在江苏生命科技创新园申报并成功入选栖霞区高层次创业人才引进计划的高端人才，也是全省唯一创新类企业代表。获奖项目技术已在3家三甲医院进行临床试验，临床数据显示，该技术的准确率达到80%以上，能够有效筛查出早期胃癌患者。陈熹创办的南京优智源医药科技有限公司已落户江苏生命科技创新园并运营。　□邵寿梅

◆江苏生命科技创新园二期建成　年底，江苏生命科技创新园二期全面完工。项目占地2.67公顷，总建筑面积78.4万平方米，产业发展方向为医疗器械、生物医药、大健康产业，成为生态化、科技型、具备高端产业特色的生命科学创新集聚区。南大、中国药科大学、南中医、南师大等高校的产业成果

江苏生命科技创新园全景　　江苏生命科技创新园供稿

转化基地已陆续进驻园区。 □常晓敏

南京紫东国际创意园

◆概况 2016年，南京紫东国际创意园建成交付51.52万平方米，财政收入累计完成6.49亿元，租售面积17.94万平方米，其中售房面积6.72万平方米。园区累计注册企业474家（其中当年注册121家），分别是文创类175家、科技类174家、金融类48家、其他服务类59家，实际入驻企业358家。是年，纳税企业235家，比上年新增86家，纳税2.96亿元，其中，年度纳税额1亿元以上的1家（南京文化艺术产权交易所）；纳税1000万元以上企业有中机国际工程设计院有限公司华东分院、江苏万顺机电集团有限公司、南京游族信息技术有限公司3家；纳税1000万～500万元有南京康庄资产管理有限公司、江苏良晋信息技术有限公司2家；纳税500万～100万元23家。是年，园区聚集国家千人计划人才5人，江苏省高层次创新创业人才2人，南京市领军型创业人才23人，南京市科技创业家2人，“创业南京”人才4人，“创业栖霞”人才7人，南京市“紫金人才计划”人才1人。12月16日，收到公示名单，南京紫东国家创意园成功入选2016年度国家级科技企业孵化器。

◆各级各类活动 4月6日，全国政协副主席罗富和率政协代表团考察南京紫东国际创意园大学生创业基地。南京市政协、市人社局和区政协等部门领导陪同考察。代表团走访园区大学生创业基地的优秀企业和腾讯众创空间，罗富和对园区创业创新工作给予充分肯定。4月29日，以“3D打印无限创意，设计驱动工业未来”为主题的2016南京高校工业创意设计大赛暨高校毕业设计3D打印文化节在南京紫东国际创意园开幕，来自南京艺术学院、东南大学、南京林业大学、南京理工大学、南京师范大学、南京航空大学、金陵科技学院等高校的师生代表参加开幕式，国家工信部产业政策司副巡视员罗俊杰，江苏省经信委副巡视员周毅彪，区委常委、宣传部部长、南京紫东国际创意园管委会主任周峰等出席开幕式并致辞。8月9日，中共荥阳市委书记宋书杰一行40人考察南京紫东国际创意园、腾讯众创空间。区委书记邢正军、副书记陈波等陪同考察。园区介绍基本情况、产业定位、企业集聚等情况，考察团特别关注紫东创意园现状及未来打造创意小镇相关举措。宋书杰对紫东创意小镇的打造给予肯定。9月9日，58名拉美西语国家新闻官员和记者组成的访问团参观紫东国际创意园，中共江苏省委宣传部、中共南京市委宣传部和区委宣传部相关负责人陪同。访问团听取园区的介绍，随后观看展厅里的展示长廊。10月30日，德国博兰斯勒钢琴有限公司总裁Christian Bluethner及中国区总裁方阳一行到园区考察，区委常委、副区长万震等陪同。双方在紫东生态中心会议室就博兰斯勒钢琴公司项目的具体情况及未来项目落地栖霞的合作意向进行商讨。12月9日，江苏省经信委与省工业设计协会主办的第三届工业设计周在园区工业设计服务中心开幕。主会场在南京，同时在常州市、苏州太仓市和盐城市设立分会场。中国（江苏）工业设计服务中心以此次活动为契机，以南京紫东国际创意园为载体和建设平台，开展月度活动、对外交流、工业设计大赛、高校联盟和推广宣传，提高工业设计服务中心知名度，深度融合设计服务与制造业。

◆紫东创意小镇 12月22日，紫东创意小镇入选南京市首批市级特色小镇。紫东创意小镇位于栖霞区南部，紫金山东麓，仙林新市区西南；东南邻近麒麟片区，是承担居住功能并具有南京市体育、文化、会议、展览、博览等大型公共设施的片区；东北邻近仙鹤片区，为仙林新市区的中心之一，是以高教、居民和公共设施为主的综合社区；西南邻近马群科技园；西北邻近徐庄软件园；东侧为明城墙遗址——土城头路，是仙林新市区绿色生态廊道（灵山—龙王山）的重要组成部分。小镇北至仙林大道，南至沪蓉高速，西至地铁2号线，东至燕西路，东西宽约1.3千米，南北长约2.8千米，总规划面积3.6平方千米，核心区面积1平方千米。小镇内拥有仙鹤门和金马路两大地铁站，是名副其实的“双地铁小镇”，交通联通性好，方便游客出行。小镇紧邻仙林大学城，有南京大学、南京师范大学等14所高等院校，为小镇发展提供强大的人才保障和智力支持。

建设前期，南京紫东国际创意园委托南京匠工营国规划设计公司进行总体规划设计，小镇的各大项目正在进行调研与规划。紫东创意小镇以智、识、创、意宜居宜业为目标，突出小镇通、创、智、绿的特色优势；以“紫”为核心，以“史”为厚度，突显独特的自然环境、文化内涵、产业优势和建设品质；以文创金融产业主导，融智慧养老、休闲旅游、创意农业、健康体育为一体的集群空间，打造生产、生态、生活“三生融合”的创新、创造、创意空间。小镇附近，北有朗诗钟山绿郡、保利·紫晶山、仙龙湾，南有钟山晶典苑、紫金·上林苑、钟山美庐，6个小区总户数为7616户，便

南京紫东国际创意园鸟瞰 南京紫东国际创意园供稿

于小镇与周边居民联动，开展生态农场体验活动，打造集亲子科普、园艺培训、生态休闲、主题社交为一体的各类活动。园区委托意大利设计企业——卢凯塞建筑设计有限责任公司对园区夜间景观、安全照明进行专项设计，调整小镇时空状态，使人们的活动在白天与夜晚交错进行，提高“夜晚经济”效能。园区将建有庭院、广场、立体绿化、空中农场、湖面水景等设施，在核心区景观营造方面，注重美化小镇环境、提高小镇形象。针对小镇亮化工程、休憩设施、互动体验、系统导视、夜景安全照明等方面进行专项设计规划，在核心区的景观营造方面还将创立吉祥物及衍生产品。中国（江苏）工业设计服务中心建设完成，将完善中心装饰与配套设施。

园区与江苏省经信委、中国工业设计协会和区政府共同打造中国（江苏）工业设计服务中心，以设计师联盟、企业家联盟、高校联盟“三大联盟”为引领，打造江苏省工业设计颁奖永久地，构建“需求—创意—成果—孵化—资本对接—量产”的完整链接，通过开展各类工业设计交流活动，提高设计能力，让设计融于工业，将工业设计中心打造为长三角工业设计窗口。紫东创意小镇与江苏省演艺集团达成协议，后期将联手打造紫东世界文化艺术中心。优化紫东公共文化配套，提升文化软实力，建设开放式城市客厅。城市客厅承载多样化的艺术形式，为小镇内近3万名常住居民和产业居民提供公共文化活动空间，实现产城双轮驱动，强化城市功能。依托现有楼宇的一楼空间发掘与创意小镇定位契合的紫东匠心书局、格调休闲吧等，创新经营模式，集阅读学习、展示交流、聚会休闲、创意生活于一体的多元文化体验服务，享受“紫栖乐生活”。紫东创意小镇以文创金融产业为核心，在原有的四大传统产业基础上提档升级。12月，启动建设紫东文创金融总部基地，依托紫东优美的园区环境和成熟的商业配套，发展金融类中后台业务，为小镇提供产业支持和独特的金融定制服务，延长金融产业链，进行金融教育培训，扶持企业融资、上市。　□郭孟真

紫金科技创业特别社区

◆概况　2016年，紫金科技创业特别社区建设正向纵深推进，总规划建筑面积16.98万平方米，共5幢，其中，3幢（孵化器）地上11层，地下2层；2幢地上16层，地下2层。地上建筑面积11.21万平方米，地下建筑面积5.76万平方米（含救护站1.05万平方米），总投资约7.2亿元。至年底，项目主体工程建设完成，正进行主体验收阶段，包括节能、人防、消防等。室外配套完成水、电、气等施工，道路施工基本完成，景观施工正加紧进行，公共部位装修同时进行。

◆土地平整　2016年，紫金科技创业特别社区完成土地预审办理，征地三项指标落实，包括耕地指标竞买和征地批后实施。参照周边元化路、纬地路、经天路标高，结合城市设计，实施场地平整土石方外运工程，参照周边经天路纬地路标高，采取3%刷坡处理，测绘土石方量约为140万立方米。项目分两期实施，一期占地面积约11.33公顷，土石方量约为50万立方米，其中，土方约30万立方米、石方约20万立方米；二期占地面积约10.33公顷，土石方量约90万立方米，其中，土方约10万立方米、石方约80万立方米。至年底，完成现场临时设施搭建、清表、坟迁等工作；一期围墙砌筑粉刷1100米；一期场地平整11.33公顷；二期土方外运约10万立方米，剩余80万立方米石方爆破准备就绪；二期山体治理工程方案设计通过专家论证。

◆人才公寓　2016年，紫金科技创业特别社区接受委托管理人才公寓101套。至年底，东城汇人才公寓入住人才56位，学仕风华人才公寓入住人才8位。人才公寓的管理工作主要为人才居住解决一些生活中的实际问题和困难，帮助进行水电维修等，协助物业公司、消防单位进行消防系统安全检查，配合物业公司对人才公寓的进出口进行设防，督促物业公司对人才公寓的环境进行日常保洁，确保人才住得安心。　□周欣然

南大科学园

◆概况　2016年，园区坚持“电子信息、绿色环保、文化创意”为主导产业，围绕园区特色，深挖招商资源。通过精细化管理，提供优质物业服务。园区续建工程一期10.4万平方米。续建的创新创业教育园二期，总建筑面积5.4万平方米，由11栋科研办公楼组成，正顺利推进，已完成土建、地下室人防设备安装、室内消防、室外景观绿化等工程。建科院项目总建筑面积约4.96万平方米，已完成主体竣工封顶、室内消防、电梯安装、外立面幕墙、室外景观等工程。至年底，园区自建部分全部建成，总面积约23.6万平方米。

◆项目招商　1月，园区坚持“电子信息、绿色环保、文化创意”为主导产业，引进中科院紫金山天文台、江苏省建筑科学研究院、武汉中合设计院三大院所；依托南大资源优势，开拓企业与高校专家教授的合作渠道，引进由南大教授张志炳为主导开发的新能源化工等清洁能源领域高端技术研发和创新企业技术研究院。2月，园区管委会、区政府与江苏省广电集团签订投资合作协议，省广电投资60亿元打造省广电节目制作中心暨仙林荔枝广场项目，购买园区12公顷土地和建成的5.85万平方米办公楼，所购土地及房产的交接工作在办理中。3月，园区与瑞声科技（南京）有限公司签订南京仙林·瑞声全球研发中心项目投资意向协议，拟投资2亿元在南京仙林大学城建设瑞声科技全球研发中心。计划用5000平方米土地分期建设高性能计算集群，达到每秒5000万亿次以上的浮点计算能力的，构建一流的大数据分析与云计算应用平台；用1万平方米土地建设高精密分析及实验设施，构建国际一流的声学、光学、材料等研究实验室，用1.5万平方米土地建设优质的办公环境，构建全球一流的自主研发平台。省台和瑞声两个重大项目签约为园区全年的招商奠定了基础。推进南京大学双创项目，促进科

技成果转化和服务地方经济发展，园区将创新创业教育园1、2、3、11幢楼供作双创基地总部、双创示范展示、文创、学生双创等项目使用，与南大双创办在落实双创协议、园区招商、产业引导基金等方面进行沟通，双方对双创项目落地、政策优惠、基金成立等达成一致并逐步落实，引进南大苏富特公司，该公司为中国香港上市公司，是南大参股企业，10月，南大苏富特公司领导考察园区，计划购买创新创业教育园二期6号楼和7号楼，作为公司的知识产权交易中心及新项目的研发办公楼。

◆园区服务 2016年，园区通过精细化管理，提供优质物业服务，得到企业的肯定。在日常服务的基础上，园区提供增值服务，举办消防安全培训会、知识产权培训会、科技项目申报培训会、银企对接、企业招聘会等活动，搭建政府、企业之间的沟通平台；联系交通银行、工商银行等投资部到园区为企业服务，为企业解决融资困难；增加园区配套服务，陆续开设工商银行和建设银行自助服务、咖啡吧服务、星期七超市、中公汇悦酒店等。物业还提供室内保洁、维修安装、洗车等多项有偿服务。

□潘宏霞

◆黄莉新到园区考察 3月4日，中共江苏省委常委、南京市委书记黄莉新，南京市领导陈勇、黄澜等到南大科学园，考察调研科技创新工作。仙林大学城党工委书记邢正军，仙林大学城管委会主任黎辉、副主任潘志宏，南大校长助理李成等陪同考察。黄莉新一行参观入驻园区的南大国际创新创业学院以及园区首家在新三板挂牌上市的企业——江苏金晓电子信息有限公司，了解南大科学园的规划布局、建设历程、重大项目推进等具体情况，黄莉新指出，大学科技园是高校科研成果的重要转化平台，要创新体制机制，强化科技同经济对接、创新成果同产业对接、创新项目同现实生产力对接、研发人员创新劳动同其利益收入对接，使创新成果快速有效转化。

□常晓敏

东南大学国家大学科学园栖霞园区

◆概况 2016年，园区重点发展物联网、机器人、电子信息、新能源、生物技术等领域产业，在孵企业近70家，企业从业人员800余名，培育2家高新技术企业。

◆“营改增”专题培训 5月23日，燕子矶街道联合区国税局在园区举办“营改增”专题培训讲座，由区国税局政策法规科工作人员主讲，园区有32家企业负责人、财务负责人参加。主讲人深入分析“营改增”在实施过程中会出现的问题及应对措施，结合实际案例解读政策。培训讲座后，街道和国税局工作人员还就园区企业税务方面问题进行一对一解答。

◆科技项目管理概述及政策解读培训会 10月20日，由东大科技园栖霞园区主办，南京福瑞泽信息科技有限公司承办的科技项目管理概述及政策解读培训会顺利召开，园区12家企业20余人以及大学科技园相关工作人员参加培训。培训会由南京福瑞泽信息科技有限公司政策研究室李侃主讲，他着重介绍科研政策种类、项目科技立项报告编写技巧，解析工业和信息产业转型升级专项资金项目以及科技成果转化专项资金项目的相关政策，并通过具体案例，分析企业处于不同发展阶段可以申报的项目种类，以及在申报过程中需要重点注意的事项。培训结束后，与会企业相关负责人就各自工作中遇到的问题和李侃进行互动交流。

□陈　亮

软件和信息化产业园

◆概况 2016年，栖霞区从事软件和信息服务类的库内企业107家（其中，南京开发区30家，行政区77家）。新增“双软认证”企业8家，CMMI认证2家，实现软件和信息服务业销售收入101亿元，比上年增长5.8%。其中，行政区45亿元，比上年增长12.5%。南京开发区56亿元，与上年持平。全年完成嵌入式系统软件收入45.2亿元，占软件总收入的44.9%；完成软件产品收入11.8亿元，占软件总收入11.7%，比上年同期提高10.3个百分点；完成互联网服务、电子商务等信息技术服务收入32亿元，占软件总收入31.6%，比上年同期提高近10个百分点。软件产业整体保持快速发展态势，收入稳定增长，软件研发及信息技术服务发展较快，重点企业运行良好。

◆省级重点软件企业 2016年，园区内3家企业获2016~2017年江苏省规划布局内重点软件企业认定，分别是南京三宝科技股份有限公司、江苏达科信息科技有限公司和南京游族信息技术有限公司。三宝科技公司是中国RFID产业联盟副理事长单位、江苏省物联网产业联盟和南京市物联网产业联盟理事长单位，是国内第一家专业从事智能交通和海关物流的上市公司；江苏达科信息科技公司为从事信息系统集成、信息安全服务、教育信息化、大数据分析及云计算平台研究、智能交通产品研发与施工等为一体的高新技术企业；游族信息技术公司是中国领先的轻游戏研发商与发行商“游族网络”在南京设立的全资子公司，公司获双软认证，并拥有5件软件产品著作权。

◆省级软件企业技术中心 2016年，江苏达科信息科技有限公司获省认定软件企业技术中心认定，占全市认定企业总数的7.6%，是全区首家省级软件企业技术中心。达科信息从事信息系统集成、信息安全服务、教育信息化产品研发及大数据分析、云计算平台研究与建设等业务，是年，其软件业务收入总额1.57亿元，科技活动经费支出占软件业务收入比重8.9%，比上年提高3.8个百分点。获得专利授权9项（其中发明专利授权1项），软件著作权50余项，大部分研究成果已商用。公司现有人员336人，其中研发170人，配有专业的研发、设计、测试、质量和运维服务团队，并在长沙、镇江、杭州、北京、上海等地设有分公司。

◆获补助和奖励项目 2016年，根据南京市经委、南京市财政局要求，经单位申报、区经信局和区财政局审查及区经信局组织专家评审、区经信局与区财政局会商等程序，南京青豆软件科技有限公司"第五代移动通信OTA测试系统"项目获南京市软件专项一般性补助新设立的软件企业开发项目补助专项，补助金额20万元。此外，江苏实进智、威创软件、博杉信息等28家企业的59个项目，获市软件专项的考核性奖励扶持37.25万元。　□许文俊

马群科技园

◆概况　2016年，马群科技园围绕智慧、健康、环保三大特色产业，依托南大、南邮、南师大等重点实验室和研发机构，积极推进产业转型升级，帮助企业做大做强，集聚16家上市公司、18家高新技术企业与多家区域性企业总部，实现各类产值近百亿元。实现投资额3.3亿元，高新技术产业产值15亿元，发明专利申请225件，引入招商信息百余条。智慧产业，园区集聚三宝科技、军一物联网、高华科技等7家物联网企业，业务涵盖通信芯片、传感器、网络传输设备、系统集成和应用平台等领域，产品用于神舟九号、天宫一号等国家重点项目。三宝科技被评为江苏省智慧物流示范企业，"SAMPLE及图"注册商标被认定为中国驰名商标。健康产业，园区集聚海陵药业、中生生物科技、嘉恒医药、御尚国际等多家企业，其中，海陵药业晋级2016年中国制药行业工业企业综合实力百强，并获南京市市长质量奖和市科技进步一等奖。环保产业，园区依托凯米膜科技，加大力度推进有机管式膜研发、生产、工程应用，打造全球最大的有机管式膜研发及人才集聚基地。园区环境，改善黄马路等园区道路条件，保障10余家企业自来水直供，制定雨污分流方案，进一步完善园区基础设施，为企业发展创造良好硬件条件。人才招引，园区集聚国家"千人计划"专家2人、"万人计划"专家1人、江苏省"双创"人才3人、南京市"科技创业家"3人、南京市领军型科技创业人才33人、高端人才团队2支、南京市科技顶尖专家1人、"创业南京"人才1人、"创业栖霞"人才1人；不断加大对人才及人才企业的重视及扶持力度，对入选"创业南京"计划的人才，最高可给予250万元的扶持资金；对"新三板"挂牌的中小企业，最高可给予240万元资金补贴；街道专门设立1000万元的种子资金和1000万元的创业发展投资基金，重点扶持科技含量高、发展前景好的企业。园区还与多家创投风投公司、金融机构、会计师事务所等建立合作关系，与南大、南工大、南师大、南邮、南信大等高校签订战略合作协议，进一步推进政产学研金的深度融合。

◆创业咖啡厅开业　7月8日，马群科技园的第一家创业咖啡厅开业。马群科技园创业咖啡厅位于马群科创中心1楼，咖啡厅在为创业者提供餐饮服务的同时，营造融洽的办公、交流平台，配置可容40人左右的小型会议室，供创业者们沟通交流，进一步完善科技园在创新创业方面的"软服务"，增强园区的吸引力与竞争力。

◆人才工作沙龙　9月28日，第一届"栖霞区人才工作沙龙"在马群科技园创业咖啡厅举行。区人才办与街道、园区、平台近20名人才工作专管员参加沙龙。各单位围绕区人才办"一企一档"工作，交流各自在"一企一档"创建中的具体做法、经验心得和困难不足。在观摩讨论中，对什么是"一企一档"，怎样做好"一企一档"有了更直观、具体的印象，各街道、园区、平台参加沙龙人员希望这种形式的工作研讨、交流能够持续举办。

◆中小企业服务平台说明会　11月25日，区经信局在马群科创中心举行"中小企业服务平台"系统专题说明会，马群科技园30多家企业参加会议，会议主要就"中小企业服务平台"的服务内容进行解读。"中小企业服务平台"能够为企业提供经信、发改、科技、财政等部门的最新政策及专业解读，将企业困难及时传递到责权部门，实现企业与政府的双向沟通交流，还能够以建立金融、法律、人才服务等优质服务机构库的形式构建资源整合平台，降低服务成本，提高服务效率。与会企业代表表示"中小企业服务平台"能够为企业提供政策提醒、报税提醒等服务，搭建区内企业交流、培训、学习平台，是政府为企业服务的实际行动。　□包　蓉

十月公社科技创业园

◆概况　2016年，十月公社科技创业园占地面积28.67公顷。启动二期建设工程，完成8.2万平方米厂房工程。实施一系列基础设施配套工程。服务园区项目，实现软件提升，与金融机构对接洽谈，帮助企业解决融资难问题。园区先后获得省级重点培育小企业创业基地、南京市科技企业孵化器、南京市小企业创业基地等称号。

◆规划建设　2016年，十月公社科技创业园不断完善硬件设施。针对园区现有平台、厂房日趋饱和的现状，启动二期建设，建设多功能厂房6栋，经济总部办公楼2栋，地下车库1.1万平方米。完成8.2万平方米的厂房交付。园区严格执行各项工程审批手续、严把工程质量、严控工程工期，保证文明安全施工，确保高起点规划、高标准建设，获得江苏省"文明工地"称号。

◆服务企业　2016年，十月公社科技创业园服务园区项目，实现软件提升。针对园区中小企业普遍存在的融资难问题，先后组织紫金农商银行、农业银行举办园区专场银企对接洽谈会；与紫金农商银行合作成立十月科创园产业发展基金。以服务企业发展为重点，开展帮扶活动。在街道相关科室的协调帮助下，为米兰婚纱摄影、翔腾新材料、骆驼环保等企业，争取文化产业扶持资金、科技型企业技术创新基金、软件信息发展专项资金40余万元，让企业实打实地享受到政府各项扶持政策的优惠利好。

◆基础配套　2016年，十月公社科技创业园加大投入，园区环境面貌得到很大提升。园区与江南公交公司会商，开通320、324两条公交线路，方便入园企业职工上下班出行；园区实施路口形象墙升

级改造、广月路三角地绿化改造和米兰翠湖外景基地建成等工程，使建设花园式科学园区的目标更进一步；广月路拓宽，路灯、污水、给水、配电等项目的推进使园区基础设施更加完备。 □邓 晖

工业科技

◆概况 2016年，栖霞区紧紧围绕“三大三新”科技产业，实施创新驱动战略，引导创新型企业集聚发展，企业自主创新能力持续提升，科技孵化服务体系不断完善，科技成果转化力度进一步加大。全区新认定江苏省民营科技企业43家、江苏省科技型中小企业44家，新培育新三板上市科技型企业3家；新认定省级工程技术研究中心2家，省级研究生工作站2家，市级工程技术研究中心4家；新认定高新技术产品25个；入选国家“万人计划”3人，入选江苏省“双创博士”2人，入选南京市创新型企业家培育计划3人，入选科技顶尖专家集聚计划1人。金港科创园在国家级科技企业孵化器考核评价中获评A类，入选江苏省科技型创业企业孵育计划；紫东国际创意园入选国家级科技企业孵化器；2家孵化器和1家众创空间在南京市2015年度绩效评价中获得优秀，腾讯众创空间（南京）等6个众创空间通过省级备案；2家农业创新创业平台入选全国首批“星创天地”，八卦洲现代农业科技园入选江苏省现代农业科技园区；13家众创空间通过市级备案；1家科技企业孵化器通过市级认定。全区新增产学研合作项目30项，银茂铅锌矿业获国家科技进步二等奖，凯米膜科技获江苏省科技成果转化项目立项，海陵药业、萨特科技等4家企业获南京市科技进步奖。

◆科技企业孵化器 2016年，栖霞区加快重点平台建设，完善科技孵化服务体系，强化创新创业载体绩效产出。紫东国际创意园入选国家级科技企业孵化器，南京未来科技创业园入选市级科技企业孵化器，全区（含南京开发区）建成国家级科技企业孵化器4家，省级科技企业孵化器4家，市级科技企业孵化器7家。金港科技创业园入选江苏省科技型创业企业孵育计划；南京金港科技创业中心在国家级科技企业孵化器考核评价中获评A类，南京金港科技创业中心、江苏生命科技创新园国际生物医药孵化器和南京紫金（新港）科技创业特区创业服务中心3家科技企业孵化器在2016年度全市科技企业孵化器绩效评价中获优秀等次；南大科学园创新创业孵化器、南京紫东国际企业孵化器、南京尧化科创中心、南京市栖霞区马群科技创业中心、东南大学科技园栖霞创业园5家科技企业孵化器获良好等次。

◆众创空间 2016年，栖霞区将发展众创空间列入重点工作，支持民营机构、高校、社会资本等多元主体建设和运营众创空间，构建一批适应大众创新创业需求和特点，低成本、便利化、全要素、开放式的众创空间。南京紫丁香众创空间通过国家级众创空间备案；栖霞美丽乡村星创天地、栖霞现代农业星创天地2家农业创新创业平台入选全国首批“星创天地”；行政区的腾讯众创空间（南京）、南京K-Bay创业港、紫东创意空间、南大科学园创新创业学院、生命科技创客汇和一寸创客空间6家众创空间，南京开发区的e+基地、“神光”众创空间和协同创业湾3家众创空间，共9家众创空间通过省级备案。全区（含南京开发区）备案各级众创空间22家，其中，国家级备案1家，省级备案13家。在年度全市众创空间绩效评价中，紫丁香众创空间、创咖啡、腾讯众创空间（南京）、E+基地 4家众创空间获优秀等次，南京K-Bay创业港、创新公园、东特创客汇、紫东创意空间、南京飞马新立方、芯创空间、生命科技创客汇、“神光”众创空间8家众创空间获良好等次。

◆科技计划项目 2016年，全区科技企业获得国家级科技计划项目1项，省级科技计划项目10项，市级科技计划项目29项。包括国家重点研发计划政府间（中韩）国际科技创新合作重点专项1项；省科技成果转化专项资金项目1项，省企业知识产权战略推进计划项目1项，省“正版正货”承诺推进计划项目1项，省科技型创业企业孵育计划2项，省重点研发计划2项，省创新能力建设计划2项，省工程技术研究中心建设项目1项；市科技发展计划11项，市科技公共平台专项计划3项，南京市2016年度科技创新券计划16项。共争取项目扶持资金2492.4万元。其中，南京东瑞减震控制科技有限公司承担的国家重点研发计划政府间（中韩）国际科技创新合作重点专项项目“使用粘弹性材料的低成本高性能消能减震装置的研发”获国家级科技计划项目资金支持；江苏凯米膜科技股份有限公司“酸碱废液资源化处理特种有机管式膜及装备研发及产业化”项目获省科技成果转化专项资金项目支持。

◆高新技术企业 2016年，区内南京泽恒医药技术开发有限公司、南京中电熊猫液晶材料科技有限公司等45家企业，先后被江苏省高新技术企业认定管理工作协调小组认定为江苏省高新技术企业，其中南京开发区17家。全区（含南京开发区）高新技术企业累计达177家，其中，行政区100家，南京开发区77家。

◆国家级、市级科技进步奖 2016年，全区科技企业获国家科技进步奖1项，获南京市科技进步奖4项。其中，南京银茂铅锌矿业有限公司“有色金属共伴生硫铁矿资源综合利用关键技术及应用”项目获国家科技进步二等奖；扬子江药业集团南京海陵药业有限公司“一种糖尿病神经病变治疗药物的研发与产业化”获南京市科技进步一等奖；南京萨特科技发展有限公司“微型高精密度电流感测元件的开发区及产业化”项目，江苏省邮电规划设计院有限责任公司与江苏宁沪高速公路股份有限公司共同实施的“高速公路综合管理与公共服务信息化系统工程创新”项目，南京邮电大学、南京三宝科技股份有限公司和江苏南邮电信工程有限责任公司共同实施的“面向大数据收集的无线多媒体感知设备研制与组网技术应用及产业化”项目获南京市科技进步三等奖。

2016年南京开发区新认定高新技术企业一览

表17

序号	企业名称	备注
1	南京中电熊猫液晶材料科技有限公司	2016年第一批公示
2	南京康尼精密机械有限公司	
3	南京百川行远激光科技有限公司	
4	南京盾华交通科技有限公司	2016年第二批公示
5	南京华生皓光电科技有限公司	
6	南京京泽照明科技有限公司	
7	南京康尼环网开关设备有限公司	
8	南京美新诺医药科技有限公司	
9	南京纳帝机电技术有限公司	
10	南京三商电脑软件开发有限公司	
11	江苏南大苏富特智能交通科技有限公司	2016年第三批公示
12	南京高光半导体材料有限公司	
13	南京快轮智能科技有限公司	
14	南京中科川思特软件科技有限公司	2016年第四批公示
15	南京冠石科技有限公司	
16	南京中人能源科技有限公司	
17	南京紫金计量有限公司	

◆工程技术研究中心　2016年，南京能瑞自动化设备股份有限公司的江苏省智能电表与用电信息采集系统工程技术研究中心、江苏新恒基特种装备股份有限公司的江苏省特种金属管配件工程技术研究中心被认定为省级工程技术研究中心；南京华威医药科技开发有限公司获准组建江苏省靶向抗肿瘤药物工程技术研究中心，江苏达科信息科技有限公司获准组建江苏省大数据智能分析云平台工程技术研究中心；南京英田光学工程股份有限公司南京市星地激光通信终端工程技术研究中心、江苏东交工程检测股份有限公司南京市智慧工地工程技术研究中心、江苏金晓电子信息股份有限公司南京市交通大数据出行信息诱导系统工程技术研究中心、南京威克曼科技股份有限公司南京市激光应用工程技术研究中心被认定为市级工程技术研究中心。

◆南京市科技创业家培养计划　2016年，全区入选南京科技创业家培养计划6人，其中开发区3人。至年底，全区入选南京科技创业家培养计划共37人，其中南京开发区17人，占全市科技创业家培养计划总人数的14.6%。栖霞区重视科技创业家培养工作，兑现科技创业家扶持政策，区政府为10名科技创业家兑现区级资助奖励350万元，为5家科技创业家兑现贷款贴息223.26万元，为6家科技创业家企业减免场地租金126.6万元，帮助科技创业家企业争取各类项目支持20余项。全区年销售额千万元以上的科技创业家企业6家，其中亿元以上的企业3家。

知识产权保护

◆概况　2016年，全区专利申请6137件，其中发明专利申请3229件；专利授权2580件，其中发明专利授权820件；全年申请PCT专利25件，每万人发明专利拥有量38件。企业知识产权运用能力增强，7家企业获知识产权管理体系认证，2家企业被评为江苏省企业知识产权管理标准化示范合格单位，11家企业被评为南京市知识产权示范企业，获中国专利奖（优秀奖）1件，获南京市优秀专利奖3件。知识产权保护环境优化，推进正版正货承诺计划实施，开展联合执法专项行动，入选国家知识产权保护规范化培育市场1家，新增省级正版正货示范街区1家。知识产权管理服务水平提升，深入开展知识产权培训，全年培训企业知识产权高管60人，培训企业知识产权管理人员800余人、培训贯标内审员33人；推荐江苏省知识产权专家库人选11人、知识产权领军人才和骨干人才8名。知识产权宣传氛围浓厚，编印下发《企业知识产权服务手册》；开展"4·26"知识产权宣传周、中国专利周活动，组织知识产权进企业、进高校、进园区。是年，区知识产权局被评为江苏省知识产权工作先进集体。

◆专利申请与授权 2016年，全区（含南京开发区）完成专利申请6137件，其中，发明专利申请3229件、实用新型专利申请2498件、外观设计专利申请410件；实现专利授权2580件，其中，发明专利授权820件、实用新型专利授权1509件、外观设计专利授权251件。专利申请量、发明专利申请量、专利授权量、发明专利授权量分别比上年增长21.4%、21.2%、11.3%和37.8%。

◆企业知识产权管理标准化 2016年，引导企业开展"贯标"创建工作，企业知识产权运用能力增强。南京三宝科技股份有限公司、南京萨特科技发展有限公司、江苏紫金东方超声电机有限公司、南京康友医疗科技有限公司、江苏星宇芯联电子科技有限公司、江苏量为石科技股份有限公司、扬子江药业集团南京海陵药业有限公司7家企业通过知识产权管理体系认证。南京卡文迪许生物工程技术有限公司、南京华威医药科技开发有限公司2家企业被评为江苏省企业知识产权管理标准化示范合格单位。

◆知识产权示范企业 2016年，实施知识产权强企行动计划，开展知识产权示范企业和优势企业培育，落实企业知识产权能力提升工程，促进全区科技企业知识产权创造、运用、保护和管理能力全面提升。江苏省中医药研究院、江苏德佐电子科技有限公司、南京华威医药科技开发有限公司、南京卡文迪许生物工程技术有限公司、南京发艾博光电科技有限公司、南京康友医疗科技有限公司、南京欧亚炉业有限责任公司、江苏星宇芯联电子科技有限公司、南京恒电电子有限公司、南京欧信医药技术有限公司、江苏可一文化产业集团股份有限公司11家企业单位被评为南京市知识产权示范企业。

◆"正版正货"示范街区 2016年，深入实施正版正货承诺推进计划，扩大"正版正货"街区的影响力。南京仙林金鹰购物中心有限公司（南京金鹰奥莱城）入选国家级知识产权保护规范化培育市场，弘阳家居迈皋桥店入选江苏省"正版正货"示范创建街区，马群花园城通过江苏省"正版正货"示范创建街区验收，拓展金鹰奥莱城、南京花园城等7家"正版正货"承诺企业。

◆自主知识产权开发计划 2016年，全区5个项目获南京市自主知识产权开发计划项目立项，共获项目扶持资金130万元。其中，南京长江工业炉科技有限公司承担的"铝合金轮毂热处理专利技术产业化"项目获专利技术产业化专项；南京萨特科技发展有限公司承担的"动力电池及管理系统保护器的技术集成及产业化"项目、江苏金晓电子信息股份有限公司承担的"基于交通大数据的智慧诱导云终端的研发及产业化"项目、江苏凯米膜科技股份有限公司承担的"用于难降解工业废水处理的高通量有机管式膜的研究与产业化"3个项目获重大专利技术二次开发专项；南京云思顿智能科技有限公司承担的"基于物联网的智能垃圾箱监测分析控制系统"项目获企业知识产权战略推进专项。

◆知识产权奖励 2016年，全区4件专利获国家级、市级专利奖。其中，江苏德佐电子科技有限公司的"能够调节输出功率比例的大功率波导功分器"获得第十八届中国专利奖优秀奖；南京才华科技集团有限公司的"一种微波射频网模拟器"、南京欧亚炉业有限责任公司的"一种进行汽车前桥调至的步进炉生产线"2件专利获评2016年度南京市优秀专利奖优秀发明专利，江苏运联信息股份有限公司的"铁水联运数据采集与传输系统"专利获评成为2016年度南京市优秀专利奖优秀实用新型专利。

◆知识产权领军人才及骨干人才 2016年，推进全区知识产权人才队伍建设，加大知识产权人才培养力度，从知识产权行政管理部门、高等学校、科研机构、企业和知识产权服务机构中培养高层次知识产权专业人才。江苏德佐电子科技有限公司董事长孙安被评为企业知识产权人才类江苏省知识产权领军人才；迈皋桥街道办事处副主任汤涛被评为知识产权行政管理及司法人才类江苏省知识产权骨干人才；江苏金晓电子信息股份有限公司科技办主任丁华平、南京博佳机电有限责任公司技术总监徐步周、南京才华科技集团有限公司总工程师欧阳建伟被评为企业知识产权人才类江苏省知识产权骨干人才。

◆省、市知识产权专家到区考察 3月23日，江苏省知识产权局政策法规处处长肖桂桃、副处长陈小林，南京市知识产权局执法处处长邵苏清、副调研员张文利和南京市工商局商标处处长蒋岩坚等专家到江苏弘阳家居迈皋桥店，考察正版正货示范街区的创建情况。专家组实地查看弘阳家居广场内正版正货宣传工作的开展情况，肖桂桃肯定弘阳家居创建市级正版正货示范街区以来的各项工作，同时对创建省级正版正货示范街区提出指导意见。他希望弘阳家居将"正版正货"街区创建融入制度建设和宣传工作中，通过示范街区的创建打开知识产权宣传的窗口，在规范商户经营行为的同时向消费者普及知识产权意识，发挥行业示范带头作用，营造良好的市场秩序和消费环境。

◆国家知识产权强县工程试点区 12月6日，受国家知识产权局委托，江苏省知识产权局副局长施蔚率专家组对栖霞区实施国家知识产权强县工程试点工作进行期满考核验收。验收会由江苏省知识产权局协调管理处处长牛勇主持，区委常委、副区长万震出席会议并讲话，区科技局、区市场监督管理局、区文化旅游局、区财政局相关领导参加验收会。与会专家通过听取汇报、审阅资料、专家质询，一致认为栖霞区在试点期间高度重视知识产权工作，认真落实试点工作各项目标任务，大力实施知识产权战略，创新工作举措，深入推动区域试点示范，营造良好的知识产权环境氛围，知识产权公共服务及社会化服务水平大幅提升。经评审讨论，专家组认为栖霞区完成国家知识产权强县工程试点工作的各项目标任务，通过验收。

◆实施知识产权战略示范区　12月7日，江苏省知识产权局实施知识产权战略示范工作验收组对栖霞区实施知识产权战略示范区建设工作进行期满验收。区委常委、副区长万震出席会议，区科技局、区市场监督管理局、区文化旅游局、区财政局相关领导参加验收会。验收专家组听取栖霞区知识产权战略示范区实施工作的情况汇报，经过查阅台账资料、现场询问答疑，一致同意栖霞区通过江苏省知识产权战略示范区考核验收。验收专家组对全区的知识产权工作给予充分肯定，希望栖霞区进一步发展知识产权密集型产业，促进专利技术应用转化，推进知识产权工作与经济社会发展更好地融合，努力打造知识产权强区。

科普教育

◆概况　2016年，栖霞区突出重点，在全民科学素质提升上取得新成效。全区开展科普惠民活动，确保基层科普活动常态化，举办各类科普活动近400场。促进科普活动品牌化，围绕创新创业、健康养生、低碳环保等百姓关心的热点知识，举办南京科协大讲堂4场、栖霞科普讲堂13场、大型防震减灾演练活动1场。实现科普活动形式多样化，整合全区资源，设计科普旅游线路，组织第二届区科普旅游活动；与区电视台合办《科技博览》栏目，全年播放52期；购置发放科普挂图2000张。加快科普基础设施建设，推进网络科普益民系统建设，新购30块全媒体科普阅览屏，全区科普阅览屏累计达126块；推广科普闻道APP，打造网络科普阵地，全年通过社区科普阅览屏推送各类科普活动100余场。建成尧化街道王子楼社区、迈皋桥街道丁家庄社区、西岗街道闻兰社区3家社区科普馆，接待各类参观团体45批次，接待社区居民4000余人次。推进科普示范创建，青田雅居社区入选2016年国家级“基层科普行动计划”项目，新增江苏省科普示范社区2个、南京市科普惠农服务站2家、南京市科普教育示范基地1家。是年，栖霞区入选2016~2020年度江苏省科普示范区，被评为江苏省《全民科学素质行动计划纲要》“十二五”实施工作先进集体。

◆科普示范创建　2016年，积极推进科普示范创建，培育典型、示范引领，培育打造科普工作品牌。青田雅居社区入选2016年国家级“基层科普行动计划”项目，尧化街道金尧社区、西岗街道闻兰社区成功创建江苏省科普示范社区，龙潭街道南京立乾花卉苗圃场和八卦洲街道中桥村被认定为南京市科普惠农服务站，南京立乾花卉苗圃科普基地被评为南京市科普教育示范基地，南京师范大学珍稀动植物博物馆通过南京市科普教育基地复核。

◆社区网络科普益民系统　2016年，继续推进网络科普益民系统建设，推广科普闻道APP，通过科普阅览屏播送科普知识和科普活动信息，打造网络科普阵地。新购全媒体科普阅览屏30块，分别设置在龙潭街道上坝村、大鹏村、兴隆村、三官村、立乾花卉市场、科技服务超市，西岗街道仙林湖管委会、晶都茗苑管委会、邻里中心、便民服务中心、孟北村，栖霞街道南水新村社区、摄山村、江南厂社区、栖化新村社区，仙林街道汇通社区、便民服务中心，八卦洲街道外沙村、红杜鹃生态园、虹越园艺家，迈皋桥街道春晓园社区、汇虹园社区和金港创业园科之普、金陵中学仙林分校中学部、栖霞区大学生创业服务中心等处。全区累计设置全媒体科普阅览屏126块，实现社区科普阅览屏全覆盖。

◆科普讲座　2016年，促进科普活动品牌化，围绕创新创业、健康养生、低碳环保等百姓关心的热点知识举办各类科普讲座。5月23日，邀请金陵科技学院教授姚洪亮，在燕子矶街道作题为“膳食与健康”的讲座；7月4日，邀请南京市中西医结合医院眼科医生夏承志，在马群街道作题为“青少年如何防治近视”的讲座；9月10日，邀请立乾花卉创始人、教授陈茂松，在龙潭街道作题为“多肉类植物的种植技巧”的讲座。围绕健康养生、消防安全、环境保护等主题，邀请专家在西岗街道听竹社区、仙林街道仙林新村社区、迈皋桥街道华电社区、尧化街道青田雅居社区等地举办栖霞科普讲堂13场。

◆社区科普大学　2016年，全面推动社区科普大学建设，围绕社区居民的科普需求和社区实际情况，巩固和提升社区科普大学工作水平。在马群街道芝嘉花园社区、金陵驿社区、南湾营社区、宁康苑社区，西岗街道花岗社区、听竹社区、闻兰社区，龙潭街道南中村社区，仙林街道仙林新村社区新建社区科普大学9所。　□杭　铖

区域经济

Regional Development

栖霞山 · 栖霞古寺　　杨轶绘

◎责任编辑　贾志忠

工　业

综　述

◆**概况**　2016年，全区规模以上工业实现总产值2392.06亿元，比上年增长0.66%；规模以上工业实现增加值502.06亿元，比上年增长6.8%；累计完成主营业务收入2112.64亿元，比上年增长4.69%；完成利税总额95.74亿元，比上年增长14.67%；实现利润总额60.85亿元，比上年增长8.18%。

◆**工业经济行业结构更趋优化**　2016年，全区进一步加大产业结构调整力度，装备制造、光电显示、生物医药等新兴产业发展步伐加快，新兴产业占工业比重76%，产业结构更趋优化。全区有规模以上企业203家。其中，设备制造业21家，实现产值53.4亿元，比上年增长22.2%；汽车制造业10家，实现产值70.8亿元，比上年增长16.7%；电子、通信设备制造业35家，实现产值1612.9亿元，比上年增长1.3%；燃气电力行业16家，实现产值184.7亿元，比上年下降10.3%；石油加工业4家，实现产值28.1亿元，比上年下降4.2%；化学原料制品制造业13家，实现产值亿元34.7亿元，比上年下降5.5%；医药制造业15家，实现产值71亿元，比上年增长12.9%；金属、纺织、食品等其他传统工业23家，实现产值149.1亿元，比上年下降8%。

◆**工业经济稳步发展**　2016年，全区（含南京开发区）规模以上工业实现总产值2392.06亿元，比上年上升0.66%。在规模企业中，内资企业实现产值458.45亿元，比上年下降0.22%，其中，国有企业实现产值22.26亿元，集体企业实现产值0.5亿元，股份合作企业实现产值0.03亿元，有限责任公司实现产值308.15亿元，股份有限公司实现产值52.42亿元，私营企业实现产值74.66亿元，其他经济类型企业实现产值0.43亿元；港澳台商投资企业实现产值225.36亿元，比上年增长9.03%；外商投资企业实现产值

2016年栖霞区各街道、开发区工业产值实绩一览表

表18　　单位：万元

序号	单　位	当年产值实绩	比上年增长（%）	占全区比重（%）
	合计	25599855	0.66	107.998
1	新港开发区直管	23404146	1.01	97.84
2	栖霞街道	1066616	−11.82	4.46
3	龙潭街道	610635	−4.45	2.55
4	马群街道	151680	19.38	0.63
5	燕子矶街道	130432	−42.71	0.55
6	迈皋桥街道	104030	6.86	0.43
7	尧化街道	103960	−8.07	0.43
8	金港科创中心	17622	64.64	0.07
9	八卦洲街道	8737	−45.94	0.03
10	西岗街道	1997	−10.80	0.008

注：该表数据为区经信局统计口径

2016年栖霞区产值前20强企业一览表

表19　　单位：万元

排序	企业名称	当年实现产值
1	南京LG新港新技术有限公司	3377749
2	南京夏普电子有限公司	3168963
3	乐金显示（南京）有限公司	2535158
4	南京中电熊猫液晶显示科技有限公司	1547166
5	喜星电子（南京）有限公司	1427190
6	乐金化学（南京）信息电子材料有限公司	1335165
7	南京瀚宇彩欣科技有限责任公司	1243395
8	南京华新有色金属有限公司	1037909
9	艾欧史密斯（中国）热水器有限公司	614221
10	博西华电器（江苏）有限公司	498441
11	仕达利恩（南京）光电有限公司	407798
12	华能南京金陵发电有限公司	373411
13	南京邦奇自动变速箱有限公司	354493
14	邦基（南京）粮油有限公司	300563
15	南京中电熊猫平板显示科技有限公司	286659
16	南京奥托立夫汽车安全系统有限公司	221581
17	大唐南京发电厂	219437
18	南京正大天晴制药有限公司	204250
19	瑞仪光电（南京）有限公司	195961
20	南京天加空调设备有限公司	167236

1708.25亿元，比上年下降0.11%。

◆重点规模企业产值占比大 2016年，全区共有规模以上企业203家，其中行政区26家（不含托管街道）。全区产值规模达亿元以上的企业112家，实现产值2348.43亿元，在规模以上工业总产值中占比98.18%，比上年增长0.76%。产值达10亿元以上的企业32家，实现产值2089.31亿元，在规模以上工业总产值中占比87. 34%，比上年增长11.2%，增幅高于全区平均水平10.49个百分点。其中，32家产值达10亿以上的企业中，南京天加空调设备有限公司比上年增长31.27%，南京邦奇自动变速箱有限公司比上年增长24.37%，都实现两位数的增长。

◆节能降耗 2016年，节能降耗主要做四方面工作。落实节能责任。中共南京市委、市政府出台节能工作方案后，区政府第一时间召开节能工作会议，制定节能工作方案及细则，坚决落实市里要求。会后，明确5家重点能耗企业节能目标，对其他规模以上工业企业能耗按照比上年下降20%分解节能目标，并将目标责任层层分解至街道、社区，将压力传导至企业。全区9个街道均成立节能工作小组，建立完善监督考核机制，明确由一把手负总责，分管领导具体负责，并制订具体实施方案，由专人负责推进企业开展节能工作。同时，加强对节能工作的监督考核，按月分解节能目标任务，将节能工作纳入街道月度、年度考核。督促重点能耗企业降耗。坚持以重点能耗企业为突破口，督促其按照市里要求降低能耗。一方面，通过沟通协调，督促5家重点能耗企业认真采取措施推进节能降耗。其中，华能南京金陵电厂专门落实资金，启动2号机组3号高加增设外置式蒸汽冷却器改造，实施1、2号炉磨煤机旋转分离器改造、1号机组高效真空维持系统改造、全厂热力系统保温改造、1号锅炉加装受热面污染监测及吹灰优化等技改项目，后续还将增加更多节能改造项目；江南-小野田水泥有限公司实施原料空压机节能改造，采用异步伺服节能技术进行改造，节电率达到20%。另一方面，不断对企业施加节能减控压力，通过专项节能监察、上门约谈、发送节能通报等方式督促企业不断强化节能控煤工作。积极寻求省市支持。对重点高耗能企业的突出问题进行梳理，报请南京市相关部门对大唐电厂、佳和日化、中国水泥厂有限公司、江南小野田水泥有限公司四家企业实施严格的节能监察，并按照其超标耗能量采取必要措施。加快产业转型。全区进一步强化项目准入制，对用煤和不符合能耗要求的项目一律不予准入。同时，加快行政区工业企业“退城入园”“腾笼换凤”步伐，逐步淘汰落后工业，腾出空间发展商贸服务业、科技服务业等现代服务业，全面实施“先进制造业和现代服务业”双轮驱动发展战略。2016年，全区单位工业增加值能耗下降3.2%以上，规模工业煤耗控制在1014.1万吨原煤以内，全面完成市政府下达的各项节能减排工作目标。

□许文俊 李海波

◆新兴产业概貌 2016年，面对环境约束和产业升级的压力，全区加强科学规划，一方面做减法，完成“三高两低”企业整治，另一方面做加法，依托南京开发区、龙潭深水港和仙林大学城，重点发展新型显示、智能制造、生物医药“三大”主导型新兴产业，积极布局物联网、新能源、节能环保、新材料等特色新兴产业。是年，全区实现新兴产业主营业务收入1880亿元，比上年增长4.2%，实现增加值389.2亿元，占地区生产总值比重42%。

◆新型显示产业 2016年，栖霞区一方面依托区内几十家世界新型显示领头企业的优质资源，发挥17平方千米“中国南京液晶谷”的载体优势，聚集乐金显示、LG新港、夏普电子、中电熊猫等以液晶显示为主导的企业70余家；另一方面以液晶显示为主体、以新型显示为方向，重点发展激光显示、OLED显示、高世代液晶面板关键配套、智能显示终端产品及应用等产业领域，以半导体、LED、太阳能光伏及其他光电产品为补充，重点发展半导体芯片、LED芯片及封装应用、新型太阳能光伏应用等产业领域。至年底，全区有新型显示产业企业72家，其中规模以上工业企业41家。是年，全区光电显示产业主营业务收入1540亿元，比上年增长3%，占全市总量的91%，居全市首位，其中液晶显示模组产量占全球10%以上，居全国第一。

◆智能装备产业 2016年，栖霞区依托优良的港口资源和广阔的发展腹地，将港口枢纽优势转化为产业集聚及发展优势，振兴装备制造产业，以关联度高、成长性好、带动力强的产业项目为重点，促进工程机械、节能环保、轨道交通、智能电网设备等高端装备制造业向规模化方向发展。区内集聚德国博世汽车零部件、日本NTN精密轴承、中铁宝桥高速铁路道岔、康尼机电轨道交通自动门、中电熊猫电子装备、采埃孚汽车转向系统、沃尔沃再制造等一批优质重点项目。至年底，全区有智能制造产业企业40家，其中规模以上工业企业28家。是年，全区智能装备制造产业实现主营收入180亿元，比上年增长12.7%，占全市智能制造产业总额的28%。

◆生物医药和医疗器械产业 2016年，栖霞区依托“一城一园一基地”（仙林科技城、江苏生命科技创新园和开发区生物医药产业基地），打造集基础研发、企业孵化、产业发展、服务外包为一体的生物医药研发创新和生产基地。全区156家生物医药企业中，90%的生产企业设研发中心，药品生产企业占15%。其中，葛兰素史克为世界500强企业，白敬宇、圣和药业、天晴为中国驰名商标，南星药业为省著名商标，臣功制药为全国十佳品牌；企业聚集2500多名研发人员，金陵药业等4家企业设院士或博士后科研工作站，海陵药业设国家级工程研究中心。全年研发、生产各类新药300种，产品涵盖现代中药、西药、医疗器械、医药研发等，其中获准的一类新药12种，入围江苏省、南京市重点推广应用的新产品、新技术居全市前列。区内有南京医药股份有限公司药品分公司、南京圣和医药贸易有限公司、南京臣功药业有限公

8月22日，栖霞区委书记邢正军（前排右一）参观海陵药业公司

区经信局供稿

司、南京金陵大药房有限责任公司等医药销售企业18家，江苏生命科技创新园GSP仓库项目投入使用近两年，为入园企业及周边医药类企业提供专业药品仓储及物流服务，有效节省企业成本，以点带面，推动整个地区的生物医药产业快速发展。是年，全区生物医药产业主营收入91.2亿元，比上年增长7.2%，占全市近1/3，呈现出快速集聚、蓬勃发展的良好态势。

◆物联网产业　2016年，全区物联网产业实现主营业务收入24亿元，比上年增长10%。栖霞区是南京市物联网产业起步较早且相对集中的地区之一，2010年被江苏省经信委列为首批"江苏省物联网产业基地"。依托南京开发区和仙林科技城，拥有物联网及相关企业30余家，产业链涵盖RFID、传感器、传感网节点设备、系统集成、应用服务等诸多环节。在射频识别领域，集聚了一批城市智能、瑞福等系列化超高频RFID标签、读写器及应用企业；三宝科技组建的RFID工程技术研究中心是国内唯一的面向射频识别（RFID）领域的开放性平台，多次参与国家RFID相关标准的制定；才华科技承担多项高安全性的基于UHF RFID技术的国防项目。在传感器领域，集聚相关企业4家，高华科技先后攻克振动、压力等多用途传感芯片的关键技术，公司全新设计的JC系列温湿度压力复合传感器助力"长征五号"火箭等重大航天工程项目成功飞天；西巨电子专业致力于高精度磁致伸缩位移传感器与相关技术设备制造，所有核心产品均具有完全自主的知识产权。

◆新能源汽车产业　2016年，继成功引入总投资35亿美元的LG化学新能源动力电池项目以后，栖霞区又引进总投资30亿元的蔚来汽车项目。以这两大龙头项目为引领，加上康尼新能源汽车零部件、博世汽车转向系统等优质企业的集聚，标志着开发区新能源汽车零部件产业链初步形成，为全区战略性新兴产业发展开辟新领域。年内，LG化学新能源动力电池一期项目、博世汽车转向系统项目均竣工投产。　□王艺为　马　瑞

重点企业选介

·南京电气（集团）有限责任公司·

◆概况　2016年，南京电气集团在册员工1629人，在岗员工1425人，总资产55.22亿元，钢化玻璃绝缘子产量494万片，高压电容套管产量1.34万只，复合绝缘子产量42万只（2016年起，统计口径在南京电气集团燕子矶厂区的基础上，还包括新区各企业）。南京电气集团针对老区、新区双边运行特殊困难，重点工程集中交货和新区产能尚未形成的突出矛盾，以建好新平台、启动新发展为核心，利用新区建成投产、产能逐步提升的有利条件，强化市场开拓、科技创新和产能保证，抓好大生产，促进大发展，主要经济指标仍比上年增长50%，实现"十三五"开门红和新平台新跨越。玻璃绝缘子元件新生产线点火投产，中标4项特高压工程，完成5项特高压工程产品的生产和交货。国家战略重点项目中电装备埃及项目中标所有玻璃绝缘子产品。根据企业战略规划与业务发展需要，成立、投运江西电瓷公司，融合、建立新的高压套管公司，实施互感器项目。加快重大新产品研发，自主研发的百万伏特高压套管和干式套管、840（1000）千牛和多伞型系列直流玻璃绝缘子先后通过国家级鉴定，产品综合技术性能分别达到同类产品的国际先进水平和国际领先水平。庆祝公司建厂80周年，举办大型庆典活动。编辑出版记录企业80年发展历程和主要成就的《公司简志》。协办中国电器工业协会绝缘子避雷器分会在南京召开的行业年会。

是年，南京电气集团被评为中国工业示范单位、全国绝缘子避雷器行业先进会员单位，获得栖霞区区长质量奖，南京电气集团党委被评为南京市国资委系统先进基层党组织。南京电气集团被评为全省机械行业人力资源工作先进单位。

◆玻璃绝缘子元件生产线点火　1月11日，经过一年多的前期准备和一年半的现场施工，南京电气集团新建玻璃绝缘子元件生产线玻璃熔窑点火。有关领导、参建单位相关负责人及技术专家100余人出席。南京电气集团常务副总经理嵇彭余主持点火仪式。南京电气集团总经理沈其荣代表公司领导致辞，有关单位负责人相继发言。11点39分，领导和嘉宾同手按项目启动水晶球，为新建玻璃绝缘子元件生产线

12月22日，南京电气出口埃及项目第二批验收　　南京电气集团供稿

玻璃熔窑点火。玻璃绝缘子元件新线项目按照“中国第一，世界领先”的定位进行规划设计，项目总占地8.6公顷，一期工程占地3.93公顷，总投资约3.5亿元，包含一座窑炉、两条生产线，玻璃液窑炉日出料量110吨，玻璃元件年产能为3万吨。窑炉、成型线等核心设备全套进口，均为世界顶级装备。与老区原有生产线相比，生产效率提高近一倍。同时，首次在玻璃绝缘子制造行业采用脱硫、脱硝、除尘设施，达到严格的排放标准。

◆上海庙—山东特高压直流工程中标 1月18日，国家电网公司上海庙—山东±800千伏特高压直流输电线路工程玻璃绝缘子产品招标结果发布，南京电气集团玻璃绝缘子中标43.63万片， 均为550千牛产品。产品交货时间为5月至8月，产品需涂覆RTV。上海庙—山东±800千伏特高压直流工程途经内蒙古、陕西、山西、河北、河南、山东6省(区)，新建上海庙、临沂2座±800千伏换流站，新增换流容量2000万千瓦；新建上海庙—临沂±800千伏直流线路1238千米；工程动态投资221亿元。该工程是2016年国家电网公司获得核准的第六项特高压工程。同时，作为落点山东的首个特高压直流工程，也是世界上第二个±800千伏、输送容量1000万千瓦、受端分层接入500/1000千伏交流电网的特高压直流工程，对于特高压电网发展具有里程碑意义。

◆榆横—潍坊特高压交流工程中标 2月1日，国家电网公司榆横–潍坊1000千伏特高压交流输电线路工程玻璃绝缘子产品招标结果发布，南京电气集团玻璃绝缘子中标10.84万片，产品交货时间为3月至8月。中标产品主要为550千牛高吨位产品，其中还有三伞型产品。榆横—潍坊1000千伏特高压交流工程途经陕西、山西、河北省、山东4省，新建晋中、石家庄、潍坊3座变电站和榆横开关站，变电容量1500万千伏安，扩建济南变电站出线间隔，全线双回路架设，全长2×1048.5千米。工程投资241.8亿元，计划于2017年建成投运。工程是世界上输电距离最长的特高压交流工程，首次采用解体运输变压器，降低大件运输风险，减少工程费用。工程还全面采用中国自主开发的特高压交流输电技术和装备。作为“陕电外送”的首个特高压工程，工程对促进陕西与山西能源基地开发，加快资源优势向经济优势转化，拉动内需和经济增长，带动装备制造业转型升级，提高华北地区电网承载能力，落实国家大气污染防治行动计划，均具有十分重要的意义。

◆埃及EETC500千伏输变电项目全线中标 3月15日，“一带一路”国家战略重点项目——中国电力技术装备有限公司埃及EETC500千伏输变电项目玻璃绝缘子产品竞标结果发布，南京电气集团中标该项目所有玻璃绝缘子产品，总价超过1亿元。这是南京电气集团玻璃绝缘子产品首次大规模进入中东市场，打破法国塞维斯公司和日本NGK公司对埃及绝缘子市场的长期垄断。埃及EETC输电工程包含1210千米500千伏同塔双回交流输电线路，总包方为中国电力技术装备有限公司，业主为埃及EETC输电公司。国内多个厂家对该项目进行角逐，最终由金利华、塞维斯、南京电气集团入围进入第三轮谈判。南京电气集团最终从竞争性谈判中胜出，获得全线中标。共计中标玻璃绝缘子156万片，包括U160BLP、U210BP两个品种，总金额为1.24亿元。至年底，交付产品50万片。

◆滇西北—广东±800千伏特高压直流工程中标 8月9日，南方电网公司滇西北—广东±800千伏特高压直流输电工程钢化玻璃绝缘子产品招标结果发布，南京电气集团直流钢化玻璃绝缘子产品中标34.6万片，总价近1亿元。产品品种包括550千牛、420千牛和210千牛直流钢化玻璃绝缘子，其中以420千牛产品为主。产品交货时间为10月开始。滇西北—广东±800千伏特高压直流输电工程是贯彻落实国务院大气污染防治行动计划的12条重点输电通道之一，是南方电网“西电东送”第三条±800千伏特高压直流输电工程，也是国务院保证经济“稳增长”重点工程。作为南方电网西电东送主网架海拔最高、线路最长的大通道，滇西北—广东特高压直流工程投资规模大、产业链条长、经济带动力强，工程建设将有力促进滇西北的水电开发外送，支持资源富足地区的经济发展，优化广东省能源结构，保障电力的安全可靠供应，促进地区经济持续健康发展。工程线路建设包括1950千米的直流线路、送端和受端的300多千米的接地极线路。直流线路途经云南、贵州、广西和广东四省(区)的53个县市，最高海拔为3550米，是世界上海拔最高的±800千伏特高压直流线路。工程2月开工建设，计划于2017年具备送电能力，全部投产后将新增滇电外送能力500万千瓦。

◆协办全国绝缘子避雷器行业会议　9月10日，中国电器工业协会绝缘子避雷器分会2016年会员大会及理事会在南京丁山宾馆召开。来自全国绝缘子避雷器行业的139个单位的184名代表参加会议。南京电气集团协办本次全国性行业大会，并受到好评。会议表彰绝缘子避雷器分会先进单位8个、先进个人10人及优秀通讯工作者10人。南京电气集团被评为先进会员单位，总经理、党委书记沈其荣被评为绝缘子避雷器分会先进个人，董事会秘书、办公室副主任赵新生被评为绝缘子避雷器分会优秀通讯工作者。

9月10日，中国电器工业协会绝缘子避雷器分会2016年会员大会及理事会在南京丁山宾馆召开　　南京电气集团供稿

◆七项新产品通过国家级鉴定　9月23~24日，南京电气集团和南京电气高压套管有限公司自主研发的1100千伏油纸电容式变压器套管，±400千伏真空胶浸纤维电容型干式直流穿墙套管，550千伏真空胶浸纤维干式电容型变压器套管、GIS套管、油-SF6套管五项新产品通过由中国机械工业联合会组织的国家级技术鉴定，产品综合技术性能达同类产品国际先进水平。国家机械工业部原副部长陆燕荪、国家能源局装备处处长刘亚芳和国务院三峡办原副司长李秦等领导应邀出席鉴定会。国家电网公司、南方电网公司、西安高压电器研究院、中国电力科学研究院、国网电力科学研究院、湖北电力科学院、江苏电力试验研究院、华北电力设计院、西安交通大学、电力工业电气设备质量检测测试中心、保定天威保变电气股份有限公司、特变电工沈阳变压器集团有限公司、山东电工电气集团有限公司等单位的40多位领导、专家参加鉴定会。中国工程院院士李立涅为主任委员的23位专家组成鉴定委员会。鉴定委员会听取五项产品研制总结报告，审查鉴定资料，进行产品现场抽测。经鉴定委员会专家鉴定，1100千伏油纸电容式变压器套管产品结构设计合理，工艺性能好，电气性能优良，局放小、介损低、抗地震能力强；±400千伏真空胶浸纤维干式电容型直流复合外套穿墙套管产品结构设计合理，整体长电容芯结构，套管端部采用伸缩节静态密封轴向场强小，SF6气体压力小，载流能力强；550千伏真空胶浸纤维干式电容型系列产品整体结构设计合理，材料耐温范围宽、机械强度高、抗地震能力强，设计场强低。以上产品综合技术性能达到同类产品的国际先进水平，干式套管电容芯子制造采用真空胶浸纤维工艺技术，属于国际首创，一致同意通过鉴定，建议挂网运行。11月4~5日，南京电气集团自主研发的LXZY-840（1000）直流悬式玻璃绝缘子和160~550千牛（5个等级）多伞型直流盘形悬式玻璃绝缘子产品，在南京通过由中国机械工业联合会组织的国家级技术鉴定，产品综合技术性能达同类产品国际领先水平。中国科学院院士陈维江为鉴定委员会主任的32位专家组成鉴定委员会。鉴定委员会认为，840（1000）千牛直流玻璃绝缘子产品结构设计合理，工艺及技术先进，玻璃件生产线自动化程度高，具有重量轻，机械破坏负荷及残余强度高、分散性小，电气性能优良等特点，满足特高压工程对特大吨位等级产品的需求，该产品的综合技术性能达到同类产品的国际领先水平；多伞形直流盘形悬式玻璃绝缘子产品采用三伞结构，设计合理，重量轻、电气性能优良，机械破坏负荷及残余强度高、分散性小，该产品综合技术性能达到同类产品的国际先进水平，其中，300~550千牛产品伞型设计、自爆率控制等主要技术指标达到国际领先水平，可以投入生产，建议挂网运行，积累运行经验。

◆杨岳到南京电气集团考察　9月28日，中共江苏省委常委、副省长杨岳到南京电气集团考察。在白云电气集团创始人胡明聪、白云电气集团和南京电气集团董事长胡德良等企业领导陪同下，杨岳先后考察南京电气集团新区玻璃绝缘子元件生产线和高压套管生产车间，并对企业科技创新和发展成绩给予充分肯定。中共南京市委常委、常务副市长刘以安、栖霞区委副书记、代区长黎辉等参加考察。杨岳听取有关情况和工作建议，对企业的发展给予充分肯定。

◆扎鲁特—青州±800千伏特高压直流工程中标　10月8日，国家电网公司内蒙古扎鲁特—山东青州±800千伏特高压直流工程玻璃绝缘子产品招标结果发布，南京电气集团直流玻璃绝缘子产品中标21万多片，交货期为12月至2017

年4月。扎鲁特至青州特高压直流工程是中国额定输送容量1000万千瓦、受端分层接入的±800千伏特高压直流工程标准化示范和样板，达到特高压直流设计和制造最高水平。作为国家电网“蒙电外送”重点工程和东北电网的第一条特高压外送通道，工程建设对于促进东北能源基地开发，满足华北地区用电需求，落实国家大气污染防治行动计划，改善大气环境质量等均具有十分重要的意义。工程起点位于内蒙古通辽市，终点位于山东潍坊市，途经内蒙古、河北、天津、山东4省（区、市），线路全长1234千米，总投资221亿元，设计年输送电量约550亿千瓦时，8月正式开工建设，计划2017年建成投运。 □赵新生

南京工程公司承建的九江石化煤制氢装置全景　　南京工程公司供稿

·中石化南京工程有限公司·

◆概况　2016年，南京工程公司下设18个职能部门、7个专业设计室、9个国内分（子）公司、1个海外分公司。在册职工总数2472人，其中，经营管理、专业技术和工程项目管理人员1999人，各类技能操作人员473人；具有本科及以上学历1552人，拥有中、高级专业技术职称1347人。完成任务承揽总额57.89亿元，完成产值59.63亿元，实现财务收入70.06亿元，实现利润2.33亿元。

是年，南京工程公司被评为全国“守合同重信用”先进单位，国务院国资委、石油和化工勘察设计行业技术创新示范企业，中国工程建设诚信典型企业，中国石化“六五”普法先进单位；获江苏省文明单位、基层文联工作先进单位称号；获南京市五一劳动奖章、文明单位标兵、先进基层党组织、效能监察工作先进单位、无职务犯罪工作先进单位、十佳模范职工之家、城市建设立功竞赛先进单位、城建系统“和谐领导班子”等称号。生产经营和党建工作综合考核位列炼化工程板块前列。

◆安全生产　2016年，南京工程公司持续完善安全管理体系建设和责任落实。公司成立工程管理、工程设计、境外公共安全和后勤保障4个专业安全分委会，全方位提供组织保障和资源保障。推进项目经理安全责任制，实行党政“一把手”安全风险抵押，共签订HSE责任书103份，交纳风险抵押金58.1万元。以“作业许可制度推行”为抓手，加强对高空、密闭、带压等高风险作业的过程监管。加大现场视频监控力度，在建项目设立监控点67个。强化分承包商安全管理，严肃“双持证”要求，把好入口关。重点加强直接作业环节“7+1”制度培训，培训人数1047人次。全年实现3475万个安全人工时。

◆生产组织　2016年，南京工程公司发挥一体化优势，强化设计能力和EPC项目执行能力建设，推动设计与采购、施工的有序衔接。推行集成化设计，专业结构进一步优化。优化项目管理模式，完善项目运行机制。落实现场精细化、标准化管理，持续稳定发挥区域市场影响力。全年共执行国内外项目162个，

2011~2016年中石化南京工程公司主要生产经营指标

表20　　单位：亿元

指标名称	2016年	2015年	2014年	2013年	2012年	2011年
资产总值	53.87	47.59	44.24	36.78	42.85	44.49
建设投资	90.00	90.00	120.84	104.00	125.00	110.00
主营业务收入	70.06	59.53	48.74	52.43	49.54	39.30
利税	2.64	3.66	3.35	3.24	2.82	1.17
承接工程数量（项）	162	182	226	212	182	237
授权专利数量（项）	42	51	47	11	6	5

2016年中石化南京工程公司完成的主要工程项目

表21

序号	项目名称	中交或完工日期
一	EPC总承包项目	
1	齐鲁热电燃煤锅炉烟气脱硫升级改造	1月
2	AP南京化工园区TEDA特种胺项目	2月
3	中天合创鄂尔多斯煤炭深加工示范项目煤储运系统	4月
4	内蒙古云天化120万吨/年缓控释肥项目一期30万吨/年磷酸装置EPC总承包工程	7月
5	云南天安二期80万吨/年硫酸装置低温热能回收利用及配套公用工程改造项目低温热能回收及装置优化改造工程	7月
6	福建申远硫酸低温热回收项目	11月
7	福建申远硫酸工程项目	11月
8	华东油气分公司泰州采油厂西边城油田污水综合利用技术改造工程	11月
二	施工项目	
1	安庆石化800万吨/年炼化一体化配套成品油管道工程	1月
2	烟台万华化学中试搬迁项目建设工程	3月
3	万华化学特种胺IP装置安装工程	5月
4	中天合创鄂尔多斯煤炭深加工示范项目净化装置	6月
5	连云港荣泰化工仓储有限公司罐区工程项目（二期）	7月
6	炼油干气氢气回收装置安装工程	7月
7	浙江卫星能源30万吨/年聚丙烯项目	8月
8	扬子石化芳烃装置新增重芳烃分离设施改造工程	9月
9	扬子石化一般固废第二填埋场（二期）建筑安装工程	10月
10	南京金陵亨斯迈新材料有限责任公司环氧丙烷项目	11月
11	九江8万吨/年乙苯—苯乙烯装置工程建设EPC总承包合同安装工程	11月
三	设计项目	
1	宝山钢铁股份有限公司三烧结大修改造——制酸和废水工程	2月
2	新疆大全新能源有限公司1.3万吨/年多晶硅项目	2月
3	中石化南化公司连云港碱厂动力锅炉脱硝	3月
4	SEG工程技术研发中心移动床设施	3月
5	珠海醋酸纤维有限公司搬迁扩建项目新建丝束装置3万吨/年、搬迁丝束装置3.6万吨/年	4月
6	中石化长城能源化工（宁夏）限公司合成气脱瓶颈及醋酸填平补齐改造项目	10月
7	江苏洋口港投资开发有限公司如东洋口港管廊项目	11月
8	阿克苏诺贝尔功能涂料（常州）有限公司3.6万吨/年功能涂料	12月

□毕　华

完成项目78个，包括设计项目53个、总承包项目7个、施工项目18个。工程质量主要指标平稳可控，工程合格率100%，一次投料试车成功率100%，焊接一次合格率98.9%。

◆技术开发 2016年，南京工程公司大力开展“消除过度设计，实现设计优化”专项活动，提高设计水平。技术开发工作高效组织，全年运行技术开发课题21项，其中工艺包10项，完成11项，其中工艺包7项，包括中国石化“十条龙”攻关项目“南化公司化工装置尾气综合治理技术开发”。专利申请工作成效明显，完成专利申请38件，获得授权专利42件，其中发明专利12件；至年底，共持有有效专利169件，其中发明专利31件。

◆施工业务 2016年，南京工程公司在维护好传统市场和区域市场的基础上，注重产品、规模和效益。抓住国家长输管道集中隐患整治的机遇期，抢占市场，扩大市场份额，先后中标镇海炼化管线迁改工程、绍兴天然气管线工程、金陵重整工程、宁夏银星电厂电气热控系统安装工程、腾龙芳烃受损区修复重建工程、万华化学硝苯装置工程等。全年，公司落实现场精细化、标准化管理，中天合创净化、金陵亨斯迈、九江乙苯苯乙烯、安庆石化检维修、烟台万华、斯尔邦EVA等多个项目实现高标准中交。

◆海外市场实现突破 2016年，南京工程公司首次中标马来西亚磷化工项目，成功开拓海外第二市场。中标沙特吉赞空分设计项目、沙特阿美FADHILI天然气处理等项目。FADHILI项目是第一次与西班牙TR合作的项目，也是公司新承揽的海外单体工程量最大项目。6月，完成了阿曼公司注册工作，取得进入阿曼市场的通行证。公司海外传统市场的不断巩固，新兴市场机遇的逐渐显现，形成公司海外业务长期稳定发展的良好态势。

◆工程项目获奖 2016年，南京工程公司承建的武汉乙烯80万吨/年乙烯及配套工程项目获国家优质工程金奖，江苏斯尔邦球罐及配套工程获全国优秀焊接工程一等奖，安徽成品油管道及油库工程、扬子石化油品质量升级改造项目获集团公司优质工程奖。 □毕　华

农业·水利

综　　述

◆概况 2016年，全区实现农林牧渔业总产值13.46亿元，现价增幅6.5%；农林牧渔业增加值7.82亿元，比上年可比价增长-0.78%，现价增幅6.63%；农村居民人均可支配收入22739.6元，比上年增长9%。 区农业局（区委农工委）围绕“推动现代农业建设迈上新台阶”工作主线，以发展设施农业、园区农业、生态农业、休闲农业、扶贫开发和深化农业农村改革为重点，推进全区都市型现代农业建设和高效设施农业建设。推进设施农业项目，引导支持农户、农业企业和农民专业合作社等经营主体，建成跨度6米和8米钢架大棚、玻璃温室、连栋钢架大棚及喷滴灌、水泥柱棚篱架等高效设施农业85.3公顷，全区高效设施农业面积2105.2公顷，占全区耕地面积的40%。推进八卦洲省级现代农业园区建设，区政府拨付给现代农业产业园区专项发展资金2000万元，用于南京农业嘉年华主场馆建设，花卉展销中心、荷兰智能玻璃温室、日本特色蔬菜气雾栽培基地等重点项目，沟、渠、路等基础设施建设；南京市设施农业项目切块资金148万元，全部用于支持栖霞现代农业产业园区设施农业建设，组织实施设施农业项目5个，建成钢架大棚、连栋钢架大棚、喷滴灌等26.9公顷，园区先后被认定为省级现代农业科技综合示范基地、省级农业科技园区、国家级“星创天地”推进生态农业建设。八卦洲街道（东江村）标准化菜地建设项目被认定为南京市标准化菜地建设项目，总投资446.88万元，获得市级财政补助435万元。继续实施“绿色栖霞”工程建设，全区增加绿化造林面积104.5公顷，林木覆盖率33.01%。完成农作物秸秆机械化粉碎还田和收贮利用面积9300公顷，农作物秸秆综合利用率96%。促进绿色防控技术的推广应用，提升全区农产品质量安全水平，组织新型农业经营主体申报市级蔬菜园艺病虫害绿色防控试验示范与推广项目3个，获得市级财政补助96万元。推进休闲农业发展，全区休闲农业景点景区接待游客249.4万人次，综合收入5.78亿元。推进精准扶贫脱贫，全区建档立卡低收入农户1270户，人口2373人，其中31.3%的低收入农户顺利实现脱贫。深化农业农村综合改革，在八卦洲、龙潭、栖霞、西岗4个街道全面开展农村土地承包经营权确权登记颁证工作，至年底，4个街道共颁发证19109本，100%行政村完成登记发证、60%以上的行政村通过验收；下拨农村土地承包经营权确权登记颁证工作补助资金466.91万元。培育新型农业经营主体，

8月14日，荷兰专家在高智能玻璃温室中指导红掌生产　　区农业局供稿

建立农民合作社、家庭农场等新型农业经营主体23家，全区新型农业经营主体共流转土地3620公顷，占家庭承包土地经营面积的62%，鼓励新型农业经营主体发展农业电子商务，实现线上线下总销售额2620万元。推进股份合作制改革工作，完成外沙村农村集体产权股份合作制改革试验试点工作。

是年，区农业局被区法治宣传教育领导小组评为2011~2015年“六五”普法先进集体，被区安全生产委员会评为2015年度安全生产优秀单位。区农业局政策法规科被南京市农业委员会评为2015年度全市农林执法工作先进单位。

◆农村居民收入持续增长　2016年，区农业局认真履行农民增收工作牵头部门工作职责，实现工资性、经营性、财产性、转移性收入全面协调增长。是年，全区农村居民人均可支配收入22740元，增幅9%。其中，农村居民人均工资性收入15947元，比上年增长8.9%；经营净收入3598元，比上年增长9.7%；财产性收入2181元，比上年增长9.2%；农村居民人均转移性收入1014元，比上年增长7.2%。

◆新型农业经营主体　2016年，区农业局通过政策引导、项目扶持、示范带动、强化服务等措施，推进一家一户传统模式向新型农业经营主体健康发展，形成农业企业、农民专业合作社、家庭农场、种养大户“四位一体”农业经营格局。创建农民合作社、家庭农场等新型农业经营主体23家，累计达到101家，入社农户14916户；被农业部门认定的家庭农场238家，土地经营面积1318.6公顷，其中217家办理工商登记。创建省级示范家庭农场3家和市级示范家庭农场5家，省级示范合作社2家和市级示范合作社7家，市龙头企业5家。培训新型职业农民466人，发放培训材料1000余份，认证新型职业农民75人。区农业局组织申报新型农业经营主体市级贷款贴息资金22.74万元。

◆农民资金合作社　2016年，全区有农民资金专业合作社2家，登记在册社员股金1111.25万元，拥有社员2242人，吸纳互助金5849.02万元，投放互助金6716.8万元。其中，用于扩大农业生产资金138万元，用于农民生活急需资金82.3万元，用于农民投资创业资金4696.5万元。

◆低收入农户脱贫　2016年，根据《栖霞区“十三五”时期脱贫致富奔小康工程实施意见》要求，经过农户申请、村民评议、街道审核和区、街道、村三级公示和区级确认等程序，全区确定新一轮建档立卡低收入农户1270户，人口2373人；区级确立八卦洲、龙潭、西岗街道28个村为经济薄弱村，市级确定七里村、外沙村、东江村、上坝村、靖安村5个村为市级欠发达村，其中3个村稳定收入超100万元。是年，通过政府、社会各界的有效帮扶以及低收入农户自身努力，在全区建档立卡低收入农户中人均可支配收入超过12000元的低收入农户共398户643人，脱贫率达31.3%，完成年度目标任务。下拨扶持低收入农户增收脱贫、经济薄弱村发展能力项目以及低收入农户急重病灾救助市级扶贫开发专项资金共计321万元。

◆土地承包经营权确权登记　2016年，在八卦洲、龙潭、栖霞、西岗4个街道全面开展农村土地承包经营权确权登记颁证工作。至年底，已完成确权登记权属调查、审核公示、数据入库、合同签订及制证发证等工作。通过审核公示的村民小组451个、农户20311户，测绘地块63991块，实测面积6050.27公顷。完成发证工作29个村（社区），颁证19109本，应颁证村完成率100%。其中，栖霞、西岗2个街道完成整街道验收工作；其余2个街道部分村处于制作档案和组织验收过程中，已完成100%的行政村登记发证、60%以上的行政村通过验收。下拨农村土地承包经营权确权登记颁证工作补助资金共计466.91万元，其中，省、市级294.91万元，区级配套资金172万元。

◆股份合作制改革试点　2016年，完成外沙村农村集体产权股份合作制改革试验试点工作。经清产核资、股东代表签字确认，社区共有经营性资产1249.45万元，设置股权数为12494.52股，每股股金1000元。根据有关政策规定，设立集体股40%，股金499.78万元，计4997.81股；设立个人股60%，股金749.67万元，计7496.71股、3351人，人均2.24股；股本截止日期为6月30日。

◆美丽乡村建设　2016年，各街道、村按照《南京市美丽乡村建设指南》要求，围绕“改善生态环境、拓展农业功能、培育乡村旅游、促进农民增收”目标，开展南京市美丽乡村示范村创建活动，建设美丽乡村示范村、特色村、宜居村共5个，分别是龙潭街道靖安村蒋桥组1个示范村，龙潭街道陈店村陈楼、万坝组和八卦洲街道下坝村大沙东组2个特色村，龙潭街道太平村包地组和太平村荷花组宜居村。是年，在中共南京市委农工委、市建委、市城管局、市农委、市旅委、市水务局、南京报业传媒集团联合主办的2016年“魅力南京·最美乡村”全媒体行动暨评介宣推活动之“十大最美乡村 十大特色乡村”评选中，龙潭街道太平村被评为“南京十大特色乡村”之一，八卦洲街道下坝村村庄规划被评为市级美丽乡村特色村村庄规划优秀奖。区委农工委下拨市级美丽乡村建设奖补资金540万元。

◆休闲农业　2016年，区农业局组织南京鹏岛现代农业发展有限公司申报实施南京市市级农业财政休闲观光农业类项目——八卦洲花卉苗木观光展示配套停车场建设项目，项目投资90万元，获市级财政补助资金40万元，主要用于山坯土、混凝土、面包砖、井字砖等建设建材费用。组织南京俊红果蔬专业合作社申报实施南京市农业专项资金休闲农业类项目——“南京俊红生态农业园休闲农业建设项目建设”，项目投资37.32万元，获市级财政补助资金16万元，主要用于生态园展销中心、配套公用厕所建设等基础设施建设。至年底，2个项目基本完成。休闲农业景点景区接待游客249.4万人次，实现综合收入5.78亿元。在南京市农业委员会、南京市精神文明建设指导委员会办公室、南京市旅游委员会、南京广播电视集团联合举办的“2016南京休闲农业与最美休闲乡村游”评选活动中，八卦洲街道中桥村被评为“最佳休闲地”，龙潭街道陈店水一方村被评为“最佳赏花地”，八卦洲虹彩花卉“南京虹彩花园植物节”获“南京市农委优秀节庆活动评选”活动三等奖，八卦洲红杜鹃生态农业园获“南京市农委优秀节庆活动评选”活动优秀奖，八卦洲街道中桥村被江苏省农委评为江苏省休闲观光农业示范村，南京鹏岛现代农业发展有限公司被评为2016~2018年度江苏现代农业科技综合示范基地，陈斌被评为“2016年南京休闲农业游暨2016中国最美村镇”系列活动先进个人，庄卫忠被评为“2016年江苏省名特优农产品上海交易会”优秀联络员。

◆农业信息化 2016年，区农业局努力尝试发展“互联网+农业”，不断提升农业服务的功能和水平，积极培育农业电商主体。依托江苏省农业产业化引导项目，组织南京市东三乡农产品专业合作联社申报示范基地物流配套建设项目，申请省级补助资金20万元；组织南京鹏岛现代农业发展有限公司申报气雾栽培农业物联网技术集成示范项目，申请省级补助资金20万元。依托南京市农业委员会智慧农业项目，组织南京市东三乡农产品专业合作联社申报农业物联网技术集成应用项目，申请市级补助资金50万元。支持农业企业、农民专业合作社、家庭农场、专业大户等发展农业电子商务，借助天猫、苏宁易购、淘宝等第三方电子商务平台或自建平台开设网店微店，拓宽农产品销售渠道。龙潭街道花缘里农产品专业合作社、南京桦墅农产品专业合作社、南京柏蓝科技有限公司、南京虹彩花卉有限公司、南京派缘蔬菜合作社、南京东三乡合作联社、南京俊红果蔬专业合作社、南京立乾花卉苗圃场、南京坝上鲜果蔬专业合作社、八卦洲农业园区10家农业企业合作，建立农业电商平台，主要销售大米、果蔬、花卉、农资等农副产品80余种，实现线上线下总销售额2620万元，其中，网上支付交易额748万元。

种植业

◆概况 2016年，全区农作物播种总面积1.26万公顷。粮油类播种面积5753公顷，总产量3.07万吨。其中，小麦播种面积2359公顷，总产量1.1万吨，平均产量4683千克/公顷；水稻播种面积1364公顷，总产量1.17万吨，平均产量8569千克/公顷；油料作物播种面积470公顷，总产量0.1万吨，平均产量2550千克/公顷；玉米播种面积865公顷，总产量0.5万吨，平均产量5747千克/公顷。蔬菜复种面积6600公顷，总产量12.92万吨。加强农业“三品”基地建设及全过程监管，新认证无公害基地4个，无公害农产品10个，新认证绿色食品4个。有14个种植基地通过农业“三品”产地认定，无公害认证种植基地面积9266.67公顷；认证无公害农产品19个，绿色食品8个，有机食品1个，“三品”认证总产量9.84万吨，占食用农产品总产量的54.85%。是年，区农业技术推广站被区委、区政府评为2015年度完成“五个建设”工作目标先进单位。

◆水稻绿色高产增效创建项目 2016年，区农业技术推广站申报实施“江苏省级水稻绿色高产增效创建”项目，获省级补助资金50万元。在龙潭街道建成高产增效创建示范方733公顷，项目实施范围涉及7个村、110个村民小组、5162户农户；建成示范带123.33公顷，涉及农户163户，实现种植品种、机械育插秧及病虫害防治的统一化。在龙潭水稻种植区进行5个品种的比较试验，筛选出高产抗病品种武运粳31、武运粳30、镇稻18和优质品种南粳46、南粳5055。

◆土壤重金属污染、养分监测 2016年，完成农产品产地土壤重金属污染普查，采集土壤样品108个，农产品样品324个，基本摸清区农产品产地土壤重金属污染状况、分布、特征等基础信息。开展产地安全等级划分，建立农产品产地土壤环境质量档案，通过农产品产地动态预警监测，及时掌握农产品产地土壤环境质量变化动态。做好耕地地力定位监测工作。对全区24个地力监测点进行土壤样本采集及信息上报。江苏省农业站在全区设立7个省级地力点竖立耕地质量监测标志牌，为了解全区土壤地力现状及变化趋势、中低产田改造的全面推广提供技术支持。

◆政策性农业保险 2016年，全区政策性农业保险种植业险种主要有水稻、小麦、油菜等，参保总面积3699.87公顷，其中，水稻参保面积689.47公顷，小麦参保面积2608.27公顷，油菜参保面积164.93公顷，占全区种植面积的100%，保费89.31万元，其中各级政府承担种植业保险保费71.45万元。高效设施农业政策性保险主要险种有蔬菜大棚保险、苗木保险及莲藕保险等，参保面积237.17公顷，保费141.85万元，其中，区、街各级政府承担高效设施农业保险保费99.3万元，全区高效设施农业保险总额占农业保险保费总额61.4%，完成市级下达目标。是年，小麦受灾面积760公顷，赔付243.69万元，主要涉及八卦洲、龙潭两个街道1069户农户。

◆农作物病虫害防治 2016年，区农业站重点加强水稻病虫、桔小实蝇、蔬菜病虫等预测预报工作，发布《农作物病虫情报》18期。促进绿色防控技术的示范推广应用。区农业局组织新型农业经营主体申报市级蔬菜园艺病虫害绿色防控试验示范与推广项目3个，获得市级财政补助96万元。在龙潭街道太平村建立水稻绿色防控区66.67公顷。推广示范生态控害、灯光诱杀和科学用药等防控技术，示范区水稻病虫害防控效果达85%以上，损失率控制在5%以下，化学农药使用量减少30%以上，蔬菜农药残留量100%达到无公害农产品标准，带动龙潭地区病虫害绿色防控面积200公顷。在全区涉农街道举办农作物病虫害绿色防控培训班4期，培训200人次。

养殖业

◆概况 2016年，全区生猪饲养量0.53万头，出栏0.29万头，年末存栏数0.24

万头；鸡饲养量35.4万羽，出栏19万羽；鸭饲养量0.69万羽，出栏0.66万羽；鹅饲养量0.53万羽，出栏0.51万羽；羊饲养量0.35万只，出栏0.21万只；奶牛存栏数946头，生产鲜奶0.36万吨。水产养殖面积1017公顷，其中，池塘养殖810公顷，河沟养殖206公顷。高效设施渔业养殖面积288公顷，特种水产养殖面积790公顷。水产品总产量4859吨，其中，养殖产量4814吨，捕捞产量45吨。是年，在南京市农委、南京市总工会举办的“动物检疫技能竞赛”中，张宁被授予“动物检疫能手”称号。

◆动物疫病综合防控　2016年，区农业局在实施重大动物疫病免疫月月补免基础上，重点开展春、秋两季集中免疫行动和夏季高温消毒补免行动。免疫家禽高致病性禽流感43.84万羽、新城疫44.55万羽，免疫生猪口蹄疫7540头，猪瘟6272头，高致病性猪蓝耳病6742头，牛口蹄疫三价2617头，羊口蹄疫二价4527只，小反刍兽疫2635只，狂犬病免疫犬只1.26万只，全区畜禽免疫密度100%。监测生猪血样60份，合格率100%；监测牛血样20份、羊血样45份，合格率100%；监测家禽血样190份，合格率100%；奶牛布病检测1408头，合格率100%；奶牛结核病检测1583头，合格率100%。

◆动物血吸虫病防治　2016年，区水产畜牧站组织开展春、秋两季动物血吸虫查治工作，重点对龙潭、八卦洲2个街道的8个血吸虫病防治重点村开展牛羊查治工作。开展羊粪检测700只，预防服药545只，检测结果均为阴性；开展血吸虫病狗粪监测3份，检测结果阴性。

◆畜禽规模场疫病风险评估　2016年，区水产畜牧站分别于5月和11月开展畜禽规模场疫病风险评估工作。5月，风险评估规模养殖户23户，确定中等风险7户、一般风险12户和低风险4户。11月风险评估规模养殖户20户，确定中等风险6户、一般风险10户和低风险4户；对6家养殖户采取相应整改措施，有效降低规模养殖户的疫病风险等级。

◆动物防疫监管　2016年，全区有兽药经营企业1家、饲料生产企业2家、宠物医院诊所4家，区动物卫生监督所对兽药、饲料生产经营企业开展监督执法检查63人次；对宠物医院和诊所开展监督检查和业务指导226人次。继续落实动物卫生监督人员驻场监管生猪屠宰检疫工作，全年屠宰生猪11.27万头，生猪屠宰检疫率、无害化处理率100%。区动物卫生监督所全年开展定点屠宰场“瘦肉精”盐酸、莱克、沙丁等快速检测6967头份，未检测出阳性样品；配合南京市农产品检测院开展农产品质量安全监督检查和抽样检测，其中，抽检动物产品40份、生鲜乳40份、猪尿60份，均未检测出阳性样品。举办动物防疫监管培训班2期，培训35人次。

◆渔政监督管理　3月1日～6月30日，区农业局执行长江禁渔期管理制度，禁渔4个月。在禁渔期间，设立监督举报电话，发放《致全区广大渔民的一封信》20份，单独开展突击检查4次，与南京市渔政处开展联合执法检查3次，出动执法人员20多人次，查获非法捕捞案1起。推进长江南京三桥至二桥段渔船整治上岸工作，做好宣传发动、调查摸底、渔具核查、价格评估等工作。3月上旬，涉及的3户渔民全部签约并上交渔船网具，得到合理补偿和妥善安置。鼓励支持全区符合条件的15条渔船、29名渔民参加政策性渔船互助保险和内陆渔民人身平安互助保险，交纳保费4350元。发放长江禁渔期渔民生活补助34人，合计5.88万元，其中市级补助3.36万元。

林　业

◆概况　2016年，区农业局推进“绿色栖霞”工程、森林防火体系建设、园艺产业发展、林木病虫害防治、河道绿化和村庄绿化等工作。重点加强绕城高速、绕越高速，京沪高铁、沪宁高铁，312国道等绿色通道的查漏补缺、管理养护工作，推进辖区内县乡道路主要道路沿线绿化、主要河流水体沿岸防护林建设和园区、村庄绿化。新增成片绿化造林面积104.53公顷。下拨2015年度绿色通道工程市拨第二批资金562.9万元，下拨2016年度绿色通道工程市拨第一批资金227.3万元，下拨2016年度“绿色栖霞”工程绿色通道建设区级财政补助资金410.68万元。完成自然村村庄绿化15个，全部通过市、区级验收。加强森林防火安全体系建设，下拨2016年度“绿色栖霞”工程防火设施市级补助资金133.6万元，全年未发生火情、火灾。全区林地面积1.09万公顷，其中，有林地面积8293公顷、特灌林地面积1257公顷、“四旁”（村旁、宅旁、路旁和水旁）树木面积1154公顷。按全区国土总面积395.44平方千米计算，全区森林覆盖率为27.42%；按全区土地面积（扣除长江水面面积6608公顷）324.25平方千米计算，全区林木覆盖率33.01%。是年，区护林防火指挥部办公室被评为2013～2016年度全省森林防火工作先进单位，汤春华被评为2013～2016年度全省森林防火工作先进个人，杜继文被区委、区政府评为2016年“五个建设”先进个人。

◆“绿色栖霞”工程　2016年，区农业局以绿色通道品质提升、村庄绿化、河道绿化等工程为重点，推进“绿色栖霞”工程建设。开展植树造林、森林抚育、低效林改造、村庄绿化等建设工程，申报“绿色南京”项目15个，获市级补助资金605.2万元。完成成片造林116.07公顷，其中，县乡公路道路防护林31.67公顷、工业防护林6.67公顷、产业林77.73公顷，完成南京市政府下达绿化任务的103.8%。栖霞街道完成栖霞大道、炼西路造林面积24.2公顷，燕子矶街道完成土城头路造林面积11.73公顷，西岗街道完成西湖社区造林面积6.67公顷，龙潭街道完成大棚村、飞花村造林面积15.67公顷，八卦洲街道完成上坝村、中桥村、东流村造林面积48.53公顷。栽植树种有樱花、雪松、香樟、红枫、白玉兰、桂花、银杏、榉树、栾树等。

◆**湿地保护** 2016年，南京市政府下达区农业局自然湿地保护目标为自然湿地保护率30%、新增湿地保护面积337.5公顷。区农业局在规范“南京八卦洲省级湿地公园”管理，开展长江岸线集中整治，在清理长江岸线场地面积68.84万平方米、搬迁房屋面积5.14万平方米、清理趸船42艘、地磅13座的基础上，完成《南京市栖霞区天字号洲湿地保护小区建设方案》的规划设计方案。11月11日，方案通过南京市绿化园林局组织的专家评估，11月29日，区政府批准同意建设栖霞区天字号洲湿地保护小区，保护面积634.83公顷。年底，界桩设置、保护性栈道建设在推进中。全年完成市政府湿地保护面积任务的188%，

◆**村庄绿化** 2016年，区农业局结合全区村庄环境综合整治和美丽乡村建设，开展村庄道路、河道、庭院、宅旁绿化和公共绿地建设工作，完成村庄绿化15个。其中，省级村庄绿化示范村5个，区级绿化达标村10个，获“绿色江苏”村庄绿化补助资金90万元。其中，省级村庄绿化示范村每村8万元，共40万元；区级绿化达标村每村5万元，共50万元。

◆**森林防火** 2016年，区农业局启动栖霞山风景区消防水池及库房建设、西岗街道桦墅射乌山防火通道建设、西岗街道龙王山防火通道建设、栖霞山风景区森林扑救系统器材项目。续建西岗街道龙王山、桦墅射乌山4千米防火通道的建设，新建栖霞山消防蓄水池3座、消防器材库房1个。组织重点街道到苏州吴中、常州武进等地参观学习森林防火基础设施和森林防火现代指挥系统建设经验，全面启动森林防火语音播报系统建设、栖霞区森林防火智能监测指挥系统，获市级补助资金353.6万元。建成射乌山护林哨1个，清理林下可燃物33.3公顷，获市级补助资金20万元。是年，全区添置进口风力灭火机17台、国产风力灭火机2台、灭火弹60箱、油锯2台、消防服40套、高射程灭火用水泵3台、铁扫把40个、红马甲173件，森林防火物资的储备达到市级应急储备计划要求和质量要求。

◆**林业执法** 2016年，区农业局继续加大林业违法案件查处力度，立案查处林业违法案件2起。其中，滥伐林木案1起，处以罚款人民币8079元；擅自改变林地用途案1起，处以罚款人民币4.78万元。

◆**林木病虫害防治** 2016年，区农业局加强美国白蛾、杨舟蛾和松材线虫病等主要森林病虫害监测和防控工作。区政府成立区林业有害生物防治工作领导小组。区农业局针对虫情及时制定《栖霞区美国白蛾疫情防控应急预案》，印发《美国白蛾防治技术方案》，组织专业人员到灌南、射阳等地学习防控经验，召开会议，组织培训，布控监测点，实时跟踪监测，同步进行生物防治与药物防治。在八卦洲街道设立林业有害生物防控物资储备库，储备高射程车载喷雾器2台，手推式喷雾器3台，背负式弯管烟雾机10台、美国白蛾成虫诱捕器50个，高氯毒死蜱0.5吨、灭幼脲悬浮剂0.5吨。组建防治半专业队伍，6月底至9月，分三批次对二桥连接线、312国道、疏港公路、绕城公路等主干道路和八卦洲洲头林地开展药物集中防治3000公顷。开展松材线虫病普查、清理工作，普查林地面积90.87公顷，清理病死树1212株，处理病材30立方米，其中，熏蒸10立方米、集中烧毁20立方米。启动栖霞区林业有害生物防治基础设施建设和机械装备项目建设，获市级补助资金20万元。

◆**生态公益林管理** 2016年，全区市级以上生态公益林面积544.06公顷，其中，国家级公益林339.2公顷、省级公益林52.28公顷、市级生态公益林152.58公顷。所有生态公益林都通过ARCGIS系统落界，各街道建立林业巡查工作台账，每月上报“街道森林资源监管巡查情况汇总月报表”。是年，区农业局下达国家、江苏省和南京市生态公益林补偿资金281.23万元，区级补偿资金236.95万元。

农业机械

◆**概况** 2016年，全区推广大中型农业机械54台，其中，联合收割机7台、大中型拖拉机10台、旋耕机16台、乘坐式高速插秧机3台、秸秆还田机1台、开沟机2台、多功能播种机9台、粮食烘干机6台套，农业机械化水平达87%。实施水稻机插秧作业面积400公顷。全年，拖拉机上牌44台，乘坐式高速插秧机登记备案3台，无挂车手扶拖拉机登记备案80台；培训农机驾驶员32人，检验农机具193台（套），拖拉机年检率98%，农机驾驶员换证率95%，上路行驶拖拉机参保率100%；未发生农机安全责任事故。是年，区农机安全监理所被区安全生产委员会评为2016年度栖霞区安全生产三等奖，杨俭被区安全生产委员会评为2016年度栖霞区安全生产先进个人。蔡国庆获得南京市农机监理业务技能竞赛二等奖。

◆**农机培训和职业技能鉴定** 2016年，区农机安全监理所会同南京市农机职业技能鉴定站举办农机驾驶操作和维修人员培训班2期，培训70人，全部通过农机职业技能鉴定考核，其中，取得初级工证书35人，取得中级工证书35人。组织农机合作社有关人员参加江苏省、南京市高级农机技能培训，取得高级工证书2人。

◆**王道润粮食烘干中心** 2016年，龙潭街道村民王道润创办家庭农场——王道润粮食烘干中心，私人投资160余万元，在区农业局帮助下，申报实施南京市农机化财政项目，获市级财政补助资金67万元，购买粮食烘干设备6台（套），为种植农户提供粮食烘干服务。至年底，项目基本建设完成，年烘干粮食达3000吨。

水利建设

◆**概况** 2016年，全区水务建设计划总投资5.06亿元，其中，争取省、市级以上投资4.16亿元，区本级财政投入

0.82亿元，相关街道配套815万元。资金投入比上年增长30.73%。重点建设项目有序推进、按期完成。基本完成横向水务一体化改革和纵向基层水务服务体系改革工作，重新设计全区涉水事务管理服务架构。新成立区水务局，内设6个科室，将区防办作为常设办事机构纳入区水务局；下辖区水务管理服务综合一站、综合二站和尧化、栖霞、西岗、龙潭、八卦洲7个水务管理服务站。建设九乡河应急治理一期工程，工程投资2.05亿元，拓浚河道2.62千米，加固整修堤防5.24千米，新建九乡河口闸站一座，至年底进度近半，完成年度1亿元目标投资任务。九乡河治理二期可研报告编制完成，10月底通过江苏省水利厅区域治理竞争立项。完成便民河综合整治一期工程，工程总投资7353万元，工程实施内容主要有7.34千米堤防达标建设、长江闸站等4座泵站改建、堤顶道路和绿化改造等。完成农田水利重点片区三期工程建设，工程投资4710万元，工程实施内容主要有小江河全线整治、7条河道进行清淤整治、25座涵闸涵管改造、2座泵站建设、40公顷农业园区配套高效节水灌溉设施建设等。推进水环境综合整治，完成南十里长沟二支河道、南十里长沟三支河道和幕府山沟三条河道整治；完成24个排水达标区创建工作，总面积约261.11万平方米。其中，拆迁类7个，实体完工类15个，排水行为类2个；完成13个小区二次供水改造工作，其中，9个为市计划项目，4个为区计划项目。做好江堤巡查、防暴雨防台风工作，在长江高水位期间，督促各街道对江岸堤防每日巡查，发现险情，及时处理；及时传达市、区防指发布的应急响应以及预警信息至各个街道，确保各街道防暴雨工作实时高效进行；确保各泵站、涵闸24小时有专人值守，积极防台抗台。汛期，累计处置大小险情52处，转移外圩江滩和积淹点人员446人，耗用区级防汛资金2000余万元，保障全区群众正常的生产生活秩序。完成寅春路栖霞大桥桥下及环陵路仙林大道路口2处积淹水点工程整治；完成七乡河大道雨水泵站设备更新和渠道疏通、江畔人家管网疏通、南湾营小区地下管网清疏。开展水务行政执法工作。建立水政执法巡查管理网络和巡查台账，发现破坏和侵占水务工程的违法开挖、乱建乱填、违章种植等问题及时予以处理；全年查处水事违法违章案件37起，其中，涉及长江标准堤21起，涉及区管河道16起。开展江岸砂场整治行动，违法违章现象比往年大幅下降。严格水资源管理制度，强化“三条红线”控制，健全水资源管理体系，加强水质监测和水源地保护。加强农村水务设施建设，完成龙潭街道下段泵站和栖霞街道东花七队泵站工程，下段泵站原址翻建，设计流量2立方米每秒，东花七队泵站原址拆建，设计流量1.5立方米每秒。开展水美乡村建设，成功创建靖安村顾庄组市级水美乡村，在美丽乡村基础上，整治河道，建设污水管道和太阳能污水处理装置，整修道路，建设市民广场；八卦洲下坝村在省级水美村庄基础上，申报省级水利风景区，并通过专家审查。围绕“六五”普法规划，开展“世界水日、中国水周”主题宣传活动，开展“节水、爱水”主题宣传，通过悬挂横幅、张贴宣传画、发放宣传册和环保袋、与市民面对面答疑解惑等形式宣传水政法律法规。开展八卦洲江堤白蚁防治工作，江堤控预4千米，江堤带药灌浆9千米，经投药检查，达到控制标准。

◆防汛防旱　2016年，树立防汛责任牌70余块，明确街道、村组、巡查员三级责任，构建全覆盖的防汛防旱工作责任体系。区防指汛前开展大检查2次，重点检查江河堤防、水库塘坝、穿堤建筑物、涵闸泵站、防汛物资和在建工程。排查出各类险工隐患16处、长江岸线坍塌隐患8处、重点河道行洪障碍5处、积淹水点18处，根据险情程度，列出全区十大隐患点，归类造册，明确防汛责任人和技术负责人，分级进行消险处置。修订完善各类防汛防旱应急预案，结合防汛形势，对各类防汛防旱预案进行整合、修编与汇总，并按程序报批。做好涵闸泵站维修保养，汛前完成75座泵站和93座涵闸维修保养工作；加强防汛抢险队伍建设和物资管理。组建防汛抢险队伍77支共2102人，按南京市防办物资储备计划，保质保量，备足抢险物资。建立5个重点工程视频监控点，并实现与市防汛防旱指挥中心的连接，全区9个雨量站、3个水位站全面实现实时遥测，其中小型水库遥测站点实现省、市、区三级防办联网。

◆水资源管理　2016年，强化“三条红线”控制，落实水资源管理制度。分解下达全区用水总量指标，年度用水总量控制在8亿立方米以内，万元工业增加值用水量降幅达到35%，实际征收水资源费127万元。完成七乡河、便民河河湖健康评估并出具报告，完成5个节水载体创建工作。健全水资源管理体系。编制完成《栖霞区水资源保护规划》《栖霞区节水型社会建设规划》；对重点河道、集中式饮用水源地、重点排污口强化监督管理，逐步实现监测全覆盖。加强水质监测，委托江苏省水文水资源勘测局南京分局在全区8个水功能区、5个非水功能区和2个饮用水源地，布设22个监测断面；委托第三方对全区70余条河流进行常年监测，确定41条黑臭劣Ⅴ类水质以下河道水体每周检测一次，未达黑臭劣Ⅴ类水质的水体每月检测一次。加强水源地保护。配合南京市河道管理处完成八卦洲左汊上坝水源地达标建设，联合八卦洲街道搬迁保护区内9户村民，拆除房屋和附着物1100平方米；联系开发区启动龙潭水厂水源地达标建设工作。集中式饮用水源地水质达标率100%。

◆九乡河应急治理一期工程　2016年，根据《江苏省发展改革委员会关于南京市九乡河治理应急工程实施方案的批复》组织实施九乡河应急治理一期工程。工程计划投资2.05亿元，主要建设内容为拓浚河道2.62千米，加固、整修羊山坝至312国道段，两岸堤防5.24千米，在九乡河口新建设计行洪流量381立方米每秒河口闸1座、设计引水流量15立方米每秒泵站1座，改建配套建筑物26座，配套建筑物有跌水3座、小泵站1座、穿堤涵闸8座、小型排水涵14座。拆除跨河桥梁2座、加固跨河桥梁3座。水闸采用钢筋混凝土开敞式结构，单孔孔径10米共3孔，闸底板面高程2.5米，闸顶高程12米，下游侧设8米宽交通桥，采用上下扉平面直升钢闸门配卷扬式启闭机。九乡河治理应急工程施工一标段闸站工程中标单位为南京市水利建筑工程有限公司，中标总价9408万元；监理一标段中标单位为江苏省水利工程科技咨询有限公司，中标总价260万元。施工二标段河道工程中标单位为徐州市水利工程建设有限公司，中标总价5394.64万元；监理二标段中标单位为江苏河海工程建设监理有限公司，中标总价115万元。至年底，目标进度近半，是年完成投资1亿元，达到年度投资计划进度。

◆七乡河治理工程 1月6日，七乡河312国道至西渡桥段治理工程开工。工程由栖霞街道水利管理服务站组织实施。街道通过南京市公共资源交易中心建设工程平台进行招标投标。工程主要内容是清淤7.19万立方米、迎水坡草皮护坡3.49万平方米、迎水坡血防护坡破损维修。工程由南京规划设计院设计，南京永道工程咨询有限公司代理，中标单位是南京市水利水建工程有限公司，监理单位是苏州润云建设工程项目管理有限公司。工程中标价为203.13万元。4月16日，工程完工。

◆便民河综合整治一期工程 1月26日，便民河综合整治一期工程开工。工程由区便民河综合整治一期工程建设处组织实施，概算投资7352.75万元。工程主要内容是对便民河左堤牛角尖—老太平桥段及长江闸站段堤防进行加固，包括堤防达标7.34千米，新建堤顶沥青砼道路7.34千米，拆建22条上堤道路，新建背水坡挡墙1316米，堤防防渗灌浆2.99千米，堤后填塘固基及护砌3.12千米，拆建泵站4座，堤防植物防护及绿化7.34千米。招标代理单位经南京市公共资源交易中心摇号，中签单位为江苏省鸿源招标代理有限公司。工程招标分为7个标段：勘察设计、施工一标、施工二标、水泵及附属设备采购标、监理、高低压配电、自动化系统采购及安装。

◆下段泵站更新改造工程 2月1日，下段泵站更新改造工程开工。工程由龙潭街道水利管理服务站组织实施，设计单位为南京市水利设计院股份有限公司。建筑安装、水泵及金属设备供应招标代理单位经南京市公共资源交易中心摇号，中签单位为上海容基工程项目管理有限公司。高低压配电委托电力供应部门统一设计、安装。工程主要内容是下段泵站原址拆建，设计流量2立方米每秒，安装两套600ZQ-85型潜水轴流泵机组，配75千瓦电机。建筑安装工程中标单位为南京振高建设有限公司，水泵及金属设备供应中标单位为南京蓝深集团股份有限公司，高低压配电中标单位为南京苏秦电力设备安装有限公司，直接委托监理单位是江苏省水利工程科技咨询有限公司。建筑安装工程中标价190.62万元、水泵及金属设备供应中标价38.69万元、高低压配电中标价28.5万元。5月31日，工程竣工。

◆东花七队排涝站改造工程 2月13日，东花七队排涝站改造工程开工。工程由栖霞街道水利管理服务站组织实施。街道通过南京市公共资源交易中心建设工程平台进行招标投标。工程主要内容是原泵站拆除重建，新建泵站为小（1）型，设计流量1.8立方米每秒，总装机容量110千瓦，安装500ZQB-125潜水轴流泵机组2套，单机流量为0.9立方米每秒，设计净扬程5米。工程由太仓市水利市政设计有限公司设计，江苏益城建设工程咨询有限公司为招标代理，中标单位是正中路桥建设发展有限公司，监理单位是苏州润云建设工程项目管理有限公司。工程中标价为321.69万元。5月26日，工程完工。

◆圩东小流域综合治理工程 2月15日，圩东小流域综合治理工程开工。工程由西岗街道组织实施，工程总经费504万元。工程建设内容包括水环境治理工程，新建、扩砌沟渠4461.5米，清淤整治塘坝3座；人居环境综合整治，新建生产道路2350米，其中，4米宽水泥路面1400米，3米宽泥结石路面950米，配套建设直径0.5米穿路函30座，2个直径0.8米穿路函1座，沿路种植道路防护林；坡耕地治理，对周冲水库上游陡坡区227米进行削坡加固，种植草皮进行防护。工程通过南京市公共资源交易中心以招投标方式，确定泰州通达水利工程有限公司中标施工，中标价398.67万元。12月20日，工程完工。

◆村级小型泵站工程 12月28日，村级小泵站工程开工。工程由龙潭街道水利管理服务站组织实施，工程中标价45.54万元。设计单位为南京市水利设计院股份有限公司，招标代理单位经南京市公共资源交易中心摇号，中签单位为江苏聿铭建设项目管理咨询有限公司。施工单位为江苏东传建设工程有限公司。工程主要内容是对龙潭街道金圩站、烟墩站两座村级泵站进行改造。监理单位是江苏省水利工程科技咨询有限公司。 □朱治荣

服务业

商　　贸

· 概述 ·

◆概况 2016年，全区商贸经济保持较快的增长态势，市场运行保持平稳。全面完成全年各类大中型商业网点调查统计工作；新建1家农贸市场；升级改造2家为民服务中心。是年，全区社会消费品零售总额239.2亿元，比上年增长10.2%。2016年，全区投入使用的农贸市场共37家。

◆商业系统安全生产专项整治 2016年，区商务局根据《栖霞区安全生产事故隐患排查治理自查自报工作实施细

2016年栖霞区农贸市场一览表

表22

序号	名称	地点	营业面积（平方米）	开业时间（年）
1	马群南湾营菜市场	百水南路084—10	3500	2010
2	百水芊城净菜市场	百水芊城社区	2800	2006
3	仙林菜市场	文枢东路1号	3500	2008
4	风华路菜市场	尚东风华路1号	2100	2014
5	金尧菜市场	金尧路2号	5800	1998
6	尧化菜市场	尧化门街125号	2145	1997
7	天盾菜市场	尧佳路21号	2900	2006
8	联珠集贸市场	燕子矶联珠村	2200	1996
9	幕府山庄菜市场	幕府山庄	960	2001
10	燕华花园市场	燕华花园	400	2003
11	利民菜市场	燕子矶联珠村	1420	1996
12	石化菜市场	太新路92号	966	1985
13	城市绿洲农贸市场	和燕路468号	2700	2006
14	燕子矶农贸市场	燕子矶临江街	600	1978
15	九乡河农贸市场	栖霞街道五福家园大门外	4500	2005
16	南炼菜市场	栖霞街道南炼生活区	1783	1996
17	江南菜市场	栖霞街道江南厂生活区	687	1994
18	东阳菜市场	栖霞街道东阳街5号	2133	1992
19	西湖菜市场	西岗街道	2800	2006
20	摄山星城农贸市场	西岗街道	2000	2011
21	八卦洲菜市场	八卦洲街道小集镇	3800	1997
22	青年桥菜市场	栖霞区八卦洲街道五四村青年桥	1120	1993
23	十字街菜市场	和燕路274号	2100	1999
24	迈皋桥菜市场	东井村50号旁	1250	2009
25	金盛农贸市场	迈皋桥街2号	4000	2005
26	壹城菜市场	合作村91号	600	2009
27	万寿菜市场	进取村154号	800	2006
28	丁家庄菜市场	丁家庄	5000	2014
29	奋斗农贸市场	奋斗社区	2000	2015
30	寅春西路农贸市场	万鑫嘉苑	1100	2006
31	花园农贸市场	花园集镇	1380	2009
32	龙潭农贸市场	龙潭街东大埂	1440	2007

续表22

序号	名称	地点	营业面积（平方米）	开业时间（年）
33	中国厂社区农贸市场	中国厂社区	600	2007
34	靖安农贸市场	靖安街道营防村	3170	2009
35	长江农贸市场	长江集镇中北巴士对面	1800	1998
36	南大和园农贸市场	南大仙林校区旁	1670	2015
37	西岗好邻里农贸市场	马群街道西花岗社区	3300	2016

则》《关于开展2016年“安全生产月”活动的通知》等文件精神，落实安全月活动方案。对划归区商务局的商贸业限上单位进行安全工作抽查。3月～11月有计划、分阶段地对商务局监管范围内39家规模以上商场、超市及餐饮住宿业和19家农贸市场的安全工作进行大检查，共查出安全隐患209个，主要隐患分布在电气78个、消防55个、特种设备管理22个、应急救援39个及其他15个。对检查中发现的安全隐患，现场为企业讲解国家规范要求及做出相应整改指导，提出合理的整改意见，使企业能更快更好地消除安全隐患。

◆车用燃油专项整治 2016年，区商务局根据江苏省打击侵权假冒工作领导小组办公室等9部门颁布的《关于印发江苏省车用燃油专项整治实施方案的通知》精神，制定车用燃油专项整治工作实施方案，安排专人对南京炼油厂有限责任公司宁炼加油站、南京蓝燕石化储运实业有限公司第一供油中心等区内4家民营加油站进行专项检查。向民营加油站传达省、市关于成品油市场管理的有关要求，并对加油站的油品来源情况、证书有效期限及基础设施等是否符合有关规范进行专项检查。检查显示，辖区内民营加油站油品来源情况正常，证书有效期限和基础设施均符合有关规范。

◆油库和加油站、点专项检查 2016年，区商务局根据南京市商务局《关于开展流通企业油库和加油站（点、船）安全生产管理专项检查的通知》要求，对辖区内所有油库和加油站（点、船）开展为期两个月的安全生产专项检查。区商务局安排专人对区内所有民营加油站下达有关通知并部署相关要求，邀请南京赛福特安全评价公司协助对各加油站、点和油库进行市场准入资质、制度建设、安全运营等各方面检查。检查中发现，中石油、中石化所属加油站、油库管理规范，存在问题较少，整体情况良好；而民营加油站普遍存在管理不严格、操作不规范、缺少应急照明等问题。至年底，大部分企业对检查出的安全问题及时整改到位，个别企业尚在整改中。

◆市场运行监测 2016年，全区有商务部重点流通监测样本企业9家、生活必需品监测样本企业3家、重要生产资料监测样本企业5家，市级监测样本企业31家、信息泵监测样本企业1家。元旦、春节、“五一”、端午、中秋及国庆期间，按照商务部要求，指导生活必需品样本企业启动生活必需品市场监测日报制度，于假期每日上午10时前报送前一日生活必需品市场销售及价格情况；指导重点零售、餐饮企业于假期每日上午10时前报送市场销售情况以及上年同期销售数据，并于每天上午11时前，利用黄金周日报系统的“假日”板块，上报企业前一日销售收入及上年同期数据。全年，上报市场运行分析12篇，各报表上报率100%。

◆集中整治非法集资专项行动 2016年，根据《栖霞区政府关于印发栖霞区集中整治非法集资专项行动工作方案的通知》，区商务局与南京市商务局沟通，了解掌握全区范围内注册的典当、融资租赁企业基本情况，逐一上门走访，宣传非法集资的危害，查看相关材料，了解掌握企业是否存在非法集资行为，并在企业经营场所的适当位置张贴宣传画。全区范围内典当、融资租赁企业共3家。其中典当企业2家，分别是江苏源坤典当有限公司和江苏昊易典当有限责任公司；融资租赁企业1家，为南京隆安租赁有限公司。排查中未发现企业有非法集资、吸收或变相吸收公众存款等违法违规行为，也未发现企业股东、高级管理人员和员工假借企业名义或由企业提供担保，参与非法集资活动。

◆肉菜流通追溯体系建设 2016年，按照商务部和江苏省、南京市要求，区商务局以肉菜生产经营企业信息采集系统为基础，整合流通各环节的企业和个体经营者信息资源，建成覆盖屠宰、批发、配送、零售等环节的肉菜追溯体系，形成来源可追溯、去向可查证、责任可追究的肉菜流通追溯监管体系。全区列入追溯体系建设的1家屠宰场、2家配送中心、4家团购单位、15家超市和23家农贸市场已成功整合。对追溯体系建设的各节点单位，开展业务培训和日常检查监管，确保追溯体系正常运行，做好每日进场数据、销售数据上传工作。发现问题及时向相关单位通报，限期督促整改。 □张 倩

·栖霞商务区·

◆概况 2016年，栖霞商务区管委会围绕区委、区政府工作要求和部署，按照年初确定的目标任务，推进规划修编、土地整理、招商融资及项目建设等重点

工作，完成王家边东、西（铁北）城中村旧房改造项目拆迁工作，协调区拆迁办和尧化街道解决天林市场加油站、马家园二期和小庙山公园二期建设和拆迁遗留问题；推进商务区二期5条道路工程建设；完成商务区二期景观规划设计，地铁7号线车辆段规划用地调整取得突破性进展，为加快商务区开发建设，提升尧化片区城市形象和功能夯实基础。移动互联产业基地聚焦互联网产业定位，优化基地基础建设，打造区域产业品牌，先后引进南京沪江教育科技有限公司、中国电信股份有限公司江苏互联网翼创空间等一批在业内有影响的优质企业（项目），取得一定的社会效益与经济效益。

5月28日，南京"互联网+教育"高端产业发展论坛在区移动互联网产业基地举行
栖霞商务区供稿

◆"互联网+教育"高端产业发展论坛　5月28日，南京"互联网+教育"高端产业发展论坛在栖霞商务区区移动互联网产业基地举行。区委书记邢正军、沪江创始人兼首席执行官伏彩瑞发表主题演讲，南京市政府相关部门、江苏省属相关高校负责人出席论坛，共同见证沪江落户栖霞区移动互联网产业基地。论坛上，区移动互联网产业基地、区教育局、南京晓庄学院和南京金陵小学分别与沪江签署战略合作协议。区教育局携手沪江发起"互联网+教育"计划，深入促进政企的跨界合作，推动实现更高水平的教育现代化。南京晓庄学院与沪江的携手，是高等师范院校与企业的深度合作，用"互联网+教育"理念践行"教学做合一"的校训、诠释陶行知先生"生活教育"的理论，打造面向未来的学校，培养面向未来的教师。南京市金陵小学与沪江合作联合打造"互联网+生态农业科技课堂"，建设集物联网、互联网、科技农业为一体的创新课程实践基地，结合中美"千校携手"项目通过互联网向世界传递中国农业科技发展的最新成果。论坛签署的战略合作协议包括教育资源、师资培训、创新创业等合作内容，覆盖从基础教育到高等教育的全部阶段，全面推进教育的整体升级发展。沪江创始人、董事长兼CEO伏彩瑞是江苏人，这位从大三就开始创业的年轻人，用15年时间把沪江打造成中国互联网教育独角兽，并把第一家全资子公司办到南京。他希望沪江在南京落地后，能带动地区互联网教育行业的创业创新氛围，让栖霞移动互联网产业基地吸引更多志同道合的伙伴一起创业。沪江是中国领先的互联网学习平台，拥有1.1亿用户，其中移动端用户达到8300万。

◆小庙山公园二期开工建设　11月10日，小庙山公园二期景观工程开工建设。工程由大千生态景观股份有限公司承担，公司负责人李志勇及商务区管委会副主任温世清、相关部门负责人等出席开工典礼。小庙山公园位于栖霞区尧化街道小庙山片区，占地51.1万平方米，工程建设总投资约8.6亿元。其中，公园一期占地约10万平方米，年底建成并对外开放；公园二期主体面积约21万平方米，主要建设内容有开挖人工湖3.2万平方米，绿化16.23万平方米，中心广场0.24万平方米，沿湖和林间步道7100米，亲水木栈道540米，预计2017年"五一"前完成主体施工。

◆中国电信创新创业基地江苏基地　11月23日，江苏省经济和信息化委员会、区人民政府、天翼科技创业投资有限公司、中国电信江苏公司、中国电信南京公司的相关领导到栖霞区移动互联网产业基地，参加中国电信创新创业基地江苏基地开业仪式，参加开业仪式的还有20余位移动互联网创业团队代表和10余家媒体代表。首先，区委常委、常务副区长钱维致辞，天翼创投总经理张颉华随后发言，接着，中国电信江苏公司副总经理边延风发言。江苏基地总经理裴刚与江苏基地首批入驻团队的企业代表们签署入驻协议，并正式发布江苏基地的创业孵化包。服务包基于江苏基地的资源体系打造，包含网络流量、大数据、云主机等优势特色资源，可同时满足实体孵化和虚拟（远程）孵化的需求。天翼创投副总经理陆佳清与江苏基地创业服务合作方共同签署双创服务合作联盟战略协议。最后，区委书记邢正军、江苏省经信委企业信息化处处长张星、张颉华、边延风和中国电信南京公司总经理陈志强一同登台启动"2017年江苏创业节"。　□徐宁斌

· 商业综合体 ·

◆概况　2016年，全区商业设施建设成果显著，一批商业综合体陆续对外营业，居民舍近求远进城购物的生活方式彻底改变。南京仙林金鹰奥莱城销售总额10亿，比上年增长12%。万谷慧生

活广场着重引进各类新兴餐饮企业，与汇银乐虎全球家进口超市达成合作并顺利入住开业，全年销售2亿元。

◆**金鹰奥莱城** 2016年，南京仙林金鹰奥莱城销售总额10亿元，比上年增长12%。金鹰奥莱城位于学海路1号，是仙林新城区中心地带，面积12万平方米，拥有6座独立特色的主题场馆，近300间品牌折扣店、超大停车场、大型影院、国际餐饮连锁、美容SPA、精品超市、银行及儿童游乐设施等超强业态组合为一体，是以奥莱为主题的开放式Shopping Mall。金鹰奥莱城在为顾客带来超值品牌折扣力度的基础上，还结合更多创新元素和潮流热点来强化系列活动品牌，举办时尚红唇派对、奥莱乐汇·泡沫音乐节、奥莱剧场·陈峰宁专场相声会、大爱在行动·爱心捐衣、圣诞雪夜狂欢等活动，为顾客带来与众不同的趣味体验，顾客的活动参与度高且反馈良好，大大提升顾客对金鹰奥莱城的品牌归属感和依赖度。金鹰奥莱城还关注自身新媒体的优化与发展，至年底，官方公众微信获8万人关注订阅，单条微信最高阅读量2万次，位居南京新媒体商业公众号榜单前10名。 □钱飞燕

◆**万谷慧生活广场** 2016年，万谷慧生活广场着重引进各类新兴餐饮企业，与汇银乐虎全球家进口超市达成合作并顺利入住开业，全年销售2亿元。万谷慧生活广场位于栖霞区华电路1号，临近地铁1号线迈皋桥站，建筑面积6.5万平方米，地上五层、地下两层。作为南京市城北区域标志性的商业综合体，至年底，有经营商户103家，其中，餐饮50家，零售40家，配套业态13家，包含知名品牌星巴克、必胜客、屈臣氏、爱婴岛、著名台湾影城喜满客。 □赵 玲

旅 游

·概述·

◆**概况** 2016年，全区接待游客295.19万人次，旅游收入2.1亿元。全区有AAAA级景区1家、AAA级景区1家、AA级景区1家、四星级乡村旅游点1家、三星宾馆3家、旅行社21家。举办为心仪的栖霞旅游形象标识、宣传口号投票抽奖活动，设计栖霞旅游LOGO，并明确“栖游纪”为栖霞旅游商品商标。“五一”期间，制作“栖霞五月天”旅游专辑，编制《栖霞区“十三五”旅游发展规划》，组织2016年度栖霞区旅游发展专项资金申报工作，举办自然好味道——栖霞区第二届“东部山庄杯”乡村美食秀。长江观音景区达摩古洞景区开门迎客；栖霞山文化休闲旅游度假区完成九乡河沿线部分拆迁工作，启动栖霞山佛学院、禅修主题宾馆、山门广场等改造工作；建设栖霞山新游客服务中心。燕子矶公园新建历史文化展览馆。西岗街道完成周村农家乐一期、游客接待中心、向日葵园等基础设施建设。龙潭街道新建桃花岛项目，改建太平老渔场和水玲珑街区。全区新建旅游厕所6个。是年，全区旅游项目累计投资8.9亿元。

◆**旅游发展专项资金申报** 1月，区文化旅游局、区财政局联合印发《栖霞区旅游发展专项资金管理办法》，明确区财政每年预算安排区旅游发展专项资金1000万元，引导和激励旅游产业发展。3月初，区文化旅游局、区财政局再次联合印发《关于做好2016年度栖霞区旅游发展专项资金申报工作的通知》，开展2016年度栖霞区旅游发展专项资金申报工作。

◆**达摩古洞景区开门迎客** 7月31日，作为“金陵四十八景”的南京幕燕滨江风貌区达摩古洞景区正式开门迎客。随着101尊“百态达摩”铜像的落成，“古金陵四十八景”中的“达摩古洞”，于南京幕燕滨江风光带重现。景区占地约18.5万平方米，达摩古洞是一个天然石洞，位于幕府山西峰北坡山腰的陡崖之上，岩洞深邃，曲径通幽，洞口北望江面，可俯览长江美景。相传1600多年前达摩从南京渡江北去，曾在此洞休息。洞中供奉一尊达摩塑像。“百态达摩”石窟分上、中、下三层，内部镶嵌着大小不一的窟龛100个，每个窟龛内供奉着一尊达摩雕像，100尊达摩塑像形态各异，营造出一处禅宗建筑的艺术空间。100座达摩像和7座浮雕使用铜料约250吨。景区以达摩古洞、石窟、百尊达摩雕像为核心，再现达摩一苇渡江前在古都金陵的短暂行程，是一个集文化休闲、观光旅游为一体的滨江新景点。

◆**“东部山庄杯”乡村美食秀** 11月17日，由江苏省烹饪协会主办的自然好味道——栖霞区第二届“东部山庄杯”乡村美食秀在东部山庄开幕。活动现场分为菜肴展区、比赛与表演区。八卦洲街道、西岗街道和龙潭街道的16家餐饮企

金陵四十八景之一——达摩古洞 区文旅局供稿

业带厨师参赛，展示近百道特色菜。大赛由5位江苏省内知名烹饪、餐饮人士组成专家评审团，由媒体、栖霞七客行业达人和美食体验官等组成大众评审团，按照"色、香、味、形、意、养、声、温"八个标准和"主题鲜明、搭配合理、时令特点、乡土浓情、传承创新"五方面效果对参赛菜肴进行评分。　□彭　景

·栖霞山文化休闲旅游度假区·

◆概况　2016年，是栖霞山文化休闲旅游度假区由谋划转入实施，由规划转入建设的关键之年。根据年初制定的目标，管委会针对重点工作，设定时间节点，明确责任到人，力促在建项目早竣工和新建项目早开工，通过协调推进规划设计、融资贷款、征地拆迁、招商选资等各项工作，保证栖霞山片区开发建设有序开展。

◆规划设计　2016年，栖霞山管委会根据建设时序分层次加快各板块的规划设计。旅游开发专项设计稳步开展，在完成栖霞山核心景区旅游策划的基础上，组织2家单位开展乾隆御花园、乾隆行宫、了凡四训文化园、陆羽茶庄、半馆中药文化园和南门游线6个一级景点的详细方案设计，取得初步成果；完成三论宗文化园的雕塑和景观的施工图设计、禅修主题宾馆二期建筑施工图设计、禅修主题宾馆内装概念性方案设计、VI设计、宾馆用品专项设计；与江苏省广电总局及中广电等单位开展山顶电视塔搬迁论证，并对山顶佛宫进行设计深化；核心景区路网改造完成施工图，开展沿路服务岛的设计研究；2月底，召开栖霞广厅方案专家论证会，总平面图初稿确定，开展扩初设计及景观方案研究；栖霞古镇修建性详细规划和重点地块概念性建筑设计完成方案征集，并启动方案深化设计；完成栖霞山国际邮轮码头和栖霞山北麓长江南岸汽车营地城市设计，并形成可供招商的固定设计成果。完善城市功能规划，开展何家山颐养小镇、南象山科技产业园策划研究；开展石埠桥保障房及附属学校、幼儿园、社区中心、商业综合体等建筑物单体方案设计；完成新港职业高中建筑扩初设计，并启动施工图设计；完成栖霞派出所建筑方案设计、红枫路二期施工图设计；开展石埠桥保障房及五福家园小区周边道路、水环境、公园、竖向等工程设计；配合相关部门开展栖霞大道东延、地铁6号线及14号线线位研究；对铁路栖霞山北站搬迁开展可行性研究，并取得上海铁路局、南京地方铁路公司、南京炼油厂等单位的初步认可。开展低碳建筑调研和智慧城区建设，启动全域绿色建筑和建筑节能、水资源利用、海绵城市、低碳交通、地下空间利用规划研究，并对部分建筑完成绿色建筑设计策划；完成区域智慧城市总体规划和智慧旅游详细规划设计。

◆前期工作　2016年，栖霞山管委会先后完成戴家库、石埠桥征地，栖霞老街及污水泵站项目拆迁，88.23公顷耕地占补平衡指标等手续办理；对全域除铁路货场预留地以外7个地块村庄中的集体建设用地启动征地拆迁手续的办理；配合街道及相关部门，开展石埠桥苗圃、幼儿园、敬老院、大件码头、栖霞老街、污水泵站、友谊路两侧企业的征收评估工作，审计工作，拆迁谈判工作。初步完成山门广场、游客服务中心建设，佛学院主题宾馆一期主体完工，进入内装及零星扫尾阶段；主题宾馆二期，施工单位进场开展桩基工程；区域污水收集系统工程管线部分建设已近尾声，正在作污水泵站施工进场准备工作；红枫路拓宽工程一期道路、截洪沟及绿化工程进展顺利；栖霞山核心景区路网改造进入招标阶段。片区采用现场粉碎回收方式对拆迁遗留建筑垃圾进行处置，使其可以再利用，共处置建筑垃圾约20万立方米，节约了成本，减少二次污染。

◆资本运作　2016年，栖霞山管委会完成融资36.18亿元，归还借款9.55亿元。平台累计授信118亿元，下款65亿元。融资成本降至5.4%左右。3月23日，南京栖霞山建设发展有限公司注册资本从3亿元增加到8亿元；3月28日，南京栖霞山综合开发有限公司注册资本从10亿元增加到15亿元；5月4日，南京栖霞山文化旅游开发有限公司注册资本从7亿元增加到9亿元；12月28日，南京栖霞山综合开发有限公司注册资本从15亿元增加到25亿元。

◆招商运营　2016年，栖霞山管委会与江苏一德文旅集团签约，结合栖霞山各功能板块，加强产业研究、功能策划、招商选资等工作。相继举办元旦春节栖霞古寺撞钟祈福、栖霞山赋碑亭揭碑、对话栖霞山赋、拍摄栖霞山专题宣传片、春季栖霞山旅游宣传及百岁高僧庆寿等活动。与丰盛集团合作，达成新港职校和市政PPP项目建设框架协议。5月20日，在紫东创意园举办栖霞山文化休闲旅游度假区重大项目招商推介会，与复地集团、中国滨水产业联盟等机构洽谈片区开发项目。9月，引进南京名城文化发展有限公司，双方合作开发栖霞山文创产品，并获得区文化旅游局"栖游纪"文创品牌授权，全面负责全区文创产品开发、设计、生产、销售等经营工作。9月9日，参加2016·金秋经贸洽谈会栖霞区专场活动。12月，完成外资公司的成立与落户，引进外资1000万美元。

◆栖霞山禅意小镇　2016年，启动栖霞山禅意小镇建设。小镇位于栖霞山、北象山之间，北眺长江，南望仙林科学城，东至栖霞山峰，西至长深高速。原栖霞镇秦汉发源，六朝发展，宋初成市，明为官街，历经清代、民国兴衰。栖霞古寺是长三角最有影响力的寺庙之一，有1500多年历史，为佛教三论宗祖庭，"天下四大丛林"之一，中原佛教文化向南方和日韩等地传播的中心。禅意小镇项目规划面积2.62平方千米，核心区面积1.04平方千米，分为8个大项。游客服务中心、佛学院、禅修宾馆、三论宗文化园项目，项目投资6.5亿元；栖霞老街一期，项目投资17.3亿元；栖霞老街二期，项目投资12亿元；栖霞广厅，项目投资23亿元；莲华圣坛，项目投资4亿元；圆通禅院、金刚阁项目，项目投资2亿元，新增建设用地0.68公顷；山内景点及配套建设，投资3.6亿元；九乡河拓宽景观

改造，项目投资2.5亿元。项目建成后，预计新增税收收入1亿元左右，新增就业岗位8000多个，新集聚中高级人才500人左右，集聚企业500家。12月22日，栖霞山禅意小镇入围南京市第一批13个市级特色小镇之列。 □许拥军

·栖霞山风景区·

◆概况 2016年，栖霞山风景名胜区累计接待游客180万人次。栖霞山风景名胜区坚持精细管理、精致建设、精心服务，加大旅游资源整合力度和旅游事业转型升级，结合“景区旅游品质提升、标准化管理、文明城市指数测评”等重点工作，对景区基础设施提档升级，对景区环境进行综合整治，完成红叶谷景点、红叶谷栈道、青锋剑景点、春雨桥地质灾害治理及红叶谷路口滑坡地质灾害应急治理。主办第二届栖霞山迎春祈福文化庙会、首届“山·寺·桃花”汇、南京市第七届（森林）旅游登山节、第十六届“秋栖霞”红枫艺术节配合栖霞寺举办佛教文化节。在防火季节实行24小时值班制度及“联防群治”制度，防患于未然，全年未发生任何森林火情。参加南京市城建系统举办的“港华杯”龙舟赛取得第五名。是年，栖霞山风景名胜区管理处被区委、区政府授予2016年度机关作风建设争先进位优胜单位，参加栖霞区放心消费创建活动，被栖霞区放心消费创建活动领导小组（办公室）评为栖霞区放心消费创建活动先进单位。栖霞山森林消防专业队参加南京市防火办举行的森林消防专业队扑火技能竞赛获三等奖。

◆基础设施建设 2016年，栖霞山风景名胜区配合栖霞山管委会对景区主入口进行升级改造，采用出入口分设进行游客疏导，重新规划调整哼哈殿门前广场。建设寂然法师广场至试茶亭漫游步道700米，建设陆羽茶庄至天鹅凼旅游步道350米，建设红叶谷（夕佳亭、碧藓亭）漫游步道400米，枫林湖至太虚亭漫游步道改造350米，御花园至枫林湖游步道改造380米，桃花湖漫游步道80米，维修漫游步道50米。建设南山消防水池1座、管理库房1处，小营盘消防景观水池1处、通道30米，小桃园消防景观水池1处、通道100米。砌筑栖霞广厅南北停车场围墙330米、围栏360米。出新枫林湖栈道、小营盘瞭望台及木栏杆。实施红叶谷景点、红叶谷栈道、青锋剑景点、春雨桥地质灾害治理工作及红叶谷路口滑坡地质灾害应急治理工作。广厅南停车场碎石铺装17760平方米。新建定照庵碑廊1座，四角亭1座，游步道80米；完成综合办公楼室外景观工程，御花园室外景观工程。修建铺翠池亲水塑木栈道67米，后勤保障仓库1处，挡土墙60米，垃圾箱83个，座椅坐凳50个。安装凸镜12个，花箱47个。对景区10座旅游厕所进行全面维护，更新厕所标识标牌7套，张贴风景美图35幅，在旅游旺季增设临时厕所16座。

◆环境综合整治 2016年，结合“景区标准化管理、文明城市指数测评”有关要求，对景区绿化、道路两侧景观、景区施工现场周边环境进行集中整治。加强各施工建设队伍现场管理，要求规范施工，保持现场整洁、卫生、有序，强化绿地管护。及时清理行道树上的悬挂枝，草坪、绿篱及时修剪，杂草及时铲除，同时做好浇水、施肥、病虫害防治等工作。大雨及台风天做好景区的树木消险工作。对核心景区内黄土裸露区域进行地被和树木补植，总面积约4850平方米，补植苗木约4000株，播撒草花约400平方米。加强卫生保洁质量，特别是卫生死角的清理，废弃物、落叶的清扫，绿化带内杂物及浮土的清理。栖霞山风景名胜区在2016年度南京市区属公园年终考核中，获二等奖。

◆特色树种培植 2016年，冬春绿化共栽植各类苗木1400余株。景区加强苗圃地鸡爪槭小苗的培育工作，通过播种育苗4000余株，一年生鸡爪槭小苗分株移栽3700余株，点栽鸡爪槭小苗5300余株。委托南京林业大学进行景区生物多样性普查，研究制定森林抚育实施方案，加强树木养护管理力度，注重树木修剪、病虫害防治，保护栖霞山现有的、独特的森林资源及森林生态环境，提升景区森林生态景观质量。

◆旅游登山节暨“秋栖霞”红枫艺术节 10月15日～12月18日，南京市第七届（森林）旅游登山节暨第十六届“秋栖霞”红枫艺术节在栖霞山风景名胜区举行。活动坚持“传文化、显特色、讲创新”的宗旨，以“名山·古寺·秋栖霞”为主题，组织策划罗汉斋的制作及品鉴、“百态萌娃·戏说栖霞”“禅·茶文化盛宴”、栖霞山“玄光”文化周、“栖枫·梵境·禅韵”——禅意

10月15日～12月18日，栖霞山风景区举行“栖枫·梵境·禅韵”——禅意文化服装show等系列主题活动 栖霞山风景区供稿

文化服装show等系列主题活动，集中体现栖霞山的文化内涵，为游人带来不一样的文化盛宴。

◆**千人罗汉斋**　10月29日，栖霞寺史上最大的"罗汉斋"制作和品鉴活动在栖霞古寺广场举行。"罗汉斋"盛宴以18种鲜香原料精心烹制而成，千份素斋共使用香菇、蘑菇、草菇、银耳、木耳、石耳、板栗、罗汉笋、玉米笋、白果、西兰花、竹荪等食材500余千克，取"十八罗汉普度万千众生"之意。来自全国各地的20位栖霞寺义工花费2日工夫处理食材，由栖霞寺千佛斋素菜馆5位厨师共同烹饪制作而成。栖霞寺史上最大的"罗汉斋"现场品鉴名额1000人，在全国范围内公开征集。活动启动后，报名者小至10岁的小孩，大至80多岁的老人，各行各业，有男有女，最终选定800多人参加。活动主打素食和养生文化，并将其与景区佛教文化相结合，引导大家回归自然，健康饮食，传播保护生态，返璞归真的生活理念。　□夏丹丹

· 燕子矶公园 ·

◆**概况**　2016年，燕子矶公园累计接待游客13.2万人次，实现收入168.04万元。公园继续做好南京市旅游委提出的惠民政策，实行免费开放日，并对符合规定的老年人、儿童、军人等实行免费政策。公园实施矶头护栏加密工程250米，步道铺砖修复17处，更新一批消防器材，检修园内摄像头，重新标记公园停车场停车标线，进一步提升景区的安全事故防范能力。

◆**园林景观建设**　2016年，按照公园景区标准化管理要求，以打造优美环境为目标，增植花灌木和地被品种，突出对城市山林公园的特色打造。结合年度冬春栽植计划，对局部死苗进行更换，对部分黄土裸露部分进行改造复绿，对新建厕所及大居杀平台周边景观进行改造提升。新建厕所周边栽植乔木9株，竹5丛，灌木390株，地被80平方米，草坪700平方米。大居杀平台周边栽植乔木2株，灌木5株，藤本植物50株，地被100平方米。移栽乔木3株，灌木79株，地被80平方米。

◆**森林抚育工程**　1月19日，幕燕省级森林公园森林抚育工程竣工。工程于2015年12月1日开工，总工期50天。森林抚育作业面积83.33公顷，共划分12块标准地，每块标准地的面积约为800平方米。根据区位和林分分布情况，选择幕燕森林公园的东山头及滨江沿线作为本次森林抚育的作业区。主要采取修枝、割灌除草、施肥、清理林地垃圾等措施，促进林分生长，提高森林质量，以便形成层次结构完整、功能多样、生态系统稳定的森林群落。施工中采劣留优、采弱留壮、采密留稀，做到采伐与补植相结合，既注意保护目标树又兼顾林木分布均匀，确保幕府山生态修复的成果不受影响。

◆**公园标准化管理**　2016年，公园出台"标准化管理工作实施方案"和"公园景区管理标准"等一系列规范化管理制度，从基础设施、优质服务、园林景观、安全秩序等方面实现管理水平全方位提升。新增导览指示牌、文明旅游温馨提示牌11块，步道铺砖修复17处。配合迎接文明城市检查工作，悬挂横幅1条，配发文明引导员袖套6个、文明监督员袖套4个。栽植乔木9株，竹5丛，灌木440株，地被260平方米，草坪700平方米，加密矶头景点护栏250米。　□章　明

· "水一方"生态休闲度假区 ·

◆**概况**　2016年，"水一方"生态休闲度假区进入新的发展阶段。"水一方"生态休闲度假区位于龙潭街道境内，项目规划总面积7.43平方千米，北至疏港大道，南至便民河路，西至陈店村界，东至太平村村委会，核心区面积3.9平方千米。以陈店村、靖安村、太平村、宣闸村733.33公顷农用地整治为核心，重点打造独具南京水乡特色

"水一方"生态休闲度假区荷塘景色　　"水一方"生态休闲度假区供稿

的水八鲜农业观光旅游生态景区。至年底，“水一方”生态休闲度假区利用当地井田式的水系布局，汇聚江鲜、河鲜美食，设立八鲜采摘、垂钓休闲和摄影文化等功能区，景区内4大片区已初步形成。栈桥核心区，选定20余个荷花品种划分片区分别种植，近处种植花色鲜艳、花期长久的品种，中间深水处种植附加值较高的水果莲，兼顾观赏性的同时，保障种植大户的经济效益。水玲珑街区，街道将“水一方”景区入口处的20栋拆迁保留房进行原址、原面积、原高修建三原，与仙林高校合作，启动大学生“百人创亿”工程，打造大学生创业街区。小树林片区，重点打造成设施游玩片区，建造玻璃阳光房和露天烧烤台，水上游船农家乐和住宿功能的小木屋在设计建设之中。太平村“老渔场”片区，通过危房修建，引进金湖知名龙虾品牌，进一步完善景区餐饮配套功能。是年，“水一方”生态休闲度假区获江苏省四星级乡村旅游度假区称号。

◆度假区建设 2016年，“水一方”生态休闲度假区建设发展分为五部分。成立旅游公司，实施专业管理，以陈店村村民委员会为主体，成立“水一方”文化旅游管理有限公司，全面负责景区开发建设、运营管理和日常维护等职能。围绕农民增收，开发农业项目，街道以带动农民及集体增收为核心，深入挖掘“水八鲜”特色农产品的加工、销售渠道；统一标准，扶持当地农民开设农家乐，推进家庭经营、集体经营、合作经营和企业经营共同发展的农业经营方式。围绕核心景观，打造万亩荷塘，“水一方”景区核心区内的荷塘约866.67公顷，街道推进土地及荷塘流转，兼顾经济效益与观赏效果，分片区种植不同品种的荷藕，铺设千米木栈道贯穿荷塘，在夏季形成“万亩荷塘、千米栈桥”的独特美景。依托金箔产业，深挖文化内涵，筹划建设龙潭金箔生产基地，整合现存的40余家草根金箔企业，与金箔产业园形成以产业、交易、展示于一体的园区格局，进一步丰富“水一方”旅游区文化内涵。加大宣传招商，承办各项活动，“水一方”景区始终坚持招商与建设相结合，主动对接新闻宣传部门、摄影及书画家协会、旅游公司、婚纱摄影公司等单位，利用“水一方”优美的自然风光，开展各类文化体育活动。

◆“龙潭水·一方情”摄影比赛 4~10月，“水一方”景区举办第二届“龙潭水·一方情”摄影比赛。比赛以“水一方”生态休闲旅游区的自然风光、人文景观、美丽乡村建设成果、人们赏荷游园的和谐美景、荷花自然之美为拍摄主题，展现“水一方”特有的文化内涵和旅游价值。参赛220人，摄影作品近千幅，经过评比，最终选出一等奖5个，二等奖10个，三等奖15个。一等奖获得者分别是沈旻《水乡秀色》、陆春南《荷塘比舞》、曲勇《花伞》、尚征勇《在雨中》、谢俊《晨练》。

◆水玲珑商业街区 水玲珑商业街区位于“水一方”景区西北侧，北靠疏港大道，西临张陈路，占地面积约4.33公顷。6月21日，龙潭街道大学生“百人创亿工程”在街区启动，水玲珑街区是围绕“水一方”的文化旅游创业街区，大学生创业的新平台。由4所院校牵头启动，联合其他院校，引导超过100名大学生创业经营，在“水一方”景区打造出一个欣欣向荣的创业空间。街区共有房屋43栋，至年底投入使用16栋，分别是“水一方”游客中心、陶艺吧、读书吧、加咖啡、龙狮工作坊、清风画室、荷风堂、抗浪鱼江鲜馆、玲珑禅茶、会议室、创客空间、飞客工作室、格里菲斯艺术工作室等。

◆中秋节民俗活动 9月15日，2016年南京六大民俗节庆之“荷塘月色·百姓人家”在景区举办。活动由中共南京市委宣传部、南京市文学艺术界联合会、南京广播电视集团、南京报业传媒集团、栖霞区委宣传部联合主办，南京市民间文艺家协会、区文化旅游局、区文学艺术界联合会、龙潭街道承办，让传统民俗回归百姓生活，让广大市民零距离体会到传统文化的魅力。其间，景区内特设民间工艺展示区，包括面塑、花灯、剪纸、抖嗡、彩绘葫芦、手工月饼等。市民可以动手扎个花灯、捏个泥人，重温旧时传统；也可以抖抖空竹，尝尝手工月饼，回味儿时的乐趣。晚上，水玲珑街区“荷塘月色·百姓人家”中秋文艺演出拉开帷幕，相声、木偶戏、滑稽戏、杂技、民乐演奏、歌舞……一个个精彩节目轮番上演。观众边赏天上明月，边观人间歌舞，度过一个难忘的中秋团圆夜。 □陈 欣

·中国最美村镇——八卦洲·

◆概况 2016年，八卦洲街道推动现代农业与旅游服务业同步发展，结合农业嘉年华主题，成功举办沙雕节、龙舟赛、田园跑等旅游活动20余场，吸引游客5万人次。引导有条件的农户发展民宿经济，办好农家乐，利用市、区精准扶贫工作契机，带领贫困居民脱贫致富。

◆新春农产品采购节 1月23日，八卦洲红杜鹃2016年新春农产品采购节暨南京红杜鹃首届“银色舞步”群众舞蹈大赛在红杜鹃生态农业园拉开帷幕。采购节历时15天，为市民提供土鸡、草鸡蛋、八卦洲水八鲜和江八鲜、有机蔬菜、精品草莓、自制腊肠等。同时，红杜鹃生态园还推出舞龙迎新年、民俗婚庆巡游展、民间才艺大比拼、名人名家送春联、书画展等活动，将乡村迎大年、乡村年货大采购及乡村农事体验休闲游相结合，为市民提供娱乐采购的好场所。

◆南京市龙舟公开赛 9月24日，第四届南京市龙舟公开赛在八卦洲举行。龙舟赛共有18支队伍参赛。其中，公开组8支队伍，分别为南京森林警察学院、中国传功、东南大学、商业学院、三江学院、金丝利喜来登、港华燃气以及温州商会代表队；社会组10支队伍，分别是八卦洲街道、马群街道、栖霞街道、迈皋桥街道、燕子矶街道、凤凰街道、东山街道、泰山街道、宝塔桥街道和秣陵街道代表队。经过激烈角逐，南京森林警察学院、中国传功、 商业学校3个

代表队分别获得公开组冠军、亚军和季军；八卦洲街道、燕子矶街道、东山街道3个代表队分别获得社会组冠军、亚军和季军。

◆芦蒿美食创意大赛　12月20日，八卦洲芦蒿美食创意大赛在假日山庄举行，江苏省烹饪协会常务副会长兼秘书长彭东生、街道工委书记曹显进等出席。来自洲上及周边地区的21支队伍参赛，烹饪出60多道佳肴。大赛上，曹显进致辞。每个参赛单位现场制作一道以芦蒿为主料的菜肴或点心和一道乡村特色菜或点心，时间为60分钟。经过激烈角逐，最终决出一等奖1名、二等奖2名、三等奖3名，并选出10道"金牌芦蒿菜（点）"和10道"金牌乡村特色菜"。作为中国地理标志商标，八卦洲芦蒿口感清香，绿嫩脆直，享誉全国，多次被评为省、市名牌产品，深受南京市民的喜爱。至年底，芦蒿种植面积超过1333.33公顷，产量4万吨，产值近1.6亿元。　□祁　峙

12月20日，八卦洲芦蒿美食创意大赛在假日山庄举行　　八卦洲街道供稿

物　　流

◆概况　2016年，栖霞区龙潭物流基地启动龙潭跨境贸易电子商务产业园的建设，完成海关和国检数据对接工作，通过南京市跨境电子商务平台建设领导小组专家评定，正式升级为南京市跨境贸易电子商务公共服务平台，解决退税、结汇、身份认证等一系列功能上问题，为进一步开展业务创造良好条件。南京龙潭跨境电子商务产业园（以下简称跨境产业园）引进30家跨境电商企业入驻，产业园有78家电商企业，3家物流企业。出口通关累计完成15.78万票，比上年增长7.07%；报关单2882票，比上年增长48.3%，帮助电商企业完成SKU商品归类3万多件；进口通关累计完成6527票，比上年增长891.95%。是年，南京龙潭跨境电子商务产业园在功能上得到进一步完善。龙潭物流基地组织南京龙潭海关国际海运快件监管中心的申报设立工作，并获得批准，成为全国第四家海运快件监管中心。在南京海关帮助下，龙潭物流基地跨境产业园完成进口统一版首票通关测试工作，成为省内第一个完成海关总署跨境出口和进口系统对接的跨境园区，为争取保税进口试点工作创造了条件。督办完成跨境产业园在南京开发区综合保税区园区内的7.62万平方米的库房建设，库房的有关租赁工作及物业设施等完成验收与交接，为龙潭物流基地跨境电商业务搬迁做好准备。继续做好除跨境电商项目所用的仓库以外仓库的出租工作。引进企业116家，新增注册资本内资8.64亿元，完成纳税1.56亿元，比上年增长20%，仓库出租总面积为8.3万平方米。在开发区等有关单位帮助下，解决疏港路快速改扩建施工现场与龙潭物流基地10千伏配电改造、北出口迁移的安全问题。至年底，龙潭物流基地消防设备完好率95%，设施修复率达100%，实现年度安全生产的目标。龙潭物流基地完成园区污水站、20千伏市网电源线路、雨水提升泵站、道路综合管线等配套设施的移交工作，理顺建设产权与使用维护管理之间的关系。

◆中韩跨境合作项目　2016年，韩国（株）onchina入驻南京开发区，在综合保税区设置中国分公司。依托龙潭港优良交通条件、辐射区域广阔的地理位置，致力于把南京打造成为中韩商品互通集散地。集团总部与600多家韩国企业签订代理中国市场的合作协议，拥有近万种韩国优质商品的一手经销授权和3000多种韩品进口批文。集团下属公司分别对接海关电子口岸、国际支付系统和国际物流体系，直接把韩国原产地商品从制造商仓库一站式配送至分销商或终端消费者，确保所有商品100%是韩国原装进口正品。公司打通中韩跨境电商通道，通过自主技术开发的跨境平台www.onchina-e.com和拥有自主专利的跨境电商终端机，线上服务网购族，线下合作实体店，将丰富的韩国优质商品推荐给中国消费者。同时韩籍专家团队，以韩国超市作为参考样板，从选址评价、设计装修、资质授权、供货布展、电商搭建、智慧收银，到管理培训、形象代言，为实体经营者提供进口韩品超市全流程、菜单式综合服务。

◆海外集货直购进口第一单　1月29日，位于南京开发区的南京龙潭跨境电子商务产业园迎来江苏省跨境贸易电子商务直购进口海运整柜操作第一单，南京也成为全省首个实现跨境电子商务海运进口业务的城市。自此，南京跨境电子商务直购进口试点工作实现空海兼通，在业务模式上取得重大突破。首批整柜海运进口的商品主要为日用品、食品等，总计个人订单605票，商品总重5吨多，货值28万元，是由国内消费者在

境外电商中国香港万通亿达国际贸易有限公司的海外购平台下单采购，由江苏国泰慧贸通企业服务有限公司作为外贸综合服务代理进行全流程申报，经过海关、商检的共同检验完成后发货。通过海外整柜集货直购模式进口，不仅全流程阳光透明，并且完全满足电商对消费者的物流承诺，大幅度提升消费者的满意度；与传统国际邮包模式相比，单位重量物流成本降低近90%，大幅度提升电商开展跨境业务的综合竞争力。

◆获"质量之光"魅力品牌奖 12月21日，南京龙潭跨境电子商务产业园在中国质检报刊社主办的2016年"质量之光"年度质量颁奖盛典上，获"年度魅力品牌奖"。"质量之光"活动是中国质检报刊社2012年创办的一项群众性质量活动，连续举办5届，累计参与人数超过500万元。2016年"质量之光"公众评选活动，共有50万人次参与投票，经过两个多月的严格评审，从众多参选品牌中，南京龙潭跨境电子商务产业园被评为"质量之光"获奖企业。 □陈彦平

房地产

·栖霞建设集团·

◆概况 2016年，栖霞建设集团拥有商品房项目9个，委托建设项目14个，全年新开工31万平方米，竣工86万平方米，回收房款20.8亿元，交付房屋3500余套，新增商品房土地储备32万平方米，新增委建项目96.5万平方米，上缴税收2.67亿元。商品房开发板块中，南京马群集团总部12栋研发楼主体封顶；麒麟2015G46号地块和板桥2016G10地块正在进行施工图设计；瑜憬湾一、二组团完成各项验收工作，12月22日交付；枫情水岸、羊山湖花园现房销售。无锡东方天郡三期南片全面开工，二期多层住宅10月交付；栖庭一期基本具备竣工验收条件，二期开工准备完成；栖园现房销售。全年，实现商品房合同销售13.08亿元，回款16.05亿元。其中，南京公司实现合同销售3.71亿元，苏州公司实现合同销售2721万元，无锡公司实现合同销售9.1亿元。工程管理板块中，新签约南京市工人文化宫项目，麒麟科创园国际企业研发园、南京市政务数据中心、麒麟新市镇社区中心及平台项目，液晶谷保障房二期项目，区政府社会管理中心项目，南外仙林分校燕子矶校区项目，前新塘保障房项目，区实验小学前塘路校区项目，栖霞山石埠桥保障房项目等9个项目，总建筑面积96.5万平方米，新签项目代建管理费总额1.19亿元。所有在建的代建项目均达到业主方要求，其中银贡山经济适用房项目和丁家庄二期保障房项目A3地块均按期竣工。收取代建管理费3045万元、监理费1501万元。所有项目主体验收优良率继续保持100%，6个单项工程获2016度南京市优质工程"金陵杯"，9个单项工程获2015年度江苏省优质工程"扬子杯"。

是年，栖霞建设集团被授予江苏省文明单位和2013~2015年度南京市文明单位，被区总工会评为书香企业；南京栖霞建设股份公司在中国房地产业协

12月22日，栖庭一期竣工 栖霞建设集团供稿

会、中国房地产研究会组织的2015年中国房地产500强测评中蝉联中国房地产百强企业；集团工会被南京市总工会评为南京市职工文化示范基地；公司保障房建设管理创新成果，被中国建筑学会评为2015年度中国建筑学会科技进步一等奖。

◆**代建项目**　下半年，栖霞建设集团承接代建项目5个，总建筑面积约61万平方米，包含2个保障房项目、2个学校项目和1个社区管理中心项目。其中，区实验小学前塘路校区项目，位于尧化街道，东临尧顺路，北靠前塘路，西接尧七路，南靠规划的社区商业服务中心，总建筑面积约3.2万平方米；南京外国语学校仙林分校燕子矶校区项目，位于栖霞区神农路以南，城市绿洲小区以北，总建筑面积约10.2万平方米；区社会管理服务中心项目，位于尧化门街189号，总建筑面积约2.1万平方米；液晶谷华侨城拆迁安置房二期项目，位于西岗街道，总建筑面积约29万平方米；石埠桥保障房项目，位于栖霞山西北侧的石埠桥综合功能区内，总建筑面积约16.4万平方米。

◆**互联网小贷公司**　1月8日，南京栖霞建设股份有限公司发布公告，以自有资金4550万元与三六五网（股票代码：300295）及其全资子公司安家贷、基石投资共同投资设立南京三六五互联网小额贷款有限公司，经营范围包括企业小额贷款业务，个人小额贷款业务，互联网小额贷款业务，创业投资，资产管理等。新公司注册资本3.5亿元，其中，三六五网出资2.4亿元，占注册资本的68.57%；安家贷出资4000万元，占注册资本的11.43%；栖霞建设出资4550万元，占注册资本的13%；基石投资出资2450万元，占注册资本的7%。6月28日，公司经江苏省人民政府金融工作办公室批准成立。至年底，累计放款约9亿元，贷款余额约4.3亿元。

◆**南京市工人文化宫建设项目**　2月3日，栖霞建设集团与南京市总工会签署南京市工人文化宫建设项目委托建设合同，承接该项目的建设管理工作。该项目位于秦淮区白下路257号，占地面积约1.6万平方米，总建筑面积约7万平方米，工程总投资5亿元。至年底，该项目完成设计、勘察单位选定及合同签署，进行考古挖掘工作。

◆**板桥G10地块**　4月15日，在南京市国土局举办的土地拍卖会上，南京栖霞建设股份有限公司以21亿元拿下板桥G10地块，楼面地价8882元/平方米。板桥G10地块位于南京市雨花台区板桥街道，东至国有空地，南至新建村钟家岗组集体土地，西至新建村乔家庄组集体土地、新建村钟家岗组集体土地，北至现状道路。规划性质为商住混合用地，规划面积7.59万平方米，实际出让面积7.32万平方米，综合容积率≤3.23，总建筑面积约30万平方米。地块临近规划中的地铁8号线板桥站。地块内的商业、办公建筑面积应占地块地上总建筑面积的15%～20%，同时要配建用地面积不小于2700平方米的6班幼儿园和建筑规模不小于2000平方米的基层社区中心。

◆**“星叶汇”APP上线**　6月5日，栖霞建设星叶互联网平台为社区业主提供服务的O2O软件“星叶汇”手机APP正式上线。通过“星叶汇”APP，栖霞建设为业主提供多种生活服务，包括社区公告，社区活动，社区周边商家、美食、酒店、维修，生鲜食品供应，教育辅导，家政服务，访客通行等方面服务内容。和一般物业管理服务不同，“星叶汇”APP侧重于对业主的生活化服务，并直接服务到人。

◆**房屋交付**　6月13～16日，栖霞建设代建的熙景福苑项目1400余套房屋完成交付工作。项目位于新尧新城银贡山南， 5月竣工验收备案，用于安置二桥沿线以东柳塘社区的拆迁居民。该项目被江苏省住房和城乡建设系统职工劳动竞赛活动领导小组评为2015年度全省住房保障和保障性安居工程建设劳动竞赛优秀工程项目，交付过程中未接到一起质量纠纷投诉，得到业主方的好评。12月22～25日，位于南京市迈皋桥街道网板路的商品房项目瑜憬湾首次交付，4天计划交付房屋510套，实际交付房屋485套。小区的房屋品质、园林景观得到业主的认可，业主验房后，九成以上未提出问题。12月27～30日，丁家庄二期A3地块交付8幢、共1370套拆迁安置房，户型面积分别为45平方米、65平方米、85平方米。项目被江苏省住房和城乡建设系统职工劳动竞赛活动领导小组评为2015年度全省住房保障和保障性安居工程建设劳动竞赛优秀工程项目，项目品质亦得到安置群众的认可。

□安　明

·高科置业·

◆**概况**　2016年，高科置业新开工面积21.93万平方米，竣工面积74.33万平方米。累计完成商品房销售金额50.1亿元，比上年增长37%，上缴税金6.44亿元。高科荣境项目集中开盘3次，加推2次，实现销售金额约48亿元，销售面积、金额再次进入南京市前十，位居仙林第一。荣境精装科技大平层产品“桂山堂”凭借九大精装科技系统、优异的精装施工质量，实现完美入市，得到市场高度认可。经天路项目作为公司重点开发项目，提前谋划“情景与服务”的营造，在为实现项目良好销售溢价打下坚实基础的同时，不断提升公司品牌知名度与美誉度。全年高科置业开发建设的经济适用房小区共安置4868套房源，安置面积36.54万平方米。其中，晶都茗苑二期完成831套房源交付，用于东阳污水处理二批次拆迁安置；龙岸花园二期完成4018套房源竣工交付，用于综保区1～4批次拆迁安置。静安佳园二期、三元祠和尧化老小区改造项目均在有序推进中。物业服务方面，高科置业全资子公司南京清风物业管理有限公司在“立足主业、彰显特色、寻求转型”的基调下结合现有资源条件，向社区教育、社区电子商务、资产经营管理、社区健康服务等方面实施转型发展。高科置业进入2015年度江苏省房地产开发企业综合实力50强，在市住建委信用体系考评中以96分位列第一名。是年，项目获中国建筑工程装饰奖1项，8栋单体建筑获优质工程“金陵杯”、优质结构奖、文明工地等称号。

◆**“桂山堂”入市销售**　1月30日，位于仙林科技城仙林大道与经天路交汇处（地铁2号线经天路站）的精装大平层产品“桂山堂”251~320平方米山上的家族大宅首次公开销售。项目把握城东片区精装科技大平层资源的稀缺性，满足高端改善置业需求。首次开盘，销售10亿元，《南京日报》《南京晨报》《现代快报》、搜狐、网易等十余家主流媒体争相报道。南京首家未来生活馆、首家虚拟样板间演示、同步全球九大科技系统和国际一线高端品牌的引进等成为“桂山堂”的亮点。

◆**经天路地块开工**　7月，经天路地块顺利开工。作为公司2017年重点展示项目，公司提前谋划“情景与服务”的营造，专门成立项目推进工作组，从工程设计到展示服务做透方案、做足功课。一方面，排定展示时间，严格工程进度，学习借鉴行业顶尖做法，对地下室防潮、车道打滑、进户门装修、智能化系统等重点及亮点施工环节，从客户视角深究施工工艺和细节处理，进一步提升项目的品质；另一方面寻找对标企业，组织多轮学习考察，吃透国内顶尖项目做法，提前从营销介绍、物业服务等方面做足准备，力求精益求精，争取在2017年实现项目完美展示，在南京高端改善型市场抢夺标杆、“一炮打响”。

◆**龙岸花园二期竣工**　9月，龙岸花园二期项目如期竣工。龙岸花园位于龙潭街道龙港大道以东，三江河以西，规划临港路以南，龙潭路以北。项目二期建筑面积33.89万平方米，共建22栋。高科置业按照商品房标准做好保障房建设，在设计方面对小区整体建筑风格、小区外立面、小区景观绿化等进行优化，对施工质量和计划安排严格管控，在保质的同时确保如期交付。从9月起，高科置业配合南京开发区、龙潭街道，进行龙岸花园二期综保区1~4批次房源的选房、结算、入住工作。历时一个多月，项目安置工作顺利完成，共安置4018套住宅，面积30.4万平方米。　□尹小虎

9月，龙岸花园二期项目竣工　　高科置业供稿

金　　融

·概　述·

◆**概况**　2016年，全区完成金融业增加值82亿元，比上年增长16%。全区银行类金融网点（不含ATM机）226个，股权投资类企业41家，证券营业部3家，保险类金融机构9家，小额贷款公司8家，融资担保公司1家，融资租赁公司2家。传统金融机构和新型金融业比肩而行，全区金融业态呈现多样化发展。金融机构发展结构进一步完善，金融功能健全。为充分发展本地金融业，以支持本地经济发展，全年新增27家开业的银行类金融网点，新增10家股权投资资机构。调整融资结构，发展多层次资本市场，提高直接融资比重。至年底，区内上市企业29家，有27家企业登陆新三板，1家企业处于申请主板上市待过会阶段，1家企业处于主板上市辅导期，另有17家企业在新三板上市进程中。加强金融风险防控，强化对小贷公司、担保公司、文交所等机构监管力度，摸排互联网金融风险企业，打击非法集资活动，维护地区金融秩序。全区金融创新能力得到提升，立足区位、产业和人才优势，符合本区经济、社会情况的特色金融迅速发展。

◆**小额贷款公司**　2016年，全区有小贷公司8家，其中，农贷公司7家，科贷公司1家。8家小额贷款公司在贷余额12.2亿元，在贷笔数892笔，累计发放贷款67.63亿元，比年初新增7.26亿元，增幅12%。按照上级主管部门要求，对区内小贷公司进行专项检查。全区小额贷款公司基本处于平稳发展状态，在解决中小企业融资难、改善农村金融服务方面发挥重要作用。

◆**融资性担保公司**　2016年，全区有1家融资担保公司，即栖霞区中小企业贷款担保有限公司，成立于2005年，注册资本1亿元。全年该担保公司为33家企业提供33笔贷款担保，担保额1.22亿元，在保33笔。至年底，公司累计为企业提供担保631笔，担保额13.41亿元。

◆**企业上市**　2016年，出台《区政府关于推进企业“新三板”挂牌上市的实施意见》，给予挂牌“新三板”企业奖补金额180万元。至年底，新三板上市企业29家，梳理17家成长性较好的重点科技企业纳入拟上市企业储备库，进行重点培育，预计在两年内挂牌新三板。另

外，区内主板已上市企业4家，1家企业等待过会，1家企业处于辅导期。"培育一批、储备一批、申报一批、发行一批"的上市工作推进机制基本完善。通过动态管理拟上市企业储备库，实现分类管理、跟踪服务，加强扶持、引导及奖励，着力推动一批条件成熟企业尽快进入上市程序。

◆**打击非法集资**　2016年，区领导重视打击非法集资工作。4月，组织召开栖霞区防范和处置非法集资工作部署大会暨金融实务与创新发展专题培训会议，制定处置非法集资工作操作流程，出台《栖霞区政府关于进一步做好防范和处置非法集资工作的实施意见》《栖霞区处置非法集资工作防范预警制度（试行）》《栖霞区处置非法集资工作联络员制度（试行）》，制定栖霞区防范和处置非法集资工作要点。加强宣传，分别开展春节防范和打击非法集资宣传教育活动及5月宣传月活动，在全区范围广泛播放南京市金融办制作的宣传视频。对重点企业，全面排查风险隐患。各街道办事处、园区管委会牵头，会同与所在街道、园区对应的区公安派出所、区市场监管局下属分局，组成联合调查小组，摸排辖区内涉嫌非法集资企业。通过分析研判，查找出具有非法集资嫌疑的企业，形成重点关注企业名单。针对梳理出的企业，区政府下发《栖霞区关于做好疑似非法集资企业处置工作的意见》，进行分类处置，并对南京市下达的重点企业进行跟踪，监督其整改。

□曹　瑾

·农业银行城东支行·

◆**概况**　2016年，农行城东支行下辖网点14个，自助银行34个，营业网点覆盖栖霞、鼓楼、玄武、秦淮等区域。农行城东支行立足于栖霞区三大板块，贴近客户需求，把握市场变化，不断优化综合性金融服务水平，扎实推进区域主流银行建设。农行凭借全面的业务组合、健全的服务网络、优秀的金融人才，领先的技术平台，向广大客户提供各种优质的产品与服务。业务范围涵盖本外币存贷款、国内外结算、投资银行、资产管理、金融市场等领域。经过持续不断的努力，农行城东支行呈现出业务协调并进、结构优化升级、服务能力持续提升的良好局面。全年实现利润2044亿元，中间业务收入6830万元，年末，本外币存款余额154.22亿元，本外币贷款余额72.35亿元。

◆**主体业务**　2016年，农行城东支行主体业务稳健发展。存款实现有效提升，至年底，全行本外币存款余额154.22亿元，比年初增加14.89亿元。其中，对公存款余额74亿元，个人存款余额77.23亿元。人民币对公核心存款日均增量3934万元，人民币个人核心存款日均增量2.66亿元，外币存款日均增量3088万美元。信贷投放有所增加，年末，本外币贷款余额72.35亿元，比年初增加15.18亿元。其中，对公人民币贷款余额26.51亿元，比年初下降2.66亿元；个贷余额45.84亿元，比年初净增17.44亿元。经济效益持续向好，全年实现拨备前利润2.44亿元，拨备后利润3.61亿元，任务完成率134%，经济增加值2.14亿元，任务完成率140%。中间业务收入6830万元，其中零售条线完成全年中收目标。业务管理费用4530万元，控制在管控目标内。

◆**客户发展**　2016年，农行城东支行新开对公人民币结算账户908户，超额完成开户任务。全行法人折效客户增量1195户，完成年度任务的351%。对公产品覆盖率提升39%，完成年度任务的97.5%。全年法人信贷客户比年初增加7户。新开外币账户37户。成功营销仙林街道财政所6个账户和德科码、鸿富夏精密电子、南京财经大学等账户，锁定一批优质客户资源。营销中软国际科技服务公积金业务4572人。在上级行的大力支持下，省级社保卡营销成效显著，取得18家确认函。全年个人加权贵宾客户新增3445户，交叉销售率提升22.6%。实现信用卡有效客户新增7797户，掌上银行活跃客户净增34671户，电子商务有效客户净增321户。

◆**创新转型**　2016年，农行城东支行成功办理全省首笔金政通业务，向南京仙林新市区开发有限公司发放贷款5亿元。发挥首单效应，为中电熊猫平板显示科技办理1亿美元的利率互换业务。推进苏微贷业务发展，全年投放3030万元，全市首家完成任务目标。在上级行的大力支持下，为仙林管委会定制20亿元理财产品。全行信贷项目营销取得一定的突破。上报审批南京栖霞山建设发展有限公司九乡河应急工程（含石埠桥城中村改造）项目贷款12亿元，提款3.4亿元；南京财经大学青教公寓项目贷款0.5亿元。上报新港文化旅游公司华侨城项目贷款15亿元。建立中央门二手房中介合作平台，与恒泰、平涛、鑫蕴通等几家公司形成对接，二手房按揭贷款的贡献度不断提升。

◆**风险管控**　年末，不良贷款余额921万元，不良贷款率0.13%。全行法人客户继续保持无不良贷款，个人不良贷款余额及银行卡不良透支率均控制在管控目标之内，超额完成年度清收任务。全行个人不良余额、不良率均为全市最低。支行成立放款分中心，信贷管理更加规范。在上级行的支持下，农行城东支行加大对江苏金翔集团的风险管控力度。通过借新还旧、期限调整、变更质押方式、追加保证担保等措施，全面压降贷款本息。至年末，金翔集团贷款总额比年初下降1640万元。强化运营风险控制，农行城东支行对公客户网上回单自助打印签约率全市第一，万元以上账户支付密码器的签约率全市第二，万元以上账户电子对账率全市第四。全行新增省行"三铁"单位1个，实现"三铁及良好率"100%。全面开展"两加强两遏制"专项检查工作，发现问题及时梳理、整改到位。案件防控和安保建设水平不断强化，支行被总行评为安全保卫"三化三达标"先进单位，支行营业部被省行评为安全保卫"三化三达标"先进单位。全年全行无责任事故、无重大违规违纪案件发生。

□唐　曼

· 工商银行南京新港支行 ·

◆概况 2016年，工行新港支行主要业务指标持续增长，全年实现账面利润3.12亿元（不含返还），中间业务收入1.06亿元（不含返还），利息收入3.34亿元（含贴现）。年末存款余额101亿元、贷款余额103亿元，存贷余额双超百亿元，创工行新港支行成立14年首高。配合国家外管局政策，推动国际业务新产品，为辖内外资企业办理美元双择期业务1800万美元，为有对外业务需求的中资企业办理1150万元跨境直贷通。支行被评为江苏省工行2015~2016年度精神文明单位。

◆为政府平台引资 2016年，对仙林大学城、麒麟创新园管委会、马群街道等平台进行营销，为其融资提供资金池、银企互联、大额存单等产品。为南京综合保税区建设发展有限公司综保区一期项目提供3.5亿元融资；为南京拓燕有限公司燕子矶老镇改造项目投放银团贷款1亿元；全年实现表内项目贷款投放13.45亿元，表外投放14.5亿元，实现中间业务收入约7500万元。

◆创新型债务融资工具产品开发 2016年，工行新港支行为新港开发总公司办理超短期融资券20亿元；为新港开发区（东区）建设公司办理非公开定向债务融资工具10亿元；作为牵头行，为燕子矶新城指挥部办理非公开定向债务融资工具20亿元；并向工行总行推荐四支券商主承销的债券，做好业务储备。

◆网点布局调整 2016年，为满足仙林地区日益增长的居民群体金融便利需求，工行新港支行调整下辖网点布局，将原金陵石化大厦支行从原址迁往仙林紫东路18号，并更名紫东路支行，于10月17日开业。该网点有效服务仙林大道西部新建的保利紫晶山、朗诗绿郡、仙龙湾、亚东城、招商语山、璞樾钟山等大型居民区及紫东国际创意园。

□叶　晨

· 南京银行和燕路支行 ·

◆概况 2016年，南京银行和燕路支行立足于所处区域的经济、社会、产业特点，紧跟总行、分行经营发展战略和思路，贯彻落实全行各项工作会议精神及方针政策，以提升基础管理为目标，推进各项业务全面发展，各项指标持续攀升。年末，实际完成时点存款35.24亿元，贷款规模11.49亿元。和燕路支行深层发掘区域资源，与区政府合作，借助栖霞区各类信息平台，获取各类项目信息，参与特色小镇、PPP项目，加强与社会优质资本的合作，拓展业务渠道。和燕路支行响应上级发展跨越式大零售业务的号召，通过加强厅堂营销，公私联动，开展各类专项活动，走进社区，宣传各类特色的零售产品。支行落实“双违检查”工作，全面进行风险排查，提升内控管理及合规经营水平；加强员工业务知识和技能培训，通过细化考核和开展竞赛，不断提高员工业务素质。

◆跨越式大零售 2016年，和燕路支行及时把握信用卡专项营销竞赛活动的机会，争取和信用卡合作商家孩子王儿童用品商店建立长期驻点营销合作关系。从11月6日起每周日在晓庄彩虹广场孩子王门店驻点营销，且成功抓住11月25~27日在南京新庄国展中心举行的“孩子王第七届儿童文化艺术节”有利时机，获得展会中的一席驻点，向参加展会活动的年轻家长宣传营销信用卡。合作前期个人业务条线主动联系孩子王相关负责人，商榷入驻相关要求，提前安排好驻点活动场地，及时做好入驻活动的事项安排、场地布置、礼品配给、后勤保障。通过现场咨询和申办的优质服务，扩大产品知名度及活动吸引度，让客户对南京银行信用卡增进了解和兴趣。信用卡专项营销活动反响热烈，信用卡进件150余张，展示南京银行员工的凝聚力和服务奉献精神，为客户提供优质服务，为支行立群众基础，为南京银行金融产品扩大知名度。

◆鑫联税业务 2016年，和燕路支行持续重点营销和推广“鑫联税”产品，通过信息平台、厅堂、电话等形式营销纳税信用良好的企业，并采用团队协作、一户一策等方式提高产品营销的效率和成功率。和燕路支行与国税、地税保持联动，利用国税、地税走进园区宣传营改增、侧改革政策的机会，与园区企业互动交流，重点向他们宣传南京银行鑫联税及鑫税融产品，通过这一方便快捷的金融产品建立起南京银行与小微企业的合作桥梁，进而带动其他业务产品的推广和运用。

□王丹华

· 栖霞科技发展投资有限公司 ·

◆概况 2016年，区科发公司围绕创新驱动发展战略，发挥科技金融在全区产业转型升级中的积极作用，推动科技与金融对接、产业与资本互动，推动区内科技型中小微企业的发展，协助解决中小微企业的融资难问题，加快培育战略新兴产业等方面展开工作。其中的创投公司携园区平台与金茂等社会投资机构合作，共同发起设立专项投资基金。携江苏生命科技园分别与金茂资本、熔拓资本合作设立3支产业投资基金。与金茂资本合作设立金茂大健康产业基金，基金规模3亿元，创投公司出资3000万元；与熔拓资本合作设立生物医药产业基金，基金规模3亿元，公司出资3000万元；与金茂资本合作设立金茂保健品产业基金，基金规模3亿元，公司出资1500万元。担保公司提供担保额1.16亿元，担保笔数27笔，其中为9家科技型企业提供担保3710万元，占比31.86%。在保34笔，在保余额1.38亿元。担保的企业在担保期内新增产值7.15亿元，推动总投资2.56亿元。是年，公司净资产1.18亿元，累计为区内184家企业提供担保629笔，担保额13.35亿元，新增地方就业419人，新增税收1766万元， 新增利润3935万元，创造一定的社会效益和经济效益。

◆国资企业债发行 2016年，按照区委、区政府要求，区科发公司继续推进国资公司企业债发行工作；根据国家发展和改革委批准文件，以南京栖霞国有资产经营有限公司为主体；6月24~27日（2个工作日），成功公开发行7年期、利率4.1%、总额14亿元的2016年南京栖霞国有资产经营有限公司双创孵化专项债券。

◆区产业投资基金设立　2016年，区科发公司牵头与南京银行、江苏银行设立总规模为11.7亿元的栖霞区产业投资基金，其中江苏银行4.4亿元、南京银行7.3亿元。该基金用于对接栖霞区域内基础设施建设，土地一、二级开发，旧城改造，环境整治等重点项目。

◆平台融资　2016年，按照区委、区政府要求，公司与区国资公司配合做好全区平台融资管理工作，与区金融办，区审计局，区人才办等部门共同对栖霞山、紫金仙林、迈燕、生命科技园等平台的融资方案，融资成本，融资的规范性、合理性进行综合审核。全年全区各平台融资148.25亿元，合作银行15家。　□谢文思

招商引资

◆概况　2016年，行政区引进重点项目232个，比上年增长44%，其中，协议项目40个，领照项目192个，总投资144亿元。全区上下紧密联系，通力合作，针对生物医药、科技创新、商贸服务、文化旅游等新兴产业，举办栖霞区生命健康产业招商说明会、北京投资说明会等10余场招商引资活动，获取有效项目信息700余条。

◆境外招商　2016年，区招商局先后组队到意大利、德国开展招商考察活动。招商团队拜访意大利蒙塔纳环保技术股份公司、意中贸易促进会、意大利国家技术研究院，举办一场以生产性服务业为主题的推介活动，重点推介栖霞区先进制造业领域发展现状和发展现代服务业领域所具有的优势资源；拜访德国博世集团总部、博西华家电投资公司、考察柏林洪堡大学，参加2016年德国柏林国际电子消费展。考察期间，招商团队重点介绍栖霞区在城市建设、环境保护、产业升级发展方面所取得的成绩，推介优势发展资源，双方就企业合作及项目引进相关话题交换意见，为后续合作打下良好基础。

◆境内招商　2016年，区招商局组织相关街道、平台到北京、上海、深圳、成都、重庆、杭州等重点城市进行小分队点对点招商，获取中国网库、亿蜂、滴滴出行、IC物联智件研发及运营总部等一批项目信息。在北京与商务部投资促进局、国际大学创新联盟等机构进行对接，实地考察中粮大悦城、中青旅文旅等项目；在上海推进同东方龙合作，推进电子商务产业园、细胞免疫治疗、生物科技、车表仪研发等项目，加快项目推进步伐。

◆东方龙商务到区考察　1月13日，上海东方龙商务组织电子商务产业园、细胞免疫治疗、生物科技、车表仪研发4个项目方代表到区考察。到访企业分批考察栖霞商务区、生命科技园、十月公社科技园、金港科创园、紫东国际创意园，就园区环境、落户政策等方面的话题与园区进行交流。

◆生命健康产业招商说明会　4月27日，区生命健康产业招商说明会在新地酒店举行。活动由三区联合国家大学创新联盟（IUIA）共同举办，以生命健康产业为主题，邀请国内外院校、企业及科研机构130余名嘉宾参会。会议由区委常委、常务副区长曹海连主持，区委书记、区长邢正军致欢迎词。活动议程

6月1日，南京现代服务业发展商机（香港）推介会召开　　区商务局供稿

包括开发区、生命科技园和大学城招商推介及国内外专家致辞、现场项目路演环节。

◆**现代服务业发展商机推介会** 6月1日，由区委书记、区长邢正军带队，街道和平台主要领导参加的配套团到中国香港进行现代服务业及在手重大项目推进工作。在港期间，紫东国际创意园及江苏生命科技园的2个投资总额3000万美元的项目在推介会上成功签约。会后，代表团结合栖霞区在手重大项目推进情况，先后拜访美亚娱乐资讯、中航国际集团、中建国际集团、中国香港永高集团，就项目引进及落地项目推进工作进行商谈。

◆**双创示范基地揭牌暨文化旅游产业发展推介** 9月9日，栖霞区、仙林大学城双创示范基地揭牌仪式暨文化旅游产业发展推介会在区委党校多功能厅举行。活动作为2016年南京金洽会栖霞分场活动，由行政区和仙林大学城联合主办，活动由区长黎辉主持，南京市副市长胡万进、市政府相关部门领导，区委、区政府、仙林大学城主要领导及相关部门领导，万达集团、深圳华侨城、保利集团等文化旅游界客商约150人参加。活动期间，南京大学与仙林大学城管委会签订国家级双创示范基地战略合作协议，国家级双创示范基地揭牌。区委书记邢正军在活动中致辞，区委常委、副区长万震作栖霞区文化旅游资源推介发言，业内专家及企业代表就栖霞区文化旅游作主旨演讲。

◆**对外国及港澳台地区贸易** 2016年，全区累计完成外贸出口42.6亿美元，完成目标的74.7%，比上年下降25.5%；其中行政区完成5.6亿美元，完成目标112.6%，比上年下降18.9%。全区累计完成外贸进出口104.1亿美元，完成目标75.9%，比上年下降19.7%；其中行政区外贸进出口完成11.7亿美元，完成目标135%，比上年下降17.2%。

◆**开放型企业资金申请** 2016年，区招商局帮助区内外向型企业申请各类资金1434.18万元。其中，上半年中小企业国际市场开拓资金33.78万元，省级商务发展专项资金1041万元，市级国际服务贸易（服务外包）专项资金30万元，南京市对外投资合作专项资金190万元，国家外经贸发展专项资金94.4万元，外贸稳增长资金45万元。

◆**外商及港澳台商投资企业** 5月16日开始至9月15日，栖霞区2015年度外商投资企业网上联报结束。年报数据表明，扣除注销、转内资及迁出的企业，全区在册的应参检企业135家，实际参报企业135家，参报率100%。参报企业总投资额23.88亿美元，比上年增长2.05%；注册资本19.26亿美元，比上年增长8.94%。参报企业营业收入111.36亿元，纳税总额12.46亿元，利润总额29.61亿元。参报企业按产业类型分，第一产业1家，占0.74%；第二产业58家，占42.96%；第三产业76家，占56.3%。第三产业已逐渐取代第二产业占据主导地位。135家参报企业，就业人数为8423人，其中，外籍人员164人，占1.94%；大学及以上学历2973人，占35.3%。按行业分，一产从业人员4人，占0.02%；二产从业人员6932人，占82.3%；三产从业人员1487人，占17.67%。参报企业资金来源于全球17个国家和地区，排前三位的投资国家和地区是中国香港、韩国和美国。 □胡 敏

经济事务管理

目标管理

◆**概况** 2016年，区发改局牵头编制全区经济建设和社会建设工作目标，包括产业转型、综合改革、科技创新、园区建设和民生改善等重点任务。全区上下认真贯彻科学发展观要求，主动适应经济新常态，坚持改革创新，各项任务进展顺利。2016年是"十三五"规划的开局之年，全区紧密围绕"十三五"规划的发展要求，稳步推进各项工作。

◆**建设目标** 2016年，全区经济建设和社会建设目标，分为主要指标、重点工作、重点项目、惠民实事项目4个部分。主要指标依据江苏省、南京市难度指标体系，分为经济发展、人民生活、社会发展、民主法治、生态环境五大类18项。重点工作分为产业发展、改革开放、科技人才、园区建设、城建城管、生态建设等13项。重点项目分为产业项目、重点园区及平台项目、城建城管项目3类。惠民实事项目包括居民增收、社会保障、生态宜居、畅通出行等10项。主要指标预期为地区生产总值增长9%，社会消费品零售总额增长10%，一般公共预算收入增长9%，全社会固定资产投资增长9.5%，居民人均可支配收入增长9%等。

◆**产业目标** 2016年，规模以上工业企业实现总产值2391亿元，其中，光电显示、生物医药、装备制造等"三大三新"产业产值占比75%以上。服务业稳步发展，全年实现服务业增加值350亿元，比上年增长11%，生命科技园等5家省、市级服务业集聚区实现营业收入110亿元，比上年增长15%。农业现代化水平进一步提升，新增高效设施农业面积85.33公顷，占计划的128%；培育农民合作社、家庭农场等新型农业经营主体15家；龙潭太平村被评为南京十大特色乡村之一，八卦洲成为中国·南京农业嘉年华永久会址。重点项目平稳推进，引进亿元以上重点项目49个；列入人代会目标的54个重点产业项目，完成投资213亿元，占全区投资总量的35.3%；南京跨境电子商务产业园、京亚国际物流仓储中心、仙林鼓楼医院资产重组及仙林灵山医养一体化等项目加快建设，乐金化学锂离子电池、LG化学动力电池、博世汽车转向泵等重点项目建成投产。

◆**科技人才目标** 2016年，全区贯彻落实国家、省、市科技创新大会精神，加快发展创新型经济，出台科技创新"1+3"政策文件。强化科技载体建设，八卦洲农业园和桦墅村入选首批国家级"星创天地"，15家众创空间通过市级以上备案，八卦洲农业园成功创建江苏省现代农业科技园区，金港科创园获批江苏省科技型创业企业孵育计划。科技金融体

系不断完善，8家企业成功挂牌“新三板”。继续推进“创业栖霞”计划，69人参加“创业南京”高层次创业人才计划答辩环节，3人进入“科技顶尖专家”现场考察阶段，7人进入“创新型企业家”现场考察阶段，3人进入“千人计划”答辩环节，6人入选国家“万人计划”。加快打造知识产权服务核心区，完成发明专利授权850件，比上年增长42.8%，新认定国家级高新技术企业45家，新增产学研合作项目60项。

◆综合改革目标　2016年，全区围绕街道综合执法改革、全科政务联网联办、市场监管等20项重点改革任务，深入推进各领域综合改革工作；深化商事制度改革，全面实行“多证合一、一照一码”登记模式，共办理统一社会信用代码换照8152家。以供给侧结构性改革为主线，完善开发区托管街道体制，优化园区管理体制改革，顺利推进交通、水务一体化改革，有序开展“营改增”税制改革，稳步推进农村土地制度改革，完成土地承包经营权确权登记颁证工作。

◆城建城管目标　2016年，加快推进燕子矶、栖霞山、仙林副城青龙片区等10个重点片区城市设计。继续推进城市治理标准化，完善“数字城管”信息系统建设，规范渣土运输，抓好停车秩序管理，拆除违建345处1.41万平方米。持续创新物业管理，继续开展住宅小区物业管理星级评比，形成栖霞物业管理优秀品牌。基础设施不断完善，道路管网持续优化，马群南路、青城路等一批道路全面通车；红枫路拓宽、玉尚路西延、逸文路二期、青城西路及燕子矶新城片区市政道路加紧建设；312国道（仙林段）快速化改造、红山南路东延二期、马高路北延等项目开展前期研究。

◆生态建设目标　2016年，推进节能减排工程，完成大唐电厂、华能电厂超低排放改造和江南—小野田脱硝工程改造任务，全面启动南京东站车辆段等5家市级挂牌督办的污染治理工程，完成24个排水达标区创建目标，6个自然村农村污水管网改造及13个小区二次改水任务，并在丁家庄片区启动“海绵城市”建设试点工作。做好南十里长沟二支、三支和幕府山沟等黑臭河道整治任务，区域水环境明显优化。继续深入推进“绿色栖霞”建设，完成成片造林面积110.73公顷。

◆民生事业目标　2016年，继续开展惠民实事工程，扩大社会保障覆盖面，多项救助政策惠及7.3万余人次，累计金额超过9500万元；募集各类慈善捐助4400余万元；新增机构养老床位430张，AAA级居家养老服务中心提档升级率100%。完善住房保障体系，保障性住房新开工面积57.22万平方米，续建面积101.65万平方米，竣工面积130万平方米。集聚优质医疗资源，“院府合作”“校府联动”模式不断深化；创建省级、国家级妇幼健康优质服务示范区，南京市妇幼保健院城北分院加快建设；栖霞区医院成功创建二级甲等医院。强化社区治理，加快全国第三批社区治理与服务创新实验区创建，新建街道社区综合服务中心4个，社工持证率达90%。就业创业服务体系不断完善，全区实现新增城镇就业20051人，培育自主创业者2295人，完成各类职业技能培训11470人，分别占计划148%、229%和114%。培育和践行社会主义核心价值观，推进文明城市创建工作；深化“阅享栖霞”全民阅读行动，推进“三千”文化惠民工程，不断提升文体服务水平。　□高云汉

财　政

◆概况　2016年，区财政局围绕区委、区政府制定的“南京副城、液晶光谷、智慧新区、和谐家园”发展战略，把握新常态下财政改革发展的趋势性变化，适应新常态下财政工作新要求，推进“转型发展、创新发展、跨越发展”，财政收支和财政改革取得新突破。栖霞板块全年实现一般公共财政预算收入112.51亿元，比上年增长24.64%，财政总收入19.21亿元，比上年增长12.24%；实现财政总支出（含市指标）83.98亿元，其中，栖霞行政区一般公共预算收入37.43亿元，财政总收入54.83亿元；完成地方财政支出（含市指标）59.95亿元。是年，区财政局被区委、区政府评为2015年度区机关作风建设先进单位、2015年度完成五个建设工作目标有功单位，区财政结算中心被区委、区政府评为2015年度区机关作风建设优秀科室。是年，全区财政系统共有干部职工137人，隶属区财政局管理的事业单位2个，街道财政所9个。

◆民生支出　2016年，区财政局在与各部门深入沟通的基础上，认真调研，细致测算，科学合理的安排年度各项民生资金。社会保障和就业经费年初预算安排2.55亿元；医疗卫生经费年初预算安

8月12日，区财政局召开2017年部门预算编报说明会　区财政局供稿

排1.67亿元，比上年增加9913.93万元，主要是增加公立医院医疗改革补助和各项重点卫生项目补助资金。预算资金总量以及涉及民生的各项投入都比上年有所增加，各项民生资金均有足额保障。

◆补贴资金发放 2016年，区财政局统筹安排，确保各项惠民补贴资金及时到位。通过区财政惠民补贴信息管理系统发放的补贴项目64项，发放资金2.53亿元，受惠群众逾50.65万人次。推进廉租房租赁补贴和机关事业单位住房补贴发放工作。及时、足额发放低收入家庭住房租赁补贴资金，为485户低收入家庭发放住房租赁补贴资金175.06万元。做好机关事业单位老职工购房补贴发放工作，共审核发放住房补贴资金903.27万元。

◆农桥建设投入 2016年，区财政局牵头区水利、城建部门，认真调查核实，采用GPS定位仪实地勘察，上报年度小农桥建设项目5个，共投资85万元，其中，江苏省投入42.5万元、南京市投入29.75万元、区级配套12.75万元。严格按照省、市财政工作要求，推进建设工程进度，确保各项工作按时保质完成。加大督查力度，密切关注项目情况，每周询问项目建设情况、每月在南京市农村财政管理信息平台上上报项目进度报表和图片。11月底，5个小农桥建设全部完工。

◆一事一议财政奖补 2016年，区财政局根据南京市综改办、市农委和市财政局《关于栖霞区2016年村级公益事业建设一事一议财政奖补工作实施方案的批复》，制定《栖霞区2016年村级公益事业建设一事一议财政奖补工作实施方案》，由各行政村和涉农居委会民主议事、立项申报，街道审批，区财政局、区农工委核定，并报区政府同意。村级公益事业一事一议财政奖补项目，涉及1个街道3个村居，总投资82.48万元，包括村集体投入及其他资金4.48万元，申请财政奖补资金78万元，其中省级资金21万元、市级资金39万元、区级资金18万元。10月底，各项资金投入到位，所有项目如期开工。

◆土地出让金收支管理 2016年，区财政局严格执行《栖霞区财政局内部管理控制规范—征地及房屋征收（拆迁）项目结余资金管理》和《栖霞区征收集体土地涉及房屋补偿安置资金管理暂行规定》，提高全区征地拆迁项目资金管理的制度化、规范化和科学化。严格执行《栖霞区财政局内部管理控制规范—国有土地使用权出让金收支管理》，对土地出让成本进行有效监管，规范全区土地出让金收支管理。关注土地出让市场变化，与市局沟通，争取政策倾斜。至年底，收入市级土地出让金11.03亿元，拨付资金12.08亿元（含上年结转资金），支持相关街道、园区平台的建设和发展。

◆政府采购管理 2016年，区财政局根据《南京市2016~2017年度政府采购目录、政府购买服务目录》文件要求，结合实际情况，制定《栖霞区2016~2017年度政府采购目录、政府购买服务目录》，并印发给全区各机关、事业单位和街道。按照《栖霞区建设工程政府采购管理暂行办法》，规范工程政府采购行为，确保工程采购工作的规范、公开和透明。是年，政府采购预算金额1.16亿元，实际采购金额1.06亿元，比预算采购节约资金1004.6万元，资金节约率8.67%。

◆公有房屋土地集中监管 2016年，区国资办进一步提升“集中管理、账户统设、票据统管、公开招租、动态监管”五位一体监管模式的工作成效。签订租赁合同207份，收缴租金5142.65万元；全区22处面积为25848.49平方米的房屋进行公开招标，招标后年租金为1483.51万元，其中4处面积为2479.44平方米的房屋原年租金为49.51万元，招标后年租金增至239.91万元，比上年增长384.52%。

◆国有资产监管 2016年，区国资办按照中央、江苏省、南京市财政部门资产清查工作要求，结合全区历年资产管理实际情况和资产管理人员业务水平，订单式地制定《资产清查工作计划表》《资产清查工作指南》《资产清查系统填报要点》等“干货”文件，采取“集中组织培训、现场办公指导、共同研究探讨”等工作方式，有效提高各单位资产清查数据填报的效率性和准确性。充分运用栖霞区金财管理信息系统，以倒逼机制约束各单位不断完善系统数据，协力做到“盘清体量、核减存量、控制增量”。全年办结资产核销业务65宗，资产共计1.09万件，核销资产原价值为2735.58万元，处置收益为7.52万元；办结资产调拨业务25宗，资产共计141件，调拨资产原价值为82.21万元。

□杨 斌

国家税务

◆概况 2016年，区国税局不断加强税收分析，强化税收征管，防范收入风险，优化纳税服务，提高收入质量，较好地完成税收收入任务。组织国税收入28.79亿元，完成区级公共财政预算收入12.44亿元。制定税收改革方案，合理调整资源配置，优化机构职能；完善风险管理运行机制，加快风险管理团队建设，提升对高风险事项的管理水平，全年完成风险应对240户，取得应对成效1287万元，顺利通过风险应对示范点验收。推进法治建设，提高依法

2016年栖霞区国家税务局完成区级财政收入情况

表23 单位：万元

项目	2016年	2015年
合计	124401	62941
增值税	106403	44275
所得税	17998	18666

8月18日，区国税局召开防范和打击虚开增值税发票综合整治工作会议　　区国税局供稿

行政水平，积极贯彻落实扶持小微企业等税收优惠政策，办理各类退税2.72亿元。顺利完成"营改增"试点任务总户数9207户；开展"金税三期"核心征管业务测试394项，外围系统182项，全部测通率100%，确保"金税三期"成功上线，平稳运行；防范和打击虚开发票，取得预期目标。继续推进非接触式服务，实现办税方式多元化；完善国税、地税联席会议工作机制，推进重点合作事项实施，实行纳税服务一体化。推动税收中心工作的开展；抓好内控机制建设，规范税收执法和行政管理权力运行；落实全面巡视整改要求，即知即改，立行立改，取得实际成效。开展"业务大比武、岗位大练兵"工作，在南京市国税局业务知识技能竞赛中获集体优秀奖。是年，区国税局被区委、区政府评为完成"五个建设"工作目标有功单位。

◆"营改增"工作　2016年，区国税局实行每日一会制度。每天定时召开由局领导、各部门负责人及"营改增"相关业务人员参加的"营改增"专题例会，交流每天的工作进展及遇到的问题，紧盯数据采集、核实和录入节点，把9000余户"营改增"对象明确分工到人，人人对所分到的企业负责到底。把控实施节点，做好各项前期准备工作，加强工作衔接，确保4月30日前各项准备工作全面就绪。紧盯开票节点，做好防伪税控发行、发票领用工作，妥善应对可能出现的各种问题，确保"营改增"部署有效实施。挑选业务骨干，组成专家团队，轮流到大厅值班，面对面解决纳税人各类疑难杂症，专业地解释相关政策。开展竞赛，助力"营改增"，区局工会开展"营改增"专项劳动竞赛，围绕"比效能、比服务、比协作、比奉献"四个类别分别展开竞赛，明确评比的范围、标准和方式，多角度、多层面展现干部在"营改增"工作中的风采。借力"互联网+"，扩大"营改增"最新政策及申报的宣传范围和广度。宣传总局"营改增"二维码，"南京国税"和"栖霞试点"公众号，方便纳税人了解最新政策解读、增值税发票开具要求、申报流程等内容。以"申报+政策+操作"为重点内容，分行业、分类型、分规模开展政策解读和申报辅导。5月10~12日，在区政府大礼堂集中开展8场专项"营改增"网上纳税申报操作及税控发票开票软件操作培训，全区5200余户"营改增"纳税人参加培训，现场发放政策汇编等资料15600余份。跟踪反馈前期培训效果。在办税服务厅现场发放调查问卷，及时了解纳税人最关注的问题，收集意见和建议，确保国家减税政策落实到位，把改革红包真正送到纳税人手中。

◆服务小微企业发展　2016年，区国税局加强政策宣传，保障小微企业"知政策、懂政策、用政策"。在内外税务网站、办税厅公告栏、滚动屏开设小微企业税收优惠专栏；通过短信平台推送税收优惠政策提醒，印制政策宣传材料免费发放给纳税人，对纳税服务"特服号"咨询人员进行专题培训，提高解答问题的效率和准确度；在办税厅窗口增设"小微企业优惠政策落实咨询服务岗"，实行首问责任制。会同创业园、街道、工商等部门，前移办税服务，提供企业税务登记前的税收宣传辅导，促进小微企业"孵化"；开辟小微企业绿色通道，对小微企业办理税务登记、发票代开、优惠备案等涉税业务，实行网上预约免填单服务；建立税收联系人制度，帮助其解决经营中遇到的涉税问题，并收集其意见和建议，畅通税收投诉和救济渠道，确保小微企业的合法权益。针对小微企业户数多、办税能力弱的特点，加强申报辅导，做好对小微企业所得税申报质量监控与后续管理；对符合条件但预缴未申报享受小微优惠的，及时通知纳税人进行更正申报，确保企业能够在预缴申报时及时享受小微企业所得税优惠。做到“免征”而不“免管”，在帮助小微企业防范涉税风险的同时促进税收优惠政策公平公正落到实处。

◆**国地税税收服务联动**　7月14日，区国税局和地税局联合银行、工商、园区平台等，共同开展“问需求、优服务、促改革”税收服务活动。税务干部在详尽解答纳税人疑问的同时，还将问题记录整理，以便跟踪服务。国税、地税干部分别为江苏生命科技创新园等50余家企业就营改增、股权激励及非货币性资产等方面的热点政策进行宣讲。讲解结束后还发放纳税人调查问卷及办税指引，了解纳税人办税中遇到的共性问题，征集纳税人的意见建议，会后积极协调，及时给予明确答复。　□王　骁

地方税务

◆**概况**　2016年，区地税局聚力税制和征管改革，以组织收入为中心，组织各类收入139.13亿元，征管质量指标连续三个季度位列系统首位。入库风险应对收入2.13亿元，比上年增长20%，应对收入贡献率2.41%，人均应对户次、准期完成率、人均应对收入、户均应对收入等指标均进入系统前列。审核完成房地产项目4个，补征税款1.12亿元。全年组织各类收入139.13亿元，其中，税收收入88.59亿元，比上年增长17.57%；社保费入库37.66亿元，征缴率99.2%；其他收入入库12.88亿元；征管质量指标连续三个季度位列系统首位。是年，区地税局获省级法治税务示范基地称号，被区委、区政府评为完成“五个建设”工作目标有功单位和机关作风建设先进单位，职工书屋获2016年省级“职工书屋示范点”称号。

◆**依法治税**　2016年，区地税局将“崇法依法护法，公开公平公正”作为核心内容，深化税种精细化管理，规范土地增值税清算、股权转让、行政事业单位个税征缴等重点工作，全年受理纳税人减免税1087户，减免金额5297万元；发挥执法监督效用，通过各类督察补征税款及滞纳金272.44万元，追究过错责任35人次。是年，区地税局以同类别最高分获省级“法治税务示范基地”称号。　□吕秀杰

◆**“栖税争锋”微视频**　2016年，区地税局针对区域面积大，税户数量多，涉税业务广的现实需求，梳理纳税人常用常问的涉税事项，推出“栖税争锋”涉税事项系列微视频及二维码一次性告知服务；立足纳税人视角，贴近实际操作，将涉税流程、步骤和注意事项制作成图、文、音并茂的系列微视频，涵盖金税三期系统、办税登记、房土两税申报、个人所得税代扣代缴委托等13项内容，并以二维码形式通过办税大厅、QQ群、微信及各种培训会提供给纳税人，方便纳税人便捷地获取税收业务办理指南，减轻人工解答、培训工作量，实现纳税人与征收一线“双减负”目标。　□周　袁

◆**企业所得税汇算清缴**　2016年，区地税局深化企业所得税精细化管理，制定年度企业所得税汇算清缴工作方案，召开专题工作推进会，立足税源税户特点，分模块分事项分群体开展6场针对性培训和政策指引，制作并发放企业所得税汇缴申报表申报操作演示视频，实现查账征收户培训面100%。盘清税户、税源，摸清汇缴、清缴的税户，企业所得税汇算申报率达100%，企业所得税汇算清缴缴纳税款13.35亿元。建立企业一户式和跨年度台账，实现企业所得税动态监控，完善税负分析和管理分析，严格复审，分级分类进行走访、核查，加大政策执行的有效性和规范性，完成企业所得税复审218户次，入库税款及滞纳金163.04万元。　□李　萌

◆**行政执法督察复审**　2016年，区地税局抓好年度税收执法督察，借助信息化手段，成立专业化团队，汇聚优势资源，强化督审职责，在事项上横向到边，在人员上纵向到底，实现督审事项条块化、执法督察专业化、协作互动一体化。全年开展各级税收执法督察补征税款86.75万元，加收滞纳金6.07万元；中等风险应对质量检查补征税款1.69万元，加收滞纳金0.37万元；上级推送审计疑点数据核查涉及纳税人责任补征税款162.06万元，加收滞纳金15.48万元；追究税务机关过错责任35人次，均纳入绩效考核及评优评先，在全局范围内进行通报，发挥督查复审工作预防与矫正的效能。　□陈小林

价格管理

◆**概况**　2016年，区物价局围绕区委、区政府中心工作，以落实“稳定价格和治乱减负”两个目标责任制为抓手，发挥价格职能，维护价格总水平基本稳定，开展价格管理和服务，稳妥推进价格改革，完善民生价费管理，强化市场价格监管，完成年度各项目标任务，地区居民消费价格（CPI）年度涨幅稳控在3%以下。日常巡查与节日期间检查相结合，组织市场价格检查7次，检查对象包括超市、商业门店、集贸市场等经营单位。开展各类价格、收费专项检查6次，主要集中在医疗服务收费、涉企收费、商品房明码标价、停车收费、教育收费、公益性公墓服务收费等领域，其中立案查处3件，经济制裁1.5万元。办理群众价格举报、咨询440件。全面实现平价商店手机和终端远程视频可视化管理，15家平价直销店实现提档升级。提升价格信息服务水平，完成超市商品、药品、集贸市场主副食品“价比三家”信息120期。全面梳理行政权力事项清单，明确行政权力事项41项，其中，行政处罚14项、行政强制2项、行政奖励3项、行政确认3项、其他19项。对公布取消、停征和免征的收费项目进行核对和清理，形成全区行政事业性收费单位和政府定价经营服务性收费单位目录清单，各收费单位贯彻落实各项优惠政策，减负总金额204.68万元。受理商品住宅楼盘63次价格申报，累计申报

4月29日，区物价局开展《江苏省价格条例》宣传活动　区物价局供稿

4428套，销售总面积116.19万平方米。受理价格认证委托38件，认证标的总额3167.25万元。受理区公安分局、南京铁路公安处等单位涉案价格鉴证委托219件，鉴证金额188.96万元。

◆价格认证　2016年，在区政府、南京开发区重点工程项目，燕子矶、迈皋桥、马群等片区拆旧，沿江河岸砂场、码头整治等工作推进过程中，区物价局发挥价格职能，对拆迁、整治项目中的不可搬迁设备及前期隐蔽工程等进行价格认证。区物价局认真研究相关政策，广泛收集资料，秉着客观公正的原则，及时准确出具结论，为拆迁补偿提供科学、公正、合理的价格依据。受理价格认证委托38件，认证标的总额3167.25万元。

◆价格监测　2016年，区物价局以粮油、肉禽蛋、蔬菜、鲜奶等主副食品价格动态为监测重点，加强与群众生活关系密切的商品价格监测预警工作；坚持每日报送36个大中城市粮油主副食品价格监测数据，每周四报送主副食品、药品、超市主要商品"价比三家"监测分析。在重大节日期间和出现恶劣天气、突发事件等应急状况时加大监测频率，针对价格放开、调整、改革等关键时点和热点，及时做好专题跟踪监测与分析工作。做好各类价格调查工作，包括龙潭、八卦洲、西岗地区春耕农资市场现状，八卦洲芦蒿种植销售情况、仙林地区房地产市场形势等。

◆农副产品平价商店管理　上半年，区物价局完成平价商店监控设备改造和价格对比表电子显示屏安装工作，全面实现平价商店手机和终端远程视频可视化管理；应用南京市平价商店监管服务平台，实现功能集成化、数据动态化、监控智能化、管理多元化。坚持每月开展门店检查，指导农副产品平价商店扩大供应蔬菜品种、加强产供销对接，确保平价商店做到蔬菜销售价格低于市场平均价格15%以上，平价粮食、食用油、猪肉、鸡蛋销售价格低于市场平均价格5%以上，其他农副产品销售价格不高于周边市场销售价格。完善农副产品平价商店网络，严格落实平价商店准入、考核、退出制度，使用价格调节和补贴专项资金扶持发展。是年，全区15家平价直销店实现提档升级，利农惠民、应急调控作用得到有效发挥。

◆房地产市场专项检查　4月和10月，根据南京市物价局工作部署，组织检查人员对全区20家商品房销售楼盘开展房地产市场专项检查2次，并对房地产中介机构门店进行抽查。检查重点包括不明码标价、不实行"一套一标"、未一次性公开全部销售房源等行为。在检查中，多数楼盘均做到销售规范，有3家楼盘存在未按照规定明码标价的问题，根据相关法律法规，区物价局对相关房产销售公司做出责令改正价格违法行为，并处以5000元罚款。

◆收费统计　5月初，区物价局完成2015年度行政事业性单位和实行政府定价、政府指导价经营服务性单位的收费统计工作，涉及收费单位155家，收费总额4.98亿元。监督各收费单位贯彻落实国家、省、市对社会困难群体优惠政策，为企业、社会、群众减负总额204.68万元；严禁各收费单位对中小微企业乱收费，减轻企业负担。依据江苏省物价局下发的年度降本减负项目表，及时对公布取消、停征、免征的收费项目进行核对和清理，形成行政事业性收费单位和政府定价的经营服务性收费单位目录清单，及时对社会公布，做到清单之外无收费。全区有行政事业性收费单位37家，收费项目51项。

◆药品价格专项检查　8月下旬，区物价局开展全区药品价格专项检查。检查中，落实"随机抽查"机制，以部分医疗机构、药品生产和流通企业及社会零售药店为主要检查对象，坚持有举报必查、有线索必查的原则，高效开展药品价格事中、事后监管。检查聚焦药品价格领域社会热点，重点查处零售企业价格欺诈行为，医疗机构不执行政府定价药品零差率、加价率政策行为，药品生产企业实施垄断或滥用市场支配地位以不公高价进行销售行为等群众和企业反映强烈的问题，对个别药店明码标价不到位的情况，检查人员均立即指出，要求现场进行整改。同时，鼓励社会共同参与药品价格行为监督，积极开展《江苏省市场调节价药品价格行为规则》等药品价格政策宣传，利用"12358"价格监管平台，发挥动员社会监督、回应群众诉求主渠道作用。

□苏　红　唐世珍

审计管理

◆概况　2016年，区审计局认真履行审计监督职能，坚持"依法审计、服务大局、围绕中心、突出重点、求真务实”的审计工作方针，对经济和社会中的热点、难点和领导关注、群众关心的问题开展审计监督，为促进依法行政，维护财经秩序，推进廉政建设，优化经济发展环境服务等方面发挥作用。完成审计项目12项，提交审计报告22篇，提出审计建议16条，被采纳审计建议16条；开展投资审计项目228个，审计总金额32.81亿元，发现非金额计量问题17个，提交信息简报39篇，被采纳26篇。完成投资审计项目209个，总金额8.52亿元，核减资金1.07亿元，平均核减率12.5%；对36个项目的工程造价进行抽查、复审，复审资金量3.01亿元，在中介审计基础上再次核减235.09万元。是年，区审计局被南京市审计局评为审计通联先进单位，被区委、区政府评为2016年度区机关作风建设先进单位、完成“五个建设”工作目标先进单位。

◆领导干部任期经济责任审计 2016年，区审计局对15名离任的领导干部进行经济责任审计，审计发现管理不规范金额691.65万元，提出意见和建议9条。审计重点关注被审计干部任期内经济工作业绩的真实性、决策的合法性、依法行政的合规性、各项工作的效益性和理财用财聚财的廉洁性；审计中强化对执行中央“八项”规定，细化“三公”经费预算等方面审计，促进“三公”经费公开及反“四风”规定的贯彻落实；着力检查领导干部守法守纪守规尽责情况，促进各级领导干部主动作为、有效作为，切实履职尽责。依法依纪反映不作为、慢作为、乱作为问题，促进健全责任追究和问责机制，推动履职尽责；完善审计结果运用制度，发挥经济责任审计工作领导小组职能优势，提升经济责任审计报告质量，促进经济责任审计公告落实，为领导正确运用干部提供决策依据。

◆政府投资项目审计 2016年，区审计局推进政府投资建设项目审计监督全覆盖，组织实施投资审计项目228个，审计总金额32.81亿元，其中，工程结（决）算审计项目167个、跟踪审计项目61个。完成审计项目209个，已完项目审计额8.52亿元，审计核减1.07亿元，平均核减率12.5%。3月，开展重点民生项目审计，完成区城市地下管线数字化建设项目跟踪及决算审计，按照南京市审计局的统一部署，对全区老旧小区改造、城中村及危旧房改造、二次供水改造、排水达标区创建4个民生建设项目跟踪审计。6月，开展征地拆迁项目审计，完成全区2007~2015年拆迁项目财务收支审计，实施尧化街道翠林北路西地块及小吃小贩中心土地出让成本审计，委托中介机构对区宏大市场地块、王家边等9个拆迁项目实施跟踪审计。加强中介机构的监督管理，对198个中介机构审计报告进行复核，对36个项目的工程造价进行抽查、复审，复审资金量3.01亿元，在中介审计基础上再次核减235.09万元，促进中介机构不断提高审计服务质量。同时，区审计局结合审计工作发展要求和本区实际，修订《区政府投资项目审计服务指南》《栖霞区政府投资建设项目审计服务摇号细则》等业务相关规范性文件，帮助建设单位了解审计政策和服务流程，规范中介机构选择流程。

◆百村经济运行情况审计 2016年，区审计局按照南京市百村经济运行情况审计调查要求，派出人员组成3个审计组，分别审计尧化街道尧化、尧胜、王子楼村，迈皋桥街道万寿村，燕子矶街道柳塘村。区审计局向区政府专题报告审计中发现的问题，并请求区政府批转各相关街道和相关单位，按法律法规的规定和南京市审计局要求进行整改；并督促相关街道和有关单位在规定时间内完成整改工作。区审计局要求区有关部门和相关街道、单位对个性问题完善监督机制，对共性问题出台相关制度，从体制机制上杜绝问题的发生。整改专题报告得到区委书记兼区长邢正军的批示，要求相关街道督促有关村抓好审计问题整改，举一反三，建章立制，强化日常监管，对共性问题出台相关制度，从体制机制上杜绝问题的发生。

◆预算执行审计 2~6月，区审计局贯彻落实《国务院关于加强审计工作的意见》和《中共栖霞区委关于增强人大监督刚性和监督实效的实施意见》文件精神，围绕2015年区本级预算执行和其他财政收支开展审计工作。利用财政联网审计系统，实践“数据分析、查找疑点、重点核查”的数字化审计模式，提高审计效能。通过计算机进行筛选分析，组织对教育、科技、文化、水利、医疗卫生等十大类14个专项资金进行审计及审计调查，涉及资金37.27亿元，占当年全区项目支出的60.2%。审计组还安排相关审计人员对迈皋桥医院、紫东国际创意园、燕子矶中学等十多家单位进行延伸审计工作，审计结果表明，审计部门围绕区经济工作重点和民生保障资金，认真组织审计，客观公正地反映预算执行和管理的总体情况，重点对文化产业专项资金、现代服务业发展专项资金、城镇安居工程专项资金、迈皋桥医院建设资金、燕子矶中学建设资金、地方债券及偿债准备金、园区平台建设资金、科技类专项资金、九乡河治理应急工程补助资金、土地出让金10个方面进行全方位审计。资金审计工作报告内容翔实、重点突出，揭示的问题清楚，提出的建议可行，对规范政府收支行为、改进政府预算执行、提高资金使用绩效起到较好的促进作用。

◆内部审计指导 5月，区内审协会根据《中华人民共和国审计法》《国务院关于加强审计工作的意见》的要求，制定《栖霞区2016年度内审工作指导意见》，意见强化对内审工作计划管理和指导考核，组织内审人员进行交流学习，提升内审人员理论水平和综合素质。通过购买审计服务的办法，解决审计人员不足。针对村级审计开展困难的现状，对第二批27个涉农村居全部开展审计。此外，大力推进街道内审办开展30万元以下投资项目的审计组织工作。加强内部审计宣传工作，提高街道与部门领导对内审工作的重视程度，完善内审机构，充实内审人员，提高内审工作能力。加大对街道、村级财务内审人员的业务培训，通过上门授课及集中培训的方式，加强对基层财务人员的业务指导。全区内部审计机构16个，配备内审人员27人，完成审计项目358项，其中，财务收支审计26项、经济责任审计25项、基本建设审计259项、专项审计43项、绩效审计5项，增加效益22万元，提出审计建议并被采纳35条。

◆**重大灾害救灾款物跟踪审计**　7~8月，区审计局对区财政局、区民政局、区红十字会、区慈善总会等单位募集的盐城龙卷风冰雹特别重大灾害救灾款物接收、使用、管理情况进行跟踪审计。重点审计慈善总会和红十字会对救灾款物的募集、分配、拨付和管理情况。对有关政策及时进行咨询，按照南京市审计局的要求及时搜集、整理、汇总、上报数据。对区红十字会及区慈善总会在救灾资金汇缴不及时的问题，审计部门及时指出并提出改进意见，促进全区救灾款物募集、拨付和管理工作的进一步规范。　□孙圣东

5月，区农业普查办公室工作人员在农户家进行农业普查试点调查摸底工作
区统计局供稿

统计管理

◆**概况**　2016年，区统计局做好第三次农业普查准备工作，完成农业、规模以上工业、能源、科技、资质以上建筑业、固定资产投资、资质以上房地产业、限额以上商贸业、规模以上服务业、劳动工资等十余项统计常规工作，开展并完成劳动力、工业品价格、城乡住户一体化、规模以下工业、规模以下服务业等20余项专项抽样调查，完成投入产出试点调查任务，完成新兴产业人才统计监测、幸福都市考核评价指标体系监测、文化产业统计监测、节能统计监测、妇女儿童规划监测5项统计监测工作，并对全区38家企业开展统计监审。撰写统计调研分析专文38篇，发表《栖霞统计信息》内参18篇，发表区委办《调查与思考》1期、区委研究室《栖霞调研》2期，其中5篇获区领导批示，编撰《栖霞统计快讯》11期，为全区各类工作会议提供统计资料20余篇，完成2~12月《栖霞统计月报》编印工作，完成《栖霞区2015年国民经济和社会发展统计公报》和《2016年栖霞统计年鉴》编撰工作，撰写统计信息200余篇。是年，区统计局被区委、区政府评为2015年度机关作风建设先进单位、完成“五个建设”工作目标先进单位，获2015年度南京市农村统计专业二等奖、2015年度南京市城乡住户统计专业三等奖、南京市统计专业培训课件大赛优秀组织奖，在能源统计工作、建设领域统计工作、服务业统计工作、人口与就业统计工作、基本单位统计工作专业业务考核中被评为优秀等次。

◆**第三次全国农业普查**　2月18日，区政府印发《区政府关于做好第三次全国农业普查工作的通知》，成立以副区长秦志刚任组长的第三次全国农业普查领导小组，下设办公室，许国强兼任办公室主任。3月25日，区召开第三次全国农业普查办公室主任会议，传达南京市农普办主任会议精神。5月12日，南京市农普办主任、市统计局副局长张治强，南京市农普办副主任韩厚盾、陈卫华到区检查指导农业普查“三落实”工作。5月24日，在八卦洲街道召开第三次全国农业普查试点培训暨动员会。5月31日，完成农业普查试点调查摸底工作。6月14日，韩厚盾一行3人到八卦洲街道督察农普试点工作。6月底，完成第三次农业普查试点工作。8月，区农普办做好农业生产经营单位核查工作。9月5日，区召开全区农普办主任会议，传达全市第三次农普办主任会议精神，总结全区农普工作完成和进展情况，布置组建村级普查工作小组、普查小区划分、农业生产经营单位核实等工作。9月20日，完成35个村（居）普查区普查工作组的组建。9月22日，区农普办在八卦洲街道小集镇举办第三次全国农业普查广场宣传活动，开展农业普查问卷调查。9月30日，完成全区农业普查区和普查小区的划分，共划分普查区35个，普查小区259个，平均每个普查小区户数为109户。10月24~26日，召开全区第三次全国农业普查方案培训会议。11月3日，区农普办到龙潭街道调研指导农业普查摸底工作。11月8日，全区各街道普查员培训工作全部完成。12月16日，区召开农业普查数据处理程序培训会。12月20日至次年1月2日，区有线电视台连续播出《致农业普查对象的一封信》和“扎实开展栖霞区第三次全国农业普查工作”滚动字幕，宣传农业普查。12月22日，区农普办印发《栖霞区第三次全国农业普查指导员和普查员工作纪律的通知》。12月29日，韩厚盾一行5人到区检查指导普查工作。　□许丽丽

南京经济技术开发区

Nanjing Economic & Technological Development Zone

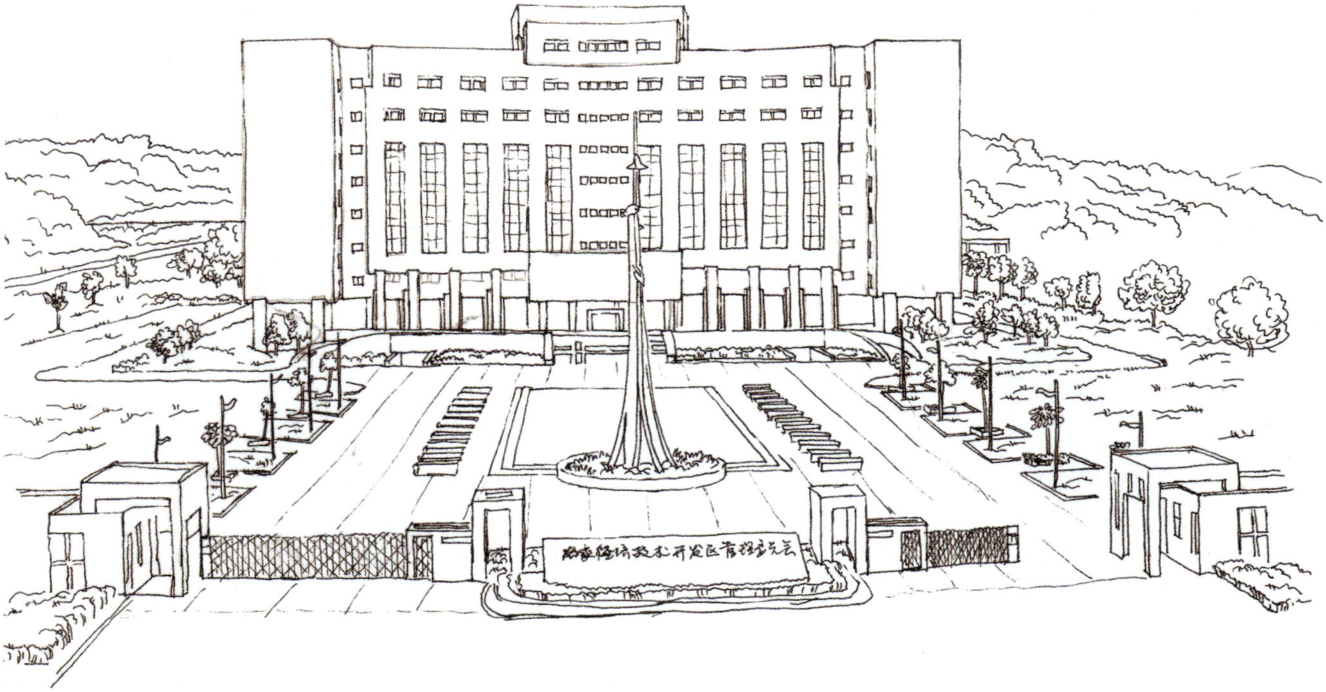

南京开发区管委会办公楼 杨轶绘

◎责任编辑 赵建华

综　述

◆概况　2016年，南京开发区集聚487家来自20多个国家和地区的企业，其中包括世界500强投资企业73家，内资超亿元企业73家，规模以上工业企业179家。开发区高新技术产业产值占全区工业产值75%以上，累计建立上规模研究院和研发中心近60家。专利申请量达1249件。开发区光电显示产业已集聚一批液晶显示、OLED显示、激光显示、新光源、太阳能光伏、电子装备等项目。其中，中电熊猫、夏普、乐金显示等企业，总投资约115亿美元，形成以TFT-LCD面板、模组及整机制造为核心的产业集群，成为国内液晶产业集群度最高、液晶模组生产规模第一的开发区，并打造全国领先、产业规模3000亿元的“中国南京液晶谷”。

是年，南京开发区实现地区生产总值850.6亿元，比上年增长10%；一般公共预算收入75.1亿元，比上年增长33.8%；工业总产值3270亿元，比上年增长1%；全社会固定资产投资298亿元，实际利用外资5亿美元。

◆省质监局领导到区调研　1月20日，江苏省质监局局长刘大旺率省局办公室、计划科技处等部门负责人到开发区调研检验检测产业集聚区。南京市副市长孙建友、市政府副秘书长汪振和等陪同调研。刘大旺一行先后走访新港高新产业园红枫科技园，参观南京市特种设备检验院的国家电梯职业技术鉴定中心和江苏省特种设备机电产品质量检验中心以及南京诺唯赞生物科技有限公司。

◆科技部领导考察调研高新园　5月17日，科技部国际合作司副巡视员蔡嘉宁一行到南京开发区新港高新技术产业园调研国际科技与创新合作情况。省科技厅、市科委、新港高新园领导陪同视察调研。蔡嘉宁一行实地考察南京激光技术研究院、南京晶升能源设备有限公司、南京夏普电子研发中心等项目的国际合作机制及创新模式，并深入了解汇智科技园（国际企业研发园）等项目的建设进展情况。

◆国家专利检索中心南京站揭牌　5月31日，国家知识产权局专利检索咨询中心南京工作站在南京开发区揭牌成立。国家知识产权局专利检索咨询中心主任赵洪、江苏省知识产权局副局长施伟、南京市知识产权局局长刘小斌、南京开发区管委会副主任王秀昌等领导出席活动。全市科技创新型企业、知识产权服务机构、高等院校、科研院所、部分媒体等代表参加此次活动。揭牌仪式结束后，江苏省知识产权局、南京市知识产权服务机构以及部分科研院所，随即展开一系列相关内容的培训活动。

◆海峡两岸新型显示产业高峰论坛　6月23日，由南京平板显示行业协会联合台湾显示器产业联合总会共同主办，开发区等单位协办的“2016海峡两岸（南京）新型显示产业高峰论坛”在南京开发区召开。峰会围绕“LCD与OLED竞争与发展”主题展开交流与研讨，国内外80多位著名新型显示技术专家、学者到会。部分专家学者在演讲交流中分别介绍新型显示产业前沿的研究方向、技术动态及发展趋势，并现场展示相关先进技术和产品。

◆Google AdWords体验中心运营　7月6日，南京开发区在管委会举行Google AdWords江苏体验中心启动仪式，谷歌公司华东地区负责人和江苏省

6月23日，海峡两岸新型显示产业高峰论坛在南京开发区召开　南京开发区供稿

副省长张敬华共同为体验中心揭牌，省科技厅及开发区相关负责人出席。体验中心是南京开发区与谷歌公司合作建设、服务全省企业的跨境贸易服务基地，主要借助谷歌互联网平台的影响力，帮助省内及南京企业转型升级，助力企业“走出去”，同时还开展跨境电子商务培训和人才合作培养等业务。

◆**人工智能产业系列活动** 9月8—9日，南京开发区在国际博览中心举行人工智能产业论坛暨南京“地平线”机器人技术有限公司启动仪式。“地平线”是中国人工智能领域的领军企业，此次在开发区设立南京总部和人工智能研发中心，以打造基于人工智能算法的芯片、系统和软硬件平台。随后，开发区又在兴智科技园举行南京微软云、移动应用孵化平台揭牌暨微软项目创业大赛启动仪式。微软云、移动应用孵化平台是微软公司在开发区布局的战略性合作项目，旨在打造以“云物大智”产业为核心的新型生态圈。

◆**吴政隆到南京开发区调研** 11月24日下午，中共江苏省委副书记、南京市委书记吴政隆到开发区视察调研。市领导杨学鹏、黄澜、谢志成，中共栖霞区委书记邢正军等参加调研。吴政隆一行先后到液晶谷、LG化学公司、兴智科技园等企业调研，随后又在开发区会议室与中电熊猫、LG化学新能源动力电池、人人保、快轮科技等公司和项目的负责人座谈。 □柳云娇

基础设施建设与管理服务

◆**概况** 2016年，南京开发区完成园区产城融合的顶层设计。按期推进龙岸花园、液晶谷、尧辰路及龙潭新市镇四大片区约120万平方米的经济适用房项目建设。其中，龙岸花园二期34.5万平方米经适房、液晶谷片区一期二标段10.8万平方米经适房、尧辰路24万平方米经适房竣工交付。重点推进润阳路东延、仙新东路北延二期、恒广路拓宽改造、二桥东二通道、广志路、龙北大道东延6条道路工程的现场施工，及龙潭新市镇周边三条辅路的前期准备工作。推进中北巴士公交场站、民聚德仓库、炼西路西侧两处铁路复建房、尧辰路员工公寓、龙潭消防站等一批城市功能性配套设施项目建设。完成处理能力为4.5万吨/天的东阳污水处理厂二期项目；完成东阳污水厂一期尾水管网工程、摄山星城和栖霞开发区污水收集管网、龙潭污水处理厂龙北大道东延污水主收集管网、靖安大道附属收集管网的建设工作。协调自来水、电力等专业单位，完成棉麻仓库、熊猫供应链、中佳通、兴武泵站、富源等34项接水、接电工作及恒广路、润阳路东延、龙北大道东延等道路高低压杆线迁改工程。

◆**疏港大道改扩建工程** 3月12日，由龙潭港通往绕越高速公路的疏港大道改扩建工程启动。项目位于南京开发区东区，道路长14.88千米，由国家发改委列入长江经济带综合立体交通走廊建设重点项目，给予中央预算投资补助，总投资额约52亿元，纳入南京市重大基础设施预算，施工期3年。项目全线按一级公路兼顾城市快速路标准建设，其中主路采用双向六车道高架方案，高架段桥梁全长12千米，设计时速为100千米；地面辅路一般路段为双向六车道，并通过高架桥或地面物理分隔方式为集疏港车辆设立专用通道。项目建成后，龙潭港区的货物最快20分钟即可抵达南京长江四桥，形成“公水联运”的格局，提升龙潭港区和物流园区集疏运通道容量。

◆**检验检疫服务小微创业企业** 4月5日，南京检验检疫局经济开发区办事处启动检验检疫“引领式服务”活动，专门为小微创业企业实施“无死角护航”。开发区办事处检验检疫人员到兴智科技园南京快轮智能科技有限公司开展指导宣讲活动。活动以“引领式服务”为重点，针对质检总局发出的出口电动平衡车安全隐患风险警示，检验检疫人员就该公司出口电动平衡车贸易中涉及的检验检疫事宜，包括进出口法律法规、原产地普惠政策、TBT技术贸易措施、危险化学品运输等内容，与企业相关技术人员进行交流，给予指导，体现“放”与“扶”有机结合，有效发挥检验检疫的职能作用。此类活动的开展，受到众多小微创业企业欢迎。

◆**“众创空间·税收创coffee”主题活动** 4月20日，南京开发区纳税人服务联盟在园区开展“众创空间·税收创coffee”主题活动，国地税业务骨干联合开展权威的税收政策解读，打通营改增等政策落地的“最后一公里”，为纳入营改增试点的“创客”提供税收、科创、金融政策等方面的综合性涉税服务。活动现场，开发区国地税注册税务师、ACCA会计师等税务专家就营改增纳税人如何实现顺利转型及高新技术企业优惠政策等当前热点政策进行讲解，对纳税人提出的问题一一作答。现场还编发营改增政策、征管操作规范汇集、业务指引以及税银合作等宣传资料。

◆**“特斯拉”落户综合保税区** 6月7日，“特斯拉”为南京开发区提供的首批4个“目的地充电桩”在南综合保税区进口商品展示直销中心完成安装测试。特斯拉总部位于美国加州，其新能源汽车具有独特的造型、高效的加速、良好的操控性能和先进的技术，并且具备完善的充电解决方案，为人们带来最极致的驾乘体验和最完备的消费体验。特斯拉为客户主要提供3种充电方式，分别是超级充电、目的地充电和家庭充电。此次落户南京综保区的特斯拉充电站采取“目的地充电站”模式，充电电流为30安培左右，每小时充电大约能跑30多公里。它的特点是适合城市的商业区布置，充电比较便利。

◆**中免德鸿超市开业** 7月9日，中免德鸿南京综合保税区进口商品指定保税展示交易中心在南京市玄武区龙蟠中路88号盛大开业。这个外资超市面积约4000平方米，拥有健全的海外供应链，优选全球品牌商、供应商，商品品类涉及母婴、护肤、洗化用品、生活家居、轻奢品、家电数码等，将卖场、跨境电商、保税展示等开放创新元素有效融合，执

行海关、国检等各部门的程序和要求，打造合法、阳光、快捷、便利的进口商品通道，让消费者足不出户即可买遍全球。开业当天，顾客就达6000多人，营业额超过百万元。

◆“货物状态分类监管”模式创新　11月18日，由中外运代理的一批非保税红酒进入南京开发区综保区存储，南京综保区仓储货物按状态分类监管业务启动，使综保区实现非保税货物与保税货物同区域存储运作。仓储货物按状态分类监管是综保区创新业务的新举措，有利于充分发挥区内企业联动国内与国外两个市场的功能，提升企业参与市场竞争的能力。此前，存放在区内的货物都是未报过关的、等同于国外货物。它与国内货物要严格隔离开，不能一同存放，以防出现窜货或偷漏税等行为。这就造成进出口贸易商不得不租赁两个仓库，分别存放两类不同货物，即使一类货物爆仓，也无法存放到隔壁仓库，从而增加企业的租金和物流等费用。实现货物分类监管后，突破以往禁区，大大减少企业的运作成本。　□柳云娇

项目建设

◆概况　2016年，南京开发区新引进重大项目34个。其中，博西华研发中心项目8月签约，由博西华电器（江苏）有限公司投资3亿元建设。项目占地面积2.6公顷，建设2.6万平方米的综合研发大楼一幢及传输桥一座，并建设配电站、停车场等附属设施。天加空调余热发电机组项目10月签约，由南京天加空调设备有限公司投资3亿美元，建设低温余热发电机组项目，主要从事发电系统集成与制造，以及高效能换热器、离心机组等产品研发、生产及销售。北京长城华冠汽车科技股份有限公司新能源项目10月签约，由北京长城华冠汽车科技股份有限公司投资50亿元，建设新能源汽车整车生产项目，项目涉及新材料覆盖件、新材料结构件、能量模块与驱动模块总成、总装整车、性能检测线及试车跑道、新能源汽车技术研发中心、新能源汽车教育培训中心等，产品涵盖A0级、A级、B级新能源汽车。辉源空气净化器生产基地项目11月签约，由江苏辉源供应链管理有限公司投资8.2亿元，建设年产25万台空气净化器的高端装备制造业生产基地，并依托江苏辉源和艾欧史密斯的科研及行业实力，打造环保产业技术研发平台、成果转化平台、高端产业平台及大数据平台的完整产业链。是年，南京开发区新开工南京乐金汽车零部件驱动电机生产等重点项目21个，新竣工LG化学电池五工厂等重点项目22个。纳入市级考核的13个重大项目有序推进。

◆重大项目集中签约　9月13日，南京开发区在管委会举行8个重大项目集中签约仪式。南京市副市长黄澜、中共栖霞区委书记邢正军等市、区领导及相关企业负责人出席。签约外资、内资项目各4个，其中先进制造业项目6个，总部、研发类项目2个，总投资达112亿元，涵盖科技研发、新能源汽车、高端装备以及现代服务等新兴产业。12月6日，开发区举行第二次集中签约仪式，22个重大项目签约，总投资约487亿元。其中，制造业、服务业和研发类项目17

12月6日，南京经济技术开发区第一批重大项目签约　　南京开发区供稿

个；基金类项目3个；另有两个战略合作类项目。

◆石墨烯项目落户开发区 11月14日下午，英国BGTM公司与南京开发区签约，在开发区共建石墨烯创新中心暨产业园。南京市市长缪瑞林、中共栖霞区委书记邢正军等领导见证签约，并会见项目团队负责人、石墨烯发现者、诺贝尔物理学奖获得者康斯坦丁·诺沃肖洛夫教授一行。缪瑞林对项目在南京落户表示欢迎。他指出，石墨烯作为一种特殊新材料，应用空间广阔，市场潜力巨大，石墨烯创新和产业化符合国家和南京产业发展导向。希望落户南京开发区的石墨烯创新中心和产业化项目，借助南京良好的人才支撑、科教资源和创新环境，在技术研发和产业应用上取得新突破。康斯坦丁·诺沃肖洛夫及BGTM公司负责人表示，南京有着科技创新、高新技术产业发展的良好环境，期待与南京进一步拓展战略合作，实现共赢目标。南京石墨烯创新中心初期总投资4亿元，组建石墨烯产业创新科研团体及4个研发中心，推动石墨烯新材料的应用研发和产业化。 □柳云娇

2016年南京开发区新开工重点项目情况一览表

表24

项目名称	投资方	总投资	项目内容	占地面积（公顷）	建筑面积（万平方米）	开工时间
南京乐金汽车零部件驱动电机生产项目	LG电子株式会社	6300万美元	建设汽车驱动模组生产线。项目达产后，预计新增年产值约12亿元，税收1000万元	—	1	1月
邦奇自动变速箱增资项目	南京邦奇自动变速箱有限公司	1.35亿美元	建成达产后，将有16条生产线、形成总年产200万台自动变速箱的生产能力，可实现年产值约200亿元	16	5.1	3月
蔚来汽车项目	蔚然（南京）动力科技有限公司	30亿元	将打造蔚来新能源智能汽车电机、电控项目产业中心。预计量产后产值为28亿元，利税约2.54亿元	32	6.4	4月
LG化学动力电池二工厂一期	南京乐金化学新能源电池有限公司	19亿元	建设新能源汽车动力电池电极生产线	9	4	10月
LG化学电池五工厂项目二期	LG化学（南京）信息电子材料有限公司	8亿元	新建锂离子电池前工程生产线2条（阳极生产线1条、阴极生产线1条）	1.9	6.3	10月
上铁宝桥地铁道岔项目	南京上铁宝桥轨道装备有限公司	3亿元	拟建设铁路道岔产品的研发、生产线，建成达产后可形成年产铁路道岔200组、高锰钢辙叉和合金钢辙叉200个的产业能力。项目达产后，预计新增年产值7.5亿元，纳税6300万元	4	2	1月
德科码CMOS图像传感芯片产业园项目	TACOMA Technology Limited	35亿元	一期主要投资建设8寸晶圆厂，以自主设计的图像传感器芯片制造为主，兼顾模拟集成电路及电源管理芯片的生产，产品主要应用在安防监控、车载、工业以及医疗方面，预计投产后第二年产能可达4万片/月，达产后年销售额约5.1亿美元，纳税约2亿元	26	25	12月
博西华研发中心项目	博西华电器（江苏）有限公司	3亿元	拟建综合研发大楼及传输桥一座，并建设配电站、停车场等附属设施	2.6	2.6	12月

2016年南京开发区新竣工重点项目情况

表25

项目名称	投资方	总投资	项目内容	占地面积（公顷）	建筑面积（万平方米）	竣工时间
LG化学电池五工厂项目	LG化学（南京）信息电子材料有限公司	1.08亿美元	电极生产线项目	2	1.8	3月
LG化学偏光板三工厂项目	LG化学（南京）信息电子材料公司	6.2亿元	新建偏光板前工程项目	0.73	0.7	3月
博西华电器扩建项目	博西华电器（江苏）有限公司	3.88亿元	新建洗衣机生产线2条，电机生产线7条，建设5座辅助公用工程	—	3	4月
艾欧史密斯（中国）水系统有限公司扩建项目	艾欧史密斯（中国）水系统有限公司	9980万美元	预计投产后，年新增热水器120万台，销售收入约17亿元，税收1亿元以上。	10.7	8	4月
白云电气绝缘子项目	白云电气集团有限公司	7.43亿元	主要从事配用电自动化系统集成项目的生产、办公、仿真演示系统的建设	8.6	7	4月
日本电气硝子玻璃基板项目	日本电气硝子株式会社	2.8亿元	主要从事第6–8.5代玻璃基板（最大尺寸2200mm×2500mm）的研发、生产与销售，规划生产能力为180万片/年。项目达产后，预计年产值达3.2亿元，年税收3000万元	3	2	6月

7月21日，日本电气硝子玻璃基板项目在南京开发区投产　　南京开发区供稿

续表25

项目名称	投资方	总投资	项目内容	占地面积（公顷）	建筑面积（万平方米）	竣工时间
南京乐金汽车零部件驱动电机生产项目	LG电子株式会社	8.42亿元	建设汽车驱动模组生产线，建筑面积1万平方米。项目达产后，预计新增年产值约12亿元，税收1000万元	—	1	9月
乐金显示年产1920万件液晶显示模组项目	乐金显示（南京）有限公司	3.02亿元	采用玻璃板切割、偏光板贴附等工艺，建设7条CP生产线及7条Cell后工程生产线，不新增建筑物面积	—	—	11月
正大天晴厂前区项目	南京正大天晴制药有限公司	21亿元	建设冻干粉针车间、冻干粉针剂车间、工程技术中心和一栋自动化智能高架库	18.7	4	12月

特色平台

南京综合保税区（龙潭片）

◆概况 2016年，南京综合保税区（龙潭片）一期封关面积1.15平方千米，其定位是主动融入国家发展战略、借鉴上海自贸区发展模式，依托龙潭“公铁水”枢纽优势，打造迷你版“自贸区”，建设区域性国际贸易平台。是年，自贸区货物分类监管等创新制度在综保区落地实施。保税展示交易平台规模进一步扩大，日本邮便、韩国OnChina等项目先后加入。中免德鸿保税商品展示展销交易中心实现运作。新引进中江国际等多家贸易、保税展示交易项目。苏商一期、京亚供应链相继建成投产。

◆进口商品展示直销中心开业 1月24日，位于龙潭的“南京综合保税区进口商品展示直销中心”开业。直销中心是继江宁的南京国际商品博览中心、空港跨境电商O2O体验店、综合保税区保税交易中心之后，南京市新开设的又一家国际商品销售平台。南京综合保税区于2015年12月被批准为“江苏省进口消费品交易中心”，成为江苏省第一家进口消费品交易基地。在开业前10天的试营业阶段，直销中心的营业额就已超过百万元，高峰时段人流达3000多人。直销中心内的3000多种商品（包括生鲜）全部从海外直采，由资深的一级代理商直接面对消费者，流通环节降至最简。

◆“乡村来了”国际论坛 5月28日下午，以“乡村来了”为主题的国际论坛在综合保税区桦墅村举行，来自荷兰、德国、美国和中国台湾地区的乡村建设专家汇聚一堂，共同探讨桦墅未来的乡村建设和国内乡村的发展道路。桦墅村坐落于南京综合保税区东部，是一座有着1500多年历史的古老村

美丽乡村——桦墅　　西岗街道供稿

落，近年来以她的秀美山水接纳过一批批年轻的勇于探索的乡村建设者。随着“嘤栖书院”“三鸟仓”“青果文化”等文创项目纷纷来这里安营扎寨，这里的废弃厂房“变身”文创基地，与青山绿水的村庄融合为一体。在当天的论坛上，中国古村落保护与发展的寻访人张安蒙女士表示，美丽乡村要有“村魂”，保护一方村落的特色，就是留住“魂”；吸引年轻人研究传统，求证历史，传播传统文化，则是在不断地扩大“村魂”，重塑村落。“国际城市与区域规划师学会”副主席Martin，则盛赞以年轻摄影师李丹丹、嘤鸣读书会创始人赵健等为代表的青年乡村建设者，他希望类似桦墅村这样的美丽乡村，今后要多举办活动，建立并不断提升其在国际上的知名度。

9月9日，微软项目落户新港高新园。图为启动仪式后项目情况介绍现场
南京开发区供稿

南京新港高新技术产业园

◆概况　2016年，南京新港高新技术产业园（简称“新港高新园”）获批的“国家创新人才培养示范基地”“国家知识产权试点园区”“国家级科技企业孵化器”“国家火炬光电及激光特色产业基地”“国家级博士后科研工作总站”“苏南国家自主创新示范区独立组成园区”“江苏省产学研协同创新基地”“江苏省众创集聚区”“江苏省科技企业加速器”“江苏省‘苗圃-孵化器-加速器’科技创业孵化链条试点”等国家级、省级品牌资质20余项；引进培育“千人计划”“万人计划”“省双创人才”“南京市321人才”等高层次科技创业人才385名；新港高新园与众多高等院校相继共建一批产业技术研究院，其中与中科院上海光机所、北京大学、南京大学、南京邮电大学等四大校所共同建成研发中心15个、各类平台孵化企业163家；高标准规划建设“兴智、汇智、龙港、红枫”四大科技园。至年底，在此落户的科技型企业达647家，实现销售收入54.67亿元，税收9227万元，利税总额超过4亿元。包括微软项目在内的15家企业年产值超过5000万元（其中9家企业年产值过亿）。有33家企业获得外部风险投资，总额8.26亿元。四大科技园空间布局基本形成统筹兼顾、错位互补、整体联动的发展格局。

是年，新港高新园实现工业总产值2293亿元，高新技术产业产值1765亿元，地区生产总值632.5亿元，一般公共预算收入75亿元，拥有高新技术企业137家，上市企业18家。

◆“创新公园”落户新港高新园　1月下旬，国内著名的早期创业服务机构“创新公园”落户南京开发区新港高新园。创新公园是为“创客”专门打造的孵化平台，其服务宗旨是激活创客们的创新因子，让创客们的创意变成现实。创新公园采用“投资+孵化”的运营模式，帮助创业者提高创业成功率，并对优秀项目进行投资。创新公园首席执行官奚军表示，作为一家专业创业孵化器，将通过举办路演、沙龙、训练营等各种形式的创业辅导，帮助创业者优化商业模式、制定战略、配置资源。至年底，创新公园已投资建成三四十个项目，涉及的基本都是互联网行业。

◆获批光电专利导航发展实验区　11月2日，南京市知识产权局发布《关于同意设立南京市专利导航光电产业发展试点试验区的批复》，南京新港高新园成功获批南京市首家专利导航发展试点实验区。是年，新港高新园将知识产权战略作为创新发展的核心战略，建立健全知识产权管理体系、服务体系和人才培养体系，知识产权的创造和运用、保护和管理能力大幅提升。先后与中科院上海光机所、北京大学、南京大学等成功共建一批研究中心、中试中心、检测中心。高新园区知识产权服务平台更加完善。

南京光电技术研究院

◆概况　2016年，南京光电技术研究院按照现代化应用型研究院要求进行创新运作，以研究院有限公司为运作主体，致力于采取“研究院+平台公司+产业化项目公司+产业基金”四位一体运作模式，着眼于进一步发挥高校、科研院所科技创新资源优势以及南京市雄厚的光电产业基础优势，整合周边地区丰富的产学研资源，围绕“推动产业转型、促进科技创新、服务企业发展”三大核心任务，重点面向新型显示、半导体照明、太阳能光伏、光电装备、光电材料、北斗导航等产业链核心领域，加快建设技术研发创新、成果转移孵化、项目投资管理、产业公共服务四大平台。是年，研究院通过产业技术平台，共孵化培育科技企业112家。

◆**光电技术与市场联姻**　2016年，南京光电技术研究院不断探索科技成果转化新途径，探求技术与市场联姻新模式。以“研究院+转移转化平台+产业链项目公司+产业基金”四位一体的模式，对前沿技术和企业实际需求进行“撮合”，力求“配型”成功，就地转化。具体操作中，技术平台针对每个创业公司的不同情况，一对一进行股权、人员激励机制设计，技术团队在创业公司中占有大股东地位，充分调动科研人员的积极性；针对创业初期项目团队缺少资金、无力购买大型设备的情况，平台采购公共设备，通过融资租赁或分期返还的方式，提供给创业公司使用，使项目团队在创业伊始“轻装上阵”。是年，研究院在成功孵化培育的上百家企业中，有一半是以这种模式获得成功的。

◆**215.9厘米3D超大屏投入使用**　3月上旬，一块215.9厘米3D超大屏从南京开发区发往北京，并安装在首都机场T3航站楼。这块截至目前国内最大尺寸的裸眼3D显示屏，是由开发区神彩光电科技有限公司采用自有核心技术研发的最新产品，观看者不用佩戴3D眼镜，就能直接感受3D震撼效果。　□柳云娇

入驻企业选介

◆**概况**　2016年，南京开发区有中外企业487家，其中规模以上工业企业179家，上规模研究院和研发中心近60家。南京京晶光电科技有限公司的“LED高亮级照明专用蓝宝石衬底”和南京华格电气塑业有限公司的“射频天线用不饱和聚酯/纤维复合拉挤异型材”入围2016年度江苏省重点推广应用的新技术新产品。康尼机电、英达热再生、汇金锦元和中电熊猫晶体科技4家省级以上企业技术中心的4个重点项目入选2016年江苏省重点技术创新导向计划项目，研发总投入为8080万元，数量位居南京市前列。南京中电熊猫晶体科技有限公司的中电熊猫晶体智能制造–无人工厂工程项目和江苏龙蟠科技股份有限公司的以工业4.0为目标的生产智能管控一体化系统项目分别入选2016年全省深度融合创新（互联网与工业融合创新）示范试点工程。15家企业项目入围2016年省工业和信息产业转型升级专项引导资金项目的11个类别，获补助资金2435万元。南京电气高压套管有限公司的“干式高压电容芯子及其制造方法”、南京艾凌节能技术有限公司的“一种永磁调速器”和南京优科制药有限公司的“一种新的盐酸莫西沙星注射剂”3件专利获批2016年南京市优秀专利奖。开发区科协在中国科协“科协基层组织服务企业科技创新项目”评审中，被评为2016年全国园区科协组织建设示范单位。开发区龙蟠科技股份有限公司入选江苏省“自主工业品牌五十强”企业名单。南京华信藤仓光通信有限公司技术中心、江苏卡思迪莱服饰有限公司技术中心、阿特拉斯科普柯（南京）建筑矿山设备有限公司技术中心入围2016年江苏省企业技术中心名单。开发区南京康尼精密机械有限公司技术中心、南京正科医药股份有限公司技术中心、南京电器高压套管有限公司技术中心和南京京晶光电科技有限公司技术中心入围南京市第十八批新认定市级企业技术中心名单。

◆**博西华电器（江苏）有限公司**　博西华电器（江苏）有限公司于2004年入驻南京开发区，注册资金6300万美元，主要从事家用电器和燃气用具的开发、生产、销售等。公司自建研发机构4个，着力研发洗衣机、抽油烟机、热水器等新产品，拥有专利692项，研发人员363人。公司内设5个工厂，是博世和西门子家电集团吸尘器电熨斗等小家电、厨具电器、洗衣机、电热水器及电机等产品的主要生产基地，拥有洗衣机研发中心、制冷（冰箱）研发中心、厨具产品研发中心。2016年，博西华电器（江苏）有限公司生产洗衣机132万台，多功能饮料机201万台，热水器13万台。全年实现主营业务收入54.1亿元，比上年增长6.8%；工业总产值49.8亿元，比上年增长2.4%。

◆**中电熊猫液晶显示科技有限公司**　南京中电熊猫液晶显示科技有限公司于2009年9月入驻开发区，累计总投资139.3亿元。主要从事TFT–LCD面板和模组、液晶显示器、电视机等产品的生产、销售。公司在引进夏普生产线的基础上，重点推进技术的消化吸收和再创新，是国内最先进的液晶面板生产线之一，是南京市政府一号工程。2016年，南京中电熊猫液晶显示科技有限公司实现主营业务收入154.7亿元，比上年增长2.1%；工业总产值154.7亿元，比上年增长2.1%。

◆**乐金显示（南京）有限公司**　乐金显示（南京）有限公司（以下简称LGD），是韩国LG Display株式会社（原LG.Philips LCD株式会社）在海外投资建厂的第一家生产法人。公司成立于2002年7月，注册资本3.78亿美元。LGD主要从事研究开发、生产液晶显示模组系列产品及相应的配套产品，并提供相关产品的售后服务，是全球较大的液晶显示模组生产工厂之一。主要产品有苹果PAD模组、车载显示模组、笔记本模组。2016年，乐金显示（南京）有限公司生产模组6021万片，实现主营业务收入236亿元，比上年下降8.6%；工业总产值253.5亿元，比上年下降4.3%。

◆**南京华新有色金属有限公司**　南京华新有色金属有限公司是1993年12月由台湾华新丽华股份有限公司控股的华贵国际有限公司与南京高科技股份有限公司、苏逸实业有限公司、江苏省电信公司、华新（中国）投资有限公司共同投资建立的中外合资企业。经过增资、吸收合并，公司注册资本6.2亿元，投资总额8.1亿元，主要从事新型铜合金材料、电气化铁路架空导线及相关产品开发、生产、销售。公司生产以8毫米铜条及2.6毫米铜线为主要规格的铜线材产品，为各类电线电缆及扁平线、极细线材的原材料。产品被广泛应用于漆包线、极细线、通信线、电力线、电子及计算机配线、电源用线、汽车用线、扁平线、电车线及电解铜箔原料等，年产能40万吨，是中国主要铜条生产基地之一，也是江

苏省百强企业之一。2016年，南京华新有色金属有限公司实现主营业务收入103.8亿元，比上年下降10.4%；工业总产值103.8亿元，比上年下降10.4%。

◆南京LG新港新技术有限公司　南京LG新港新技术有限公司（以下简称LG新港）是中韩合资企业，于1998年建成投产，总投资5620万美元。该公司由韩国LG电子株式会社与南京新港开发总公司、乐金电子（中国）有限公司、南京新港高科技股份有限公司共同投资兴建，专业生产电脑显示器和液晶电视。产品1999年4月通过ISO9002认证，2000年5月通过ISO14000认证。LG新港总占地面积16公顷，是LG显示器的全球生产基地和LG显示器研发中心，也是全球主要显示产品供应商。2016年，LG新港生产显示器3038万台，笔记本电脑410万台，实现主营业务收入340.6亿元，比上年增长14.1%；工业总产值337.8亿元，比上年增长8%。

◆南京夏普电子有限公司　南京夏普电子有限公司于1996年入驻开发区，占地15.67公顷，累计总投资7.8亿元，员工3300余人，拥有自建研发机构，研发人员近百人，为江苏百强企业之一。公司主要从事LCD电视、投影机、LCD模组的生产、销售等，是世界知名的电器品牌。2016年，南京夏普电子有限公司生产电视机175万台，液晶模组85万片，实现主营业务收入316.2亿元，比上年下降5.1%；工业总产值317亿元，比上年下降4.9%。

◆乐金化学（南京）信息材料有限公司

乐金化学（南京）信息材料有限公司于2003年入驻开发区，累计投资7.4亿美元。公司主要从事偏光板和锂电子电池的生产、销售等。2016年，乐金化学（南京）信息材料有限公司生产偏光板23.8万片，电池3.6万块，实现主营业务收入132.4亿元，比上年增长17.4%；工业总产值133.5亿元，比上年增长16.1%。

◆喜星电子（南京）有限公司　喜星电子（南京）有限公司于2002年入驻开发区，为韩国独资企业，累计投资9900万美元，注册资本3400万美元。公司主要从事TFT-LCD模组、显示器及其零部件、平板数字电视机及平板数字电视机零部件的研发、生产和销售。2016年，喜星电子（南京）有限公司实现主营业务收入52亿元，比上年下降0.5%；工业总产值142.7亿元，比上年增长13.8%。

◆邦基（南京）粮油有限公司　邦基（南京）粮油有限公司成立于2006年，为邦基公司在华独资企业。公司致力于研发、加工和生产蛋白饲料豆粕，国标一级、四级大豆油，浓缩磷脂和大都深加工过程中派生的相关产品和附属产品等，向长江流域众多的饲料加工企业和小包装生产商提供优质产品与服务。2016年，邦基（南京）粮油有限公司实现主营业务收入19.2亿元，比上年下降48.3%；工业总产值30.1亿元，比上年下降27.7%。

□柳云娇

夏普电子有限公司产品展示厅　　赵冬艳摄

公共服务

Public Service

南京市栖霞中学新校区

杨铁绘

◎责任编辑　张双全

人口与计划生育

◆**概况**　2016年，全区以创建江苏省“十三五”人口协调发展先进区为动力，努力提升全区人口计生服务管理水平。全区出生政策符合率99%以上，孕前优生健康检查覆盖率90%以上，出生人口性别比基本正常，流动人口管理服务率95%以上，妇幼保健和计划生育服务达标率95%，人口信息化建设达标率95%以上，计划生育机构队伍建设达标，计划生育奖励扶助政策全面兑现，计划生育事业经费达到标准要求。获江苏省“十二五”人口协调发展先进区荣誉称号。

◆**落实计划生育优惠扶助政策**　2016年，全区向3972人发放一次性奖励金1429万元；向747名特别扶助对象发放504.73万元；向2124名农村奖励扶助对象发放196.96万元；审核通过计划生育公益金对象117户，发放资金24万元，使计划生育困难家庭得到及时救助，实现精准帮扶。为352名计划生育特别扶助对象发放游园年卡面值11万元、公交出行补贴18万元，购买733份住院护工保险7.33万元；节日期间走访慰问困难群众、困难退休计生干部和患病在职计生干部970户，发放慰问金31.32万元；每月为达到60周岁以上特别扶助对象调整扶助金发放标准，每月增发200元，为395人及时调整发放标准；向全区16112名无业人员发放97.11万元独生子女父母奖励金。落实无业已婚育龄妇女（含流动人口）计划生育基本项目手术费11234例、1.89万元。组织群众参加生殖道感染防治检查16662人，投入检查治疗费用49.45万元。建立街道、社区（村）二级计划生育特殊家庭联系人工作网络，落实1名街道领导干部、1名社区（村）干部为计划生育特殊家庭联系人，畅通联系渠道，明确职责，定期开展帮扶活动，优先为有需求的计划生育特殊家庭提供家庭医生签约服务。

◆**人口家庭公共服务**　2016年，全区配合国家全面“两孩政策”实施，重点为符合条件并有意愿生育第二个孩子的夫妻做好孕前优生健康检查、建档和跟踪服务工作，参检人员1091对。区卫计部门撰写完成《栖霞区实施国家免费孕前优生健康检查项目情况分析》调研报告。举办“同分享·伴成长”青春健康志愿者师资培训班，驻区高校30名志愿者骨干参加培训。联合区教育局，在区内各中学开创青春期健康教育新模式，共开展同伴教育活动200多场。以仙林大学生青春健康活动中心为基础，创建国家级“仙林大学生青春健康俱乐部”。南京一中马群分校省级青春健康示范基地建成。

◆**0~3岁婴幼儿早期发展工作**　2016年，区卫计部门建成区0~3岁童书玩具馆、栖霞街道0~3岁早期发展指导中心，加快尧化街道0~3岁早期发展中心建设。举办中级育婴师培训班，共有80名计生专干和已备案机构从业人员参加并取得育婴师资格证。积极开展13~36月龄婴幼儿免费亲子体验活动，惠及全区3200多名适龄儿童。对全区0~3岁保育机构进行综合检查，对需要整改和完善的机构限期整改并跟踪督查。

◆**流动人口均等化服务**　2016年，全区增进流动人口信息化工作，拓宽信息采集渠道，区公安、民政和医疗卫生保健机构共享流动人口信息。保持每月区、街两级信息交流工作，加强流动人口婚、孕、产、术等基本信息及时录入，提高《江苏省流动人口卫生计生服务管理信息系统》信息增量，系统录入流动人口总数86207人，其中育龄妇女29415人。开展流动人口婚育证明电子化试点，依托国家PADIS流动人口子系统和江苏省流动人口信息系统电子婚育证明数据库，建立集中统一流动人口婚育证明信息管理平台，实现全国范围内流动成年育龄妇女信息的实时查询和应用，为流动人口提供方便快捷的服务。加强与异地卫计部门协作，严厉查处打击“两非”行为，综合治理出生人口性别比问题。是年，区卫计部门开展流动人口动态监测工作，按照国家统一部署，全区7个街道共16个社区参加国家流动人口卫生计生动态监测工作。

□刘海明

劳动就业

◆**概况**　2016年，区人社部门围绕经济社会发展大局，积极应对社会转型发展新情况，突出“民生为本、就业优先”工作主线，凝心聚力、攻坚克难、狠抓落实，全面推进人力资源社会保障各项工作。突出重点促就业，进一步完善就业服务体系，实现新增城镇就业18192人，实现再就业9915人，援助困难人员就业1028人，农村劳动力转移就业244人；融合资源推动创业，进一步拓展创新创业平台，实现培育自主创业者2001人、创业带动就业8378人、扶持大学生创业531人，入选省、市级优秀大学生创业项目45个；紧盯需求办培训，进一步提升技能培训实效，完成城乡新成长劳动力培训355人次、城镇失业人员职业培训3588人次、创业培训7122人次、农村劳动力培训2810人次、在职职工培训13021人次、政府补贴性职业培训13542人次，完成职业技能鉴定取证4816人，新增高技能人才893人。是年，区人社部门加强保障房片区居民就业服务工作，区、街道、社区三级联合开展针对性“四清”调查和就业援助，随时掌握就业需求；结合小区配套，促进就业创业载体建设，大力开发社区保洁、保绿、保安等公益岗位，帮助和促进片区居民充分就业。区人大常委会为此专题调研丁家庄保障房入住居民的就业情况，对就业促进工作给予肯定。区人社部门会同各街道劳动保障所，开展“就业援助月”活动，组织辖区内失业登记和劳动力资源信息调查，落实帮扶政策，有23525人次享受灵活就业困难人员社保补贴3477.83万元；为录用就业困难人员的88家单位发放社保补贴166.48万元，岗位补贴57.96万元；为申请稳岗补贴的2277家单位，发放补贴9919.41万元。区人社部门规范劳动仲裁维权工作。开展企业工资集体合同审查数743份，劳动保障书面审查5119户，受理工伤认定案件372起；仲裁院立案受理劳动维权案件546件，审结结案546件，结案率100%；追讨农民工工资及各类补偿约5500余万元，涉及劳动者3420人。

是年，全区新建社区劳动保障站3个，区人社部门进一步强化街道对劳动保障协理员的自主管理，理顺劳动保障协理员的劳动关系，基层站所服务能力得到提升。举办全区劳动保障协理员业务培训班，并承办全市劳动保障所长业务能力提升培训班。区人社部门加强对辖区内培训机构管理，定期组织消防安全、规范办学等方面检查，宣传有关政策，鼓励民办培训机构参与政府购买的培训业务项目，为全区劳动者提供更多培训选择。区人社部门印发《关于加强全区民办培训学校管理的通知》，对区内所有培训机构提出统一标准，并对12家培训机构进行年审，其中11家培训机构年审合格、1家书面通知整改，并跟踪监督。

◆大学生创业扶持　2016年，区人社部门全面实施大学生创业引领计划，出台新一轮区级大学生创业扶持文件《关于“创业栖霞”人才计划的实施意见》，打破区域限制，推介创业资源，鼓励更多大学生创业。通过走进校园、印发宣传材料、设立咨询台等形式广泛开展创业政策宣传。开展创业帮促活动，区人社部门与南工院、中医药大学等驻区高校合作，开展大学生创业教育、培训和实训，帮助大学生积累创业实践能力，提高创业成功率。开展“创业导师进校园”“创业政策进园区”等多种形式的创业指导和创业政策宣传活动。8月，区人社部门承办“创翼中国”江苏赛区赛事。区人社部门还加强与工商、税务、南京银行紫金支行等部门沟通协调，配合市就业管理中心积极向驻区高校宣传大学生创业服务“绿色通道”相关政策，最大限度减少大学生创业成本、强化风险托底保障。是年，区人社部门共发放大学生创业补贴500万元、创业小额担保贷款1795万元，其中大学生创业贷款170万元。

◆高校大学生就业服务　2016年，区人社部门以实现“大学生充分就业”为目标，加强大学生就业服务工作。开展离校未就业高校毕业生实名调查登记工作，加强驻区企业与高校毕业生的就业对接力度，通过上门入户、电话联系等方式，调查核实辖区内高校毕业生基本信息、就业状况、就业意愿、服务需求等情况，填写“江苏省离校未就业高校毕业生实名调查登记表”。9月份，调查核实新增576人，全区高校未就业登记率达100%，实名制登记高校毕业生就业率达98.15%。此外，区人社部门还与省、市、区多级多部门联合举办仙林地区高校毕业生春、秋季大型公益招聘活动2次，审核发放413名高校毕业生住房租赁补贴47万余元。

◆特色技能培训　2016年，区人社部门深入调研街道培训工作，逐一制定培训方案，强化地方经济特色，彰显培训推动就业创业的实效。3月，结合栖霞山文化旅游深入开发和区域特点，指导栖霞街道开办素斋制作和小手工艺制作两期培训，当地有参加学员60余人。5月，结合八卦洲特色农业开发需求，区人社局和八卦洲街道合作开办“农村电商”培训班，为从事养殖、加工、运输、销售的40名人员开展电商经营培训，邀请南京专业创业导师编制方案，采取线上线下、集中授课和分别指导的培训方式，让学员能够熟练掌握创业知识，并对学员提供后续指导服务，确保每名学员能够实现网店运营，真正走上创业之路。11月，结合西岗街道拥有优美的乡村环境，适合开发短途旅游的特点，区人社部门在西岗街道开办一期以面点制作、烹饪、服务和农产品养殖为培训内容的综合培训，为20名当地农家乐餐厅培训技术人员，提升他们的服务水平。全年开办技能培训班151期，涉及培训专业（工种）16个。

◆“春风行动”等系列招聘活动　2016年2~3月，区人社部门以“搭建供需平台，促进转移就业”为主题，开展“春风行动”系列招聘活动。活动期间，区人力资源市场及龙潭、栖霞、尧化、西岗、八卦洲、迈皋桥等街道共举办规模招聘会32场，累计参加招聘企业652家，提供就业岗位18573个，达成用工意向2268人次。“三八”“八一”节日期间，区人社部门依托区人力资源市场，分别举办“迎‘三八’、架金桥”“迎‘八一’、拥军爱民”专场招聘会，为全区广大妇女和军队转业复退人员提供更多就业机会，累计有汉佰纺织、百江液化、顺丰速运等30余家用人单位参加专场招聘活动，提供就业岗位550余个。针对广大妇女、复员军人及军嫂就业群体普遍期望稳定就业需求，区人社部门收集会计、出纳、店长、文秘、策划设计、行政文员等多类型优质岗位，保证招聘会岗位覆盖面广，适用性强，并开辟就业服务“绿色通道”，现场提供政策指导、职业介绍、职业培训等“一站式”就业服务。10~11月，区人社部门采取区街联动方式，举办“农民工和外来务工人员公共就业服务招聘季”专场招聘活动，累计举办13场招聘会，参加招聘企业351家，提供就业岗位8352个，达成用工意向1323人次。

◆大学生创业就业服务中心启用　5月7日，区政府在仙林高科中心隆重举行区大学生创业服务中心落成启用仪式，南京市副市长刘以安，江苏省人社厅，南京市政府、团南京市委、南京市人社局、驻区各高校、三区有关部门和园区相关负责人以及大学生创业者代表，创业服务和风险投资机构、创业导师等共350余人参加启用仪式。区大学生创业服务中心位于仙林街道学津路8号高科大厦裙楼三楼，建筑面积841.84平方米，使用面积703平方米，处于仙林大学城中心区域。中心按照人社公共服务和创业生态体系要求设计功能配置，有公共服务、创业活动、资本对接、信息发布、宣传展示5个平台，以大学生为重要服务对象，以创业为重要服务内容综合性、一站式服务窗口，具有集中式、互动式活动功能场所。服务中心启用后相继举办BIG DEMO江苏大众创业万众创新全国巡回路演南京站活动以及有关项目路演、创业沙龙、创业指导活动80余场，创业者800余人次参与，效果初显。

◆**政府补贴性职业培训**　2016年，全区颁布政府补贴性职业培训综合考核量化指标。考核指标要求在培训过程、考核鉴定等各个环节都进行严格督导和考评，以期提高政府补贴性培训实效。区人社部门积极推动考核指标落实，通过辖区内民办培训学校自主培训，拓展职业技术培训外延，鼓励将自主培训纳入政府购买培训项目范畴；增强对街道职业指导培训力度，提升硬件配套，通过安装网络摄像头，实施远程监控，购置安装投影仪和笔记本电脑，使教学更加直观、便捷；鼓励辖区内规模企业提升在职职工培训质量，通过政策宣传和区人社部门工作人员努力，华脉科技公司的无线电装接工，科虎光电、冠佳科技的电子仪器仪表装配工，金长江公司装配钳工，西岗物业公司保安员、保洁员，江苏高校社区服务公司绿化工等企业及相关岗位1897人参加政府补贴性专业技术培训，在区职培中心组织和协调下开展技能鉴定考试，其中，1662人通过考试取得等级证书。区人社部门把创业培训政策送进高校，为大学生参加政府补贴性创业培训做好服务工作。9月，各高校开学后，利用休息日，对校内大学生开展GYB和SYB创业培训，涉及南林大、三江学院、南京工程学院等134个班次，近万名学生。全区该项考核最终获全市排名第一成绩。

◆**民办培训机构核批**　2016年11月，经严格审核，区人社部门为江苏助业企业管理有限公司投资创办的南京助业职业培训学校颁发办学许可证，将其纳入区内社会办学管理体系，扩充区内职业培训资源。民办职业培训机构审批权限，从市级人社部门下放区级人社部门以后，南京助业职业培训学校是区内首家成功获区级人社部门核批设立的民办职业培训机构。区人社部门受理申请后，认真审核申报材料，组建专家团队对学校办学条件、师资力量、办学理念等方面开展详细考察；其结果表明该校具备较好硬件设施条件，办学理念明确、"创业1+X"培训特色突出，以开设实体店为创业目标，以西点烘焙为技能培训学员得到专家组认可。

◆**工伤认定事权下放承接**　2016年，根据《市政府关于取消和下放及承接一批行政审批项目的通知》，南京市下放工伤认定相关行政权限至区级人社部门。区人社部门主要负责辖区内区级机关、区（直）属事业单位、街（镇）及其所属单位；由市级及以下行政主管部门登记或批准成立，并且注册地在辖区内企业、社会团体、基金会、民办非企业单位、律师事务所、会计师事务所等组织以及有雇工的个体工商户，在南京市行政区以外注册登记但实际生产经营地在辖区内各类用人等单位职工工伤认定（含老工伤确认）及相关工作（遇有管辖争议的，由市人力资源和社会保障局指定管辖）。区人社部门按要求承接工伤认定事权相关工作，组织人员培训、建立工作机制、学习相关政策，6月1日起正式办理工伤认定事项。工伤认定事权转移后，区人社部门受理372起工伤认定案件，其中单位申报362起、个人申报10起；结案369起，中止3起。其中，调解正式撤销申请5起，调解达成一致意见个人申报改由单位申报26起，直接支付相关工伤待遇10余起，未发生1例行政诉讼案件。

◆**工资支付情况专项检查**　2016年，区人社部门贯彻落实江苏省、南京市农民工工资支付情况专项检查工作要求，以解决工资拖欠、维护农民工权益为重点，开展农民工工资支付情况专项检查。在全区范围内摸底排查，深入重点区域、重点行业、重点企业开展检查，做到发现一起，查处一起、纠正一起。开通农民工维权"绿色通道"，对拖欠农民工工资案件，及时立案，快速处理、快速结案，为农民工维权提供便捷服务。是年，区人社部门会同街道及相关部门快速处置欠薪案件20多起，涉及劳动者3400余人，追讨工资及各类补偿款5500多万元。

◆**劳动争议案件审理**　2016年，区人社部门共受理劳动争议案件546件，审理结案546件，结案率100%。在已结案件中，裁决结案107件，占已结案件数19.60%；调撤结案340件，占已结案件数62.27%；其他方式结案99件，占已结案件数18.13%，涉案金额1700余万元。受理案件、案外调解案件、不予受理案件网上录入率100%，庭审笔录和调解书、裁决书等法律文书网络上传率100%，仲裁信息管理系统运行率达100%。区人社部门还走访调研辖区内企事业单位、政策宣传、用工指导16次，发放调解仲裁建议书33份，发放各类劳动用工法律法规宣传材料1000余份，提升用人单位规范化用工管理水平。经江苏省人社厅批准，区人社部门聘任劳动人事调解专家1名，市民可以直接拨打电话或登录省人社厅网站选择专家参与案件调解。是年，区人社部门投入40多万元，新建科技仲裁庭，提高人事劳动仲裁的科技含量。　□尤永坤

教　　育

综　　述

◆**概况**　2016年，全区有幼儿园75所，中小学55所；幼儿园教职工2947人，中小学教职工4538人；幼儿园在园幼儿21376人，中小学在校学生46039人。另有教师进修学校、广播电视大学各1所。在创建工作中，栖霞区被认定为江苏省中小学校责任督学挂牌督导创新区、江苏省社区教育示范区，区教师发展中心被认定为江苏省示范性县级教师发展中心，新港中等专业学校被认定为江苏省高水平现代化职业学校，栖霞中学被认定为江苏省三星级普通高中，区第一实验幼儿园月桂园分园等3所幼儿园被认定为江苏省优质园，西岗街道等3家社区教育中心被认定为省级标准化社区教育中心；金陵小学获教育部"千校携手"项目示范校称号，南外仙林分校小学部获"全国校园足球特色学校"称号，马群幼儿园获江苏省"绿色学校"称号，丁家庄小学、钟山幼儿园等15家中小学、幼儿园被授予"南京市平安校园"称号。

◆**中小学诗歌竞赛颁奖典礼**　1月10日

2016年栖霞区幼儿园、中小学基本情况一览表

表26

类别	学校数（所）			班级数（个）			在校学生数（人）			教工总数（人）			专任教师数（人）		
	共计	教育	其他	共计	教育	其他	共计	教育	其他	共计	教育	其他	共计	教育	其他
幼儿园	75	28	47	692	276	416	21376	9039	12337	2947	1189	1758	1482	603	879
中小学合计	55	50	5	1265	1032	233	46039	37178	8861	4538	3250	1288	3954	3051	903
小学	37	34	3	815	711	104	30349	25903	4446	2234	1831	403	2103	1763	340
初中	16	13	3	298	214	84	10734	7730	3004	1435	956	479	1206	890	316
高中	4	2	2	93	48	45	3403	1992	1411	657	251	406	474	227	247
职业中专校	1	1	0	59	59	0	1553	1553	0	212	212	0	171	171	0

注：学校数中含十二年一贯制学校，既有小学，又有初高中，学校统计会有重复

上午，第九届江苏省中小学诗歌竞赛总决赛颁奖典礼在南师附中仙林学校小学部举办。江苏省政协副主席朱晓进，江苏省教育厅副厅长朱卫国、江苏省教育厅基教处处长马斌，凤凰出版传媒集团副总经理孙真福，南京市教育局副局长张生，南京大学教授、博士生导师、中央电视台百家讲坛主讲老师莫砺锋等出席颁奖典礼。颁奖典礼由江苏省教育学会常务理事、江苏省教育学会校园文学专业委员会理事长姚卫伟主持，区教育局副局长吴兴致欢迎辞。其间，区教育局局长徐观林等向与会各位领导作简短工作汇报。总决赛分为小学组、初中组和高中组，小学、初中、高中组分别进行诗歌知识、诗歌作文、诗歌创作和诗歌朗诵比赛，由专家组评出一等奖57名、二等奖70名，三等奖70名；"诗歌之星"6名。大会为获一等奖学生和"诗歌之星"现场颁奖，获奖小学、初中、高中学生代表即兴发言。

朱晓进勉励师生要多阅读勤思考，学会创新、协调和共享。朱卫国表示，从获奖同学身上又一次感受到诗歌的强大生命力，希望老师要引导学生爱上诗歌、展望未来，告诉学生只有热爱生活才有诗的灵感。莫砺锋从"杜甫很忙"谈及自己最喜爱的杜甫与苏东坡，从烈士屈原到隐士陶渊明；从居士苏轼到侠士辛弃疾，告诉大家要透过诗文来读"人"。

◆省级示范性教师发展中心创建 1月13日～15日，以金陵科技学院副院长冯年华为组长的"江苏省示范性县级教师发展中心"现场考察评估组到区，现场考察、评估区教师发展中心创建"江苏省示范性县级教师发展中心"工作。江苏省教育厅师资处、南京市教育局、区政府、区教育局相关负责人参加评估活动。

14日上午，副区长万震代表区政府汇报区教育事业发展情况，区教师发展中心负责人汇报区教师发展中心创建工作情况。南京市教育局副局长张生介绍全市各区教师发展中心概况，并对区教师发展中心各项工作给予评价。评估组通过核查支撑材料、现场考察设施设备、观摩多场主题研训、召开专题剖析会、广泛访谈校内教师、测评学员和教师满意度等方式，对区教师发展中心组织领导、基础条件、队伍建设、工作绩效、特色创新五个方面状况逐一考查评估。15日下午，评估组组长、冯年华宣读对区教师发展中心创建"省示范"情况总评估意见。评估组对栖霞区委、区政府重视创建"省示范"工作、对区教师发展中心取得的各方面工作绩效给予肯定，对区教师发展中心未来发展提出建设性建议。

◆团中央调研组到区调研 2月23日上午，团中央调研组成员、最高人民法院中国审判理论研究会副秘书长牛凯、副研究员代秋影，中国预防青少年犯罪研究会干部韩鹏一行到区，调研未成年人保护与犯罪预防工作。共青团江苏省委权益部部长陶莉、共青团南京市委权益部部长徐伟等领导陪同调研。区教育局、团区委，区教育局基础教育科相关负责人、燕子矶中学领导和区内有关学校法制副校长等参加调研。燕子矶中学负责人向调研组成员作关于学校未成年人保护与犯罪预防工作情况汇报。牛凯等领导肯定燕子矶中学"礼育修炼厚德、协进成就幸福"教育思路，对"预防为先、渗透为主、活动为辅、效果唯优"做法表示赞赏。其间，调研组领导和与会人员共同探讨关于心理支持、家校合作、法治共建等方面工作，向法制副校长了解法制教育进校园具体措施，并分析当前未成年人保护和预防犯罪工作方面存在问题和困难。牛凯指出，学校作为未成年人成长的重要阵地，如何"将外在预防和自我预防结合起来""将法制教育融入学生日常"是学校和社会都要探究的课题。调研组领导希望栖霞区教育工作者继续深入研究和实践这些课题。

◆合作办学集中签约暨赠书仪式 3月26日，燕子矶新城合作办学集中签约暨《燕子矶》赠书仪式在区委党校礼堂举

行。燕子矶新城指挥部主任周华山、区教育局局长徐观林与南外仙林分校校长钱铁锋，签订合作办学框架协议。南京外国语学校仙林分校燕子矶新城校区，在原民办南江中学校址基础上新建。一期规划为民办九年一贯制学校，办学规模为6轨54班。

随后，栖霞区与南京晓庄学院签订共建南京晓庄学院附属小学燕子矶分校项目。该项目位于区内衡山路以西，燕华花园小区北侧，为公办全日制义务教育学校，规模为48个教学班级。区教育局党工委书记王守云与晓庄学院副院长张波签订《晓师附小燕城分校合作办学协议》。

区政府还与南京特殊教育师范学院签订共建区特殊教育学校协议。学校位于南京特殊教育师范学院北侧，为十二年一贯制公办学校。副区长万震与南京特殊教育师范学院副院长庆祖杰签订“校、府合作框架协议”。

多方合作签约结束后继而举行“地情书”《燕子矶》赠书仪式。南京大学历史系教授、博导贺云翱为燕子矶地区学生代表赠送新书《燕子矶》，并将该书分发给燕子矶地区所有学生。

南京市政府副市长胡万进、副秘书长张强，南京市教育局局长吴晓茅，南京特殊教育师范学院党委书记朱传耿、副院长庆祖杰，南京晓庄学院院长许承明、副院长张波，区委书记邢正军，区四套班子主要领导，区相关部门负责人，各街道党工委书记、分管领导，相关平台负责人，燕子矶街道各社区负责人以及燕子矶地区师生代表200余人参加活动。

◆中小学校园足球联赛　4月10日，区2016年校园足球联赛初中组和小学组决赛，分别在区实验初级中学和区实验小学举行。联赛分为小学男女生混合组、初中男子组，全区有30所中小学代表队近600名运动员参赛。迈皋桥中心小学、区实验小学、南外仙林分校小学部、南师附中仙林学校小学部代表队分获小学组前四名及联赛一等奖；南外仙林分校中学部、中桥中学、南师附中仙林学校中学部、华电中学代表队分获初中组前四名及联赛一等奖。大赛组委会和教育局领导为获奖代表队颁发奖杯。

◆“互联网+栖霞教育”论坛　（详见P174“区域经济”相关条目）

◆区政府领导调研栖霞教育　8月2日上午，区长黎辉、副区长万震、副巡视员王智等一行，到区教育局调研工作。区教育局班子成员、各科室负责人参加调研会议。区教育局局长徐观林从推进新校建设、打造品牌项目、做好招生工作、提升教育质量、加强队伍建设、推进各类创建等六个方面汇报上半年工作情况和下半年工作安排。黎辉在听取工作汇报后指出，“十二五”期间，栖霞教育功不可没。各项举措扎实有效，教育教学成果丰硕。同时又强调栖霞教育责任重大，一定要乘势而上。下一步要在这几方面多思考，拿出具体措施，进一步合理规划教育布局，加快新校建设步伐，提高教育教学质量，提升教师队伍素质，重视品牌特色建设，确保招生工作稳定，提升机关人员综合素养。真正实现教育大区到教育强区转型。随后，万震、王智对栖霞教育“十三五”奋斗目标提出要求。

◆栖霞·彰化“行知教育论坛”　8月21日，2016年南京栖霞区、台湾彰化海峡两岸“行知教育论坛”在晓庄学院附属小学开幕。论坛由栖霞区西片教育共同体和中国台湾地区彰化育英国民小学共同主办。参与该论坛有南京市教育局副局长张生，南京市台办联络交流处处长胡晋梅，区教育局党工委书记王守云，区台办、区台胞接待站负责人，南京晓庄学院教师教育学院心理学研究室主任王晓萍，台湾彰化县各级学校家长协会理事长柯建麟，彰化县育英国小家长会会长张博鉉，彰化县员林国小校长李远符，彰化县育英国小校长卓训德等16位台湾彰化县小学教育界代表，以及全区各小学代表，西片各街道办事处、各社区文化服务中心领导共200余人。论坛主题为“家校携手，提升教育质量”。晓庄学院附属小学校长鲁照斌致欢迎辞，张生发表主题讲话。在两岸教育论坛交流环节，卓训德首先作题为“台湾推动家校合作之现状与展望”演讲。卓训德从主题简介、国民教育阶段家长参与学校教育事务办法、合作实务简介等方面详细介绍台湾地区小学推动家校合作现状与特色优势。南京晓庄学院附属小学顾新佳以“家校共舞，助力儿童核心素养发展”为主题，阐述西片教育共同体家庭教育公益讲师团成立一年来所行所思，并从公益目标、组织结构、运行机制、活动内容、社会效应等层面，阐述家庭教育公益讲

8月21日，2016年南京栖霞区、台湾彰化海峡两岸“行知教育论坛”在晓庄学院附属小学开幕

区教育局供稿

师团在今后运行中的思路。柯建麟作题为“家长协会参与学校教育所扮演的角色与功能”经验分享报告，从家长参与重要性、彰化县各级学校家长协会成果等方面，介绍台湾各级家长协会在助力学校教育，共话家校合作方面措施与成就。

主题汇报后，两岸与会者参加题为“家校携手，提升教育质量”沙龙。两岸中小学教育界代表，分析各自学校在办学过程中推进家校合作工作做法与困惑，同时围绕加强家校合作，引领家庭为孩子学业成绩提升助力等话题交流经验，分享彼此智慧。

◆教师节庆祝表彰大会 9月8日下午，区庆祝第32个教师节表彰大会，在金陵中学仙林分校中学部报告厅举行。区委书记邢正军，区人大常委会主任李汉桥，区政协主席夏宁，区委副书记陈波，南京开发区党工委书记李华，区委常委、区委组织部部长徐春，区委常委、副区长万震，区委常委、区委宣传部部长陈云松，区政府副巡视员王智以及区委办、人大办、政府办、政协办、纪委（监察局）、组织部、宣传部等相关部门主要领导，各街道党政主要领导、分管领导，区教育局机关全体人员，各中小学、单位校长，部分幼儿园园长，社区教育中心校长，责任督学，教师代表，退休校长代表，受表彰的先进单位和先进个人代表出席大会。大会播放专题片《不忘初心　幸福前行》，回顾栖霞教育“十二五”历程。区第一实验幼儿园教师歌舞表演《阳光路上》，展现栖霞教师阳光向上的精神风貌。大会分五个批次表彰先进典型。陈云松、王智为江苏省、区优秀教育工作者代表颁奖，徐春、长万震为区“十佳师德标兵”和“十大有功人物”颁奖，夏宁、李华为南京市“学科带头人”颁奖，李汉桥、陈波为栖霞区“支持教育先进单位”颁奖，邢正军为江苏省特级教师、南京市名校长，区“教育工作先进单位”颁奖。随后，摄山星城小学孩子们为教师节献礼，她们带来“南京白局”《我向老师问声好》等文艺节目。燕子矶中学王华、区教师发展中心单烨娟、金中仙林分校小学部林慧敏、南京晓庄学院附属小学鲁照斌四位先进个人先后交流发言。邢正军向全区教师致以节日问候和祝福。

◆义务教育学校标准化建设监测 10月24日，区教育局在区实验初级中学尧化校区，举办义务教育学校标准化建设监测工作培训会，区委教育党工委副书记韩俊、督导室负责人，以及全区51所义务教育学校校长、分管教学校长和负责年度统计工作的负责人员参加培训。区教育督导室副主任孙宁军介绍义务教育学校标准化建设监测工作背景、要求和指标体系，重点说明监测内容、方法和注意事项。区教育局相关科室领导逐条解读52个监测要点，韩俊对开展监测工作提出要求。区教育督导室制定“栖霞区义务教育学校建设监测工作方案”，印发“栖霞区义务教育学校建设监测科室分工表”和“栖霞区义务教育学校建设监测学校填报表”，建立监测工作QQ群，召开监测工作科室负责人、全区责任督学专题会，具体布置和落实监测工作。

◆“三特色”现场展示评审 11月6日，栖霞区完成2016年特色学校、特色项目、特色教师建设展示评审活动。南京市教育局初教处处长戴兴海、中教处处长周鹏，南京市教研室主任严必友，南京市教科所所长肖林元、南京市教科所原副所长宋宁应邀担任评审专家。区教育局局长徐观林、分管副局长，基础教育科、督导室、区教师发展中心负责人和相关研训员，以及特级教师巫新秋参与评审活动。评委深入10所学校，现场评审2所特色学校、7个特色项目和6位特色教师。评委每到一所学校，认真听取特色展示主题汇报，观看学校特色宣传视频及学生特色活动，查看校园文化，深入课堂听课，访谈部分师生及问卷调查，以电话形式了解家长对学校特色工作了解情况及评价。最后展开现场点评指导。南师附中仙林学校小学部的“乐雅文化”，南师附中仙林学校中学部的“星光文化”，南湾营小学的魔幻数学，迈皋桥中心小学的“炫美足球”等特色项目，给评委们留下深刻印象。评委一致认为栖霞区“三特色”建设符合教育发展规律和区域教育发展现状，是助力栖霞教育有效载体。

◆教育系统妇女代表大会 11月17日，区教育局在栖霞中学召开区教育系统妇女第一次代表大会正式会议。区妇联副主席杨秀凤，区教育局党工委书记王守云，区教育局工会、团工委、少先队工作相关负责人员参加会议。大会分两个阶段，先举行区教育系统妇女代表大会预备会议，随后召开区教育系统妇女第一次代表大会正式会议。杨秀凤致辞，王守云宣读关于区教育系统妇联成立的批复。大会按照程序进行选举，根据投票结果，许伟红、杨玉萍、张明红、周晓红、林卫云、姜亚春、姜莉、徐翠花、戴海蓉当选为区教育系统妇女第一届执行委员会委员，并随后召开区教育系统妇联第一届执行委员会第一次全体会议。区教育系统妇联新当选主席姜莉表态发言。王守云对区教育系统妇联提出今后工作要求。

◆区域教研文化建设课题结题 11月25日，江苏省教育科学“十二五”规划重点资助课题、南京市精品“五〇”工程课题《“主题课例式研训结合”的区域教研文化建设研究》结题现场会在南京师范大学附属实验中学举行。江苏省教育科学规划领导小组办公室主任彭钢，江苏省中小学教研室书记鞠文灿，南京市教科所所长肖林元、市教科所科室2位主任到场指导。结题过程分为“主题研训”教研展示、“主题研训”区域教研文化展示和专家论证三个阶段。“主题研训”教研展示阶段，由区初中思品学科教师展示“基于课程标准的主题学习的策略研究”主题研训活动南师附校教师薛海丽呈现主题学习课例《兴趣与情趣》。在李宝玉名师工作室全体成员围绕课例进行充分研讨基础上，南师附中仙林学校教师王英姿、南京一中马群分校教师张桂芳和中桥中学教师陈勇分别就研讨结果展开分享。“主题研训”区域教研文化展示阶段，课题组展示《区域教研文化的创生：主题研训》宣传短片，再现区教师发展中心多年来“主题研训”区域文化建设历程。区劳技研训员王进宏、南外仙林分校教师程迓庆、区实验小学教师巫新秋和金陵中学仙林分校小学部教师李新分别回顾自己在区域学科教研、区域共同体、名师工作室、网络教研四大主题研训支撑系统成长过程作汇报发言。专家论证阶段，在场专家依据对课题全程了解、三大版块展示汇报、课题资料现场查阅、与课题组成员进行关键问题适度对话，指出本课题研究是在传承“十一五”研究成果基础上进行的一次拓展性研究，有效抓住区县教师发展中心核心工作，通过传统方式与现代技术整合运用，基于全学科教研深度参与，发展向共同体研训活动自觉实践，成效显著，成果丰硕，影响力大，示范性强。至此，区“主题研训”课题研究已经成功完成两轮省级重点资助课题研究。

学前教育

◆概况 2016年，全区有幼儿园75所（含4个不成形园），其中教育部门办28所，民办和其他部门办47所。在园幼儿共计21376人，学前三年入园率100%。区第一实验幼儿园月桂园分园、马群街道中心幼儿园第一分园、南大和园幼儿园通过江苏省优质园验收；区第一实验幼儿园月桂园分园、鸿雁名居幼儿园、迈皋桥丁家庄第二分园、栖霞幼儿园东阳分园、浅草名苑幼儿园通过南京市优质园验收。至年底，全区有省级优质园46所，市级优质园15所。春季发放助学券4622人，462.20万元。秋季，南京市2016年升入大班的在园幼儿，开始享受学前一年基本免费教育。

◆民办幼儿园综合考核表彰 3月4日，2014~2015学年度区民办幼儿园综合考核表彰暨2016年上半年幼儿园园长开学工作会议，在南师附中仙林学校小学部举行。区教育局局长徐观林，分管副局长，南京师范大学教授刘晶波，教育局托幼办、区教师发展中心相关人员以及全区幼儿园园长共80余人参加会议。会议表彰9所考核优秀的幼儿园，并现场授牌。行知幼儿园作为获奖代表发言。栖霞幼儿园、金林幼儿园、南京华电大地双语幼儿园分别就2016年工作规划作交流发言。区托幼办、区教师发展中心相关负责人先后从管理层面和业务层面，布置2016年全区幼儿教育主要工作。最后，徐观林对全区学前教育提出要求。

◆幼教“主题研训”教研展示 4月12日，区幼教学科“主题研训”教研展示活动在八卦洲幼儿园举行。江苏省特级教师、南京市梅花山庄幼儿园园长秦红、区教师发展中心分管领导以及全区近50名幼儿园骨干教师参加活动。活动由区幼教研训员夏方主持。活动主题为“课题引领下的园本‘主题课例式’研训教研展示”。研训活动分五个环节。展示课例，八卦洲幼儿园教师蒋丽云执教大班美术活动《石头车》，引导幼儿根据石头形状大胆想象，在石头上画出与之外形相匹配的汽车；交流研讨，八卦洲幼儿园课题组教师分析和研讨《石头车》课例，基于“身边资源——石头在幼儿园教育活动中的有效利用”进行深入交流；培训提升，八卦洲幼儿园园长赵青做“身边自然资源在幼儿园活动中的有效利用”的专题培训；区内分享，区第一实验幼儿园副园长陆萍、栖霞幼儿园副园长杨嫣、迈皋桥幼儿园副园长王雅俊结合参与本次活动分享感受；专家点评，秦红高度评价《石头车》美术课例，关注生活、巧用资源，关注细节、借形想象，关注个体、鼓励创作；同时秦红也提出中肯的建议，希望教研活动要重视对儿童的观察，要善于解读儿童，发现孩子们的需要。最后，江苏省特级教师、区教师发展中心副主任李宝玉从科研角度，点评研训活动。

◆学前教育合作交流总结大会 6月24日，区教育局托幼办与南师大合作举行的2016年度交流总结会议，在区第一实验幼儿园尧顺分园召开。南师大学前教育专家团队，区教师发展中心、区教育局托幼办相关负责人以及全区9家街道中心幼儿园园长参加会议。南师大教授刘晶波、黄进、季玥、陈蕾分别介绍一年来合作实践的具体举措，在教科研指导、课程游戏化研究、提升教师观察指导能力等方面，为幼儿园的建设和发展提供科学的理论支持。随后，4所基地园园长分别介绍自己在教师培养、课程游戏化建设、教师观察探索等方面的具体实践过程，并针对实践中遇到的具体问题、困惑与瓶颈，与专家们进行交流探讨。5所学习观摩园园长也发表看法，希望专家给予针对性的指导。区教育局托幼办负责人要求全区幼儿园抓住目前与幼儿教育专家交流合作的契机，多学习、多请教、多实践，联系自身实际，切实制定目标，打造骨干团队，辐射引领教师，真正实现共享资源，共谋发展。

初等教育

◆概况 2016年，全区有小学37所（含民办3所），在校小学生30349人。义务教育入学率100%。金陵中学仙林分校小学部、龙潭中心小学获“江苏省教育工作先进集体”称号，丁家庄小学获“江苏省资源教室建设项目学校”称号，南师附中仙林学校小学部获“江苏省语言文字规范化示范学校”称号，区实验小学获“江苏省书香校园建设示范点”称号，金陵中学仙林分校小学部、南京晓庄学院附属小学、南京市宁燕外来工子弟小学等3所学校获“南京市依法治校示范学校”称号，青秀城小学、丁家庄小学获“南京市平安校园”称号。

◆少先队工作总结表彰 1月7日，区教育局、团区委在太阳城小学召开2015年全区少先队工作总结表彰会。区教育局党工委书记王守云，团区委副书记陈珺珺，基础教育科、教育局团工委相关负责人以及全区少先队辅导员参加会议。太阳城小学、金陵小学、栖霞中心小学、摄山星城小学4所学校代表会上交流发言，团区委负责人总结2015年全区少先队工作。王守云、陈珺珺分别为获2015年度区优秀少先队集体代表颁发荣誉证书，并为金陵小学林卫云老师及其少先队工作团队创建的“江苏省优秀辅导员工作室”授牌。最后，陈珺珺传达《南京市委关于进一步加强少先队工作意见》的文件精神，阐释2016年全区少先队工作思路。

◆**青年教师基本功比赛获奖** 2016年度，南京市教育局举办全市小学青年教师教学基本功比赛，比赛项目为小学语文、小学英语、小学科学。比赛内容包括通用技能和专业技能。通用技能比赛项目包括粉笔字板书、即兴演讲、教学设计与课件制作、课堂教学等4项。比赛规定各区语文推荐3人，英语和科学学科各推荐2人参加市级比赛。栖霞区在校、区选拔的基础上，共推荐7名选手参赛。经过初赛、复赛、决赛等几个阶段角逐，栖霞区7名选手最终全部获得一等奖。其中，南京晓庄学院附属小学刘清娴、迈皋桥中心小学李洁、南外仙林分校小学部孔歆轶获语文学科一等奖，南外仙林分校小学部周亚文、金陵中学仙林分校小学部李可心获英语学科一等奖，南外仙林分校小学部郭莹莹、南外仙林分校小学部李媛秋获科学学科一等奖。

◆**省小学教育学术年会栖霞专场** 5月12日～13日，江苏省教育学会小学教育专业委员会2016年学术年会暨特色文化建设栖霞专场，在南师附中仙林分校小学部召开。本次学术年会由江苏省教育学会小学教育专业委员会主办、区教育局承办。江苏省教育厅副厅长朱卫国，江苏省教育学会会长杨九俊、副会长叶永涛，南京市教育局副巡视员杨林国，副区长万震，南京市教育局初教处处长戴兴海，区教育局局长徐观林、区教育局党工委书记王守云等领导和专家到会。省内部分地级市教育局基教处处长、各区县教育局副局长和科长，部分小学校长400余人参加会议。

5月12日下午，年会开幕，万震致欢迎辞。叶永涛讲话，肯定近栖霞区教育事业发展。朱卫国讲话指出，栖霞区教育用特色发展把学校文化建设成效显著。杨九俊作“学校文化建设”专题报告。随后，会场播放栖霞区学校特色文化建设短片。徐观林专题汇报，回顾栖霞区小学特色建设的历程，介绍全区学校特色文化建设的概况和成果，并对栖霞教育“十三五”特色文化建设提出新思考。与会人员还观看栖霞区小学生综合素质展演，舞蹈、合唱、情景剧、昆曲、民乐，形式多样，精彩纷呈。最后，海安县教师进修学校附属小学、盐城市第一小学教育集团、苏州市相城区湘城小学、淮安市实验小学、常州市新北区龙虎塘实验小学、宜兴市阳羡小学、南京市铁心桥小学的校长先后交流发言。年会还安排形式多样、内容丰富的学术和教研活动，内容包括主题报告、学术讲座、特色活动、课堂观摩、主题交流等。

◆**市级小班化教育展示活动** 12月8日上午，南京市小班化教育示范学校展示活动在龙潭中心小学举行。南京市教研室主任严必友，南京师范大学博士生导师、课程研究中心主任吴永军，区教育局党工委书记王守云，全市小班化教育实验学校的100余名校长、教师参加活动，南京市教研室教研员叶军主持活动。龙潭中心小学展示小班化教育活动，有大厅里的合唱表演，运动场上的组合律动，课堂上的差异建标、多元探标、个别验标、有效助推教学范式，“快乐英语”活动、“字母表数”探究、“玩转龙板”运动，以及校本课里的“研金箔”、“观花”等等。随后，与会嘉宾观看专题宣传片，龙小分管副校长做主题汇报。随后，吴永军、严必友先后发表讲话。

◆**第六届小学生综合素养大赛** 12月13日，区第六届小学生综合素养大赛，在区实验小学尧辰路校区举行。全区13所直属小学、中心小学和民办小学3～6年级、156名选手参加竞赛。区教育局相关领导、13所学校教学校长、部分学科教研员和学生代表观看比赛。区教育局在全区34所小学3～6年级学生中随机抽取10名学生，名单提前一天发给学校，然后再由学校从10人中筛选3人作为选手到区参赛。竞赛按年级分四场进行，每场竞赛分别进行“必答题1”、“必答题2”和“抢答题”三轮竞答。“必答题1”由每组3位选手分别答题，“必答题2”由3人代表队推选1人答题。“抢答题”不仅考察选手知识面，而且还考验选手的心理素质和抢答技巧。竞赛内容涉及美术、品德、科学、信息、体育、音乐等多门学科知识，全面检验学生对学科知识的掌握以及选手生活认知、时事分析和艺术的鉴赏能力。竞赛共评出各年级一等奖3名，二等奖4名，三等奖6名；团体一等奖6名，二等奖7名。晓院附小、太阳城小学、迈皋桥中心小学获三年级组一等奖，金陵中学仙林分校小学部、龙潭中心小学、燕子矶中心小学获四年级组第一名，区实验小学、南师附中仙林学校小学部、南外仙林分校小学部获五年级组第一名，南师附中仙林学校小学部、栖霞中心小学、迈皋桥中心小学获六年级组第一名，南师附中仙林学校小学部等6所小学获团体一等奖。

普通中学教育

◆**概况** 2016年，全区有初中16所（含民办3所），高中4所（含民办2所），在

12月13日，区第六届小学生综合素养大赛在区实验小学尧辰路校区举行
区教育局供稿

校中学生共14137人，其中初中10734人，高中3403人。是年，全区高中应届毕业生1221人，实际参加高考1363人（包括往届学生、回户籍所在地参加高考考生），被专科以上高校录取1240人，录取率为91%。参加中考3063人，总均分522.27分，被各类学校录取2824人，录取率92.2%。南师附中仙林学校初中部、燕子矶中学获“江苏省教育工作先进集体”称号，丁家庄初级中学获“南京市平安校园”称号，区实验初中、栖霞中学获“南京市园林式校园”称号。

◆校本精品课程成果显著 1月，南京市教育局举办中学校本精品课程展示评比。评比前区教育局和区教师发展中心预先评审全区中学申报的36门校本课程，推荐20门校本课程参加市级评比。南京市校本精品课程评比规定，每件校本精品课程现场展示时间共15分钟，含PPT陈述和成果展示10分钟，内容包括：校本课程陈述（课程目标、课程内容、学情分析、实施情况等）；校本课程资料展示（教材、教案、作业、学生反馈信息等）。评委提问，陈述人答辩5分钟。最终，栖霞区推荐参评的20门校本课程全部获奖，其中一等奖5个、二等奖5个、三等奖10个。

◆市教育局领导调研“新优质初中” 3月24日，南京市教育局副局长张利明，中教处处长周鹏，南京市教研室副主任朱建明一行到区内南京市第一中学马群分校进行“新优质初中”项目建设专题调研和指导。区教育局副局长吴兴，基础教育科、区教师发展中心相关人员及区内5所市“新优质初中”建设学校校长参加调研活动。区实验初级中学尧化校区、一中马群分校、摄山初级中学、中桥中学、营防中学5所学校的校长根据上学期期末三区联考的数据分析，从明目标、找差距和定举措三个方面依次汇报项目建设情况；区教师发展中心负责人汇报区域推进“新优质初中”建设的行动计划；吴兴从加强顶层设计、深化共同体建设、变革教学视导、推进文化建设、搭建交流平台、发挥评估导向六个方面汇报区域推进“新优质初中”建设的行动策略。朱建明对近年来栖霞区初中教育发展和教育质量提升方面取得的成绩给予充分肯定，认为栖霞初中教育工作力度大、举措实、效果好。张利明对栖霞区教育局、区教师发展中心和项目建设学校分别提出要求。

◆“栖税争锋杯”高中生辩论赛 5月4日，在第97个“五四”青年节之际，区“栖税争锋杯”高中生辩论赛，在燕子矶中学举行。辩论赛由区教育局、区地税局共同举办，燕子矶中学承办。区教育局副局长吴兴，区地税局副局长许晓燕，区教师发展中心分管领导、相关教研员，区地税局、区教育局相关科室负责人员参加活动。参加辩论赛的4支队伍，分别是南师大附属实验学校、南外仙林分校、燕子矶中学、栖霞中学。初赛环节，4队分2组双方分别就“纳税主要靠道德约束还是法律制约”、“征收环境税能否解决环境污染问题”展开辩论。双方辩手引经据典，借助民生事例，赢得场下掌声。经过角逐，燕子矶中学和南京外国语学校仙林分校进入决赛。决赛双方以“个性是否需要刻意追求”为题展开辩论，双方辩手思路缜密、语言精辟幽默，表达精彩纷呈。最终燕子矶中学赢得大赛桂冠，代表栖霞区参加南京市高中生“五四”辩论赛。

◆国家女排队员探访母校 10月20日下午，国家女排主力队员张常宁、龚翔宇冒雨回母校栖霞中学探访。母校全体师生为两位奥运冠军校友举行欢迎仪式，栖霞中学校长马一新致欢迎辞。区教育局局长徐观林等等参加仪式。两位奥运冠军先后在座谈会上回顾自己在栖霞中学快乐难忘的学习经历，分享她们在训练过程中的情形和感受，分别写下对母校希望与祝福。徐观林勉励栖霞中学学子，要向张常宁、龚翔宇两位学长学习，继续传承和发扬中国女排精神，奋力拼搏，为祖国争光，为母校争光。希望栖霞中学能涌现出更多像张常宁、龚翔宇这样的奥运健儿。随后，栖霞中学举行“张常宁班”和“龚翔宇班”命名授牌仪式，两位奥运冠军亲手将班牌授予学生代表。根据传统，栖霞中学每年都会在高二、高三年级设立两个体育特长班，集中年级中最优秀体育特长生约80多名，培养他们成为能代表省、市、区参加各级比赛的选手，而张常宁、龚翔宇就是当年从这样的班级里走出的佼佼者。最后，张常宁、龚翔宇还和学弟、学妹们进行一场排球友谊赛。

职业教育

◆概况 2016年，全区有中等职业学校1所，在校1553人。新港中等专业学校被认定为江苏省高水平现代化职业学校，在全省职业技能大赛中获2枚银牌、4枚铜牌；在江苏省信息化大赛中获一等奖1名；在江苏省创新大赛中获二等奖1个、三等奖2个；在市班主任基本功比赛中获一等奖1个。

◆省教育厅主管领导调研新港中专 3

10月20日，国家女排主力队员张常宁（前左二）、龚宇翔（前右二）回母校栖霞中学探访
区教育局供稿

月22日下午，江苏省教育厅职社处处长刘克勇、南京市教育局副局长潘东标、南京市教育局职社处处长黄子亮一行到新港中等专业学校调研指导工作。区政府副巡视员王智、区教育局局长徐观林、分管副局长、职社科负责人及新港中专全体校级领导参加调研座谈会。新港中专校长童礼荣从学校简况、主要工作、新校区建设、创建高水平现代化职业学校、当前亟待解决的问题等方面汇报工作。徐观林就全区“十三五”全区职业教育发展规划的目标任务、工作思路作介绍。徐观林指出，“十三五”期间栖霞区职业教育立足于不断壮大自身实力，狠抓内涵建设，重点在建设新校区、建设高水平现代化职业学校等方面做好相关工作。

王智代表区政府对江苏省、南京市教育主管领导的关心指导表示感谢，并表示区政府一定加大教育投入，加快建设新港中专新校区，改善栖霞区职业教育办学条件，把民生工程办好。潘东标指出，在江苏省教育厅的关心下，新港中专“十三五”发展有新谋划，搭上创建江苏省高水平现代化职业学校末班车，办学质量取得新成效，纵比有进步，横比有空间。刘克勇回答当前学校发展过程中的几个问题，表示全力支持新港中专“3+3”中高职衔接项目。

◆**新港中专参加世界职业教育大会** 10月13日，新港中专应邀参加在南京国际博览中心举行的2016年世界职业教育大会暨展览会。新港中专积极探索实施新教育框架下构建学生社团新模式，以开展艺术展演活动为契机，加大对学生社团的培育，取得成果。展览会上，新港中专展出的是蝶艺坊社团手工作品是多功能丝网花、十字绣、串珠、5D钻石贴画等。这些色彩亮丽、内容丰富的手工作品直观彰显学校社团作品的特色和亮点，吸引到会中外嘉宾驻足欣赏。其中，新港中专社团的5D钻石贴画集艺术性、观赏性与时尚性于一体，更是让大家耳目一新。展示现场很多参会企业人士表达订购学生作品的意向。

◆**省高水平现代化职业学校创建** 12月8日，由瞿立新为组长的江苏省专家组一行7人，到新港中专学校现场考察创建省高水平现代化职业学校工作。南京市教育局副局长潘东标，区政府副区长万震、副巡视员王智，南京市教育局职社处处长黄子亮，区教育局局长徐观林、分管副局长、区教育局职社科科负责人等陪同考察。万震简要介绍栖霞区政府“十三五”规划，重点指出，新一届区政府领导班子明确将新港中专新校区建设，作为2017年的重要工作项目，目前新校区建设已正式立项并由区发改委上报南京市政府，并纳入南京市政府2017年民生重点工作内容。市、区两级政府对新港中专新校区建设十分重视，学校创建势在必行。新港中专校长童礼荣向作题为“不忘初心，砥砺前行，争创江苏省高水平现代化职业学校”创建工作汇报。随后，专家组分三个小组分别就学校的创建工作补充材料、课堂教学情况、学校设施设备及校园环境情况进行全面、深入、细致考察、逐项验收。下午，向市、区教育局和学校反馈情况。专家组从学校的创建专项资金情况、师资队伍建设、教学科研、内涵发展、人才培养、课程改革、新教师培养、社会服务、专业建设、创新创业工作、德育建设、校企合作、校园文化、专业群建设、联合办学等诸方面展开综合评估。专家组认为，学校办学思路明晰；学生管理和素质培养到位；积极践行生活教育理论，校园文化个性彰显；与名校、高校联合办学，积极推进学校建设；部分课程改革深入，能落实到课堂教学；学校重视师资队伍建设；学校教科研氛围浓厚，校领导率先垂范；学校立足内涵发展，稳步提升人才培养质量；面向社会开展多项服务，承接诸多社会培训和考试，为地方经济发展做出较大贡献。同时专家组从地方财政投入、专项资金管理使用、学校发展、创业创新、现代职教体系构建等方面提出建议。最后，王智、徐观林、童礼荣等，对专家组的建议分别表态发言。

10月13日，新港中专参加在南京国际博览中心举行的2016年世界职业教育大会暨展览会。图为参展学生作品

区教育局供稿

社区教育

◆**概况** 2016年，全区有成人教育中心9所，西岗街道、尧化街道、迈皋桥街道成人教育中心创建成江苏省标准化成人教育中心，仙林街道、燕子矶街道成人教育中心创建成南京市标准化成人教育中心；区社区学院通过南京市规范化社区学院验收，栖霞区成功创建江苏省社区教育示范区。全区有居民学校115所，其中，达省标居民学校113所。民办非学历培训机构1所。原有的48所民办幼儿园年审合格38所，基本合格3所，限期整改5所，停办2所；22所民办非学历培训机构年审合格16所，基本合

格3所，限期整改3所。

◆**社区教育交流**　3月2日，玄武区7个街道社区教育干部一行16人，在玄武区开放大学书记王信芳、社区教育办公室副主任缪勇、社区进修学院办公室主任沈青带领下，到龙潭街道社区教育中心参观交流。龙潭街道办事处副主任陈晓芳，区教育局职社科科长王德文，社区培训学院院长王广顺、龙潭中心小学负责人陪同。

在实地察看龙潭社区教育中心的阵地建设后，两区社区教育人员座谈交流。王德文就栖霞“十三五”社区教育工作，向与会人员汇报工作思路和创新举措；王广胜就栖霞社区培训学院的转型发展和四个中心的建设作详细介绍；龙潭社区教育中心负责人王明鹏，简要说明中心管理培训、文化打造、特色建设等工作。玄武区开放大学王信芳介绍玄武区社区教育工作。

◆**社区教育培训观摩系列活动**　3月22日，区社区教育教学观摩系列活动启动。系列活动首先在八卦洲街道社区教育中心开展。是日，八卦洲社区教育中心面向社区居民举办以蔬菜培植、糕点制作为内容的社区教育培训观摩活动。八卦洲街道办事处副主任唐军，区教育局分管副局长、职社科、区社区学院负责人，全区各街道社区教育中心校长一行20多人现场观摩活动。先由教学人员讲解和演示培训内容，随后八卦洲社区教育中心负责人陈义和向与会者汇报社区工作计划和日程安排，介绍八卦洲居民自主创业的过程和经验体会。在研讨过程中，与会者围绕八卦洲社区教育工作的方式和经验展开探讨，肯定成功的做法，也对具体操作提出建议。

继后，龙潭街道社区教育中心举办“农科教结合，助推农村经济发展”为主题的“水八鲜”栽培技术的专题培训和观摩。南京市农科教讲师团毕兆东老师给40位农民和参加观摩的人员讲解如何高效科学种植“水八鲜”知识，社区教育中心免费发放“‘水八鲜’栽培技术”教材。课堂理论讲授后，参加培训观摩人员前往“水一方”龙潭街道种植基地，实地考察“水八鲜”栽培技术。

◆**省级社区教育示范区考核验收**　11月4日，创建省级社区教育示范区考核组专家一行六人，到区现场考核验收。南京市教育局副局长潘东标，南京市教育局职社处相关领导，区委副书记陈波，区委常委、副区长万震，区政府副巡视员王智，区教育局、区财政局、区人社局、区农林局、区科技局、区文旅局、区文明办、区妇联、团区委、区老干部局等部门分管领导，各街道分管领导，社区学院、街道社区教育中心校长参加验收。验收分为创建工作汇报会、实地考察、座谈会及查阅资料、验收组情况反馈四项内容。陈波致欢迎词，万震全面汇报创建工作。随后，专家组一行先后到八卦洲社区教育中心及一所居民学校、区文化中心、区体育中心等地实地考核，并查看相关台账资料。专家组一行还召开座谈会。街道分管教育领导代表、部门领导、社区学院领导、社区教育中心校长代表、社区教育教师代表、居民学校代表、市民代表等参加座谈会。最后，专家组验收考核工作情况反馈，专家组认为，栖霞区重视社区教育工作，积极创建社区教育示范区，社区教育创新工作成效明显。　□张　明

驻区院校选介

·金陵科技学院·

◆**概况**　2016年，金陵科技学院有江宁、幕府、白下三个校区，主校区位于江宁大学城。学院占地总面积98.2万平方米，校舍总面积64.69万平方米，馆藏纸质图书134.5万册、电子图书资料4821GB，现有全日制在校本科生近2万人，联合培养硕士研究生近50人。设有软件工程学院等16个二级学院，以及南京软件研究院等7个教学单位。开设涉及经济学、文学、工学、农学、管理学、艺术学六大学科门类的53个本科专业。学院有省一级重点建设学科5个，市重点建设二级学科10个；国家级特色专业建设点1个，江苏高校品牌专业4个，省级特色专业4个，省级重点专业类4个，教育部卓越工程师教育培训计划试点专业1个，省级卓越工程师（软件类）教育培养计划试点专业2个；教育部“十二五”专业综合改革试点项目2个，省级高校重点建设实验室2个，省级实验教学示范中心5个，省级高等教育人才培养模式创新实验基地1个，省级优秀教学团队1个，省级实践教育中心3个（含建设点）。

学院努力构建具有“双师双能”素质、符合应用型人才培养需要的高素质师资队伍。是年，学院引进正高职称6人、博士36人，聘请中国科学院院士1人、瑞士工程科学院院士2人担任名誉（客座）教授。学院现有在职教职工1300余人，其中专任教师1000余人，副高及以上职称教师近500人，正高职称教师120人，“双聘院士”1人，博士生导师3人、硕士生导师46人、省部级有突出贡献的中青年专家1人，另有一批国务院特殊津贴获得者、全国优秀教师等优秀人才。学院坚持“需求导向，能力为本，知行合一，重在创新”的人才培养理念，积极开展政、产、学、研合作教育，不断创新应用型人才培养模式，培养适应地方经济社会发展需要的专业基础扎实、职业素养好、实践能力强、发展后劲足的高级应用型人才。学院获国家级教学成果奖二等奖1项，省级教学成果奖一等奖、二等奖8项。学院积极扶持师生创业实践，“金科创客汇”被科技部认定为国家级众创空间。毕业生就业率始终保持在95%以上。

学院承担国家自然科学基金、国家社科基金等各类纵向项目600余项，多项科技成果获江苏省、南京市级科技进步奖。建设有江苏省信息分析工程实验室等市级以上产学研合作科技平台45个，一批科技成果实现产业化，取得较好的经济效益和社会效益。“江苏省挂县强农富民工程”“江苏省法律援助工程”“南京市企业家知识产权培训”“南京市农科教讲师团”等社会服务工作的品牌效应不断增强。学院获“江苏省挂县强农富民工程先进单位”“全国农牧渔业丰收奖——农业技术推广

合作奖”等奖项，农科教讲师团获2016年“全国特别受百姓喜爱的终身学习品牌项目”。

◆软件类学科专业内涵建设 2016年，学院软件工程、控制科学与工程2个软件类市重点学科新入选江苏省“十三五”重点建设学科，全院省重点建设学科数达到5个，市重点建设二级学科为10个。“数据科学与智慧软件实验室”新获批为省级重点建设实验室，学院的省级重点建设实验室达到2个。新获批“光电信息科学与工程”等6个本科专业，软件及涉软类专业占全校专业比重进一步提升，达到22.64%。录取新生5828人，其中软件和涉软类专业2542人，同时，南京生源比例进一步提高。此外，以南京市政府、中国科学院软件所、中国科学院南京分院与金科院四方合作共建的南京软件研究院发展态势良好，不断深化与中科院软件所合作开展的人机交互实验室等项目，完成智慧农业平台、基础软件等支撑平台等一系列项目研发。邀请中科院等科研院所、高校及企业的近十位专家学者到校举办系列学术报告会。与中科院软件所合作开展的卓越工程师培养项目有序推进，驱动式教学取得初步成效。2016届毕业生100%签约，对口就业率100%，在宁就业率96.6%，平均签约月薪近6000元，项目毕业生获多家国内外知名软件企业的好评。

◆“慕课”建设 2016年，学院在全国420所新建本科高校中率先开展针对应用型本科院校的“慕课”建设和研究，通过校内SPOC课程—联盟课程—爱课程网中国大学“慕课”的三级建设路径积极推进在线开放课程建设。学院在教育部爱课程网上线2门“慕课”，累计选课人数达37600余人次，学院成为在教育部爱课程网上线“慕课”的首个非“211”高校，也是目前唯一一所在教育部爱课程网上线运行4门“慕课”的应用型本科高校，在线课程建设工作位于全国同类院校前列。

◆专利工作 2016年，学院申报专利受理843项、授权572项（含学生授权323项），其中发明专利受理303项、授权86项比上年增长65%，实用新型专利受理538项、授权482项。软件著作权受理105项，授权101项。专利受理和授权位居南京市江宁区高校前三。知识产权成果转化较去年同期再创新高，共成功转让23项知识产权成果，其中发明专利17件、实用新型专利3件，软件著作权3项。学院技术转移中心获“2016年度江苏省技术转移联盟先进集体”称号。

◆产教融合及校企校合作 2016年，学院积极推进与罗克韦尔等知名企业的合作项目，与ABB集团正式签订合作协议，成立“ABB校企合作工业机器人应用创新中心”，与阿里巴巴共建首家省内本科院校“跨境电商人才培育基地”，与南京市农委等政府部门签署政产学研合作备忘录。“教学内容及课程体系改革——传感器应用及检测技术”等2个项目入选教育部高教司首批“产学合作协同育人项目”名单。中澳软件工程等2个中外合作办学项目通过江苏省教育厅首批培育点遴选。与澳大利亚昆士兰科技大学签署《金昆学院合作共建协议书》，重新启动土木工程中外合作办学项目；与台湾地区东海大学签署合作协议。

◆“金科创客汇”获批国家级众创空间 2月15日，科技部公布第二批众创空间，将学院“金科创客汇”纳入国家级科技企业孵化器的管理服务体系。“金科创客汇”是江苏省第三家、南京市首家获国家科技部认定的高校大学生众创空间，拥有面积约1800平方米的大学生创业实践场所，为大学生创客提供创业指导、投融资、企业注册和法律咨询等一条龙服务。同年，“金科创客汇”获批为江苏省首批众创空间知识产权保护项目承担单位、江苏省科协创新创业服务示范基地，在南京市众创空间绩效评价中获优秀等次。校地企合作成立的“众创空间”天使投资基金达到500余万元。

◆学院农科教讲师团获国家级荣誉 10月8日，学院组建的江苏省南京市农科教讲师团，获中国成人教育协会授予的全国“特别受百姓喜爱的终身学习品牌项目”。农科教讲师团于2002年7月组建，以服务“三农”为宗旨，按照“农民出菜单，街（镇）成人学校编菜单，区（县）教育局汇总单，讲师团接单，政府买单”的工作流程，持之以恒深入农村开展服务。2016年共组织培训118场次，惠及农民10440人次。紧贴地方产业结构调整，开展茶叶、肉鸽等30个项目培训，上门提供技术服务28场次。承接全市植保类农技推广人员高级研修班，培训100人；对接南京市农委，与溧水、六合区农委合作，开展农业职业技能培训，3000余人获农民技术资格证书，2000余人次接受农民创业培训。

□田　甜

·钟山职业技术学院·

◆概况 2016年，钟山职业技术学院占地面积36公顷，建筑面积20余万平方米，已初步建成符合标准、风格独特的现代化校园。沪宁高速、南京二桥高速、宁杭国道、南京绕城公路在学院周边交汇，地铁2号线和8条公交线路途经“钟山学院”站。北近仙林大学城，西依南京理工大学、南京农业大学，南临麒麟科技创新园。学院主动服务经济社会发展需求，重点打造工业与信息化、财经商务、老年服务与康复、建筑工程技术、艺术与传媒等5大专业群，设有工业与信息化学院、经济与管理学院、土木与环境工程学院、现代服务与管理学院、艺术设计学院、基础教育学院、继续教育学院等7个教学单位。现有专业（含方向）46个，全日制在校生7300余人。学院有专、兼职教师455人。其中，高级职称教师占专任教师总量29.9%，45岁以下专任青年教师具有研究生学历或硕士以上学位的教师约占72.9%，专任教师中具有双师资质比例达75.8%。学院还聘请南京理工大学、南京农业大学、南京工业大学等知名高校及科研院所资深教授与高级工程师担任兼职教授或专业带头人；学院大力推进师资队伍建设，初步形成“专兼结合、校企互通、师德高尚、业务精湛”的“双师型”教学科研团队。学院重视实验实训教学，教学仪器设备资产总值4000余万元，有稳定校外实训基地74家，现代化校内实验实训室近100个。

是年，建筑工程技术、会计与审计专业“专接本”规模稳定，按期毕业率、学位授予率稳中有升。护理专业经过努力，首批专接本学生顺利开始本科课程学习。学院连续5年被南京审计大学、南京工业大学授予“专接本工作优秀院校”称号。

是年，学院以“周恩来班”创建活动为抓手，发挥先进典型示范引领作用。学院有5个班级被中国文献研究会周恩来思想研究分会命名为“周恩来班”，2个班级获评江苏省先进集体、6名学生获江苏省三好学生、江苏省优秀学生干部称号。学生获校级以上奖项200多人次。1人获国家奖学金、107人获国家励志奖学金。校级评优达1156人次。

是年，学院组队参加5项江苏省职业院校技能大赛并获奖项。其中，2014级学生王一梓，获江苏省教育厅2016年英语口语技能大赛一等奖第一名，代表江苏省参加全国英语口语比赛再获一等奖（全国一等奖仅有3人），取得学院学生参赛获奖历史性突破。护理专业作为唯一民办学院相关专业，首次参加省级技能大赛并获团体三等奖（全省第五名）。此外，学院还获导游服务技能大赛二等奖；园林景观设计技能大赛获二等奖；“微课教学”比赛分获二、三等奖，名列同类高校前茅。

◆钟山康复医院一期工程落成　8月16日，地处学院内的钟山康复分院一期工程正式落成，江苏省老领导任彦申、李全林、李佩佑，江苏省教育厅副巡视员张建明，江苏省民政厅副厅长沙维伟，江苏省卫计委主任王咏红及南京市相关部门负责人到场祝贺。钟山康复医院是一所专业提供康复医疗及预防保健“大康复、小综合”三级康复专科医院，规划占地2.3万平方米，设有床位400张左右；设备一流，技术实力雄厚。一期工程结束后，投入100张床位运行，实现临床康复医学实践教学。

◆台湾养老体验首发团到校交流　9月15日台湾恒安照护集团联合组织“海峡两岸养老体验首发团”15名成员，入住南京钟山学院校园，开始为时一周的体验与交流。学院举行欢迎会，钟山学院董事会董事长陈逸、副董事长李海鸥，学院党委书记文晓明等，会见台湾嘉宾。在台湾地区老人和江苏省相关部门及学院领导见证下，钟山学院陈逸、台湾恒安照护集团董事长胡世贤，分别代表钟山学院与恒安照护集团，签署合作意向书。双方同意就学院养老院项目开展合作，共同创建江苏省示范养老基地。

◆两岸老年服务交流合作基地授牌
11月6日，两岸企业家峰会2016年年会，在台湾金门开幕。11月7日，由两岸企业家峰会主办的2016年两岸企业家年会福建在厦门举行大会，中共中央政治局常委、全国政协主席俞正声出席大会并致辞。峰会大陆方理事长曾培炎、副理事长盛华仁，台湾方理事长萧万长、副理事长江丙坤，以及两岸经贸界人士和学者约900人出席会议。钟山职业技术学院副董事长李海鸥，出席论坛并做题为《同根同源一家亲——开启海峡两岸“候鸟式”养老新模式的实践》专题报告，全国人大常委会原副委员长、峰会大陆方副理事长盛华仁，台方副理事长江丙坤，代表两岸企业家峰会授予钟山职业技术学院“两岸老年服务（钟山）交流合作基地”称号并授牌。

□刘　晔

·南京交通技师学院·

◆概况　2016年，学院设有总校区、金陵校区、汽车应用系、交通工程系、运输智能系、机械工程系、基础部、培训中心等2校区、4系1部1中心和11个职能处室。在校生近6000人，300余名专任教师，省级以上名师10余人，中、高级职称教师占86%，拥有各类现代化教学设施设备。学院开设初中起点和高中起点汽车维修检测、市场营销、现代物流、数控技术、公路施工与监理等45个专业，其中，江苏省技工院校示范专业2个；江苏省技工院校重点专业7个，南京市示范专业3个；江苏省技工院校精品课程5门、中国交通教育研究会技工教育分会精品课程1门、南京市精品课程1门。学院实行技能加学历双证培养模式，实施中高职“3+3”分段培养项目，学生毕业可获职业技能证书和联办高校本、专科学历证书。引进IHK国际职业资格认证体系，开设中韩、中德国际班，满足学生高端发展发展需求。学院先后通过江苏省高水平示范性职业院校及江苏省重点技师学院评估验收，为国家级技能型紧缺人才培养培训基地、国家级职业教育实训基地、国家级高技能人才培训基地、国家职业技能鉴定所、江苏省高水平示范性职业院校、人社部一体化改革试点院校、江苏省现代职教体系“3+3”项目试点院校。

是年，学院招收新生1398名。实施《一体化课改指导大纲》第二轮课改工作，新增工程造价、电气技术应用、幼儿教育、城市轨道交通运输与管理4个新专业。开发试点初中起点6年制数控车工技师专业。新增省级示范专业2个，省级重点专业3个，省级精品课程2门。积极推进国际办学。开展温馨宿舍、书香教室、追梦跑操、阳光晨会、叠战大戏等特色德育教育活动，提振学生“精、气、神”。是年，学生获省、市级表彰26人，获2016年度劳动出版技能雏鹰奖学金1人，学院JT绿鹰环保社获“江苏省职业学校优秀社团”。学生足球队获江苏省职业学校足球比赛高职组冠军。分获南京市技工院校系统和职业学校系统演讲比赛一等奖2人。学院选派优秀教师赴英国培训1人，多名教师参加教育系统多个项目省、市级培训。被评为市级教学名师1人，被评为市级专业带头人2人，被评为省级专业带头人5人。汽车工程系师生在第六届全国交通类技能大赛中获一等奖5个、二等奖5个。王薇获江苏省职业学校班主任基本功大赛获合能力一等奖，入围全国职业学校班主任基本功大赛。机电工程系教师赵云在2016年江苏省职业学校技能大赛中获“装配钳工技术”教师组一等奖。是年，国家人社部追加专项资金500万元，补助推进学院国家级高技能人才培训基地建设项目，完成车身修复与钣金实训基地、沙盘实训室改造，完成中德新科技南京职业培训中心、机电一体化实训基地、工程造价实训基地规划设计。驾院招收学员近1.6万人，培训结业学员1.3万人，驾院科目二考练场建成，汽车维修技术实训基地入围机关事业单位公务车定点维修单位。培训中心开拓系统内、外培训项目，培训鉴定总人数近1.5万人。

是年，学院获"南京市文明单位标兵""江苏省文明校园""第三届高技能人才摇篮奖""南京市职工文化示范基地"等荣誉。

◆**自学直考驾训基地建成** 3月28日，南京市自学直考驾驶训练狮麟基地和狮麟江宁基地启动仪式在南京交通狮麟驾驶学院狮子坝基地举行。南京交通技师学院院长何宝林、副院长王骁勇分别为"南京市自学直考驾驶训练狮麟基地"和"南京市自学直考驾驶训练狮麟江宁基地"揭牌。上年11月，南京交通技师学院启动狮麟基地、狮麟江宁基地建设，历时5个多月，建成建筑面积分别为8000平方米和12000平方米两个专业化、标准化科目二训练场地，为有自学直考者提供安全、规范的培训条件。狮麟驾院成为全国首家"自学直考训练基地"。

◆**国际联合培养人才机制** 2016年，学院积极拓展升学渠道，引入国际联合培养人才机制，开拓国际合作办学。中德班实现招生，与中德诺浩合作建立创新型高技能汽车人才培养项目，开展HWK汽车技术专项技能培训与就业服务；与澳大利亚昆士兰TAFE职业技术学院合作开展汽车运用、计算机技术"技能+学历"提升培训，学生可直通澳大利亚本科院校以及留澳就业或移民；与韩国崇实大学、信韩大学开展学历提升教育合作。

◆**世界技能大赛集训中国基地获批** 11月，学院获批为第44届世界技能大赛汽车技术项目中国集训基地。学院筹措办学资金，加强教学资源建设，全面提高办学质量，不断探索高技能人才培养模式、职业技能大赛选手选拔和培养。在第44届世界技能大赛（汽车技术项目）中国集训队选拔赛中，学院学生杨荣利作为江苏唯一参赛代表，在23个省推选的30多名选手中脱颖而出，以第四名成绩入选国家集训队。□胡叶霞

·南京特殊教育师范学院·

◆**概况** 2016年，南京特殊师范学院设有11个院（部）。全日制在校生6246人。其中，残障大学生562人。学院面向全国31个省、市、自治区招生，共招收新生2106人。其中，本科1434人、专科672人。当年就业率为99.36%。

是年，学院开设本、专科专业31个。新增5个本科专业。拥有国家级、省级精品课程4门，省高校品牌、特色专业4个。国家级精品资源共享课1门。有校内实验（训）室55个，中央财政支持的职业教育实训基地1个，江苏省重点实验室1个，江苏省级高职实训基地1个，学院在全国建有实习（训）基地125个。学院有教职工424名。具有高级专业技术职务专任教师占49%，具有硕士以上学位的专任教师占72%。新增第二批国家"万人计划"领军人才1人，省、部级有突出贡献中青年专家1人，江苏省教学名师1人，江苏省"六大人才高峰"高层次人才培养对象2人，江苏省"333高层次人才培养工程"第三层次培养对象7人，江苏省"青蓝工程"中青年学术带头人培养对象3人，江苏省"青蓝工程"优秀青年骨干教师培养对象4人。获"交通银行特教园丁奖"1人。学院"教育学""公共管理学"2个学科被立项为"十三五"江苏省重点建设学科。教学科研纵向课题立项125项；13项科研成果获奖，其中江苏省哲学社会科学优秀成果奖二等奖1项；"残障与发展"智库，被列入江苏省委宣传部智库建设名录；完成国家手语词汇语料库建设。举办"第一届残疾人数据科学研讨会""非遗传承与特殊教育改革及发展数据科学研讨会"等学术交流、研讨活动。全面推进卓越特殊教育教师培养改革项目，建立首批卓越特教教师联合培养基地，筹建无障碍学习资源中心、残疾大学生支持服务中心。1门课程获首批"国家级精品资源共享课"称号，3部教材获江苏省重点教材立项。

是年，学院制定"十三五"发展规划，学院明确建成"优势突出、特色鲜明、国内一流、有国际影响力"特殊教育本科院校发展目标，提出"特色发展、融合发展、开放发展"三大发展战略。推进"两学一做"学习教育活动，开展"做四讲四有合格党员"大讨论、"领导干部立家规、共产党员正家风""两学一做"知识竞赛等系列活动。获江苏省教育工作先进集体（先进基层党组织）"称号党总支1个，被评为"江苏省教育工作先进个人（优秀共产党员）1人，被评为"江苏省教育工作先进个人（优秀党务工作者）1人，1项活动获"江苏省2015年度高校最佳党日活动"。

是年，"江苏省特殊教育发展指导中心"在学院挂牌成立；学院主持研制的国家普通话水平智能测试系统（视障版）正式启动；承办2016年"铁人杯"全国特奥乒乓球赛、"2016·交通银行特教园丁奖"颁奖仪式、"南京2016第六届全国残疾人邮展"和江苏省特殊教育师生艺术作品大赛；学院博物馆接待国内外参观者计132批次、2700余人；承办2016年特殊教育学院校长能力提升工程和各类省级培训项目，累计培训699人。是年，学院开展"礼敬中华优秀传统文化""悦读经典 品味书香""戏曲艺术进校园""讲礼仪修师德，讲博爱塑师魂""最美特师人"评选表彰等系列校园文化和实践活动。学院获"江苏省文明校园"和"江苏省志愿服务培训基地"称号；学院团委获"江苏省共青团工作先进单位"称号；郭放同学被评为"2015年江苏省大学生年度人物"；"暖阳融合教育夏令营"项目获首届江苏志愿服务展示交流会特别荣誉奖；学生刘祖贤当选"江苏省十佳青年志愿者"；在"创青春"江苏省大学生创业大赛中获1金1银1铜奖牌。

◆**院府合作共建特殊教育学校** 3月26日，特殊教育师范学院与栖霞区政府签

订《校府合作框架协议》。南京市政府副市长胡万进、副秘书长张强，南京市教育局局长吴晓茅，区委书记邢正军以及特殊教育师范学院党委书记朱传耿、副院长庆祖杰等出席签字仪式。双方共同签订《院府合作框架协议》，共建栖霞区特殊教育学校。栖霞区特殊教育学校位于学院北侧，为12年一贯制公办学院，占地1.33公顷、建筑面积1万平方米，2019年栖霞区建成后交付使用，学院全面负责学校管理，派出优秀团队全面管理和指导学校工作，同时负责在职教师全员培训。

◆融合教育招生　4月5日，学院在全国7个考点同时举行2016年全国残疾人单独招生考试。全国27个省、市、自治区730名残疾人考生参加考试。学院除继续面向全国聋人考生单独招收艺术设计电脑艺术设计方向（专科）新学外，首次面向全国聋人考生单独招收服装服饰设计（本科），首次在特殊教育、教育技术学和公共事业管理三个本科专业，对聋人考生实行融合教育招生；在音乐学和应用心理学两个本科专业，对盲人考生实行融合教育招生。最终，录取残疾学生144人。其中，6名聋生和6名盲生随班接受融合教育。

□程兰春　杨　黎

医疗卫生

综　　述

◆概况　2016年，区卫生局和区人口和计划生育局完成机构合并，成立区卫生和计划生育局（以下简称区卫计局）。是年，全区共有医疗卫生机构184个（含驻区医疗卫生机构），其中，医院13个，社区卫生服务中心（站）47个，门诊部（含诊所）116个，专业公共卫生机构4个。全区实有床位2344张，卫生技术人员3859人，其中，执业（助理）医师1508人，护士1638人，全区平均每千人口有床位5.2张、卫技人员8.56人、执业（助理）医师3.35人、注册护士数3.63人（以全区45.08万户籍人口测算）。是年，栖霞区被评为国家级妇幼健康优质服务示范区、江苏省妇幼健康优质服务示范区、江苏省人口协调发展先进区。区卫计局被南京市献血领导小组评为2015年度南京市无偿献血先进单位，被区委、区政府表彰为2016年度完成“五个建设”工作目标先进单位。

◆医疗质量和行风管理　2016年，区卫计局继续加强医疗质量日常监督管理。强化院长为安全管理第一责任人意识，继续推行医疗责任险和第三方调解，创建“平安医院”。区质控管理委员会每个季度开展质控检查工作，邀请江苏省、南京市专家，为辖区内各级各类医疗机构开展培训、开设讲座。开展智能化医疗卫生服务，推进区域远程医疗、医疗一卡通、医疗一账通应用，进一步优化社区预约、智能化自助医疗等公众健康服务功能。通过满意度评价器、政务服务热线“12345”、信访投诉等方式，发现和解决群众最关心的突出问题。至12月31日，调查处理5起信访件，均予妥善回复；全区医疗服务满意度评价器共接受评价84.64万人次，其中满意84.48万人次，总体满意度99.81%；“12345”共受理投诉咨询工单214件，均在规定时限依法依规妥善处理，坚持实行月通报制度，对后进单位要求限时整改。

◆校府联动　2016年，区卫计部门通过“金陵医派”工作室建设打造区内中医特色专科。全区为65岁及以上老年人开展中医体质辨识和中医药保健指导27202人，为0~36个月儿童开展中医药健康管理服务11763人次。组织南京中医药大学专家团队，走进马群、仙林、西岗街道社区开展中医讲座和义诊活动20场，现场为社区群众教授五禽戏，开展推拿、浮针疗法等中医特色服务，服务群众约3000人次。马群社区卫生服务中心被列为江苏省中医药特色示范中心建设单位。

◆院府合作　2016年，在栖霞区医院成立江苏省人民医院栖霞康复院区基础上，精心打造江苏省人民医院康复医学科、栖霞区医院康复院区、10个社区卫生服务机构康复点、社区（村）卫生站和家庭线上线下康复所组成的四级康复医疗服务体系。通过江苏省康复医学会举办的康复治疗师培训班批量培养社区康复治疗师；通过专家定期指导和传帮带提升康复学员知识技能和医德医风；通过协助举办和参加国家及省级康复业务研讨会，邀请国际、国内知名专家学者到区学术交流，开拓区内康复学员视野。是年，启动江苏省人民医院康复专家“康复社区行”活动，试行出台《社区康复服务规范与指南》《社区康复建设标准草案》，社区康复医疗服务以不同形式逐步在西岗、仙林、迈皋桥、栖霞、八卦洲等街道陆续开展。5月，栖霞区医院成功创建二级甲等医院。9月27日，区政府与江苏省人民医院续签《江苏省人民医院栖霞区人民政府深化“院府合作”（2016~2020）》合作协议。

疾病预防控制

◆概况　2016年，区卫计部门根据市、区目标任务，加强疾病预防控制、传染病管理、计划免疫、结核病、艾滋病、血吸虫、地方病、寄生虫防治、卫生监测检验、健康教育等各项业务工作技术指导，妥善处置突发公共卫生事件，做好鼠、蟑、蝇等病媒防制工作。紧密围绕疾病预防控制工作目标，全面落实国家基本公共卫生服务和重大传染病防控项目管理，提升疾病预防控制能力，稳步推进疾病预防控制各项工作有序开展。区卫计部门按照江苏省、南京市地方性疾病和寄生虫病防治工作要求，加强指导，完成各项指标任务，及时上报各类报表。4月下旬召开全区疟疾镜检工作及业务培训会，布置疟疾镜检工作任务，完成疟疾镜检片1500张，没有发现阳性血片。5月，完成定量碘盐监测任务，共300份，合格率100%。

是年，全区各社区卫生服务中心完善居民电子健康档案466655人。其中，高血压建档27597人，建档率20.14%，规范管理17492人，规范管理率63.38%；糖尿病建档9304人，建档

2016年栖霞区甲乙类传染病发病情况一览表

表27

疾病病种	2016年发病数（例）	2016年发病率 1/10万	2015年发病数	2015年发病率 1/10万	发病率增减%
合计	534	80.56	574	87.38	-7.80
艾滋病	18	2.72	19	2.89	-6.11
HIV	46	6.94	65	9.39	-29.86
肝炎	58	8.75	63	9.59	-8.76
甲肝	3	0.45	4	0.61	-25.67
乙肝	34	5.13	31	4.72	8.70
丙肝	12	1.81	10	1.52	18.93
丁肝	—	—	—	—	*
戊肝	4	0.60	15	2.28	-73.57
肝炎（未分型）	5	0.75	3	0.46	65.19
麻疹	—	—	22	3.35	-100.00
痢疾	29	4.38	40	6.09	-28.15
细菌性痢疾	29	4.38	40	6.09	-28.15
阿米巴性痢疾	—	—	—	—	*
肺结核	198	29.87	200	30.45	-1.88
涂（+）	56	8.45	96	14.61	-42.19
菌（-）	138	20.82	100	15.22	36.77
未痰检	3	0.45	3	0.46	-0.90
仅培阳	1	0.15	1	0.15	-0.85
猩红热	2	0.30	2	0.30	-0.92
淋病	85	12.82	57	8.68	47.79
梅毒	141	21.27	167	25.42	-16.32
疟疾	—	—	2	0.30	-100.00
间日疟	—	—	—	—	—
恶性疟	—	—	1	0.15	-100.00
疟疾（未分型）	—	—	1	0.15	-100.00

率17.64%，规范管理5796人，规范管理率62.30%。35岁首诊测血压达100%。65岁以上人群建档73787份，实行脑卒中、恶性肿瘤、冠心病建档和随访管理。对在管高血压、糖尿病病人每季度随访。60岁以上人群每年随访1次，开展1次健康体检，随访结果和健康体检录入健康档案。

是年，区疾控中心与1家驻区企事业单位签订委托代办除“四害”服务协议，开展鼠、蟑、蚊、蝇等病媒生物国家、省、市监测点常规监测每月2次，全年24次。协助、配合区爱卫办对辖区范围内街道每季度1次鼠、蟑、蚊、蝇等病媒生物密度指数调查，对疟疾病人居住地消杀1次，对发生诺如病毒的仙林外校消杀1次，居民病家终末消毒2次。

区卫计局逐步实行重性精神病人规范化随访管理。全区累计录入重性精神病患者资料1468份，检出率2.13‰，在册患者1399人，在管患者1191人，检出患者管理率85.13%。其中，精神分裂症1005人、精神发育迟滞伴发精神障碍54人、双相情感障碍79人、癫痫所致精神障碍40人、分裂情感性障碍9人、躁狂发作3人、偏执性精神病1人。社区管理871人，脑科医院管理320人，不同意管理203人，督导各社区卫生服务中心每季度开展重性精神病防制工作健康教育1次。

是年，结合“结核病防治日”“爱国卫生月”‘无烟日”“高血压日”“艾滋病日”等卫生日，开展各类广场宣传咨询活动112次，开展各类疾病防治科普讲座229场，覆盖人数约1.9万人，发放各类健康资料19万份，制作宣传栏1224块。创建健康步道、健康社区、健康单位等健康支持性环境17个（条），覆盖辖区所有街道。年末在10个社区开展居民健康素养监测。

是年，全区户籍人口463942人，其中男性231356人，女性232586人。死亡2657人，死亡率5.7‰，男性死亡率6.58‰，女性死亡率5.15‰。全区出生数6716人（含非户籍人口），出生率14.59‰，自然增长率为8.73‰。平均期望寿命为81.84岁，男性79.90岁，女性83.91岁。

◆传染病防治　2016年，全区法定甲、乙类传染病发病率为80.56/10万。共报告法定甲、乙类传染病人534例，丙类传染病2324例。其中，手足口病发病2211例。编发各类传染病疫情分析预警简报18份，定期对辖区内各医疗机构开展传染病报告质量调查，指导检查43次，开具指导意见书86份。坚持应急小分队24小时值班制度。及时进行卫生应急物资更新储备，完善卫生应急处置预案和技术方案，举办各类防病知识讲座和应急培训班8期，培训1150人次。按照传染病管理和突发公共卫生事件预案规定，及时处置手足口病、水痘、诺如和流感等聚集性疫情48起，有效控制疫情发展。开展人感染H7N9禽流感、中东呼吸综合征疫情防控，参加省、市级培训并组织基层业务培训7场次，培训220人次。流调处置疑似H7N9禽流感患者2例，及时对疫点指导终末消毒，并流调采样送检，最终排除疫情。确认报告2起突发公共卫生事件，均为诺如病毒腹泻暴发疫情，定级为4级，患病学生全部痊愈，未造成不良社会影响。

4月1日起，区内各医疗机构准时开设肠道门诊，组织基层防疫医生进行霍乱、O157:H7防治知识培训，督查医疗机构肠道门诊29次，接诊肠道病人5025例次，霍乱弧菌培养717例，检索率14.27%，占全区人口1.09‰。

◆艾滋病防治　2016年，围绕“第三轮全国艾滋病综合防治示范区”目标任务，落实艾滋病防治措施。加强重点场所、重点地段和窗口区域以及农民工、大学生、服刑和劳教人员等重点人群宣传教育，宣传覆盖率达100%，对新发现艾滋病感染者，开展百分百面对面告知和知识宣教。对辖区内监管场所定期开展HIV抗体检测，江苏省龙潭监狱每季度一次，南京铁路看守所、区看守所每月一次，对2206名被监管人员进行HIV抗体检测，未发现HIV抗体阳性。累计发现HIV抗体阳性308例，其中艾滋病病人82例，HIV携带226例，累计死亡9例，随访存活280例。2016年新发62例，新报告HIV病例29例，报告质量达标率100%；艾滋病诊断及时率、一致率均为100%。有序推进娱乐场所行为干预项目，与江苏你我青少年健康服务中心合作开展“艾防”干预活动，对辖区内高校学生、娱乐场所等重点人群开展同伴教育、高危行为干预及检测，娱乐场所行为干预采血910人次，男男人群干预采血382人次，发现阳性5例，吸毒人群干预采血98人次。开展自愿免费咨询检测（VCT）服务，自愿接受咨询检测882名，发现HIV阳性感染者20例。联合江苏省中西医结合医院开展PITC工作，检测214人次中性病就诊者179人次。

◆结核病防治　2016年，区卫计部门完善结核病防治组织网络，落实业务经费，建立工作运行机制和工作规范。辖区内各医疗机构发现疑似肺结核病人136例。其中，重报4例。转诊率、网络报告率、追踪率100%。发现肺结核病人183例中涂阳53例，涂阳占比30.11%，密切接触者144例，筛查率100%，密切接触者中无新病例。系统管理肺结核197例，系统管理率均为100%。处理仙林大学城及新港开发区结核病疫情24起。

◆血吸虫病防治　2016年，血防查螺面积3663.10万平方米，期内查出实有钉螺面积314.11万平方米，共捕捉框内钉螺5112只，活螺平均密度为0.49只/框，活螺最高密度为11只/框，全部进行解剖，未发现阳性钉螺。完成药物灭螺749.70万平方米，使用灭螺药品氯硝柳胺26%乳剂13吨、25%氯硝柳胺乳剂1.6吨，50%氯硝柳胺粉剂2吨。区疾控中心全程督导灭螺工作，严把质量关，开出指导意见书19份。在第二十五个血防宣传周期间，分别在八卦洲、龙潭等街道对疫区农民，中、小学生、沿江施工单位人员及流动人群等开展专题宣传和咨询。5月起，有关街道均在易感地带设立血防岗哨和警示牌，全区设立血防岗哨19个。新增血防警示牌6块，刷写血防宣传标语110余条，劝阻进入疫区从事非生产性活动人员，在重点疫区安装、使用语音报警器13台。10月14日，启动血防查治病工作，全区6个街道完成血防查病9874人，粪检查病3699人；完成全国血防监测点（龙潭马渡村）人群查病504人，DDIA和IHA阳性81人；粪检查病80人，全部阴性；全区牲畜完成血防检查700头，无阳性病畜。

◆计划免疫管理　2016年，区卫计部门加强预防接种服务，落实《预防接种工作规范》《江苏省扩大儿童计划免疫规划实施方案》，接种一类疫苗171842人次、二类疫苗26656人次，免疫规划疫苗接种率达95%以上。组织开展2015~2016年脊灰疫苗补充免疫活动，对5周岁以下儿童开展两轮脊灰疫苗查漏补种，第一、二轮活动查漏补种（服）人数分别为311人、258人，补种（服）率均为100%。对托幼机构和小学共105所12773名入托入学儿童进行预防接种证查验工作，托幼机构和小学儿童查验率100%，应补种儿童1670人，实补种合格1623人，漏种儿童补种合格率97.19%。是年，区卫计部门对22例麻疹疑似病例、38例乙肝病例及时开展流调处理；对2例AFP病例及时开展流调、采样和送检，免疫规划相关疾病监测指标达到考核要求。按照《全国疑似预防接种异常反应监测方案》，发现并报告处置疑似预防接种异常反应77例，及时报告率、及时调查率、规范处置率均达100%。区卫计部门开展预防接种规范管理专项活动，规范疫苗采购、储存、运输、使用各环节管理，规范预防接种告知和宣传，强化安全接种管理。是年，全区未发生预防接种差错事故。组织开展预防接种规范管理专项活动、预防接种人员上岗、脊灰疫苗免疫策略调整、入托入学预防接种证查验、预防接种异常反应保险补偿、狂犬病暴露预防处置等业务培训，参训人员442人次。

◆**公共卫生监测** 2016年，区卫生监督部门对1家农村水厂、5家集中式供水单位、10个市政管网水点和26个二次供水点水质开展监测，采样146份，合格140份，样品合格率95.9%，共检测2378项次，合格2366项次，检测项目合格率99.5%。医疗机构消毒质量监测22家，采样365份，合格率92.3%；托幼机构消毒质量监测15家，采样180份，合格率91.7%。公共场所卫生监测143户次，检测3706项次，合格率100%；公共用品监测53家次，采样402件，检测804项次，合格率100%。开展食品安全风险监测：食品污染物监测采集8大类食品共94个样品；食源性疾病哨点医院监测收集、审核病例信息159例，接报、调查处置疑似食源性疾病暴发事件6起，其中确定并网报2起，涉及35人，无死亡病例；小龙虾致横纹肌溶解症等食源性异常病例流调153例，确诊128例，排除3例；采集龙虾样本20余份，环境标本10余份，病例生物样本130余份；开展食品安全事故应急处理演练1次；开展10余场次食品安全与膳食营养知识社区、广场、校园、工地等专场宣传活动。对10所监测点学校开展两轮学生常见病监测及防治督导，共组织学生健康体检9126人。其中，龋齿患病数2674人，患病率29.30%；视力低下5825人，视力低下率63.83%；肥胖1780人，肥胖率19.50%；营养不良243人，营养不良率2.67%；沙眼701人，沙眼患病率7.68%。学生常见病预防保健知识普及率100%；完成10所中、小学校60间教室教学环境卫生监测。

合作医疗

◆**概况** 2016年，区卫计局巩固和完善新型农村合作医疗（简称"新农合"）制度，继续实行"统一补偿标准、分街道建账核算、超支自理余额结转"原则，强化对合作医疗基金的使用和监管。调整报销范围，涵盖江苏省、南京市规定的全部可报项目。继续维持社区卫生服务中心住院报销90%、区属二级医院住院报销80%比例标准。提高门诊报销封顶额，对患有糖尿病、高血压病人每年门诊累计报销限额为1800元，还可以享受限额400元以内的中医药服务项目报销。全年累计住院封顶额提高为20万元。增加门诊诊察费报销项目，一天内多次、多院门诊者，按每天一次报销。完善门诊总额预付、住院按病种和床日付费、大病救助基金等制度，做好门诊慢性病管理工作。参保居民辖区内就诊费用实行现场减免；同时和省平台对接，实现辖区外定点医院就诊费用现场减免。基金补偿支出合计2815.66万元。

◆**"新农合"医疗费用报销** 2016年，全区"新农合"参保群众29863人，参保率99%，行政村覆盖率100%；共筹集资金2538.55万元，人均筹资标准850元。至12月底，全区参加"新农合"群众门诊报销245522人次，共补偿1287.89万元；住院报销2278人次，补偿1527.77万元。对年度内所发生的符合规定范围内费用，经合作医疗报销后累计自负超过2万元以上部分，享受大病保险按50%比例一次性补偿。享受大病保险报销26人，费用合计15.18万元。继续推行儿童白血病、儿童先天性心脏病、终末期肾病、乳腺癌、宫颈癌、重性精神疾病、"耐多药"肺结核、艾滋病机会性感染等8类大病保障，将肺癌、食道癌、胃癌、结肠癌、直肠癌、慢性粒细胞白血病、急性心肌梗死、脑梗死、血友病、Ⅰ型糖尿病、甲亢、唇腭裂等12类大病纳入保障范围，实行单病种付费、限额报销。

妇幼保健

◆**概况** 2016年，区妇幼保健部门坚持预防为主，以保健为中心，强化标准化建设与规范化管理，加强对基层保健业务指导，降低出生缺陷和围产儿死亡率，加强辖区内医院产科质量管理，严防孕产妇死亡发生。

是年，区妇幼保健部门继续实施农村孕产妇住院分娩补助等"九免一补"（免费为妇女、儿童建立健康档案，免费开展婚前检查，免费开展孕前检查，免费为待孕妇女发放叶酸，免费为孕妇开展产前5次产检，免费为0~6岁儿童开展11类疫苗接种；免费为0~6岁儿童开展11次体检；免费为产妇、儿童开展产后访视；免费为农村妇女开展"两癌"筛查；免费为农村产妇发放孕产妇分娩补助）等重大妇幼保健公共卫生项目。是年，全区孕产妇死亡率为0，婴儿死亡率2.17‰，出生缺陷发生率控制在4.32‰，5岁以下儿童死亡率控制在2.45‰，高危孕妇和低弱儿管理率达100%，孕、产妇健康管理率98.45%，早孕建卡率98.42%，新生儿产后访视率98.87%，7岁以下儿童健康管理率99.88%，3岁以下儿童系统管理率99.35%，体弱儿专案管理率达到100%，妇女病普查率98.29%。各项指标均达到江苏省、南京市有关要求。是年，区妇幼保健部门加强对托幼机构儿童卫生保健服务监督。全区在册幼儿园70所，完成"六一"体检19099人次，新生入托体检7846人次，教师体检1816人次。根据《托幼机构卫生保健管理办法》有关要求，开展托幼机构传染病防控与安全教育培训，组织实施全区在册托幼机构业务培训、现场指导等工作。是年，区妇幼保健部门加强对助产技术服务和爱婴医院监督指导，组织市、区妇产科专家对两家产科医院进行业务指导与测评2次，促进全区医疗技术改进与提高。是年，区妇幼保健所对辖区内各医院、社区卫生服务中心开展业务指导65批次，出动专业技术人员201人次，开展质量和业务考核4次，接受市级考核2次。

◆**妇女儿童保健项目** 2016年，区卫计部门落实重大妇幼卫生项目，保障妇女儿童健康。落实农村育龄妇女增补叶酸项目，免费为504名适龄生育妇女提供补服叶酸1008瓶。落实农村孕、产妇住院分娩补助，区财政统筹拨付专项资金，落实住院分娩补助项目，实施农村孕、产妇分娩补助1081人，发放补助费54万元。落实预防母婴艾滋病、梅毒、乙肝等传播性疾病项目，产科医院为高风险新生儿免费提供乙肝免疫球蛋白。是年，开展孕、产妇艾滋病、梅毒检测7582人，检测率100%。免费注射乙肝免疫球蛋白99人份。免费婚检2068人次，婚检率提升到90.78%，检出各类影响生育和新生儿健康疾病331例，疾病检出率16%。完成10535名妇女宫颈癌和乳腺癌免费筛查，疑似病人全部转至2家相应二级医院及南京市妇幼保健院复诊。共发放孕期保健免费服务券3065册，使用免费券服务11136人次，儿童保健免费服务券发放2163册，使用免费服务券21560人次。

◆妇幼保健服务培训 2016年，区卫计部门落实基层专职人员培训和例会制度，召开社区卫生服务中心妇女、儿童保健专职人员例会12场次，参会人员280人次。召开托幼机构保健人员例会4场次，参会人员290人次，开展托幼机构健康知识讲座3场，192人参加学习。组织妇女、儿童保健人员，参加南京市围产协作组片区例会及区县5岁以下儿童死亡评审会等3次。组织专职人员参加省、市、区等举办的各类专业培训班12期，培训人数123人次。全区儿、妇保专职人员培训5次，培训人员110人次。

社区卫生

◆概况 2016年，区卫计局贯彻落实江苏省政府《关于进一步加强城市社区卫生服务工作的意见》《江苏省城市社区卫生服务条例》及相关配套文件精神，规范实施国家基本药物制度，深化社区卫生服务运行机制改革，建立居民健康档案、电子病历、建设区域影像检验区域卫生信息化平台，推进卫生基础工程建设，提升社区卫生服务质量。以规范网上采购、采购品种满足群众多层次需求、销售价格零差率、无二次议价行为、抗菌药物按比例使用等为重点环节，进一步规范药物使用管理和基层医疗机构耗材试剂采购行为。全区基层医疗机构全部配备使用基本药物，优先使用国产医用耗材。严格落实药品、医用耗材“集中采购、统一配送、合理使用”等要求，签订廉洁购销合同。网上采购药品1.92亿元、采购耗材及试剂340.39万元，网上采购率100%、配送到位率95%以上。

◆社区卫生服务 2016年，区卫计局强化社区卫生服务，提升服务内涵。根据国务院关于高血压、糖尿病分级诊疗试点工作要求，与江苏省中西医结合医院副院长刘超领衔的内分泌科团队合作，在迈皋桥等街道试点，以糖尿病治疗为突破，让大医院专家到社区坐诊、带教、查房和举办业务讲座，建立转诊“绿色通道”，全面探索分级诊疗新模式。江苏省中西医结合医院定期安排不同专业专家到靖安社区卫生服务中心坐诊，提升远郊社区卫生服务机构服务能力。推进慢病分级诊疗工作，参加集基本医疗、基本公卫、家庭病床、分级诊疗于一体的家庭医生个性化签约服务的群众184620人，重点人群签约率72.05%。

◆卫生基建工程 2016年，区卫计局推动龙潭社区卫生服务中心易地新建及龙潭街道飞花、陈店、尧化街道青田雅居站等社区卫生站标准化建设改造工程，并在江苏省人民医院帮扶下在红梅站开设疼痛专科门诊。完成八卦洲卫生院老门诊楼改造工程并启用。加快推进丁家庄一期社区卫生服务站和丁家庄二期社区卫生服务中心内部装修前期工程；东花岗2号地块社区卫生服务站已完成室内装修。燕子矶新城、白象地区、地铁小镇医院项目在选址规划中。

爱国卫生运动

◆概况 2016年，全区全面达标落实国家卫生城市复审、健康南京、城乡环境卫生整洁行动各项指标。为确保顺利通过卫生城市省级复查、国家复审，区爱卫办敦促各街道按照时间节点完成动员部署和培训，积极开展卫生城市迎复审宣传工作、营造迎复审氛围；协调相关职能部门细化措施，强化监督执法，联合展开整治，确保迎复审工作上下联动、协调配合、形成合力。全区共整治重点场所1971处，清理垃圾810处，清洁水体2064处，清除死角4014处，取缔旱厕22座，绿化环境2904处，集中开展环境卫生整治活动808次。加强农村饮用水卫生监测，监测覆盖率达100%，加快推进区域化供水进程。创建健康社区7家、健康单位3家、健康食堂4家、健康学校4家、健康步道3条。

◆病媒防制 2016年，全区9个街道重点小区及公共外环境均纳入病媒生物防制市场化服务体系。区爱卫办每月对各街道病媒生物防制工作进行明察暗访，全区新建毒饵宅6089个，发放诱蝇笼10200个，投放“创卫能”药水1000余升，下发灭蟑颗粒10000余袋（每袋3克）。区爱卫办多次通报除四害检查情况，并据此对四害防制服务公司考核。

◆爱国卫生月活动 4月，区爱卫办组织以“巩固国家卫生城市成果，共建共享和谐健康南京”为主题的爱国卫生宣传活动，栖霞区医院、区疾控中心、区卫生监督所、区妇幼保健所等单位医生、护士10余人，分别在丁家庄社区、迈皋桥社区卫生服务中心广场和尧化门区机关食堂前广场举行2场义诊和健康咨询活动，通过健康宣传栏展示、发放健康知识折页、开展有奖问答等形式，营造浓厚迎接国家卫生城市复审氛围。

□刘海明

江苏省中医药研究院

◆概况 2016年，江苏省中医药研究院（江苏省中西医结合医院、中国中医科学院江苏分院）全院有职工1337人，其中正、副教授，高级职称医师、研究员255人，江苏省国医名师1人，全国名老中医、省名中医、省名中西医结合专家26人，博士、硕士生导师47人，享受国务院及江苏省政府特殊津贴专家1人2；拥有国家级名老中医工作室4个、省级名老中医工作室3个，江苏省“创新创业”人才、江苏省“333工程”、江苏省“六大人才高峰”人才等30余人。全院有临床、医技科室34个，其中，骨伤科、心血管科、消化科、重症医学科为国家级重点专科，妇产科、呼吸科、肿瘤科、内分泌科、普外科、儿科、肾病科、老年病科、脑病科等13个专科为江苏省重点专科。全院拥有3.0T核磁共振（MRI）、数字减影血管造影（DSA）、64排计算机断层扫描（CT）、脊椎微创手术导航系统、一体化手术室等国际国内领先医疗设备，开放床位830张。是年，新中标国家自然基金20项。其中，优青1项。江苏省自然科学基金9项，江苏省卫计委、江苏省中医药局重点专项各1项。发表学术论文379篇，其中SCI68篇，最高影响因子5.579，核心期刊150篇。门急诊总人次97.27万人，比上年增长0.6%，出院人次2.9万人，比上年增长8%，病床周转次数35.4，比上年增长5.9%，床位使用率103.27%，比上年增长0.5个百分点，平均住院日9.7天，比上年减少0.5天，药占比45.1%，比上年下降12.6%。在院研究生182人，带教各类本科、专科临床实习生335人。3月，首次独立承担硕士研究生招生复试工作，招收36名硕士研究生。选派18名业务骨干赴国（境）外知名医院、实验室进修学习，15名临床业务骨干前往国内知名医院进修学习，邀请院外13名专家来院举办学术讲座，获15项国家级、省级继续教育项目。组织申报人才项目，中选“333高层次人才培养工程”7人，享受政府特殊津贴和省有突出贡献中青年专家各1人，六大人才高峰项目4人，江苏卫生国际交流支撑计划、江苏省政府奖学金、青年医师海外研修项目各1人，研究员贾晓斌团队获“科教强卫”工程及六大人才高峰创新团队。呼吸科朱启勇工作室入选第二批江苏省名老中医药专家传承工作室建设项目和全国名老中医药专家传承工作室建设项目。通过推行居民健康卡优化门诊自助流程，实现居民健康卡发放、自助挂号、自助交费、自助打印检验报告等功能。推行手机端微信和支付宝挂号、缴费、查询报告功能。升级新版门诊电子病历系统，修改与HIS接口与操作界面，完成病历书写打印、病历查询、检验、检查结果查询等功能。在内分泌院区试用无线查房系统，实现在病房查看病人医嘱、病历、各护理表单、检查化验结果等功能。

◆徐荷芬获“国医名师”称号 2月14日，江苏省中西医结合医院肿瘤科教授徐荷芬被授予江苏省“国医名师”称号。徐荷芬先后就读于南京医学院和南京中医学院，并师从“孟河医派”名老中医张泽生，具有扎实的医学功底。多年致力于中西医肿瘤防治工作，在提高疗效、缩短疗程、减少毒副反应、减轻病人痛苦方面取得优异成绩。20世纪七十年代，其负责的启东肝癌防治研究、假密环菌（亮菌）和假密环菌（亮菌）甲素获全国科学大会奖，治疗消化道肿瘤药物抗癌平研究，获江苏省科技成果四等奖，治疗食道癌药物宁猴片研究获南京市科技成果二等奖，治疗胃癌药物香云片研究获南京市科技成果二等奖。1982年至1986年，徐荷芬牵头开展槐耳颗粒治疗原发性肝癌多中心临床研究，获国家科技进步三等奖、国家中医药管理局科技进步二等奖，并实现成果转化。徐荷芬研制的医院制剂消瘤胶囊，临床使用三十余年来，深受病人及家属信赖。徐荷芬七十高龄还带教研究生开展固体培养冬虫夏草菌丝体实验研究等，在其指导下，复方肠泰对大肠癌临床干预及对细胞信号转导蛋白表达影响研究获2011年江苏省中医药科学技术一等奖，研制用于肿瘤化疗减毒增效的芪芝振元胶囊取得SFDA中药5类新药临床批件并成功实施转化。先后获江苏省名中西医结合专家称号、全国及江苏省中医优秀临床研修项目指导老师，享受国务院政府特殊津贴。

◆项目获奖 12月1日，中国中医科学院表彰“十二五”科技创新突出贡献奖，江苏分院获“分院建设进步奖”。自2013年6月24日中国中医科学院江苏分院挂牌后，各项工作取得进步和发展。全院先后获国家自然基金和863等国家级科研课题72项，纵向课题170项，发表论文1351篇，是前四年总和的1.52倍。其中SCI论文260篇，单篇最高影响因子为36.5分，获授权发明专利43项。获国务院特殊津贴1人，有江苏省有突出贡献中青年专家1人，国家优青项目1项，江苏省杰青项目1项，获“省公益院、所能力建设”2项，省级人才项目包括江苏省“双创”人才、江苏省333人才工程、江苏省六大人才高峰项目、江苏省政府留学奖学金等共54人，有专题组1个，新增国家中医药管理局重点研究室1个，国家名中医工作室1个，省名老中医药专家传承工作室1个，教授徐荷芬被评为“江苏省首届国医名师”，全国中医药学术继承导师3人，省中医药学术继承导师2人，国家和省级学术继承人9人，获中国中医科学院第二批中青年名中医称号6人，3在省级以上学会担任副主委以上职务39人。是年，新增省级重点专科4个，年门急诊量、出院人次平均以6.68%和10.82%幅度上升。江苏省政府将该院转化医学综合楼列为省重大民生项目，规划床位1500张，并按照区域性中西医结合医学中心加以支持和建设。

12月16日，江苏省中西医结合医院组建医疗队在柬埔寨西哈努克省开展为期5天巡诊

江苏省中西医结合医院供稿

◆医疗援外行动 12月16日，由江苏省外办安排，在江苏省外办、江苏省卫计委指导下，由江苏省中西医结合医院副院长谢林为队长，急诊科、妇产科、儿科、普外科、皮肤科等专家、护士组建医疗队，到柬埔寨西哈努克省乡镇医疗中心、西港特区开展为期5天巡诊。其间，巡诊共诊治病患1663人次。巡诊结束，柬方西哈努克省副省长茉莉举办答谢晚宴，西哈努克省政府卫生局副局长、西哈努克省政府外事办主任、西哈努克市市长、斯登豪县副县长等柬方官员及西港特区公司总经理曹建江陪同出席。

□李红玲

南京市妇幼保健院北院

◆概况 2016年，南京市妇幼保健北院（栖霞区妇幼保健院）占地面积1公顷，业务用房建筑面积1.2万平方米，实际开放床位220张。医院现有职工564人。其中，在职人员467人，52人具有高级专业技术职称。医院设有内科、外科、妇产科、儿科、血透科、中医科、康复科、五官科、口腔科、体检科等19个一级科室。其中，内科有心血管、内分泌专业组2个；外科有普外、骨科、乳腺3个专业组；妇产科有产科、妇科、妇保、计划生育4个专业组；儿科有普儿、新生儿、儿保3个专业组。医院陆续更新配备当前各种进口医疗设备，主要有GE16排CT、飞利浦DR、口腔全景机、GE彩超、Storz宫腹镜、电脑胎儿监护仪、奥林巴斯电子胃镜、电子肠镜、爱尔博电外科工作站、TCT检查系统、电子阴道镜、大型全自动生化分析仪、全自动化学发光免疫分析系统以及血液净化设备等设备300余台。是年，医院大力做好人才引进及招聘工作，引进南京市妇幼保健院的B超主任医师、南京医科大学研究生导师吕康泰河，河南洛阳市第一人民医院的妇产科副主任、主任医师王玉芳，安徽省巢湖市中医院儿科副主任医师朱学龙、淮北市人民医院内分泌科主任医师朱江4位高层次人才。

◆医疗服务范围拓展 2016年，医院围绕以妇幼为主的大专科、小综合办院方针，努力创建二级甲等妇幼保健院。11月，医院妇产科入选第九期南京市医学重点专科。根据深化院府合作项目要求，南京市妇幼保健院的妇科、产科、乳腺科、儿科、产前筛查、超声、检验等专家定期到院坐诊，参加重大手术，进行教学查房、业务培训、专题讲座。与南京市妇幼保健院乳腺科、儿科、产前建卡及分娩建立双向转诊流程，运转良好。12月28日，区政府与南京市妇幼保健院续签“深化共建市妇幼保健院北院”合作协议。

◆医院建设 2016年，完成医院门诊区域改造、布局调整，地面墙面出新，妇科、产科改造划分成相对独立的诊疗区域，功能科检查扩大集中，乳腺科调整至外科区域，改造调整后，布局、流程更加合理，环境更加美化。医院异地新建工作有序推进，新院址位于迈皋桥街与北固山路交界处，总建筑面积约7.04万平方米，其中，地上面积3.68万平方米，地下3.36万平方米，拥有机动车停车位417个。2016年7月，新医院建设被区政府列为“三重一大”项目；8月24日桩基施工开始。

□刘海明

文　　化

综　　述

◆概况 2016年，区文化工作围绕文化强区的目标，锐意进取，推动全区文化事业发展繁荣。是年，区文化部门完善提升公共文化基础设施。区图书馆建成街道、社区和农家书屋分馆32家。全区每万人拥有公共文化设施面积2034平方米。群众文艺活动丰富多彩。成功举办第十七届金秋栖霞艺术节等活动。开展各类演出、培训、讲座、辅导等文化活动1600余场，送电影进村（社区）497场，送图书到基层2.6万余册。区文化馆以免费开放和公益培训相结合的服务模式，做到天天有培训、周周有演出、月月有展览。文博工作扎实推进。完成全国第一次可移动文物普查的复核、登录修改等工作，完成率100%。完善文物保护网络体系和网络监控平台建设，启动文物二期17处监控安装工作。开展纪念世界文化遗产日系列活动“非遗”专场和传统文化推广专场活动，实施非物质文化遗产项目代表性传承人扶持计划，发放“非遗”传承人补贴。文化市场有序发展。开展“扫黄打非”专项整治，收缴非法出版物1300余张（册）。把“扫黄打非”进基层作为主要抓手，推行网格化管理。全区30个村85个社区均设有“扫黄打非”网格员，有信息员、联络员448名。推动广播电视工作不断发展。继续改进时政新闻报道方式，鼓励记者多报道民生新闻，栖霞电视台共采制各类时政、民生新闻约3万条。策划“十三五街道书记话开局”、党代会专题报道，增加时政新闻的可看性，开播《寻找—我身边的最美劳动者》《直通96106》，做“好看又有用”民生新闻。全区广电系统播出工作平稳有序，未发生一起播出事故。

是年，区文化广电系统获第五届江苏省服务农民、服务基层文化建设先进集体荣誉奖、全省“无小耳朵”创建工作标兵区、省级文明单位、创建全国双拥模范城有功单位、全区先进基层党组织、2016年机关作风建设先进单位等荣誉。

◆文化项目获奖和发表 2016年，全区文化系统获国家级奖项1个，南京市奖项14个。其中，区曲艺家协会徐世亮创作并表演的相声作品《心眼好》参加中国民间文艺家协会民间戏曲艺术委会主办的第七届全国小戏小品曲艺大展，获优秀剧目奖、优秀编剧奖。区图书馆获南京市文化广电新闻出版局第二届“快乐暑期，阅读相随”少儿暑期读书季活动优秀组织奖。“我讲书中的故事”少儿故事大王获南京市文化广电新闻出版局比赛二等奖。区图书馆被南京市城市治理委员会评为“南京市城市治理标准化单元”。南京捷顺达公司被南京市总工会、南京市文广新局、南京市全民阅读办评为“书香企业”。徐道泉、端传妹、屈兴华家庭被南京市妇女联合会、南京市全民阅读办评为"书香家庭"。西岗街道被南京市全民阅读办评为"书香街道"示范点。桦墅村、五福家园社区被南京市全民阅读办评为"书香乡村(社区)示范点。区舞蹈家协会赵伟伟创作的舞蹈作品《一起来跳舞》参加南京市委宣传部、南京市文明办、南京市文广新局联合开展的"美在乡村"农村群众文化原创作品征集活动获二等奖。《歌曲》2016年第1期发表区音乐家协会陈丽君《有志者,一起走》。《词刊》2016年第2期发表区音乐家协会陈丽君创作的歌曲作品歌词《美丽栖霞山》。《词刊》2016年第5期发表区音乐家协会陈丽君创作的歌曲作品歌曲《摘一朵春天带回家》。区音乐家协会陈丽君创作的歌曲作品《美丽新家园》,参加南京市文化广电新闻出版局主办"心中的旗帜"南京市庆祝中国共产党成立九十五周年原创歌曲征集获优秀作品奖。区文联与区文化旅游局组织作品参加南京市文化广电新闻出版局主办"心中的旗帜"纪念中国共产党成立95周年原创歌曲征集,声乐作品《大地情深》获优秀歌曲创作奖,《红旗、红旗》《民族战歌》《纪念碑的哪些名字》获作品奖。区文联与区文化旅游局组织参加由中共南京市委宣传部、南京市文化广电新闻出版局、南京市教育局、南京市总工会联合主办的第十届金陵合唱节,作品《感恩的心》《月亮代表我的心》获三等奖,栖霞区群星艺术团获展演奖。栖霞街道成功创建省级公共文化服务体系示范街道。

◆文艺创作 2016年全区文艺创作成果累累。7月14日由区委宣传部、区文联、区文化旅游局共同主办的"中国梦·栖霞梦·我的梦"栖霞区纪念中国共产党成立95周年文艺创作书画作品展在区文化馆美术展厅举行,收集到书法作品37幅,绘画作品15幅。编辑出版区文联文艺季刊《栖霞山》(春、夏、秋、冬)四期。从2016年春季卷开始,由以往小开本变成标准大开本、在版式幅面大小、封面装帧设计、版式排布、栏目设置、纸张质量等方面进行全新改版,使《栖霞山》刊物能够更加符合当今期刊要求,让广大协会会员在这个"文学艺术"平台上广泛阅读,静心创作,真诚交友,水平得以提高,心灵得以相融。区文联会员管秋惠任执行主编,编纂地方文史专著《万里长江第一矶——燕子矶》及附属口袋本旅游小册子中英文对照本《万里长江第一矶——燕子矶》地方文化类书籍《心声》《民星》、民间文学书籍《栖霞新编民间故事集成》。并撰写红学类、地方文史类专文《清〈摄山志〉赏析》,在《金陵晚报·今日栖霞》《南京史志》《栖霞山》上发表。区文联会员王建国有20篇杂文作品发表在《人民日报》《中国青年报》《南京日报》《现代快报》等刊物上。区文联会员张智峰《一座古村,一座宗祠,一本老宗谱》《揭秘清初文坛领袖王渔洋为何频频游历南京》《玄武湖畔见两位笔友》等14篇文史类稿件被《南京日报》《金陵晚报》《南京史志》《老街故事》《栖霞新编民间故事集萃》《栖霞山》等报纸杂志刊载。区文联会员曹光贵在《北方文学》《微篇小说报》《国际日报》上发表短篇、微型小说9篇,其中有3篇入选团结出版社《中国微篇小说佳作2016》,1篇获"远进书法杯"中国首届微篇小说争霸赛铜奖。区文联会员罗正斌在完成《栖霞山》编辑工作外,以弘扬工匠精神为宗旨,采访、撰写、发表栖霞非物质文化遗产类的报告文学5篇;编辑完成《沙沟民间传说故事》。

群众文艺

◆概况 2016年,全区广大群众文艺工作者以文艺方式,宣扬社会主义核心价值观为重点,贴近实际、贴近生活、贴近群众,亮点纷呈。全区拥有公共文化设施面积14.1万平方米,平均每万人拥有2034平方米。以区文化馆、图书馆新馆免费开放并创评为国家一级馆为龙头,带动栖霞街道完成省级公共文化服务体系示范街镇创建。景和园社区、江南厂社区、金尧花园社区、孟北村等25家社区(村)文化活动室达成省级基层综合性文化服务中心建设目标。区图书馆建成街道、社区和农家书屋分馆32家。全区完成各类文化惠民活动1364场、公益演出136场、公益电影放映492场、送图书26352册、配送书架135组,参与全区各类文化活动人数近百万人次。以第十七届"金秋栖霞"艺术节系列活动为契机,以纪念"建党95周年""红军长征胜利80周年"主题文化活动为特色,带动各街道发挥特长和优势,打造"我爱迈皋桥""龙潭水 一方情"等一批街道群众文化品牌。继续实施"三千"文化惠民工程,为辖区内百姓提供更加方便、快捷、优质、高效的公共文化服务模式。累计招募文化志愿者1056人,培育群众文化团队(社团)714支;评选出区、街道、高校"三千"文化惠民优秀团队11支,并组织惠民展演,受到辖区内群众好评。推进全民阅读,加快书香栖霞建设。区图书自新馆开馆后,新馆利用设施、环境方面的优势,不断增进基础阵地服务功能,为读者提供图书外借、报刊阅览、资料查询、信息导航、阅读推广等服务。区图书馆延伸服务,帮助街道、社区建成一批图书分馆、"栖图驿站"、星级示范农家书屋等。区图书馆新增图书75075册,图书总藏量达235536册;购买数字资源8种,容量达9TB;接待读者331680人次,借还图书158806册次;分馆接待读者5236人次,借还图书3998册次;新增读者证4524张。在区政府仙林、尧化办公点、全区9个街道政务大厅、区委宣传部、区财政局、区教育局、文化旅游局及陈店村、飞花村养老社共建立"图书驿站"20个。新建街道、社区图书分馆26个,建成南京开发区兴智分馆、东区指挥部园区分馆、南京万运茂商圈分馆、栖霞区实验小学校园分馆、南京消防特勤二中队警营分馆、国悦颐养院养老院分馆。举办基层图书室开展业务辅导25次。是年,举办各类阅读推广活动175场,参与活动总人数达35000余人。申报创建省三星级示范农家书屋9家。区、街、社区(村)3级公共文化阵地共举办讲座、征文、朗诵、假期实践等阅读等活动200余场。

4月,区文化馆注册并搭建栖霞区文化馆微信公众号,开发APP"栖霞区文化馆"。采集、上传素材,编辑相关图文信息，完成推送文章130余篇，内容包括信息发布、艺术鉴赏、网上培训、活动开展、咨询指导五项工作。完成演出票务网上预约40场。

◆“金秋栖霞”艺术节　9月25日，第十七届“金秋栖霞”艺术节在仙林街道羊山公园文化广场举行开幕式。艺术节以“纪念长征胜利80周年”为主题，依托国庆、中秋节日和地方特色文化资源，搭建公益性群众文化活动平台。艺术节期间，街道专场文艺演出、“周周有演出”等各类演出活动近50场；组织歌咏、舞蹈、古诗词大赛等各类群众文艺赛事20余场；全区还组织开展各类群众文化活动200余场，送电影50余场，送图书4000册。艺术节期间还组织高校文艺作品展演、民族艺术进校园进社区（村）文艺演出等各类演出活动近50场；区文化部门组织驻地高校大学生以“律动青春”为主题展现大学生风采的文艺比赛，组织歌咏、戏曲、器乐等各类群众文艺比赛9场；以及文物、（“非遗”）展示以及组织相关旅游文化活动。11月28日，第十七届“金秋栖霞”艺术节在仙林街道羊山湖公园广场闭幕。区文旅局以“金秋栖霞”艺术节为龙头，带动各街道充分发挥特长和优势，打造出“家住姚坊门·熟人社区在行动”“我爱迈皋桥”等街道群众文化品牌，以点带面，彰显本地群众文化活动栖霞特色。

◆文化惠民进基层　春节期间，区文旅部门开展迎新春三下乡送春联活动。组织全区书画作者37人，分别到龙潭、八卦洲、马群等街道，开展“迎新年送春联”活动。联合区城管局向坚守工作一线的环卫工人赠送新春对联。区文化馆与南京市杂技团合作，共同组建栖霞区文化惠民文艺小分队，进社区、村开展10场文化惠民广场文艺演出。3月23日，在燕子矶街道兰花园文化广场举办首场演出，4月8日，在仙林街道文澜社区完成第10场惠民演出。3月至12月，配合南京市文广新局“百千万行动计划广场行”活动，送演出活动8场；5月11日~5月14日在区文化馆举办第五届民族舞推广培训周，重点教授民族舞《扎西德勒》和《仿童健步操》两个种类舞蹈。区文化馆安排舞蹈老师定点、就近对舞蹈爱好者开展教学。5月10日，区文化馆组织策划第五届“飞舞动感·民族舞友谊赛”。

◆“栖霞区文化馆”公众微信平台开通　4月6日，“栖霞区文化馆”公众微信号官方微信平台注册认证完成。内容涵盖剧场演出预告及票务信息公布、展览讲座、文化艺术欣赏、文化艺术培训信息以及专题新闻报道。区文化馆发布方便快捷、优质有效艺术资讯，深受栖霞市民喜爱。至年底，微信关注量达3366人，宣传工作覆盖人群超8万人次。

◆全民阅读　2016年，围绕南京市阅读办总体工作目标，区图书馆制定《关于开展全民阅读活动加快推进书香栖霞建设的实施意见》，进一步完善区全民阅读活动组织体系，明确分管领导和联络员，明确各成员单位职责，加快推进书香栖霞建设。认真贯彻落实《江苏省人大常委会关于促进全民阅读的决定》以及中共南京市委、南京市政府关于加快推进“书香南京”建设的要求，全区以创建书香城市为契机，以满足群众精神文化需求为目标，深入开展全民阅读活动，加强书香机关、书香街道、书香家庭、书香企业、书香校园、书香军（警）营建设。南京捷顺达公司被评为市级“书香企业”，徐道泉、端传妹、屈兴华家庭被评为市级“书香家庭”，西岗街道被评为市级“书香街道”示范点，桦墅村、五福家园社区被评为市级“书香乡村（社区）示范点。区图书馆通过新颖的活动创意，多样化的活动形式，丰富多彩的活动内容吸引各类读者群体，打造“栖图亲子”、英文绘本乐园、公益课堂、讲座进社区、文化沙龙、公益展览、电影展映、“4·23”世界读书日系列活动、数字资源推广活动、传统节日活动等特色阅读活动品牌。承办南京文化艺术节电影展放映活动、“E路畅游　悦读暑假”系列数字阅读推广活动、南京传世名著经典作品陈列展、南京市第二届“快乐暑期、阅读相随”少儿故事大王比赛等大型活动，获少儿暑期读书季活动优秀组织奖。

◆世界读书日系列活动　4月23日世界读书日期间，区图书馆组织17场系列活动。与悠贝亲子图书馆合作开展亲子乐园活动；在机关举办捐书换绿植活动，获捐图书400多册；举办数字资源推广活动，与贝贝国学合作开展快乐成互动活动；邀请“第一位走上美国讲坛的明史专家”马渭源举办历史知识讲座，邀请资深儿童书籍编辑唐仪举办绘本知识讲座；邀请江苏FM93.7《江苏新闻联播》《天天早知道》节目主持人徐涛开展朗诵沙龙活动；邀请“非遗”传承人“金陵绣男”高勇开展民俗文化手工沙龙活动；邀请区司法局资深法律顾问开展公益法律咨询活动。

◆图书通借通还　2016年，区图书馆继续推进市、区、街道、村（社区）四级图书馆（室）通借通还“一卡通”建设。完成46家分馆建设。共为分馆配送图书88114册，区图书馆对图书进行统一编目加工，所有编目信息均录入区图书馆数据库，区内所有分馆书籍都能在借阅系统中被检索、查询、实现通借通还。同时还对社区及农家书屋老旧网络设备、书架更新换代，为新建的社区配置防火墙、条码扫描枪等设备。

◆农家书屋　2016年，区图书馆不断提高农家书屋服务和管理水平，引导村民养成“爱读书，读好书”习惯，努力营建和谐、有文化底蕴的农家书屋。建成南中村、三官村、上首村、太平村、长江村、滨江村、孟北村、外沙村三星级示范农家书屋8家。充分发挥农家书屋的作用，丰富农村中小学生暑期文化生活，暑假期间区图书馆举办主题为“我的书屋，我的梦”农村少年儿童阅读实践活动，以农家书屋为平台，组织开展读书征文活动、社会主义核心价值观和传统美德宣传教育活动、志愿者阅读辅导活动、“大手拉小手”活动、“我当书屋管理员”等活动。

◆区图书馆微信、微博和网站建设　元旦，区图书馆开通微信、微博、改版网站，定期更新内容。年底，微信关注量3416人，6月份开通手机门户网站，浏览量7583人次。读者不仅可以在微信平台上检索、续借图书，还可以了解图书馆各种活动、在线报名参与线上活动，实现读者与图书馆的互动。区图书馆利用微信向读者推荐新书，公示借阅排行，微信平台和手机门户网站已经成为读者与图书馆交流沟通重要形式。区文化馆公开征集图书馆品牌活动LOGO和卡通形象标识，加快图书馆品牌建设。

文化遗产保护

◆概况 2016年，区文旅局组织完成栖霞区全国第一次可移动文物普查的复核、登录、修改等工作，完善相关数据，完成可移动文物普查验收报告和普查工作总结报告，区文化旅游局被评为“南京市第一次全国可移动文物普查先进集体”。区文旅局加强田野文物安全管理，与栖霞公安分局联合颁发《关于进一步完善栖霞区田野文物保护单位工作责任的通知》，明确每个文物点的责任单位、责任领导、责任人、巡查员，严格文物巡查有关制度，加强文物巡查管理工作，对各级文物巡查11694处次，确保文物巡查有关制度落到实处。完善全区文物保护网络体系和网络监控平台建设，推进二期文物监控的安装和调试，利用人防、物防和技防手段共同构建全区文物保护网络体系。将全区地下文物保护工作前置，加大文物违法案件查处力度，及时发现和制止违法行为，马群南朝石辟邪被盗案告破，文物失而复得。查处擅自在重点文物保护单位建设控制地带内建设工程案3起，处以行政处罚人民币23万元。实施重点文物周边进行环境整治和园林化改造，保证文保单位周边环境整洁安全。主动做好文物保护对接工作，地下文物考古管理规范有序，服务地方经济发展。开展纪念世界文化遗产日系列活动的“非遗”专场和传统文化推广专场活动，提高广大民众对文化遗产的关注。在第一次全国可移动文物普查工作中，栖霞区共申报藏品总数119件（套），登录119件（套），达到申报、数据采集、录入、鉴定、验收等各项工作完成率100%。

是年，区文旅局启动为期3年的“文物法人违法案件专项整治行动（2016~2018年）计划”，相关文物执法卷宗在江苏省文物局组织开展的“江苏省文物行政执法案卷评查”活动中，获1个二等奖，2个三等奖。

8月26日~9月30日，区文旅局组织开展纪念世界文化遗产日系列活动“非遗”专场和传统文化推广专场活动。邀请朱敬伟（泥塑）、高勇（布艺）、徐小林（中国结）、张苗（葫芦画）、张宝成（风筝工艺）等艺术家和“非遗”传承人，在区图书馆举办“纪念世界文化遗产日，弘扬和传承传统文化”宣传活动。

◆文物周边环境整治和园林化改造 2016年，区文旅局组织人员对全国重点文物保护单位萧景墓、萧恢墓、萧憺墓、陈文帝陈蒨永宁陵石刻等护栏维修出新，栽种蜀桧、红叶石楠球、桂花等树木，并整铺草坪。在省级文物保护单位王德墓周围搭建围挡，平整场地，种植草皮，实施园林化出新改造。对一些小型文物点采取加罩，加围挡，加门等多种手段，对重点文物点周边环境采用除草抽水、挖排水沟、导流渠等手段，保证重点文保单位环境整洁和安全。

◆马群南朝石辟邪被盗案 5月22日，接群众报案，狮子坝村失考墓石刻被盗。狮子坝村失考墓石刻位于马群街道狮子坝村西面菜田中，2006年被南京市列为第三批市级文物保护单位。经南京市公安局栖霞分局和区文化旅游局专案组密切配合，10月20日，在徐州将正在交易的盗窃嫌疑人袁某当场抓获，马群被盗南朝石辟邪案告破，被盗文物失而复得。

电视台

◆概况 2016年，栖霞广播电视台加强时政新闻策划，服务大局，采制各类时政、民生新闻约3000条。其中，子栏目200档。上报参评电视作品14篇，获奖12篇。重新制定新闻标准，对新闻审片、播出流程精细化管理，改进文风。精心策划推出大型系列专题访谈“‘十三五’街道书记话开局”，借力微博、微信等新媒体，提升新闻传播覆盖面和效果，发布微博2254篇，“粉丝”数为12169人。上传视频作品2622个，总播放量200万次。栖霞电视台重视观众视角及其参与程度，通过《今天我上镜》《送福到你家》等互动栏目，将镜头对准基层、对准普通群众。狠抓联办类栏目质量，调整办台方向，加强宣传片制作、大型活动策划组织等。先后完成《栖霞五年发展回顾》《嬗变迈皋桥》、《栖霞发展印象》等17部宣传片；主题以“增加创收、力求创新”为目标，加强策划，先后承办“6·5环境日主题宣传活动”“栖霞区委政法委平安卫士颁奖典礼”“栖霞区机关党工委三微活动巡礼”“活力仙林”等大型活动，联办“第四届仙林好声音”“仙林少儿才艺大赛”“智库专家看栖霞”“尊崇宪法·共筑共享法治栖霞”文艺演出等。其中，“尊崇宪法·共筑共享法治栖霞”文艺演出首次尝试微信直播，满足4000名“粉丝”在活动现场外观看需求；“智库专家看栖霞”活动，观看人数突破20000人。继续加强与各区县电视台交流、合作，雨花电视台、六合电视台、江宁电视台、芜湖电视台、青岛城阳电视台、仪征电视台等分别组织人员到区参观考察，开展新闻、栏目、内部制度等方面工作交流。

栖霞广播电视台制作《燃尽的火柴》等6个关于禁毒、税收、社会主义核心价值观的公益广告，经评比，《燃尽的火柴》和广播《如果我是鸟》分别获南京市2016年度广播电视公益广告优秀作品一等奖和三等奖。

◆《“十三五”街道书记话开局》系列节目 4月5日，栖霞广播电视台策划推出的大型系列专题访谈节目《“十三五”街道书记话开局》播出《仙林街道》篇后，圆满收官。在节目录制播出的近一个月的时间里，全区9个街道的“一把手”走进演播室，与主持人面对面畅谈各自的执政理念、发展思路。节目播出后，受到全区各个层面的广泛关注和热烈反响，相关视频点击量连创新高。

◆频道改版新增栏目 2016年，区电视台新闻综合频道，在黄金时段新增《记者再报告》和《观点致胜》栏目。调整两个电视频道栏目编排，引进精品栏目，丰富频道内容。《记者再报告》栏目，将一般新闻中内容延伸扩展，为观众提供更多事件发生时现场有关细节，扩大新闻信息含量。《观点致胜》栏目评述重大事件、热点话题、资讯、奇闻怪谈、名人逸事等内容。节目既笑料百出，轻松幽默又不失文化内涵。区电视台生活资讯频道新增《鲁豫有约》《别对我说谎》《美味人生》《生活这样美》《惊喜价到》等栏目，相较于新闻综合频道，节目内容更侧重于生活服务、娱乐，丰富栖霞市民业余生活。

◆“家住栖霞”微信平台 2016年，“家住栖霞”公众微信号运营管理进入综合创新发展阶段，平台新增微信直播、现场报道、报名抢票、有奖活动等多个项目，拥有“粉丝”25744人，对后台意见与建议信息流不断增长。至11月，“家住栖霞”微信平台共发布微信2800条，累计阅读数1861107次，阅读人数1014474人，单篇作品最高点击量为16735次。“家住栖霞”微信平台先后策划“最萌合照”微信投票、“‘最美志愿者’投票”、“栖霞台，这一年‘微企秀’评选”“‘520’让你大声秀出你的爱”“防汛救援栖霞在行动”“新春送福　猴年赢大奖”“2016年栖霞台优秀栏目评选”等活动，丰富区电视台的新闻报道形式，提升“家住栖霞”微信平台的社会责任感和品牌知名度。 □王　蓓

报　　纸

◆概况 2016年，《金陵晚报·今日栖霞》编辑部以全区中心工作为主抓手，共出报49期，采用稿件约1127篇，约78万字。其中，图片780余幅。是年，“今日栖霞”与“栖霞视点”官方微信、栖霞新闻网及“栖霞视点”官方微博进一步融合，构建全方位立体化宣传格局，全面报道栖霞经济社会发展情况，报道身边人身边事，讲好栖霞故事。是年，在新春来临之际，《金陵晚报·今日栖霞》“今日栖霞”版编辑部策划系列报道“南京文艺家‘文化惠民再出发’”“栖霞3340万慰问金送进困难居民家”“栖霞环卫工人聆听民俗音乐会迎新春”“栖霞区道德领域先进典型新春慰问座谈会”“致市民朋友的一封信”“金猴闹新春咱栖霞人都这样过年”“燕子矶街道1200多户拆迁居民入住新城保障房”等，营造出和谐舆论氛围。

◆重要会议报道 1月9~12日，区人大十七届五次和区政协八届五次会议相继召开。“今日栖霞”用8个版面，全面宣传两会重点内容。包括：实施“四大发展战略”，开启“五大新定位”，区人大十七届五次和区政协八届五次会议正式召开；建设“强富美高”新栖霞，政府这么做——解读《政府工作报告》；开局之年话热词；人大代表谈履职；政协委员出良策；仙林街道“网格+”模式获肯定；马群街道推动经济稳步增长实现“十二五”完美收官；栖霞街道唱响“转型、创新”主旋律推进社会全面发展等报道。

7月30日上午，中共栖霞区第十次代表大会在区机关大礼堂开幕。《金陵晚报·今日栖霞》用16个版面，深度报道区第十次党代会重点内容，包括栖霞区第十次党代会开幕，区委书记邢正军工作报告；过去五年栖霞交出一份满意答卷；五年取得这些成绩，因为栖霞人“四个坚持”；栖霞区国民经济和社会发展第十三个五年规划纲要；今后五年，栖霞新篇章值得期待；迈上新台阶建设新栖霞图片展；迈皋桥打造旧城更新转型示范区域；“科技创新、交通枢纽、健康养老、智慧家园”成马群最新关键词；栖霞街道砥砺前行新征程，凝心聚力创佳绩；八卦洲全力打造江南江北“城市中心花园”；用镜头记录党代会瞬间图片报道等。

◆“新”“要”“特”“热”新闻 2016年，《金陵晚报·今日栖霞》编辑部重点策划如下新闻报道选题：“街道一把手访谈”“雪中看栖霞”“今年，大学城重头戏都在这个菜单里”“释放综合优势　建设‘强富美高’新栖霞　区委书记、区长邢正军专访”“仙林有黑天鹅定居还有白鹭上青天”“走进旭日雅筑　看到一个不一样的物管新模式”“《栖霞山赋》诗碑揭碑仪式　名家名匠倾情打造，栖霞山又添一处‘新地标’”“燕子矶新城合作办学集中签约”“栖霞将在6大领域推进43项改革”“全国首本原创地铁绘本亮相南京地铁”“南京首家全功能性大创服务中心启用”“栖霞区‘两学一做’学习教育党支部书记培训班开班”“沪江落户栖霞　共建‘互联网+教育’产业基地”“2016年中国南京龙舟赛（仙林站）公开赛圆满结束”“三区召开纪念建党95周年庆祝大会”“用最大的努力，力争安全度汛”“栖霞区专项整治违规吃喝请和公款吃喝问题”“栖霞迎来第九批‘科技镇长团’”“南大国家级‘双创’示范基地项目将上金洽会”“南京开发区集中开工10个重大项目总投资额达114亿元”“省人民医院与栖霞再签署五年合作协议”“英国皇家摄影师镜头下栖霞东方味更浓”“《风雨如磐忆江南·陈范友与江南水泥厂》在栖霞首发”等。 □李慧珍

文化产业

◆概况 2016年，栖霞区紧紧围绕文化产业增加值占比达5%目标，精心编制《2016年度全区深化文化体制改革工作要点》和《栖霞区文化产业发展“十三五”规划》，进一步创新服务产业发展工作方式方法，提升辖区文化创意和设计服务与相关产业融合发展水平。南京紫东国际创意园被评为第二批江苏省重点文化产业园区；江苏春雨教育集团有限公司被评为2015~2016年度江苏民营文化企业30强企业。春雨、可一、大贺入选2016年度南京市文化企业30强培育计划名录，南京市第三届文化产业“金梧桐”奖评选中，春雨集团获“民营文化企业十强”称号。

◆省级现代服务业发展专项资金申报 2016年，按照江苏省新闻出版广电局《关于组织申报2016年度省级新闻出版广播影视产业发展专项资金项目的通知》、江苏省文化厅《关于印发〈2016年度江苏省省级现代服务业（文化）发

展专项资金项目申报指南〉的通知》及南京市文广新局专题会议要求，区文化旅游局，组织区内文化企业做好省级文化产业专项资金项目申报工作，召开专题会议，就专项资金申报工作进行动员和辅导。全区有近20多家文化企业提出申报意向，共推荐10个文化产业项目申报2016年度江苏省现代服务业专项资金资助项目。经江苏省、南京市考核组的现场考核及公示，全区3家企业申报项目共获专项资金补助300万元。其中江苏春雨教育集团有限公司申报项目"中华传统文化数字出版与传播平台"获江苏省新闻出版广播影视类发展专项资金补贴100万元；南京文化艺术产权交易所有限公司申报项目《南京文交所交易平台建设项目》获江苏省文化类发展专项资金80万元补助，南京泛太克文化产业发展有限公司申报项目《助力摄影艺术二次创作——基于色彩管理学的文化创意融合影像产业发展项目》获江苏省文化类发展专项资金补助120万元。

文化市场管理

◆**概况** 2016年，全区有文化市场经营场所361家。其中，互联网上网服务经营场所156家、出版物经营78家、印刷厂68家、电影放映场所5家、文艺表演团体2家、演出经纪机构9家、歌舞厅22家、游艺厅（室）21家。是年，区文旅局积极开展"扫黄打非"专项行动，建立健全网吧长效监管机制，深入开展出版物专项治理，加大对演出、歌舞厅娱乐场所执法力度，加大教育培训力度，深入开展文化执法宣传活动，认真贯彻落实文化市场管理工作各项部署，围绕保障文化市场安全有序"一个目标"，坚持"不放松日常监管、不放松专项整治"两个"不放松"，努力实现"确保不出现安全问题、确保不发生责任事故、确保不产生社会焦点问题"三个"确保"的工作目标，对全区网吧、娱乐场所、出版物零售、印刷企业等重点场所加强执法检查，对各类文化市场检查2100余家次，排查整改相关文化经营性场所安全生产隐患。文化市场管理工作取得较好成效，先后获2016年度江苏省"无小耳朵社区"创建工作标兵区、2016年度江苏省"扫黄打非"先进地区等称号。

◆**文化市场监管** 2016年，栖霞区落实"三严"执法监管制度。严格实名登记，将网吧实名登记作为日常检查的主要内容，要求网吧经营者严格核对上网消费者身份证等有效证件，对接纳未成年人的网吧处罚"不免单"，严防违规经营。在放学时间、夜晚和周末等重点时段，对网吧进行"错时"排查，重点查处接纳未成年人等违规行为。落实网吧日常经营量化考评制度，对网吧按照守法经营情况有针对性地实施"红黑榜"分类监督管理。惩治违法行为。是年，区文旅局立案查处网吧违规案件15起，对1家实施停业整顿行政处罚。全区严格落实相关单位职责，充分发挥多方监管力量，形成区、部门、社会"三位一体"监管机制。实行属地管理责任制，严格落实"属地管理，责任到底"原则，实行区、街道两级分级执法体制。每年与街道签订文化经营场所监管工作责任书，明确街道在文化市场管理工作中责任，定期加强对街道考核，考核结果作为区政府考核街道重要依据。加强部门协同监管，建立文化市场监管联动机制，定期召集有关部门交流座谈，通报市场管理情况，研究协调解决重大问题。文化、工商、公安等部门分工明确，强化职责，各司其职、分工协作、齐抓共管。是年，区文旅部门会同和配合公安、消防、工商等部门，先后针对出版物市场、无证照电子歌舞娱乐场所、非法销售和安装使用地面卫星接收设施等各类文化市场展开专项整治行动10多次。全区积极推行社会公众参与监督，聘请"五老"义务监督员260余人，参与检查活动、开展走访交流，发现违法经营行为一律严肃处理，对群众投诉、举报以及上级交办件做到件件反馈、及时反馈，并组织"回头看"。

◆**"无小耳朵社区"标兵区创建** 2016年，全区重视江苏省"无小耳朵社区（非法卫星电视信号地面接收装置）"创建工作，始终将其列为"法治栖霞""平安栖霞"创建的重要内容，列入社会治安、综合治理年度考核目标，狠抓各项措施落实，严格考核奖惩，强化监管责任，充分利用广播、电视等传媒平台，宣传创建工作相关的法律法规，发动群众一起监督管理。与综治、工商、公安等相关部门密切协同，逐一排查所辖区域内的五金、家电、电器维修铺等重点商铺，坚决取缔非法销售行为，切断非法卫星接收设施来源渠道，杜绝流入社会，创建工作成效显著。2016年栖霞区被江苏省新闻出版广电局授予江苏省"无小耳朵社区"创建工作标兵区称号。

◆**"扫黄打非"进基层** 9月22日，栖霞区召开全区"扫黄打非"进基层工作会议，全面启动"扫黄打非"进基层工作。全区29家"扫黄打非"成员单位负责人参加会议，区"扫黄打非"领导小组组长、区委副书记陈波参会并讲话。通过推进'扫黄打非"进基层，形成覆盖城乡基层的"扫黄打非"网格化服务管理体系。全区建成"扫黄打非"进基层示范街道1个，各街道办事处均建立"扫黄打非"工作领导小组及办公室，所有社区（村）均有专（兼）职人员负责"扫黄打非"工作，"扫黄打非"有关工作纳入社区（村）网格管理员主要职责范围。10月18日，南京市"扫黄打非"进基层推进现场会在迈皋桥街道召开。11月8日，全国"扫黄打非"工作小组专职副组长李长江、国家新闻出版广电总局副局长吴尚之，由江苏省新闻出版广电副局长吴以桥、南京市政府副秘书长张强、南京市文化广电新闻出版局局长刁仁昌、南京市"扫黄打非"办公室主任尤荣喜和区委书记邢正军陪同，到迈皋桥街道、迈皋桥丁家庄初级中学、迈皋桥街道万寿社区、仙林街道、金陵小学开展"扫黄打非"工作调研。李长江等140余名参会代表对栖霞区"扫黄打非"进基层工作给予肯定。《人民日报》《光明日报》、新华网等10余家媒体对栖霞区"扫黄打非"进基层工作跟进报道。栖霞区获2016年度江苏省"扫黄打非"先进地区称号。

◆**文明城市创建措施** 2016年，在全国文明指数测评检查期间，区文化旅游局采取有效措施，全面加强文化执法行动，不断加大监管力度，将全区9个街道划分7个责任片区，每个责任片区明确1名责任人和1名巡查人员。执法人员分成三组，开展早、中、晚三个时段“三班倒”的市场巡查，保证全天候、无缝隙文化市场巡查，真正落实“条块结合、属地负责、分片包干、责任到人”的执法责任制，重点对网吧落实身份证登记、查验手续，杜绝未成年人进入，亮证经营，以及歌舞娱乐行业经营等情况进行检查。对于“净网先锋”监控不在线，证照和“禁止未成年人进入（限入）”警示牌悬挂不规范、消防通道不畅通等问题，责令业主现场予以改正，加大对违规网吧处罚力度。　□王　蓓

档　　案

◆概况　2016年，区档案局（馆）学习贯彻《关于加强和改进新形势下档案工作的意见》等相关文件精神，以推进依法治档、加快档案工作规范化为重点，切实抓好档案创新服务、档案资源库建设、档案信息化建设等各项工作。是年，全区建成省星级档案规范单位8家、达省AAAA级以上数字档案室单位4家、建成国家级数字档案馆、全区重点民生档案规范化管理达100%。

是年，区档案局（馆）按计划组织档案年检和执法检查工作。通过抽查形式对全区34家建档单位档案组织建设、制度建设、文件归档、安全防范、档案移交鉴定等方面开展全面检查，并在检查结束后针对各单位情况一对一予以通报。对各单位进行业务指导达100余次，并组织召开机构改革撤并单位档案处置工作会议，加强对涉改机构档案收集、整理、建档工作。栖霞区涉改机构区卫生局、区计生局、区社建委完成档案移交工作。完成建成省级档案规范化管理单位8家的目标任务，区人民法院档案室达五星级标准，八卦洲街道、龙潭街道档案室达四星级标准，达三星级标准部门（单位）档案室为7家。区数字档案馆成功通过国家级数字档案馆测试。区审计局、区商务局、八卦洲街道、龙潭街道、马群街道5家单位创建成功AAAA级数字档案室。区档案局（馆）联合区政务办召开民生档案查阅“e站通”远程查档终端协同服务工作部署会。在9个街道便民服务中心及有条件社区（村）共16家单位安装“e站通”远程查档终端。同时继续推进“双建设、双归档”工作，及时规范接收已整理电子档案，确保电子档案接收进馆率达100%。是年，档案局（馆）整理馆藏档案8600件（卷），新增录入机读目录5万条，档案数字化加工55万页。划控鉴定档案70个全宗、2846卷。并向社会公布区档案馆第七批开放档案目录数据，新开放档案为1986年度档案，共50个全宗、261卷、4200条，内容涉及经济、民生、文化、教育、卫生等多个方面。接收进馆文书档案13389卷（件），照片536张，实物档案20件。完成区有线电视台2015年《栖霞新闻》等在内全部自制节目相关视频数据接收工作，共计1400余条、440GB，总时长3500余分钟。接待社会各界查档9300人次，调卷14213卷次，出证3300件。月均查档利用服务超过770次，查档服务对象书面留言表扬82人次，邮寄表扬4份，“96106”平台表扬1份，出具公函65份，为拆除违法建筑9100平方米提供证据支持。

11月21日，区长黎辉召开专题会议研究区档案新馆建设工作，并提出“将其建设为文化地标并且要加快建设”等明确要求。12月初，南京市档案局局长束建民率相关处室人员在黎辉等领导陪同下，又到新馆选址实地查看并给予指导，提出意见和建议。

是年，区档案局（馆）通过国家级数字档案馆测试；获“全省档案系统先进集体”称号，受到江苏省人社厅、江苏省档案局联合表彰；获2015年度全市各区档案重点工作要素评议优异奖、全市宗教档案规范化建设先进单位、2013~2015年度区级文明单位、全区“五个建设”工作目标先进单位、全区机关作风建设争先进位优胜单位等荣誉；档案局保管利用科被评为全区机关作风建设优秀科室。

◆“档案工作要点”出台　3月31日，区委办公室、区政府办公室印发《2016年栖霞区档案工作要点》。“要点”分八部分共22条，从推进依法治档、服务区委区政府重点工作、加强档案基础建设、加强档案信息化建设等多个方面，对做好2016年档案工作做出规划。“要点”要求全区各建档单位要把握新阶段全区工作重点，立足大局，根据区委提出“努力把栖霞建设成为南京副城、光电智谷、江海枢纽、科教强区、幸福家园”发展定位对档案工作各个方面需要，以档案新馆建设为契机，建立健全部门联动工作机制，大力推进档案馆（室）功能升级完善，加快数字档案馆（室）创建工作，继续开展机关档案年度执法检查，重点加强对涉民领域部门档案工作监管，全面提升档案管理水平。深入推进“三个体系”建设，着力提升档案工作法治化、规范化、科学化、现代化水平。

◆档案工作会议　6月22日，区委、区政府联合召开全区档案暨方志工作会议。南京市档案局副局长俞宝庆、南京市地方志办公室副主任柳云飞、区委副书记胡晓健、区政府副巡视员王智、区机关各部门、各直属单位、各街道办事处、园区平台分管领导和有关人员、年鉴主笔150多人出席会议。

区档案局局长吴炳根总结档案工作完成情况，部署下一阶段工作任务，对全区档案创建成功单位现场授牌；有关单位以档案规范化建设工作主题交流发言；市、区领导对全区档案工作给予肯定，对今后工作提出具体要求。

◆档案工作集中督导调研　9月至10月，区档案局（馆）组成以局（馆）领导为领队的3个调研小组，先后到区内机关部门、街道、园区平台等30多家单位开展档案、方志工作调研。调研组实地查看建档单位档案室，深入了解各单位档案、地方志工作组织领导、人员配置、基础设施、资源建设、信息化程度、年鉴及地情书编纂、部门和街道志书启动等发展现状和日常管理情况，以及工作中面临困难与问题。与各单位有关人员座

谈讨论深入开发档案、方志资源，进一步整合各方力量，提升档案、方志工作发展水平等工作。

◆档案信息化建设 2月23日，国家档案局正式下发通知，区数字档案馆成功创建为国家级数字档案馆。区档案局（馆）坚持不懈长期推进档案信息化建设，以89.5分通过国家级数字档案馆测试。

区档案局（馆）不断拓展档案信息化工作领域，深化民生档案便民查档服务工作，会同区政务办召开民生档案查阅"e站通"远程查档终端协同服务工作部署会，在全区9个街道便民服务中心及每个街道2~3个村社区，共16家有条件社区、（村）便民服务大厅安装"e站通"远程查档终端。打通档案系统为民服务最后"一公里"，真正实现老百姓家门口的"档案馆"，"让信息多跑路，让群众少跑腿"成为现实，把为群众服务真正落到实处。是年，新改版"栖霞档案方志"微信公众号重点开发"在线查档"功能；联合社会技术力量，着手手机移动查档终端开发运行。"栖霞档案方志"官方微博运营收到良好效果，在"栖霞区政务微博运行月度专报"通报中排名连续保持前十位。

◆档案服务窗口 2016年，区档案局（馆）继续在窗口服务上下功夫，服从全区中心工作，全面提升服务能力，坚持窗口文明规范服务标准，在日常查档接待工作中服务好每一位查档人员，努力打造"为群众服务、为政府分忧"优质高效服务窗口，展现档案部门良好形象。是年，区档案馆接待社会各界查档9300人次，调卷14213卷次，出证3300件，月均查档利用服务超过770次，获查档服务对象书面留言表扬82人次，邮寄表扬4份，"96106"平台表扬1份，出具公函65份，为拆除违法建筑9100平方米提供证据支持。是年，区档案局保管利用科被评为全区机关作风建设优秀科室，区档案馆被评为区委区政府2013~2015年文明单位。

◆重点民生档案建设 2016年，区档案局（馆）推进涉及民生单位档案建设工作。区国土局及各所档案工作100%达规范化管理；区人社局及各街道人社所档案工作100%达规范化管理；区财政局及下属各财政所、栖霞医院、迈皋桥医院、区民政局、区住建局、区教育局等档案工作均达规范化管理要求。其中，栖霞医院为省三星级档案室，区民政局为省三星级档案室；区教育局为省二星级档案室，区内中、小学校基本达规范化管理，部分学校已达省三星级档案室标准。全区103家社区（村）规范化建档工作完成率达100%，农村土地确权档案规范化工作有序开展，以栖霞区土地确权试点村——中桥村、南中村为蓝本，农村土地确权档案规范化工作普遍推开，稳步推进。年底，全区农村土地确权登记档案颁证工作已全面完成。

□孙 蕾

地方志

◆概况 2016年，区志办全面贯彻落实《全国地方志事业发展规划纲要（2015~2020年）》，年鉴事业不断发展，编纂质量不断提高；地方志开发利用、宣传培训、理论研究等方面取得成绩，完成年初制定的主要目标任务。根据区委、区政府中心工作和全区经济、社会发展变化情况，按照江苏省志办领导提出的框架调整意见，制订2016年《栖霞年鉴》框架结构。尧化街道《中国洋务运动之铃记——尧化（暂名）》、栖霞街道《彩云憩止之地——栖霞（暂名）》、马群街道《大明洪武朝京畿禁卫之地——马群（暂名）》完成资料收集工作，进入初纂、磨改阶段。区志办参与编纂的《心声——南京市栖霞区仙林街道网格草根奖文艺作品集》《民星——南京市栖霞区仙林街道网格草根人物小传》出版发行。是年，区志办加强与全国各地同行的工作和信息交流，先后与100多家省、市、区、县志办交换2015年年鉴，接待成都市青白江区、成华区等同行到区学习交流，《栖霞年鉴》品牌效应进一步彰显。加强地方志信息化建设，持续更新政务微博、微信，宣传地方志工作。《栖霞年鉴（2015）》获南京市地方志"一二五"系统地方志成果年鉴类优秀奖，《师之范——黄质夫在南京栖霞》获南京市地方志"十二五"系统地方志（地情书类）成果优秀奖。

◆地方志工作会议 6月22日，区委、区政府在区委党校召开全区地方志工作会议，回顾总结"十二五"期间全区地方志工作，部署方志工作任务。南京市志办副主任柳云飞，区委副书记胡晓健，各街道办事处、区机关各部门、各直属单位、各园区平台分管方志工作领导，年鉴主笔参加会议。区政府副巡视员王智主持会议。其间，与会人员观看地方志工作宣传片，听取区志办主任吴炳根作题为"全面开创我区方志工作新局面——克难攻坚砥砺前行 传承文化服务发展"工作报告。报告从年鉴编纂、资料长编、地情书籍编纂、地方志资源开发利用等四个方面总结回顾全区"十二五"时期全区地方志工作取得的业绩，报告指出方志工作所取得的每一点成绩、每一点进步都离不"四个坚持"，即坚持区委区政府领导，坚持依法修志，坚持面向社会开门修志，坚持打造精英团队。报告对以后以及"十三五"时期地方志工作主要任务进行规划并做出部署。区卫计局、八卦洲街道分别以年鉴和地情书编纂为主题交流发言。柳云飞代表上级业务部门肯定栖霞区方志工作取得的成就，并对以后工作开展提出意见；王智代表区政府、胡晓健代表区委分别讲话，肯定地方志"十二五"工作，对全区史志工作提出新希望、新要求。

◆《风雨如磐忆江南》出版首发 12月11日，第三个南京大屠杀死难者国家公祭日前夕，由苏州大学、南京市档案馆、区委、区政府主办，区档案馆、栖霞区地方志办公室、南师大南京大屠杀研究中心、南京历史学会承办的《风雨如磐忆江南——陈范有与江南水泥厂》一书首发式，在区委党校举行。南京市档案馆、区志办联袂编纂的《风雨如磐忆江南·陈范有与江南水泥厂》一书，记述陈范有等中国民族工业杰出代表创办南京江南水泥厂艰辛发展历程，国际友人卡尔·京特、贝恩哈尔·辛德贝格等，在侵华日军南京大屠杀期间机智护厂以及江南水泥厂难民营救助和庇护南京难民的往事。该书是一部关于民族工业艰难发展历程、不同阶层用不同形式和侵华日军不屈抗争的近、现代史新著，是“十三五”规划江苏省档案史料典籍整理与研究工程重点成果。该书作者为陈范友之子、苏州大学前校长、教授陈克潜及其弟陈克澄。该书出版前，区志办组织专人对该书初稿梳理审阅、文字润色并编纂成帙。南师大侵华日军南京大屠杀研究中心主任、博士生导师张连红撰写序言，江苏省近现代史研究会副会长、江苏省社会科学院研究员孙宅巍，省社科院研究员杨颖奇担任该书审读。首发式后，区志办分别、分批赠送栖霞街道、江南水泥厂、区内个中小学等单位。

◆《栖霞年鉴（2015）》出版发行　12月，《栖霞年鉴（2015）》出版、发行。《栖霞年鉴》创刊以来，一直秉持精品意识，成为近年江苏省区（县）年鉴创新品牌。2015年卷进一步主打创新，编纂伊始，江苏省、南京市志办领导对框架结构设计作细致指导，区志办结合区情实际予以采用和落实，《栖霞年鉴（2015）》重点记述区内“光电显示、生物医药、智能制造‘三大’产业，物联网、3D打印、移动互联网‘三新’产业及招商花园城、彩虹广场、金鹰奥莱城等大型服务商业中心等内容，以凸显时代特色和地域特色。《栖霞年鉴（2015）》基本结构调整为“编目”“类目”“分目”“条目”四个层次结构，版式装帧仍采用四色印刷，保持清新淡雅风格。全书总计370页（不含图片报道）、102万字，包括14个编目、80个类目、164个分目、1400余个条目；另有12个“相关链接”、74个统计表、附录2个、随文插照117幅。此外，安排图片报道2个组团，其中，卷首16个版面，收录反映栖霞在经济、科技、文化、生态及社会民生等方面重大发展变化照片21幅和反映全区经济综合实力统计图16幅；卷尾《魅力栖霞（九）》36个版面，收录照片24幅，载有专题介绍全国重点保护文物——栖霞寺明征君碑图片资料。书中还编制主题索引2200余条。全书附有电子光盘。《栖霞年鉴（2015）》印数1200册，发行至区属各承编单位和驻区企事业、院校、军营、医院等单位。

◆国家公祭日专题活动　12月13日，第三个南京大屠杀死难者国家公祭日。区志办开展纪念活动，回顾79年前南京沦陷后这段惨痛历史，悼念南京大屠杀死难者亡灵，旨在铭记历史，反思教训，总结经验，永葆和平。继首个南京大屠杀死难者国家公祭日“圣典·国家公祭”展板、纪念抗战胜利70周年“血肉长城”展板，第二个南京大屠杀死难者国家公祭日“道义之范”展板之后，12月，区志办又与南京市档案局联合制作完成“1937，德国友人与南京”展板。在震惊中外的侵华日军南京大屠杀惨案发生前后，共有24位西方人士，包括在江南水泥厂设立难民营的德国人卡尔·京特、丹麦人贝恩哈尔·辛德贝格，坚守在腥风血雨中的南京。“1937，德国友人在南京”展板主要内容是反映卡尔·京特、贝恩哈尔·辛德贝格两人冒着生命危险，设立地处栖霞区域内的江南水泥厂难民区，抗议和阻止侵略者暴行，庇护许多中国平民和中国伤兵生命的事迹。展板还先后到区内学校、机关单位等展出，让民众重温发生在栖霞乃至南京区域内这一段历史，以史为鉴，珍爱和平。

□张永芳　张双全

社 会 保 障

◆概况　2016年，全区单位养老保险净增缴费人员8763人，社会保险中断缴费续保人员3153人，五项社会保险费征收306690万元；居民医保缴费人员87147人，五项社会保险清理社会保险历年欠费303.7万元；第四轮退休人员免费体检33962人；城乡居民养老保险参保缴费人员11400人；23个征地项目，1788名征地农民新纳入基本生活保障范围；接转失业人员档案9554份，办理失业保险待遇核定8706人，失业保险待遇申领7423人，发放失业金1.2亿元；新增办理市民卡63201张，挂失补卡21227张。

区社保中心保管档案15万份。是年，共计调入档案12416份，调出档案6304份。代办退休2090人。为984名死亡退休人员家属办理丧葬抚恤费申领，51名死亡退休人员直系亲属领取供养待遇。办理在职人员及自由职业者死亡147人丧葬抚恤费，10名死亡在职人员直系亲属领取供养待遇。是年，全区城镇居民医疗保险参保人数87147人，其中，老年居民29926人，其他居民6221人，学生儿童51000人；城镇居民医疗保险资金4772.5万元。其中，市、区两级财政各补助50%。是年，区人社部门办理养老关系转出1237人次，转入1075人次；办理医保关系转出950人次，转入520人次。区人社部门完成全区204家机关事业单位9799人年度补充医保增计结算工作，完成全区62家机关单位及21家参公管理单位共计1654人参加工伤保险工作，自2016年1月起参保并补缴费用，共计29.76万元。是年，区人社部门根据《关于开展社会保险待遇领取资格信息比对工作的通知》通过系统内的信息比对及居住异地人员寄送认证回执单，完成对辖区内退休人员领取养老金资格认证。协助异地退休人员办理认证610人次，其中网上认证280人次。

◆扩面征缴　2016年，区人社部门全力推进扩面征缴，扩大社保覆盖面。抓好社保缴费申报，采取“网上初审、就近办理、在线咨询、自助服务”等创新措施，规范申报流程，提高申报质量。全区应申报5547家，申报企业达到4449家，申报率80.02%。区人社部门抓紧社保欠费清理，追缴374家相关企业社保欠费。开展扩面专项行动。9月底，区人社部门在全区范围内开展为期2个月的扩面专项行动，对全区4204家未办理参保登记企业、105家基数申报与书面审查差异在5人以上的企业以及4245名中断续保人员，启动入户调查方式，突出动态跟踪办理，促进精准扩面征缴工作。

◆退休人员社会化管理服务 2016年，全区有7.1万名企业退休人员纳入社区管理服务，区人社部门深化社会化管理服务工作内涵，努力为退休人员提供优质服务。区人社部门开展新春慰问，保障困难退休人员生活。2016年春节前期，全区慰问特困及鳏寡退休人员1284人，发放慰问金142.32万元。为全区3.4万名退休人员提供免费健康体检。区人社部门组织各类主题活动，结合全区实际，组织千名退休人员参加"乐游新南京 社保伴我行"活动，动员组织退休人员参与、参观全市首届"社保杯"退休人员书画展，组织退休人员棋牌比赛，开展主题为"情暖四季"各类活动100余场。

◆保障重点人群，落实惠民举措 2016年，区人社部门到龙潭街道做好龙潭综合保税区龙北大道一期、二期征地等项目征地保障工作；协调南京市人社局、财政局成功开通"华侨城"项目非征地绿色通道，保障该项目推进；完成恒广路东延、炼西路、花卉市场等地项目的征地进保工作。推进城居保，增大保险率，全区居民养老保险参保缴费人数达11400人。区人社部门按时发放各项补贴，保障重点人群，共为无养老保险的老年失地农民，"三线"老军工，插队、下放和支边人群中的"三无"人员发放生活补助8553.65万元。

◆经办机构"大综合"窗口服务 2016年，区人社部门打造"大综合"综合窗口服务，对办事大厅所有办事窗口业务展开全面、细致、深入梳理，组织人员培训，优化调整8个窗口作为综合办事窗口对外开放，把就业管理中心、失业保险科、社保中心等部门五大业务梳理整合，包括社保建号、录用和终解备案、失业金待遇核定、个人及单位参保等项目。7月开始，正式启用综合业务窗口，简化办事流程，缩短市民办事时间，市民不需要自己找对应窗口，避免因取错号而重新取号造成不便，实现"一个窗口受理、一个柜台办理、一站式服务"。

7月开始，区人社部门正式启用综合业务窗口 区人社局供稿

◆居民生活保障 2016年，全区持续保持城乡低保统筹同标并随社会水平发展逐年提标，增长至每人750元/月。累计审批进入最低生活保障家庭241户、323人；退出最低生活保障家庭328户、643人；发放最低生活保障金4526.52万元；低保和低保边缘大病救助27210人次，发放医疗救助金1454.96万元；区困难平台大病救助273人次，救助金额56.07万元；审核低收入住房困难家庭348户，支出型贫困家庭生活救助337户、682人，发放救助资金117.04万元。全面实施困难残疾人"两项补贴"政策，发放困难残疾人"两项补贴"934.03万元。坚持把好城乡低保审批关，确保申请救助家庭经济实时信息比对，低保人员实现"应保尽保、应出即出"。推进社会救助"一门受理、协同办理"全科社工服务模式。修订完善《栖霞区困难群众综合医疗救助办法》《栖霞区支出型困难家庭生活救助办法》两个文件，全区社会救助体系实现广覆盖、精准化。

◆优抚工作 2016年，区民政部门积极做好"涉核（核辐射）"人员体检及评（调）残工作。是年，新增"涉核"人员21人。3月，安排"涉核"人员体检152人，其中，江苏省疾控中心体检19人，金山医院体检133人。全区有"涉核"人员213人。经南京市"参试"人员残情鉴定小组评残20人，调残6人。4月中旬，安排伤残军人在鼓楼医院体检1人，及时为其办理伤残证更换工作。为2名遗失残疾军人证人员补办手续。是年，区民政部门审批优抚对象"涉核"人员5人，参战优抚人员4人，新增优抚对象计9人。4月底，根据民政部办公厅关于印发《全国优抚信息管理系统优抚对象数据核查规范》通知，运用数据库系统抽查212人。

◆退役士兵安置 2016年，全区接收2016年秋季退役士兵136人，冬季退役士兵62人。共计198人。其中，大学生入伍后退役32人。组织2015年冬季退役士兵技能培训，参加短期培训94人、学历教育24人。选择自主就业197人，自主就业率99%，发放自主就业金1033万元。发放义务兵家庭优待奖励金795万元。接收军队退休干部11人。接收转业士官6人，3人安置工作，3人选择自主就业。为2014年、2015年、2016年秋季入伍士兵办理拥军卡488张。

◆昆明市社保局到区交流 2016年2月25日，昆明市社保局局长杨学勇等一行，到区考察交流全民参保登记工作。昆明市社保局一行实地考察全民参保登记工作示范点燕子矶街道劳动所，该所协理员王振曾由南京市人社局推荐，参加全国全民参保登记工作经验交流会，并在会上做《全过程把握全民参保登记工作，不间断宣传解读社会保障政策》经验介绍，受到与会者欢迎。王振在手机上演示全民参保登记工作中使用的“智慧社区”程序，并向昆明市社保局考察人员介绍。随后，区人社局副局长吕步志向杨学勇一行介绍栖霞区在全民参保登记工作中具体做法，尤其是采取“一网两圈”（即依托网格化，建立组织领导微信群和业务指导群）的做法，得到兄弟城市同行赞许。 □尤永坤

住房保障

◆概况 2016年，区住建局完成保障房建设、征收安置选房、双困家庭住房资格审核及选房等项工作。保障房新开工55.09万平方米，续建101.65万平方米，竣工97.66万平方米。共完成薛家村、枣林村城中村危旧房改造、新尧新城二桥沿线以东地块旧城改造、王家前化工一组城中村危旧房改造、二桥沿线（迈燕交界区）环境综合整治项目等6个项目2383户、4691套拆迁安置家庭经济适用房选房工作。是年，住建局共组织3批次经适房选房工作，分配经适房218套。组织三批次公租房选房工作，分配公租房188套。

◆保障性住房建设 2016年，全区列入市级保障房建设目标任务为新开工55.09万平方米，续建101.65万平方米，竣工97.66万平方米。至年底，迈皋桥创业园南侧地块保障房一期，已完成续建并竣工19.98万平方米目标任务；燕子矶新城保障房已完成新开工46.05万平方米，续建并竣工31.17万平方米目标任务；后新塘保障房已完成续建3.99万平方米目标任务；银贡山南地块保障房已完成续建并竣工13.01万平方米目标任务；龙潭经适房二期已完成新开工9.04万平方米，续建并竣工33.5万平方米目标任务。区房改办作为负责全区保障房建设归口部门，按照区委、区政府要求，加强对各保障性住房项目建设、供应等管理工作，参与保障房规划设计方案评审、手续办理跟踪和建设进度督查等各环节工作，协调市区相关部门帮助解决问题，倾力推进保障房建设工作。

◆“双困”家庭住房资格审核 2016年，区住建局认真梳理全区困难群众住房需求，科学制定住房保障计划，逐步完善城市住房保障体系。严把审核关，采取区住建、区民政、街道三级审核、两次公示方式，确保优惠政策真正惠及最需要保障的弱势群体。严格落实保障房住户动态管理，联合区民政、街道、社区等单位开展年审工作，年审双困户569户，其中，通过审核440户。按时发放中低收入住房困难家庭租赁补贴，全年新增66户，实时在册保障453户，累计发放租赁补贴金额175万元。租赁补贴在保家庭因纠错退出、收入超标、面积超标等原因退出保障52户，累计退出金额18.04万元。区住建局加大双困家庭申请住房保障审核力度，受理各类住房保障申请资料432件，经审核，通过南京市房改办终审并公示368件。组织已经公示在保、轮候保障房家庭选房，为困难家庭早日解决住房问题。共组织经适房选房工作3批，分配经适房218套。组织公租房选房工作三批次，分配公租房188套。

◆住房补贴发放 2016年，区房改办对符合住房补贴发放条件的机关干部职工，做好宣传和指导工作，确保全区住房补贴发放工作有序到位。全区申请住房补贴机关干部职工105名，涉及龙潭中心小学、燕子矶中心小学、摄山初级中学、栖霞区妇幼保健院、靖安社区卫生服务中心等27家单位，累计发放住房补贴539万元。 □赵雨馨

社 会 服 务

◆概况 2016年，区民政系统围绕民生保障全覆盖，建立健全救助体系，做好“底线”民生保障工作，确保城乡低保应保尽保、应出尽出率达100%。开展春节走访慰问，慰问困难群众和优抚对象51346人，累计发放慰问金（物）3357.10万元。全区共有福利企业10家，安置残疾人175人。全区有社会养老机构21家，床位3182张。3月，省内第一家外资独资养老机构“欧葆庭仙林国际颐养中心”正式启用。

是年，区民政局不断推进慈善超市民营化工作进程。8个街道民政部门与地方超市、民营企业和社会组织签订协议，慈善超市民营化率超过88%，基本实现为民便民、“精准”救助目标要求。全区有福彩销售点101个，完成电脑福利彩票销售4253.1万元，即开型福利彩票销售699.55万元，“快3”型福利彩票销售6112.7万元，“中福在线”销售厅销售完成3702万元，累计完成福利彩票销售14767.35万元。 □陈宏高

◆防灾减灾工作 5月12日，全国第八个防灾减灾日。全区发放各类应急知识宣传材料1万余份。全区中（小）学1万多人参加各种形式应急逃生演练和防灾减灾知识宣传，9个街道办事处均组织社区居民开展应急逃生演练及相关内容知识讲座，参演应急队伍15支，约1200余人，动用消防车、救护车等装备8台（次）。区民政局实时核实街、村、居灾害信息员变动情况。辖区内综合减灾服务中心实现全区覆盖。区民政局全面加强基层防灾减灾救灾能力建设，马群街道宁康苑社区、尧化街道金尧花园社区成功创建全国综合减灾示范社区，马群街道百水家园社区、芝嘉花园社区、润康苑社区，尧化街道尧新社区，燕子矶街道燕华花园社区，迈皋桥街道东井亭社区成功创建南京市综合减灾示范社区。

◆慈善救助 6月，盐城阜宁地区出现强雷电、短时强降雨、冰雹、大风等强对流天气，造成房屋倒塌、重大人员伤亡，区慈善协会组织募捐善款120.20万元。8月，南京市慈善总会和南京银行联合开展慈善“圆梦行动”，区民政部门为区内10名考入本科院校低保家庭的学生每人发放5000元补助金。至年底，区共募集善款4567万元，其

2016年12月栖霞区农村低保报表

表28

地区	保障对象情况										保障资金情况							补发资金
	户数				人数					保障对象占农业总人口比例	本月发放金额	本月新增金额	本月减少金额	本月调增金额	本月调减金额	本月人均补差金额	当年累计发放低保金额总额	
	本月数	本月新增数	本月减少数	本月调整数	本月数	本月新增数	本月减少数	本月调增数	本月调减数									
	户	户	户	户	人	人	人	人	人	(‰)	万元	元	元	元	万元	元	万元	元
栖霞区	1344	9	11	478	2140	14	23	0	0	34	98.86	6525	8365	6736	6.78	462	1233.09	
栖霞街道	44	1	0	15	55	1	0	0	0		3.61	750	0	0	0.28	655.87	53.57	
龙潭街道	869	4	6	306	1396	6	10	0	0		63.23	3000	3715	6736	3.83	453	772.40	
马群街道	0	0	0	0	0	0	0	0	0		0	0	0	0	0	0	3.43	
八卦洲街道	328	4	5	130	544	7	13	0	0		23.85	2775	4650	0	2.19	439	302.99	
西岗街道	103	0	0	27	145	0	0	0	0		8.17	0	0	0	0.48	563.4	100.70	

2016年12月栖霞区城市低保报表

表29　　单位：人

区、街道	城市低保总人数	按家庭成员身份分类									就业年龄段重残、重病丧劳人员	就业年龄段内有劳动能力但尚未正式就业的人员分类									对特殊困难对象的特殊照顾					
		在职人员	离岗人员	离退休人员	在领失业救济金人员	失业人员	无业人员	学生	三无人员	其他人员		合计	灵活就业人员	不充分就业人员	刑释解教人员	有孩子、病人需照顾人员	年龄偏大、文化低人员	一般残疾、身体状况较差人员	无合适岗位人员	其他人员	增发10%人员	增发20%人员	享受100%重残人员	享受130%人员	单独进线人员	其中重残疾人员
栖霞区	5692	178	123	95	0	289	1604	429	60	2914	570	1323	94	102	187	103	278	389	117	53	1729	881	229	242	421	120
栖霞街道	840	10	23	8	0	52	178	38	15	516	137	93	3	3	28	8	10	30	7	4	102	264	73	83	34	29
尧化街道	1506	91	2	46	0	5	267	9	7	1079	78	194	16	16	17	17	75	29	24	0	630	350	36	30	86	32
燕子矶街道	469	18	11	9	0	82	163	85	1	100	78	167	7	10	37	7	8	76	16	6	88	47	16	10	37	7
龙潭街道	565	29	42	20	0	5	214	109	11	135	25	194	2	34	24	8	20	69	23	14	141	82	35	1	59	6
马群街道	768	11	0	0	0	24	302	106	12	313	111	215	51	14	15	7	57	65	5	1	144	60	24	59	60	8
迈皋桥街道	311	6	39	11	0	78	75	43	8	51	37	116	6	5	21	15	23	28	15	3	86	10	10	14	27	4
仙林街道	93	0	0	0	0	0	23	4	1	65	8	15	1	0	1	3	1	7	2	0	49	14	3	1	8	0
八卦洲街道	17	0	0	0	0	5	9	0	0	3	7	7	0	0	0	4	2	1	0	0	4	1	2	0	1	2
西岗街道	1123	13	6	1	0	38	373	35	5	652	89	322	8	20	44	34	82	84	25	25	485	53	30	44	109	32

中，冠名基金900万元，“慈善一日捐”190.93万元。通过困难群众综合医疗项目救助128人，救助金额187.13万元。是年，区民政部门健全全区慈善救助档案，通过慈善项目救助2128人，救助金额221.98万元；迈皋桥基督教会利用委托对口形式资助4名特困学生，救助金额2万元。

◆抗洪救灾紧急动员 7月3日起，受多日阴雨天气影响，区内多地遭受洪涝灾害。其中，八卦洲街道和龙潭街道受灾较为严重。截至7月11日下午3时，全区受灾群众955名，农作物受灾面积1225.22公顷，损坏房屋309间，直接经济损失1025.32万元。区民政局紧急启动防灾减灾应急预案，实行24小时值班。筹集救灾帐篷50顶、头灯100盏、应急灯100盏、方便面400箱、救生衣1000件，及时运送至救灾抢险一线。其间，区民政部门协调应急避难场所，做好随时疏散撤离受灾群众准备。灾后及时启动救助理赔工作，下发省财政补助资金22万元，民生保险理赔受灾群众137名，理赔金额97220元。

双拥共建

◆概况 2016年，区民政部门支持军队改革，与驻区部队密切联系、加强联谊，军地互办实事，共同发展。促进地区军民融合，落实优抚安置相关政策，继续巩固和完善抚恤补助标准自然增长机制，落实城乡优抚对象抚恤补助达100%。区双拥工作领导小组定期召开军政座谈会，共商双拥大计。区双拥办公室多方协调，落实各项拥军措施，协调开通130路双拥公交专线，招聘随军家属4名（公益岗），为无工作随军家属发放补贴35万元。驻区部队临汾旅启动精准扶贫，大力支持地方做好爱民工作。

◆拥军优属及拥政爱民活动 2月1日，栖霞区在区委党校召开军政座谈会，军地主要领导、区双拥领导小组成员单位主要领导、各街道主要领导、军地双拥共建工作联络员80余人参加座谈。区委书记邢正军出席并讲话。是日，部队参会人员参观南京紫东国际创意园、万达茂项目、南京液晶谷，实地感受栖霞地区发展变化。2月2日，临汾旅“精准扶贫”启动仪式在龙潭街道太平村举行。启用扶贫基金25万元。军地领导为7名贫困学生代表发放助学资金。走访顾兰英、包世宏等5个特困家庭，为特困家庭各发放慰问金2000元。春节前后，区、街组织走访慰问优抚对象活动。5月3日，《栖霞区2016年双拥工作要点》印发。主要为“支持国防和军队改革，帮助部队解难题”“加强领导，进一步落实各项拥军政策”“继续开展‘双拥在基层’活动，推进社会化拥军”“开展双拥模范街道创建，表彰一批双拥工作先进单位和个人”“运用新媒体开展宣传，浓厚双拥共建氛围”等内容。5月6日，调整区双拥共建工作领导小组成员。5月31日，“临汾旅”开展精准扶贫工作，“临汾旅”3天出动医务人员60余人次，为龙潭街道太平村60岁以上老人免费义务体检。6月1日，公交130路双拥专线开通，方便94654部队人员出行。6月22日，召开双拥联络员会议，讨论“八一”期间双拥共建活动方案并开展工作交流。7月8日，61175部队部分官兵到八卦洲街道，协助地方抗洪救灾。7月25日，尧化街道与共建部队组织联欢活动庆祝“八一”建军节。7月27日，燕子矶街道燕子矶社区在笆斗东里建成军民共建路。8月1日，区委、区政府领导慰问驻军，军地双方领导座谈畅叙鱼水深情、共谋融合发展。各受访部队接受地方党委和政府捐赠价值10万元物资，受访部队感谢地方党委和政府对部队官兵关爱。9月21~22日，区军休干部第一、第二、第三党支部先后召开换届选举大会，选举产生新一届支部委员。9月，全区有17家单位、12名个人被中共南京市委、南京市政府、南京警备区表彰为“创建全国双拥模范城”有功单位和个人。10月17日，驻区部队临汾旅向太平村创思农业科技有限公司注资20万为精准扶贫“造血”。10月26日，区公益岗举办应聘随军家属面试，有12名随军家属参加。按程序选取4名随军家属安排在迈皋桥、马群街道工作。11月14日，邢正军主持常委会，听取区人武部关于武装和国防后备力量建设有关情况汇报。11月27日，临汾旅75名官兵代表驻区部队参加中国南京第十七届“金秋栖霞”艺术节闭幕式暨“纪念红军长征胜利80周年”合唱大赛，歌曲“时刻准备着”在军乐队伴奏下，威武雄壮，展现子弟兵士气，获一等奖。截至12月底，发放无工作随军家属补贴35万元。 □陈宏高

养老服务

◆概况 2016年，栖霞区以社区为依托，以专业机构和社区志愿者为支撑，探索社区居家养老服务连锁式运营，实施居家养老服务标准化管理，基本实

6月1日，江南公交130路“双拥”专线开通，方便94654部队人员出行

区民政局供稿

现“服务质量目标化、服务方法规范化、服务过程程序化”目标，全区社区居家养老服务品质显著提升，社区老年人满意度不断提高。是年，全区有区级居家养老指导中心（区虚拟养老院1个），街道居家养老服务中心9个，社区居家养老服务站115个，其中AAA级29个，AAAA级3个。

◆**养老服务设施建设** 2016年，辖区现有户籍人口43万人，常住人口近百万人；其中60周岁以上老人9.3万人，约占户籍人口19.5%。目前，全区建设区虚拟养老院（老年呼叫中心）1个，街道居家养老服务中心9个，社区居家养老服务站115个。其中，AAA级29个，AAAA级3个。全区共有助餐点65处，中心厨房7家。是年，坚持每月助餐总计服务对象279751人次；区民政机构还为110多名低保失能、半失能老人免费安装紧急呼叫系统。

◆**养老服务培训指导** 2016年，区民政部门对各街道居家养老服务开展指导，分线上与线下进行，共计指导100余次。开展助餐、助医、助浴、助洁、助急、助乐等特色养老服务985903人次。3月份与中国人寿保险股份有限公司南京市分公司签署2016年“城镇三无、农村‘五保’、独居老人保险保障协议”，为全区2107名老人办理护理保险。4月份，根据区委、区政府要求，区民政局配合区纪委采用听汇报、查资料、看现场等方式，督查相关单位对《栖霞区2015~2017年养老服务体系建设规划》推进情况，选取部分街道和重点部门专项督查，督查组肯定大多数单位做法，提出完善工作机制、加强指标推进、强化资源供给等工作建议。9月~10月，组织全区337名护理员开展居家养老护理员岗前培训。11月底，区民政系统组织相关部门联络员深度调研全区养老服务建设成果。

◆**机构养老** 2016年，栖霞区鼓励社会力量新办养老机构，全区共有社会养老机构21家，床位3182张。其中公办敬老院3家，床位数494张，民办养老机构18家，床位数2688张，新增床位430张。3月，省内第一家外资独资养老机构“欧葆庭仙林国际颐养中心”正式开业。

婚丧管理

◆**概况** 2016年，全区结婚登记4564对，离婚登记2981对，补证1406对，婚姻（无）记录证明6份。是年，全区共死亡2657人（其中一名为回民）。

◆**婚姻登记** 2016年，区民政部门联合区妇联引进“爱之园婚姻家庭服务中心”，开展婚姻心理咨询和婚姻辅导。坚持“依法行政，服务民生”宗旨，以优质文明服务为目标，继续开展现场预约、网上预约服务，对老、弱、病、残等特殊群体和行动不方便的服务对象开绿色通道，实行优先服务。

◆**殡葬管理** 2016年，全区遗体火化率、骨灰正确处理率达到100%。作为市生态葬试点区，南京市殡葬管理处投入30万元补助资金分别支持八卦洲、西岗两个街道生态葬建设。迈皋桥永寿陵园壁葬花坛葬建设完成。八卦洲思亲苑主题广场及壁葬进入施工阶段，一期建设投入200万元，总投资预计800万元。西岗龙泉山公墓壁葬工程一期也已开工，投资约70万元。

地名勘界

◆**概况** 2016年，全国第二次地名普查全面展开。命名道路46条，小区14个。栖霞区与六合区民政部门协调，对区界开展联合勘察，签订边界协议，制定完成联合检查报告，双方认定区界无纠纷。区民政部门普查地名2295处。报告文本涉及陆地水系50条、陆地地形44处、行政区域10处、群众自治组织119个、非行政区域27处、居民点698处、交通运输设施634处、水利、电力通信设施63处、纪念地、遗址131处、建筑物81处、具有地名意义单位438个，并接受国家民政部

2016年栖霞区老龄人口状况（按户籍）统计表

表30

指标名称	单　位	数　　量	占老年总人口比率
一、总人口数	人	466712	
二、老年人口总数	人	92622	
60~64岁老年人口数	人	29654	32.0%
65~69岁老年人口数	人	23617	25.5%
70~79岁老年人口数	人	27415	29.6%
80~89岁老年人口数	人	10856	11.7%
90~94岁老年人口数	人	908	1.0%
95~99岁老年人口数	人	158	0.2%
100岁以上老年人口数	人	14	

对地名普查工作监督。　□陈宏高

民族宗教事务

◆**概况**　2016年，区民宗局围绕发展稳定大局，坚持依法行政，扎实做好民族工作。民族宗教事务管理工作逐步实现规范化、制度化、法治化目标。是年，区民宗局走访慰问少数民族贫困户37户、宗教界代表人士40人，累计发放慰问金5万余元。办理6个族别29名少数民族中考考生民族成分审核工作。围绕市、区重点工作，完成安全生产大检查、第六届金陵礼佛文化月等重大活动任务；完成回族等10个少数民族2897人牛羊肉补贴发放工作；帮助9名外来少数民族子女就学；2016年度获全市民族宗教信息工作先进单位。

区民宗局加强宗教档案室提档升级工作。根据南京市民宗局关于继续做好宗教档案室创建工作要求，区民宗局联合区档案局（馆）对创建三星级档案室区三自爱国会、迈皋桥教堂、龙潭聚会点，创建二星级档案室甘家巷聚会点、七里聚会点以及创建一星级档案室的上坝聚会点等共14个宗教团体和宗教活动场所实施提档升级，全部通过检查验收。区民宗局将八卦洲片区的中心教会七里聚会点提升至三星级场所，通过市考核组验收。按照南京市民宗局和南京市城治办要求，全区确定龙潭、联盟、长河三个基督教聚会点作为标准化建设单位，区民宗局协调龙潭街道，投入创建资金20余万元，通过南京市城治办的检查验收。

11月16日，区民宗局牵头协调区委政法委、区公安分局等部门召开民宗工作联席会，相关部门主要领导参加会议。区委统战部副部长、区民宗局局长邢銮娣主持会议并讲话。参会部门分别交流、通报工作情况。各部门表示要加强协调配合，互通信息，互相支持，形成一个良好的大宗教管理格局，全力以赴维护社会政治稳定。2015年12月31日晚，栖霞寺举办新年撞钟祈福活动，数万名民众齐聚栖霞寺。2016年1月1日00:00，社会各界人士、普通市民、寺内法师撞响108下新年祈福铜钟，共同祈愿国泰民安、社会和谐、吉祥如意。活动期间栖霞寺平安、稳定。

◆**法宗长老百岁寿诞**　4月17日上午，栖霞古寺举办法宗长老百岁寿诞，江苏省佛教协会副会长、南京市佛教协会会长隆相大和尚率僧众向长老贺寿。法宗长老生于1917年，12岁在报本庵依雪烦上人披剃，泰州光孝寺17岁受戒，就学于光孝佛学院，次年至金陵佛学院深造。20岁至金山江天禅寺参学，23岁东渡日本，参禅于黄檗山万福寺，四年后回国至焦山佛学院任教。1947年，法宗长老在栖霞寺得法于大本、觉民、志开诸禅师，任监院。1949年到中国香港，1976年任栖霞香港鹿野苑住持，1978年将鹿野苑由荃湾迁往九龙塘，任董事长，又创栖霞分院于香港，1980年移锡夏威夷。1992年在澳大利亚创观音寺，成为南半球弘扬佛法的著名道场。

中国香港、澳门、台湾等地区以及新加坡、澳大利亚等诸山长老云集，共祝寿诞。中共江苏省委统战部副部长、江苏省民族宗教事务局局长李国华，中共南京市委统战部副部长、南京市民族宗教事务局局长李兰，区委书记邢正军，澳门佛教总会理事长健钊长老、香港宝莲寺住持净因大和尚、台湾弘净寺住持慧德大和尚、新加坡自度庵住持贤祥大和尚、新加坡双林寺监院传显法师、澳大利亚观音寺住持光毅大和尚等大德高僧参加寿诞活动。

◆**栖霞寺消防改造项目**　6月16日，区民宗局协调区消防大队，专门邀请南京市消防专家和设计单位人员到栖霞寺，实地对栖霞寺消防方案再行论证，使栖霞寺消防工程更具系统性、科学性和前瞻性。参与论证专家提出还需要增加消防水池容量，增设室外消火栓，用以弥补室内消火栓的不足；完善报警系统，安装火灾自动报警系统，确保24小时火灾"早预警、早处置"消防要求；最大限度利用原有管网等合理意见。论证专家考虑栖霞寺古建筑的特殊性和复杂性，设计尽量减少对原有寺内设施改动损坏方案，最大限度合理利用原有管网，新建管网与之有机结合，使消防效能最大化。是年，消防工程投入使用。

◆**宗教堂点拆迁安置协调**　9月29日，区民宗局配合做好栖霞山风景区开发工作，对景区涉及的四家宗教活动场所拆迁安置事项协调栖霞山管委会、区拆迁办、栖霞街道、区三自爱国会等单位，在栖霞街道召开协调会议，各单位主要负责人参会。会议听取街道、拆迁办对涉及宗教堂点开展拆迁的基本情况说明，会议要求按照《宗教事务条例》规定，对四个宗教堂点本着"拆一还一"的原则，有计划、按步骤、分类别地稳妥安置。会后，区民宗局走访信众做过细思想疏导工作，最大限度减少矛盾，使堂点拆迁目标平安实现。

◆**宗教慈善周活动**　10月17~20日，全区精心组织，积极开展慈善周活动。区基督教三自爱国会组织基督教堂点，积极参加宗教慈善周活动，爱德基金会对入住区养老院摄山点、八卦洲点孤寡老人以及残疾人给予帮助，捐款捐物。栖霞古寺组织专题捐助活动，为云南地区和印度捐赠小书包。全区宗教界捐款捐物折合人民币合计22.13万元。

◆**三论宗研究会成立**　8月7日，南京三论宗研究会成立大会在栖霞古寺召开。南京市民宗局副局长纪勤、一处处长金宗泽、一处副调研员佟林，中共南京市委统战部民宗处处长陈玉柱，区民宗局局长邢銮娣等市区相关领导，南京市佛协会长、副会长，三论宗研究会顾问、理事长、副理事长、理事等100余人参加会议。大会听取筹备组的《筹备工作报告》，通过《南京三论宗研究会选举办法》和《南京三论宗研究会章程（草案）》，选举隆相法师任第一届理事长。纪勤讲话，希望南京三论宗研究会办出特色，办出亮点，为弘扬南京佛教文化做出贡献。　□吴晓斌

体　育

综　述

◆**概况**　2016年，全区体育工作以完善

公共体育服务体系为中心，认真贯彻国务院《关于加快发展体育产业促进体育消费的若干意见》精神，不断提高公共体育服务能力和水平，优化公共体育设施均衡协调配置，增强体育社会组织活力，形成群众体育、竞技体育和体育产业协调发展良好局面。区体育局先后举办区第十四届全民健身运动会、第十一届老年人体育节，以及国民体质测试、社会体育指导员培训、全民健身项目推广教学等活动。区体育局被评为南京市群众体育先进单位、2016年度区机关作风建设争先进位优胜单位。区体育总会、区老年人体育协会（简称区老年体协）被评为江苏省示范性社会组织。

群众体育

◆概况 2016年，区群众体育工作以完善公共体育服务体系为抓手，大力建设公共体育设施，举办丰富多彩体育活动，努力扩大体育健身居民数量、提高全区居民身体素质、提高社会参与程度。区体育局先后举办区第十四届全民健身运动会、区第十一届老年人体育节、区机关女干部职工趣味竞技运动会、祥和雅苑社区运动会、仙林街道文澜社区趣味比赛、“环明城墙”全民健身大联动（栖霞站）活动、健身秧歌舞大赛、“郎牌特曲杯”2016年中国·南京龙舟公开赛、第四届南京市龙舟公开赛、“秋栖霞”登山等活动50多场，参与人数12000人。开展国民体质测试9场，共测试3180人；新组建健身团队10个，推广健身新项目2个；开办健身秧歌四套、六套等培训班4期，培训健身骨干300人。年底，全区拥有体育社会组织39家，社会体育指导员达2030人。

◆机关女干部职工趣味竞技运动会 3月7日下午，由区级机关党工委、区体育局联合举办“巾帼建功创伟业 和谐栖霞共创建”机关女干部职工趣味竞技运动会，在区全民健身中心举行。比赛设趣味保龄球、双人齐跳绳、三人四足、夹球接力等四个项目，共341人参加比赛。最终，区环保局侯筠获趣味保龄球项目第一名，区教育局薛秀娥、李燕获双人齐跳绳项目第一名，区民政局周娟、魏巍、施盈获三人四足项目第一名，区城管局队获夹球接力项目第一名。

◆全民健身运动会三项比赛 4月16至17日，区第十四届全民健身运动会乒乓球比赛在区全民健身中心举行。比赛设社区部、机关部和企业部，全区参赛选手250人。经两天比赛，仙林街道张立获社区部青年男子组第一名，迈皋桥街道张敏获社区部青年女子组第一名，栖霞街道薛勇获社区部中年男子组第一名，尧化街道施广权获社区部中年女子组第一名；区水利局毕环获机关部青年男子组第一名，区公安分局王雪获机关部青年女子组第一名，区市场监督管理局张曙获机关部中年男子组第一名，区纪委李明获机关部中年女子组第一名；谷峰驾校刘厅获企业部青年男子组第一，星悦物联史亚倩获企业部青年女子组第一名，巴傲德殷志敏获企业部中年男子组第一名，栖霞医院王丰敏获企业部中年女子组第一名。5月28日至29日，区第十四届全民健身运动会羽毛球比赛，在区全民健身中心举行。比赛设社区部和机关部，共青年男子、青年女子、中年男子和中年女子四个组别。全区155名选手参加比赛。经两天比赛，栖霞街道戴兴波、吴玲、裴名镝、燕子矶街道周前分别获社区部青年男子组、青年女子组、中年男子组、中年女子组第一名；区公安分局甄现凯、章荔、吴敏、曹凌分获机关部青年男子组、青年女子组、中年男子组、中年女子组第一名。11月12日，区第十四届全民健身运动会拔河比赛，在区全民健身中心广场举行。比赛设520公斤女子组和640公斤男子组两个组别。全区参赛运动员140人。最终，栖霞街道、迈皋桥街道、燕子矶街道分获520公斤女子组前三名；栖霞街道、尧化街道、燕子矶街道分获640公斤男子组前三名。

◆全民健身运动会、老年人体育节 4月23日上午，区第十四届全民健身运动会、第十一届老年人体育节开幕式暨“国邦金服杯”南京市健身秧歌舞大赛栖霞区选拔赛，在区全民健身中心广场举行。区人大常委会副主任、区老年人体育协会主席张民，区政府副区长秦亚平，南京市老年人体育协会及各街道分管领导出席活动。秦亚平致开幕辞，张民宣布开幕。随后，进行南京市健身秧歌舞大赛栖霞区选拔赛，全区9个街道27支队伍参加比赛，最终17支队伍获优胜奖，10支队伍获优秀奖。11月30日下午，区第十四届全民健身运动会、第十一届老年体育节闭幕式暨2016年栖霞区精品全民健身项目展演活动在区全民健身中心举行。张民，南京市老年人体育协会主席计成宝出席活动。区体育局局长盛有福致辞。张民宣布活动开始。西岗街道星城大鼓队《星城大鼓》、仙林街道亚东社区舞蹈队舞蹈《最美仙林人》、燕子矶街道舞蹈队舞蹈《绣》、八卦洲街道老体协舞蹈队舞蹈《中国广场舞》等14个节目参加全民健身项目展演。

◆体育进社区 5月14日，区体育局开展送体育进社区活动，在燕子矶街道祥和雅苑社区广场，举办第四届祥和雅苑社区居民运动会和国民体质监测活动。运动会设单人踢毽、双人夹乒乓球接力、三人板鞋竞速、拔河4个竞赛项目，集趣味性、参与性及竞技性为一体，吸引300多名社区居民参加。区体育局还在活动现场，为社区居民测试体质，测试项目包括体重、肺活量、握力、俯卧撑（男）、仰卧起坐（女）、坐位体前屈、台阶试验等。工作人员根据测试后数据，为被测试者发放国民体质综合评定报告，并根据检测结果开出针对性“运动处方”。10月22日，区体育局在仙林街道文澜社区举行“送体育进社区”趣味体育比赛。社区参赛居民300余人。比赛设单人原地跳绳、双人夹乒乓球、三人板鞋竞速和四人趣味接力等四个项目。经过激烈角逐，成品城小区杨奇男获单人原地跳绳项目第一名；茶苑小区倪炳芳和牛爱英获双人夹乒乓球项目第一名；玲珑翠谷小区三队获三人板鞋竞速项目第一名；诚品城小区二队获四人趣味接力项目第一名。

◆中国·南京龙舟公开赛（仙林站） 6月4日，“郎牌特曲杯”2016年中国·南京龙舟公开赛（仙林站）暨江苏省全民健身运动会高校部龙舟赛在仙林大学城羊山湖举行。比赛历时两天，设高校组、公开组两个组别，竞赛项目为22人龙舟500米、200米直道竞速，全省18支高校龙舟队、6支企业龙舟队600多名运动员参加比赛。经激烈争夺，南京森林警察学院、苏州国际教育园、淮海工学院分获高校组200米直道赛前三名；南京森林警察学院、淮海工学院、常州工程职业技术学院分获高校组500米直道赛前三名；金陵石化公司、南京市温州商会、南京港华燃气有限公司分获公开组200米直道赛前三名；金陵石化公司、南京港华燃气有限公司、南京市温州商会分获公开组500米直道赛前三名。

◆区瑜伽运动协会成立　6月24日，区瑜伽运动协会成立大会在区全民健身中心举行。区瑜伽协会会长唐永庆主持大会。区民政局领导宣读《关于同意成立栖霞区瑜伽运动协会的批复》；大会审议通过协会章程和首届理事会成员、会长、副会长和秘书长名单；区体育局局长盛有福为协会授牌，并为第一任会长唐永庆颁发聘书；新当选会长代表瑜伽运动会协会与育仁国际瑜伽学院签订战略合作协议。协会会员表演瑜伽体位展示、瑜伽健身舞等瑜伽项目。

◆市龙舟赛在栖霞区举行　9月24日，第四届南京市龙舟公开赛暨南京市第二十一届运动会（社会部）龙舟赛在八卦洲小江河举行。这是八卦洲连续第五年举办龙舟赛。竞赛分公开组和社会组。龙舟赛共有18支队伍参赛，其中公开组8支，社会组10支。经过激烈角逐，南京森林警察学院代表队、中国传功代表队、商业学校代表队分获公开组冠军、亚军和季军；八卦洲街道代表队、燕子矶街道代表队、东山街道代表队分别获社会组冠军、亚军和季军。

◆“秋栖霞”登山大赛　11月18日，由江苏省体育局指导，南京市体育局、区政府主办，区体育局、区体育总会承办的2016年江苏省“秋栖霞”登山大赛在栖霞山举行。江苏省体育局群众体育处处长熊伟，区政府副区长秦亚平出席活动并分别讲话，区委常委、区委政法委书记孙爱军为比赛发令。比赛共分比赛和健身两个组别，其中比赛组中分公开、机关、社区三个组，全国各地近1800名登山爱好者参加比赛。比赛路线由栖霞寺大门出发至凤翔峰顶，全程约3.4千米。经过争夺，程乾育以13分23秒获公开男子组第一名，孙雨、高志远分获公开男子组二、三名；刘琪、何发翠、孙丽丽分别获公开女子组前三名；朱文彬、竺晓俊、柴逢国分别获机关男子组前三名；顾晔、卜艳、汪玉蓉分别获机关女子组前三名；万宏勇、朱贤春、魏宁分别获社区男子组前三名；郝晓凡、朱霞、曾红霞分别获社区女子组前三名。

体育训练与竞赛

◆概况　2016年，区体育局深入贯彻落实《中共中央国务院关于加强青少年体育增强青少年体质的意见》，紧紧围绕江苏省运动会、南京市运动会目标任务，不断优化训练项目布局，提高教练员业务水平，科学开展训练，取得较好成绩。区青少年业余体育运动学校（以下简称区体校）组队参加南京市第二十一届运动会（青少部）比赛，参加乒乓球、举重、跆拳道、武术散手、柔道、击剑、拳击、摔跤、射击、赛艇、田径、体育舞蹈、游泳等23个项目比赛，获金牌53枚、银牌38枚、铜牌30枚；参加江苏省射击（飞碟）锦标赛获铜牌5枚。5月18~20日，栖霞区组队，代表南京市参加在苏州农业职业技术学院举行的“江苏省第八届农民运动会农民特色项目”100米双人麦收比赛，获男子组第二名、女子组第三名。

◆新春围棋大奖赛　2月20~21日，区承办的第三届新春围棋大奖赛在区全民健身中心举行，全国近300名选手参加比赛。比赛设高段、四段和三段三个组别。经两天角逐，三段组共有18名选手升为四段，四段组共有8名选手升为五段。河南鼎力队吕立言夺得高段组冠军，静弈围棋教师队陶汉文获亚军，南京市六合区棋协队陈翰祺获季军；河南鼎力队、帅马围棋队、南京市栖霞区棋院队分别获团体赛前三名。

◆区校园足球联赛　3月26至29日，由区体育局、区教育局联合举办2016年栖霞区校园足球联赛，在区实验初级中学和区实验小学体育场举行。比赛设小学组和中学组，小学组采用男女混合5人制，中学组采用8人制，全区30所中小学校组队参加比赛。经四天66场角逐，迈皋桥中心小学、区实验小学、南京外国语学校仙林分校队分获小学组前三名；南外仙林分校初中部队、八卦洲中桥中学队、南师附中仙林学校初中部队分获中学组前三名。

◆阳光体育节校园体育锻炼项目比赛　4月24日，区体育局在栖霞实验初级中学（尧化校区），举办2016年区青少年阳光体育节校园体育锻炼项目比赛。比赛设小学、初中和高中三个组别，共进行双摇跳绳、踢毽、八字跳长绳、迎面接力、4×800（1500米）接力五个项目比赛。经一天比赛，栖霞中心小学队、燕子矶中心小学队、太阳城小学队获小学组一等奖；区实验初级中学（尧化校区）队、南师附中仙林分校队、南江中学队、伯乐中学队获初中组一等奖；栖霞中学队、燕子矶中学队获高中组一等奖。

◆市第二十一届运动会获得奖项　4月23~24日，区体校组队，参加在南京市公园路体育运动学校举行的南京市第二十一届运动会（青少年部）乒乓球比赛，获少年男子甲组团体第二名，运动员陈昇获男子甲组第五名。4月24日，区体校10名运动员组队，参加在南京市公园路运动学校举行的南京市第二十一届运动会（青少年部）举重比赛。本次比赛分设甲、乙共六个组别，全市8支队伍40人参赛。栖霞区获金牌7枚、银牌2枚、铜牌1枚及体育道德风尚奖。4月28日，燕子矶街道、马群街道和仙林街道组队，参加在玄武区体育中心广场举行的南京市第二十一届运动会（社会部）轮滑比赛，南京市参赛队18支。燕子矶街道代表队获二等奖，马群街道代表队和仙林街道代表队分获三等奖。5月7日至8日，南京市第二十一届运动会（青少年部）散打、跆拳道、柔道、击剑比赛，分别在南京市清凉山体育运动学校跆拳道馆、散打馆，南京市重竞技学校中日友好柔道馆和南京市体育运动学校击剑馆举行。南京市参加比赛运动员790人，区体校组队参赛。获散打项目金牌1枚、银牌2枚；获跆拳道项目金牌2枚、银牌2枚、铜牌4枚；获柔道项目金牌6枚、银牌10枚、铜牌3枚；获击剑项目金牌4枚、银牌2枚、铜牌4枚。7月1~2日，金陵小学游泳队代表栖霞区组队，参加在南京市体育运动学校举行的南京市第二十一届运动会（青少年部）游泳比赛，获金牌11枚，银牌9枚，铜牌7枚。

是年，区体育局、区体校组队参加南京市第二十一届运动会社会部、青少年部比赛。400名运动员在青少年部25项目比赛中，共获金牌67.5枚，银牌51枚，铜牌55枚。获青少年部综合二等奖、输送运动员贡献二等奖；268名运动员在社会部所设10个比赛项目中，获社会部综合一等奖；栖霞区代表团获体育道德风尚奖、优秀组织奖。

◆省第七届全民健身运动会获得奖项 4月26~27日，栖霞街道五福家园拔河队代表南京市，参加在泰州靖江市体育馆举行的江苏省第七届全民健身运动会拔河比赛暨江苏省第八届农民运动会拔河比赛。全省有12个市组队参加男子680公斤级比赛。最终，五福家园拔河队获季军。4月27~29日，区舞龙队代表南京市，参加在泰州靖江市举行的江苏省第七届全民健身运动会暨江苏省第八届农民运动会舞龙全部项目比赛。最终区舞龙队获舞龙规定动作、舞龙自选动作、舞龙障碍赛三项冠军，舞龙抽签赛第三名，舞龙竞速赛第四名；团体总分第二名。9月13~16日，区龙狮队代表南京市，参加在扬州市江都体育中心举行的江苏省第七届全民健身运动会舞龙舞狮比赛，全省共26支龙狮队参加比赛。最终，栖霞区龙狮队获传统龙狮第一名，北狮第二名，舞龙自选动作第四名。

◆省青少年射击（飞碟）锦标赛获奖 8月14日至20日，区体校射击队组队参加在徐州市举行的江苏省青少年射击（飞碟）锦标赛，全省7个代表队129名运动员参加比赛。本次比赛共设3个大项15个小项15枚金牌。最终，区射击队队员王子涵获双向U18组个人第三名；刘天磊获U16组双多向飞碟个人第三名；王宇豪、刘天磊、王宏伟获U16组男子多向飞碟团体第三名；陈梦然、陈修雯、张子楠获U16组女子多向飞碟团体第三名，刘天磊、王宏伟、王宇豪获U16组双多向飞碟团体第三名。

体育产业

◆概况 2016年，区体育局深入贯彻落实《国务院关于加快体育产业促进体育消费的若干意见》，搭建体育产业平台，推进体育产业发展，全区体育产业整体规模逐年扩大，呈现出占比提高、增速加快、效益提升发展态势。已初步形成健身娱乐、竞赛表演、技术培训、体育产品等四大门类体育市场体系。全区拥有公共体育服务企业近百家，涉及体育健身服务、体育用品销售、体育用品制造、体育传媒等领域。体育健身市场快速发展，涉及游泳、羽毛球、乒乓球、瑜伽、器械健身等30多个项目。体育系统安全形势持续稳定，南京国际学校、南京品东商务服务有限公司、南京大发物业有限公司、栖霞建设集团物业有限公司栖园物业管理处、栖霞建设集团有限公司东方天郡管理处、南京容诚誉达体育投资管理有限公司、金陵中学仙林分校小学部获高危险性体育项目行政许可证。区体育局组织指导辖区内江苏同源体育科技有限公司等6家单位完成省级、市级体育产业引导资金申报。指导申报项目涉及体育用品制造与销售、体育信息服务、体育创意和体育赛事活动等方面。经评审，江苏同源体育科技有限公司获300万元、江苏赛克林体育发展有限公司获50万元、南京昂派体育信息网络有限公司获30万元体育产业引导资金。

4月11~12日，南京市产业引导资金考察组一行4人到区，对2016年体育产业引导资金申报单位江苏同源体育科技有限公司江苏赛克林体育发展有限公司、南京昂派体育信息网络有限公司实地考察。考察组听取企业负责人申报项目情况汇报，并对各单位经营资质、项目开展情况、财务账目情况展开详细检查，对企业提出长远规划建议。

◆体育场所安全管理专题会议 6月30日，区体育局在区全民健身中心召开区全民健身中心安全管理专题会议。区全民健身中心委托运营单位——南京容诚誉达体育投资管理有限公司安全管理负责人及各场馆负责人参加会议。区体育局分管副局长传达市、区相关安全生产文件精神，分析近期安全形势，并对中心安全管理提出具体要求。最后，区体育局与南京容诚誉达体育投资管理有限公司签订安全管理责任书。同日，区体育局在区全民健身中心召开辖区内游泳场所安全管理工作会议，区体育局分管副局长出席会议并讲话。区全民健身中心、中共南京市委党校、南京大学、南京师范大学等区内27家游泳场所主要负责人及安全管理负责人参加会议。区体育局体育产业管理科负责人解读经营高危险性体育游泳项目审批条件及程序，部署夏季游泳场所安全开放和监管工作。区体育局与各游泳场馆责任人签订安全工作责任状，全体人员观摩应急救护演练。

◆区人大常委会委员考察 8月2日上午，区人大常委会主任李汉桥一行20多名区人大常委会委员，考察区全民健身中心。区体育局局长盛有福陪同考察。代表们先后观察击剑馆、武术馆、跆拳道馆、羽毛球馆、健身馆、栖霞棋院、游泳馆，听取各个场馆运营情况汇报。最后，李汉桥提出要求，运营方式要多样，要多为群众着想，通过设立免费活动日等方便群众参与进来；要加强制度建设，加大安全管理力度，确保场馆运营安全；要提升服务水平，提高服务质量，为老百姓提供更多更好的服务。

◆游泳项目审批 6月至8月，区体育局开展经营高危险性游泳项目审批工作，组织审核小组队申报单位进行验收。经过查阅台账、现场核查和硬件器材设施检查，最终，南京国际学校、南京品东商务服务有限公司、南京大发物业有限公司、栖霞建设集团物业有限公司栖园物业管理处、栖霞建设集团有限公司东方天郡管理处、南京容诚誉达体育投资管理有限公司、金陵中学仙林分校小学部七家经营高危险性游泳项目单位通过验收，获经营许可证书。

□李振勇

江苏省体育局训练中心

◆概况　2016年，江苏省体育局训练中心（简称“训练中心”）以“一手抓奥运求突破，一手抓年度比赛创佳绩”为工作重心，努力推进各项赛事备战工作，圆满完成年度参赛目标任务。在奥运会比赛中，训练中心获金牌3人次，第五名1人次，创造训练中心参加奥运会以来历史最好成绩。此外，训练中心在国际赛场上收获3枚金牌；在国内赛场上，训练中心在全国一类比赛中共获12金10银5铜，在全国二类比赛中共获5金7银3铜，比上年的成绩有较大幅度的提升。

训练中心在赛事备战的同时，实施基地创建，训练中心的仙林体校作为重点后备人才基地上报国家体育总局青少司通过初选。全国室内田径锦标赛（南京站）三站比赛，训练中心连续承办两站赛事。

3月29日，省直机关工会主任张启俊一行3人到训练中心考察“2016年江苏省先进工作者”推荐候选人女排运动员惠若琪。中心副主任徐雪萍陪同考察。4月11~12日，贵州清镇体育训练基地副主任吴学进一行8人到训练中心参观考察，中心副主任张本固陪同考察。其间，双方举行座谈交流。11月1日，台湾高雄市体育会参访团来中心参观访问，张本固陪同参观。

◆全国赛事承办　2月28~29日全国室内田径锦标赛第一站比赛在江苏南京举行。全国有32支代表队、853名运动员和324名工作人员报名参赛，技术官员、技术代表、国派裁判、省派裁判、学生裁判、志愿者共182人，比赛中共有1人1次破1项亚洲纪录，2人2次破全国纪录，有11项43人46次达健将级别；江苏队获1枚金牌、3枚银牌、3枚铜牌。其中，吕阳获男子60米栏第一名，王嘉男获男子跳远第二名，徐海洋获男子60米第二名，王逗获女子60米栏第二名，王禹茗获男子60米第三名，黄镇飞获男子400米第三名，王宝获男子1500米第三名。3月3~4日全国室内田径锦标赛（第二站南京站）比赛在南京举行。全国有34支代表队、928名运动员和351名工作人员报名参赛，技术官员、技术代表、国派裁判、省派裁判、学生裁判、志愿者共182人，参赛人数创历史新高，比赛中有11项33人34次达健将级别。江苏队获1枚金牌、4枚银牌、3枚铜牌。其中，王逗获女子60米栏第一名，王嘉男获男子跳远第二名，吕阳获男子60米栏第二名，袁嘉文获男子200米第二名，王宝获男子1500米第二名，李竣获男子铅球第三名，姜棚舰获男子800米第三名，胥秋子获女子1500米第三名。全国室内田径锦标赛（第一站、第二站），是训练中心2016年承办的全国性赛事。全国室内田径锦标赛分为三站，其中前两站在南京进行，第三站在西安举行。训练中心连续第九年承办全国室内田径锦标赛。

全国短跑跨栏跳跃项群赛，为训练中心首次承办的全国大型室外比赛，全国有47支代表队、228名运动员和70名工作人员报名参赛，技术官员、技术代表、国派裁判、省派裁判、学生裁判、志愿者共102人，比赛中13人次达健将级别。

◆竞赛获奖　8月21日，中国奥运代表团中，江苏省体育训练中心运动员，在第31届夏季奥林匹克运动会在比赛中获金牌3人次，第五名1人次，创造训练中心参加奥运会以来历史最好成绩。其中，惠若琪、张常宁、龚翔宇与队友通力合作，不仅助力中国女排时隔12年再夺奥运冠军，更实现训练中心奥运金牌“零”的突破；王嘉男以8.17米的成绩获男子跳远第五名，平中国田径跳远奥运会历史最好名次。此外，训练中心还在国际赛场上收获3枚金牌。其中，魏海玲获第一届武术套路世界杯女子南拳冠军，李天蕾、聂晶晶分获世界竞走团体锦标赛男子、女子20千米竞走团体冠军。

◆省领导欢迎江苏奥运健儿凯旋　9月8日上午，中共江苏省委、江苏省政府举行仪式，隆重欢迎在第31届奥林匹克运动会上取得优异成绩的江苏省体育健儿凯旋。中共江苏省委书记李强代表省委、江苏省人大、江苏省政府、江苏省政协和全省人民，向载誉归来的运动员、教练员和工作人员表示热烈祝贺和衷心感谢，希望全省上下认真学习贯彻习近平总书记在会见中国体育代表团全体成员时的重要讲话精神，大力弘扬奥运健儿的拼搏精神，推动“强富美高”新江苏建设不断取得新的成绩。中共江苏省委副书记、江苏省长石泰峰，江苏省政协主席张连珍出席。江苏共有33名运动员参加里约奥运会，5人获3枚金牌，4人获2枚银牌，3人获3枚铜牌，是历次境外比赛中成绩最好的一次。

◆体育后备人才基地复评　9月20日，由组长姚安率队的江苏省体育局4人专家组，到仙林体校复评“国家高水平体育后备人才基地”创建工作。中心副主任张世林向专家组介绍仙林体校创建“国家高水平体育后备人才基地”情况。副校长郇永斌从学校基本条件、训练过程、教育教学、人才质量、人才效益五个方面汇报学校自评和申报工作。栖霞中学副校长陆国平汇报建立合作办学中心四年来体教融合工作。随后，专家组细致检查仙林体校创建资料，考察训练设施和场馆，到排球馆，考察教练员训练课过程。经检查复评，专家组既肯定仙林体校的创建成效，也指出存在不足，要求尽快整改，确保仙林体校进入国家100所重点“高水平后备人才基地”名单。

□胡爱华

法　治

Law and Regulations

南京市栖霞区人民法院　　　　杨轶绘

◎责任编辑　赵建华

法 治 建 设

综合治理

◆概况　2016年，区委政法委以提升群众安全感和法治满意度为主线，继续深入开展平安栖霞、法治栖霞建设，服务全区大局发展，维护全区和谐稳定，促进社会公平正义。深入开展第六轮“春风化雨”握手行动，45件信访事项，化解6件，办结39件，化解办结率100%。妥善处理涉法涉诉信访事项，是年，完成10件、12人次共计33万元司法救助。夯实平安基层基础建设，为居民安装单元防盗门、更换超B级锁芯超过2万把，绝大多数居民区均安装治安视频监控系统。是年，开展突出治安问题整治专项行动，全区刑事案件立案1297件，比上年下降27.1%；共立侵财性案件1249起，比上年下降28.3%。推动国家级、省级民主法治示范村（社区）创建，新创成省级民主法治示范市区（村）8个，创建率达到40.8%。

是年，区法院审结商事案件1002件，比上年增长4.92%，审结民事案件5853件，比上年增加2.48%，执结各类案件2963件，比上年增加10.39%。落实“诉访分离”机制，共审结申诉、申请再审案件40件。区检察院共查处各类职务犯罪案件12件20人，全面落实“一案一分析、一案一总结、一案一建议”制度。区公安分局圆满完成全国、江苏省、南京市、栖霞区“两会”、南京市、区栖霞党代会及G20峰会等重大活动安保任务，处置银贡山庄小区业主上访等不稳定事端。合成作战机制进一步完善，破获12年前“2·25”强奸杀人积案、“3·25”江苏省公安厅挂牌督办船员招聘诈骗串案、特大传销团伙案等多起重大案件。全区刑事发案比上年下降24.4%，扒窃比上年下降43.7%、入室盗窃比上年下降30.1%。区司法局各级调委会已调处纠纷5404件，比上年增长10%。法援中心办理各类法律援助案件近558件，接待法律咨询3059人次；办理各类公证1279件。是年，栖霞区被中共南京市委、南京市政府表彰为2015年度法治南京建设先进单位。

◆区法学会成立　1月29日，区法学会成立暨第一次会员代表大会在区委党校举行，区法学会正式成立。至2016年1月18日，按程序审核批准个人会员105名，个人会员单位为政府机关、高校、企业和基层法律服务等领域。大会由区委常委、区政法委书记孙中华主持。中共南京市委常委、政法委书记刘志伟，区委书记、区长邢正军出席会议。会议通过《关于栖霞区法学会筹备工作情况的报告》。会议选举区法学会第一届理事会理事、常务理事、秘书长、副会长、常务副会长、会长。大会讨论通过《栖霞区法学会筹备工作报告》《关于实施〈中国法学会章程〉的决议》《关于大力发展区法学会新会员的决议》。

◆平安法治信访稳定安全生产工作会议　2月23日，区委、区政府在区委党校多功能厅举行全区平安法治建设暨信访稳定、安全生产工作会议。会议由区委副书记胡晓健主持，区委办、人大常委会内务司法委、区政府办、区政协办、区纪委（监察局）、区委组织部、区委宣传部、区委统战部、区政法委等区部门和街道有关人员参加会议。区委常委、政法委书记孙中华总结2015年全区平安法治建设工作，提出2016年政法工作任务和措施。区政府副区长尹军总结2015年全区安全生产工作并部署2016年相关工作；会议表彰2015年度平安法治栖霞建设做出突出贡献先进集体30家，先进个人43人。区公安分局、区住建局、燕子矶街道、马群街道、龙潭街道等单位交流发言。

◆法治为民实事　2月26日，区依法治区办公室围绕保障房片区治安防范、司法便民利民平台建设、参与公益诉讼、严格环境执法、深化法律服务、民意中心110建设、黑车治理、维护劳动者合法权益等热点难点，推出2016年法治建设8件实事。并通过建立宣传机制、公开承诺机制、督查推进机制、报告交流机制、考核机制等，确保法治建设八件实事。3月17日，区依法治区办公室召开推进会，听取各项目承办单位工作思路，存在问题及对策办法交流发言，对实事工程深入动员部署。6月上旬、中旬，区依法治区办公室派员分批次走访区法院、区公安分局、区交运局、区环保局等相关单位，采取听取汇报、检查台账资料、实地查看等形式，督查8件实事落实推进情况。8月19日，区依法治区办公室召开法治栖霞建设工作推进会，对法治建设八件实事完成情况总结并部署下一阶段任务。是年，八件实事全部按进度完成。

◆十佳平安卫士评选　4月6日，区委政法委、区委宣传部联合制订《栖霞区“十佳平安卫士”评选活动方案》，开展“十佳平安卫士”评选活动。评选对象为政法系统各部门、各街道中优秀政法综治干部和积极参与平安、法治建设群众。评选组委会在听取多方面意见基础上，根据被推荐人事迹情况，从中选出“十佳平安卫士”候选人20人，并在媒体上展播候选人事迹。经组委会最后审定，评出栖霞区“十佳平安卫士”10人和“优秀平安卫士”10人。6月30日，以“筑梦平安　卫士风采”为主题“十佳平安卫士”颁奖典礼在区机关礼堂举行，区委书记邢正军出席典礼并致辞。

◆“一街一品”法制特色建设　4月，区依法治区办公室印发《关于开展基层法治创建三项活动的通知》，开展街道“一街一品”特色创建工作。其中，仙林街道开展文明示范创建活动，建立30项文明示范创建项目。尧化街道成立“无邪教社区”工作领导小组，推进省级无邪教示范社区创建。西岗街道争创全国民主法治示范村，并将其作为一项长期工作。燕子矶街道以“法润在身边，服务零距离”为主题，通过律师坐诊、定期巡诊、专业门诊、专家会诊等形式开展法律服务。迈皋桥街道开展星级党员评比活动，评比方法和经验在街道社区范围内得到推广。栖霞街道推动东阳社区新建综合法治文化公园。八卦洲街道成立“和风”调解工作室，在下坝村委会成立

"一家人"志愿者服务队，开展真情真心定向志愿服务活动。马群街道与南京大学、南京理工大学紫金学院合作，推动法律实践课堂进社区。龙潭街道以村规民约为抓手，助推平安法治建设。是年，仙林街道被中共南京市委、南京市政府表彰为2015年度法治南京建设先进街镇。

◆**百日专项行动** 5月，区综治委出台《栖霞区集中整治突出治安问题"百日专项行动"方案》。2016年5月10日至8月20日，全区开展以"压降侵财性案件、提升群众安全感"为主题集中整治突出治安问题"百日专项行动"。专项行动在区委、区政府领导下，由区综治委统一指挥，区综治办、区公安分局具体组织实施，区政法各部门、区综治委成员单位和相关行业部门、各街道共同参与。专项行动分为三个阶段：5月10日至5月25日动员部署阶段，主要任务为制订工作方案、内外宣传发动、加强专群结合。5月26日至8月10日集中整治阶段，主要任务为深入排查分析、强化打击震慑、加强重点整治。8月11日至8月20日巩固提升阶段，主要任务是扩大行动效果、建立长效机制、总结分析评估。5月25日，区委政法委召开"百日专项行动"动员部署大会，分析全区治安形势，全面部署"百日专项行动"。区综治委研究制订《栖霞区"百日整治"行动系列宣传活动方案》，落实"五个一"系列宣传活动（即：选树一批先进典型、讲好一批平安故事、开展一系列平安志愿文化宣传活动、举办一系列"平安与法治"讲坛、开展一系列平安惠民活动）。经过100天的共同努力，实现侵财性案件发案环比下降、群众财产损失下降，防范打击能力提升、群众安全感提升"双下降双提升"目标。

◆**"一案双查"** 5月，结合"百日专项行动"，区委、区政府决定在全区实施"一案双查"行动。〔"一案"是指入室盗窃案件、盗窃非机动车案件，"双查"指查漏洞、查责任，其中查责任是指查街道（社区）、物管公司、派出所责任。〕区综治委研究制定《关于开展社会治安综合整治"一案双查"的实施办法》，明确"一案双查"内容、责任单位和具体措施。为确保实施办法落到实处，区综治委专门成立"一案双查"督查工作组，分别由区综治办主任以及区公安分局、住建局、区督查办等部门分管领导组成。定期分析研判发案情况，督查发案整改情况。

◆**法治栖霞建设工作推进会** 8月19日，区依法治区办公室在区委常委会议室召开法治栖霞建设工作推进会。各街道党工委专职书记、依法治区成员单位分管领导参加会议。会议由区委政法委副书记、区依法治区办公室、区维稳办主任潘洪义主持。会上通报一季度法治建设满意度情况以及上半年法治栖霞建设重点工作完成情况，部署市法治建设考核相关要求。区政府办、区信访局、栖霞街道、龙潭街道交流发言。会议强调强化依法决策、规范政府行为、推进政务公开，以依法行政为重点，建设法治政府。同时，抓好国家级、省级"民主法治示范村（社区）"创建，深化基层法治创建三项活动，切实推进街道综合执法体制改革。坚持以问题为导向，提升群众法治建设满意度。

◆**交通秩序整治** 8月31日，区委办、区政府办出台《栖霞区交通秩序治理三年行动计划（2016–2018年）》，明确交通秩序治理三年行动时间安排、重点内容、工作要求，并成立全区交通秩序治理三年行动计划领导小组，全面负责行动计划组织实施。行动共分为三个阶段，2016年8月～11月，为百日整治阶段，开展为期100天集中整治，解决行人、非机动车闯红灯等突出交通违法问题；2016年12月～2017年6月，为集中攻坚阶段，在前期集中整治基础上，集中攻坚重点、难点问题；2017年7月～2018年12月，为巩固提升阶段，全面总结专项行动经验做法，进一步完善交通秩序管理长效工作机制。9月20日，全区交通秩序治理百日整治工作推进会召开。10月，区委政法委组织召开全区交通秩序治理百日整治工作现场会，巡查和现场测评交通秩序治理重点路口、重点路段、重点区域，各街道、交警七大队汇报交通秩序整治工作情况。区委常委、政法委书记孙爱军参加会议。11月，"小手拉大手、文明交通校园行"活动在栖霞区实验小学举行，区委政法委副书记潘洪义结合增强交通意识作主题讲话，活动发放《文明交通从我做起——致学生家长的一封信》。经过为期100天集中整治，全区道路通行环境得到改善。

◆**《中国反通讯信息诈骗蓝皮书》发布** 10月14日上午，南京邮电大学、中国通信企业协会、栖霞区法学会联合在南京邮电大学举行全国首部《中国反通讯信息诈骗蓝皮书》发布会，同时举行由中国通信企业协会、江苏省通信管理局、南京邮电大学联合主办"反通讯信息诈骗"学术研讨会。工业和信息化部、中国通信企业协会、中国信息通信研究院、江苏省通信管理局、中国政法大学、中国电信集团、中国联通集团、中国移动集团等单位领导和专家以及南邮部分师生、新闻媒体、社会各界人士200余人参加发布会和研讨会。南京邮电大学校长杨震、中国通信企业协会副会长苗建华、江苏省通信管理局局长苏少林相继致辞。该蓝皮书是国内首部以"反通讯信息诈骗"为主题蓝皮书，梳理国内外反通讯信息诈骗相关研究内容，提出防范通讯信息诈骗建议与对策。

◆**中央政法委调研组到区调研** 11月3日，中央政法委研究室副巡视员张磊率机关调研组一行，在中共江苏省委政法委政治部主任范洪涛，中共南京市委政法委副书记孙小忠等陪同下，到燕子矶街道调研指导平安志愿服务工作。调研组一行阅览反映街道平安志愿工作情况的宣传展板，听取街道相关负责人现场讲解和汇报，察看街道平安志愿服务之家，考察平安志愿服务各类资料台账和各种保障物品，并与协会工作人员互动交流，观看反映平安志愿服务工作宣传片和平安志愿文艺演出录像精选片断。张磊一行对燕子矶街道平安志愿服务工作运行模式、特别是平安志愿文化建设给予肯定。 □潘 婷

政府法制

◆概况 2016年，区法制办围绕“实现2020年栖霞区基本建成法治政府”目标，运用法治思想和法治方式为改革发展保驾护航、推动民生改善和社会公正，为建设“强富美高”的新栖霞提供法治保障。1月，经区委、区政府批准，区法制办由与区政府办合署办公变为独立区政府工作部门，承担栖霞区政府法制建设和推进依法行政责任；区法制办印发《2016年栖霞区推进依法行政建设法治政府工作要点》，明确全区2016年依法行政工作目标；推进街道综合执法体制改革，成立街道综合执法队伍；开展2016年度规范性文件清理工作，严格规范性文件制定主体各项制度；严格开展行政执法监督工作，开展全区行政执法案卷评查、办理和清理执法证件、规范重处案件备案、推进“两法衔接”、聘请区级特邀行政执法监督员；参与政府决策，做好行政裁决工作；成立区政府行政复议委员会，探索推行行政复议听证制度；继续推行行政机关负责人出庭应诉备案报告、定期通报制度，提升行政机关负责人出庭应诉率。

是年，区法制办依法核发6件国有土地征收决定，同时对征收事宜提出法律意见30余件。加快对迈皋桥、燕子矶、栖霞、马群4个街道拆迁扫尾、行政裁决工作的进度，在涉及迈皋桥、燕子矶、马群街道3个国有土地项目中，制发国有土地征收补偿决定书6件、催告书3件，申请法院强制执行3件。

◆综合执法体制改革 2016年4月11日，全区召开综合执法改革工作大会，按照“依法授权、持证上岗、综合巡查、分类处置”的总体思路，成立街道综合执法队伍，将行政检查权与行政处罚权相对分离，日常行政检查职能相对集中授予街道办事处履行，行政处罚职能继续由区政府各相关工作部门履行。为此，区法制办在全区各街道进行调研，认真梳理总结，并协调南京市法制办给予业务支持。是年，在全区综合执法改革工作中，区法制办在执法队伍建设、执法证件申领、服装胸牌样式、执法人员培训、协管人员管理、统一颁发协管员上岗证件和规范执法流程做了许多工作，为全区街道综合执法改革开展提供法治保障。

◆规范性文件审查 2016年，区法制办贯彻落实《江苏省规范性文件和重大决策合法性审查程序规定》，严格规范性文件制定主体管理制度、备案审查制度、有效期制度、定期清理制度、对外公布相关规定。是年，办理、回复各类征求意见20件（市级13件、区级7件）。其中，规范性文件合法性审查共6件，完成2件规范性文件修改，审查并提出制发意见1件，其余3件建议作为一般性文件制发。完成2017年度南京市政府规章、规范性文件和后评估建议项目申报工作，按照《南京市规范性文件管理规定》要求，梳理全区涉及5个部门7件现行有效的规范性文件，为规范性文件清理工作夯实基础。区法制办在全区范围内开展2016年度规范性文件清理工作，根据各部门反馈情况统计，现行有效的18件规范性文件中，正常保留6件，超适用期申请保留8件，拟修改2件，废止1件，待确认1件。

◆行政执法监督 2016年，区法制办严格执法证件换发及清理流程，严格执法证件换发，规范执法人员管理，提升执法人员素质。是年，区法制办结合街道综合执法改革工作，根据各执法部门新增人员及调岗情况，举办全区申领执法证件人员培训考试，办理申领执法证件156本。其中，行政执法证件146本、行政执法监督证件10本。颁发协管员上岗证694本。是年，区法制办在全区范围内开展执法证件清理工作，清理执法证件346本，执法监督证件30本。至年底，全区持有执法证794本，监督证54本。具备执法主体资格行政机关25家，法律、法规授权组织17家，受行政机关委托执法组织11家；是年，全区重大行政处罚报备137件，涉及区安监局、区城管局、区文化旅游局、区农业局、区卫计局等部门，罚款金额为442.84万元、没收违法所得0.21万元；10月，区法制办组织开展对全区行政执法部门2015年度及2016年上半年期间办结的行政许可、行政处罚等案卷评查工作。本次案卷评查涉及全区各执法部门36件案卷，采取同级执法部门互查、“两法衔接”工作联席会议成员单位集中评查、对重点执法部门现场抽查相结合的方式进行。评查工作从执法主体、执法内容、执法程序、法律适用、裁量权基准执行、文书制作及案件执行和案卷整理归档等方面进行综合评查，并形成材料全区通报；5月23日，区法制办在区政府门户网站发布公告，面向栖霞区社会各界聘请10名“特邀行政执法监督员”。经严格筛选，确定首批特邀行政执法监督员，参与行政执法监督工作。

◆依法化解矛盾 2016年，区法制办在依法办理行政复议案件的同时，探索推行行政复议听证制度，依法公正对待申请人的诉求，严格依法办案、公正裁决，加大纠错力度，纠正违法或明显不当具体行政行为。是年，区法制办收到行政复议24件。其中，受理21件，不予受理3件。8件申请人撤回复议申请，撤销行政机关答复2件，驳回3件；维持1件；移送1件；审理之中6件。在受理的21件案件中，职业打假16件，占比76.2%；信息公开3件，占比14.3%；房屋拆迁2件，占比9.5%。区法制办做好行政应诉工作。继续推行行政机关负责人出庭应诉备案报告、定期通报制度，提升行政机关负责人出庭应诉率。 □崔美娟

公　安

·概　述·

◆概况 2016年，区公安分局围绕“强富美高”新栖霞建设，认真践行民意、问题、实战、规范、效率五大导向，守住队伍健康发展和执法安全两条底线，强化改革创新，形成系列具有栖霞特色的品牌亮点。完成G20峰会、国家公祭仪式、南京国际马拉松、栖霞寺元旦除夕撞钟等重大活动安保任务。破获12年前仙林“2·25”强奸杀人积案、

“3·25”省公安厅挂牌督办船员招聘诈骗串案、马群特大传销团伙案、南朝文物石刻辟邪被盗案和特大制售假酒案等多起重大案件。

是年，区公安分局被授予“江苏省文明单位”称号，仙林派出所被江苏省公安厅评为全省公安机关执法示范所队，刑事科学技术室被公安部评为全国一级刑事科学技术室。

◆**户籍管理** 2016年，全区登记常住人口46.67万人。新登记录入暂住人口183441人，比上年下降6.7%；新登记房屋出租户22564户，比上年下降16.2%；办理居住证64298本，其中通过微信办理3669本，占总量的5.71%。受理审核各类户口7772户、13061人，办理二代居民身份证41277人，签发临时身份证19160人，签发边境通行证169人，为79588人次提供政策咨询服务。

◆**出入境管理** 2016年，区公安分局登记常住境外人员3220人，办理普通护照21237本，往来港澳通行证10316本，大陆居民往来台湾通行证4751本。仙林办证点全年办理各类证件7084本，办理量为同一时期区办证总量的19.5%。

·安全保卫·

◆**概况** 2016年，区公安分局认真落实社会面巡逻防范、重点场所秩序维护、安全隐患排查等各项安全保卫措施，切实做好元旦等7个国家法定节假日、40场大型活动和二十国集团领导人峰会等重大活动安保工作。全区社会治安大局持续平稳。

◆**节假日安全保卫** 1月1~3日元旦假期中，区公安分局认真落实各项安保维稳工作措施，做好大型活动安保、社会面巡逻防范、公共安全监管、重点人员稳控、情报信息研判等工作，各旅游景点秩序井然，未发生重大刑事、治安案件和重大安全事故。2月7~13日春节假期中，区公安分局重点落实烟花爆竹禁放管理等各项安全保卫措施，接报警情总数比上年下降19.3%。4月2 ~4日清明节假期中，区公安分局认真做好清明祭扫活动秩序维护、社会面巡逻防范、值班备勤等各项工作。其间，扫墓人流量共计15.08万人，全区未发生重大安全和火灾事故。4月30日~5月2日劳动节假期中，区公安分局认真做好节日期间社会面巡逻防范，全区主要景点治安秩序良好，接报刑事警情比上年下降14.6%。6月9 ~11日端午节假期中，区公安分局认真做好巡逻防范、群众走访等各项工作，接报刑事警情比上年下降60.2%。9月15 ~17日中秋节假期中，区公安分局严格落实打防管控措施，抓好情报信息收集、街面巡逻防范、应急处突等措施，未发生重大刑事、治安案（事）件和交通、火灾事故。10月1~7日国庆假期，刑事案件发案比上年下降47.5%。

◆**重大活动安全保卫** 1月1日凌晨、2月8日凌晨，栖霞寺先后举行元旦、除夕祈福撞钟活动。区公安分局制定周密安保工作方案，提前成立安保工作领导小组，对安保任务分工、警力部署、执勤要求、注意事项等做出安排，派出民警和特勤队员528人，提前到位，扎实做好人流和车辆疏导、秩序维护、服务群众等各项工作，确保两次撞钟活动现场及周边安全有序。6月7日至9日，6月18日至19日，分别是全国普通高校招生统一考试时间和南京市中等学校招生考试时间。分局依托警务工作服务站加强重点区域执勤巡逻和盘查工作，严格落实值班备勤制度，组织民警、特勤强化考点周围巡逻执勤，确保高考、中考期间校园及考生安全。9月4日至5日，二十国集团领导人峰会在杭州召开。其间，分局紧紧围绕“五个坚决防止”总体目标，切实做到守土有责、守土尽责。成功破获江苏省公安厅挂牌督办案件2起；打掉一个特大传销团伙，查获涉传人员200余人，刑事警情比上年下降43.1%，发案比上年下降13.3%，破案比上年上升50.6%，刑拘人员数比上年上升17%，全区六类侵财案件万人发案数为0.21，六城区最低。9月9日至10日，2016中国·南京金秋经贸洽谈会、栖霞区文化旅游产业发展推介会及蔚来新能源汽车项目开工仪式在栖霞区举行。分局精心部署，细化措施，全力投入现场执勤安保工作，确保活动现场及周边安全有序。12月13日上午，南京大屠杀遇难同胞国家公祭仪式在江东门纪念馆及全市各分会场隆重举行。分局领导按照南京市公安局的任务分工，率分局365名执勤民警准时到达国家公祭仪式主会场安保现场，全力做好纪念馆区域外围防控工作。11时许，公祭仪式圆满结束，分局各项现场安保执勤任务顺利完成。与此同时，在燕子矶丛葬地，区各界群众代表共计800余人参加悼念活

11月23日，区公安分局特勤冒雪在迈皋桥警务站执勤　　区公安分局供稿

动，分局指挥室组织40余名警力，自始至终在活动现场维护秩序，做好安保工作。12月24日至12月25日圣诞节期间，分局深入推进街面武装盘查、治安阵地管控、案后流动人口反查、“五查五掏”清查、特勤藤棍队巡逻五项行动，对各类违法犯罪行为保持高压严打态势，确保节日期间安全有序。

◆体育赛事安全保卫　2月28~29日、3月3~4日，2016年全国室内田径锦标赛在仙林体育训练基地举行。区公安分局治安大队、仙林派出所提前制定详细周密安保方案，专门就赛事安检、现场秩序维护、运动员驻地安全等工作进行部署，确保赛事安全。9月24日上午，第十二届中国南京农业嘉年华活动栖霞分会场开幕式暨南京市第四届龙舟赛在八卦洲举行，龙舟赛参赛队伍19支，观赛群众人数突破8000人，为历届最多。为确保比赛平稳有序进行，区公安分局制定周密安保工作方案，派出精干民警和特勤260人参与现场执勤，确保比赛安全。10月16日上午，2016年南京国际马拉松比赛在南京举行。比赛线路长、区域广、沿线控制难度大，特别是由栖霞分局负责的迷你健身跑和全程马拉松回程线路，安保环境复杂，参赛人员多，安保任务十分艰巨。为确保安保工作万无一失，分局专门成立安保工作领导小组，精心制定安保工作方案，细化工作措施，将责任落实到“最后一米”。安保现场，720名民警和特勤人员严守岗位、各负其责，做好各项安保工作。9时许，马拉松迷你健身跑活动顺利结束；13时许，全程马拉松比赛赛段安保任务顺利结束，各项现场安保执勤任务圆满完成。

· 专项行动 ·

◆概况　2016年，区公安分局结合区域治安特点，围绕群众反映强烈的多发性侵财性犯罪等进行集中专项整治，先后组织基础信息采集会战、打击“盗抢骗”、缉枪治爆、扫毒“安宁”、打黑除恶、打扒、“猎狐”、打假、打击传销、打击环境犯罪“清水蓝天”行动等一系列专项行动，共破获刑事案件1880起，破案率32.7%，比上年提升8.7个百分点。堵截电信诈骗64起，为人民群众挽回经济损失79.92万元，打掉特大传销团伙1个，抓获境外逃犯2名。

◆基础信息采集会战　1~4月，区公安分局根据南京市公安局相关工作部署，组织开展基础工作信息采集会战。其间，共检查治安纳管单位1800家次，新增、变更治安纳管单位331家，其中娱乐服务场所114家、六小行业72家、寄递行业145家；新录入、变更从业人员数据2510条，其中特种行业1971条、娱乐服务场所477条、其他行业62条；检查旅馆单位144家次，采集旅馆住宿人员信息27.4万人。新登记暂住人口9389人，房屋出租户1333户，寄住人口779人；登记商务楼宇18处，园区5家，摸排单位1131家，登记从业人员7456人；清理地址26821个，其中启用14119个，停用2320个，注销10382个。

◆缉枪治爆　1~12月，区公安分局对涉枪涉爆案件保持高压态势，坚持“打防结合、预防为主、标本兼治、综合治理”原则，深查追缴枪爆物品、深化排查枪爆隐患，严格枪爆等危险物品安全治理，提高枪爆等危险物品安全管理工作水平，确保枪爆物品“零被盗、零流失、零炸响”。其间，共收缴管制刀具等物品300余件，各类枪支7支、子弹42发。

◆严厉打击街面犯罪　11~12月，区公安分局在全区范围内启动严打、严防、严管、严控街面暴力犯罪专项行动。每日设立2个武装盘查点，开展撒网式武装盘查行动。在每个盘查点，组织巡特警、派出所至少30名警力组成专门的武装巡逻盘查小分队，重点盘查各种车辆、可疑人员、管制刀具、违禁物品。巡特警大队、各派出所共105名特勤队员组成12支特勤藤棍队，在全区网格化巡防基础上，以迈皋桥、仙林、马群等治安复杂地区为重点，围绕车站、商贸区、交通要道、娱乐服务场所、大学等重点部位，开展不定时、叠加式特勤藤棍队步行巡逻。对全区行业场所业主身分背景、治安责任人履责能力、场所硬件规范（技防监控）、从业人员报备、消防安全隐患、保安人员派驻、是否存在黄赌娼等九个方面开展“过堂式”排查整顿，对存在问题且整改不到位的场所一律予以关停。行动期间，全区刑事发案比上年下降72.3%，其中侵财类案件比上年下降75.9%；未发生一起“两抢”、聚众斗殴等街面暴力案件；抓获各类嫌疑人45名，“三逃”人员1名；查获各类管制刀具、棍棒47件；通过对行业场所的整治，发现并整改安全隐患35处，关停14家。

· 案件侦破 ·

◆概况　2016年，区公安分局对各类违法犯罪活动始终保持严打高压态势，破获刑事案件1880起，破案率达32.7%；共破获侵财案件1611起，破案率为29.4%，较全市高6.9个百分点。成功破获12年前“2·25”强奸杀人积案、“3·25”省公安厅挂牌督办船员招聘诈骗串案、特大传销团伙案、南朝文物石刻辟邪被盗案和特大制售假酒案等多起重大案件。抓获刑事作案成员827人，比上年上升7%，其中刑事拘留590人，比上年上升19.9%；抓获“三逃”人员58人，比上年上升20.8%。在反扒专项行动中，抓获扒窃嫌疑人92名，打掉扒窃团伙11个，破获扒窃系列串案6串。在扫毒“安宁”行动中，查处吸毒人员370人，刑事打处51人，强制隔离戒毒入所59人，缴获各类毒品8600余克。

◆跨省盗窃门面房串案　3月13日凌晨，马群地区发生两起盗窃门面房和一起盗窃电动车案件。经初步侦查，分局明确上述三起案件系同一伙嫌疑人所为。侦查人员进一步细致勘查现场，结合时空要素、嫌疑人作案特点开展分析研判，加强本市同类案件串并工作。根据嫌疑人曾使用某打车软件这一重要线索，明确了其中一名嫌疑人吴某的真实身份，并梳理出其他同案人员。3月30日，刑警大队会同马群派出所在徐州市将两名嫌疑人抓获。经审查，两名嫌疑人交代了前期在南京市秦淮区、上海、

5月30日，区公安分局民警抓获贩毒嫌疑人，缴获冰毒7000余克
区公安分局供稿

徐州等地作案9起的犯罪事实。

◆“5·30”特大跨省贩卖毒品案 5月30日，区公安分局在南京市公安局禁毒支队、技侦支队支持下，成功破获一起跨苏、鄂特大贩卖毒品案，抓获嫌疑人9名，当场缴获冰毒7000余克、毒资14万余元。4月份开始，区公安分局发现本区居民董某经常携带大量现金来往苏、鄂两省，有贩卖毒品的嫌疑，遂将董某纳入侦查范围。通过一个多月的侦查，民警发现董某多次前往湖北武汉购买冰毒，后返回南京进行贩卖，已形成多条买卖毒品网络，涉及人员众多。5月30日，专案组得到董某即将携带毒品从武汉返回南京的情报，迅速制定抓捕计划，一路民警提前沿高速公路蹲守，发现嫌疑人车辆后立刻跟随，另一路民警在星甸收费站进行堵截。当日15时许，专案组在星甸收费站成功将嫌疑人董某抓获。

◆省厅挂牌督办系列诈骗串案 8月1日，区公安分局成功破获“3·25”江苏省公安厅挂牌督办系列诈骗案件，抓获犯罪嫌疑人17人，刑事拘留10人，取保候审1人，涉及案件117起。2015年以后，栖霞区陆续有多名外地务工人员报警反映，称通过百度、赶集网、《扬子晚报》、万帮等高知名度的媒体看到有正规中介公司发布招聘船员广告，被对方以夸大工作环境和工作待遇为手段，谎称需要交纳体检费、培训费、船员制证费等形式诈骗钱财。分局抽调刑警大队、法制大队、迈皋桥派出所、燕子矶派出所、靖安派出所精干警力成立专案组，开展前期侦查。经两个月的侦查发现，犯罪嫌疑人为了实施诈骗，成立多家“皮包公司”骗取受害人信任。专案组全面开展外调，逐步梳理出犯罪嫌疑人的资金链，于8月1日分别在江苏南京、浙江温岭、山东威海等地同时实施集中抓捕，彻底摧毁3个诈骗团伙。

◆马群花岗特大传销案 8月9日，区公安分局出动450名民警和特勤队员，在马群组织大规模集中清剿行动，彻底摧毁一特大传销团伙，查获涉传人员196名，抓获涉嫌组织领导传销活动犯罪的“总管”及以上级别骨干成员32人，查获传销书籍、宣传资料、笔记等1000余份。在前期工作中，民警发现马群花岗幸福城小区一带有传销活动迹象，结合公安部下交线索，初步判定在该保障房小区存在以张某、周某为首的传销团伙。经过侦查，专案组初步摸清了该团伙的内部架构、层次等级、骨干力量、聚集场所等情况，明确传销头目以“1040阳光工程”的名义发展下线人员。下线人员主要来自湖南、湖北、江西等地，人数多达上百人。在前期侦查工作准备充分的基础上，区公安分局专案组制定详细抓捕方案，对44个传销窝点进行统一查处。

◆燕子矶特大制售假酒案 9月27日下午，区公安分局成功破获一起特大制售假酒案，在燕子矶晓庄村、摄山幸福村成功抓获嫌疑人12名，查获假冒洋河、五粮液等品牌白酒共计800余箱，涉案价值70余万元。9月初，民警在巡查中发现晓庄村龙虎山庄附近一所无门牌私房内有销售假冒注册商标的假酒窝点，嫌疑人使用以次充好的方式生产、销售各类注册商标的名酒。经过细致调查，专案组进一步查出晓庄村、幸福村另外3个制假窝点。掌握确凿证据后，专案组于9月27日收网，分成四队实施抓捕行动，成功抓获12名犯罪嫌疑人。 □朱晓伟

检　　察

◆概况 2016年，区检察院持续开展“走进基层、走进企业、走进社区、走进农村”主题实践活动，提前介入冼某等人销售假冒注册商标的商品案，为生物医药、光电显示、智能制造等新兴产业保驾护航。办理涉及101名被害人的船员诈骗案，30余人组织、领导传销活动案等涉众型经济犯罪案件。积极参与互联网金融领域专项整治，办理被害人达200余人、涉案金额达400余万元的P2P模式新型网络集资诈骗案等一批有影响力的重大案件。制定《栖霞区人民检察院开展危害食品药品安全和破坏环境资源犯罪专项立案监督工作方案》，与国土、环保、食药监、市场监督等行政执法机关建立信息共享、案件移送、联席会议等制度，严肃查处销售假冒美容产品案件6件、11人。发出执行监督检察建议2件，办理督促辖区内行政机关依法履行职责案件3件。

延伸执法办案链条，提出健全制度、加强管理、预防犯罪的检察建议10份。提前介入6起安全生产事故，深挖事故背后的渎职犯罪。提供行贿犯罪档案查询服务2930次。制定《羁押必要性审查实施办法》，动态评估在押犯罪

嫌疑人社会危险性，办理羁押必要性审查案件26件，建议变更强制措施24件，被采纳23件。对7名判处实刑罪犯进行监督收监和清理。对全区2013年以后职务犯罪、黑社会性质组织犯罪、金融类犯罪等五类案件财产刑执行情况进行核实，逐一登记建立案卡。开展定期和专项信访排查化解工作，对重点信访案件进行统一建档，重点评估，共化解信访矛盾纠纷89件。制定《突发性信访事件应急处置细则》，联合区司法局制定出台《律师参与化解和代理涉法涉诉信访案件实施办法》。落实省检察机关司法责任制改革部署，成立司法体制改革工作领导小组及办公室、制定司法体制改革实施工作方案。紧扣时间节点，逐步逐项落实员额检察官遴选工作，经过严格筛选、择优任用，24名员额制检察官已经产生。充分调研论证，与公安法院紧密配合，积极推动刑事速裁程序改革落地运行，通过速裁程序办理刑事案件155件、157人。推行线上线下“检察为民服务中心”模式。在门户网站、官方微博、微信上发布各类信息1335条。加大案件信息公开力度，发布各类法律文书452份、案件程序性信息2484条、重要案件信息75条，及时对应当公开的法律文书、案件信息等进行公开。整合“职务犯罪预防警示教育基地”、“预防职务犯罪检察长宣讲团”及检察机关法治宣讲团、青年志愿者宣讲团等资源，集中展示反腐倡廉方面的方针政策、法律法规、典型案例、惩治和预防腐败成果。开展反腐倡廉宣传活动16次，覆盖1万余人次。

是年，区检察院获全国宣传先进集体、江苏省文明单位、南京市文明标兵单位、南京市先进基层检察院、南京市检察机关调研工作先进单位、全区完成“五个建设”工作目标有功单位、区机关作风建设先进单位等荣誉称号。

◆打击刑事犯罪和职务犯罪　2016年，区检察院针对全区刑事案件发案态势，强化批捕、起诉职能，共批准、逮捕195件、280人，审查、起诉528件、689人。始终保持对严重暴力犯罪、涉黑涉恶犯罪、多发性侵财犯罪等的高压态势，起诉故意杀人、故意伤害等严重侵犯人身权利犯罪23人。突出查办重点行业、领域、环节的窝案串案，不断扩大办案影响力，全年查处各类职务犯罪案件12件、20人。深化职务犯罪预防，实行案例剖析、工程预防“双推进”，全面落实“一案一分析、一案一总结、一案一建议”制度。建立区职务犯罪情况通告制度，及时向相关单位通告检察机关职务犯罪的查办情况，推动单位廉政制度的改进和创新。

◆未成年人刑事检察　2016年，检察院以“新苗工程”为载体，以未成年人刑事检察工作专业化建设为重点，全力打造“专业维权、立体帮教、人文关怀”的青少年权益检察保护的栖霞模式。贯彻“源头预防、重点帮教”的原则，以“人性化办案、专业化矫治、梯级化预防和系统化维权”理念对辖区各层面青少年开展全方位维权，推动未成年人检察工作向多样化、系列化、品牌化发展。进一步探索未成年人司法保护机制建设，完成涉罪未成年人社会调查机制可行性报告，开通“新苗工作室”微信订阅号。结合全区青少年犯罪情况，认真做好未成年犯罪记录封存、附条件不起诉、刑事和解、心理疏导和管护教育工作，创新青少年犯罪社会调查机制，加强对未成年犯罪人员的特别司法保护措施，完善青少年维权岗工作机制。规范帮教回访制度，建立未成年人帮教档案，全程跟踪帮教，引入志愿者资源，构建全社会共同参与的未成年犯帮教体系。11月，共青团中央联合最高人民检察院授予栖霞区检察院全国“青少年维权岗”称号。

◆检校合作启动仪式　10月28日，区检察院与南京森林警察学院举行检校合作启动仪式，南京市检察院原副检察长黄晓非、反贪局副局长李勇、预防局局长郭煜华，区检察院原检察长倪一斌、副检察长马明玉、反贪局长孙贵宝，南京森林检察学院副校长陶珑、信息技术系主任赵明生等参加。启动仪式上，检校双方领导共同为“侦查信息化共建基地”揭牌。仪式结束后，市、区院领导及校方领导分别就加强检校双方在职务犯罪侦查信息化建设、侦查专业化人才培养及职务犯罪预防工作等方面开展交流和研讨。　□彭　鹏

法　院

◆概况　2016年，区法院依法履行审判职能，共受理各类案件13287件，其中新收2075件，旧存11212件，审结10494件。新收和审结案件分别比上年上升13.36%，2.71%。审结刑事案件

10月28日，南京市检察院、区检察院与南京森林警察学院领导为“侦查信息化共建基地”揭牌　区检察院供稿

549件，判处罪犯730人；审结民事案件5853件，涉诉标的额8.38亿元；审结商事案件1002件，涉诉标的额7.8亿元；受理执行案件2947件，包括旧存共执结2963件。

新成立未成年人及家事案件审判庭。强化便民利民措施，整合诉讼服务中心职能，推进诉讼服务大厅、网上诉讼服务中心、“12368”热线“三位一体”诉讼服务中心建设，为当事人提供立案查询、约见法官等诉讼服务。为41名申请执行人申请发放救助金53万元，为27名有困难的当事人缓、减、免诉讼费36.06万元。深化司法公开，推进审判流程信息、庭审、裁判文书和执行信息公开。落实“诉访分离”机制，审结申诉、申请再审案件40件。落实风险评估、情况通报、督查督办制度，从源头预防和减少涉诉信访。推进立案登记制度改革，做到有案必立、有诉必理。接受人大监督，邀请政协委员视察法院，依法接受检察监督。强化社会公众和当事人对审判的监督，收集处理当事人投诉建议67件。

是年，区法院被南京市中级人民法院记集体三等功一次，执行局被南京市法院记集体三等功一次，有11人被南京市法院分别记个人三等功、评为优秀法官或优秀庭长。

◆刑事案件审判 2016年，受理各类刑事案件532件（不含旧存案件31件），审结549件（含旧存案件17件），判处罪犯730人。严厉打击危害人民群众生命财产安全犯罪，审结故意伤害、盗窃、诈骗、抢劫等案件228件、266人。依法惩处破坏市场经济秩序犯罪，审结生产销售假冒伪劣商品、危害食品药品安全等案件16件、27人，对生产、销售有毒、有害食品的被告人周某某等人从严惩处。坚决维护公共安全，审结危险驾驶、交通肇事等案件135件、136人。依法推进反腐败工作，审结贪污贿赂、渎职等职务犯罪案件16件、19人。依法贯彻宽严相济刑事政策，对260名具有初犯、偶犯、从犯等从宽情节的被告人依法从轻、减轻处罚。强化人权司法保障，落实禁止让被告人穿囚服出庭受审的规定。依法保障辩护权利，防止冤假错案，根据需要为4名被告人申请法律援助律师出庭辩护。

◆商事案件审判 2016年，受理各类商事案件1192件（不含旧存案件286件），审结1002件，新收和审结案件分别比上年上升25.08%和4.92%，标的额7.8亿元。主动适应经济发展新常态，妥善处理涉网络购物、快递服务等新类型案件，促进市场流通，维护交易安全。依法平等保护各类市场主体的合法权益，审结买卖、运输、租赁、加工承揽等合同纠纷案件952件。防范化解金融风险，审结互联网金融、信用卡纠纷、融资租赁等纠纷案件107件；办结申请实现担保物权案件4件，有效防范资金链、担保链延伸产生的区域性金融风险。审结建设工程、商品房买卖等纠纷案件192件。支持产业结构调整，依法引导危困企业重组重整或退出市场，为实现“腾笼换鸟”、转型升级提供条件，南京建华新型建材制品有限公司破产案进入债务清偿收尾阶段，南京恒基混凝土有限公司企业破产案的审理取得重要进展。

◆审判执行 2016年，受理执行案件2947件（不含旧存案件727件），执结2963件（含旧存案件16件），新收和执结案件比上年分别上升12.1%和10.39%，执行标的额约12.2亿元。加强执行工作机制改革，开通“执行110”举报电话，完善24小时备勤制度，全年出警75次，夜间及节假日出警23次，不断提升执行力度与成效。着力加强执行指挥中心体系建设，逐步实现三级法院联网同步实施的执行指挥和网络查控体系，通过网上查控系统，查询各类财产信息88.41万条。坚持开展涉民生案件专项集中执行活动，执结涉民生案件51件，执行到位金额388.19万元。加大对规避、抗拒执行行为和失信被执行人的惩治力度，通过互联网、商业中心、公交地铁视频等载体，公开曝光“老赖”40余人次，将2556名被执行人纳入最高法院失信被执行人名单库，对其在融资信贷、招标投标、出境出行、高消费等方面予以限制，促使319名被执行人自觉履行义务。在公安、检察机关支持配合下，集中开展打击拒不执行判决、裁定犯罪专项行动，依法对85名被执行人采取司法拘留措施，其中3人被移送公安机关追究刑事责任。

◆民事案件审判 2016年，受理民事案件6435件（不含旧存案件948件），审结5853件，新收和审结分别比上年上升13.29%和2.48%，标的额8.38亿元。审结劳动争议案件595件，妥善处理朱某某、马某某等24名出租车司机追索劳

5月11日，区法院执行局对被执行人实施司法拘留　　区法院供稿

动报酬案，依法维护劳动者合法权益，提示用人单位防范用工风险。审结医疗纠纷案件9件，引导构建和谐医患关系，维护正常医疗秩序。审结婚姻家庭、赡养、继承等家事案件952件，调解撤诉率达61.69%。审结物业纠纷案件1309件，促进辖区内物业管理规范化。依法调节民间借贷关系，审结民间借贷案件610件，比上年下降4.96%。加强刑事附带民事案件调解工作，调解成功并当场履行案件10件，履行到位标的额75万元，保障被害人合法权益。加强对弱势群体的司法保护和救助，为41名申请执行人申请发放救助金53万元。

◆登记受理制度改革　2016年，区法院改革登记受理制度，充分利用互联网，对依法应当受理的案件，做到“有案必立、有诉必理”，当场登记立案率96%，依法保障当事人的诉权。健全窗口、网络、热线“三位一体”的诉讼服务中心，为群众提供便捷的诉讼服务，接待群众3万人次；1152人次通过电脑、智能手机进行网上立案、网上证据交换、网上咨询；“12368”司法服务热线为群众办理来电617件次。设立法律援助工作站，邀请值班律师面对面为900多名当事人提供免费的立案咨询和诉讼服务。加大司法救助力度，为经济困难的27名当事人减免诉讼费36.06万元。加大案件繁简分流力度，一审案件简易程序适用率62.46%，有效提高司法救济的及时性和便利性。

◆物业服务合同纠纷群体诉讼案　2016年，区法院先后审结南京紫竹物业管理有限公司与孙某某等物业服务合同纠纷系列案件共40件。2007年11月26日，南京紫竹物业管理有限公司与南京马会置业有限公司签订钟山晶典小区的《前期物业管理服务合同》，合同约定由紫竹物业公司对钟山晶典小区进行物业管理，此后紫竹物业按约履行了物业管理义务直至2013年12月15日终止前期物业管理服务。紫竹物业多次向被告们催要2012年10月1日至2013年12月15日期间的物业管理费及公摊水电费，均无果，后诉至法院。区法院针对此类纠纷送达难、调解难、服判息诉率低等特点，多次展开调解工作，逐步引导群众走出法不责众、主观归责于物业公司、不当行使抗辩权等误区，最终促成南京紫竹物业管理有限公司与全部被告达成庭外和解而撤诉。

◆医疗损害责任纠纷案　1月，郁某与南京华东电子集团有限公司（以下简称华电公司）医疗损害责任纠纷一案在区法院审结。郁某与华电公司因医疗损害赔偿纠纷于2005年诉至法院，经一、二审判决，华电公司对郁某耳聋的损害后果承担70%赔偿责任。二审判决中，对郁某主张的购置丹麦产助听器（使用周期五年）费用25000元予以支持，判决书载明，郁某今后的状况可能会较康复训练之初有所改善，现有证据不足以证明原告接受康复训练后，仍必须使用进口助听器，确定郁某今后如需更换助听器，应按照普通适用器具的标准选用。2010年，郁某第二次更换助听器的相关费用由双方签订协议解决，并全部履行完毕。2014年郁某第三次更换助听器，在南京聪惠医疗器械有限公司购买价值60860元的S4-VS助听器1副，双方就该助听器费用赔偿协商未果。郁某遂诉至区法院，请求华电公司赔偿第三次更换助听器费用60860元的70%及第二次更换助听器附件配件费用合计44810元。区法院组织调解，因双方意见分歧较大，致调解不成。区法院审理认为，郁某对主张的助听器费用提供购买发票予以证明，华电公司主张该助听器不属于普遍适用的器具标准，并申请鉴定。鉴定机构出具鉴定意见书，郁某对鉴定意见书提出异议，但鉴定人拒绝出庭作证，根据相关法律规定，该鉴定意见书不能作为本案认定事实的根据。华电公司未举证证明郁某配置的助听器超出普通适用器具的标准，亦未举证证明郁某如今的状况较康复训练之初有所改善，有其他可替代的普通适用器具标准的助听器适合其使用，更未提供相反证据否定郁某所举证据。综上，区法院对郁某主张的助听器费用60860元予以支持，判决华电公司对该损失承担70%的赔偿责任计42692元，对郁某诉请的第二次更换助听器附件配件费用因在上述协议中已包含并赔偿完毕，故不予支持。

◆小额速裁案　1月，南京学尚置业有限公司与刘某某商品房预约合同纠纷一案在区法院审结。双方当事人于2015年5月9日签订《南京市商品房预售合同》，后刘某某向南京学尚置业有限公司申请退房，经双方协商一致后签署了《解除合同协议书》，但该协议签订后，刘某某一直拒绝配合南京学尚置业有限公司前往市房产登记机关办理撤销备案登记手续。介于此案法律关系明确、事实清楚、证据充分、争议标的金额较小，经过双方当事人书面选择同意后，适用小额速裁程序。区法院于1月4日立案，1月6日促成双方当事人达成调解协议，仅用3天解决当事人纠纷，收到灵活、快捷、高效、便民效果。

◆未成年人与家事法庭成立　3月，区法院新成立未成年人与家事案件审判庭，将家事案件与未成年人刑事案件结合起来，使受案范围扩大到被告人实施犯罪时是不满十八周岁的未成年人或未成年人与成年人共同犯罪案件。包括离婚、抚养、探望权在内的婚姻家庭纠纷类案件、继承纠纷类案件；包括道路交通事故人身损害赔偿、医疗事故损害赔偿、校园伤害赔偿在内的当事人双方或一方系未成年人的纠纷类案件等。是年，共受理婚姻家庭案件979件（不含旧存），审结952件，有效引导帮助当事人修补和改善家庭、婚姻、亲情关系，取得“案结、事了、人和、无访”的社会效果，通过集中化、专业化审理，有效提高案件审理的质量和效率，最大化地保护未成年人的合法权益，减少未成年人违法犯罪。

◆外省法官到区参观考察　5月11日下午，来自新疆、青海、西藏法官审判业务培训班的92名法官到区法院参观考察。考察团成员在冯存国专委的陪同下，先后参观考察区法院立案服务中心、司法鉴定服务中心、当事人安检通道、信访接待中心、当事人休息区、科技法庭等审判区域，并听取工作人员的有关介绍。参观中，考察团成员对区法院立案服务中心设置的书写台、残疾人通道、网上立案自助服务区、法律援助工作站等给予高度评价，认为这些设施体现司法为民的宗旨，为当事人提供了实际有效的帮助，值得学习借鉴。此外，考察团成员还与区法院工作人员就审判执行业务中的热点问题交换意见，展开研讨。

◆民间借贷纠纷案 6月，张某某与赵某某民间借贷纠纷一案在区法院审结。2015年10月至11月期间，张某某陆续向赵某某汇款交付金额计4.27万元。同年12月1日，张某某、赵某某签订借款合同，约定：赵某某向张某某借款5万元，借款方式为现金、转账，于2015年12月22日之前归还，如不能按期还款，赵某某按出借金额的20%赔偿给张某某。这期间，赵某某陆续以汇款方式向张某某还款1.7万元。审理中，赵某某还主张有其他现金方式的还款，但未提供证据，张某某不予认可。区法院审理认为张某某与赵某某之间成立民间借贷法律关系，借款本金数额应按实际交付的款项数额4.27万元认定；赵某某主张其他还款事实无证据证明，不予采信，判决赵某某支付张某某借款本金人民币2.57万元及利息；借款的利息不得预先在本金中扣除，利息预先在本金中扣除的，应当按照实际借款数额返还借款并计算利息。案中认定的借款数额以原告实际提供的款项为准，而不是以借款合同上的数额为准。

◆信用卡诈骗案 6月，刘某某信用卡诈骗案在区法院审结。2015年10月，孙某某通过微信搜索与自称“刘福全”的被告人刘某某取得联系，刘某某以为孙某某代办信用卡为由，从孙某某处获取其个人信息、身份证照片、手机卡等资料，后登录中信银行网上银行，为孙某某申请中信银行“京东白条卡”一张并拨打银行客服电话激活该卡。随后，刘某某在孙某某不知情的情况下，持该卡消费人民币1.2万元。孙某某得知上述刷卡记录后，多次催促刘某某还款。刘某某通过发送微信红包方式共计归还孙某某人民币500元后便拒接电话、屏蔽微信，孙某某遂报警。区法院审理认为刘某某冒用他人信用卡进行信用卡诈骗活动，数额较大，其行为已构成信用卡诈骗罪，依法判处刘某某有期徒刑九个月，并处罚金人民币3万元。

◆醉酒驾驶致人死亡案 8月，马某某交通肇事案在区法院审结。2015年12月7日，马某某在醉酒状态下持C1驾驶证驾驶无牌普通二轮摩托车搭载李某某沿本市栖霞区和燕路由南向北行驶，在通过太新路路口时，马某某违反交通信号灯指示进入路口，与一小型普通客车相撞，造成李某某受伤后经医院抢救无效于同年12月9日死亡的道路交通事故。马某某醉酒后驾驶与准驾车型不符的无牌机动车，且违反交通信号灯指示，造成被害人死亡的后果，有明显的主观恶性和社会危害性，区法院判决被告人马某某犯交通肇事罪，判处有期徒刑一年四个月。

◆婚约财产纠纷案 12月，陈某与李某婚约财产纠纷一案在区法院审结。陈某与李某于2015年7月16日登记结婚，陈某按照李某的要求给李某父亲李某某8.8万元彩礼。婚后，陈某发现李某经常晚归，且有不良嗜好，还擅自打掉孩子。陈某认为，两人虽然登记结婚，但从未有夫妻间的扶持和感情交流，没有实质意义上的共同生活，故陈某诉至法院，请求法院判令李某和李某某返还彩礼8.8万元。区法院认为，当事人请求返还按照习俗给付的彩礼，如果查明属于以下情形，人民法院应当予以支持：(1)双方未办理结婚登记手续的；(2)双方办理结婚登记手续但确未共同生活的；(3)婚前给付并导致给付人生活困难的。本案中，陈某与李某已登记结婚，且共同生活，陈某提供的东炮台社区居委会出具的证明不能证明其因给付彩礼导致给付人生活困难，故陈某请求被告返还8.8万元彩礼的诉讼请求，没有法律依据，不予支持。区法院判决驳回陈某的诉讼请求。

◆健康权纠纷案 12月，区法院审结张某与马某某、王某某健康权纠纷一案。7月21日晚，张某通过滴滴平台，乘坐王某某驾驶的车辆，在南京市栖霞区马群地铁口等待另一乘客马某某。马某某从车辆右侧上车时，要求张某往里挪。而张某要求马某某从左侧上车，马某某未同意，拉开车门上车后，双方在座位上发生肢体冲突。驾驶员王某某见状，在车辆开出200米左右时即靠边停下。协调无果后，双方报警，驾驶员将车开到马群派出所。民警主持调解，三方达成调解协议。由马某某赔偿张某300元、王某某赔偿张某200元。三方调解协议注明，如因此产生其他严重后果，保留追究对方民事责任的权利。张某回家后感觉身体不适，于7月23日到南京军区总医院就诊，住院3天，花去医疗费4359.76元。出院时，医生开出证明，建议其休假7天。后双方为赔偿事宜无法协商一致，张某诉至法院请求处理。区法院认为，公民的健康权受法律保护。从三方当事人陈述事情经过看，能够清楚地证实事情起因系张某未让马某某从右侧上车引起，张某过错明显。之后在车里双方言语不和，进一步发生肢体冲突。从张某的受伤情况看，马某某出手较重，已经给张某造成明显伤害，故马某某对张某损害赔偿应负主要责任。至于张某起诉王某某，认为其没有尽到安全保障义务，并没有证据证明其对张某实施了侵权行为，也没有证据证明王某某有不当行为。故张某要求王某某承担连带责任的诉讼请求，区法院不予支持。区法院判决马某某赔偿张某各项损失3294元；驳回张某对王某某的诉讼请求。 □冯存国 柳俐慷

司法行政

◆概况 2016年，区司法局开展各类普法活动共计1100余场，发放宣传资料1万余份。围绕群众需求大力推进区、街、村居公共法律服务体系建设。一村居一法律顾问得到落实，区、街法律服务中心，村居法律服务站全面设立。年内，全区律师所共办理各类案件2831件；法援中心办理各类法律援助案件612件，接待法律咨询3629人次；办理

2016年栖霞区法律援助和“148”法律服务情况一览表

表31　　单位：件

办理各类法援案件数	612	刑事案件	67
		民事案件	545
		非诉案件	0
接待来访数	3629	—	—
“148”法律援助专线来电数	1550	—	—

2016年栖霞区公证处办证情况统计一览表

表32　　单位：宗

办理各类公证	其中		
	国内民事公证	经济类公证	涉外公证
1630	1084	129	417

各类公证1630件。各级调委会调处纠纷6859件，涉及当事人16491人；劝阻群体性上访23件488人次。坚持以底数准、动态清、管得住、服务好为目标，努力提升特殊人群服务管理水平，安置帮教对象893人。是年，栖霞区被评为“六五”普法全国先进区，区司法局获省安置帮教工作先进集体、南京市“公调对接先进集体”、区完成“五个建设”工作目标先进单位等荣誉。

◆对接韩资企业化解纠纷　3月2日上午，南京韩国投资企业协会会长、秘书长等一行到区司法局，当面送上锦旗牌匾，感谢人民调解帮助韩资企业化解矛盾纠纷，为企业创造良好的生产环境，区司法局局长卢静代表司法局接受锦旗牌匾。自2012年区司法局成立韩商会调委会以来，通过业务培训、送法进韩企、交流共建等形式服务韩资企业，助力韩资企业发展，共调解重大、复杂以及群体性涉韩纠纷20多起。韩商会充分肯定人民调解的工作成效，并希望加强与区司法局在特殊人群服务、公证等领域的延伸合作。

◆民主党派法律服务站　3月17日，经司法局协调筹备，民革栖霞总支社区法律服务站在迈皋桥街道景和园社区成立。服务站成员由热爱公益事业的民革栖霞总支的律师、公证员等法律工作人员组成。站点成立以后，工作人员定期为社区居民提供法律服务，其中包括免费法律咨询，代拟起诉状等法律文书，为特定困难人员提供法律援助，应邀举办法律讲座，听取收集社情民意和社会建议等。

3月17日，民革栖霞总支部社区法律服务站成立　　司法局供稿

◆工商联人民调委会成立　4月1日，区司法局在区工商联成立区工商联（商会）人民调委会。在商会中建立人民调解组织，引入人民调解机制，使人民调解领域的部分空缺得到填补，使人民调解组织网络覆盖面得到扩展，具有开创性意义。调委会成立后，主要负责调解发生在商会会员之间以及会员与客户之间在经营、管理、劳资、买卖等方面的纠纷，定期向商会和有关部门反映矛盾纠纷排查预防、调解进展和防激化工作。

◆引入医学专家参与医患纠纷调解　4月11日，区医患纠纷调解委员会邀请南京军区总院、鼓楼医院、南京市第二医院的3位专家，参与区内一起重大医患纠纷的调解。3位专家通过与当事人双方的沟通和医疗病历的审阅，并对当事医生进行询问，给出专业意见，为调解员调解该医患纠纷提供充分的医学依据，并最终促成该重大医患纠纷平和调解成功。这是区医调委首次引入医学专家参与医患纠纷调解，将医学的问题交给医学专家，法律的问题交给人民调解员，专业的事情交给专业人员，明确的分工让复杂的医患纠纷能依法依规、快速高效地化解，受到纠纷当事人和人民调解员的欢迎。

◆获评全国法治宣传教育先进区 5月26日，在全国法治宣传教育工作会议上，栖霞区被评为2011–2015年全国法治宣传教育先进县（市、区）。自“六五”普法以后，区司法局持续推进全民普法，每年开展“3·8妇女维权周”、“3·15消费者维权日”、送法进工地、进园区等多种形式的“法律六进”活动。坚持多部门联动、定期开展区街两级“法治惠民社区行”活动，在街道巡回开展以老年人权益保护、环境保护、防范电信诈骗、道路交通安全等主题法治宣传活动。突出重点对象精准普法，依托区委党校建成全省首家领导干部公务员法治宣传教育基地，针对新入职公务人员、新提任领导干部、青干班等各类主题班次开展“1+3”法治培训和考核。建立区管领导干部旁听法庭庭审制度。打造“法韵仙林”普法品牌，成功举办江苏省大学生法治微创作大赛，连续举办六届“仙林成才杯”模拟法庭大赛，吸引全国多所高校参赛。创新普法工作体制机制，在全市率先制定《关于建立“谁执谁普法”工作责任制的实施意见》和《关于推进以案释法工作的实施意见》，推动以案释法工作制度化、常态化。

◆法润公益法律服务事务所成立 7月11日，区法润公益法律服务事务所（以下简称法润所）经区民政局批准成立。法润所由区司法局主管、由来自7家律师事务所的8名律师牵头组建而成，并吸收全区有志于从事公益性法律服务的律师和法律工作者作为成员。法润所以提供诚信优质公益性法律服务为工作宗旨，主要承办法律援助和公益性法律诉讼案件，同时也向个人、党、政机关和企事业单位、社会团体提供相关法律咨询、意见等法律事务。

◆基层调解员高端培训基地 9月24日，栖霞区人民调解员上海政法学院首期高级研修班在该院举行结业仪式。上海政法学院是全国第一家开设人民调解专业的高校，拥有一批调解理论和实践方面的专家学者。为进一步提升全区基层人民调解员的综合素质，区司法局与上海政法学院经过友好磋商，在上海政法学院建立栖霞区基层调解员高端培训基地，每年遴选部分基层优秀人民调解员赴上海政法学院培训学习。国庆节前，首批25名基层优秀人民调解员到上海接受为期一周的高端培训，培训内容涉及人民调解前沿理论研究、国外调解理论拓展、调解实例分析、调解品牌实地参观考察以及师生互动等方面。

◆大学生调解大赛 11月16日下午，区第二届大学生调解大赛在万寿村委会开赛，来自南京大学、河海大学、林业大学、农业大学等7所高校9支代表队的法律专业学子角逐3个优胜名额。江苏省司法厅基层处副处长刘鸣凤、南京市司法局法宣处处长杨茂荣、南京市司法局基层处处长白玉博、团市委权益部部长徐伟、区委政法委书记孙爱军、上海政法学院法律学院院长侯怀霞、团区委书记付建龙、区司法局局长卢静以及各街道分管领导、司法所所长、公调对接调解员和全区村居调委会调解员代表共计160余人观摩大赛。孙爱军致开幕词，杨茂荣讲话。调解大赛用3个真实的调解案例，由3组当事人现场案例再现，考验选手的法律素养、临场反应和调解技能，当事人现场的激烈争吵对抗，选手的耐心现场调解获得场下阵阵掌声。现场观众通过微信实时点评。最终，南京大学、河海大学、南京理工大学紫金学院3支代表队获得优胜。

◆微信法律知识竞赛 12月4日，国家宪法日，区司法局结合新媒体时代网络普法覆盖面广、影响力大的特点，利用“栖霞普法’微信公众平台，组织开展网络法律知识竞赛活动。10天活动期间，全国各地共有1162人次参与，“栖霞普法”微信公众平台新增关注人数近千人，主办方抽取50名幸运之星奖和40名答题闯关奖，分别给予30元和100元话费奖励。

◆高校法律人风采和模拟法庭大赛 12月13日，由区司法局、共青团栖霞区委员会和南京师范大学法学院共同承办的第一届“律苑星辉”高校法律人风采大赛暨第七届“仙林成才杯”模拟法庭大赛落下帷幕。司法部法制宣传司副司长李志路，共青团中央权益部副部长姚建龙，江苏省法学会副会长刘克希，南京师范大学党委副书记王建，栖霞区政法委书记孙爱军，栖霞区司法局局长卢静等出席。“律苑星辉”和“仙林成才杯”是栖霞区重点打造的，以广大青少年为对象的普法品牌。其中，“律苑星辉’ 高校法律人风采大赛自2007年开始已举办十届，“仙林成才杯”

11月16日，“和谐栖霞”大学生调解大赛举行　　区司法局供稿

模拟法庭大赛已成功举办七届。两大赛事以创新法治人才培养机制，造就具有中国特色社会主义法治专业素养的法律专业人才和后备力量为宗旨，从单一的校园内辩论赛事发展到涵盖人民调解、普法创意等诸多元素的综合型赛事活动，逐步成为在全国范围内有影响力的品牌法治文化活动。

◆“法韵仙林”普法系列活动　12月14日，区司法局联合南京师范大学，在南师大仙林校区建立“法韵仙林”大学生普法活动展示基地，区分不同板块，通过视频和图文等形式，全面展示“法韵仙林”普法活动成果和各高校法科学子风采。区司法局以建设“法韵仙林”为抓手，充分挖掘利用大学城人才荟萃资源优势，联合各高校开展形式多样的大学生普法活动，逐步形成以“仙林成才杯”大学生模拟法庭大赛、大学生“人民调解”大赛、“律苑星辉”江苏高校法律人风采大赛、“青春飞扬法治同行”法治微创作大赛、栖霞高校法科学子法治宣传志愿者联盟暨法治社团等为主线的系列普法活动架构，参与师生从区内扩大至全省，活动阵地从校园走进社区，形成覆盖仙林大学城高校、辐射影响省内外设置法律专业高校的普法品牌，是高校师生检验学习、挑战自我、开展法治社会服务的多元载体。“法韵仙林”普法系列活动得到江苏省司法厅、中共江苏省委宣传部、团省委等部门的充分肯定，《法制日报》《江苏法制报》等多家媒体进行过深入报道。

◆法律服务体系与法治建设研讨会　12月16日，由中国法治现代化研究院、江苏法治发展研究院、江苏高校区域法治发展协同创新中心、南京师范大学法学院、栖霞区依法治区领导小组办公室、栖霞区司法局共同主办的基层公共法律服务体系与法治社会建设研讨会在栖霞区委党校举行。近百名与会嘉宾和代表围绕基层公共法律服务体系与法治社会建设共同探讨理论和实务问题。研讨会开幕式由区司法局局长卢静主持，江苏省人大常委会副主任、中国法治现代化研究院院长公丕祥，江苏省依法治省领导小组办公室副主任沈国新、南京市司法局局长黄永祥、栖霞区委书记邢正军分别致辞。与会省、市领导对栖霞区积极构建政府主导、司法牵头、部门联动、社会协同的“3+N”公共法律服务体系框架，以多元化服务主体提供多层次、多样化公共法律服务的工作运行机制给予高度肯定。在主旨演讲环节，江苏法治发展研究院院长、南京师范大学龚廷泰教授作“推进公共法律服务体系建设：意义、问题与建议”的报告。报告指出，构建完备的法律服务体系，是全面依法治国的基础性工程，是政府提供公共服务的责任工程，是惠及城乡居民的民生工程。报告还就开展公共法律服务体系建设存在的制度保障缺失、人才保障不足、资源配置不均、经费保障不力等主要问题，提出解决的对策和建议。南京师范大学培养学院院长钱再见，上海政法学院法律学院院长侯怀霞，南京市司法局副局长陈宣东，中山市律师协会副主任吴冠华，太仓市司法局局长顾潇军等分别作主题发言。发言者均对研讨会在主题、形式和内容方面的创新表示认可，并分别结合各地、各部门实际，深入探讨基层公共法律服务体系建设的理论和实务问题。

□郭晓屹　宋远茹

信　访

◆概况　2016年，区信访局按照“阳光信访、责任信访、法治信访”总要求，以规范基础业务、维护群众合法权益、推进积案化解、减控进京非访为工作重点，做好信访接待工作，全区信访形势呈现“三下降一好转”的良好态势。接待来访群众439批、2129人次；受理信访事项117件，办结率100%；办理群众来信、网上信访、电话信访、手机APP信访共127件，办结率100%；区政府复查信访事项42件；会同有关职能部门开展与群众对话、联合接待、协调会办206场次，成功化解12件历史遗留案件；按期办结“南京市重点信访事项化解稳控人员名单”交办件41件、“进京到省重复访集中化解”交办件13件、“化解信访积案集中攻坚工作”交办件10件，化解办结率均达到100%。是年，栖霞区被评为南京市年度信访工作绩效考核优秀区；仙林街道、西岗街道、尧化街道被评为全区信访工作先进单位。

◆“春风化雨”握手行动　2月23日，全区信访稳定工作暨第六轮“春风化雨”握手行动推进会议在区委党校四号楼多功能厅召开。区主要领导、分管领导、各部门主要负责人、街道党政主要领导、专职书记参加会议。区委书记邢正军讲话，要求各联系领导都要保持耐心，坚持“从头开始”的思路，认真研究案情，分析对策，最大限度提高化解率，实现在12月底前交办的信访事项化解办结率达100%。区委副书记胡晓健主持会议。8月19日，区委、区政府又召开专题推进会，听取各单位化解工作汇报，总结行动开展情况。是年，15位区级领导和28名部门主要负责人共联系45件信访事项，化解12件，办结33件，化解办结率100%。

◆依法逐级走访权益保障卡推行　5月1日，江苏省群众依法逐级走访权益保障卡制度全面实行。制度要求“发卡”坚持以基层为主、接访一线为主、信访部门为主，应发尽发；“用卡”落实首问负责制；“录卡”要与南京和谐信访信息化系统无痕对接，及时准确地将信访事项录入系统，实现“人、卡、网”信息统一和运转同步。区信访局先后4次举办信访业务培训班10场，并专门邀请南京市信访局业务部门专家到区对40个部门及9个街道信访干部进行授课培训，促使该项工作在全区得到规范化落实。是年，区级部门及各街道累计发放权益保障卡220余份。

◆信访事项网上代理制度　9月23日，南京市推行信访事项网上代理制度，将信访接待窗口延伸到各部门、各街道以及所有社区（村），由接待人员代理信访人通过网络向信访部门反映诉求，发挥网络平台作用，让数据多跑腿、群众少跑腿，及时就地化解信访矛盾。区信访局专门邀请南京市信访局业务部门专家对全区相关部门、各街道及社区共158

家单位集中授课培训，帮助相关工作人员熟练掌握信访事项网上代理具体业务操作规范，确保信访事项网上代理制度在全区有序实施。

◆分类处理信访诉求 10月，区信访局按照南京市全面实施通过法定途径分类处理信访诉求的部署，各职能部门按照职能分工，制定法定途径分类处理信访诉求清单，厘清信访与其他法定途径间的受理范围，健全完善信访与行政调解、行政仲裁、行政复议、行政诉讼等方式相互衔接的矛盾纠纷化解机制，引导信访人通过法定途径解决信访投诉请求，强化法律在化解矛盾中的权威地位。其间，区信访局还专门邀请南京市信访局业务部门专家到区对25个部门分管负责人授课培训，提高经办人处理信访的业务能力，确保通过法定途径分类处理信访诉求工作顺利推进。

□殷　明

公共安全

防震减灾

◆概况 2016年，区科技局注重防震减灾组织领导和地震应急工作措施落实。开展防震减灾科普宣传，举办防震减灾科普知识讲座16场、知识竞赛8场、广场宣传6场，发放防震减灾科普宣传资料4000多份，悬挂横幅16条，发放印有地震科普知识的宣传笔400多支，更新科普宣传栏防震减灾挂图500张。重视中小学安全示范工程建设，开展中小学校舍安全可靠性评估查验，对迈皋桥中心小学校舍等进行修缮加固；组织全区47所中小学先后进行避震疏散演练、防震宣传画比赛、防震减灾小论文评比等系列活动。是年，区科技局被评为全市防震减灾工作目标管理先进单位，马群街道花岗社区被评为江苏省地震安全示范社区。

◆防震减灾应急队伍建设 2016年，区科技局着力强化防震减灾助理员“三网一员”队伍建设。建立由防震减灾工作专兼职人员、各街道科技助理及社区干部等150人组成的区级地震灾情速报网络；组建科技人员、企业职工和社区居民等为主的志愿者队伍220人，实现志愿者队伍对村和社区的全覆盖；对街道灾情速报员开展形式多样的培训，组织人员参加南京市地震局组织的各种培训辅导，不断提升灾情速报员业务水平。

◆地震应急疏散搜救演练 10月13日，区科技局在合班村社区组织全区地震应急疏散搜救演练。南京市地震局副局长吴东，应急处处长王金宝等出席演练活动，区防震减灾领导小组成员单位、迈皋桥街道办事处所辖社区以及全区社区地震灾情速报员参加演练。演练内容主要是居民接到警报后立即就近紧急避震，然后迅速撤离，各防震减灾成员单位按计划携带设备进场展开救援，包括被困人员搜救、受伤人员紧急处理等项目。整个演练过程秩序井然，反应迅速，达到预期效果。

□田　刚　杭　钺

社会治安

◆概况 2016年，区公安分局进一步整合资源，推进基础工作信息采集会战，全区社会治安防控体系更趋完善，风险防控能力日益增强。定期组织开展“五查五掏”集群整治行动。全区刑事发案比上年下降30.6%，扒窃发案比上年下降50.1%、入室盗窃发案比上年下降42.3%、盗窃非机动车比上年下降33.8%、电信诈骗比上年下降30.4%。街面盘查行人20000余人次，车辆7000余车次，通过巡防抓获各类嫌疑人109名，收缴管制刀具等物品300余件。检查各类重点单位994家次，发现各类隐患1334处，下发责令改正通知书934份、行政处罚决定书68份、临时查封决定书12份，责令单位“三停”8家，未发生重大案事件、安全生产和火灾事故。根据南京市公安局通报，群众安全感为93.3%，全市第一。

◆噪音扰民警情处置 2016年，区公安分局围绕群众反映强烈的噪音扰民问题，深入分析此类警情处置难点，在全省首推处置噪音警情新设备，率先破解噪音扰民警情处置难题。对接处警和“12345”诉求办理中的噪音扰民警情进行认真梳理分析，找出群众满意度较低的商铺宣传扰民、家庭装潢扰民、广场舞音乐扰民等几种噪音扰民类型，根据相关法律依据，明确归入公安机关管辖的五种常见社会生活类噪音之中，为日后规范处置奠定法律基础。针对一线民警反映的噪音扰民警情处置存在噪音界定难、及时检测难、证据固定难等问题，广泛听取意见，围绕噪音界定、检测

8月11日，区公安分局民警向商户展示噪音测量结果　　区公安分局供稿

等实际问题积极开展专项攻坚。由区环保局从专业角度提出可行的处置建议方案，明确国家对噪音的认定标准和各区域的噪音限值，并统一购置12台声学与振动测量仪下发至派出所和警务站，将检测结果作为噪音扰民警情处罚依据。专门制定噪音扰民警情处置办法，规范此类警情处置流程和具体检测方法，要求民警在处置过程中同步录音、录像，做好证据固定。明确噪音扰民警情处置时限和民警工作责任，建立噪音扰民警情回访制度，真正做到让群众满意。自7月份噪音扰民警情处置规范实施以后，全区噪音扰民不满意警情比上年下降66.7%，“12345”诉求满意率比上年上升20个百分点。

◆大学城“3+X”警务模式　2016年，区公安分局探索以“群防群治、智能技防、品质服务”三项措施为主，各类创新办法、手段为辅的“3+X”警务模式，为大学城平安建设构筑坚实屏障。针对高校诈骗及盗窃案件高发的特点，每学期在各高校巡回举办一次“送平安进校园”活动，为学生提供法律、政策咨询。建立高校保卫处长联席会议常态机制，整合高校保卫处、团委、学生会以及街道办、社区、大学城管委会的“平安志愿者”等各方面力量，建立以派出所治安巡逻队为龙头，校园内外群众力量为依托的治安防范队伍，开展校园巡逻工作。按照警务实战化要求，组建专门的便衣和图侦队伍，做到侦技配合、打防联动，强化图侦与便衣、社会面巡防警力的有效对接，对大学城重点区域实施视频巡查，有效遏制可防性案件。以仙林警务服务站为依托，建立“屯警街面、动中备勤、武装处突”的快速反应机制。适应“互联网+”的时代需求，建立“大城小警”微信公众号，向大学城群众宣传安全防范知识，定期推送相关便民业务和民生信息，落实专人进行网络咨询、信件答复。是年，大学城地区盗窃案件比上年下降27.2%，扒窃案件比上年下降31.7%，盗窃非机动车案件比上年下降14%，高校诈骗案件比上年下降7.4%。

◆一案双查　2016年，区公安分局会同区综治办建立居民区发案“一案双查”机制，每月对居民区入室盗窃、盗窃非机动车案件逐案分析研判，倒查社区领导、社区民警和物管经理的责任，将研判结果抄送区领导及各街道，做到共同防范、精确打击。是年，全区入室盗窃案件发案比上年下降42.3%，盗窃非机动车案件发案比上年下降33.8%。

◆文明养犬管理　2016年，区公安分局严守养犬管理责任底线，加强重点集中遛犬区域巡查，加大依法文明养犬宣传力度和重点管理区内违规饲养大型犬、烈性犬查处力度，强化与“平安阿福”流浪动物救助中心等社会组织的沟通协作，最大限度地发挥社会倡导和协会自治等作用，引导养犬人依法养犬、文明养犬。是年，共办理犬证10631张，发放文明养犬宣传资料4600余份。

◆网格化“七巡”　2016年，区公安分局强化指挥调度、武装处突、主次干道、支街背巷、居民小区、楼栋单元6个层面的力量固化，坚持警务站巡点、派出所巡线、特勤巡更、物业巡小区、楼栋长巡楼、治安志愿者巡岗、社区保安巡高发案区域的网格化“七巡”工作模式，不断完善社会面立体巡逻防控体系。是年，全区扒窃发案比上年下降50.1%。

◆栖霞公安微警务　7月1日，区公安分局根据江苏省公安厅、南京市公安局微警务平台建设部署要求，认真研究“微警务”目标定位、运行机制及发展方向，开通“南京栖霞公安微警务”。微警务平台设立微警情、微服务、微应用三大功能板块，可为群众提供治安、消防、出入境、户政等多方面业务办理和政策咨询服务。至12月底，已接待群众咨询390人次，发布各类防范宣传文章158篇。　□朱晓伟

市场安全

◆概况　2016年，新增私营企业6107家，比上年增长41.3%，其中新增注册资本1000万元以上企业601家，比上年增长31.45%；新增私营企业注册资本212.7亿元，比上年增长24.3%。新发展农民专业合作社15户，成员出资总额5424.65万元，比上年增长58.92%。帮助园区平台发展入驻企业3812家，出资总额近106亿元。新增注册商标2716件，有效注册商标8581件。新申报江苏省著名商标5件，成功2件；新申报南京市著名商标7件，成功6件。办理企业动产抵押登记41件，帮助企业融资8.16亿元。区市场监管局申投诉中心整合受理“12315”“12345”“12331”“12365”以及“96106”五条热线，办理工单9764件，比上年增长23%。接受转发书面投诉、上级单位交办投诉举报703件，处理热线电话2687件。通过完善企业年报、推进信用平台建设，初步构建以信用约束为核心的市场监管新体制，全区5094户未进行年报市场主体被列入经营异常名录。

◆名牌、质量奖企业培育　2016年，区市场监督管理局积极开展名牌、质量奖企业培育工作，推动企业积极参与江苏省、南京市名牌、质量奖申报，共申报江苏省名牌12个，南京市名牌27个，江苏省质量奖2个，南京市长质量奖组织奖3家，个人奖2个。最终获江苏省名牌9个、南京市名牌23个，市长质量奖个人奖1个，5家企业被评为江苏省诚信计量示范单位。栖霞区获南京市2016年度质量管理论文征集活动优秀组织奖，被评为质量强市考核优秀区。同时，在全区组织区长质量奖评比，评出2015年度区长质量奖企业3家，由区政府发文表彰。规范开展工业产品生产许可证监管工作，完成20家企业年审，现场审查2家。完成对村级卫生室、计生指导站120余台医疗计量器具的免费检定。带领南京德邦物流有限公司参加物流标准化试点项目现场观摩会，帮助该企业对接南京市质监、商贸，开展2016年全国服务业标准化示范项目相关申报工作。开展工业企业质量信用评价工作，评出江苏省质量信用AA级企业2家，江苏省质量信用A级企业12家，省级服务标准化试点企业1家，省级诚信计量企业10家。将全区集贸市场纳入“五统

一”管理，为全区30余家集贸市场统一配置砝码。

◆食品药品监管 2016年，区市场监督管理局下发《食品经营单位创建工作方案》及推进表，新设行政综合执法大队，下移监管重心至各分局，加强食品药品、医疗器械、保健食品、化妆品监管业务培训，不分环节、不分种类实施地域监管。委托专业抽检企业在农贸市场配备快检室，提高抽样的针对性和覆盖率。是年，食品药品新增许可经营者共计2311户，新增保健食品741家。相继开展食品、药品和保健食品等系列专项整治，检查食品药品生产经营单位8472余家次，抽检食品、药品、化妆品和保健食品等1840批次，立案查处食品药品违法违规行为33件，处理食品类消费投诉举报2万多件。

◆特种设备安全监管 2016年，区市场监督管理局出台《栖霞区市场监督管理局安全生产“党政同责、一岗双责”实施意见（试行）》，明确局领导班子的安全生产工作职责，成立局安全生产工作领导小组。印发区局《安全生产管理责任分工》《关于加强特种设备安全月度考核工作的通知》，将全局安全生产工作职责分解落实至各相关科、室、队，形成全局上下“管行业必管安全、管业务必管安全、管生产经营必管安全”的责任意识。围绕南京市质检局“四大战役”专项整治工作，发放工作方案。针对存在重大安全隐患的生产经营单位以及各类监督管理重点热点领域，实施专项追踪、专件督办，确保隐患整改落实到位。组织116名安全监察人员参加特种设备安全监察专业知识培训。处理仙林地铁、交运集团叉车、彩虹广场、华能电厂、丁家庄物流叉车特种设备应急事件5起。全面开展压力容器和压力管道大排查、大整治工作，在排查整治中，对全区6000余台压力容器逐一核查，隐患整改率和定检率达100%，受到南京市质监局通报表扬。在尧化街道率先推行电梯维保两公示，取得成效，相关经验被南京市质监局转发。是年，区局特种设备安全工作被区安委会评为一等奖和先进单位。

◆计量惠民工程 2016年，区市场监督管理局继续深入开展计量惠民进社区、计量器具强制检定、质量计量知识宣传等计量惠民工程。开展医疗计量器具免费检定，联合南京计量监督检测院开展6场血压计免费检定进社区活动；参与全国计量科普知识竞答（江苏区域）活动；不定期检查加油站计量器具15家；召开集贸市场计量工作会议2次，将辖区所有市场均纳入“五统一”管理的强制检定范围之内。在区医院、集贸市场、眼镜店、商场（超市）、餐饮饭店、加油站开展省级诚信计量示范单位培育工作。邀请南京市计量院、南京市质检院参加区“3·15”消费者权益保护日宣传活动；联合尧化街道金尧社区做好“5·20世界计量日”广场宣传活动；组织马群街道20位居民参加市质监局、市计量院“5·20”免费血压计检定点暨媒体开放日活动；结合计量器具免费检定进社区系列活动，开展“6·9世界认可日”系列宣传活动，并在辖区企业张贴海报宣传认证认可工作。牵头组织栖霞区质量月系列活动，联合11个部门发文质量月工作方案。动员企业、社区、分局张贴质量月宣传贴画，制作悬挂宣传横幅。

4月17日，区市场局工作人员在企业车间检查产品质量

区市场监督管理局供稿

◆食品环节监管 2016年，全区有食品生产企业57家，食品添加剂生产企业5家。区药监局针对不同等级的企业，制订相应的年度检查计划，按季度制定实施计划落实各项检查，检查结果，及时录入电子监管系统。出动执法人员172人次，检查食品和添加剂生产企业共80家次，下达整改通知书6份，涉及整改问题10项。针对提出的整改事项，要求相关企业限期整改，并在规定整改期间进行跟踪复查。移交有关单位立案查处违法案件4宗。

◆餐饮安全监管 2016年，区市场监督管理局共办理餐饮业营业许可1091件，其中新发862户，延续223户，变更6户，餐饮行政许可工作零投诉。组织监督员对有关重大活动定点用餐单位进行食品安全风险评估，签订责任书，增强企业责任。累计出动执法人员798人次，执法车辆302台次，检查餐饮服务单位1327户次。对检查中发现的问题，出具监督意见书要求经营户限期整改，并及时组织监督员对整改情况进行复核。按照市、区相关文件要求，配合江苏省理化测试中心、南京市质检院对餐饮服务环节米面及其制品、肉制品、餐饮具等进行监督抽检，累计采样89批

2月15日，执法人员在学校食堂进行饮食安全检查　区市场监督管理局供稿

次。在区"两会""小高考"、全国职业院校技能大赛、"中高考"期间，对区政府机关食堂、栖霞中学食堂、文澜宾馆和中公汇悦酒店等定点就餐场所实施全过程驻点监督保障，累计保障就餐人员22448人次。通过强化巡查、应急值守来确保传统节庆期间的饮食安全，实现重大活动及传统节庆期间"零事故"的目标。继续推进餐饮服务单位量化分级管理工作，按照量化率及公示率均达到100%的年度工作目标，不断提高监管效能。推进餐饮单位"明厨亮灶"及"智慧食堂"创建工程，促进餐饮业提档升级。深入开展餐饮单位信用体系建设，按照"一户一档"的标准建立并完善餐饮服务单位诚信经营档案，动态实时更新，切实做到底数清。推进餐饮服务食品安全工作站建设。至年底，已建成东城汇、兴智美食街、南京花园城、彩虹广场4个工作站。严格执行首问负责制，规范受理餐饮服务环节投诉举报，共受理餐饮服务环节投诉举报72件，处置及时率及规范处理率均达100%。

◆医疗器械运输冷藏专项检查　2016年，区内有冷链管理的医疗器械经营企业12家，均为经营体外诊断试剂的企业。从5月份开始，区市场监督管理局对上述企业持续开展全面检查，检查项目包括合法资质、仓储管理、冷链运输、质量追溯、人员培训等。检查后，对存在冷库温湿度监控系统损坏或未使用、未对体外诊断试剂储存温湿度进行监控、验收记录不及时或不完整、使用冰袋运输但未对运输途中的温湿度情况监测并记录、计算机软件不能正常运行等问题的企业，记录在册，并实施跟踪监督检查。至年底，存在问题的企业均整改到位。

◆保健食品和化妆品监管　2016年，区市场监督管理局对辖区内生产、经营保健食品和化妆品相关企业展开全面执法检查，出动执法人员270人次，出动执法车辆107车次，检查生产、经营保健食品相关企业62户，生产、经营化妆品相关企业45家，完成保健食品备案20家，受理投诉举报14件，办结14件。抽样保健食品11批次，化妆品2批次，未发现不合格产品。查处行政违法案件1件，罚没收入3040元。

◆打击传销犯罪行为　2016年，区市场监督管理局根据《栖霞区打击传销工作长效机制方案》，成立栖霞区打击传销工作领导小组，下设栖霞区打击传销执法队。执法队接收区市场监管局和公安等执法机关以及群众、社区和其他平台转送的传销举报信息，并对这些信息进行梳理、分析、研判，开展排查摸底、重点管控。开展打击非法传销宣传7次，最大限度发挥群众监管作用。9月11日凌晨，在接到群众举报并摸清确切情况基础上，由区委政法委统一指挥，区市场局执法队参与，栖霞警方出动警力450人，兵分10路，共抓获花岗幸福城小区内涉嫌参与、领导传销人员196人，批捕36人。全年，执法队共组织行动148次，捣毁传销人员窝点519处，抓获涉传人员1516人，宣传教育1516人，劝返及强制遣返1168人。

◆食品安全应急处置　2016年，全区共接报、处置疑似食源性事件5起，确定并网报1起。7月5日，江苏省中西医结合医院报告全市第一起与小龙虾相关的横纹肌溶解综合征病例。至8月19日，全区发现此类病例数共153例，确诊128例，排除3例。其间，采集龙虾样本20余份，环境标本10余份，病例生物样本130余份，抽检未发现明显问题。同时，食安办安排专项抽检市场销售龙虾50批次，产品全部合格。

◆食品安全城市创建　2016年1–3月，区市场监督管理局先后召开国家食品安全城市创建动员大会、创建国家食品安全城市工作推进会暨食品药品安全委员会全体（扩大）会议，印发《栖霞区创建国家食品安全城市工作实施方案》，各街道和有关部门全部签订《2016年食品药品安全工作目标和国家食品安全城市创建试点工作目标责任书》。组建市场监管综合执法大队和4个新分局，在原有21名街道食品药品协管员的基础上，又安排招聘市场局食品药品安全协管员25名，并配备大批执法装备，充实一线监管力量。推进先进质量管理模式企业5家，创建电子追溯系统建设企业8家；筹建区级快速检测室，建设完成两个区级快检室，并和街道共同投资建成街道级标准化快检室20个；创建南京市餐饮服务食品安全工作站示范点2家；组织开展元旦、春节两节专项检查、食品添加剂专项监督检查、端午节食品生产企业专项检查、学校食堂食品安全、打击危害食品药品安全"犯罪"利剑行动、农村食品安全"扫雷"、餐饮非法外卖等10余项专项监督检查；打造全市首创信息化市场，应用商品交易市场远程信用管理系统实时监管。全年完成食品抽检任务1049批次，对生产、流通、餐饮、初级农产品、保健食品等各环节做到全覆盖。在餐饮环节建成4家餐饮服务食品安全工作站。

◆**商事制度改革** 2月，区政府政务中心多证联办网络调试成功，形成"一窗多任务同时受理、内部流转、后台集中审批、一站办结、证照同时领取"工作模式，实现3个工作日内办结工商、质监、国地税、公安等相关登记业务，审批效率大幅度提升。发放多证联办营业执照757户，平均办理时间1.93天。在区政务服务中心所有受理窗口安装身份证验证设备，在全国率先实现人证合一验证，同时记录业务办理过程，有效防止冒用他人身份证虚假注册，提高公司注册行政许可的精准性。5月，助力全区营业税改征增值税改革，帮助1420家"营改增"企业完成换照，企业"多证合一、一照一码"换照率达70%。实行公司网上登记、发放电子营业执照，全区公司设立登记网上申报率为100%，累计发放电子营业执照3524份。实现企业通过南京工商局官网和"我的南京"APP中的"企业名称自主选择系统"自主核名，企业名称预核准的时限由5个工作日缩短为数分钟。

◆**市场监督机构重组** 3月24日，市场监督管理局领导班子重组。6月，完成修改全局新三定方案。6月30日，正式将原区质量技术监督稽查大队和区食品药品安全监督所全部职责划入，成立综合执法大队。8月，4个新设分局陆续正式挂牌，由原来的5个分局扩大成以街道为单位的9个分局。并组织完成新成立4个分局科级干部竞争上岗，9个分局和部分科室的人员调配，人员到岗到位。

◆**打击食品药品违法犯罪** 8月上旬，区市场监督管理局与栖霞区公安分局联合行动，查获贩卖注射溶脂针、玻尿酸的流动窝点1个，抓获解小波等犯罪嫌疑人9人，查获非法产品9种30余盒。11月中旬，区市场局配合区公安分局在仙林地区查获假"伟哥"约500粒，一名犯罪嫌疑人被刑事拘留，一名犯罪嫌疑人被取保候审。

◆**生产销售假药械案件** 10月下旬，区市场监督管理局联手区公安机关成功破获"8·27"特大生产销售假药械案件，当场查获无任何中文标识的美白针、玻尿酸等非法产品。公安机关同药监部门组成联合专案组，先后在南京、杭州、天津、哈尔滨等地抓获犯罪嫌疑人14名，捣毁假肉毒素、假玻尿酸销售窝点4个，在天津捣毁地下生产销售窝点1个，在哈尔滨捣毁2个特大地下生产窝点，整个案件涉案金额达千万元，查获十余种非法注射用透明质酸钠产品。3月，该案被江苏省食药监局列为省局督办案件；7月，公安部将该案列为公安部2016年"利剑"行动督办案件。此案被国家食药总局和省食药监局列为重点案例，在行业会议上做专题汇报交流。

□尹丹妮

卫生监管

◆**概况** 2016年，区卫计局进一步规范和简化卫生许可审批程序并在相关网站公示，开展对公共场所、学校、生活饮用水、传染病、医疗机构等卫生监督执法活动；多次开展公共场所卫生监测、清除学校周边违法医疗广告、打击非法行医等专项行动；进一步强化对公共场所、中小学校、医疗机构等单位的监督和分级管理机制。对全区各类学校展开综合监督检查，重点检查学校的传染病防控、教学卫生、健康教育、学生体检、食堂卫生、饮水卫生及生活环境卫生等；中高考期间，完成对所有学校饮用水安全保障工作。是年，卫生许可受理窗口被区政务办授予政务服务红旗窗口，区卫生监督所档案管理通过省三星级档案评审。

◆**卫生行政许可** 2016年，区卫生监督所根据《中华人民共和国行政许可法》《卫生行政许可管理办法》要求，严格规范和简化审批许可程序，完善江苏省卫生监督信息平台许可模块的运用，依法在规定时限内通过相关网站进行网上审批许可公示，办理卫生行政许可事项共738件。其中，公共场所卫生许可证284件，集中式供水卫生许可证5件，医疗机构执业许可证186件，放射诊疗许可证28件，医师执业注册233件，母婴保健技术服务执业许可证2件。

◆**规范医疗服务市场** 2016年，区卫计部门结合迎接国家卫生城市复审，加大对重点区域、重点环节的查处力度，开展打击非法行医专项整治27次。其中与街道、公安、工商等部门联合执法3次，保持打击非法行医行动的高压态

红梅社区卫生服务站康复点　　区卫计局供稿

势。加强违法医疗广告监管，落实约谈和重点监管措施。加强对医疗机构综合监督检查，重点对医疗机构执业行为、医院感染管理、医疗废物处置等情况实施监管，实现医疗机构监督常态化、规范化。实行对医疗机构不良执业行为记分管理，实施医疗机构卫生监督量化分级管理公示制度。把量化分级管理工作推广到全区各级医疗机构，全年对87家医疗机构进行卫生监督量化分级评分，共评出A级单位5家，其中诊所2家，一级医疗机构3家；B级单位24家，其中诊所7家，一级医疗机构17家；C级单位52家，其中诊所51家，一级医疗机构1家；D级单位6家，均为个体诊所。

◆公共场所卫生监督　2016年，区卫生监督所共监督检查公共场所经营单位724户，建档率100%。对6家集中空调使用单位、11家游泳场馆开展专项检查，督促相关单位进一步规范管理。加强对四类公共场所量化分级管理，全区四类公共场所共计668家，其中住宿类246家、美容美发类316家、洗浴类88家、游泳场所18家，量化分级管理率达100%。评定A级住宿业单位2家、B级住宿业单位2家、B级游泳场所4家，其余为C级单位。对9家严重违反《公共场所卫生管理条例》及其《实施细则》的公共场所经营单位实施行政处罚，共计罚款3.1万元。　□刘海明

消　　防

◆概况　2016年，区公安分局消防大队扎实做好火灾防控、易燃易爆化学物品专项整治、不放心高层保障房专项整治、弱势群体活动场所专项整治等重点工作，全区消防格局整体良好，火灾形势总体平稳，未发生较大或有影响的火灾事故。对单位进行监督检查2751家次，发现火灾隐患或违法行为5080处，下发《责令改正通知书》2211份，督促整改火灾隐患或者违法行为4976处，立案查处285起，实施临时查封20处，责令停止经营单位24家，罚款160余万元。

◆消防安全隐患整治　2016年，区公安分局消防大队梳理确定2家市级重大火灾隐患单位和30家区级较大火灾隐患单位，并对这些单位挂牌督办。会同区民政局对全区所有养老场所进行过堂式检查，会同区教育局对全区100多家中小学、幼儿园进行隐患专项排查，联合区住建局对全区在建工地进行检查，联合区商务、市场监管等部门对非法经营商铺进行集中整治。对迈皋桥产业园、八卦洲街道产业园区等存在区域性火灾隐患的单位建立沟通协商机制，定期研判，监督消除火灾隐患。

◆基层消防设施建设　2016年，分局消防大队按照1~2个社区配置1名消防特勤、一个街道配置1辆电动四轮宣传应急救援车的标准，共配置42名消防特勤和10辆消防宣传应急救援电动车。完成6个取水口和3个取水码头的建设任务，完成率100%；新增室外消防栓180只，完成率90%；在5个街道建立消防管理网格化示范点，完成率100%；在84个社区和290家消防安全重点单位建立微型消防站374，建成率100%；建立并运行龙潭物流仓储联防联治组织和仙林高校联防联治组织，完成率100%；增设简易喷淋装置30套，设置点式报警装置1380余只，超额完成任务。

◆G20峰会消防安保　9月，G20峰会期间，分局消防大队制定火灾防控工作方案，督促各街道和教育、医疗、旅游、文化等行业部门严格落实消防安全行业主管部门监管责任制。派出所所有社区民警、消防专兼职民警和消防特勤全员出动，重点负责辖区内九小场所、餐饮住宿、棋牌室等散乱区域的消防安全检查和火灾隐患整治以及安全提示性宣传工作。其间，检查各类场所588家次，发现火灾隐患1235处，下发责令改正通知书882份，下发行政处罚决定书68份，下发临时查封决定书12份，责令“三停”8家，罚款32.5万元，培训相关单位管理人员1200余人次。组织消防部队、公安派出所、微型消防站联战联勤演练9次，顺利完成峰会期间消防安保工作。

◆金陵石化炼油厂火灾　10月9日13时51分，金陵石化炼油厂混合油重整联合装置发生火灾。接报后，消防指挥中心调集特勤二处和仙林、迈皋桥、石门坎及金陵石化专职队等7个消防中队共27辆消防车、153名消防官兵赶赴现场。在厂方技术人员的协助下，消防队员关阀断料，利用惰性气体吹扫泄漏装置，同时架设移动水炮、水枪阵地，冷却保护周边装置，分头堵截火势，控制现场火势蔓延。14时50分，

10月9日，消防队员全力扑灭金陵石化炼油厂火灾现场　　区公安分局供稿

现场明火得到有效控制。16时50分，明火被彻底扑灭。消防队员继续对起火装置进行出水降温，并稀释外泄物料，确保无复燃危险。此次火灾事故未造成人员伤亡。 □朱晓伟

交通安全

· 交警七大队 ·

◆概况 2016年，交警七大队管辖区域包括栖霞区、南京经济技术开发区、仙林大学城。辖区内道路总长1638.86千米，其中，国道、省道3条，长25.77千米；主干道27条，长45.3千米；次干道60条，长112.22千米；县乡道路397条，长948.07千米；村级道路275条，长507.5千米。辖区内有南京大学、南京师范大学、中国药科大学、南京财经大学、江苏森林公安学院、南京信息职业技术学院等大专院校13所，驻区部队××××旅、南京第十干休所等××个单位，金陵石化公司、石油公司栖霞油库等大型石油化工企业20多家，以及龙潭大型深水港码头、国际汽配城、省级旧车交易市场等交通运输企业。辖区有车辆运输单位1129家，驾驶员1.2万人，车辆1.1万辆，其中危险品运输单位20家，车辆930辆；出租公司4家，出租车275辆。交警七大队重点对非机动车违法、路段违停和“三小车”违法等行为开展专项治理行动，全年共查处违章16万起，拘留98人，其中查处酒后驾驶530起、醉驾驾驶93起、机动车闯红灯453起、渣土车违法行为1250起，暂扣各类不规范车辆1306余辆。持续加大重点车辆、驾驶人源头监管力度。健全区、街、部门交通隐患排查整改联动机制，跟踪整改进度，确保道路隐患排查见底，整改措施落实到位。依托市、区主流媒体，依靠金盾乐团，深入高校、农村地区开展交通安全宣传。全年，辖区内共发生交通事故12268起，比上年上升4.6%。其中，重大事故62起、死亡64人，分别比上年下降8.8%和8.0%；伤人事故100起，比上年下降33.3%。

◆非机动车整治 2016年，交警七大队持续开展非机动车专项整治行动，科学部署勤务，提高早晚高峰、平峰时段的路面见警率，有针对性地强化迈皋桥、晓庄广场等人流密集路口的查控密度和力度，加大对非机动车闯红灯、走快道、逆行等违法行为的查纠力度。交通民警严格按规定携带执法记录仪、警用电台等警用装备，按照理性、平和、文明、规范的执法要求执法，防止激化矛盾。交通执法中，本着执法与宣传并重的理念，民警对非机动车交通违法行为多采取教育劝导、义务执勤等方式，面对面地进行宣传劝导，逐渐形成覆盖全区的整治宣传氛围，收到执法、引导、教育、警示效果。全年，交警七大队共查处非机动车违法行为40069起。

12月3日，交警在迈皋桥对违法非机动车车主进行教育处理 交警七大队供稿

◆货运车辆超载超限整治 2016年，交警七大队通过巡查管控、联合执法、宣传教育等多种形式，以高压姿态打击货运车辆超载超限违法行为。组织车管民警深入辖区内多家货运公司，对车辆的安全技术状况监督指导，从源头上控制车辆超载超限违法行为发生。对被查处的超载超限运输车辆，统一建立超载超限运输车辆资料，将两次以上超载超限运输的车辆列入黑名单，密切留意加大查处力度。各执勤中队以栖霞大道、疏港大道等重点道路为管控重点，采用“集中治超与流动治超”、“流动巡查和夜间加点巡查”相结合的方式，严密监控途经的货运车辆，坚持做到逢车必查，超载必卸。联合区公路站路政大队，重点对三轴及以上非法超限超载运输车辆进行整治，以栖霞超限检测站为依托，通过设置检查点，重点检查危化品运输车、重型自卸货车以及其他超载超限车辆。对被查处的超载超限运输车辆，一律引导到指定地点卸载货物。是年，交警七大队共查处超载超限违法事件125起。

◆渣土车整治 2016年，交警七大队针对部分渣土车存在的私自改装、超载、不使用GPS等重点违法行为，开展渣土车道路交通违法行为专项整治行动。由于部分渣土车会采取错时上路、绕道行驶等方式避开民警检查，导致前期治理行动虽有成效但不彻底。对此，交警七大队打破以往工作模式，采取不定时、不定向的工作方式，紧盯辖区内建筑工地，在主要交通干线设立临时检查站点，合理安排警力，提升路面的见警率，对过往渣土车的交通违法行为严厉查处，并采取警车流动巡逻的方式及时发现和查纠渣土车交通违法行为。查处的私自改装的重型货车一律扣留，要求当事人必须先停车场自行切割拆除改装装置，然后到交警七大队接受处罚，否则不予放车。执法过程中，民警文明执法，规范自身行为，对渣土车司机加强交通安全知识宣传，讲解渣土车违法行为的危害性，做到处罚一个、教

育一片。全年，交警七大队共查处改装高栏板违法行为132起，查处不使用GPS行为99起。

◆**栖霞大桥改造期间交通保障**　9月份开始，栖霞大桥实施交替半幅封闭施工消险改造工程。栖霞大桥是栖霞区内重要的交通枢纽，封闭施工对周边交通产生巨大影响。为确保施工期间栖霞大道总体畅通，交警七大队多次参与施工协调会议，与相关职能部门加强沟通，研究制定大桥改造工程交通管理方案。实施细致化管理，实行一人一岗，及时疏导交通。执勤中队在早晚高峰时段增加警力，在大桥上指挥疏导，平峰时段安排警力在大桥上巡逻，对车辆在大桥上发生的交通违法行为从严处罚，发现事故，快速撤除，确保大桥安全通畅。在栖霞大桥周边的柳塘立交、化纤新村道路、寅春路等重要路段设立提醒标志，对过往车辆进行分流，提醒驾驶员可以选择太新路、华电北路绕行，对绕行路段的路口信号灯配时进行调整，优化周边道路通行能力，使栖霞大桥施工期间的拥堵压力得到有效缓解。　□侯　萌

· 交警高速二大队 ·

◆**概况**　交警高速二大队（简称“二大队”）管辖区域为南京长江二桥和南京绕城公路北段共40千米，有12处大型立交互通，52处全开放式匝道，1座主线收费站，2个服务区，二桥段日均流量7万辆左右，超过设计饱和通行量6万辆17%，绕城段日均流量12万辆左右。出动警力1.5万余人次，巡逻车约9000台次，巡逻里程约120万千米，开展各类专项整治40余次；现场取缔各类交通违法行为20586起，比上年上升54.52%；月平均接处警1166起，占比全南京10个高速大队42.63%；月事故发案率470起，占比全南京10个高速大队40%，比上年上升25%，其中重大事故8起，致8人死亡，与上年持平。排查道路隐患19处，其中二桥8处、绕城公路11处，隐患整改率90%以上；全年未发生有影响的重特大交通事故和涉车涉路治安、刑事案件。在省、市“两会”期间、春运期间和元宵灯会、G20峰会、十八届六中全会等重大活动期间，二桥公安检查站共检查登记各类车辆12660辆，核查人员16853人次，排除涉疆、涉藏重点区域人员45人次，抓获在逃人员5名，抓获吸毒人员83人，缴获冰毒36.13克，打掉1个江北往江南的贩毒网络，布控拦截盗抢机动车2辆，追回涉案车辆2辆，缴获管制刀具255把，拦截上访车队1次，调处各类纠纷30余起，协助查处各类重点违法1000余起。在G20峰会安保活动中，被上级公安机关授予个人三等功1人次，个人嘉奖1人次。

◆**春运交通管理**　1月24日–3月3日，春运期间，南京二桥车流量达346.25万辆，日均流量8.66万辆，与上年基本持平。7天假期中，免费放行流量61.69万辆，比上年提高3.4%。春运车流量呈现“两头高、中间平稳”态势，从1月28日至2月6日，节前连续10天日均车流量均在9万辆以上；2月7日至2月13日免费放行日均流量8.81万辆，最后一天2月13日流量突破12万辆。2月14日至2月20日，节后一周日均车流量9.42万辆。大流量通行持续时间长、事故多，特别是1月31日至2月1日大雪天气，南京二桥受宁洛高速安徽境内拥堵影响，积压车流20余千米近36小时。二大队共出动警力2200余人次，巡逻车1500辆次，检查登记大客车8500余辆，发放安全宣传材料1万余份，现场查处各类交通违法行为1567起，查处量比上年同期提高39.66%，实发交通事故1371起，比上年同期上涨38.21%。

◆**G20峰会安保**　9月4日至5日，G20峰会在杭州举行，南京二桥作为环浙外围交通“安保圈”屏障，公安检查站于8月20日至27日启动二级勤务，8月27日至9月7日启动一级勤务，9月3日至6日启动一级加强勤务。每班次6名民警、8名辅警，实行站队合一，24小时勤务模式，与支援的治安、武警一同开展全面检查。对午间、夜间重点时段和涉疆涉藏等重点区域车辆重点安检。其间，共出动民警656人次，辅警863人次，警车219辆次，检查登记过往车辆3864辆，核查人员5835人次，过滤新疆籍重点区域车辆12辆18人次，抓获吸毒人员5人，缴获仿真枪1支，管制刀具22把，查处重点违法1509起。

◆**国庆交通管理**　10月1~7日，南京二桥继续实行小型客车免费通行规定，车流总量80.71万辆，比上年同期提高6.99%。与以往相比，国庆长假免费通行打破了往年“两头高、中间平、进出城流量差距明显”的惯例，每日车流量均在11万辆以上，南北双向均呈现超饱和通行状态。发生交通事故715起，比上年同期下降16.08%，查处各类重点违法168起，其中外货闯禁区87起，占用应急车道55起，醉驾1起，超员1起，涉牌涉证3起。其间，二大队与人民保险、平安保险、太平洋保险3家保险公司和1家公估公司联合办公，一站式快速处理轻微事故。　□王远淦

安全生产监管

◆**概况**　2016年，区财政安全生产专项支出1000多万元，并统筹规划220万元安全发展基金，加大隐患排查整改、安全生产考核奖惩投入力度。区安监局通过实施目标考核、隐患督办、述职报告、形势通报、警示约谈、事故问责等七大机制，进一步强化综合监管力量。组织开展“落实企业主体责任年”活动，编印发放《企业落实安全生产主体责任操作指南》1600本，在14家企业试点安全总监制度，落实企业安全生产承诺报告制度，420家企业递交年度安全生产报告，覆盖重点工贸企业。实行安全生产责任保险和风险抵押金制度，高危行业参保率100%。建立企业安全生产诚信机制，实施安全生产“黑名单”制度，促进企业做到安全责任、安全投入、安全培训、安全管理、应急救援“五落实，五到位”。拓展专家参与监管的范围，对佳和日化等10家重点企业开展全方位安全评价，出具专家诊断报告，对全区292家标准化达标企业组织专家开展“回头看”，促进企业持续改进安全管理。执法力量全面下沉，区安监局18名执法人员定点联络区域内69家重点企业，与

属地街道联合，协助指导企业加强安全管理。调整各街道驻点执法人员，保持安监大队9名执法人员每周不少于1天驻街道办公，配合街道开展执法检查、台账管理、安全培训等工作。开展“基层安监机构规范化建设年”活动，狠抓人员、经费、装备等各项保障工作的落实，在区安监大队、马群街道开展基层安监机构能力建设项目试点，增配高精度电子万用表、气体检测仪、移动执法系统等60余万元专业装备，两家试点单位均通过市级验收。按照国家安监总局24号令要求，区安监局将102家企业纳入重点监管范围，检查各类企业249家次，完成全年执法任务，下达责令整改指令书88份，处罚20家违法企业，罚款300万元，其中事前执法7件，全年未发生行政复议和行政诉讼案件。查处“12345”“区长、书记信箱”等渠道收到的各类举报信访22件，举报查处率100%，回复率100%。建立安全生产预警预报信息系统，推广应用燃气泄漏报警系统，开展危化、非煤矿山、人员密集场所、港口码头等19类单位防雷安全检测，提升安全生产科技支撑能力。

是年，区安全生产监察大队由全额拨款事业单位变更为参照公务员法管理的事业单位。区安监局被南京市安委会评为安全生产工作优秀单位，被区委、区政府评为2016年度完成“五个建设”工作目标有功单位，2016年度机关作风建设争先进位优胜单位。

7月16日，区安监局执法人员在蓝燕石化排查安全隐患　　区安监局供稿

◆危化领域安全生产专项整治　2016年，区安委会开展危化领域安全生产专项整治行动。区安监局联合街道邀请专家陆续排查辖区内所有涉及危险化学品的生产经营单位551家，实行“红、黄、蓝”分表汇总。检查情况实行企业主要负责人、街道负责人、负有安全生产监管职责的部门负责人，相关区领导“四签字”。将存在较大隐患的招商局物流、坤源运输仓储列入红表，报南京市政府批准，制定取缔、关闭、转产、搬迁方案。列入黄表的9条隐患，以及列入蓝表的113条隐患，均在12月前整改完成。根据市安委会要求，将金桐石油化工、佳和日化等7家企业列入化工企业转型发展专项整治重点企业名单，要求在2018年年底前完成关停或搬迁。针对餐饮场所燃气安全开展专项整治，对辖区内的餐饮场所进行全面调查摸底并建立基础台账，梳理排查餐饮场所2031家；各街道（园区）、相关部门按照时间节点对全区所有供气企业和使用燃气单位进行详细排查、督促整改、跟踪问效，确保燃气泄漏报警装置安装使用到位，有效防范和遏制燃气安全事故的发生。

◆燃气泄漏报警系统　2016年，安监局进一步完善燃气泄漏报警系统功能，加大推广力度。开发燃气泄漏监测云平台，对泄漏数据实施大数据分析，提供隐患预警与通报服务。系统已申请三项国家发明创造专利。截至年底，系统设备已在全区居民区、九小场所等地安装3000多台，累计测报燃气泄漏事件105次，成功避免67起可能引发的燃气爆燃事故，受到江苏省、南京市有关部门高度肯定，获得江苏省安全生产科技成果类项目资金补助50万元，获得区重点创新项目三等奖。

◆安监预警预报平台　2016年，区安监局与区信息办联合，依托全区政务平台，在迈皋桥街道开展试点，建设全区安监预警预报平台。在中石油等116家重点企业关键部位安装监控探头1907个，同时连接可燃气体报警等监测装置，通过电脑、手机客户端即可实现对监管企业的日常巡查、执法取证、险情预警和先期处置。该平台与安全隐患自查自报系统、安全生产通信联络指挥系统、安全生产执法监管信息平台结合，形成全区智慧安监信息化系统。

◆烟花爆竹专项整治　2016年，区安监局按照主城区禁放要求，积极开展烟花爆竹专项整治工作。大力实施源头治理，把好烟花爆竹零售许可审批关。改变以往各区自行培训模式，而由南京市统一组织零售申请人培训考试。12月中旬，南京市安监局定点培训机构对烟花爆竹零售经营申请人统一组织为期三天的专项培训，12月27号组织考试，考试合格者统一发放烟花爆竹经营单位安全生产知识管理能力考核合格证。经审核，对龙潭、八卦洲两个街道，西岗街道的孟北、桦墅2个村给予零售许可，共计下发烟花爆竹零售许可证29家，比上年减少17家。将烟花爆竹管控情况纳入考核，发挥街道属地巡查作用，整合派出所、市容、社区力量，加强烟花爆竹市场日常检查，定期开展全面排查、摸底、隐患整改。重点排查整改专柜销售不规范、消防器材设施不符合规定要求、防火防爆基础薄弱、未按规定设置安全警示标志、超量储存或储存不符合安全条件、货物来源不正规等问题，进一步改善零售经营条件，提升管理水平。春节期间，安监局牵头组织城管、公安、工商等部门联合执法，开展不间断巡查，检查零售单位20余家次，打击销售假冒伪劣烟花爆竹经营点6家，收缴非法产品20余箱。

◆G20峰会期间安全稳控　8月26日，为确保G20峰会期间不发生有影响的安全生产事故，区安监局召开安全生产稳控工作部署会，全区按照青奥安保维稳大防控模式，以“最高标准、最严要求、最强措施”开展安全稳控工作。从8月27日到9月7日，全区安监系统人员进入应急备勤状态。区安监局坚持分级负责、属地监管原则，将全区划分区、街道、企业三级网格，落实每个网格的安全责任人，实行每个网格24小时联系网络和动态巡查制度，做到定人、定责、定岗，确保安全监管责任到底、到边，无盲区和死角。区安监局所有人员分片驻点，进驻区域内69家高危企业，每天到驻点企业督查企业主体责任落实，同时安排专家对企业生产设备、生产工艺开展全过程监控，对涉油、涉气、危化品等有危爆风险企业严防死守，确保万无一失；对辖区内长输管线、危化品企业、油品存储企业等监管对象开展全方位、全过程的监督管理。充分利用全区安全生产通信联络指挥系统，完善应急预警机制，保证快速反应和及时处置。

◆江苏省副省长马秋林到区考察　9月29日上午，江苏省副省长马秋林到区视察国庆节前安全生产工作，南京市副市长谢志成，南京市安监、交运、商务、公安等部门主要领导，区长黎辉、副区长秦志刚陪同检查。检查组一行实地察看高速公路指挥中心及马群收费站。马秋林副省长充分肯定栖霞区安全生产工作成效，他强调，安全生产点多面广，特别是栖霞区地理位置特殊，监管任务繁重，监管部门要继续深化安全生产大检查和隐患排查治理专项工作，开展重点行业领域明察暗访，促进企业落实主体责任。

◆市际职业卫生监管交叉检查　11月24日，根据江苏省安监局职业卫生监管交叉检查要求，南通市安监局检查组一行8人，对栖霞区开展职业卫生监管交叉检查工作。检查组一行主要对江南小野田水泥有限公司、南京新华恒精密机械集团有限公司、中电熊猫液晶材料科技有限公司等3家企业进行检查。重点检查作业现场作业危害告知、警示标示设置、应急救援设施配置等情况，并调阅了作业场所检测、员工安全作业监护档案、职业健康培训等台账资料。检查组认为栖霞区职业卫生工作开展情况总体较好，职业病危害专项治理、职业卫生监督执法等工作有序开展，同时也指出，在台账资料完善、作业危害告知等方面还存在不足。　□马　飞

基层自治组织

◆概况　2016年，有城镇居民社区85个（含经适房、纯居、村居合一、厂居），村委会30个（分布在龙潭、栖霞、西岗、八卦洲4个街道）。社区、村委会自治组织更加健全，社区建设与管理更加规范。11月，全区村（居）委会首次同步进行换届选举，一次性选举成功率达100%。社区参加南京市公益创投项目4个，资金达70万元；参加区公益创投项目45个，资金达321万元。新建街道社区综合服务中心4个，“全科化”政务服务模式进一步扩大。是年，所有社区正式启动创建第三批全国社区治理和服务创新实验区活动。

◆“桩钉”工程　2016年，在社区治理过程中强化“第二方面军”建设，调动小区楼栋长、单元长、楼层长等平安志愿者积极性，实施“桩钉”工程，把每一名楼栋长打造成一根桩，每一名单元长和楼层长打造成一根钉，构筑小区治安防范屏障。小区根据区公安分局制定的《关于在全区保障房等小区加强楼栋、单元平安志愿者队伍建设的实施意见》，按照“一楼一长、一门一长、一门多长”原则，7层以下楼栋每幢楼设楼栋长1名，7层以上以单元为单位设置单元长1名，每10层设置1名楼层长。明确楼栋长、单元长和楼层长政策宣传员、信息采集员、矛盾调解员、义务消防员、治安巡防员5个方面的工作职责。是年，全区1553名小区楼栋长、单元长、楼层长共提供实有人口信息4.3万条、房屋出租户信息3761条，协助破获刑事案件42起、抓获犯罪嫌疑人员47人，发现治安、消防隐患510余处。

◆社工建设　2016年，报名参加全国社工职业水平资格考试570人，通过考试的人员共计180人，通过率为31.6%，其中初级资格通过134人，中级资格通过46人。参加区民政局组织的南师大社工职业资格考前培训班的参考人员中，初级班通过89人，通过率33%，中级班通过20人，通过率27.4%。至12月底，全区取得社工职业资格证书的人员共计570人，其中初级资格459人，中级资格111人，持证专业化率85.8%。

◆街道综合服务中心　2016年，区民政局在上年建成4家社区综合服务中心的基础上，又成功建设4家，分别是八卦洲外沙村社区、燕子矶街道下庙社区、栖霞街道五福家园社区和龙潭街道靖安佳园社区。4个服务中心全部通过竞标，由社会组织承接，顺利运行并开展服务。中心平均建设面积超过1800平方米。中心体现“小办公、大服务”原则，办公用房面积小于20%，为民服务用房面积大于80%，50%以上用于社会组织开展服务的要求。服务中心推广“全科化”政务服务模式，扩大“全科社工”队伍，实行“一窗多能、全科服务”，改变以往条口化设置与办理，为地区居民提供“全科化”、一门式公共服务。

◆（村）居委会换届选举　10月15日，全区115个村（居）委会换届选举工作同步启动。12月17日为全区统一投票日，各村（居）委会共设置选举主会场110个，投票站1044个，区四套班子领导到各自联系点指导监督选举工作，全区投入选举工作人员3250名左

12月17日，百水芊城社区居委会换届选举大会现场　　区民政局供稿

靶标3个昼间习题和低空目标1个夜间习题的考核任务，取得3个优秀、1个良好的弹迹成绩，总成绩位列前茅。

◆**夏秋季征兵情况**　在2016年度征兵工作中，区人武部先后在南京大学、南京师范大学召开全区征兵工作推进会，通报成绩、奖优罚劣，现场办公、解难帮困，出实招下狠劲，稳固大学生兵员。4月份，区征兵办在7所挂钩高校开展征兵宣传校园行活动，人武部领导带队深入街道、高校开展走访活动，摸清每一名应征青年的思想状况，确保把最优秀的兵员输送到部队。是年，全区输送兵员无一例责任退兵，超额完成年度征兵任务。

右。各村（居）委会按照预定方案一次性完成选举，一次性选举成功率100%。共登记选民317620人，实际参加选举299613人，参选率94.33%。经选举产生村（居）委会主任110名，副主任138名，委员312名，平均得票率达94.56%。选举产生的新一届村（居）委会班子中，妇女干部291名，占当选总人数51.96%；新一届村（居）委会成员平均年龄为39.15岁；具有大专及以上学历的493人，占当选总人数88.03%；中共党员458人，占81.79%。　□陈宏高

人民武装

◆**概况**　2016年，人武部坚持以改革强军目标为统领，认真落实上级一系列决策部署，围绕提升战斗力建设的根本，着力铸牢军魂，聚力备战练战。完成民兵整组、高炮分队实弹射击考核、党委第一书记履职考评、兵役登记、兵员征集、国防动员潜力核查以及民兵教育训练等各项任务。选派专武干部、民兵营连长、民兵骨干参加江苏省军区和南京市警备区和区人武部本级组织的应急处突、情报侦收、防汛抗洪、森林防火、防化救援、应急通信和高炮操作手技能培训等32类专业18批次集训。兵役登记期间，严格落实上级要求，在区教育局和5所高中学校的配合下，完成高中阶段适龄青年兵役登记工作，并到挂钩高校动员在校大学生进行兵役登记，提升兵役登记率。在抗洪抢险救灾等重大任务面前，及时启动应急预案，先后调动民兵骨干紧急驰援发生灾情的龙潭、栖霞、八卦洲、金陵石化等地，与当地民众一道，成功控制住险情。“八一”、春节期间对执行维和任务人员家庭、立功受奖官兵家庭及其他现役士兵家庭开展登门慰问活动，赠送慰问金、慰问品和“光荣服役”纪念牌。

◆**应急队伍建设**　2016年，区人武部督促各基层武装部精选思想和军事素质过硬的民兵组建应急排，同时，积极与玄武、鼓楼两家兄弟单位保持沟通，落实组建担负警备区全年战备值班民兵应急连的任务。2月中旬，组织民兵应急分队骨干进行警棍盾牌术训练，参加警备区应急拉动和指挥所开设的演练项目，圆满完成任务。

◆**高炮实弹射击考核**　2016年，根据警备区年度大项军事工作安排，区民兵双“37”高炮连代表南京市参加省军区全省民兵预备役防空兵实弹射击考核。考核前，认真落实上级要求，科学组训、严格管理、确保安全，组织官兵进行32天的封闭训练。5月20日至26日，在某高炮靶场完成低空、中空目标和巡航导弹

◆**区委常委议军会议**　11月14日，区委召开常委议军会议，听取区人武部关于武装和国防后备力量建设情况、下一步工作打算以及需要区委区政府协调解决困难的汇报。会议除了进一步强化党管武装的意识、对上半年的工作进行总结以外，还确定贯彻落实江苏省南京市关于增强军人荣誉感的实施意见；进一步加强专武干部队伍建设，规范专武干部选拔任用程序；继续推进区人武部民兵训练基地建设；增加区人武部办公用房，改善办公条件，尽快通过警备区战备规范化达标建设考核等事项。

□徐　刚

人民防空

◆**概况**　2016年，区人防办开展人防工程安全生产大检查活动和人防工作进社区（村）惠民服务活动，加快推进全区人防工作信息化建设，深化人防改革创新，狠抓人民防空军事斗争准备。发挥区、街道、社区人防工程三级管理网的作用，定期组织安全检查，完成对全区人防工程普查任务，人防工程维护管理合格率达100%，优良率达82%，人防工程开发利用率达80%。

推行平战结合，让闲置的人防工事创造出经济效益，为社会提供就业

2016年度栖霞籍现役官兵立功情况一览表

表33

街　道	姓　名	服役部队	奖励情况
燕子矶	李肇兴	武警普洱市边防支队	二等功
尧　化	徐正鑫	武警政治部	三等功
尧　化	陈刚强	73096部队	三等功
马　群	袁　野	76172部队	三等功
马　群	陈　潇	69338部队	三等功
马　群	张宇结	94672部队	三等功
龙　潭	王　骏	江苏边防训练基地	三等功
栖　霞	朱　瑞	武警南京市支队	三等功
西　岗	恽　姿	东部战区陆军	三等功
迈皋桥	李同乐	73061部队	三等功
迈皋桥	曹文麟	73121部队	三等功
八卦洲	徐　浩	武警芜湖支队	三等功

机会。人防进社区工作得到巩固，深入开展社区特色人防活动，提升社区防空袭、抗打击应急救援能力；推进人防工作进社区、进农村示范工作，向全区9个街道121个社区（村）下拨社区人防工作专项经费，用于社区人防建设。投资迈皋桥街道晓庄、燕子矶街道下庙、马群街道花港等社区人民防空教育馆建设，使人防进社区、进农村成为栖霞人防的特色品牌。

◆防空袭疏散治安管制演练　6月27日下午，区人防办在南京信息职业技术学院组织防空袭人员疏散、治安管制演练。南京市人防办副巡视员沈春林、指挥通信处副处长陈善忠，区委常委人武部长李斌、副区长陈松、区应急办主任李加定，南京信息职业技术学院院长钱群雷及参演单位领导观摩演练。此次演练，对提升人民防空指挥机构的组织指挥能力和人防治安专业队伍遂行任务能力，都具有实际效果。

◆市领导检查人防纳凉惠民工程　7月12日，南京市人防办工程建设管理处处长姚少华一行2人，在区人防办主任杨家龙、栖霞街道武装部长周国强陪同下，检查铅锌银矿人防纳凉工程开放情况及工程后续改建情况。他要求区人防、街道认真做好纳凉工程内部雨季防渗水、排水、通风除湿等工作，同时，做好人防宣传教育工作，添置民防书籍，传播民防知识，把服务民生工程的事做好，以实际行动体现“两学一做”要求，为全市人防系统开好头、做表率。是年，南京市投资49万元，对栖霞街道银矿社区纳凉工程实施升级改造。至9月份，纳凉工程共接待群众纳凉3500多人次。

◆发放人防应急救援包　8月26日下午，区人防办在仙林人防指挥所举行家庭应急救援包发放电脑摇号仪式。区人防办主任杨家龙主持仪式，区机关、各街道、各社区相关领导，社区居民代表及公证员共100余人参加。户籍数为区公安部门提供，摇号者为每个街道的2名居民代表，区公证处全程监督。通过电脑摇号，14940个家庭获得应急救援包。

◆防空袭警报鸣放及疏散演练　9月18日上午10:00至10:19，区人防办按照预先警报、空袭警报和解除警报三种程序要求，实施“9·18”防空警报鸣放计划，同时在栖霞街道银矿社区组织社区居民疏散隐蔽演练。该社区的100名居民听到防空警报信号后迅速从家中撤离，在疏散引导员指引下沿疏散路线向社区地下人防工程及应急疏散集结点有序疏散。

□严海容

街　道

Subdistricts

江中丽岛·八卦洲　　杨轶绘

◎责任编辑　贾志忠

综　　述

◆概况　2016年，栖霞区辖9个街道，总面积395.44平方千米，其中耕地8155.15公顷。辖居民委员会85个，村民委员会30个；总人口数540331人，其中女性人口265361人。地方财政收入39.47亿元，农村常住居民人均纯收入22740元。城乡面积发生显著变化。仙林副城和迈燕新城、新尧新城、龙潭新城“一副三新”建设整体推进。商贸配套日益完善，招商花园城等一批商业综合体投入运营。

2016年栖霞区街道基本情况

表34

街道名称	基层群众性自治组织		土地状况		居民状况		经济状况	
	居民委员会（个）	村民委员会（个）	总面积（平方千米）	其中：耕地面积（公顷）	人口数：总人口数（人）	其中：女性人口（人）	地方财政收入（亿元）	农村常住居民人均纯收入（元）
合　计	85	30	395.44	8155.15	540331	265361	39.47	22740
尧化街道	13	0	23.46	83.73	58688	27169	3.54	24697
龙潭街道	6	18	108.04	3658.15	68114	34879	3.36	25456
栖霞街道	13	3	58.36	540.16	54118	22621	5.36	27052
马群街道	15	0	17.72	46.83	69417	34653	5.81	—
仙林街道	4	0	31.74	84.40	41140	20530	4.06	—
迈皋桥街道	16	0	12.46	23.23	124683	62341	9.21	—
燕子矶街道	13	0	37.68	27.64	63549	31917	3.92	—
八卦洲街道	1	7	72.03	2916.94	33209	17134	1.50	27684
西岗街道	4	2	33.93	774.07	27413	14117	2.71	26945

说明：1.“居民状况”中，“合计”不含南京经济技术开发区，“龙潭街道”不含“龙潭监狱”，“马群街道”不含“金陵监狱”，“仙林街道”不含仙林大学城；部分街道含流动人口；

2.“经济状况”中，“农村常住居民人均纯收入”数据由区农业局提供，不含南京开发区和区属经济收入

尧化街道

◆概况　2016年，尧化街道总面积23.46平方千米，其中耕地面积83.73公顷。辖社区居委会13个（其中，纯居民社区3个、经适房社区7个、厂居社区3个）。年末总人口58688人，其中女性人口27169人，人口自然增长率1.6‰。街道实现地区生产总值61.3亿元，比上年增长24%，其中，第一产业568万元；第二产业32.91亿元；第三产业28.33亿元，比上年分别增长23.66%、45%、6%。完成全口径财政收入5.86亿元，比上年增长8.3%；其中，地方财政收入3.54亿元，比上年增长6.7%。全社会固定资产投资21.04亿元，比上年增长13.99%。实现服务业增加值28.33亿元，比上年增长 6%；完成服务业投资21.04亿元，比上年增13.99 %。城镇人均可支配收入4.88万元，比上年增加9%。引进白金汉爵酒店等重点项目，大力培育德邦物流、江苏地质勘探、市园林公司等功能型、区域型总部经济项目。以光电、互联网等科技产业为主的321企业逐步凸显规模效应。申报科技创业家1名、区创新基金3家、双创人才1名，评选南京市紫金奋进人物1名，4位领军型人才入选“创业栖霞”人才计划评选。拆除违建133处，面积6155平方米；整治占道经营3000多起，清理回潮的废品收购站2处。检查建筑工地违规运输渣土612起，责令停工整改18起。拆除违规广告4块，面积60平方米。道路增划黄白线3000米，安装标志标牌14块，指定非机动车停放区域18处。完成尧化门老街两侧和王家边东、西组等拆迁工作。尧佳路以北片

区排水达标区建设完成工程总进度的90%，有序推进王子楼社区楼西组、尧辰社区高庙（太龙路沿线）农村污水管网建设工作。开展尧佳路、金尧路等主次干道、背街小巷市容环境和“门前三包”专项整治行动。在27个小区推进垃圾分类市场化工作，覆盖率达85%，完成尧化新村南苑和枫林新寓小区整治出新；姚坊门物业成功通过ISO9001复审，道路保洁队为新尧新城20余万平方米道路和15.5万平方米山体公园提供标准化保洁服务。新增城镇就业2580人，帮扶困难人员就业168人，培育自主创业235人，带动就业1192人。帮扶低保户1155户1506人，累计发放低保金612万余元，生活困难补贴人员325户358人，累计发放99万余元。承办中国非公募基金会发展论坛江苏主题论坛，姚坊门慈善基金会募集善款238.77万元。建成标准化社区居家养老服务站点23个，基本形成医养教一体化服务格局。启动“e家人”社区治理项目，完成时间银行实体化工作。制定全科医生进社区三年规划，全面启动社区卫生服务站点建设。进一步加大人防技防力度，社会治安“夏季百日整治”行动成效显著，可防性案件发案率下降38%，无“两抢”等恶性案件发生。

是年，街道先后被评为江苏省文明单位、2016年度现代服务业主导型街镇发展一等奖、创建全国双拥模范城有功单位。成功创建全国青少年维权岗；姚坊门慈善基金会被评为南京市社会建设创新十佳案例；月桂园幼儿园成功创建南京市优质园、示范园，社区教育中心通过江苏省标准化验收；金尧花园社区被评为全国防灾减灾示范社区和2016年度江苏省科普示范社区，青田雅居社区被评为全国科普示范社区和江苏省文明社区，尧化新村南苑被评为中石化AAAA级文明和谐示范小区。

◆“慧分类·惠生活”　2016年，尧化街道以“慧分类·惠生活”的环保理念，以垃圾分类宣传为导入，以智慧回收为保障，以全民参与为目标，率先试用第三方市场化企业研发全新智能环保系统——“慧系统”，以更科学便捷的互联网思维，在各小区试点垃圾分类工作。至年底，尧化街道垃圾分类工作取得阶段性的成果，共有27个小区，近2.6万户居民参与垃圾分类工作，居民知晓率达到90%以上。累计回收可回收垃圾2634.43吨，厨余垃圾2901吨，低附加值垃圾309吨，有害垃圾0.85吨，举办可回收垃圾兑换生活用品活动4168场。

◆缅甸干部代表团到尧化考察　4月6日，缅甸巩发党干部考察团21人到栖霞，参观考察党员干部教育培训、为民服务、居家养老等。中联部一局处长杜小林，江苏省行政学院副院长胡志军，区委副书记胡晓健陪同考察。考察团首先参观区委党校，详细了解党校基础设施建设和干部教育培训情况，然后到尧化街道便民服务中心和姚坊门居家养老服务王子楼站点，每到一处，考察团成员都认真听取情况介绍，针对具体流程和实施细节提出疑问，并详细记录有关情况。考察团对栖霞各方面工作给予高度评价，表示将把好经验带回缅甸学习研究，结合实际情况，加大本地干部培训力度，促进地方社会经济发展。

◆柔力球大赛　5月14日，尧化街道承办2016年南京市老年人体育节——“姚坊门杯”柔力球交流展示活动，来自全市12支队伍参加比赛。活动在区文体中心广场举行，南京市老年体协秘书长范思灼，区人大副主任、区老年体协主席张民，区体育局局长盛有福等出席活动。范翠华、赵秀萍、宋伟、高国英、辛玲、孙永贵等柔力球专业级裁判进行现场打分。活动历时3小时，姚坊门柔力球队最终获得集体规定、集体自选优胜奖，双人自选第一名和单人自选优秀奖。

◆张雷调研适宜养老住区建设示范点　5月26日，江苏省副省长张雷调研吴边社区和苑小区适宜养老住区建设示范试点。张雷参观吴边社区和苑小区活动中心、居民健身广场、姚坊门居家养老服务中心等，现场听取尧化街道居家养老工作汇报。张雷肯定尧化街道打造宜居养老社区工作取得的各项成绩，提出要积极探索“居住宜老、设施为老、活动便老、服务助老、和谐敬老”的方式和路径，通过建设和改造一批充分考虑老年人生活需求的软硬件配套设施，完善有居家养老和社区养老需求的住宅小区，为广大老年人提供健康舒适的居住环境和实用便捷的养老服务。

◆家庭教育讲座进社区　6月1日，尧化街道尧胜社区联合南京邮电大学“铭理”青年志愿者协会开展家庭教育讲座暨安全知识竞赛活动。此次家庭教育讲

5月14日，“姚坊门杯”柔力球交流展示活动在区文体中心广场举行

尧化街道供稿

座的主题是“平衡教育与和谐成长”，从志愿者的讲述中，家长们了解到怎样在孩子的成长过程中平衡教育，怎样引导孩子健康的成长。讲座结束后，社区工作人员以消防、食品、交通安全等常识为内容开展安全知识竞赛。活动使家长认识到孩子成长平衡和谐的重要性，也提高学生安全防患意识和避险自救能力。

◆姚坊门慈善基金会　6月24日，在中共南京市委研究室组织召开的南京市社会建设创新案例评审会暨表彰发布会上，尧化街道选送的“姚坊门慈善基金会”案例入选全市“十佳案例”，获得第五名。基金会已策划开展7个项目，累计公益支出70万元，投入购买社会组织服务资金300余万元；累计提供爱心午餐8万多份，助学40人，助残3200人次，助老18万人次；累计发展居民志愿者690人，志愿服务4.6万人次，志愿服务时间1.4万小时。

◆非公募基金会发展论坛江苏主题论坛　8月13日，由栖霞区姚坊门慈善基金会和昆山昱庭基金会联合承办的第八届中国非公募基金会发展论坛江苏主题论坛在中共南京市委党校大报告厅举行。此次论坛以“‘善时代’的社会发展新格局”为主题，来自全国基金会发展领域的30多位行业领袖和专家学者深入探讨“‘善时代’基金会发展的转型与升级”“新格局下的社会创新与创想实践”“社区基金会如何通过跨界创新参与社会治理”三大议题。来自全国的近50家基金会和200家社会组织450余名代表参加。作为江苏省典型的社区基金会，姚坊门慈善基金会三年多的实践经验充分印证政府主导、专业运作的社区型基金会在社区治理中的重要作用。尧化街道主任李敏代表姚坊门慈善基金会作详细的基金会发展案例解读，特别介绍姚坊门慈善基金会在调动企业资源支持和参与社区服务、姚坊门时间银行发动居民志愿者参与邻里互助服务方面的成功经验。

◆王子楼社区居家养老服务中心　10月8日，王子楼社区居家养老服务中心改造翻新，添置设施设备后，重新开放。王子楼居家养老服务中心向在区老人提供爱心助餐、公益理发、影视欣赏、血糖血压测量、节假日活动等服务项目。其中，公益理发服务，是社区提供场地及硬件设施，整合辖区驻地单位资源，挖掘有理发技艺的居民，给60周岁以上老人提供免费理发服务的新设项目。服务中心为28位老人提供爱心助餐，每日接待老人就餐约30人次，送餐上门约10人次，得到社区老人一致称赞。

□江　洲

龙潭街道

◆概　况　2016年，龙潭街道总面积108.04平方千米，其中耕地面积3658.15公顷。辖社区居委会6个（其中，纯居社区2个、经适房社区3个、厂居社区1个），村委会18个。年末总人口68114人，其中女性人口34879人，另有流动人口7528人。人口自然增长率1.7‰。

街道实现公共财政预算收入3.36亿元，完成年度目标的103.23%，引进一次性税收8000万元。引进税源企业1048家，注册资本500万元以上企业150家，注册资金达到15亿元，其中250家当年实现税收合计650万元。实现全街道规模工业总产值60.26亿元，比上年下降6.38%；实现规模工业主营业务收入58.24亿元，比上年下降7.81%；实现规模工业利润6.78亿元，比上年增长19.36%。实现固定资产投资45亿元，比上年增长28.57%，其中，工业投资26亿元，比上年增长24.1%；服务业投资19亿元，比上年增长32.86%。农业支持保护补贴面积2792.66公顷，补贴481.73万元，小麦种植面积2324.76公顷，油菜种植面积54.91公顷，水稻种植面积612.59公顷；办理水稻、小麦保险和蔬菜大棚保险，农户自交保费约20万元。街道纳入区交通局路网库内的村道89.58千米、乡道110.05千米，总养护里程199.63千米。拆除违法建筑计划内完成8处522.1平方米，计划外完成3处300平方米。4个小区增设停车位887个，其中，丽江苑社区增设202个停车位、怡江苑社区增设305个停车位、龙岸花园社区315个停车位、靖安佳园社区65个停车位，停车费收缴率达95%。是年，太平村、靖安村被南京市人民政府授予美丽乡村称号；马渡村被江苏省精神文明建设指导委员会评为江苏省2013~2015年度文明村；丽江苑社区被江苏省精神文明建设指导委员会评为江苏省文明社区；太平村被中共南京市委农工委评为南京十大特色乡村；陈店村被南京市农业委员会评为2016年南京最美乡村最佳赏荷地；靖安村、陈店村被江苏省水利厅授予“水美乡村”称号；上首村被南京市人民防空办公室评为2015年度社区人防工作先进单位；联盟村被江苏省科学技术协会评为江苏省科普示范村；怡江苑社区被南京市关心下一代工作委员会评为关心下一代工作先进集体。

◆百人创亿工程启动　6月21日，街道“百人创亿工程”项目启动仪式在“水一方”旅游生态区举行。活动邀请区委、区政府有关领导，区委宣传部、区科技局、区文化旅游局等部门领导，高校领导、企业代表和媒体参加。3月，水玲珑街区开始招商，至年底，有20家创业公司在“水一方”景区注册，其中，大学生创业项目6家，经营范围有农副产品贸易、创意手工制品、旅游相关业态、茶吧等。街道计划通过3年的发展，力求超过100个大学生创业群在“水一方”创业，实现年产值1亿元的工程目标，打造“水一方”创业空间。

◆丽江苑社区改造出新　8月，街道对丽江苑社区残疾人康复站进行改造，铺设塑胶地坪，添置迷你跑步机、中频治疗仪、肩关节抬举训练器等18种康复训练器材，安装空调，并牵线与“爱思乐”康复中心共同合作，将残疾人康复工作延伸到基层，满足残疾人康复需要。10月，铺设石子垫高停车位，并在各单元楼栋门口扩充停车位，缓解居民停车难状况；外扩围墙，重新排放晾衣架，解除居民无处晾晒衣被的烦恼。12月10日，区长黎辉考察小区改造出新情况，肯定街道关注民生的做法。

◆农村土地承包经营确权颁发新证 10月17日，街道新版农村土地承包经营权证书首批发放仪式在试点村南中村举行，区农业局副局长吴学成、街道工委书记孙东方等向8户农户代表颁发新版证书。经过两年多的确权登记颁证工作，取得阶段性成果。至年底，街道涉及确权任务的18个村，共计实测地块3.15万块，实测承包土地面积2813.33公顷，签订承包合同9366份，颁发证书9366份，签约颁证率96.8%。

◆好邻养老社 10月18日，街道好邻养老社启用，《南京日报》《金陵晚报》、栖霞电视台等媒体对街道好邻养老社进行报道。好邻养老社是龙潭街道重点打造的养老连锁品牌项目，旨在为龙潭区域老人，尤其是涉农地区留守老人建立具有本土特色的为老服务体系。好邻养老社服务中心占地面积800平方米，有工作人员10人。中心设有爱心理发、衣洁坊、阿婆绣、盥洗间、沐清轩、乐憩堂、幸福影院、华溢舞苑、银发学堂、养足康乐、快乐踩石、医益艾香、健康小屋、益食乐膳、棋聚一堂、博闻轩、墨香阁、心灵聊吧、日间照料、财务室、培训室等20多个功能室，并配有中心厨房，为街道内孤寡高龄老人提供助餐送餐服务。街道通过倡导社区邻里之间的互知、互敬、互帮、互助，构建邻里互助网格。好邻养老社的互助网格包括互助聊吧、互助菜园、互助餐厅、互助理发、互助维修、互助缝补等帮助项目，医疗保健和文化娱乐服务等。街道社会组织服务中心不仅内培本土社会组织志愿者为好邻养老社提供志愿服务，还与高校和为老类社会组织服务机构长期合作，为好邻养老社提供服务。街道成立爱心百分百志愿者联盟，采取“时间银行运作模式”，开展各项志愿助老服务，打造出具有农村特色的新型互助养老模式。至年底，街道内有太平村、陈店村、花园村、上首村、靖安村、联盟村、飞花村、大棚村、长江村9家好邻养老社服务点成功启用。好邻养老社启用以来开展各种活动60多场，辐射老人达3000多人，被多家纸媒和电视台报道，连锁品牌模式已初现。

◆龙潭村与三官村合并 11月8日，街道龙潭村与三官村合并，合并后新村名全称为南京市栖霞区龙潭街道龙潭村社区，共有工作人员13人。合并后龙潭村社区占地面积8.8平方千米。至年底，辖区内有企业5家，村民小组5个，居民433户1211人，其中，常住人口911人，60周岁以上227人，劳动就业年龄段377人。

10月18日，龙潭街道好邻养老社启用　　龙潭街道供稿

◆老年人体育节 11月9日，由栖霞区老年人体育协会主办、龙潭街道老年人体育协会承办的2016年栖霞区第十一届老年人体育节暨第十套健身球操交流展示活动在龙潭街道靖安佳园社区开幕。来自全区各个街道、社区的15支代表队通过交流活动展示老年人的风采。交流活动中15支舞蹈队轮番上场，比赛之后还附加了柔力球舞蹈、藏族舞等节目。比赛结束，5支队伍获优秀奖，10支队伍获优胜奖。

◆大棚村商会成立 12月28日，大棚村商会成立大会在大棚村社区会议中心召开。大棚村商会是全区首家村级商会。成立大会由大棚村党总支书记华合荣主持，区委统战部副部长、区工商联党组书记刁志福和41位会员企业代表参加会议。会上审议通过龙潭街道大棚村商会章程和选举办法，选举产生龙潭街道大棚村商会执委16名。执委会选举产生会长1名、副会长10名和秘书长1名。村委会主任、栖霞区海祥蔬菜土地专业合作社社长李洪当选会长。

□朱利虎

栖霞街道

◆概况 2016年，栖霞街道总面积58.36平方千米，其中耕地540.16公顷。辖社区居委会13个（其中，纯居社区2个、经适房社区1个、村居合一社区4个、厂居社区6个），村委会3个。年末，总人口54118人，其中女性人口22621人，另有流动人口9307人，人口自然增长率2.59‰。

街道实现财政总收入10.06亿元，比上年增长2.34%，其中地方财政收入5.36亿元，比上年增长6.56%。2016年，固定资产投资31.63亿元，其中服务业投资30.89亿元，实际利用外资1000万美元。服务外包执行额1305.55万美元，占全年目标的104.44%，其中离岸执行额663.62万美元，占全年目标的102.10%。全年街道洽谈项目56个，其中，亿元以上项目2个，科技研发项目9

个，现代服务项目28个，先进制造项目9个，文化创意类6个，外资项目1个，续建创新载体项目1个。完成专利申请188件，完成率156.7%，其中发明专利申请46件，完成率112.2%；完成专利授权76件，其中发明专利授权19件，完成率135.7%；申报科技项目19个，其中资质类8个。发放低保金639.94万元，大病救助、慈善救助、临时救助、综合救助、支出型救助、助学等各类救助支出49.74万元，完成“慈善一日捐”23.24万元，走访困难户13302人，发放慰问金756.31万元。完成“两癌”筛查3725人，孕前检查92对。在环境综合整治中，清理卫生死角、乱堆乱放60处，清理牛皮癣300处，整治占道经营42处，整治违规广告牌11处；拆除违建48处3746平方米，完成小区出新23万平方米，完成九乡河、七乡河4.5千米河道整治。收到“12345”“12319”、市长信箱等各类平台举报案件901起，回复率100%。

是年，街道被评为江苏省财政系统先进集体、南京市2013~2015年度文明单位，被区委、区政府评为先进基层党组织和2015年民族宗教工作先进单位。

◆街道综合执法大队成立　7月1日，街道成立综合执法改革领导小组和综合执法大队。领导小组由街道办事处主任石磊为组长，各相关分管领导为副组长。综合执法大队由街道人大工委主任孔德年任队长，负责统一协调指挥街道综合执法力量；综合执法大队下设综合行政执法办公室，办公室主任由城管中心甘建国担任，其职责是实施街道综合执法队伍的前期筹备工作，在大队长的领导下，承担组建栖霞街道综合执法大队的相关事宜。综合执法大队稳步推进统筹执法检查、执法办案、执法培训、执法信息、执法调研、系统应用等相关工作。

◆产业发展基金签约　7月5日，街道在十月科创园举行产业发展基金签约仪式。区委常委、常务副区长曹海连，街道工委书记郭昌标，紫金农商银行行长汤宇，城东支行行长高旭东及十月科创园部分企业代表参加。十月科创园与紫金农商银行城东支行合作成立的产业发展基金旨在为十月科创园区企业提供贷款融资服务，降低企业融资成本。签约仪式上，前期达成合作意向的南京太平洋磁业科技有限公司、南京讯联液压件有限公司与紫金农商银行签订授信协议。

◆国学启蒙班、学子论坛　7月5日，栖霞社区暑期青少年国学启蒙班以“开笔礼”作为活动开幕式，分别开设低年级班和高年级班，每周六下午2~4点免费为孩子上课。低年级班21课时，高年级班30课时，共有64位学员参加，社区免费提供课间餐、国学诵读课本及文具用品。8月19日，第八届“学子论坛”在五福家园社区举行。区委常委、组织部部长徐春，街道领导和爱心助学企业领导出席。街道依托“学子论坛”平台，成立3支志愿服务队，分别是“祥泰敬老”“助力成长”和“文明先锋”服务队，倡导青少年开展服务老人、帮助幼小、文明监督等活动，感恩回报社会。

◆七乡河散浸抢险　7月6日下午2点，七乡河东岸城际铁路以北300米处发生散浸，街道防汛指挥部立即启动抢险应急预案，集结民兵和抢险突击队员300多人，出动2台挖掘机、9辆渣土运输车，调配1台发电机、700米电缆线、2000条麻袋、3000条蛇皮袋等备用物资。区委书记邢正军、区长黎辉、常务副区长曹海连、街道工委书记郭昌标、街道办事处主任石磊等领导第一时间赶到现场，指挥抢险。直到晚上11点抢险宣告结束。其间，仙林、迈皋桥等兄弟街道100余名抢险队员迅速驰援，川气、西气两单位管线安全员也在第一时间赶到现场指导，确保安全无误。

◆老街改造拆迁　7月15日，栖霞老街片区危旧房城中村改造项目（一期）有序开展。8月21日，街道13个工作小组入户调查，评估附属物和装修情况，并在规定时间公示评估情况。9月9日，向被征收人送达分户评估报告。9月12日，启动征收补偿签约工作。9月19日，开始计算奖励期，街道工作组配合拆迁办评估师加班加点向拆迁户宣传有关政策，做思想动员工作。情况特殊的，上门签约，甚至到医院和外地与拆迁户见面做工作。9月21日，征收补偿结果第三批公示。至年底，完成进度91%。

◆五好五星评选　12月2日，街道第五届“星耀网格——五好五星”民星颁奖典礼在五福家园转盘停车场举行。区委副书记胡晓健等领导出席颁奖典礼。第五届“五好五星”评选活动由街道组织，历时3个月，经各村、社区推荐，街道评审小组评审和街道领导班子研究，产生徐永义等“好党员”7人、徐定国等“好家庭”4个、钱道银等“好邻里”4人、尤雅等“好少年”6人、南京金陵折扇研究所等“好机构”4个、张家卫等“创业之星”3人、屠宁海等“奉献之星”11人、谷桂宝等“服务之星”10人、吕萍等“网格之星”8人、李孝凤等“孝顺之星”3人。　□邓　晖

马群街道

◆概　况　2016年，马群街道总面积17.72平方千米，其中耕地46.83公顷。下辖15个居民委员会。年末，总人口69417人，其中女性人口34653人，少数民族人口248人，人口自然增长率2.23‰。

街道实现地区生产总值37亿元，比上年增长12.1%；实现全口径财政收入10.05亿元，其中地方财政收入5.81亿元。实现规模工业总产值15亿元、规模工业增加值3.3亿元；实现服务业增加值29.1亿元、社会消费品零售总额15.2亿元，比上年分别增长15%、11%；实现全社会固定资产投资45.8亿元，比上年增长76.83%。城镇居民可支配收入达到53192元，比上年增加5271元。完成马群转盘周边绿化提升及人行道改造、马高路路侧环境整治、中山门大街顾家营至百水桥段护坡整治等6个道路整治项目。完成西花港幼儿园屋顶改造、太阳城小学本部操场改造、南湾营校区魔幻数学、马群幼儿园电路改造

等工程项目。完成芝嘉花园、中心村小区出新扫尾，启动百水芊城社区等6个小区出新工程。建成西花岗农贸市场，南湾营农贸市场通过市级标准化管理考核验收。完成百水芊城苏果超市停车场、南湾营云水坊北侧停车场、天悦花园东侧停车场、文康苑北侧停车场、宁康苑非机动车位、百水芊城非机动车位、百水家园非机动车位、南湾营非机动车位8个停车场建设。完成26个公共自行车站点的布局与建设。完成辖区河道104个排口污染源的排查工作及其中56个排口的整治工作。街道便民服务中心办理各类事项超9万件，日均接待量近300人次，满意率99.8%，时间节约率98%。全年化解4件“春风化雨”重点信访事项，通过民生服务热线“84360123”解决居民诉求358件，处理群众诉求6969项，居民满意率由上年同期的85%上升至89%。信息指挥大厅新增接入208个电梯楼道监控、23个施工现场监控及43个公安监控摄像头；完成600余户居民入户门的超B级锁芯更换工作，安装高清探头220个，完成天悦花园等小区的防攀爬刀片网安装工作，入室盗窃、非机动车盗窃发案率比上年分别下降21.1%和37.9%，居民公众安全感由去年的89%上升至92%。组建街道综合行政检查执法大队，开展综合检查248次，受理案件419起。清理占道经营5631处，违停贴单4128起，整改各类隐患1130处，拆除违建29处907平方米，查扣非法营运车辆4台，淘汰黄标车110辆。新招录10名特勤人员，新增4台治安电动巡逻车。在花岗片区挂牌成立打传办，捣毁传销窝点415处，抓获涉传人员1150人，强制遣返945人。新增城镇单位就业人数1606人，大学生创业63人，2名人才入选“创业栖霞”，1名人才入选“万人计划”，1名人才入选“省双创”博士，1个人才团队入选“省双创”企业创新类项目。全年，援助困难人员就业118人，培育自主创业者269人，带动就业841人。完成职业技能培训470人，政府补贴性职业培训385人，新生劳动力培训23人，创业培训30人。受理劳动保障相关投诉案件84件，结案率100%，其中，受理拖欠农民工工资案件10件，涉及农民工300余人，追回被拖欠工资500万元。退出农村低保6户9人，退出城市低保10户12人，新增城市低保30户45人，累计发放低保金560.5万元。发放慈善救助、区支出型贫困家庭生活救助等各类救助172人，发放救助金27.16万元，发放慈善超市生活救助卡180人、共10.8万元。为277名60岁以上老年人办理老年证，为40位失能半失能老人安排政府购买居家养老服务，组织低保中老年人体检280人，办理老人意外伤害险12人。走访困难户2635户，发放各类慰问金及生活补助241.03万元。街道11个AA级居家养老服务站和2个AAA级居家养老服务中心完成升级验收。全年开展各类惠民活动426场，实现90%以上的社区硬件水平达到或超过标准化。继续开展“发扬龙马精神、共建美好家园”主题活动，举办纪念红军长征胜利80周年革命歌曲合唱比赛，与江苏省广电总台联合举办送文化进社区活动，在紫东创意园、海陵药业举办社区运动会，以金马艺术团为代表的群众文体队伍获全国首届广场舞大赛一等奖及省、市、区重大文化奖项。建成启用朗诗常青藤（钟山绿郡）项目和江苏省人民医院康复医院一期项目，银城·君颐东方、钟山学院人力资源开发园区项目顺利推进。

是年，街道成功创建省AAAA级数字档案室，被中国传统文化促进会评为弘扬中国传统文化先进单位，被中共南京市委、南京市人民政府授予创建全国双拥模范城集体三等功，在南京市2016年度郊区街镇分类考核中获发展类现代服务业主导型街镇三等奖。

◆综合行政检查执法大队成立　5月9日，街道成立综合行政检查执法大队。大队由16个部门、科室组成，集中行使十大类共382项行政执法权，实现综合执法“16个部门拧成一股绳，一支队伍管到底”。大队明确65项街道重点检查事项清单，制定《马群街道综合行政执法改革工作方案》《马群街道综合执法大队管理办法》，编印综合执法月报，运用综合执法信息平台和移动端执法APP，以开展在建工地综合检查、整治市容秩序为抓手，不断提升综合执法实际效能和公众满意度。

◆马群上市企业联盟成立　5月18日，马群街道在三宝科技报告厅举行上市企业联盟成立仪式。南京工业大学副校长乔旭，中国银行江苏省分行副行长祁斌，中国工商银行江苏省分行营业部副总经理陈金华，区委常委、常务副区长曹海连，区委常委、副区长毛银玲，南京市发改委财金处处长方爱军，南京市金

5月22日，马群街道举办“快乐运动、幸福马群”运动会　　马群街道供稿

融办资本市场处副处长吴世勇，南京市商务局综合处副处长余传勋，南京师范大学、南京工业大学、南京信息工程大学、南京邮电大学、钟山学院、南京交通技师学院等相关院校负责人出席。仪式上，领导为上市企业联盟揭牌，宣告马群上市企业联盟正式成立。马群科技园内江苏凯米膜科技、南京城市智能交通、东方颐年健康、南京港宁电子等8家上市企业与立志美丽、赛克林体育、奥尼斯等8家拟上市企业签订结对共建协约；南京工业大学、南京师范大学、南京信息工程大学、招商局地产（南京有限公司）与马群科技园签订合作协约。仪式上宣布，马群辖区内在“新三板”挂牌的中小企业，最高可以获得街道240万元资金补贴，街道与栖霞科技创业投资有限公司合作设立1000万元的创业发展投资基金，重点扶持科技含量高、发展前景好的企业，力争到2020年年末实现辖区内集聚25家上市企业的目标。

◆黄莉新调研三宝科技　8月23日，中共江苏省委常委、南京市委书记黄莉新，副市长黄澜，市政府副秘书长杨晓阳以及市商务局、市国税局、市地税局、金陵海关、南京出入境检验检疫局主要领导到三宝科技调研子公司江苏跨境电子商务服务有限公司。黄莉新参观三宝科技“互联空间”展厅，听取三宝科技生态圈构造、面向政府的应用案例、江苏跨境的建设及业务发展规模等汇报。黄莉新表示江苏跨境的运营模式与服务理念对实现外贸稳增长、助力中小微外贸企业大有帮助，今后要提高自身业务能力，成为南京市对外综合服务的优秀代表企业。

◆区、市领导调研南京海陵药业　8月26日，区委书记邢正军到南京海陵药业集团调研，街道工委书记刘海滨、海陵药业有限公司总经理贾树田陪同调研。邢正军首先听取海陵药业有限公司非公企业党建工作以及“两学一做”学习教育开展情况，随后参观企业药品研发工程中心，询问企业生产经营、研发团队以及人才培育、引进情况。座谈会上，贾树田介绍企业近年来的发展运营战略、主攻科研项目、销售额增长趋势和取得的有关荣誉。邢正军充分肯定海陵药业有限公司取得的成绩，对企业的运营体系以及药品研发、生产、申报审批等工作给予高度评价，要求企业充分利用南京科教人才优势，加大技术性人才的引进和培育力度，深入开展与医药类大学的科研合作，不断开拓新医药产品市场，提升市场占有率。9月19日，国家发改委副主任、国家统计局局长、党组书记宁吉喆到南京海陵药业有限公司调研，中共江苏省委常委、副省长杨岳，南京市市长缪瑞林，邢正军和区长黎辉等陪同调研。贾树田介绍公司发展情况，着重汇报各项统计数据上报、年度指标完成的情况。宁吉喆指出统计数据是经济社会发展的“风向标”“指向器”，要更好地适应、把握和引领经济发展新常态，为经济社会发展提供扎实的统计支撑和优质的统计服务。

◆街道总工会成立　9月9日，马群街道成立总工会暨第一次会员代表大会在街道一楼报告厅召开，区总工会副主席翁丽敏、街道工委副书记史学经出席。会议严格按照《中华人民共和国工会法》和《中国工会章程》要求，依法选举总工会第一届委员会委员、经费审查委员会委员、女职工委员会委员及劳动法律监督委员会委员，共产生105名工会代表。新当选的委员召开第一届第一次全委会会议，选出街道总工会主席、副主席，经费审查委员会主任，女职工委员会主任，劳动法律监督委员会主任。翁丽敏对新成立的街道总工会表示祝贺，要求总工会找准定位、端正作风，推动街道工会工作不断创新发展。

◆拉萨市党政代表团调研三宝科技　9月19日，拉萨市党政代表团调研南京三宝科技股份有限公司，南京市常务副市长刘以安、市委常委陈勇、区委书记邢正军陪同调研。在三宝科技园展厅中，三宝集团总裁沙敏向代表团介绍三宝发展情况，并通过现场演示，重点介绍三宝在以传感物联为核心技术的科技创新中取得的成果，展示公司五项两化融合成果的数据模型，介绍国际领先的物联网示范工程。代表团成员对三宝科技发展、核心产品技术及服务，尤其是技核心技术在智能交通等领域行业的应用产生浓厚兴趣，希望在相关方面开展合作交流。

◆创建省AAAA级数字档案室　12月9日，江苏省AAAA级数字档案室验收评估会在街道二楼会议室召开，评估组由南京市档案局副局长俞宝庆、区档案局副调研员冯宗雷等领导组成，街道办事处主任王宇峰、工委副书记史学经和街道相关人员参加档案评估会。王宇峰从全局角度肯定档案工作的重要作用，史学经围绕档案室软硬件配备、制度保障和成效等方面进行马群档案室的创建工作汇报。经过评估组的认真审核与鉴定，马群街道创建江苏省AAAA级数字档案室工作以92.5分的高分通过评估。

◆宫浦光参观朗诗常青藤颐养中心　12月10日，民政部副部长宫浦光、江苏省民政厅厅长侯学元、南京市民政局局长何德剑等领导到朗诗常青藤·颐养中心钟山绿郡项目参观，了解养老服务工作开展情况。宫浦光在颐养中心居家养老服务中心，了解专业护理单元的运营情况，观摩助餐、助洁、助浴、助医、助乐等“七助”服务和专业洗浴区、“家庭式”护理单元的服务情况。宫浦光在听取朗诗常青藤构建“居家—机构—社区”养老体系的汇报后，对颐养中心居家养老服务中心工作给予充分肯定。　□包　蓉

仙林街道

◆概况　2016年，仙林街道总面积31.74平方千米，其中耕地84.4公顷。辖社区居委会4个（其中，纯居社区3个、经适房社区1个）。有南大、南师大、南财、南邮、南中医等高等院校12所，商品房小区34个和经济适用房小区1个。年末，户籍总人口41140人，其中女性人口20530人，另有高校师生约18万人。人口自然增长率14.52‰。

街道实现财政总收入6.8亿元，比

上年增长1.7亿，其中，地方财政收入4.06亿元，比上年增长13%，房地产实现一般预算收入1.7亿元；全社会固定资产投资65.47亿元，比上年增长0.08%；完成实到外资5000万美元。城镇居民人均可支配收入53129元，比上年增长11.84%。实现稳定就业475人，城镇登记失业率继续保持较低水平。完成高级育孕师技能培训40人。与高校开展培训合作，完成在校大学生高技能人才培训230人，并与新港职校合作开展培训工作，组织参加职业技能培训461人，其中高级职业技能培训230人。新增城镇就业900人，实现再就业430人，帮扶就业困难160人，培训自主创业209人，创业带动就业400人，新增城镇单位就业475人。大学生创业74人，大学生创业优秀项目2项，高校应届毕业生就业率100%。企业职工基本养老保险净增缴费210人。落实帮扶政策，开展民政救助工作，发放各类低保金及补贴金合计约171.29万元，街道慈善协会临时救助2959人次，救助金额合计307.65万元；春节期间，向1001户困难户、573名60岁以上困难老人、7名原村组干部、支出型贫困家庭，发放慰问金3000元；春节、端午节、中秋节为经济适用房社区60周岁以上困难老人和低保户发放节日用品；对社区中低收入家庭住房情况进行调查共受理22户，上报区房改办审批17户，9户审批通过。走访慰问驻地95851部队、优抚对象和现役军人家属20户，发放慰问金6000元；为4名涉核人员和2名无军籍职工进行体检；为15名随军未就业家属发放生活补贴；落实优抚对象医疗保障政策，重点优抚对象住院医疗保险参保率100%；做好城镇退役士兵安置工作，帮助退役士兵就业；协调解决95851部队15名孩子入园问题。

是年，街道获全国先进基层党组织等荣誉称号。年末，街道连续62个月在全市城市管理月度考评中名列第一。

◆文明示范系列创建活动　年初，街道组织开展文明示范单位、文明示范团队、文明示范个人等系列创建行动。创建项目分小区里、小区外两大类共30项，小区里包括文明示范小区、文明示范楼栋、文明示范单元、文明示范家庭、文明示范物业、文明示范业委会、文明示范秩序维护员、文明示范保洁员、文明示范“万家欢”队伍、文明示范文体队伍、文明示范垃圾分类指导员、文明示范居民三长五员、文明示范党员义工等；小区外包括文明示范商业街区、文明示范广场、文明示范公园、文明示范经营户、文明示范企业、文明示范网吧、文明示范餐饮单位、文明示范宾馆、文明示范学校、文明示范经营单位、文明示范河道、文明示范建筑工地、文明示范保洁队员、文明示范绿化队员、文明示范社会组织、文明示范志愿队伍、文明示范安全员等。系列创建活动分宣传发动、全面推进、评比表彰、长效保持四个阶段，主要领导亲自牵头、分片指导；分管领导分类负责、组织实施；网格人员分工负责、具体落实。发动所有单位、场所、人员全部参与争创工作，坚持“申报一个、验收一个、创成一个、表彰一个、奖励一个”，践行社会主义核心价值观，形成“个个争当文明示范单位、人人争当文明进取仙林人”的浓厚氛围。

◆《心声》《民星》群众文集出版　6月，群众文集《心声》《民星》出版。《心声》收集居民自己创作的快板、诗歌、小品、歌曲、摄影等作品100余件；《民星》收录街道两届网格“草根奖”“仙林最美的人”获得者照片和事迹。两本文集均由中国文史出版社出版，首印各5万册，街道工作人员通过平时的走访，将文集送到驻街单位和居民家中。

◆获“全国先进基层党组织”称号　7月1日，在“庆祝中国共产党成立95周年全国‘两优一先’表彰大会”上，街道被中共中央授予“全国先进基层党组织”，并被列入全国30个重点宣传集体。在此次获评的300个全国先进基层党组织中，仙林街道党工委是江苏省唯一获此殊荣的街道党工委，也是南京市多年来唯一获此殊荣的街道党工委。

◆最美网格十大员表彰　12月2日，街道设立2016年仙林“最美网格十大员奖”，表彰为仙林“六化融合”社会治理创新做出贡献的先进个人。候选对象共分十大类，分别是仙林街道网格中一级、二级、三级网格员，城管协管员，绿化队员，环卫保洁员，物业管理员，警员，“万家欢”队员，高校志愿者队员，平安志愿者队员和建筑工地环保安全员。通过民主推荐、基层申报、初步审核、集体审定，最终评选出300位“最美网格十大员”。

6月，群众文集《心声》《民星》出版　仙林街道供稿

◆**赵乐际调研仙林街道**　12月12日，中共中央政治局委员、中央组织部部长赵乐际到街道调研，中共江苏省委书记李强陪同。赵乐际深入到社区党员、群众中，了解社区党组织开展党建工作的做法和成效，听取意见和建议，对仙林街道建立网格化体系，有效解决群众"有话和谁说、有事找谁办"问题，给予充分肯定。他指出，加强新形势下党的建设，必须深刻认识党的工作最坚实的力量支撑在基层，毫不动摇地把抓基层打基础作为长远之计和固本之策。街道社区党组织要充分调动各方面力量，依托党员活动阵地、社区服务中心等，通过"两学一做"学习教育，深入学习党章党规，深入学习习近平总书记系列重要讲话精神，坚持和完善"三会一课"等基本制度，把坚持全心全意为人民服务的根本宗旨、保持党同人民群众的血肉联系作为加强和规范党内政治生活的根本要求。要把学与做紧密结合起来，充分发挥基层党组织直接联系群众、服务群众的优势，把涉及群众切身利益的实事办实、好事办好。　□钱飞燕

迈皋桥街道

◆**概况**　2016年，迈皋桥街道总面积12.46平方千米，其中耕地23.23公顷。下辖16个社区，其中，纯居社区8个、厂居合一型社区4个、保障房社区4个。年末，总人口数124683人，流动人口6万人、常住人口64683人，老龄人口15166人，女性人口62341人。人口自然增长率5.61‰。

街道实现地区生产总值47.36亿元，比上年增长7.34%；实现全口径财政收入14亿元，比上年增长61.29%，其中，地方财政收入9.21亿元，比上年增长50.49%；全社区固定资产投资76.33亿元，比上年增长117%；城市居民人均可支配收入53836元，比上年增加5684元。推进重点项目12个。招商1872商业体项目，累计完成项目投资6亿元；华电科技园二期项目，低效用地通过南京市审批；金港大厦AB楼升级改造项目，招投标手续全部完成；老街升级改造项目，部分路段经过升级改造，环境面貌大为改观。培养江苏省"双创计划"创业类人才1人，区330科技创业中心被认定为江苏省"创新创业服务示范基地"。拆除各类违建2万平方米，拆除各类违章广告183处，面积1540平方米；通过南京市城治委标准化建设验收，创建3个标准化建设示范区；垃圾分类覆盖70个小区；省电建宿舍等4个小区成功创建垃圾分类南京市示范小区；完成5个停车示范点验收工作，出新主、次干道标志线12.5千米、面积1.5万平方米；处理市、区两级市容菜单66564件，办结率100%。完成青城路建设；推进北崮山道路、和燕路390号配套道路、逸文路、北苑东路等道路建设；完成高家村40号4~5幢小区出新；对辖区内沟渠按照"一河一策"原则制定综合整治方案，完成十里长沟二支、三支整治工作，沿线的绿化同步到位；推进万寿片区和金山花苑片区等13个居民小区，南京市华电中学等14个企事业单位雨污分流改造；保障房建设一期交付，二期列入南京市危旧房城中村改造实施计划，正在办理各项手续；实施新迈尧路城中村项目和红山路以西危旧房改造项目。组织各类招聘会15场，其中残疾人专场招聘会3场，提供就业岗位7000个，达成用工意向2000余人次，录用526人。以"我爱迈皋桥"第三届群文艺术大赛为主线，举办各类文体活动165场；组织第二届"我爱迈皋桥"最美人物评选，选出69名身边的平凡人物。街道便民服务分中心、街道文体中心、人防教育体验室、山水园社区服务中心和健康生活馆等一批服务群众的基础设施投入使用。入选市级物业管理优秀项目6家。通过"12345""96106"便民服务热线，受理各类工单4182件，作风满意率91.79%，结果满意率87.23%。实施社区民生示范项目16个、品牌建设项目9个，解决一批群众关注的热点难点问题。选派5名年轻优秀的机关干部到社区任职，配强社区班子；公开招聘20名大学生社工充实社区干部队伍；出台《社区集体"三资"监督管理细则》，切实维护社区集体经济组织和居民群众的合法权益。

◆**老街环境改造**　2016年，启动迈皋桥老街生态商业文化街区改造项目。不进行大规模动迁，着力探索城市"微更新"，植入文化元素，完善街区功能。店铺门口新建污水收集井，疏通更换排水管道，更新道路沿线井盖，重新铺装人行道，铺设机动车道沥青，整治店铺台阶，种植行道树。沿街电力和通讯缆线下地。拆除南十里长沟二支沿岸违建，进行河道整治、生态治理、景观绿化，河上架小桥，两侧建广场、凉亭和休憩

2016年，迈皋桥街道继续提升居住环境　迈皋桥街道供稿

长廊。对金盛农贸市场外立面改造，在保留菜市场的同时，把外围改建成商铺，引进老字号餐饮企业和品牌。对迈皋桥街22号、南京市安装宿舍公司、和燕路275号、293号和295号等民国建筑进行各具特色的装修改造；结合南十里长沟二支景观，新增老街入口和迈皋桥市场监督分局三角地带的景观建设，提升周边居住环境；结合迈皋桥的传说以及“皋”字的谐音，建设一条长80米的全国糕点文化墙，将各地的名特色糕点和小吃以浮雕的形式在石墙上集中展示，增添老街文化气息；打造四条风情休闲通道，八处文化休闲设施小品。至年底，“石阶记忆”泰悦大厦巷道已经成型；围绕“智慧”老街实施无线WiFi全街分布，在人流密集区放置5个多功能信息亭，提供线路查询、公交信息、报警求助、拍照纪念等公共便民服务；在井盖上安装智能系统，防止发生井盖设备丢失、损坏或人身伤亡事故，检测井下水位，及时通知人员清理管道，防止堵塞。

◆商住混合型楼宇提档升级　2016年，继续推进“宜业”迈皋桥，培育亿元楼宇特色工作。将金港大厦作为“亿元楼”打造，开展金港大厦A、B楼的提档升级工作，对A、B两栋的300套房屋进行基础信息摸排、登记。针对金港大厦A、B座现设施及装修老旧问题，与南京市凯盛建筑设计研究院有限责任公司签订金港大厦室外规划及室内公共区域出新设计合同。7月20日，在小区公告栏公示金港大厦裙楼1~4层外墙、公共停车区域出新及金港大厦A、B楼室内电梯厅等公共区域装修施工设计内容及效果图，在装修施工项目公示期满后，开展项目招标代理摇号，继续对项目的施工、监理进行跟进。

◆警务一体化建设　2016年，社区探索警务一体化建设，对难以成立业主委员会的小区，由社区、民警、住户代表共同成立小区管委会，实现社区连续10个月零发案、信访矛盾零上交，在兴都花园86号、88号小区成立小区管理委员会，由社区副书记和兼任社区副书记的社区民警共同担任主任，由1名社区民警、2名社工、3名居民代表担任委员，实现社区综治、警务同一个工作班子、同一个工作目标、同一个工作计划、同一个考核办法。9月，小区新建长约100米、宽约4米的电动自行车棚，可停放200多辆电动自行车。组建119人的信息员队伍、28人的治安夜巡队伍、6人的视频监控值守队伍，统归小区管委会管理，社区民警负责组织、培训、考核，实现群防群治、共筑平安。

◆物业管理示范项目　2016年，南京市住房保障和房产局公布40个项目获得“2016年度南京市物业管理示范项目”，迈皋桥街道的6个老旧小区和保障房小区获奖，分别是南塑新村、省电建一公司宿舍、华电一宿舍、和燕花苑、燕升园 II 园和万寿花苑。6个小区隶属迈皋桥街道，小区物业皆由迈皋桥街道物业服务中心管理，这也是全市街道办物业获奖最多的公司。物业总公司有12个社区分公司，900余名员工，保安24小时在岗，分公司法人代表由社区主任担任，各社区分公司挑选优秀大学生社工作为主任助理，专职负责物业工作。总公司设有垃圾清运、停车管理、园林绿化、应急维修、市政保洁、污水管网清淤六支专业队伍，小区发现问题，联系物业总公司，总公司下派工单，工作人员随即赶往该小区处理。

◆烧烤店专项整治　7月28~30日，街道联合区环保局、区市监局、消防大队、城管执法大队对辖区内烧烤行业无证经营、油烟扰民、占道经营、食品卫生等问题开展专项整治行动。专项行动主要实施“四查一罚”措施。“四查”即查经营证件、油烟排放、消防安全、门前三包，“一罚”即按照环保有关法律法规要求，对餐饮服务单位在期限内未安装运行油烟净化设施，擅自拆卸、停运油烟净化装置，超标排放油烟，逾期未办“环评”手续等违法行为，从严从重进行处罚。专项整治期间，共出动执法人员240人，发现油烟不达标烧烤店28家，其中，证照不齐烧烤店16家，均暂扣烤炉，责令停业；关门未营业10家；暂无问题2家。

◆双拥模范城有功单位　9月1日，迈皋桥街道办事处获得全国双拥模范城有功单位称号。街道成立由办事处主任任组长、由驻军各团级单位政委任副组长的双拥共建工作领导小组，街道双拥共建结对20家。各双拥共建单位成立工作班子，形成上下贯通、左右协调的工作网络，把双拥宣传教育、落实政策、目标任务一一细化量化，做到任务到部门，责任到人，层层抓落实的格局。运用板报、横幅、展板、宣传栏等方式来加强宣传教育工作，普及“兵役法”“国防教育法”等知识。联合消防中队开展应急消防演练10场，举行“走进军营”“一日兵体验”活动。春节、端午节、“八一”、中秋等节日，开展慰问活动，慰问金额达30余万元。慰问重点优抚对象、军烈属家庭8.85万元。审核惠民平台内38名优抚对象的优抚金、生活补助金信息，进行调标。有效安置退伍士兵12人，办理随军未就业家属补贴8人。

◆婚姻家庭调解中心落户丁家庄　9月28日，区妇联在迈皋桥街道丁家庄景和园社区举行“爱之园”婚姻家庭服务中心成立暨“爱住心间 和谐家园”公益项目启动仪式。全区各系统妇联主席、各街道妇联主席、社区（村）妇联及妇女代表近100人参加启动仪式。仪式上，大家首先观看维权工作宣传片《让爱流动，为幸福家庭护航》；接着，“爱之园”婚姻家庭服务中心负责人鞠芸芸介绍服务中心开设的服务项目和服务内容；区妇联、区民政局分别与服务中心签订“爱住心间 和谐家园”项目协议书；南京市妇联副主席魏群出席活动，并与迈皋桥街道办事处主任肖胜利共同为“爱之园”婚姻家庭服务中心揭牌。

◆省人大代表团调研　10月10日，江苏省人大代表团到迈皋桥街道省电建宿舍小区进行《江苏省物业管理条例》实施情况调研，参加调研的有区人大、区政府有关领导。省电建宿舍小区原属江苏省电建一公司职工住宅区，建于20世纪80年代，由于年代久远、疏于管理，小区环境脏乱差，2014年整治出新后，小区面貌焕然一新。2015年，小区管委会选聘社区的合班物业分公司进驻小区开展物业管理服务。收费标准是每月物业费0.4元/平方米、停车费120元/辆，管理处13名工作人员，体现了高品质、低收费的服务特色。代表团领导十分关心物业公司员工工作、收支平衡、居民满意度等情况，询问保洁员工资待遇和适应情况。座谈会上，代表们就小区的物业管理方式、业主委员会的组成、基础设施情况等开展研讨，认为管委会有社区工作人员和社区民警参与，能发挥稳定作用，确保小区出新成果常新不衰；政府性质的物业公司进驻小区开展物业服务符合老旧小区特色，适当的投入和帮助让居民幸福感和满意度稳步提升。省人大常委会副主任史和平肯定物业管理工作力度，建议通过星级小区评比，奖励项目管理处和项目经理，推动物业管理水平提升。

◆“扫黄打非”进基层　10月18日，南京市“扫黄打非”进基层工作推进现场会在迈皋桥街道召开。南京市“扫黄打非”办公室副主任关永波，南京市宣传办主任、市文明办副主任、市“扫黄打非”工作领导小组副组长彭振刚，南京市文广新局党委委员、文化综合执法总队政委尤荣喜，区委副书记陈波，区委常委、宣传部部长陈云松出席现场会，全市11个区“扫黄打非”办公室主任和区各街道“扫黄打非”领导小组组长参加现场会。与会人员先察看迈皋桥街道“扫黄打非”有办公室地点、有工作队伍、有经费保障、有宣传阵地、有举报电话、有工作台账等“六有”情况，再观摩万寿村社区“扫黄打非”工作站建设，最后听取社区志愿者开展工作情况的汇报。11月8日，全国“扫黄打非”进基层工作推进会在南京召开，与会的全国“扫黄打非”工作小组专职副组长李长江，全国“扫黄打非”工作小组副组长兼办公室主任、国家新闻出版广电总局副局长吴尚之，中宣部、中央综治委、公安部、文化部、教育部、国家新闻出版总局、国家工商总局、团中央、中国妇联等中央十部委相关负责人和各省、市、自治区“扫黄打非”办负责人和“扫黄打非”成员单位负责人，江苏省各市“扫黄打非”办负责人等140余人到迈皋桥街道、万寿村社区及南师大附中丁家庄初级中学，考察“扫黄打非”进基层工作。 □赵　玲

燕子矶街道

◆概况　2016年，燕子矶街道总面积37.68平方千米，其中耕地27.64公顷。辖社区居委会13个（纯居社区5个、村居合一社区3个、厂居社区5个）。至年底，总人口63549人，其中女性人口31917人，人口自然增长率为1.71‰。街道实现一般公共预算收入3.92亿元，19家重点企业税收比上年增长56%；全社会固定资产投资61亿元，弘阳、招商、电建、金浦、融创、中航项目拉动投资增长；社会消费品零售总额23.77亿元，规上工业企业总产值13亿元，服务业增加值46.21亿元，；实际利用外资261万美元，外贸出口9856万美元，服务外包1269万美元。街道与金陵科技学院合作建立“燕子矶街道科技成果宣传推广平台”，出台“科技创新奖励办法”，鼓励企业开展研发。完成专利申请177件，发明专利申请48件，其中，发明专利授权17件。新增产学研合作项目2家，新增校企联盟1家。

先后实施燕子矶老镇和燕路以东项目拆迁，涉及869户居民和12家工企单位；燕子矶老镇和燕路以西项目拆迁，涉及182户居民；燕子矶中学增容扩建项目拆迁，涉及居民93户和工企单位2家；吉祥村胜利村项目拆迁，涉及8家企业。完成二桥沿线新港新城片区、薛家村枣林村、二桥沿线新尧新城片区、二桥沿线迈燕片区5个批次拆迁户选房入住工作，共计3215户。薛家村枣林村、王家前化工一组二次入住燕江新城，迈燕片区居民入住熙景福苑。推进水环境治理，国考、省考河流断面全部达标，幕府山沟河道清淤、控源截污、生态修复全面完成，启动神农路沟生态治理，配合燕子矶新城指挥部实施北十里长沟西支主流整治工程，做好清淤、河道蓄水、截污、两侧景观绿化。完成年度排水达标治理范围原有管道的清淤、疏通任务。完成燕华花园、田园美居小区二次供水改造。完成太平村70号、幕府三期、太瓷桥、化工新村4个小区出新工程，出新面积5.5万平方米，整治房屋19幢。化工新村小区新增精品出新项目。结合卫生城市复审，拆除旱厕，新建公厕，开展吉祥二、江家村、化新路等城中村区域环境整治。新增和燕路522号、吉祥山庄、城市绿洲北苑、祥和雅苑4个垃圾分类示范小区。实施自建道路和绿化设施的市场化养护。实施燕子矶新城新建道路燕澜街、盛春街的车辆乱停放整治。完成黄标车淘汰目标任务。制定《燕子矶街道商品房物业服务企业考核办法》，对商品房物业服务企业管理实绩进行考核。

扎实推进20项惠民工程。新增城镇单位就业人数1670人，培育自主创业人数164人，帮扶158名就业困难人员上岗就业。办理城市低保330户474人，低保救助金额279万元，大病救助、综合医疗救助、困难救助、支出型救助等各类救助金额合计184万元，惠及4662人。祥和雅苑幼儿园和实验幼儿园达省优质园标准，建设社区教育中心，通过省、市、区考核验收。列入首批“社区综合文化活动中心”建设的南化社区、吉祥庵社区、祥和雅苑社区图书室完成统一配置。创建AAA居家养老服务站2家，AA居家养老服务站4家，在化纤新村社区建成中央厨房，为200多位老人提供就餐服务。筹集资金80万元为驻地部队新修道路，为部队官兵送去慰问品40万元。通过困难救助、发放生活补贴、交纳居民养老保险，解决残疾人的基本生活、养老等实际困难，向187名残疾人免费发放康复器材，推荐52名残疾人就业。深入排查和有效化解各类隐患，开展燃气场所安全专项治理。强化“打非治违”，取缔“黑加油点”、无证废品收购站。对挂牌隐患单位进行重点检查，督促整改，消除隐患。成功抵御长江流域特大洪水，夺取防汛抗洪的胜利。对街道268栋55万平方米的老旧房屋进行专项摸底排查。对地下开挖施工项目进行全程监管。深入开展第六轮“春风化雨”握手行动，化

解冒其华、李敬龙、李敬祥、柏凤梧、城市绿洲农贸市场等16起信访案件。开展“百日专项行动”，集中整治治安突出问题。固化“一案双查”工作机制，制定城中村、老旧小区、物业小区防范标准，全力压降“两类案件”。重点解决城中村治安防范问题，开展“子夜平安巡”行动，通过夜间亮化、安装视频、安装防盗网、安装防盗报警器、平安（模范）出租户评选和加强重点地区巡防等举措，有效压降城中村地区入室盗窃案件。开展平安志愿之歌征集活动，并组织干部、群众传唱。成立平安志愿法律特色服务站，组成45名平安志愿者队伍，做到法制宣传、法律咨询、人民调解、法律援助、帮扶转化等服务“零距离”。省社情民意调查中心反馈，街道公众安全感为96%，街道平安志愿工作得到中央、省、市政法综治部门的充分肯定。

◆小区出新　2016年，街道完成化工新村20~24幢和40~44幢、幕府山庄70~75幢、太新路3号、太平村70号共4个小区出新工程，出新面积5.41万平方米，整治房屋19幢。整治内容包括外立面、楼道、道路等整治出新，增设路灯、监控、门禁设施。其中，化工新村20~24幢、40~44幢小区被列为老旧小区整治精品工程，在小区出新基础上，增加和谐宜居、绿色节能、彰显特色的精品工程内容，包括古色古香的一楼院落围墙，遮挡美化的空调外机，整齐划一的雨水搭子，美丽休闲的小公园，结合海绵城市要求修建下凹式绿地、增加节能照明灯、加设居民休闲座椅、摊铺透水混凝土。小区景观石上题字，修筑文化墙。

◆水环境整治　2016年，街道综合推进水环境整治。实施王家前化工一组、晓庄村、吉祥村胜利村拆迁，减少北十里长沟西支污水排放。拆除东支工业污染源企业金源顺、苏驰物流。完成北十里长沟西支燕尧路至太新路、晓庄广场至劳动局、联珠村至和燕路、燕澜湾示范段河道整治工程。完成北十里长沟东支3.2千米整治工程。拆除北十里长沟西支沿线太瓷桥违建3处及私搭旱厕14处。完成30个小区及企事业单位共4个标段雨污分流工程，整治管道1.57万米。完成北十里长沟西支太瓷桥、神农路、幕府铁板桥、中心村、环卫所院内临时截污口工程。完成北十里长沟西支南化宿舍排口截污工程。在太瓷桥安装补水管道及闸门，入江口化工桥两台60千瓦泵每天定时开机引水，对河道实施不间断补水，加强河水循环。落实河道巡查养护及排污口巡查工作责任，确保河面无漂浮物，岸坡无垃圾。

◆垃圾分类绿色生活体验馆　1月10日，全国首家街道垃圾分类绿色生活体验馆建成开放，《人民日报》《新华日报》《南京日报》等媒体专题报道。体验馆位于和燕路505号，以“共存”为主题，通过互动参与，形象直观的向公众阐述垃圾分类知识，宣传环保低碳理念。街道在银贡山庄、燕华花园、太平村、燕子矶和幕府山庄5个小区引入第三方企业，采用市场化运作模式推动垃圾分类，居民参与度高，垃圾分类知晓率90%，参与率64%，惠及居民7343户，覆盖人口25700人。体验馆周一到周五每天9:00~17:00对外免费开放。

◆招商引资　2月，中国电建地产集团有限公司通过公开市场股权转让收购南京金羚房地产开发有限公司，获得NO.2008G24项目的土地使用权；7月，南京招阳地产以14.6亿元拍得枣林村A、B地块，楼面价9347元/平方米，拟投资26亿元进行项目开发；8月，经过70轮竞拍，中航地产以22.7亿元拍得小南化一期A、B地块，楼面价10304元/平方米，成为燕子矶地王。彩虹广场有黄金钟表、化妆品、服装、餐饮娱乐知名品牌企业入驻，带动晓庄商圈发展。东大科技园栖霞园区有企业61家，入驻率85%。易途电商园有企业27家，入驻率100%，园区集聚服务类、交易类、第三方支付软件开发等多类型电子商务企业。

◆省、市综治办领导观摩平安志愿工作　6月24日，江苏省各市综治办负责人到街道观摩平安志愿服务工作。中共江苏省委政法委副书记、省综治办主任朱光远，中共南京市委常委杨学鹏出席活动。燕子矶街道在全市率先成立平安志愿者协会，按照政府部门、社区、行业和特色服务四个类别，下设41个平安志愿者服务站，其中，政府部门服务站4个，社区服务站13个，行业服务站17个，特色服务站7个，共招募平安志愿者6180名。朱光远表示，燕子矶街道在推进平安志愿者队伍建设过程中开拓创新，形成在全省有影响的特色品牌，得到社会各界广泛好评，各地要认真学习借鉴燕子矶街道经验，全面推动综治工作创新发展。

◆防汛工作　7~8月，街道担负7.8千米长江、北十里长沟东支、西支2条通江河道、北十里长沟中支1条骨干河道、神农路沟、幕府山沟2条河道沟渠防汛任务。街道成立由259人组成的防汛抢险突击队和防汛机动抢险队，完善防汛预案，储备编织袋2万条、草包1000条、汽油泵2台、潜水泵6台。巡查水利工程、排涝机站、江河堤防、穿堤涵洞，重点检查94679部队曾埸江工段、幕燕风光带渡石狮圩曾坍江堤段和北十里长沟东支、中支、西支河道沿线，及时清理河道内树枝等杂物，消除阻水坝。6月27日和7月2日，分别对笆斗山太新路北侧、和平街9号垃圾中转站地质灾害隐患区采取防治措施，撤离人员10人。7月3日起，对长江大堤进行24小时无盲区巡查。

◆“军民共建路”通车　7月27日，燕子矶社区笆斗东里一条长200多米、宽6米的新铺水泥路通车，方便了南空某部官兵及家属出行，这是街道和社区在“八一”建军节前夕为驻地部队送上的一份特殊礼物。此前，笆斗东里这条路年久失修，排水不畅，没有路灯，附近有部队2家，运输和出行都受影响。街道和社区筹集资金80万元，重新铺设水泥路，路幅扩至6米，新增排水沟，并安装路灯。

◆中央政法委机关调研组到街道调研　11月3日，中共中央政法委研究室副巡视员张磊率机关调研组，在中共江苏省委政法委政法部主任范洪涛、省委政法委研究室主任周和林、中共南京市委政法委副书记孙小忠、市委政法委研究室主任印文华陪同下，到街道调研指导平安志愿服务工作。调研组观看街道平安志愿工作宣传展板、宣传片，听取街道领导现场介绍，实地察看街道平安志愿服务之家，与平安协会工作人员互动交流。省、市、区领导分别向调研组简要汇报省、市、区平安志愿服务工作情况。张磊对燕子矶街道平安志愿服务工作运行模式、特别是平安志愿文化建设予以高度评价，希望平安志愿服务工作再创新、再发展、再提升，为建设平安中国发挥示范引领作用。　□陈　亮

八卦洲街道

◆**概况**　2016年，八卦洲街道总面积72.03平方千米，其中，主江堤外圩地、滩涂16.03平方千米，耕地2916.94公顷。辖村民委员会7个，居民委员会1个。年末，总人口33209人，其中女性人口17134人。人口自然增长率0.7‰。街道实现地区生产总值14.61亿元，比上年增长3.5%，其中，第一产业4.58亿元、第二产业2.61亿元、第三产业7.42亿元，比上年分别增长23.78%、-27.9%和9.12%。全年财政总收入2.41亿元，公共财政预算收入1.5亿元，比上年增长17.8%。全社会固定资产投资为5478万元，完成区政府下达5000万元的109.56%。农民人均年可支配收入27684元，比上年增加3189元。完成投资1400万元的跃进东路综合整治工程，进行沿线美化亮化及文化打造；完成投资4710万元的区2015年度农田水利重点片区工程。街道完成931综合环境整治28处2070.88平方米。在全区街道市容长效考核中，八卦洲街道综合排名第五位。完成水泥路建设8千米、机耕路10千米，农路大中修2000平方米。完成小江河整治项目，完成上坝三垅河、双柳四垅河、共和直河、大同埂边河、七里9·10组~7·12组河、葫芦漾河6条黑臭河清淤，完成复兴西河拓宽及7个小水闸建设。完成全洲江河堤防治理工程。完成外沙村与七里合新村的污水处理升级改造工程。

是年，街道获得南京市现代农业主导型街道组别二等奖，街道农业园区被评为南京市现代农业科技园、第一批省级现代农业综合科技示范基地、省级农业科技园区，获得第一批国家级“星创天地”称号。

◆**农业园区建设现场观摩会**　1月6日，南京市农业园区建设现场观摩会在八卦洲现代农业科技园召开。南京市农委副主任戎新祥，农业处处长季国军、副处长阮明山，各区农业局分管局长、农业科科长参加观摩活动，办事处副主任孟桂正陪同观摩。观摩组先后参观入驻农业园区的虹越园艺家花园中心、俊红生态农业园、核心区扬大产学研教育基地、荷兰高智能玻璃温室等重点项目区。这些项目分别以苗木花卉、热带水果、高架草莓葡萄、进口红掌等特色产品享誉洲内外。八卦洲现代农业科技园自成立以来，通过土地流转，招商引资，引进多家面积规模大、科技含量高、产品特色强的项目，同时将重点项目建设与园区提档升级紧密结合，利用农业生产带动周边休闲农业、科技农业转型升级，促进农业增效、农民增收。座谈会上，戎新祥肯定八卦洲现代农业园区的建设，总结全市2015年园区工作、布置2016年园区建设推进任务。各区就2015年的园区建设工作进行年终总结与经验交流。

◆**省级水利风景区创建工作推进会**　2月18日，省级水利风景区创建推进会在下坝村会议室召开。南京市水务局巡视员王凯，江苏省水利厅景区办副主任于涛，区水利局副局长范劲、候书金等领导出席会议并深入现场指导创建工作。街道工委书记曹显进，办事处主任李春节，街道工委副书记、下坝村第一书记陈昌仁参加会议。区、街道水利部门相关科室（站）以及下坝村负责人列席会议。会议由李春节主持，陈昌仁汇报水利风景区创建工作。会上，王凯对八卦洲环境建设特别是水环境改善给予充分肯定，他从成洲历史、民间传说、地名文化、洲堤演进、蔬菜文化等方面对八卦洲水文化进行解读，强调八卦洲下坝村水利风景区规划要统筹美丽乡村建设、带动百姓致富、缩小城乡差别、衔接上位规划等要素，重点突出以“绿”“水”二字为内涵的生态休闲游，打造大江风光、江滩风貌、农家风味、滨水风情等特色，强化环境卫生的日常管理，达到“宜居、宜游、宜业”的目标，并建议规划建设八卦洲历史文化博物馆。于涛强调，水利风景区创建首先要确保水利工程运行安全与管理达标，充分挖掘与展现水文化，为美丽乡村建设、乡村环境提升做贡献，体现差异化、效益化、休闲化发展理念，增加互动项目的设置，为水文化、水科普、水资源、经济强、百姓富、环境美等目标实现提供抓手和支撑。

◆**综合管理办公室成立**　2月，街道在各村居成立综合管理办公室，负责治安维稳、建房审核、土地管控、安全生产、环境保护、食药品监管、绿化管养、河道管护、道路保洁等工作。综合管理办公室设主任1名，由所在村（居）书记兼任；常务副主任1名，工作人员2名，街道市容办选派2名城管协管员，派出所选派1名片警及2名保安协助工作，确保综合管理办公室人员齐全，职能完善。管理办公室作息时间实行两班错时制，周六、周日实行轮换值班。街道对综管办工作人员安排专门培训，由街道科室和外沙村前期试点工作人员授课，传授工作经验。村居综合管理办公室的成立，将村级服务职能与管理职能分开，实行专项管理，有力提升全街道环境、治安、安全水平。

◆**阿莱农场开园**　4月15日，阿莱农场在外沙村举行开园仪式。江苏省老年人体协副主席兼秘书长孙海连，街道工委书记曹显进等领导出席开园仪式。仪式上，悦心集团董事长高庆玲介绍阿莱农场的基本情况及发展规划；曹显进对农场开园表示祝贺，他指出阿莱农场设计新颖、风格别致，为南京市民提供

更多地参与农业生产、体验农耕文化、品尝绿色农产品的机会，也为外沙村现代农业、生态农业、休闲农业的发展注入新的活力。悦心集团依托八卦洲丰富的生态资源及优质的田园土地，在外沙村西片区规划兴建10公顷生态农业体验园。通过3个月的打造，成功推出生态农产品直供基地——阿莱农场，为广大市民提供私人健康菜园个性化服务。基地还将陆续推出“四合院养生住宅”“明文化体验村”等文化体验项目。开园仪式结束后，阿莱农场组织嘉宾参观农场。

◆农业嘉年华系列活动　4月30日~5月2日“五一”节假日期间，街道推出农业嘉年华系列活动，内容包括虹彩花卉花园植物节、红杜鹃第二届菜博会、沙漠风情园沙雕艺术节等。街道发动洲内各景区、企业和农庄积极参与，进一步整合资源，形成合力。除5月2日强降雨天气外，红杜鹃和沙漠风情园日接待游客量约2000人次，其他景点如派缘农庄、洲头湿地公园、假日山庄等，也都吸引不少游客。

◆现代农业科技园区规划评审会　6月3日，街道在水利站会议室召开江苏省八卦洲现代农业科技园区规划评审会。江苏省科技厅农村处处长陈洪强、江苏省农机化研究所研究员平英华、江苏省农科院研究员郑建初、南京市科委城乡处处长陶波、南京农业大学教授谭涛及卞新民、南京林业大学教授丁雨龙、扬州大学教授陆建飞应邀出席评审会。街道工委书记曹显进、办事处主任倪天华、工委副书记陈俐参加会议。会上，参与规划编制工作的谭涛介绍省级农业科技园区的整体规划方案，指出规划主要以“三产融合”“农业旅游养生创新”和“绿色发展”为突破方向，以“一个品牌、四个平台、五个基地”为思路，创建国家级农业园区和长三角“硅谷”，带动发展，实现“一核一环三片区”的整体布局。与会专家指出，规划结构较全面，但功能有交叉，定位不够清晰，在规划模板和设计内容上需进一步细化且贴近主导产业，建议将名称改为“八卦洲园艺农业科技园区”，专家们还指出，要切合“十三五”的要求对八卦洲进行规划，突出“科技+产业”概念，推行精致健康理念，加强生态服务功能，突出“绿色”基调，打造农业科技引领示范区。最后，陈洪强强调，规划要切合实际，根据自身良好区域定位，自然资源优势，水系多湿度大，适合养殖水生植物及水养动物等特色，选择适合自己发展的道路，重点发展。

◆防汛抗洪　6月上旬，街道成立防汛工作领导小组，认真分析防汛面临的新形势，早谋划、早部署、早准备、早安排。从4月开始，街道恢复防汛防旱指挥部，修订完善防汛值班制度和防汛预案，做好思想准备、组织准备、物资准备、工程准备，牢牢把握防汛工作的主动权。从防大汛、抗大灾的角度考虑，街道储备防汛积石5000吨、草包3.7万条、编织袋15万条、彩条布4万平方米等物资，并由专人看管和调配。从7月2日起，街道组织60人的应急抢险队，集中食宿、随时待命，承担防洪救灾、突发事件应急救援等职责。街道还制定撤离预案，明确街、村、组三级撤离领导小组的工作分工和各自职责，确定在长江下关水位达到9.5米、10.05米、10.22米时，人员分批撤离的次序和人数。7月3日后，长江水位暴涨，外圩子堤有被洪水漫溢的危险，街道连夜召开紧急会议，调集抢险队员120人上堤，从凌晨2时开始至次日7时完成1千米子堤加高消险工程，保障江北新区80万居民的饮用水安全。7月4日，长江水位超9.5米，街道立即启动撤离预案，在12小时内完成主江堤外圩65户262人的撤离工作，确保群众的生命财产安全。汛期八卦洲共发生险情25处，均得到及时有效处理。入汛以来，八卦洲1000多名干部群众坚守在33千米长的环洲大堤上长达20多天。南京巨星路桥工程有限公司组织100人的抢险队、80辆满载黄土的车辆和3辆大型施工机械支援防汛；南京环峰工程公司自发组建20多人的防汛抢险队伍，自备挖机1台，抢险工具车1辆，24小时吃住在大堤上；南京市民政局、区红十字会等部门组织帐篷、食品、药品以及头灯、手电筒等物资送到防汛一线。过了农历十八大汛，长江水位逐步下降，船闸水位从最高点的9.88米降至9米以下，街道平稳度汛。

◆新版农村土地承包经营权证书发放　8月4日，区首批新版农村土地承包经营权证书发放仪式在中桥村举行。参加会议的有区委副书记陈波、副区长秦志刚、南京市农委农村经营管理处处长湛中林、区农业局局长宋福红及区农业局、国土分局、档案局、财政局分管负责人；八卦洲、龙潭、栖霞、西岗4个涉

8月4日，区首批新版农村土地承包经营权证书发放仪式暨业务培训会在中桥村举行

八卦洲街道供稿

农街道办事处主任、分管负责人、农经工作负责人以及29个已开展承包土地确权工作村（社区）书记和具体工作负责人。颁证仪式由秦志刚主持，陈波讲话。颁证仪式上，陈波、秦志刚、湛中林、宋福红分别向八卦洲街道第一批拿到农村土地承包经营权证的8名农户代表颁发证书。随后，市、区领导查阅中桥村农村土地承包经营权确权登记颁证工作档案，观看农村土地承包经营权管理信息系统演示。

◆农业嘉年华开幕式暨龙舟公开赛　9月24日，南京市第十二届农业嘉年华栖霞分会场开幕式暨第四届南京市龙舟公开赛在洲举办。农业嘉年华开幕式围绕“同洲·同乐·同享”的主题，举办田园跑、葡萄节、沙漠风情园彩雕节、虹彩向日葵展暨浪漫秋花展、钓鱼大赛、美食节等特色活动，展现八卦洲的独特田园风情和乡间文化。最引人注目的是龙舟赛，共有18支队伍参赛，其中，公开组8支，分别为南京森林警察学院、中国传功、东南大学、商业学院、三江学院、金丝利喜来登、港华燃气和温州商会代表队；社会组10支，分别是八卦洲街道、马群街道、栖霞街道、迈皋桥街道、燕子矶街道、凤凰街道、东山街道、泰山街道、宝塔桥街道和秣陵街道代表队。经过激烈角逐，南京森林警察学院代表队、中国传功代表队、商业学院代表队分别获得公开组冠军、亚军和季军；八卦洲街道代表队、燕子矶街道代表队、东山街道代表队分别获得社会组冠军、亚军和季军。八卦洲连续第五年举办龙舟赛，已经成为一项传统赛事和“江中丽岛”对外的一张名片。通过龙舟赛，展示八卦洲独特的水文化和清新的乡村美景，丰富群众的文化体育生活，推进南京市龙舟运动开展，推动八卦洲乡村旅游的发展。

◆省级现代农业科技园区授牌　11月5日，省级现代农业科技园区授牌仪式在八卦洲举行。活动邀请中国工程院院士、北京理工大学教授朵英贤和中国科学院研究员朱祯参加，出席会议的有江苏省科技厅、南京市科委领导，中国农业大学、国家航天育种中心、南京农业大学、扬州大学、南京林业大学、江苏省农科院、中国林业科学院林化所等单位的领导和专家以及省双创人才企业、八卦洲企业的代表。会上，江苏省科技厅副厅长段雄为八卦洲省级现代农业科技园授牌。八卦洲街道积极转型发展现代农业，按照“统一规划建设、统一土地流转、统一招商引智、统一运营管理”的理念，打造规划面积3000公顷的江苏省栖霞现代农业产业园。虹越园艺家、俊红生态园等一批优质农业企业与荷兰高智能玻璃温室、气雾栽培基地、航天育种等高科技农业项目落户八卦洲，良好的产业基础和各项优惠政策的叠加，为现代农业的蓬勃发展插上腾飞的翅膀。园区先后成功创建第一批南京市重点农业示范园区、江苏省现代农业产业园区、南京市现代农业科技园、第一批江苏省现代农业综合科技示范基地及第一批国家级“星创天地”。省级现代农业科技园区负责人表示，将以此次活动和挂牌为新的起点，进一步加强校地企合作，促进农业科技成果转化，探索八卦洲现代农业发展新思路，为八卦洲建成“中国·南京农业嘉年华”永久举办地和创建国家级现代农业科技园提供科技支撑。随后，国家航天育种成果转化中心、南京农业大学、扬州大学分别与省级现代农业科技园签约，共同打造航天育种示范基地和特色荷花基地，共建“现代园艺安全、优质、绿色技术研发与应用”项目。会上，街道领导还向八卦洲新农村发展战略咨询专家颁发聘书。朵英贤教授和南京农业大学副校长丁艳锋等专家讲话，对八卦洲现代科技农业的发展提出建议，省科技厅、市科委和区领导也对下一步工作提出建设性意见和要求。

11月5日，省级现代农业科技园区授牌仪式在八卦洲举行　　八卦洲街道供稿

◆芦蒿美食创意大赛　12月20日，八卦洲芦蒿美食创意大赛在假日山庄举行。江苏省烹饪协会常务副会长兼秘书长彭东生、街道工委书记曹显进等出席大赛。大赛共有21支队伍参赛，烹饪出60多道以芦蒿为主的特色美味佳肴。八卦洲芦蒿种植面积超过1333.33公顷，产量4万吨，产值近1.6亿元，是八卦洲农业和农村经济的一大品牌。举办芦蒿美食创意大赛，旨在吸引烹饪、美食的里手行家，展现八卦洲芦蒿美食的吸引力，在“中国芦蒿第一乡”基础上将八卦洲打造成为“中国芦蒿美食第一乡”。大赛要求每个参赛单位现场制作一道以芦蒿为主料的菜肴或点心和一道具有乡村特色菜肴或点心，制作时间为60分钟。经过激烈角逐，最终决出一等奖1名，二等奖2名，三等奖3名，并选出10道“金牌芦蒿菜（点）”和10道“金牌乡村特色菜”。

□祁　峙

西岗街道

◆概况　2016年，西岗街道总面积33.93平方千米，其中耕地面积774.07公顷。辖社区居委会4个（其中，经适房社区3个、厂居社区1个），村委会2个。年末，总人口27413人，其中女性人口14117人，乡村人口6089人，另有流动人口3000人，人口自然增长率为0.5‰。

街道实现地区生产总值18.14亿元，比上年增长17%，其中，第一产业0.33亿元、第二产业1.57亿元、第三产业16.25亿元，比上年分别增长4%、40%、15%；实现全口径财政收入6.1亿元，比上年增长2%，其中，地方财政收入2.71亿元，比上年增长0.3%；全社会固定资产投资75.95亿元，比上年增长9%；农民人均年纯收入26945元，比上年增加1925元；城镇居民人均可支配收入50546元，比上年增加5303元。启动德科码项目建设，配合液晶谷G108项目建设并顺利量产，装备产业园启动项目入驻。服务仙林湖片区万达茂及周边房地产开发建设，强化扬尘管控、安全生产等方面工作监管，并在生活配套等方面提供保障。挖掘山水林资源，筹措资金近亿元，实施以桦墅周冲村为核心的美丽乡村系统改造工程。完成向日葵园、樱花园、百果园等集观赏、种植为一体的园区建设。加快推进孟北果蔬基地、西岗茶文化创意园规划建设，打造半城半乡的都市休闲农业。继续加大河塘沟渠治理力度，改善乡村水环境。推进"西岗灵露"雨花茶、"桦墅"大米特色农业品牌建设，完成"摄山禅茶"新商标注册；西岗茶场连续多年取得南京市雨花茶评比金奖。结合白象片区控详，加快推进摄山星城区域规划修编工作。深化步青路商业街、小尤山综合商服区、经天路绿化带规划建设，弥补摄山星城居民生活和商业配套不足。深化仙林外校与摄山星城小学合作办学机制，顺利完成第二中心幼儿园等3所学校建设。实施摄山星城环境改善工程，完成摄山公园、中心区广场等系列功能化改造；改善交通出行环境，完成科技南路、齐民东路等7条道路出新改造，新增优化178路等11条公交线路。整合区、街综合执法力量，顺利完成仙林湖餐饮整治工作。深化市容环境示范路创建，全面实施摄山星城违停、市容环境及社区环境提升3个专项整治行动，有效改善市容环境。加大两村及西岗果牧场片区违建管控力度，确保新违建零出现。加大工地管控力度，成立工地互查互评例会制度，尤其对工地扬尘管控、安全生产、欠薪等逐一点评排名，明确整改时间和标准。整合街道资源，完善物业公司构架，探索物业管理"5＋2"实体化运作模式。实施摄山星城各小区绿化改造和技防改造工程，有效提升小区管理水平。开展就业技能培训和创业培训4期，累计为210人次失业人员进行培训，实现稳定就业864人；实现再就业552人。充分利用中心区3000平方米商业用房资源，组建各类社会组织16个。开展综治维稳和平安创建活动，不断增强社会治安防控能力，开展社会管理综合治理，推进房屋出租挂牌公示制度。加大治安管理信息化建设，建成街道数字化监控中心。全年辖区未发生一起恶性刑事案件。

是年，西岗社区卫生服务中心在全省率先通过社区康复建设评审；听竹社区被评为江苏省人民调解委员会规范化建设示范点、江苏民主法治示范社区、江苏省和谐示范社区；闻兰社区获2013~2015年度南京市文明社区、2015年度共青团南京市五四红旗团支部称号；桦墅村被评为2015年南京市美丽乡村示范村、南京市书香乡村建设示范点，被科技部纳入星创天地创业基地名单，桦墅村"乡村铺子"被住建部评为二等优秀实例；孟北村获2013~2015年度南京市文明村称号。

◆桦墅特色生态小镇　5月，全面整合桦墅独有的山水、历史文化资源，按照AAAAA级旅游风景区标准，打造桦墅特色生态小镇。街道与东区建设指挥部联合成立"南京桦墅小镇开发建设有限公司"，具体负责生态小镇的规划、建设及运营。通过引入外来资本，对桦墅进行整体规划建设。桦墅特色生态小镇占地面积8.14平方千米，包括9个自然村，总人口2700余人。小镇范围内拥有丰富的山水资源，其中，山地、林地面积约513.33公顷，耕地面积约210.67公顷。东侧的射乌山植被茂盛；周冲水库及石佛庵水库水质良好。2014年，南京开发区与街道牵头，重新梳理桦墅村的自然生态和历史文化资源，邀请专业设计公司东联集团进行规划设计，完成对桦墅周边自然村近200幢房屋改造出新，村内道路、景观绿化提升，市政道路出新、道路景观绿化改造，建设生态停车场2个，生态厕所3座，完成沿线道路亮化工程和交通标志建设及村内、道路沿线杆线下地改造。此外，建成向日葵观光园、水果采摘园等16.67公顷，建成优质稻米生产基地133.33公顷及现代化大米生产、包装线一条，并且注册了商标，通过绿色食品认证。推进"桦墅美丽乡村"高效农业项目建设，完成桦墅果园二期桃园2公顷、梨园2公顷、金橘园1.33公顷的种植工作；加强果树采摘园和向日葵观赏园的日常管护，确保成活率，形成观赏效果；整合周村小范围地块，种植格桑花等观赏花卉，提升美丽乡村视觉效果。桦墅村成功申报全国休闲农业与乡村旅游示范点，并最终摘牌。完成园区道路、停车场配套绿化提升建设。加强10公顷孟北大山樱花园日常管护，保证苗木成活率。

◆闻兰社区科普体验馆　2月26日，闻兰社区科普体验馆·社区科普起跑线项目揭牌活动，在西岗科创中心举行。共青团南京市委，区教育局、科技局、关工委、团区委、街道、社区领导，摄山星城小学和幼儿园的负责人、师生代表参加活动。闻兰社区科普体验馆由序厅、音乐之声、低碳环保、科技之光、生命健康等主题厅组成，面积约120平方米，是摄山星城居民家门口的科普阵地，深受青少年及老人的喜爱，自2015年7月正式开馆以来，累计接待26批次，参观人员达1000余人次。经过多部门协调，积极整合辖区小学、幼儿园资源，"社区科普起跑线"项目应运而生，项目与摄山星城小学、西岗幼儿园共同探索科普教学与实践。按活动计划，“社区科普起跑线”利用周末、暑假等课余时间，全年开展科普教学活动，筹办“红领巾讲解员社区行”“科普情景剧征集”“雏鹰假日”“科普宣传进幼儿园”以及“年终总结会演”等系列主题活动，充分发挥科普阵地的作用，为青少年的幸福健康成长提供原动力。

◆G4路公交旅游专线开通 4月16日，江南公交G4路公交旅游专线在美丽乡村桦墅周村举行开通仪式，街道工委副书记、办事处主任葛山来，江南公交相关领导出席开幕式并揭牌。江南公交开辟意见反馈咨询台，询问广大市民的要求和意见反馈，招募50名试乘体验者试乘新公交线路的运营。G4路公交旅游专线在仙林中心杉湖东路至江宁湖山圣村之间往返行驶，实现桦墅周村景区与仙林大学城直接通达，并接通地铁2号线4个地铁站，把仙林大学城、桦墅周村景区、江宁湖山景区连成一片。便利市民到美丽乡村游玩，体验西岗街道桦墅村的秀美山水和民俗风情，受到市民热烈欢迎。

◆西岗茶叶“以茶礼佛” 5月13~15日，西岗街道的“摄山禅茶”“西岗灵露”牌雨花茶获邀参加首届江苏省名茶展销博览会，并双双获得南京市茶叶协会颁发的2016年南京雨花茶质量评比金奖奖牌。此次博览会汇集江苏全省13个市120多家单位各种名茶，西岗街道的“摄山禅茶”牌雨花茶，将佛教和茶有机融合，显现禅茶的独特魅力，让更多人了解茶与佛教因缘，感悟平凡人生真谛，弘扬茶文化和谐圆满。会上，德国卡塞尔大学教授、著名艺术家、中国“五一劳动者奖章”获得者Dieter Haist迪特·海斯特高度评价“摄山禅茶”的文化创意。西岗街道按照发展和生态两条底线，围绕茶园建设、清洁生产、质量管理、品牌建设与保护、文化弘扬等方面内容，将茶园的生产、加工、营销、品牌、文化、旅游、体验融合一体，打造具有文化底蕴和丰富内涵的茶文化创意园，实现“融入地方元素、凸显地方特色、树立地方茶叶品牌”的目标。

◆汛期抢险 7月6日晚，七乡河下游栖霞老西沟桥段出现管涌险情。根据区防汛指挥部及人武部统一调遣，街道紧急启动防汛抢险应急预案。统战员徐小健带领34名民兵突击队员第一时间赶到现场，实施人工合围作业，并与后续赶来的龙潭街道突击队员一起徒手搬运沙袋对管涌点实施围堵。4个多小时后，管涌险情有效排除。

◆西岗康复中心 8月11日，西岗社区卫生服务康复中心接受江苏省、南京市康复评审专家组，区财政，区卫计局组成的评审团的评审。西岗街道与江苏省人民医院试点合作，打造三级医院、江苏省人民医院——二级医院、栖霞区医院——一级医院、社区卫生服务中心三级“康复链”，让郊区的老百姓在家门口就能享受到省人民医院和区医院的优质康复诊治。评审团专家从医疗规划、医养融合、规模适宜、功能适用、布局合理、流程科学等方面进行综合考量，满分700分社区康复评审标准，西岗康复中心获得624分的优异成绩通过评审，成为区内试点首家通过验收的社区康复机构。

◆标准化社区教育中心验收 10月24日，江苏省社区教育中心验收专家组到街道验收标准化社区教育中心。区教育局副局长葛德华，区开放大学校长王广胜，街道主任葛山来、副主任卞小兵陪同验收。由专家组组长王信芳和石毅、王少华等组成的专家组先后察看教育中心反邪教宣传基地、亲子培训室、计算机培训室、乒乓球俱乐部、声乐舞蹈培训室、心理咨询室、法治宣传园地等运作情况。葛山来向专家组介绍西岗街道总体布局和经济情况，卞小兵汇报创建工作。专家组查阅资料和听取汇报后，逐一进行点评，对西岗街道高度重视社区教育工作，创建材料制作精美翔实予以肯定，也提出工作中细节不到位等问题，要求街道以创建为契机，抓住区域特色，提高社区教育的教科研水平，建立自己的学习品牌和活动项目。

□张　翔

10月24日，西岗街道创建省级标准化社区教育中心接受专家组的验收

西岗街道供稿

人物·荣誉录

Figures, the Commended Outstanding Individuals and Collectives

栖霞山·明征君碑亭

杨轶绘

◎责任编辑　张永芳

新任区级领导

◆黎　辉　1968年10月出生，汉族，湖北大悟人。1990年12月加入中国共产党，大学学历，学士学位南大哲学专业毕业，1991年8月参加工作。1991年8月，任中共南京市纪委调研室干部，下派南京化工厂锻炼；1992年7月，任中共南京市纪委调研室科员；1993年9月，任中共南京市纪委副科级纪检员；1997年2月，任中共南京市纪委正科级纪检员、办公厅正科级秘书；1998年8月，任浦口区监察局局长助理（1998年11月至1999年5月在中纪委办公厅协助工作）；2000年1月，任中共南京市纪委监察综合室（案件管理室）副主任；2001年4月，任中共南京市纪委监察综合室（案件管理室）副主任，挂职栖霞区区长助理；2002年2月，任中共南京市纪委办公厅副主任（正处级），挂职栖霞区区长助理；2002年11月，任栖霞区政府副区长；2004年7月，任中共下关区委常委、组织部部长；2010年5月，任中共下关区委常委、区政府常务副区长；2012年2月，任仙林大学城管委会主任、党工委副书记；2014年4月，任仙林大学城管委会主任、党工委副书记，南京东南国资投资集团有限责任公司董事（兼）；2016年5月，任栖霞区委副书记、区长人选；2016年6月，任栖霞区委副书记、代区长；2017年1月，任栖霞区委副书记，区政府区长、党组书记。

◆钱　维　女，1970年6月出生，汉族，江苏南京人。2000年12月加入中国共产党，研究生学历，博士学位，南京理工大学管理科学与工程专业毕业，1992年8月参加工作。1992年8月起，历任南京市计委投资处办事员、科员、副主任科员、主任科员；2002年9月，任南京

市计委投资处处长助理；2004年1月，任南京市计委投资处副长；2005年3月，任南京市计委投资处副处长兼南京长江隧道有限责任公司副总经理；2007年9月，任南京市发改委交通能源处处长兼南京长江隧道有限责任公司副总经理；2010年7月，任南京市发改委基础产业处（能源处）处长；2011年2月，任南京市发改委副主任、党组成员；2012年6月，任南京市发改委副主任、党组成员，南京市地下铁道工程建设指挥部副指挥长；2013年5月，任中共雨花台区委常委、区政府常务副区长；2016年7月，任栖霞区委常委、区政府常务副区长、党组副书记。

◆徐　春　1968年3月出生，汉族，江苏句容人。1995年3月加入中国共产党，研究生学历，中共江苏省委党校政治经济学专业毕业，1988年12月参加工作。1988年12月，任玄武区工商局干部；1993年3月，任玄武区人事局科员；1995年5月，任中共玄武区委组织部科员；1996年4月，任中共玄武区委组织部干部科科长；1999年5月，任中共玄武区委组织部副部长；2002年4月，任中共玄武区委组织部副部长、直属党工委书记；2005年11月，任玄武区政府办主任；2007年12月，任玄武区孝陵卫街道党工委书记；2010年7月，任玄武区孝陵卫街道党工委书记、政协工委主任；2010年8月，任溧水县委常委、组织部部长；2012年12月，任中共溧水县委常委、组织部部长、县委党校校长；2013年3月，任中共溧水区委常委、组织部部长、区委党校校长；2016年7月，任栖霞区委常委、组织部部长。

◆陈云松　1975年10月出生，汉族，江苏如皋人。1995年11月加入中国共产党，研究生学历、博士学位，英国牛津大学社会学专业毕业，1996年8月参加工作。1996年8月，任鼓楼区“中保规划分区”建设指挥部干部；1996年12月，任鼓楼区政府办科员；1998年2月，任鼓楼区鼓楼街道办事处见习主任助理；2000年3月，任中共鼓楼区委组织部干部一科科员、调研科科长、组织二科科长；2003年3月，任中共鼓楼区纪委信访室主任；2003年9月，任中共鼓楼区委办公室副主任；2004年12月，任中共南京市委宣传部办公室副主任；2010年11月，任中共南京市委宣传部理论处处长；2012年2月，任玄武区政府副区长；2016年7月，任栖霞区委常委、宣传部部长。

◆翟建明　1966年2月出生，汉族，江苏南京人。1997年12月加入中国共产党，研究生学历，中央党校法学理论专业毕业，1985年7月参加工作。1985年7月，任南京青石街小学教师；1988年7月，任南京香铺营小学教师；1992年8月，任玄武区检察院书记员、科员；1995年2月，任玄武区检察院助理检察员；1997年10月，任玄武区检察院检察员；2000年3月，任玄武区检察院反贪局侦查二科科长；2001年2月，任南京市检察院反贪局侦二处副处长；2001年5月，任南京市检察院检察员；2005年2月，任南京市检察院反贪局侦查二处处长；2008年9月，任南京市检察院反贪局副局长、侦查二处处长；2011年3月，任南京市检察院反贪局副局长；2011年6月，任南

京市检察院检委会委员；2012年3月，任浦口区检察院检察长；2016年7月，任栖霞区委常委、区纪委书记，南京开发区纪工委书记、党工委委员，仙林大学城纪工委书记、党工委委员。

◆徐　刚　1972年3月出生，汉族，江苏南通人。1996年1月加入中国共产党，研究生学历，解放军理工大学计算机网络与技术专业毕业，1991年9月参加工作。1991年9月，任解放军电子技术学院学员；1994年7月，任第三十一集团军八十六师二五八团司令部机要股正排职译电员；1995年8月，任步兵八十六师司令部机要科正排职参谋；1997年4月，任步兵八十六师政治部干部科副连职干事；1998年12月，任步兵八十六师装甲团警卫侦察连政治指导员；1999年9月，任步兵八十六师政治部干部科正连职干事；2000年6月，任南京军区政治部干部部调配处正连职干事；2001年12月，任南京军区政治部干部部调配处副营职干事；2004年12月，任南京军区政治部干部部调配处正营职干事；2007年12月，任南京军区政治部干部部调配处副团职干事；2010年12月，任南京军区离退休干部移交办公室正团职主任；2012年3月，任南京军区政治部干部部调配处正团职干事；2013年3月，任栖霞区人武部政委；2016年7月，任栖霞区委常委、人武部政委。

◆陆瑞峰　1975年12月出生，汉族，江苏淮安人。1997年12月加入中国共产党，大学学历、硕士学位，武汉理工大学物流工程专业毕业，1998年8月参加工作。1998年8月，任南京港港务工程公司物资科计划员；2000年7月，任南京港务管理局党委办公室秘书（2001年1月兼南京港重组上市办公室成员）；2001年12月，任南京港股份有限公司董事会秘书；2004年8月，任南京港股份有限公司副总经理、董事会秘书；2005年1月，任南京港股份有限公司副总经理、董事会秘书兼南京港股份有限公司栖霞作业区主任；2007年12月，任南京港股份有限公司副总经理、董事会秘书兼南京港股份有限公司栖霞作业区主任、南京惠洋码头有限公司总经理；2010年1月，任南京港（集团）有限公司研究室主任兼办公室副主任（2012年7月至2013年5月挂职任南京开发区管委会主任助理、党工委委员）；2013年5月，任南京港（集团）有限公司副总经理、党委委员；2014年5月，任南京扬子国资投资集团有限责任公司副总经理、党委委员；2016年12月，任栖霞区政府副区长、党组成员。

◆李传松　1971年3月出生，汉族，江苏金湖人。1997年12月加入中国共产党，研究生学历、硕士学位，中共江苏省委党校社会主义专业（研究生）、南大法律硕士毕业，1993年7月参加工作。1993年8月，任玄武区法院书记员、秘书；1996年5月，任中共玄武区委办公室秘书、秘书科科长、主任助理；1999年9月，任中共玄武区委办副主任；2000年6月，任共青团玄武区委书记；2002年4月，任玄武区法院副院长、党组成员（2002年5月至2002年11月挂职任南京市法院民一庭庭长助理、助理审判员，2005年6月至2006年7月挂职任南京市驻六合区帮促工作队常务副队长）；2006年11月，任玄武区法院副院长、党组副书记；2011年1月，任六合区法院党组书记、副院长、代院长；2017年1月，任栖霞区法院院长、党组书记。

◆杨建萍　女，1962年8月出生，汉族，吉林白山人。1992年12月加入中国共产党，研究生学历，中央党校函授法学专业毕业，1984年8月参加工作。1984年8月，任秦淮区检察院书记员、助理检察员；1994年2月，任秦淮区检察院刑检一科副科长；1994年3月，任秦淮区检察院检察员、刑检一科副科长；1996年5月，任秦淮区检察院检察委员会委员、检察员、刑检一科副科长；1996年6月，任秦淮区检察院刑事检察一科科长；1996年12月，任秦淮区检察院审查公诉科科长；1997年12月，任秦淮区检察院副检察长；2002年10月，任秦淮区人民检察院副检察长（正处级）；2007年12月，任浦口区检察院检察长；2012年2月，任鼓楼区检察院代检察长；2012年3月，任鼓楼区检察院检察长；2013年3月，任鼓楼区检察院筹备组组长；2013年4月，任鼓楼区检察院检察长；2017年1月，任栖霞区检察院检察长、党组书记。

先进模范人物

江苏省劳动模范

◆戴金荣　汉族，1956年11月出生，中共党员，高中学历，现任尧化街道翠林山庄社区党支部书记。在书记这个岗位，他一干就是30余年，始终牢记党全心全意为人民服务的宗旨，一心为群众办好事解难事，诠释了一名基层共产党员坚定理想信念和忠心为公、热忱为民的光辉形象。他对

待工作勤勤恳恳、兢兢业业，热忱服务，当好群众的贴心人。不管是谁家有困难，哪里有矛盾，总能第一时间看见他的身影；他以身作则，甘于奉献，坚持每天提早上班，推迟下班，始终以饱满的热情接待社区群众。他经常加班加点，没有补休过一天，更没有请过一天的事假。30多年来，他都是以社区为家，经常是顾"大家"忘"小家"。他以实际行动践行着自己的诺言，用自己的心血与汗水，以真诚和火一样的热情，在平凡的岗位上干着不平凡的事情。2012年5月，被评为南京市劳动模范；2016年5月，他被评为江苏省劳动模范。

◆施义林　汉族，1966年10月出生，中共党员，大专学历，现任栖霞街道红梅村社区党总支书记。他积极发展社区经济，不断加大社区惠民力度，慰问社区60周岁以上老人，向居民免费提供自来水，向考上本科以上的孩子发放奖学金，上门吊唁去世老人，慰问重病居民，给参加新型农村合作医疗的居民发放补贴，为育龄妇女免费进行生殖健康检查，向居民发放有线电视收看费用补贴，给60周岁以上老人免费理发等，其事迹被《南京日报》《金陵晚报》等媒体报道，称其为"红包书记"。他还创新管理方法，创建红梅邻里守望队、康乃馨助老服务队等社区组织，受到居民一致好评。"有困难找小林"是红梅村社区居民的口头禅，社区在他的带领下，连续9年无一例因矛盾纠纷引发的上访事件。工作中，他常说这样一句话："离群众越近，离稳定越近。"在他的领导下，社区新建广场、新建服务中心、改造公厕、安装路灯、修缮水系，环境面貌得到巨大改善。他担任书记期间，红梅村社区先后被授予江苏省民主法治社区、江苏省远程教育示范站点等称号。他本人被评为栖霞街道先进个人、优秀共产党员、区完成"四个建设"先进个人、南京市劳动模范等。2016年5月，他被评为江苏省劳动模范。

□刘洪飞

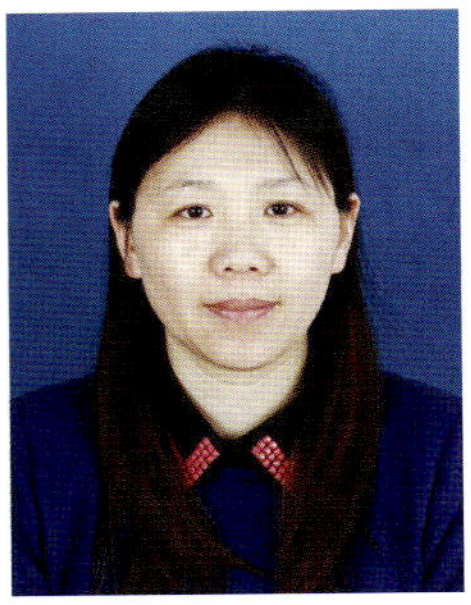

◆刘华红　女，汉族，1974年11月出生，江苏省南京市人，药学硕士，执业药师，中级工程师，现任南京海辰药业股份有限公司质量总监。她从事制药行业近20年，先后就职于先声东元、臣功药业、奥赛康等大中型制药企业。从实验室检验员到药企质量负责人，她一路披荆斩棘，无惧困难，勇于挑战，用良好的工作习惯、优秀的工作品格成就卓越的工作业绩，积攒了丰富的行业经验。作为一名药品质量负责人，她带领员工，克服种种困难，不断学习，不断蜕变，一步步完成公司质量体系从无到有、从弱到强的建设。她坚持原则，严把质量关；她勤勉认真，一心为工作；她以身作则，成功树立学习榜样；她高瞻远瞩，科学管理团队；她以大局为重，牺牲个人时间，不计利益得失；她既擅长低头勤奋钻研，又不忘抬头总结回顾，充分发扬劳模精神，将优秀的工作作风传递给更多的员工。2015年，她被评为南京市劳动模范；2016年，她被评为江苏省劳动模范。

◆刘彦军　汉族，1971年10月出生，陕西宝鸡人，高中文化程度，1990年1月进入原宝鸡桥梁厂，2010年7月调至中铁宝桥（南京）有限公司，现任南京公司机加工段工段长。他刚进入中铁宝桥有限公司时是道岔生产线上的一名钳工，在道岔顶弯工序上，他用最短的时间掌握普通道岔产品和高速道岔产品各种轨件的工作方法和技术难点，成为顶弯组生产能手。2010年，他凭着过硬的技术和能力，受命担任南京公司机加工段工段长，培养顶弯人才。机加工段主要负责完成数控钻孔、数控铣削、数控淬火、调直顶弯等加工制造工作，他每天往返于各个工序之间，仅3个月就磨坏三双鞋；他注重基础管理，加强技改创新，推进降本增效；他重视人性管理，74名员工在他的关心和帮助下凝心聚力，奋勇争先。正是这种忘我工作的精神，他带领的机加工段不断地刷新生产纪录，多次被评选为公司"模范职工小家"、先进班组、工人先锋号。他个人多次获公司先进生产者、质量信得过员工、生产状元、劳动模范等荣誉。2015年，他被评为南京市劳动模范；2016年，他被评为江苏省劳动模范。

□柳云娇

江苏省先进工作者

◆朱光成　汉族，1966年5月出生，中共党员，本科学历，现任南京市栖霞区教师发展中心主任。他是南京市英语学科教学带头人，从事基层一线教育教学工作27年，是"行知教育"的践行者，在教学研究、教师培养上均有所建树，逐步形成区域独特的英语教学文化，对全市英语教学发挥辐射指导作用，获第九届全国中小学外语教师园丁奖。担任栖霞区教师发展中心主任以后，他带领中心全体员工及全区教师立足区情，洼地崛起，为栖霞区教育均衡发展贡献智慧，为栖霞区中高考质量迅速提升做出巨大贡献，指导形成的区域特色主题研训文化在全省产生影响。区教师发展中心被评为栖霞区"五个建设"先进单位，2015年成功创建为江苏省示范性县级教师发展中心。他本人先后获栖霞区"十大教育有功人物"、南京市优秀教育工作者、南京市劳动模范、江苏省教科研先进个人等荣誉。2016年5月，他被评为江苏省先进工作者。

□刘洪飞

南京市五一劳动奖章获得者

◆欧　红　女，汉族，1969年2月出生，群众，大专学历，现任南京东升箔业有限公司总经理。1986年6月，她进入南京金线金箔总厂工作。由于企业改制，从该厂下岗后，自己创业。2008年8月，她创建南京东升箔业有限公司，担任总经理一职。在工作中，她不断充实自己，通过自学，2010年7月取得南京市栖霞区广播电视大学成人大专学历。她是区第十六届人大代表、第八届区政协委员、龙潭街道商会副会长，先后获十大巾帼创业明星、十佳自谋职业女能手、优秀创业青年、栖霞区青年创业新锐、江苏省农村青年致富带头人等荣誉；在第十届“新世纪之声和谐中国”征评活动中，获中华百名优秀管理创新杰出人物称号。她所在的企业也获光彩事业先进单位、全区关心下一代先进集体、完成“五个建设”工作目标先进单位等称号。2016年5月，她获南京市五一劳动奖章。

◆王义龙　汉族，1960年8月出生，中共党员，高中学历，现任马群街道润康苑社区书记。自1983年参加工作后，他一直贯彻执行党的路线、方针、政策，遵守国家的各项法律、法规，立足岗位，奋发进取，开拓创新，勇于奉献。无论在何种岗位，从事何种工作，他干一行爱一行，一心扑在工作上，各项工作都想在前、干在前，起到模范带头作用，获南京市先进个人、栖霞区优秀工会积极分子、栖霞区精神文明建设先进个人、栖霞区政法维稳工作先进个人以及马群街道优秀党务工作者、文明建设有功个人、“五个建设”有功个人、“三个文明”建设先进个人等称号。2016年5月，他获南京市五一劳动奖章。

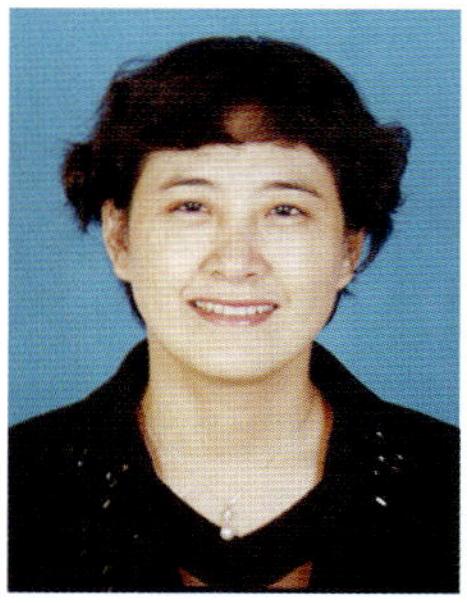

◆张　明　女，汉族，1965年8月出生，中共党员，本科学历，现任栖霞区妇幼保健所支部书记、所长。1983年8月参加工作，从事妇幼保健工作。2006年，她担任栖霞区妇幼保健所所长、书记，围绕区委、区政府的中心任务和区卫生局工作意见，带领全所职工实现江苏省南京市卫生工作的各项任务。在工作中，她深入基层，推进社区妇幼卫生建设，辖区内孕产保健管理和7岁以下儿童系统管理均保持95%以上。在创建江苏省妇幼健康优质服务示范区工作中，她发挥先进模范作用，带领全区保健机构落实各项要求，推动全区妇幼健康服务迈上新台阶。2014年，她患上视网膜脱落症，术后一直没有痊愈，仍坚守在岗位上。2016年5月，她获南京市五一劳动奖章。

◆吕于旺　汉族，1972年9月出生，中共党员，大专学历，现任仙林街道仙林新村社区党委书记。担任仙林新村社区党委书记后，他致力于社区的各项建设，一心一意为社区群众办实事、解难题、谋发展。在小区出新工程改造中，他带领社区班子精心筹划，组织社区人员做好施工保障，身先士卒，坚持在出新一线，深入施工现场和居民家中，及时化解施工中出现的各类矛盾130多起；在地区交通秩序整治工作中，他带领社区班子人员，做好140多名从事“黑车”营运车主的接待工作，积极与用人单位联系，安置黑车车主就业转岗，确保社区稳定；在弱势群体帮扶工作中，他带领社区班子人员，慰问走访社区困难群体，定期深入重病人员家中，了解他们的生活状况，有针对性开展帮扶工作，为低保家庭解决实际生活问题；在社区文化服务活动开展中，他充分整合社会资源，联动社会组织、高校志愿者、部队、医院以及辖区内的单位、居民等，开展义诊理发、免费修理、环境清理、家庭帮扶、义教辅导等各类支援项目，开设“晓葵课堂”、“玩具图书馆”、“药膳坊”等便民项目，组织社区中秋放歌、百姓舞台、迎新春联欢、元宵猜谜、包粽子比赛、歌咏大赛、互动游艺等文化活动，加强社区与居民之间的联系，增进社区与居民之间感情，促进和谐社区建设。2016年5月，他获南京市五一劳动奖章。　□刘洪飞

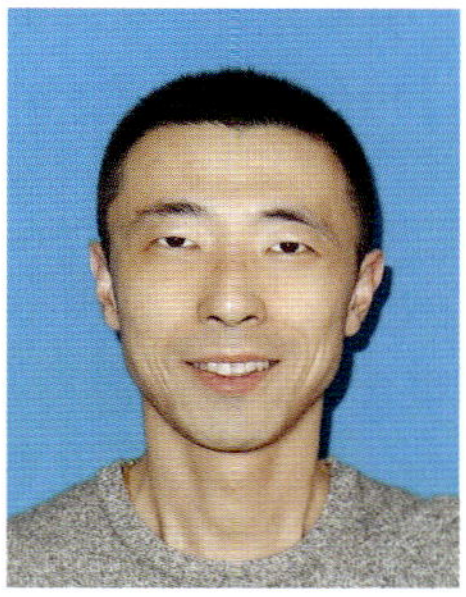

◆贾　兢　1982年10月出生，汉族，大学学历，工程师职称，现任南京康尼机电股份有限公司设备主管。他在康尼机电公司工作多年，先后主持研发、引进数十台数字化、智能化设备，为企业节约人工、耗材等成本数十万元。他先后建立设备TPM管理机制、设备“四大标准”、完善设备专业保全流程，开展多项改善活动，公司每年设备维修投入资金持续降低。同时，他也将节能减排作为工作重点，为打造“绿色康尼”做出突出贡献，先后带领团队在制造基地建立能源自主监控系统，通过对能源使用统计分析，制定多种节能减排方案，公司万元产值能耗逐年降低，大幅提高能源综合利用率。2016年，贾兢负责的“轨道交通门扇机器人涂胶操作”项目获南京市第五届职工“十大先进操作法”，他本人获南京市五一劳动奖章。

◆刘落明　1981年2月出生，汉族，中共党员，硕士学历，2003年7月毕业到南京康尼机电股份有限公司工作，现任

轨道交通事业总部副总工程师。刘落明在康尼公司工作十多年，一直从事轨道交通高端装备的产品研发，重点负责开发具有高安全性、高可靠性的高速列车自动门。刘落明带领设计团队完成十多个车型的高速车门，获国家授权专利18项，其中发明专利5项、实用新型专利13项，专利涉及公司核心产品、核心部件、验证方法等各方面。研制符合中国高速铁路跨度长、高寒、高海拔等特殊工况的高速车门，已批量应用在京沪高速铁路动车组、哈大线高寒动车组、兰新线高寒耐风沙动车组上，实现销售收入1.8亿元，为企业和社会创造了显著经济效益。2014年，他获中国专利优秀奖，获南京市文明职工称号。2016年，他在南京市“大众创业、万众创新”立功竞赛活动中获创新先进个人称号，并获南京市五一劳动奖章。

◆刘文平　1965年6月出生，中共党员，大学学历，研究员级高级工程师。曾任南京某大型军工集团团委书记、分厂厂长、事业部总经理、集团副总经理，现任南京康尼机电股份有限公司副总裁、兼任轨道交通事业总部总经理。刘文平主持多项省、市级科研项目，推动企业在轨道交通门细化领域实现替代进口、站稳国内并跨入世界的目标，成为行业龙头企业，全球市场份额位列第二。公司轨道车辆自动门研制及产业化项目先后获江苏省科技进步一等奖、南京市科技进步一等奖。在他的带领和参与下，康尼公司树立“技术领先、响应迅速、质量可靠、服务规范”的品牌形象，成功走出一条国产化、自主化、国际化的创新之路，拥有自主知识产权的轨道车辆自动门系统形成明显的竞争优势。在国内，公司产品的市场占有率持续8年超过50%，“站稳了国内”；在海外，公司的产品销往包括欧美发达国家在内的近十个国家和地区，“跨入了世界”。当前康尼主要产品的市场份额位居国内第一位、国际第二位，被誉为“中国轨道交通第一门”。2016年，他获南京市五一劳动奖章。

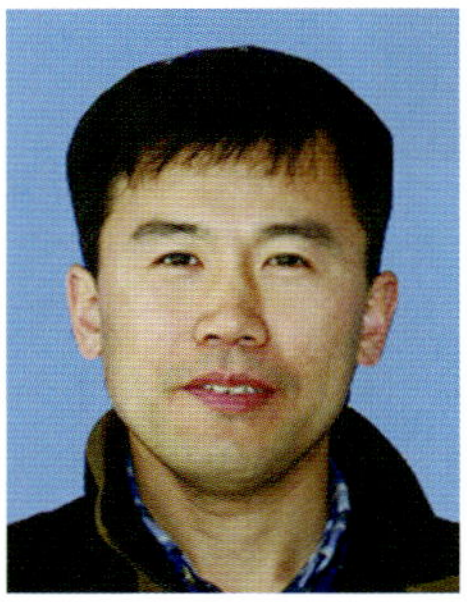

◆林　军　汉族，1977年7月出生，硕士学历，中共党员，现任南京南邮信息产业技术研究院有限公司董事长。他创新性地提出信息类专业产业园“1343”发展思路，发挥政府产业资源及高校创新资源优势，促进科教结合、产学研结合、行业企业集聚。精确定位研究院的产业发展方向，在智慧城市、大数据与信息安全、信息材料三大产业方向上，积极走出去，洽谈优质企业和项目入驻。当前集聚项目及公司55家，年产值6亿元，其中产值500万元以上的企业5家。重视高校研发团队入驻及成果转移孵化工作，强化科技研发及人员的支撑作用。充分利用个人在高校的资源，高校教授在研究院设立技术型创业公司6家；协助企业创建省级研究生企业工作站3个；实现高校专利转让10个，高校成果入股企业2家。他领导的研究院于2015年12月获批为南京市众创空间，2016年10月获批为南京市小企业创业基地，2016年9月先后获批为江苏省众创空间及南京市年度优秀众创空间，2016年12月获批为南京市科技企业孵化器。2016年，他获南京市扶持“大众创业、万众创新”先进个人称号，并获南京市五一劳动奖章。

◆陈　响　汉族，1982年出生，高中学历，现任仕达利恩（南京）光电有限公司部品一室射出TEAM注塑设备班长。

他在仕达利恩公司工作11年来，始终在生产一线，勤奋好学，爱岗敬业，严格要求，在班组管理、安全生产、生产工艺创新等方面做出了可喜的成绩，带领的班组多次改型成功，获公司的多个奖项。生产中，他对现场生产设备认真巡检，采集数据、分析在案，提出许多合理化建议。他带领班组完成生产量由2400/日到2900/日的提升。注塑机扩充期间，因部分设备更新没跟上，他们便带着设备人员用旧设备、旧部件自行改造几台包装机，由不能用变为全自动。他在安全生产方面始终严格要求自己，遵守和落实公司的各项要求和制度，他以班组为核心带领全体职工参与安全生产活动。他多次获公司年度功劳奖、特别功劳奖，2010年获公司海外法人奖。2016年，他获南京市五一劳动奖章。

◆赵小军　1986年1月出生，汉族，山西太原人，本科文化，现担任中铁宝桥（南京）有限公司工程师，主要负责钢轨跟端锻压工艺工装的研发设计与改革创新。他先后提出60余项合理化建议改革举措，在改善工人劳动环境、优化产品工艺、提高生产效率等方面取得显著成绩。先后获4项国家实用新型专利、2项国家发明专利。2016年，另有2项国家实用新型专利、1项国家发明专利在申报。主持完成的“AT钢轨跟端热锻成型自动控制及工艺研究”项目获2016年南京市“十大先进操作法”。先后撰写《关于消除60AT钢轨跟端锻压轨头缩颈问题的解决方案及其工艺研究》《一种新型AT轨跟端锻造换模方式的研究设计》等多篇专业技术论文，主持开发设

计多种钢轨跟端锻压模具工装及工艺开发，产品出口40多个国家和地区。他本人先后获南京市青年岗位能手、南京市技术能手、南京市五一创新能手等称号。2016年，他获南京市五一劳动奖章。 □柳云娇

南京好市民

◆**张　锄**　38岁，曾任应天学院教师。2011年，仙林街道亚东社区成立后，他主动承担起社区“四点半学苑”的教学任务，给孩子们提供一个课外学习、交流娱乐的平台。每周一至周五，双职工家庭的孩子们在四点半放学之后，到社区的“四点半学苑”，可以得到社区干部的照料以及书法、绘画等方面的学习。为了让更多的孩子和家长从中受益，他与社区合作，成立“锄歌艺术工作室”，在家长和孩子之中广受欢迎，也促进社区居民之间的沟通交流，消除不少矛盾隐患，社区氛围也变得更加和谐。2016年，他被评为南京好市民。

◆**殷良武**　26岁，南财爱心小站副站长。南财爱心小站成立七年来，常年资助26个贫困孩子上学。在爱心小站的发动下，南财18个学院建立26个分站，累计资助善款超过10万元、图书4000多册，捐建4个图书室。殷良武时刻带领爱心小站团队秉承“友善”这一核心价值观，完善公益资助模式。同时通过书信来往、深入走访、支教、建立图书室等方式，对贫困学童进行精神关爱。个人曾获校“杰出志愿者”称号，多次获国家励志奖学金等荣誉，其先进事迹获《新华日报》《现代快报》《科学时报》《江苏教育报》《扬子晚报》及人民网、新华网、中国日报网、中国江苏网、腾讯网、搜狐网、中国教育资助网、中国教育新闻网、网易新闻等20余家媒体关注与报道。2016年，他被评为南京好市民。

◆**钱小兰**　女，39岁，中共党员，2008年转业到公安部门，2010年担任仙林派出所仙林新村社区民警。从警八年来，她始终牢记全心全意为人民服务的宗旨，爱岗敬业，秉公执法，忠实履行人民警察的神圣职责，多次受到南京市公安局、区公安分局嘉奖。钱小兰所管辖的仙林新村是仙林地区唯一一个拆迁安置房小区，历史遗留矛盾多，人员复杂，为确保一方平安，让小区群众满意，她以高度的事业心和责任感把社区当作家。在管理仙林新村时，因为多种原因，仙林新村的“日租房”一直是一个社会治安难点，但钱小兰勇于探索，创新家庭式旅馆管理模式，获江苏省公安厅、南京市公安局高度肯定。在服务群众上，她坚持为民办实事，先后为群众解决困难和问题100余件，长期关心帮助1名智障儿童，不畏犬患整治违规养犬问题。在小区安全防范上，钱小兰坚持每周入户走访和“站高峰”，并根据发案情况指导小区调整防范对策，及时协调所在社区清理潜在隐患，小区居民安居乐业，其敬业奉献精神得到辖区群众一致好评。2016年，他被评为南京好市民。

◆**王银进**　54岁，迈皋桥街道丁家庄保障房春晓园社区主任。王银进主要负责安全生产和环境整治工作。他每天早晨第一件事便是出门巡查一圈周边的安全状况才回社区稍作休息，不一会便又不见身影了。所以，在社区里很少能看到他，倒是在路上能经常看到他骑着电动车疾驰的身影。丁家庄保障房共有15家工地、3家重点单位以及106

家门面房，他们的安全情况直接关系到万千居民的安危。王银进对此非常重视，在安全生产问题上从不懈怠，总是奔波于生产单位和工地之间，春夏秋冬，日复一日，风吹日晒，霜冻雨淋。积累多年工作经验的王银进总是能敏锐地发现潜在安全问题，并及时将安全隐患杜绝于无形之中。凡事亲力亲为，任劳任怨，永远冲在第一线；安全生产抓重点，环境整治两不误，让保障房真正有了保障，成了安居乐业的美好家园。2016年，他被评为南京好市民。

◆**吴广鑫**　69岁，西岗街道观梅社区退休老党员。他参加观梅社区和街道8个公益志愿组织，每年无偿志愿服务近200小时，参加公益活动慢慢成为他的一种习惯。在他的办公室里，总放着志愿者的外套。有活动的日子，吴广鑫总是下班后立马将外套往身上一披便往活动地点赶。他走进养老院，和老人聊家常、写对联，为社会传递着正能量。他也是未成年人网吧义务监督员，每天不定时监督网吧未成年人上网情况；他还是社区“三点半”课堂的志愿者，每天下午准时到社区“三点半”课堂为辖区内的学生免费辅导课业。吴广鑫经常在自己也很缺钱的情况下，帮助比自己更困难的人。退休工资不高的吴广鑫经常为灾区捐款；为贫困山区学校孩子募捐课桌等，只要有人需要帮助，他都尽自己所能慷慨解囊。十多年间，吴广鑫捐资在3万元以上。出钱又出力，吴广鑫一直在做公益的路上行走。2016年，他被评为南京好市民。

◆**王昌理**　75岁，是一名具有40多年基层工作经验的老同志，从工作岗位退休后，他一直参与西岗街道、社区各项公益性活动。听竹社区和事佬协会于2011年5月成立，王昌理为会长。他带领会员们分散活动，遇到需要处理的矛盾纠纷时由网格负责人临时召集，事情发生在哪里，就在哪里议事，化解各种社会矛盾纠纷，投入人民调解工作中，累计协调民间矛盾100多起。此外，王昌理还关注社区各类公益事业，参与社区秸秆禁烧宣传、平安志愿者巡逻、垃圾分类回收等社区事务，帮助居民无数，在社区居民中享有很高的声望。2016年，他被评为南京好市民。

◆**芦德根**　52岁，龙潭街道上坝村党总支部书记。在2016年防汛工作中，芦德根作为上坝村防汛抢险工作第一责任人，一直坚守在防汛重点区域，并带领村干部全天候巡防。他在防汛前刚刚做完手术，医生一再嘱咐他要静养休息。可是面对严峻的防汛形势，芦德根顾不上休息，更顾不上回家，日夜奔波在防汛一线。在一次防汛巡查中，为了及时封堵低涵，芦德根不畏手术未愈伤口感染的风险，不顾身边人劝说，脱下衣服、抱起沙袋径直跳入齐颈深的水中，迅速找准位置进行抢险加固。在周围干部群众的帮助下，大家众志成城，迅速完成封堵。之后，他婉拒村民到其家中休息的邀请，继续巡查。芦德根就是这样一位书记，自2012年担任上坝村党总支书记以后，一直以“全心全意为人民服务，甘当人民的孺子牛”作为自己的座右铭，践行着一个党员的职责。2016年，他被评为南京好市民。

◆**陆鹏宇**　51岁，金陵石化公司安全总监。陆鹏宇长期负责环保管理工作，为公司绿色发展做出突出贡献，多次获中国石化和地方政府环境保护先进个人称号，2013年获中央企业劳动模范称号。20多年来，他日夜为公司安全环保管理奔波，被誉为“五加二”、“白加黑”的“代表人物”。每天从早上6:30，一直工作到晚上8:00以后，休息日也是一样。金陵石化较高的环保管理水平，离不开陆鹏宇多年来绿色发展理念的灌输与引领。他指导开发异味管理和环保装置运行管理信息系统，保证36套环保设施运行顺畅，让生产区域的异味无处可躲。他推行严格的环保管理制度，哪个单位受到处罚，陆鹏宇就“蹲点”落实环保措施。他还建议推行“开放工厂”，把公司环保工作置于社会公众监督之下。2016年，他被评为南京好市民。

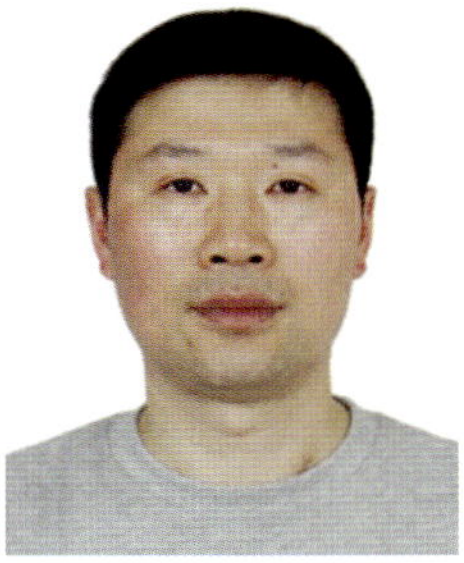

◆**龚国祥**　47岁，南师大附属中学仙林学校校长。作为教师，他无论是担任毕业班教学还是非毕业班教学都认真专研，积极进取。多次担任毕业班的教学工作，教学成绩优秀，是深受学生喜爱的好老师。作为校长，他认真思考学校发展的问题，与学校领导班子、全校教师合力进取。在他的领导下，南师大附中仙林学校在2015~2016学年度先后被评为江苏省教育先进集体、江苏省绿色学校、南京市园林式校园、南京市依法治校示范校。学校各项事业蒸蒸日上，南师大附中仙林学校初中部被南京媒体评为2016年南京市首届我最喜爱的新十佳名校。2016年，他被评为南京好市民。

◆**周庆松**　71岁，个体工商户。他信奉“人而无信，不知其可”“身不正，不足以服；言不诚，不足以动”的中华民族传统美德，在市场经济活动中，坚持诚信，踏踏实实地做着自己的本分工作。在其几十年的杂货铺经营中，坚持将每次进货的价格宣示于众，其制定的零售价格也从来都是合理有据，如此诚信于人，使得周庆松的杂货铺生意一直红红火火，很受当地村民的信任和赞赏。2016年，他被评为南京好市民。

◆**冯加汉**　39岁，2015年度南京市“最美的哥的姐”、2016年度姚坊门“最美劳动者”获得者，现任南京海博出租汽车有限公司十六班组组长。他是一位乐观、开朗、健谈且极富经验的优秀驾驶员，自2015年4月加入到海博以来，他始终恪守职业操守、文明行车、礼貌待客、热情服务，坚持做到扶危帮困、平稳驾驶、合理收费、从不拒载。这让他在广大的驾驶员和乘客中，有着良好的社会影响，同时，也为南京海博赢得荣誉，树立良好的窗口形象。2016年，他被评为南京好市民。

◆**廖志华**　女，74岁，退休人员。多年来在八卦花园社区积极参加社区创建精神文明单位的工作，并且能够根据社区的要求，组织退休人员和她一起参加社会公益事业。南京青奥会期间，她组织小区退休人员每天到3个住宅小区巡逻、守卫，发现安全隐患及时向社区汇报。在垃圾分类工作中，她组织退休

人员，每天雷打不动地在各自包干区域辛勤工作，长期处于脏、累、臭的工作环境中，一直坚持不变。十多年来，她组织的社区红歌队紧跟社会发展需要的步伐唱红歌，弘扬正气，跳优美健康舞蹈，营造积极向上的氛围。2016年，他被评为南京好市民。

◆**郭　峰**　42岁，转业战士。郭峰曾是南京消防支队的一名战士，立过四次三等功。2003年转业后留在南京，在创业道路上摸爬滚打数年，于2009年创办谷峰驾校。在前期经验积累的基础上通过艰苦奋斗，谷峰驾校逐渐走上正轨，慢慢在行业中竖起口碑。郭峰对驾校员工非常关心，员工遇到困难他都会毫不犹豫地伸出援手。在郭峰的关怀和带动下，员工的工作劲头十足，团队凝聚力越来越强。事业做大、做强后，郭峰始终没有忘记一位创业人的社会责任。作为一名共产党员，郭峰参加组织生活，履行党员义务，还经过选举担任清和新寓社区党支部副书记。在他的大力支持下，谷峰驾校参与南京市组织的“百名困难家庭学驾驶”活动，为辖区内困难人员免费教授驾驶技术，寻找到新的工作岗位。郭峰时刻不忘自己是共产党员，他用自己的实际行动感染着身边的人，践行着一个党员要做先锋的承诺。2016年，他被评为南京好市民。

□葛新冬

荣誉录

2016年度栖霞区获中央部委级表彰的先进个人名录

表35

姓名	工作单位	荣誉称号	表彰单位	表彰时间
刘和海	区检察院	《关于检委会决策专业化建设及改进问题研究》获征文活动三等奖	高检院政研室、人民检察杂志社	2016
王思华	区检察院	“阅百种名刊、读百家文献”阅读征文活动一等奖	高检院政研室、清华同方知网有限公司	03-25
顾苏斌　陈士金　刘　艳　曾煜华	区检察院	“阅百种名刊、读百家文献”阅读征文活动优秀奖	高检院政研室、清华同方知网有限公司	03-25

2016年度栖霞区获省厅级表彰的先进个人名录

表36

姓名	工作单位	荣誉称号	表彰单位	表彰时间
王　华	栖霞区实验初级中学教师	江苏省五一巾帼标兵	江苏省总工会	2016
戴金荣	尧化街道翠林山庄党支部书记	江苏省劳动模范	中共江苏省委、江苏省政府	05
施义林	栖霞街道红梅村社区党总支书记	江苏省劳动模范	中共江苏省委、江苏省政府	05
朱光成	栖霞区老师发展中心主任	江苏省先进工作者	中共江苏省委、江苏省政府	05
沙　敏	南京三宝科技集团有限公司董事长	江苏省优秀企业家	中共江苏省委、江苏省政府	04
王怀林	江苏凯米膜科技股份有限公司董事长	第三届“江苏服务业专业人才特别贡献奖”	江苏省政府	10
巫玉蓉	马群街道妇联主席	2016年度数字档案馆建设突出贡献人员	江苏省档案局	2016
郭晓屹	区司法局	2015年度信息工作先进个人	江苏省司法厅	01-29

续表36

姓名	工作单位	荣誉称号	表彰单位	表彰时间
孙贵宝	区检察院	全省检察机关十佳反贪反渎局长	江苏省检察院	03
王洪男	区检察院	全省“优秀公诉人”	江苏省检察院	04–06
李光旭	区检察院	2015年军队转业干部培训优秀学员	江苏省转业军官培训学校	04–28
曾煜华	区检察院	《购房消费者优先权实践性分析》2016年年会征文活动中获三等奖	江苏省法学会民法学研究会	09
张岷燕	区司法局	2015年“法润江苏”系列专项活动先进个人	江苏省司法厅	02–19
严　青	区司法局	个人二等功	江苏省司法厅	04–12
郭凤萍	区司法局	全省“最美人民调解员”	江苏省司法厅	08–11
房向阳　宣红林	区司法局	2011–2015年全省普法工作先进个人	省委宣传部、省法宣教办、省司法厅	08–09
黄小军　张代玲	区司法局	全省社区矫正“严格执法、严格管理”集中整治活动先进个人	江苏省司法厅	10–10
王　勇	区委宣传部	全省优秀宣传思想文化工作者	中共江苏省宣传部	02–04
徐　刚	区人武部政委	三等功	江苏省局军区	12
朱海峰	区人武部军事科科长	军事训练先进个人	江苏省局军区	12

2016年度栖霞区获市级表彰的先进个人名录

表37

姓名	工作单位	荣誉称号	表彰单位	表彰时间
倪红艳	栖霞区八卦洲街道下坝村民委员会	南京市2016年防汛抗洪有功个人记二等功	中共南京市委、市政府	08–25
徐帮进	八卦洲街道办事处	南京市2016年防汛抗洪有功个人记三等功	中共南京市委、市政府	08–25
陈海波	区人武部副部长	安全管理先进个人	南京警备区	12
王瑞金	区人武部政工科科长	军事训练先进个人	南京警备区	12
王瑞金	区人武部政工科科长	征兵宣传工作先进个人	南京警备区	12
蒋　蓉	区人武部后勤科科长	嘉奖	南京警备区	12
尹　华	区人武部职工	优秀职工标兵	南京警备区	12
梁会玉	燕子矶街道人民武装部部长	十佳基层专武干部	南京警备区	12
张　严	尧化街道人民武装部副部长	优秀专武干部标兵	南京警备区	12
肖雄军	燕子矶街道人民武装部干事	优秀专武干部标兵	南京警备区	12
王志坚	应天职业技术学院人民武装部副部长	优秀专武干部标兵	南京警备区	12
时正兵	西岗街道	双拥模范先进个人	南京市政府	09

2016年度栖霞区获中央部委级表彰的先进集体名录

表38

获表彰单位	荣誉称号	表彰单位	表彰时间
仙林街道	全国先进基层党组织	中共中央	06
八卦洲街道	2016年全国红十字防灾避险知识竞赛二等奖	中国红十字会	07-26
马群街道	弘扬中国传统文化先进单位	中国传统文化促进会	12
栖霞区检察院	2015年度检察官“阅百种名刊、读百家文献”阅读征文活动最佳机构参与奖	高检院政研室、清华同方知网有限公司	03-25
栖霞区检察院	2016年度全国检察宣传先进单位	最高人民检察院、检察日报社	08
栖霞区检察院	全国“青少年维权岗”称号	共青团中央、最高人民检察院	10
桦墅村	星创天地创业基地	科技部	10
桦墅村	栖霞区桦墅村村口乡村铺子二等优秀实例	住建部	10
区档案局	国家级数字档案馆	国家档案局	2016

2016年度栖霞区获省厅级表彰的先进集体名录

表39

获表彰单位	荣誉称号	表彰单位	表彰时间
八卦洲街道	江苏省和谐社区建设示范街道	江苏省民政厅	03-02
南京市栖霞区八卦洲司法所	司法所先进集体（省级）	江苏省司法厅	10-10
八卦洲街道中桥村	江苏省休闲观光农业示范村	江苏省农业委员会	12
八卦洲街道新闸村	江苏省文明村	江苏省精神文明建设指导委员会	09
八卦洲街道下坝村	省级水利风景区	江苏省水利厅	12-28
八卦洲街道下坝村	江苏省“水美村庄”	江苏省水利厅	02-24
八卦洲街道外沙村	江苏省和谐社区建设示范村	江苏省民政厅	03
栖霞区地方税务局	江苏省工会“职工书屋”示范点	江苏省总工会	2016
栖霞区财政	全省财政“六五”法治宣传教育先进单位	江苏省财政厅	11-14
区国土分局	2015年度江苏省土地执法先进县（市、区）	江苏省国土资源厅	2016
区国土分局	全省国土资源信访工作先进集体	江苏省国土资源厅	2016
栖霞区	2015年度江苏省国土资源节约集约利用县（市、区）综合评价考核第2名	江苏省国土资源厅	2016
马群街道	省AAAA级数字档案室	江苏省档案局	2016
南京三宝科技股份有限公司	江苏省智慧物流示范企业	江苏省经济和信息化委员会	11
芝嘉花园社区	江苏省文明社区	江苏省精神文明建设指导委员会	09
金马艺术团	“创本杯”2016年舞动中国首届广场舞大赛中年组自选曲目一等奖、规定曲目一等奖、开放曲目一等奖	国家体育总局体操运动管理中心	12
文康苑社区	全民健身示范社区	江苏省体育局	01
花岗社区	江苏省地震安全示范社区	江苏省地震局	12
紫金社区“梦之队”中老年舞蹈队	江苏省老年春晚比赛金奖	江苏省老龄工作委员会办公室	01
尧化司法所	2014~2015年度江苏省优秀司法所	江苏省司法厅	02-01
仙林司法所	2015年“法润江苏”系列专项活动先进集体	江苏省司法厅	02-19

续表39

获表彰单位	荣誉称号	表彰单位	表彰时间
栖霞区司法局、八卦洲司法所	全省社区矫正“严格执法、严格管理”集中整治活动先进集体	江苏省司法厅	10-10
栖霞区检察院	2013~2015年度全省先进基层检察院	江苏省检察院	01-08
栖霞区检察院	江苏省文明单位	江苏省精神文明建设指导委员会	09
栖霞区检察院	微电影《拯救》荣获全省检察机关微电影（专题片）展播评选活动三等奖	江苏省检察官文学艺术联合会、省院政治处	06
栖霞区司法局	全省司法行政系统“四个全覆盖”体系建设先进单位	江苏省司法厅	01-06
栖霞区司法局	全省司法行政系统安置帮教工作先进集体	江苏省司法厅	12-29
区委宣传部	栖霞视点微博获2015年江苏政务微博飞跃奖	新浪江苏	01
区委宣传部	2015~2016年度全省基层党员冬训工作示范县（市、区）	中共江苏省委组织部、省委宣传部	07
区人武部	军事训练先进单位	江苏省军区	12
听竹社区	江苏省人民调解委员会规范化建设示范点	江苏省司法厅	02
听竹社区	江苏省民主法治示范社区	江苏省司法厅	08
听竹社区	江苏省和谐示范社区	江苏省民政厅	03
西岗街道关工委	2016年江苏省关心下一代工作先进集体	江苏省关工委	06
西岗街道关工委	“网上小红军，重走长征路”电子阅览室优秀特色活动推广项目文字类一等奖	江苏省关工委	09
西岗街道关工委	“网上小红军，重走长征路”电子阅览室优秀特色活动推广项目视频类二等奖	江苏省关工委	09
区档案局	全省档案系统先进集体	省人社厅、省档案局	2016

2016年度栖霞区获市级表彰的先进集体名录

表40

获表彰单位	荣誉称号	表彰单位	表彰时间
八卦洲街道党工委	南京市2016年防汛抗洪有功集体记三等功	中共南京市委、市政府	08-25
扬子江药业集团南京海陵药业有限公司	2016年度南京市科学技术进步奖一等奖	南京市政府	01
南京萨特科技发展有限公司	2016年度南京市科学技术进步奖三等奖	南京市政府	01
南京三宝科技股份有限公司	2016年度南京市科学技术进步奖三等奖	南京市政府	01
区人武部	创建全国双拥模范城有功单位（集体三等功）	中共南京市委、市政府	12
区人武部	国防知识竞赛优秀组织奖	南京警备区、南京市国防教育办公室	10
仙林街道人武部	基层建设标兵单位	南京警备区	12
迈皋桥人武部	基层建设标兵单位	南京警备区	12
南京大学人武部	基层建设标兵单位	南京警备区	12
桦墅村	2015年南京市美丽乡村示范村	中共南京市委、市政府	02

综　录

Appendix

栖霞山·始皇临江处　　　　杨轶绘

◎责任编辑　张永芳

新闻报道题录

2016年栖霞区刊登在市级以上媒体的新闻报道题录

表41

媒体	时间		标题/内容	作者
	月	日		
中央电视台新闻联播	5	27	调结构转方式·创新成果辐射全国	栖　宣
《人民日报》	4	13	南京栖霞将千项行政检查权下放街道	申　琳
		24	读书日 书香满神州	张　贺　申　琳　蒋建科　魏本貌
	12	6	想找专家瞧病，政府掏钱来请	申　琳
《新华日报》	1	20	品质提升新栖霞 南京东部“中心区”	栖　宣
		28	南京启动燕子矶老镇建设	汪晓霞
	3	16	老旧小区物管，托管还要托底	顾巍钟
		27	《栖霞山赋》揭碑仪式昨举行	董　晨
	4	10	仙林鼓楼医院百万年薪全球揽才	顾小萍
	5	24	煤矿机械厂变身文创园	栖　宣
	6	5	炫酷婚礼秀，尽享爱“基因”	余　萍
		9	德科码产业园落户南京	晓　进　颜　芳
		15	屋顶农场，瓜果飘香	余　萍
		16	栖霞：民生事业助推洼地崛起	顾巍钟
		22	有群创客 在“水一方”	顾巍钟
	7	7	南京推出医养融合养老社区	汪晓霞
	11	11	栖霞“十三五”谱写“强富美高”新篇章	陈　宁　方　坤
	12	14	栖霞区：转型创新演绎精彩蝶变	顾巍钟
《中国青年报》	5	5	一个老化工基地的涅槃	李润文
《江南时报》	3	31	南京姚坊门不复建城门建遗址公园	黄　勇
	6	14	太平社区有位80后副主任 居民只要遇到矛盾都愿意找他来调解	栖　宣
《江苏法制报》	2	29	栖霞运用新技术提高预防犯罪能力	栖　宣
	3	21	南京调研栖霞“慈善拥军”	陈宏高
	5	9	栖霞新增45个公益创投项目	周立婷　陈宏高
《南京日报》	1	3	“四个更加”，实现栖霞“十三五”良好开局	宋广玉
		4	创新公园南京站落户新港高新园	查金忠
		4	三胞义工社“欢乐助学行”再向外来工子弟小学送温暖	王婷婷
		4	文明成仙林街道最美名片	陈　宁　钱飞燕
		5	凭借“网格+”，仙林街道成获奖“专业户”	宋广玉
		6	中电熊猫打造千亿级产业链	查金忠
		6	燕子矶保障房一期交付 千余户家庭喜领新房钥匙	栖　宣
		6	栖霞：深化“三区融合”，激发纪检监察工作新活力	栖　宣
		7	栖霞区新增27处电子警察	王　茸

续表41

媒体	时间		标题/内容	作者
	月	日		
《南京日报》	1	7	栖霞：坚持共享发展，打造科教强区	周广仲
		8	主攻“五型经济” 打造发展新引擎	查金忠
		8	中电熊猫推全球首款超高清智能电视	张　希
		8	栖霞：建设数字化环卫管理系统强化环境监管	栖　宣
		9	“院府合作”，栖霞居民家门口看名医	陈　宁　李　红
		10	组建名校教育共同体，家门口学校成栖霞居民最满意学校	陈　宁　周广仲
		11	持续改善民生，增强栖霞居民获得感和满意度	陈　宁　王　岚
		11	黄毅：29岁小伙献出救命“熊猫血”	张源源
		13	栖霞区建成第一批公共自行车网点	栖　宣
		13	燕子矶保障房又有12幢主体封顶	栖　宣
		15	名区齐发力 名校开到家门口	栖　宣
		16	首家街道建垃圾分类体验馆开放	刘全民
		18	国内领先玻璃绝缘子生产线在宁基本建成	查金忠
		18	栖霞区中小企业服务中心启动	栖　宣
		19	和燕路过江通道五桥之后开工	韦　铭　张　璐
		22	燕子矶街道为平安志愿者办演出	王　聪
		24	连夜扫雪除冰 力保干道积雪无踪	钱红艳
		25	“时间银行”储户开始享受互助之乐	马道军
		25	捡了一年破烂 90后姑娘改造出艺术空间	赵子慧　王　聪
		27	王登记：车祸瞬间救下身边6名孩子	张源源
		27	实施文教、环境、配套三优先 建设人文、生态、品质燕子矶	幕燕滨江
	2	1	我市首个外资高端养老院亮相	马道军
		1	把准群众文化需求 确保惠民精确到达	吴明亮
		1	文化惠民亮出“菜单式服务”	邢　虹
		1	南大科学园孵化出首家“新三板”企业	王　聪
		2	栖霞：确保渣土运输管理规范有序	栖　宣
		3	栖霞“柴龙”今年新春将舞到澳洲	王　聪
		3	“龙潭第一吊”阚虎：装卸30多吨集装箱“举重若轻”	张源源
		4	春节期间栖霞山有多种民俗活动	王　聪
		16	“参与居民年增10倍 我越忙越开心”	马　金
		17	栖霞区全力推进83个亿元以上重大项目建设	赵子慧　王　聪　李慧珍
		17	借力电商平台，花园村大米卖到了海南	王　聪
		17	仙林街道数百党员重温誓词	赵子慧　王　聪
		18	去年我市电子商务交易额全省第一	张　希
		22	地铁2号线经天路站 人防换乘中心今年开建	张　昊
		22	“雨水”节气，城里娃到桦墅村耕读	王　聪
		26	栖霞一批非遗项目进社区展演	王　聪
		27	江苏广电打造仙林荔枝广场文化综合体	毛　庆　型　虹
		27	袁雪飞：20多小时持续调节化解棘手矛盾	张源源

续表41

媒体	时间		标题/内容	作者
	月	日		
《南京日报》	2	29	王登记：车祸瞬间救下身边6名孩子	张源源
	3	3	“栖霞加速度”引领“十三五”良好开局	赵子慧　王　聪
		6	弘扬当代雷锋精神论坛昨举行	许　琴
		10	南大携手南京开发区成立光电工程研究院	查金忠
		11	马群科技园成“上市企业集聚区”	赵子慧　王　聪
		11	北航教授入住西岗街道“人才公寓”	王　聪
		14	疏港大道改扩建工程启动	葛　妍　刘从楠
		16	栖霞18户重大疾病困难家庭获救助	马道军
		17	把仙林大学城建成高品质科教新城	查金忠
		23	栖霞区仙林街道探索“网格化”街域党建	栖　宣
		23	外资养老机构“欧葆庭”仙林国际颐养中心昨开业	王　聪
		25	“水美乡村”桃花盛开	崔　晓
		25	社会组织在文化节上路演求赞	王　聪
		25	居家养老“姚坊门”,“时间银行”通存通兑	赵子慧　王　聪
		27	燕子矶新城筹建43所学校	潘　冬
		28	春风又绿江南岸	张建松
		28	名校集中签约《燕子矶》首发	王小锋　陈　宁　周　昂 王　聪
		30	明城墙外郭城“姚坊门”现雏形	王　聪
		31	跨境电商中东贸易平台落户南京	王　聪
	4	1	欧葆庭仙林颐养中心正式开业	戴　忱
		6	仙林大道绿化整治示范段亮相	崔　晓
		10	仙林鼓楼医院百万年薪全球揽才	顾小萍
		12	开全国先河！栖霞区千余检查权下放街道	赵子慧　王　聪
		12	八卦洲本土芦蒿如何实现“逆袭”	王　聪
		13	栖霞区9个街道推行“全科政务”联网联办	栖　宣
		13	南京好人陈勇：患病期间依然坚守教学岗位	张源源
		14	栖霞区探索建立物业管理信用评价体系	栖　宣
		15	江苏生命科创园二期完工	冯　芃　崔　晓
		15	栖霞推进政府职能转变和机构改革	栖　宣
		18	首个招标式创业项目落地南京	毛　庆
		20	栖霞街道研发手机APP方便居民	王　聪
		21	青龙地铁小镇西岗片区建设启动	王　聪
		22	分权之路（深度报道）	马　立　赵子慧　王　聪 吴　彬
		24	栖霞图书馆开发区设分馆	查金忠　何晓进　潘亮亮
		26	栖霞打造健康服务和生命科技产业发展高地	栖　宣
		27	出台“创业栖霞”人才计划，资金资助最高250万元	肖　姗
		28	智能制造等一批高科技项目落户	张　希　朱晓露　王　聪
		29	栖霞区生命健康产业未来三年继续发力	栖　宣

续表41

<table>
<tr><th rowspan="2">媒体</th><th colspan="2">时间</th><th rowspan="2">标题/内容</th><th rowspan="2">作者</th></tr>
<tr><th>月</th><th>日</th></tr>
<tr><td rowspan="43">《南京日报》</td><td>4</td><td>29</td><td>共创栖霞美 共圆栖霞梦</td><td>栖　宣</td></tr>
<tr><td rowspan="19">5</td><td>3</td><td>“一周书记”获百姓满意率100%</td><td>王　聪</td></tr>
<tr><td>5</td><td>栖霞区建农村电商平台助青年创业</td><td>王　聪</td></tr>
<tr><td>7</td><td>百家街道（社区）书记首场访谈在仙林启动</td><td>王　聪</td></tr>
<tr><td>9</td><td>凝聚三区合力，优化区域功能定位</td><td>王　聪</td></tr>
<tr><td>10</td><td>金箔企业“抱团取暖”寻求突破</td><td>王　聪</td></tr>
<tr><td>11</td><td>大学生创业综合指标 栖霞区4年全市第一</td><td>王　聪</td></tr>
<tr><td>19</td><td>马群科技园成立上市企业联盟</td><td>王　聪</td></tr>
<tr><td>20</td><td>栖霞评出10对“最美金婚夫妇”</td><td>王　聪</td></tr>
<tr><td>22</td><td>南京经济技术开发区盘活闲置资产，引进战略性新兴产业</td><td>查金忠</td></tr>
<tr><td>22</td><td>栖霞山景区建国际邮轮码头</td><td>王　聪</td></tr>
<tr><td>23</td><td>南京唯一“屋顶农场”现身紫东创意园</td><td>王　聪</td></tr>
<tr><td>23</td><td>栖霞区大学生创业服务中心建成启用</td><td>王　聪</td></tr>
<tr><td>24</td><td>煤矿机械厂变身文创园</td><td>栖　宣</td></tr>
<tr><td>26</td><td>栖霞评选“十佳平安卫士”</td><td>王　聪</td></tr>
<tr><td>27</td><td>小竹扇 成“国礼”</td><td>吴　彬</td></tr>
<tr><td>29</td><td>中央空调巨头进军热能发电领域</td><td>查金忠</td></tr>
<tr><td>30</td><td>国际专家齐聚桦墅村探讨乡村建设</td><td>王　聪</td></tr>
<tr><td>31</td><td>南信院腾出楼宇空间给学生创业</td><td>王　聪</td></tr>
<tr><td>31</td><td>乡村来了！　“桦墅2020”国际论坛成功召开</td><td>栖　宣</td></tr>
<tr><td rowspan="13">6</td><td>5</td><td>南京龙舟公开赛开赛</td><td>冯　兴</td></tr>
<tr><td>6</td><td>燕子矶街道建低值可回收物兑换点</td><td>马　金</td></tr>
<tr><td>8</td><td>特斯拉“目的地充电站”落户南京综保区</td><td>查金忠</td></tr>
<tr><td>9</td><td>德科码产业园落户南京</td><td>晓进颜芳</td></tr>
<tr><td>12</td><td>栖霞古镇建设规划投资10亿元</td><td>王　聪</td></tr>
<tr><td>13</td><td>省人医与栖霞区试点合作三级“康复链”</td><td>王　聪</td></tr>
<tr><td>16</td><td>马群综合换乘中心后年建成投用</td><td>葛　妍</td></tr>
<tr><td>17</td><td>栖霞区2016年创业训练营开营</td><td>王　聪</td></tr>
<tr><td>18</td><td>南京经济技术开发区发力“云物大智”产业</td><td>查金忠</td></tr>
<tr><td>20</td><td>澳大利亚珀斯客人来栖霞推介旅游</td><td>王　聪</td></tr>
<tr><td>22</td><td>有群创客 在“水一方”</td><td>顾巍钟</td></tr>
<tr><td>22</td><td>居民在自家门口就能查到民生档案</td><td>王　聪</td></tr>
<tr><td>24</td><td>栖霞学前教育：改革创新惠及百姓福祉</td><td>周广仲</td></tr>
<tr><td rowspan="5">7</td><td>1</td><td>栖霞区仙林街道工委党建模式获表彰</td><td>王　聪</td></tr>
<tr><td>1</td><td>栖霞区表彰“十佳平安卫士”</td><td>王　聪</td></tr>
<tr><td>4</td><td>栖霞区隆重举行“永远跟党走·七月礼赞”</td><td>栖　宣</td></tr>
<tr><td>5</td><td>防汛一线，他们是最可爱的人</td><td>马　金　葛　妍　朱　静
王　聪</td></tr>
<tr><td>6</td><td>完善基础设施 加大民生保障</td><td>栖　宣</td></tr>
</table>

续表41

媒体	时间		标题/内容	作者
	月	日		
《南京日报》	7	7	八卦洲街道组织250人日夜巡查	王　聪
		7	城东北将建首家五星级标准酒店	王　聪
		11	栖霞区扩充新能源汽车产业链	王　聪
		12	江苏生命科技创新园二期基本建成	冯　芃　崔　晓
		13	栖霞高层次人才创业服务中心挂牌	陈　诚　王　聪
		19	我市在东南西北布局“航母级”旅游综合体	殷学兵　王　聪　郭惠旋
		25	栖霞举三区融合之力全面打造“人才强区”	栖　宣
		26	栖霞区连续五年获评全省社会治安安全区	栖　宣
		26	栖霞区不少学校突然成了“香饽饽”	王　聪　郭惠旋
		27	栖霞纪检为建设“强富美高”新栖霞提供坚强纪检保障	栖　宣
		28	栖霞区奋力开创“十三五”改革发展新局面	栖　宣
		29	科学发展让栖霞区综合实力迈上新台阶	栖　宣
		29	“十二五”成就为建设“强富美高”新栖霞打下坚实基础	栖　宣
		30	栖霞坚持党建引领助力经济社会全面发展	栖　宣
		31	栖霞：踏上“强富美高”新栖霞建设新征程	王　聪
		31	栖霞民生建设从“洼地”到“乐居新区”	周　峰　陈　宁
	8	3	栖霞区慰问维和军人家庭	仓　晓　董　荣　毛　庆
		5	激光研究院自主研发形成集群效应	高雪松　崔　晓
		6	研制微创新药进军国际市场	崔　晓
		6	在新一轮发展中“争先进位”	张　希　毛　庆　查金忠
		8	“老妈妈工作组”发挥余热	王　聪　郭惠旋
		9	江港变海港，枢纽经济添动力	栖　宣
		9	精明增长，拓展产城融合新空间	周爱明　韦　铭　胡英华 王　聪　卢　伟
		10	研发激光装备占领国内市场	崔　晓
		10	戴增先：调解社区纠纷成功率98%以上	许震宁
		11	首个农贸市场食品安全监测室投用	张　昊
		11	八卦洲力争成市农业嘉年华永久举办地	王　聪　郭惠旋
		11	社区主任沙俊光：擦“亮”了一个老旧小区	许震宁
		12	方琴：尽职尽责不负所托	许震宁
		13	民警钱小兰：社区“好闺女”	许震宁
		16	我市两人获评全省“最美人民调解员”	邹　伟
		16	大腕级葡萄专家教出一个“亩产状元”	韦　铭
		18	百水芊城将全面出新惠及3458户居民	王　聪　郭惠旋
		19	营造更加优良的创新创业态环境	耿　联　吴明亮
		21	龙潭港迎来史上最大“巨无霸”	贾子扬　崔　晓
		22	栖霞家庭教育公益讲师团受关注	钱红艳
		22	芦德根：手术不久就跳入水中防汛	张源源
		23	长江深水航道贯通提升港口竞争力	姚　强　崔　晓
		26	“十三五”，栖霞区着力建设“强富美高”新栖霞	查金忠

续表41

媒体	时间		标题/内容	作者
	月	日		
《南京日报》	8	28	社会化养老的南京实践	马道军
		29	千锤万击生金箔	栖　宣
		30	“网格化+”，造就城市管理“仙林模式”	马　立　殷学兵　王　聪
		31	“网格化+”增强基层解决问题硬功夫	刘大山
	9	5	新金融发展论坛助推栖霞企业上市融资	王　聪
		6	推动“政府抓安全、企业重安全、群众知安全、全员保平安”的良好局面	栖　宣
		8	栖霞：拓展创新创业新空间，打造新兴产业强区	栖　宣
		8	南京开发区：争当创新排头兵，产业迈向高精尖	何晓进　诸汇涓
		8	栖霞建设教育强区蓄势待发	栖　宣
		8	栖霞打造安全生产实时管控平台	王　聪
		9	“地平线”人工智能研发中心项目落户南京	刘　晓　查金忠
		9	“活力仙林”系列活动即将开幕	王　聪
		9	“地平线”：做人工智能时代的英特尔	查金忠
		10	南大国家级双创示范基地签约栖霞	王　聪
		11	南京微软云暨移动应用孵化平台揭牌	肖　姗　查金忠
		11	金洽会重大项目，新兴产业唱主角	查金忠　吴明亮
		11	微软孵化平台筑“巢”南京	查金忠　肖　姗
		12	金洽会60个重大项目集中开工	吴明亮　查金忠
		12	主城将新增一条分洪通道	吕宁丰
		12	明星校长郑强走进仙林“文化大讲堂”	王　聪
		14	南京开发区8个重大项目集中签约	查金忠
		18	栖霞一中学老师精心呵护特困生	王成兵
		20	栖霞34名代表测评满意度达95%	王　聪
		21	“院府合作”，三甲医院进社区服务患者	殷学兵　王　聪
		23	2016八卦洲农业嘉年华明天开幕	栖　宣
		23	石墨烯创新中心暨产业园项目落户南京	刘　晓　查金忠
		23	“石墨烯发现者”来宁建产业园	查金忠　刘　晓
		28	栖霞区将建10亿元产业发展基金	栖　宣
		29	南京LG电子新能源汽车部件项目竣工投产	毛　庆　查金忠
		29	“芦蒿之乡”八卦洲，悄然迈上转型路	殷学兵　王　聪
	10	4	马群科技园再升级	王　聪
		5	宁企研发纯激光电影放映光源系统	朱　凯
		8	种芦蒿制金箔纳入栖霞社区教育	王　聪
		10	企业自建实验室激活创新“内动力”	毛　庆
		11	栖霞拟集聚百亿产业基金助科技企业发展	王　聪
		12	栖霞街道5年评出258位“民星”	王　聪
		12	栖霞到主城将新增一条快速路	葛　妍
		13	栖霞区、玄武区开展社会管理标准化显示成果	栖　宣

续表41

媒体	时间		标题/内容	作者
	月	日		
《南京日报》	10	14	“穿越时空的对话”走进栖霞花岗社区	王　聪　朱　泉
		16	我市加快海港枢纽经济区建设	陈　玲　葛　妍
		16	栖霞山将首开“夜枫”景区	李子俊
		18	栖霞举办文明交通进高校主题活动	王　聪
		19	宁企产品获国际照明灯具设计大奖	查金忠
		19	仙林大学城打造“天蓝地净山绿水清”的品质新城	王殷洁　王　聪
		19	龙潭街道“好邻”养老社关注留守老人	王　聪　朱　泉
		21	经过3年多改造迈皋桥街道告别违建黑臭河	殷学兵　王　聪
		21	“创赢栖霞”组织大学生创业路演	王　聪
		21	仙林大学城形成生态公园群	王　聪
		26	南湾营熙康苑片区通上天然气	栖　宣
		26	栖霞打造宜居美地，不断增强居民幸福感获得感	栖　宣
		27	栖霞区危化行业安全监管出新招	栖　宣
		31	第八届南京文交会上“栖霞元素”秀出文艺范儿	陈　华　王　聪
		31	“十三五”栖霞将继续谱写“强富美高”新篇章	栖　宣
	11	2	“姚坊门基金会”网上众筹17万元帮扶困境老人	王　聪
		2	抢抓长江经济带发展机遇 推进交通物流业转型升级	赵　赟　朱亦乐　汤桂华
		2	栖霞区人大“五脉齐抓”增强预算审查监督实效	栖　宣
		7	省级现代农业科技园区在八卦洲挂牌	王　聪
		8	栖霞山枫叶展露“红颜”	李子俊
		8	大学生“村官”赵阳：主动在社区讲党史	许震宁
		9	栖霞街道老街拆迁率已达94％	王　聪
		11	推动民生保障改善工作取得新成效	刘　晓
		11	“仙林成才杯”大学生模拟法庭大赛明开赛	王　聪
		14	栖霞区：创新引领发展 改革普惠民生	王　聪
		14	栖霞给优质科技创新项目封“大红包”	王　聪
		15	栖霞区构建校地统战融合大格局凝聚发展正能量	栖　宣
		15	栖霞警方首创“智慧在线”场所管理系统	朱　静
		18	栖霞首推“全科政务”方便居民	王　聪
		21	西岗街道科创中心形成智能产业“小气候”	王　聪
		22	栖霞区群众监督队伍在行动	许震宁
		24	南京栖霞红叶进入最佳观赏季	栖　宣
		28	昨10万余人登栖霞山赏枫	王　聪
		29	宁企研发世界最高水平玻璃绝缘子	查金忠
		30	栖霞区综合执法“眼明手快”见成效	殷学兵　王　聪
		30	青田雅居社区突出为老为小服务	王　聪
	12	5	栖霞山“红叶经济”开始发力	李子俊
		8	南京开发区发力打造高端“智造”集聚区	查金忠　何晓进
		8	尧化街道“熟人社区”获居民点赞	王　聪

续表41

媒体	时间		标题/内容	作者
	月	日		
《南京日报》	12	9	栖霞区社会组织党委成立运行	毛　庆
		9	栖霞推广危化企业管理新举措	王　聪
		12	江南水泥厂创办人陈范有之子出书披露鲜为人知的抗战往事	吕宁丰
		12	老旧小区出新后房价涨了六成多	王　伟
		16	推进公共法律服务体系建设 栖霞先行先试取得初步成效	栖　宣
		20	燕子矶街道：奋战5年，打造宜居宜业宜游滨江新城	栖　宣
		22	扫码即查摊主信用和货源信息	王　聪
		22	摄山星城外墙煤气管穿上“防爬刺”	朱　静
		25	南京开发区添进口商品直销中心	何晓进　曹春兰
		27	栖霞区“六社融合”助经济发展	王　聪
		28	栖霞尝试社区物业交叉管理	王　聪
		29	社区促成独居老人“遗赠扶养”	马道军
		29	栖霞区推进学生社团活动侧记	周广仲　周旭晨　李　鸣
		30	286处居民小区二次供水改造任务如期完成	栖　宣
《南京晨报》	5	20	仙林街道打造一流全国文明街道	宋广玉
		20	打造科技产业创新创业高地	卢　斌　陈　宁
	9	8	栖霞拓展创新创业新空间	仲　永
	12	17	栖霞“3+N”公共法律服务体系覆盖全区	仲　永
		25	“智库专家看栖霞”成功举办	陈　彦
《现代快报》	2	3	春节怎么过？来栖霞山玩吧！	毛丽萍
		6	马群和南湾营地区定位为主城东门户	赵丹丹
	5	31	城里的“世外桃源”，留住儿时记忆，海内外专家共聚栖霞美丽乡村	刘伟娟
	9	23	同洲 同乐 同享 2016八卦洲农业嘉年华明天华丽开幕	杨菲菲
	10	21	栖霞寻秋，醉入满山红叶	徐红艳
	11	18	渐入佳境 栖霞山进入五彩季节	徐红艳
		24	栖霞山正当红 快来集齐深深浅浅的红	徐红艳
《扬子晚报》	2	5	栖霞燕子矶打造永济江流景区	仇惠栋
	3	29	《栖霞山赋》碑刻落成 金陵千古名山增添新地标	张　可　陈　宁
	4	28	525个“五防”井盖7月底栖霞上岗	杨菲菲
	7	5	刚做完手术，村书记跳入水中加固	张　可
	11	18	栖霞“十三五”谱写“强富美高”新篇章	陈　宁　方　坤
	12	17	栖霞将规划大型文化旅游项目	陈　宁　张　可
《金陵晚报》	6	30	丽岛八卦洲：创新党建工作举措 将“两学一做”扎实落实在基层	沈欢欢
		30	栖霞民政 加强党建工作 实现美好生活	沈欢欢
		30	栖霞街道：党，时时刻刻在心中	沈欢欢
	10	31	“十三五”栖霞将继续谱写“强富美高”新篇章	栖　宣
		31	新尧化：开启一体化建设新时代	苏　阳

文件目录选辑

中共栖霞区委员会

栖委字〔2016〕31号　关于印发《关于“创业栖霞”人才计划的实施意见》的通知
栖委字〔2016〕67号　关于推进供给侧结构性改革的意见
栖委字〔2016〕88号　关于加强区委常委会自身建设的意见
栖委字〔2016〕110号　区委、区政府关于扩大有效投资、推进重大项目建设工作的实施意见
栖委字〔2016〕118号　栖霞区委关于贯彻《中国共产党党组工作条例》（试行）的实施细则
栖委字〔2016〕123号　中共南京市栖霞区委关于开展区委巡察工作的实施办法（试行）
栖委字〔2016〕139号　关于进一步完善南京经济技术开发区托管街道体制机制的实施意见
栖委字〔2016〕151号　关于进一步加强“三重一大”事项决策和监管的意见
栖委字〔2016〕155号　关于印发《栖霞区信访积案化解攻坚年行动方案》的通知

栖霞区人民代表大会

宁栖人发〔2016〕1号　栖霞区人民代表大会公告
宁栖人发〔2016〕6号　栖霞区人大常委会关于设立农业农村工作委员会的决定
宁栖人发〔2016〕8号　关于栖霞区人大常委会2016年工作要点的报告
宁栖人发〔2016〕16号　栖霞区人民代表大会常务委员会关于批准2015年度栖霞区财政决算的决议
宁栖人发〔2016〕20号　南京市栖霞区人民代表大会常务委员会关于开展第七个五年法治宣传教育的决议
宁栖人发〔2016〕29号　栖霞区人民代表大会常务委员会关于召开栖霞区第十八届人民代表大会第一会议的决定
宁栖人发〔2016〕30号　栖霞区人民代表大会常务委员会关于批准栖霞区2016年财政预算调整方案的决议

栖霞区人民政府

宁栖政字〔2016〕6号　关于成立栖霞区河道和水利工程管理范围划定工作领导小组的通知
宁栖政字〔2016〕15号　区政府关于进一步做好防范和处置非法集资工作的实施意见
宁栖政字〔2016〕21号　区政府关于成立八卦洲网上自由贸易区推进工作小组的通知
宁栖政字〔2016〕22号　区政府关于政府性债务风险化解规划和应急处置预案的报告
宁栖政字〔2016〕31号　区政府关于印发《栖霞区开放型经济绩效考核办法》的通知
宁栖政字〔2016〕32号　区政府关于印发《加强全区环境监管执法实施意见》的通知
宁栖政字〔2016〕52号　区政府关于表彰获得2015年度栖霞区区长质量奖企业的决定
宁栖政字〔2016〕55号　区政府关于印发《栖霞区人民政府设立行政复议委员会实施方案》的通知
宁栖政字〔2016〕65号　区政府关于印发《2016年栖霞区水污染防治实施方案》的通知
宁栖政字〔2016〕76号　区政府关于构建高效有序商事登记工作机制的意见
宁栖政字〔2016〕78号　区政府关于印发《栖霞区2016–2018年商标品牌发展强区战略行动计划》的通知
宁栖政字〔2016〕81号　区政府关于互联网金融风险专项整治工作方案
宁栖政字〔2016〕83号　区政府关于成立栖霞区互联网金融风险专项整治工作领导小组的通知
宁栖政字〔2016〕84号　区政府关于成立栖霞区未成年人保护委员会的通知
宁栖政字〔2016〕85号　区政府关于成立栖霞区棚户区改造工作领导小组的通知
宁栖政字〔2016〕86号　区政府关于印发《2016年栖霞区区长生态环保工作目标任务》的通知
宁栖政字〔2016〕88号　区政府关于取消栖霞区九乡河河口段等外级航道等级的请示
宁栖政字〔2016〕89号　区政府关于印发《栖霞区国民经济和社会发展第十三个五年规划纲要》的通知
宁栖政字〔2016〕92号　区政府关于成立全国社区治理和服务创新实验区工作领导小组的通知
宁栖政字〔2016〕93号　区政府关于成立“全国社区治理和服务创新实验区”工作领导小组的通知

宁栖政字〔2016〕94号　区政府关于成立海绵城市建设（丁家庄片区）领导小组的通知
宁栖政字〔2016〕109号　区政府关于成立栖霞区旅游市场管理专业委员会及成员单位职责分工的通知
宁栖政字〔2016〕114号　区政府关于成立栖霞区建筑产业现代化推进工作领导小组的通知
宁栖政字〔2016〕118号　区政府关于印发《栖霞区水污染防治行动计划》的通知
宁栖政字〔2016〕119号　区政府关于印发《栖霞区园区（平台）科技创业专项投资基金管理暂行办法》的通知
宁栖政字〔2016〕123号　区政府关于成立栖霞区食品药品安全委员会的通知
宁栖政字〔2016〕131号　区政府关于印发《栖霞区农村产权流转交易中心机构设置方案》的通知
宁栖政字〔2016〕132号　区政府关于印发《栖霞区水环境综合整治方案》的通知
宁栖政字〔2016〕134号　区政府关于招大引强、促进产业升级的实施意见
宁栖政字〔2016〕139号　区政府关于印发《栖霞区安全生产管理责任体系》的通知
宁栖政字〔2016〕140号　区政府关于印发《关于治理拖欠农民工工资问题实施意见》的通知
宁栖政字〔2016〕149号　区政府关于印发《栖霞区河道和水利工程管理范围划定实施方案》的通知
宁栖政字〔2016〕152号　区政府关于建立栖霞区标准计量工作联席会议制度的通知
宁栖政字〔2016〕166号　区政府关于印发《栖霞区推进“四好农村路”建设实施方案》的通知
宁栖政字〔2016〕182号　区政府关于印发《栖霞区特邀行政执法监督员工作规则》的通知
宁栖政字〔2016〕183号　区政府关于2016年度法治政府建设情况的报告

政协栖霞区委员会

栖协字〔2016〕1号　政协南京市栖霞区委员会关于2016年度工作要点的报告
栖协字〔2016〕2号　政协南京市栖霞区委员会关于移交2016年度重点提案的函
栖协字〔2016〕3号　政协南京市栖霞区委员会关于张华玲等同志职务任免的通知
栖协字〔2016〕4号　政协南京市栖霞区委员会关于调整区政协委员的通知
栖协字〔2016〕6号　政协南京市栖霞区委员会关于调整区政协委员的通知
栖协字〔2016〕7号　关于召开政协南京市栖霞区第九届委员会第一次会议的请示

中共南京市委南京开发区工作委员会

宁开工委组字〔2016〕4号　中共南京经济技术开发区工委“三严三实”专题民主生活会情况报告
宁开工委组字〔2016〕12号　关于印发《南京经济技术开发区2016年组织人事工作要点》的通知
宁开工委组字〔2016〕13号　关于印发《南京经济技术开发区2016年非公企业党建工作要点》的通知
宁开工委组字〔2016〕14号　关于印发《南京经济技术开发区2016年机关作风建设工作意见》的通知
宁开工委办字〔2016〕15号　关于印发《南京经济技术开发区2016年机关党建工作要点》的通知
宁开工委办字〔2016〕16号　关于印发《南京经济技术开发区机关基层服务型党组织建设考核指标（试行）》的通知
宁开工委组字〔2016〕20号　关于印发《关于在全体党员中开展“学党章党规、学系列讲话、做合格党员”学习教育的实施方案》的通知
宁开工委办字〔2016〕21号　中共南京市委南京经济技术开发区工委关于加强“三重一大”事项决策和监管的意见
宁开工委办字〔2016〕24号　关于印发《关于“创业新港”人才计划的实施意见》的通知
宁开工委组字〔2016〕35号　关于印发《南京开发区“两学一做”学习教育党委书记职责任务清单》的通知
宁开工委办字〔2016〕65号　关于印发《2016年度南京经济技术开发区机关机关作风建设评议实施方案》的通知
宁开工委组字〔2016〕67号　关于成立中共南京经济技术开发区非公有制企业综合委员会的请示
宁开工委办字〔2016〕69号　南京经济技术开发区2016年度党风廉政建设责任制落实情况的报告
宁开工委办字〔2016〕73号　南京经济技术开发区关于2016年工作情况及2017年工作打算的报告

南京开发区管理委员会

宁开委科字〔2016〕22号　关于印发《南京经济技术开发区2016年度科技创新奖励扶持办法》的通知
宁开委人字〔2016〕27号　关于印发《南京经济技术开发区2016年人力资源和社会保障工作要点》的通知

宁开委城字〔2016〕45号	关于印发《南京经济技术开发区2016年防汛排涝工作预案》的通知
宁开委人字〔2016〕61号	关于印发《南京经济技术开发区促进人力资源服务业发展扶持办法》的通知
宁开委经字〔2016〕64号	关于印发《南京经济技术开发区2016年社会经济发展目标任务》的通知
宁开委土环字〔2016〕81号	关于印发《南京经济技术开发区水污染防治行动计划2016年度实施方案》的通知
宁开委土环字〔2016〕82号	关于印发《南京经济技术开发区2016年环境保护和生态文明建设目标任务》的通知
宁开委法字〔2016〕110号	关于印发《南京经济技术开发区行政审批事项事中事后监管实施办法》的通知
宁开委投字〔2016〕117号	关于印发《南京开发区产业投资引导资金管理暂行办法》的通知
宁开委科字〔2016〕134号	关于印发《南京开发区"创业新港"人才计划专项资金监督管理办法》的通知
宁开委土环字〔2016〕142号	关于印发《南京经济技术开发区冬春季节大气环境质量保障管控方案》的通知
宁开委法字〔2016〕143号	关于印发《南京经济技术开发区法制宣传教育第七个五年规划（2016–2020年）》的通知
宁开委法字〔2016〕144号	关于印发《南京经济技术开发区重大行政执法决定法制审核和备案制度》的通知
宁开委城字〔2016〕148号	关于印发《南京经济技术开发区冬季扫雪防冻实施方案》的通知
宁开委科字〔2016〕173号	南京经济技术开发区关于认定2016年度江苏省科技型中小企业的通知
宁开委法字〔2016〕174号	南京经济技术开发区关于2016年度法制政府建设情况的报告

中共南京市委仙林大学城工作委员会

宁仙大工委〔2016〕2号	仙林大学城2015年度落实党风廉政建设责任制的情况
宁仙大工委〔2016〕4号	仙林大学城管委会2016年奋斗目标实施方案
宁仙大工委〔2016〕6号	关于加快灵山靶场搬迁的请示
宁仙大工委〔2016〕7号	关于印发《仙林大学城管委会部分副处级职位竞争上岗实施方案》的通知
宁仙大工委〔2016〕17号	关于调整党工委、管委会领导分工的通知
宁仙大工委〔2016〕23号	产业发展专项资金管理办法
宁仙大工委〔2016〕29号	仙林大学城城市品质提升三年行动计划
宁仙大工委〔2016〕34号	关于推荐张连春同志为市政协委员的请示

南京市仙林大学城管理委员会

宁仙大委字〔2016〕4号	关于报送2015年工作总结及2016年工作计划的报告（市政府）
宁仙大委字〔2016〕15号	仙林大学城机关公务用车制度改革车辆处置及驾驶员分流方案
宁仙大委字〔2016〕17号	关于印发《仙林大学城管委会年度目标任务考核办法（试行）》和《仙林大学城管委会目标考核奖惩实施细则（试行）》的通知
宁仙大委字〔2016〕20号	江苏广电项目土地、房产转让有关事项的请示
宁仙大委字〔2016〕28号	关于仙林颐养小镇申报材料审核的请示
宁仙大委字〔2016〕32号	道路名称命名请示
宁仙大委字〔2016〕34号	仙林大学城管委会关于办公场所搬迁的请示
宁仙大委字〔2016〕39号	仙林大学城管委会关于南京大学国家双创示范基地有关事项的报告

栖 霞 掌 故

◆佘婆地名的来历及蛇盘驿　栖霞区有一处名叫"蛇盘"的地方，位于马群街道。相传宋代，有一位佘姓妇人家住无名岗上，妇人生性善良，为人厚道。家境虽不富裕，但时常斋僧布施、乐于助人；常把自己栽种收获的一些瓜果蔬菜，分送周边乡邻。

一日，妇人见一老猿，身有箭伤，向妇人哀啼求救。妇人心有恻隐，为老猿小心取出箭头，寻出些家备草药，精心为老猿疗伤。旬余之后，老猿伤愈，竟无踪影，不知去向。又过半月，老猿又转至佘家，口内吐出桃核一枚，用前爪在地上画了一圈，刨了又刨，并遥指门外。妇人不解其意，老猿虽口不能人言，竟如是再三。比划毕，老猿似留恋不舍，长啼数声作揖而去。是夜，妇人入梦又见老猿。老猿开口对妇人说道："明年春，及早将桃核在门前岗上种下，当年即可收获鲜桃，所结果实唤作方外'硕桃'。可以卖了换钱，籴米粮度日。切记！"

第二年早春，妇人依老猿所言，在门前岗上种下桃核。说来也奇，翌日桃树小苗便破土而出。这小苗日见其增，妇人精心照看，视如自家婴孩一般。三月桃树即干粗枝壮，花开如锦，灿如云霞。四月挂果，一树有千枚之数。观者不绝，树下竟然成蹊。桃核种下当年结果，众人皆啧啧称奇。待硕桃熟透之后，妇人焚香依礼敬奉祖先、遥谢老猿之后，着家人分送众乡亲品尝，一时间此桃滋味令众乡邻赞不绝口，按现在话说真是好评如潮。四周乡邻都将桃核留下，来年纷纷仿效妇人之法，种于房前屋后，岗上丘下，不几年方圆十几里之内桃树蔚然成林。花开时节，桃之夭夭，灼灼其华。岗上丘下云蒸霞蔚，不亚于传说中王母的蟠桃园。若干年后此岗硕桃名盛一时，为旧时金陵名产。

光阴荏苒，妇人渐老，本地人皆尊称其为“佘婆”。久而久之，佘婆所居之地被乡邻称之为“佘婆岗”，后人还在此建“佘婆庵”，以纪念、祭祀佘婆。再后来，这里成了商品买卖交易的小集市，改名“佘婆岗市”，位于现南京城东北二十里。因年代久远，“佘婆”读音与当地方言“蛇盘”相混，一直将错就错延续至今。清代起，蛇盘按方位便分东蛇盘、中蛇盘、西蛇盘三个自然村。古有驿道经此，设驿站，名金陵驿，又名佘婆驿、蛇盘驿。

据南宋《景定建康志·卷十六·铺驿》记载：“金陵驿，亦名蛇盘驿，在上元县长乐乡蛇盘市。俗称‘佘婆’，音之讹也。淳熙十二年，留守钱公良臣建。”

金陵驿（佘婆驿、蛇盘驿）建于南宋淳熙十二年（1185年），距今将近830年，为当时任建康（今南京市）官拜留守的钱良臣所营建（抑或重建）。此驿为当年建康府治下的27驿之一。宋代文人曾极（著有《蛇盘驿》），政治家、文学家，曾任同平章事（北宋宰相）的王安石（著有《重过佘婆岗市》《题金陵驿》），抗金名臣李纲（著有《金陵驿》）等，他们在留下的题咏或诗章的字里行间，均印证了金陵驿（或名蛇盘驿、佘婆驿）作为由南向北候渡长江重要旅宿之处的曾经存在。元至正《金陵新志》、明万历《上元县志》、清同治《上江志》均有相关记载。

元朝至元十六年（1279年）深秋，此时南宋政权已覆亡，建康城（今南京）也被元朝军队攻破，民族英雄文天祥被押送到元朝首都燕京（今北京）时途经此地，曾在此抚今思昔、触景生情，写下了感慨苍凉、寄托亡国之恨的著名诗篇《金陵驿》，诗曰：“草合离宫转夕晖，孤云飘泊复何依？山河风景元无异，城郭人民半已非。满地芦花和我老，旧家燕子傍谁飞。从今别却江南路，化作啼鹃带血归。”1991年，南京市政府在蛇盘建有文天祥诗碑纪念亭，石碑正面雕有其像。

◆黄马村官井的传说　位于紫金山东北麓原黄马村(现为南京钟山国际高尔夫俱乐部所在)。村旁有座小山，形如倒扣的明代男子所戴“六合一统小帽”，因而得名“冠山”。

洪武年间某日，冠山前来了两名男子。为首的一位约莫四旬出头，头戴六瓣合缝、下缀以檐如桶之黑色小帽，穿一身直身缀白护领、衣身两侧接双摆在外青色苎丝袍，士庶打扮；长脸上还有些麻子，眉眼间透出些许杀伐决断的刚毅。年龄稍长的一位，虽是老家人打扮，隐然似有几分仙风道骨的味道。一仆一主，看似闲暇郊游，神情悠然。

数箭之外，牧场上数群黄马嘶鸣，马驹尥蹄追逐撒欢。东南西北影影绰绰都有五六个人，若隐若现，好像远远地跟着。一路走来，两个人指指点点，议论着什么，老家人几次掐着手指，蹲在地上，用树枝在地上写写画画，随后即用靴底擦去，神色甚是恭敬。倒是为首的一位，背着双手，多数只是沉吟，偶尔也会询问几句。

为首的那位正是洪武皇帝朱元璋，年长的那位便是军师刘基刘伯温。二三十名锦衣卫校尉，换了便装，分四面远远地跟着。

原来明初时，有大臣见黄马村西面有山紫金山逶迤西北，南面有丘，如矫龙戏珠形状。密奏：此地的地脉兴旺，恐以后会出现威胁我朝社稷的人物。朱元璋既有雄才大略的一面，又有多疑阴鸷一面。因此便携了军师刘伯温，微服前来实地，以便一探究竟。刘伯温是何等聪明之人，早就窥见皇上的心中之隐。再者黄马村是大明养马之地，除了几处不大的池塘外，周边再没有什么水源，暗暗盘算，就此地挖井，一来可以去了皇上的心病，二来又解决了军民人等及马匹用水的问题。于是刘伯温奏道：“陛下，为保住万代大明江山，请旨在此地掘井，以破地脉，泻地气。”此言一出，正中朱元璋下怀。不几日便传旨工部，着即在黄马村开工打井。

因水井为官府所开挖，与“官”有关，故名为“官井”。冠山也因官井名而改为“官山”。

官井直径约为三尺，井壁原用青石砌就，没有井栏，井水清冽甘纯。一日雨晨，有人远远地瞧见一位白衣秀士，相貌丰美，身量伟岸，只是腰间隐约似有碗大的一处血迹。此人衣不沾雨，脚不带泥，孤单一人，踽踽独行，神色似怨如痛，像是在井边盘桓。见得人来，白衣秀士忽然不见。再观那井壁青石，已由青色转成暗红。当地乡邻口口相传：白衣秀士乃是紫金山中所隐“潜龙”。青石变得暗红，是官井恰好掘于龙腰之上，此因染了龙血所致。官井久雨不溢，久旱不枯。更为神奇之处，自明初600多年来水位一直略低于地面，军民取水并不需用井绳，持水桶径直探身弯腰舀取即可。是井似泉，一年四季，此处井水充沛丰盈，取之不尽，用之不竭。

自此以后，官井除供养军马饮水之外，还是黄马村一带自此数百年以来军民生产、生活的一处重要水源。

◆马群五百户地名的传说　洪武初，名曰“千里追风”的御马患病数日，日渐萎顿，几欲卧槽不起，用了诸般药物均不见效，数位御马医匠束手无策。众人知道，此马随洪武皇帝南征北战，立下无数战功，几次还救了皇上性命，被皇上视为钟爱之伴。此事非同小可，御马监上司、太仆寺卿急奏洪武皇帝朱元璋。皇上闻奏大怒，传旨将御马监等一干司员当即拿下，押进大牢；暂寄下太仆寺卿项上人头，视御马医治结果再行处置。

此时大将常遇春恰好正与皇上议事，见皇上焦躁，便开口道：“陛下莫恼，臣有办法，或许可用。”

“但说无妨，”朱元璋应道。

“臣营中有一马医姓孙，医技仅是中平，战马等一般伤病，此人尚能医得，只是陛下御马病得蹊跷，恐怕也只是‘心有余而医不足’。不过，据说此人师兄，医技了得，姓伍，单名一个“义”字，只是腿脚残疾，长相更是不堪，行走不便，年近四十至今尚未婚配，仅是单身一人。师兄弟医技虽是一师所传，但师兄悟性极高，又肯钻研，对牲畜之类病伤医理自幼便感兴趣，犹善医马，心极仁厚，经多年积累，医技已在乃师之上。乡里称'牲畜华佗'，名号虽是不雅，在牲畜行中倒也极其响亮。臣本有心将此人纳致麾下，只是臣四处征战怕他随营不便。今天下初定，陛下圣裁，定下应天府东郊为我朝驯养战马之处，此人正大有用处。不如先将此人召来医治御马，看看此人医技究竟如何，余事再行定夺。”

朱元璋闻言，稍稍心安，急忙开口：“朕只要御马医好，管他什么长相不堪。卿言之有理，速将此人召来，若医好御马，朕许他任遂一愿。”言毕，朱元璋心里又有些后悔，“任遂一愿”话说的有些过头，但君无戏言，也只好待医好御马后再作计较。

太仆寺卿哪敢延误，即刻派人备车赶往伍义家乡。好在路途不甚遥远；直闯县衙，揪了当地县太爷带路，寻得伍义住处，用车载了伍义，连夜火速直奔应天府。天刚大亮，直接就去了皇宫御马监。那伍义被人搀扶下车，也顾不得一路颠簸，周身劳顿，即刻掰开马口，将马舌端详一番，思量片刻，又仔细摸了马腹，手指比量找准了几处穴位，果断下了数根银针。只一盏茶功夫，那御马一连喷了几个响鼻，竟然挣扎着颤巍巍地立了起来。

一个医匠后生，小心捧上纸笔，恭敬立在一旁。伍义也无多话，只是从腰间摘下装药葫芦，吩咐道：“用牛角漏斗将此药灌入马口，一日三次，二日后必见效果。”饮水、饲料须如何如何，伍义又一一交代。一旁几个御马监医匠，半是惊讶，半是怀疑，又不敢吱声，只是面面相觑。

伍义又与太仆寺卿低声商议，五日后须如此这般安排，御马便可痊愈。那太仆寺卿于医理虽是不甚精通，处事却极其练达。见伍义手段如此从容老道，悬悬之心不觉放下几分。虽是如此，丝毫也不敢懈怠，自取纸笔修文一通，先用了本寺印鉴，又亲自去了五军都督府。那五军都督府左都督，官居一品，原就与太仆寺卿为同宗近支，闻得族兄麻烦不小，存下有意要回护本家的念头。待坐定将文牍阅完，又询问了几句，只是片刻，随即批下数语，无非是见文即办、鼎力相助之类，署了名讳用了关防，晓得族兄焦急，不及奉茶便起身相送。那太仆寺卿更顾不得寒暄客套，携了文书旋骑马飞奔东郊府军卫大营，请府军卫协从办理。

两日后，那御马果然大有起色，伍义调治也更加精心。第六日一早，太仆寺卿亲自用大车将御马小心载稳护送，约莫一个时辰便到了城外马群吴家墩。只见府军卫操演阵势早就提前摆好，见御马一到，立刻鸣炮数通，响彻云霄。一霎时号角齐鸣，杀声震天，鼍鼓咚咚，战马啸啸；甚至连尸体也有人装扮，直似两军鏖战沙场。那御马也不知阵仗真假，长嘶数声，径直跳下大车，扬鬃奋蹄。旁边早就闪出一员全身甲胄的赳赳武士，牵了御马绕场飞奔。可怜那武士，因重甲在身，不几圈便瘫倒在地。府军卫长官见状，即刻便令再替上一个，如是再三。你道这是为何？一来皇上御马哪个敢骑？只好牵着御马绕场飞奔，二来御马刚刚好转，也不能急于驰骋，只好将就如此。

府军卫辖下的几个千户所，也是刻意安排，隔三岔五皆有实兵操演，如此这般，御马几处辗转驰骋，加之伍义医治有方，精心调养；说来也奇，也仅旬余，御马又生龙活虎，矫健如初。

朱元璋闻奏，龙心大悦，破例将伍义传至殿内，开口就问：“卿用何法，将朕的御马医得如此迅速？”

伍义对曰：“御马本无疾患，只是久离沙场，此马征战厮杀惯了，萎靡全因闲逸日久所致。”

朱元璋闻奏后似有所思，微微颔首。“卿言之有理。朕曾有言，若医好御马，朕许他任遂一愿。卿有何愿？”

伍义虽相貌不堪，人却无比聪明，对朱元璋阴鸷之处也有所闻，自然晓得言多必失、祸从口出的道理。对曰：“草民只会医治牲畜，其余一概不会，也不奢求，何况草民腿脚残疾，只要能为牲畜医病就好。”

朱元璋暗自揣度：此人倒还识相，奏对也算实在。并不居功邀赏，是个谨慎本分之人，且免了朕夸口的难堪。想必这伍义身后必有高人指点。寡人马场也正需要此人。他会医马，朕更会御人。真是各有其能，倘若这厮识不得高低，哼哼……更打定了要将伍义差往府军卫效力的主意。

“卿既会医马，又是单身一人，朕就将卿放在朕的马场，也不用行军赶路，卿腿脚不便倒也无妨。朕有战马无数，就让卿为朕医马，太仆寺御马监有事也可随时调遣。”言毕，朱元璋又沉吟再三，取过朱笔，写下了几个核桃大字，着兵部并知会吏部、五军都督府，按律、循例从厚封赏。

兵部接旨后，那尚书捻着胡须，眯缝着眼睛与几位侍郎及一干郎中、员外郎琢磨了半天，看皇上如此，也就乐得顺水推舟，在“从厚”二字上做足了文章。顾及伍义腿脚残疾，挖空心思破例拟了个“相类百户”的职衔，暗含了恩准伍义每月按正六品支取钱粮的意思，（用今天的话说，享受相应待遇，非领导职务，只是虚职）只是在府军卫辖区内专事医马，其余军伍诸事一概不用过问。一番字斟句酌推敲过后，拟文移至吏部、五军都督府会签，再呈皇上旨准。

数日后，兵部公文就到了府军卫指挥使案头，一应仪式排场也毋庸赘言。不曾想，那府军卫指挥使，安徽凤阳人，与朱元璋同是老乡，能征惯战，自幼也是个极爱马之人，虽官居三品，但为人最是侠义豪爽。这府军卫又与皇上马场极有干系，见皇上差了伍义到自己帐下，想来日后必大有用场，自是喜之不尽。又耳闻与见识了伍义医马的手段，心里也佩服得紧，“爱屋及乌”，自然对伍义有心存照拂之意。在离府军卫辕门之外不远处，亲自单拨了一处营房，交由伍义居住。

此后日复一日，伍义医马的名气愈来愈大，大小马匹疑难杂症，无不一治就好。非但如此，四周百姓猪、牛、驴、骡、羊乃至鸡、鸭、鹅等牲畜家禽患病，但凡有求伍义，也都是药到病除。府军卫上下及方圆几十里乡邻皆尊称伍义为“伍百户”，伍义之名反倒没有多少人知晓了。

因时代久远，五六百年后，时过境迁，因伍义“伍百户”故事而留下的地名流传至今，只是把“伍”讹传为“五”了。

□张双全

往事钩沉

“千古一帝”东巡江乘的猜想

在栖霞，在西岗，说到古代帝王出巡之事，最是耳熟能详且又津津乐道的，恐怕非清帝康熙、乾隆六下江南莫属了。特别是那位乾隆爷，六次南巡，五次驻跸栖霞山行宫，题写楹联匾额120多件，赋诗119首，赐名“刀枪河”“强盗河”为“便民河”，还有电视剧《戏说乾隆》中那些缠绵多情的风流韵事……所有这些，热闹无比，眼花缭乱，几乎是家喻户晓，妇孺皆知。著名诗人冯亦同先生曾盛赞乾隆是帝王级的超级“驴友”，是宣传栖霞山文化的形象大使。可是，对于“千古一帝”秦始皇东巡江乘的往事，却知之者甚少。这真有点太不公允了。究其实，秦始皇东巡，不管从政治、经济、军事、文化等哪个方面去说，其意义和影响都远远超出乾隆南巡。

这也难怪大家，因为秦始皇东巡留下的资料实在是少之又少。司马迁在《史记·始皇本纪》中记载这件事道：“始皇三十七年，东巡会稽，还过吴，从江乘渡并海上至琅琊。”惜墨如金，只有寥寥23个字。在另一个版本上则是“过丹阳，至钱塘，临浙江，上会稽，还过吴，从江乘渡”，则更少，只有18个字。乾隆南巡有《南巡盛典》详加记述，更有燕子矶御碑亭、栖霞山乾隆御花园及小营盘行宫遗址等文化遗存以忆其盛，而秦始皇东巡江乘可资佐证、可供观瞻的具形实物，也只有栖霞山凤翔峰半山腰那块于2009年人工垒砌的大石头和一座带回廊的望亭，仅此而已。今天，如果要清晰地还原秦始皇东巡江乘的盛况，唯一的办法，就只能凭借一些记忆碎片，展开想象，作一番合理的联想甚至是猜想了。

秦始皇东巡发生在公元前221年，乾隆第一次南巡则是在乾隆十六年，即公元1751年，两者相距整整1972年。孰先孰后，不言自明。秦始皇东巡不仅时间最早，而且是史上第一次。原因很简单，是秦始皇统一六国，建立了中国历史上第一个统一的、多民族的、中央集权的封建王朝，当了始皇帝，才具备了巡游全国的先决条件和政治基础。显而易见，皇帝出巡，发轫者、首创者、第一人只能是秦始皇。之后，历代王朝的最高统治者诸如唐玄宗李隆基、汉高祖刘邦、隋炀帝杨广等，也多有此举，但充其量不过是步其后尘、效法模仿而已。若要排位，他们和乾隆出巡一样，那就不知要排到第几位了。

秦始皇东巡，由丞相李斯、中车府令赵高、大将蒙恬护驾，动用20万人马，从都城咸阳一路东南，“十一月先至云梦泽，次洞庭君山，望祭九嶷山大舜，复浮江东下”“过丹阳（今江宁区小丹阳），趋钱塘，渡浙水，上会稽祭大禹，望祭南海”，然后折返，“北归过吴（今苏州）从江乘渡并海上至琅琊”（山东琅琊郡），最后再回到咸阳，陆路、水路，骑马、乘车、坐船，足迹遍及大半个中国。其间，还博得项羽和刘邦“大丈夫当如是也”“彼可取而代之”这般感叹。完全可以断言，秦始皇东巡层级最高、规模最大、范围最广、行程最长，而乾隆南巡只沿着京杭大运河往返，最远也只到过杭州，又何以能与秦始皇东巡相比呢？

说到这里，不能不再说一下秦始皇东巡的道路和车驾。

研究公路史的专家认为，秦始皇东巡走的就是从丹徒入江乘到江乘浦这一段驰道。驰道“广五十步，三丈而树”，也就是路宽差不多有35米，每隔10米栽种一棵松树，即使按今天的标准来衡量，也称得上是高等级公路，是名符其实的“国道”了。《乾隆江南道志·舆地志》载：“摄山西北有水注江乘浦，入摄湖，即秦始皇所从渡江者。”《栖霞区志》载：“秦始皇驰道遗址位于摄山镇西湖村、朝阳村一带。”显然是在今西岗街道范围内。

丹徒至江乘，沿途大多是丘陵岗地，开凿驰道，十分不易，仅开凿京岘山（在今镇江市辖区内）一段工程的赭衣囚徒就有3000多人（这就是后来丹徒县县名的由来）。无怪乎，到了宋朝，时任江宁知府的王安石还愤愤不平，其诗云：“穆王得八骏，万事不修期。茫茫千载间，复此好远游。车轮与马迹，此地亦尝留。想当治道时，劳者尸如丘！”不过，王安石之见似有偏颇之嫌。与乾隆皇帝南巡不同，秦始皇东巡既没有到处盖行宫别院，也没有追蜂引蝶，拈花惹草，所表达的是混一宇内、巡狩藩疆、横绝六合、雄视千古之意，是为了威加海内、臣服遐迩，巩固帝国王朝，而绝不仅仅是“好远游”。

另有资料载，秦始皇东巡乘坐的是金根车和辒辌车。辒辌车车型很大，车分前后两室，三面有窗，后面有门，可坐可卧，车厢有帷。我们见到过西安秦兵马俑出土的兵车，是那样的精美绝伦，可想而知，秦始皇的辒辌车该是更加豪华无比了。遥想当年，秦始皇驰骋在宽阔的驰道上，雄视四方，威风八面，是何等的气派！何等的风光！文史专家管秋惠先生和笔者一样，对此也作了合理的猜想，他说，“作为江乘县政府所在地的官民，见到这样豪华气派的车队，其惊羡的程度一定不亚于现今国人见到加长版的‘劳斯莱斯’高级轿车时的情状，一定是万人空巷，争睹千古一帝的风采！”

至于说到游兴，秦始皇自然也当得起帝王级“驴友”的雅号。秦始皇东巡每到一地都要亲近山水，还望祭九嶷山大舜、遥祭南海和大禹。宋人《茅山记》载，当年秦始皇游历到江乘境内的句曲山（位于今茅山北），环顾四周，苍翠一片，风光无限，感叹道：“巡守之乐，莫过于江海，良为常也！”随行人员齐声喝彩，连呼“良为常！良为常！”遂改句曲山为良常山。秦始皇忘情山水的神态举止，跃然纸上。李斯也知道凑趣，还专门埋下一双白璧，并在白璧上刻下颂辞：“始皇圣德，平章江山，巡狩苍川，勒名素璧”，以资万世景仰和纪念。

□吕佐兵

纪念1927年南京龙潭战役的四块石碑

近年，关于北伐战争龙潭战役的研究又获得了一些新发现，特别是几年前在紫金山东蚂蚁腰发现的国民革命军第七军阵亡将士烈士公墓，成为龙潭会师亭以外的又一凭吊纪念地。今年是龙潭战役发生80周年，笔者作为龙潭历史文化的研究者，特以龙潭战役的有关纪念碑为题，按时间顺序记述一番。

红十字会为阵亡战士立碑

该碑近年在龙潭锥子山街39号内的龙小山（该地名为当地居民的俗称）山坡上发现，为一残碑，碑宽21厘米，碑高不详，为汉白玉石材，龙潭战役发生在民国16年（1927）8月底，而此碑立于民国16年9月，可见是在龙潭战役结束后即由红十字会率先竖碑。释文如下：“□……民国十六年九月□……□……龙潭阵亡战士□……中国红十字会镇江□……”

由于碑之落款“镇江”以下文字未见，查资料得知，红十字会镇江分会成立于民国12年（1923），而《句容县志》中未有民国期间句容红十字会的记述，可判定此碑为中国红十字会镇江分会所立。

此碑所在地的龙小山北麓，旧时是龙潭娘娘观所在地，也就是龙潭镇农历三月十五庙会的处所，这里还是民国时期龙潭镇历史文化的集中展示地。除本文记述的此碑外，这里还有清“奉宪禁挖煤采石”碑、“句容县龙潭同善社”碑、龙潭小学奠基碑、古井、民国碉堡以及娘娘观遗存的石雕、石鼓等，红十字会选择在这里竖碑纪念龙潭战役阵亡战士，是很合理的。

南京特别市为龙潭讨逆阵亡将士立碑

该碑原在南京市公园路南京体育公园内，20世纪八九十年代施工时被发现，由南京市博物馆运回收藏，碑题为《龙潭讨逆阵亡将士碑记》，碑高135厘米、宽39厘米，碑文为隶书体，立于民国17年（1928）2月，由南京特别市市长刘纪文撰文并书。

国民政府国防部铨叙部立《龙潭会师亭记》碑

该碑位于龙潭中国水泥厂厂区内、黄龙山麓龙潭会师亭纪念地，碑高400余厘米，宽82厘米，厚40余厘米，碑文有400余字，碑文书体为颜体楷书，由整块青石镌刻而成，镶嵌在厚约40厘米的钢筋混凝土上（整个碑体总厚80余厘米），加上碑座及碑冠，碑总高达10米。

该碑在“文化大革命”中被炸毁倒地，经拼接，碑文尚缺七八十字。该碑立于民国35年（1946），由时任陆军一级上将的何应钦、白崇禧撰写，撰写者名字后有“铨叙”二字，疑为当时国防部铨叙部立（当时白崇禧已任国民政府国防部部长），碑文介绍了北伐战争中龙潭战役的起因和过程。

国民党高级将领立《龙潭会师亭纪念碑铭》碑

该碑铭位于龙潭中国水泥厂黄龙山麓、龙潭战役纪念地“会师亭”西侧拱壁上，拱壁为水泥结构，圆弧形，碑铭题为《龙潭会师亭纪念碑铭》，文约四百字，记述了龙潭战役的过程及战争的意义，该碑立于民国36年（1947），根据碑文中“诸将军既弭节回戈眷怀往积爰共建龙潭会师亭并修葺阵亡烈士公墓”的记述，可知会师亭及此碑在国民党高级将领倡导下所建。

后来，该碑被凿去四十余字，这些文字是参与这次战役的国民革命军领导人的姓名，文末的撰书者为同一人，也被凿去，近得友人王方先生回忆，撰书者为戴季陶。

□管秋惠

附

龙潭战役始末

龙潭战役是孙传芳与北伐军之间进行的一场著名战役，也是北伐战争中最激烈、最具决定性的一场战役，龙潭战役奠定了南京国民政府的基业，也决定了显赫一时的五省联帅孙传芳从此一蹶不振，变成光杆司令的转折点。

1927年8月24日，在北伐军的进攻下，退守江北的军阀孙传芳，集中了11个师又5个旅的兵力，从南京至镇江的江面上渡江，先后攻占栖霞山、龙潭等地。26日，孙军与北伐军在栖霞山展开激战，北伐军一度失利，驻守南京的李宗仁、何应钦，命白崇禧率部自镇江救援。8月30日拂晓，北伐军和孙军在龙潭爆发激战，至当天下午，孙军溃退，北伐军克复龙潭。31日凌晨，孙军再次反扑，李宗仁、何应钦、白崇禧均抵达龙潭指挥，顽强阻击孙军。至当天下午，孙传芳军队三面被围，孙传芳只身逃往江北。

此役，6万余孙传芳军，战死和淹死4万余，被俘2万余，孙的主力几乎消耗殆尽，孙传芳再无力南侵。北伐军在此次战役中，也伤亡8000余人，仅仅黄埔5期学生，阵亡达500人之多，战况激烈程度，由此可见。

该文录自2017年5月11日《金陵晚报》，作者：管秋惠

"春牛首，秋栖霞" 是他最早记载下来的

"死生轻一瞬，节义重千秋。骨肉非甘弃，儿孙好自谋。故乡魂可到，绝笔泪难收，藁葬毋予恸，平生积罪尤。"这是清代诗人汤贻汾的一首绝命诗。

如今了解汤贻汾的人不是很多。他生于清乾隆四十三年（1778），字若仪，号雨生，又自号错道人，晚号粥翁，是清道光、咸丰时期重要的山水画家。

汤贻汾本是武进（今江苏常州）人，出生在忠孝世家。祖父汤大奎在担任台湾凤山知县时，因林爽文起义殉难。其父汤荀业也同时遇难，年仅33岁。那时汤贻汾仅8岁，由母亲抚养成人。18岁时他以"难荫"（清制，因先代殉职而录用其子孙）袭祖、父世职，偕母亲与弟妹到浙江上任途中第一次来到江宁（今南京）。嘉庆四年（1799）秋，汤贻汾因查勘江宁西南三十四汛的机会，又一次来到江宁，这一次他一待就是4年。可以说这4年，汤贻汾对南京的历史做了较深的研究，以至于道光十二年（1832）秋罢官后，这六朝古都成为他侨寓的首选之地。

在南京期间，汤贻汾少不了把南京胜迹游历了个遍。吟牛首山的诗作有两首，其中《偕小狂游牛首》称，"四年客白门，游胜亦几遍。今朝叩天阙，又喜了一愿。下马境即奇，仙梯落当面。梯足犹尘中，梯颠不可见。缘梯一身云，清磬下天半。到门不见人，古树守秋院。拨云得一僧，循崖悟千变。塔影潜阴房，鼓声殷幽涧。山花不知名，莫致盆盎玩。山鸟不避人，念无矰缴患。顾兹心旷遐，自觉身化幻。兹山方春喧，游屐千万乱。我游当暮秋，风景静益善。况偕素心侣，觞咏两相劝。行役虽未央，雅游宁得倦。""今朝叩天阙，又喜了一愿。"可见，牛首山在汤贻汾心目中有着很高的地位。

秋游栖霞山　　刘宁摄

值得注意的是，在汤贻汾《琴隐园诗集》卷二中对《偕小狂游牛首》一诗有这样一句附注："白下名山，以牛首栖霞为最，有'春牛首，秋栖霞'之谚。"这首诗作于嘉庆四年（1799），比清光绪十五年（1889）清人汪锡祺《栖霞山揽胜记》中"俗有'春牛首，秋栖霞'之谚"的记载早了90年，比莫友芝于同治七年（1868）所记的"秋栖霞"则早了67年。可以说，就目前的文献来看，汤贻汾是迄今为止最早、最完整提出"春牛首，秋栖霞"谚语的人。

咸丰三年（1853），太平军破城后，汤贻汾为了表示对清廷的忠诚，投水自尽。此后，他的诗文书画多有散佚，诗版也被毁。后人感叹汤贻汾忠节，多方搜集，经过10多年的不懈努力，重刊了他的《琴隐园诗集》36卷。除此之外，汤贻汾还著有《画卷析览》10卷、《琴隐园词集》4卷和《逍遥巾》存世等，堪称诗书画三绝。

《琴隐园诗集》为编年诗。汤贻汾写诗时喜欢附注，这些诗注，多者不过一二百字，少则三四字。看似平常的诗注，却为后人解开了不少历史谜团。比如《偕小狂冶亭宿栖霞般若台赠卓群上人》这首诗就为后人考证栖霞山般若台故址提供了直接证据。写于道光十九年（1839）的《寄禄儿历下》附注有"时修石头城"，这段记载可补《南京城墙志》之缺。

汤贻汾死后，谥"贞愍"。同治四年（1865），即太平天国覆亡后的第二年，其子汤禄名将其墓由童家山净界寺前的竹园迁葬至江宁县淳化镇丁家山。汤贻汾家族墓地现存。日前笔者考察时发现，墓园刚刚进行过修整，整洁简朴，庄严肃穆。

□张智峰

邑人档案

樊桂金

1950年生于栖霞区十月人民公社新合大队陈家边。1958–1964年，就读南京市甘家巷小学；1964–1970年，就读南京外国语学校；1971–1973年，在南京自来水公司北河口水厂工作；1973–1976年，就读北京外国语学院；1976–1978年，赴英国留学（同时入外交部）；1978–1983年，驻赞比亚使馆，为随员；1983–1985年，驻马耳他使馆，任三等秘书；1985–1988年，驻巴巴多斯使馆，任三等秘书；1988–1990年，在外交部非洲司工作，任二等秘书；1990–1992年，驻埃塞俄比亚使馆，任一等秘书；1992–1993年，驻牙买加使馆，任一等秘书；1993–1995年，任外交部非洲司处长；1995–1999年，驻埃塞俄比亚使馆，任参赞；1999–2001年，任外交部非洲司参赞；2001–2004年，

驻塞拉利昂大使；2004–2007年，驻乌干达大使；2008年，赴马拉维建馆；2008–2010年，驻汤加王国大使。现已退休。

樊桂金自幼家境贫寒，小学一年级开始，每天放学都要打柴、割猪草、烧饭和照看弟弟、妹妹。到三年级时，父母难以维持生计，要其辍学回家，放牛挣工分贴补家用。他跟父母大哭大闹。无奈之下，父母同意让其继续上学。他非常珍惜这个机会，更加努力。功夫不负有心人，成绩总是名列前茅，在区里获奖。小学毕业那年，学校领导推荐他考南京外国语学校。面试和笔试顺利过关，但报到时却发生令其终身难忘的"插曲"。一名老师办理报到手续时坚称："我们学校不收农村来的。"他无法忍受这般屈辱，转身要走。校长正好经过，说"是有一个栖霞区的农村孩子。"樊桂金虽被接受，但幼小心灵当时蒙上阴影，这段经历成为其日后发奋的动力。在南外学习期间，校领导和老师了解他的家境，主动为其提供助学金。学校住校伙食费每月10元，学校为其免去4.25元。即便如此，家里每月拿出5.75元也很困难。他多次提出转学以减轻家里负担，母亲坚决不同意。"文化大革命"开始后，同学们都热情投身这场史无前例的运动，他由于太穷不得不回家干活挣工分。1966至1970年间，他在铁路上当过农民工，在南京炼油厂干过粗活儿。因为不是正式"社员"，他的劳动所得全部上交生产队，队里每天给记几分工。1971年年初，南外将其分配到自来水公司。3年后，北京外国语学院到公司招生，他再次踏上求学道路。

外交生涯既有辛酸也有风险。常人看来，外交官整日西装革履，行走上层，享受高雅生活。其实，这只是表象，且并非总是如此。

1991年，东非国家埃塞俄比亚内战战况危急，使馆绝大多数人员必须撤离，樊桂金作为政治处主任必须留守。撤离人员与其挥泪道别的情景至今难忘。中国使馆靠近政府军司令部，反政府武装打进首都时，在使馆附近激战数小时，炮弹碎片四处横飞，使馆院内的树枝不时被弹片削断，弹头随处可见。活在和平年代的人们难以想象战争的恐怖。

2001年，樊桂金被派往西非国家塞拉利昂。当时，塞拉利昂经历10年内战，到处一片废墟，满目疮痍。上任时，战争尚未结束，零星枪声每晚此起彼伏。因孩子年幼，爱人留在国内照看，他当时一人赴任，再次体会与家人的离别之苦，感受战争的恐怖。塞拉利昂战火与邻国利比里亚密切相关。在联合国干预下，利比里亚总统泰勒下台，代总统仍与中国台湾地区保持所谓"外交关系"。2003年，他奉命赴利比里亚，与代总统谈判两国复交。因面临多重压力，代总统无力讨价还价，只能同中方复交。不过，为防止反政府武装上台反悔，他决定到占领区会见其领导人。此举令利比里亚政府甚感意外。他们以不能保证安全为由，不同意前往。在樊桂金坚持下，他们无奈放行。当时，两军对垒，机关枪等武器相互瞄准，中间地带仅数百米。樊桂金乘车挂旗，穿过战区，直奔反政府武装司令部，并受到欢迎。至此，在复交问题上，中方彻底放心。

樊桂金的外交生涯长达数十年，虽有惊险和辛酸悲凉，但他对选择外交并不后悔。

20世纪90年代至陈水扁下台之前，台湾当局大肆推行"银弹外交"，重金收买与中方建交国的领导人，竭力拓展其所谓"外交空间"。中国别无选择，只能针锋相对，打击台分裂势力的嚣张气焰。

1993年年初，樊桂金任驻牙买加使馆首席馆员兼政治处主任。当时，该馆兼管几个非建交国，包括巴哈马。樊桂金趁巴国大选后政府换届主动出击，飞往巴国主动接触即将上任的新总理，成为第一个与巴国官方接触的中国官员。这次游说虽未使之当即下决心与中国建交，但为两国实现关系正常化奠定基础。

2001年，樊桂金到塞拉利昂后，一直关注利比里亚局势及中利复交可能性。利比里亚在台湾地区和大陆之间摇摆，反复无常。泰勒总统下台前多次给他传话，希望谈判两国复交问题。不过，泰勒绝非可信之人，况且政权已经岌岌可危。在获国内批准后，中方开始积极接触利反对派与反政府武装。2003年，泰勒被迫下台。为中利复交带来契机。在塞拉利昂总统帮助下，樊桂金与利代总统首次接触。经请示国内，樊桂金随即飞往利比里亚，与利政府开始正式谈判。为确保中利关系不再反复，谈判期间，樊桂金主动接触利各反对派，帮助他们认清形势，不再受台湾分裂势力欺骗。

2007年年底，樊桂金奉命到马拉维建馆。马拉维与台湾当局长期保持"外交关系"，与中国政府从无接触，更谈不上了解。樊桂金去之前，双方虽签署建交公报，但两周后才正式对外宣布。台湾当局在马经营多年，影响甚广。在这两周内，变数仍然存在。樊桂金抵马后，不能亮明身份，不能公开活动。为防止意外变故，他只能与马国要员秘密接触。直至2008年1月14日，双方同时对外宣布建交，事情圆满结束。台湾地区时任驻马"大使"系陈水扁亲信和"银弹外交"干将，活动能力和拉拢手段极强。当他得知中马拟建交的消息，为时已晚。中马双方对外正式宣布建交后，樊桂金的首要任务是将其尽快赶走。经多方位努力，陈水扁的这位得力干将数日后灰溜溜离去。

樊桂金现已退休，赋闲在家，难免回忆往事，他表示若有来世，还会选择外交。　□瞿志邦

统计资料

综　　合

2016年栖霞区基本情况

表42

指　标	计量单位	数值	指　标	计量单位	数值
一、街道办事处	个	9	五、地区生产总值	亿元	927.23
居民委员会	个	85	其中：规模以上工业企业增加值	亿元	502.06
村民委员会	个	30	六、全社会固定资产投资	亿元	603.66
户籍总户数	户	161768	七、社会消费品零售总额	亿元	239.16
二、户籍总人口数	人	463942	八、实际使用外资	亿美元	5.27
其中：乡村人口	人	131434	九、进出口总额	亿美元	104.12
女性人口	人	232586	其中：出口总额	亿美元	42.6
年末常住人口	万人	69.33	十、财政总收入	亿元	192.14
出生率	‰	12.45	其中：地方财政公共预算收入	亿元	112.51
死亡率	‰	6.00	十一、财政总支出	亿元	83.98
人口自然增长率	‰	6.45	其中：地方财政公共预算支出	亿元	65.59
三、土地总面积	平方公里	395.44	十二、城市居民人均可支配收入	元	48378.5
其中：耕地	公顷	8155.15	农村居民人均可支配收入	元	22739.6
四、人口密度	人/平方千米	1753			

2016年栖霞区国民经济主要结构指标

表43　　单位：%

指标	数值	指标	数值
一、人口：1.城乡结构：城镇人口	71.67	三、国民经济产业结构：第一产业	0.82
乡村人口	28.33	第二产业	61.03
2.性别结构：男	49.87	第三产业	38.15
女	50.13	四、农业总产值结构：农业	83.48
二、就业：1.产业结构：第一产业	3.52	林业	0.84
第二产业	39.24	牧业	6.32
第三产业	57.24	渔业	6.28
2.经济类型：国有单位	10.38	农林牧渔服务业	3.08
城镇集体单位	0.49	五、工业总产值经济类型结构：国有工业	0.93
其他私营企业和个体劳动	3.52	集体工业	0.02
乡村劳动者	85.61	其他经济类型	99.05

注：人口结构按户籍人口分类

2016年栖霞区生产总值

表44　单位：亿元

指标	2016年增加值（现价）	同比增减（%）(可比价)	指标	2016年增加值（现价）	同比增减（%）(可比价)
地区生产总值	927.23	9.0	住宿业	0.23	9.7
第一产业	7.60	−0.8	餐饮业	7.16	5.6
农、林、牧、渔业	7.82	−0.8	金融业	94.65	13.0
#农、林、牧、渔服务业	0.22	1.0	房地产业	65.66	13.3
第二产业	565.87	8.1	房地产开发经营	54.19	14.3
工业	510.57	6.8	物业管理	4.21	15.9
建筑业	55.29	22.0	自有房地产经营活动	7.26	5.0
第三产业	353.76	11.0	其他服务业	130.48	10.8
批发和零售业	17.73	3.2	营利性服务业	38.50	22.0
批发业	7.38	0.0	信息传输、计算机服务和软件业	8.18	6.0
零售业	10.35	5.7	其他营利性服务业	30.32	27.3
交通运输、仓储和邮政业	37.63	8.3	非营利性服务业	91.98	6.9
住宿和餐饮业	7.39	5.7	—	—	—

人　口

2016年栖霞区人口及其变动情况

表45

指标	单位	数值	比上年增长（%）	指标	单位	数值	比上年增长（%）
年末户籍总户数	户	161768	—	出生率	‰	12.45	22.30
年末户籍总人口数	人	463942	—	全年死亡人口	人	2657	—
其中：男	人	231356	—	死亡率	‰	6	8.70
女	人	232586	—	全年自然增长人口	人	—	—
性别比	女性为100	99	—	自然增长率	‰	6.45	38.41
其中：乡村人口	人	131434	—	年末常住人口	万人	69.33	1.99
全年出生人口	人	4634	22.24	—	—	—	—

注：本表除“年末常住人口”外，其余指标均为户籍人口资料

2016年栖霞区计划生育情况

表46　　单位：人

指标	数值	比上年增长(%)
一、生育情况：1.出生人数	4634	22.24
其中：女性	2217	8.04
(1)一孩	3466	8.11
其中：女性	1675	−6.42
(2)二孩以上	1168	99.66
其中：女性	542	106.87
2.计划生育率(%)	99.78	−0.09
3.计划外出生人数	10	100.00
其中：女性	2	0.00
二、节育情况：1.年末育龄妇女	178655	−1.43
其中：已婚育龄妇女	135606	−1.91
2.只有一个孩子的妇女	104304	−4.21
三、晚婚情况：1.年末初婚女性	2176	−12.75
其中：20~22周岁	205	−6.39
23周岁以上	1966	−13.12
2.晚婚率(%)	90.35	−0.39

注：本表数据由区卫计局提供

农　　业

2016年栖霞区农业总产值、增加值情况

表47　　单位：万元

指标	总产值		增加值
	现行价	可比价	
农林牧渔业总值	134649	124965	78207
一、农业	112400	104026	66590
(一)谷物及其他作物	8871	8871	—
其中：谷物(原粮)	6862	—	—
油料作物	934	—	—
(二)蔬菜、园艺作物	99329	91295	—
其中：蔬菜	86608	—	—
花卉及其他园艺	12646	—	—
(三)水果、坚果、饮料和香料	4200	3860	—

续表47

指标	总产值		增加值
	现行价	可比价	
二、林业	1136	1092	597
三、畜牧业	8506	7883	3390
（一）大牲畜饲养	2448	2246	—
其中：奶牛	2333	—	—
（二）生猪饲养	421	383	—
（三）家禽饲养	1063	1052	—
其中：肉禽	703	—	—
蛋类	360	—	—
（四）其他畜牧业	4574	4202	—
四、渔业	8457	7923	5400
五、农、林、牧、渔服务业	4150	4041	2230

2016年栖霞区种植业生产情况

表48

指标	播种面积(亩)	折合（公顷）	每亩产量（千克）	折合（千克/公顷）	总产量(吨)
农作物种植合计	188998	12600	—	—	—
一、粮食作物合计	79240	5283	373	5590	29531
（一）夏收粮食	35850	2390	310	4654	11124
其中：小麦	35382	2359	312	4683	11047
蚕豆	468	31	165	2475	77
（二）秋收粮食	43390	2893	424	6363	18407
其中：稻谷	20461	1364	571	8569	11688
玉米	12981	865	383	5747	4971
大豆	9373	625	159	2389	1493
薯类（五折）	575	38	443	6645	255
二、油料合计	7049	470	170	2550	1198
其中：油菜籽	6874	458	163	2446	1122
三、蔬菜（含菜用瓜）	99001	6600	1305	19574	129191
四、瓜果类	1901	127	1802	27030	3425
其中：西瓜	1289	86	1973	29595	2543
甜瓜	362	24	1401	21015	507
五、其他农作物	1807	120	—	—	—
其中：青饲料	1758	117	—	—	—

2016年栖霞区林业生产情况

表49

指标	单位	数值	比上年增长（%）
年末实有林地面积	公顷	10944	0.8
当年造林面积	公顷	91	−61.4
木材采伐	立方米	840	10.5
年末实有果园面积	公顷	93.26	24.3

注：本表数据由区农业局提供

2016年栖霞区畜牧业生产情况

表50

指标	当年出栏数	年末存栏数	产量（吨）
一、大牲畜（头）	—	946	—
其中：牛（头）	—	0	—
1.乳牛（头）	—	946	—
2.水牛（头）	—	0	—
二、猪（头）	2900	2406	188
三、羊（只）	2085	1438	32
其中：山羊（只）	2085	1438	32
四、家禽（万只）	234500	155900	390
附：奶类产量	—	—	3600
其中：牛奶产量	—	—	3600
禽蛋产量	—	—	1012

注：本表数据由区农业局提供

2016年栖霞区渔业生产情况

表51

指标	数值	比上年增长（%）
一、街道办渔场（个）	5	0
二、村办渔场院（个）	19	0
三、淡水养殖面积（亩）	15255（折合1017公顷）	0.10
四、淡水产品产量（吨）	4859	0.02
1. 养殖产量（吨）	4814	0.08
其中：鱼类（吨）	4211	−0.05
虾、蟹类（吨）	532	1.14
2. 捕捞产量（吨）	45	−6.25
五、渔船拥有量（艘）	106	0
1. 机动渔船（艘）	24	0
2. 非机动渔船（艘）	82	0

注：本表数据由区农业局提供

工　业

2016年栖霞区规模以上工业主要指标情况

表52　单位:万元

指标	数值	比上年增长(%)	指标	数值	比上年增长(%)
企业单位数(个)	203	-8.14	负债总额	11113928.6	26.12
其中:亏损企业数(个)	62	3.33	主营业务收入	21126448.3	4.69
亏损企业净亏损额	127445.5	23.50	主营业务成本及费用	19199437.4	4.17
工业总产值(现价)	23920607.4	0.66	利税总额	957413.3	14.67
资产总额	20989946.9	25.98	其中：利润总额	608527.9	8.18

固定资产投资和建筑业

2016年栖霞区全社会固定资产投资情况

表53　单位:万元

指标	累计完成	比上年增长(%)	指标	累计完成	比上年增长(%)
全社会投资总额	6036600	9.63	第三产业	4483734	31.96
1. 城镇固定资产投资	2850391	-1.33	按经济类型分：国有经济	2213774	-8.35
2. 房地产开发投资	3186209	21.71	非国有经济	3822826	23.68
按产业分：第一产业	789	-79.68	其中：民间投资	3050422	13.59
第二产业	1552077	-26.26	其中：私、个经济	2383921	-0.61
其中：工业投资	1550489	-26.34	—	—	—

2016年栖霞区房地产开发企业基本情况

表54　单位:万元

指标	数　值	比上年增长(%)	指标	数　值	比上年增长(%)
一、企业单位数(个)	41	32.26	五、房屋施工面积(万平方米)	818.90	20.86
二、本年完成投资	3186209	21.71	住宅面积(万平方米)	637.00	26.62
其中：国有经济控股	1062101	20.16	六、房屋竣工面积(万平方米)	139.29	7.30
三、按工程用途分：住宅	2790285	27.05	住宅面积(万平方米)	133.49	38.02
商业用房	200061	39.47	七、商品房销售面积(万平方米)	181.38	27.50
办公用房	69902	-48.57	住宅面积(万平方米)	171.80	24.72
其他	125961	-11.42	八、商品房销售额	3530105	47.49
四、本年新增固定资产	930742	23.27	住宅销售额	3351687	45.69

商贸业

2016年栖霞区社会消费品零售总额情况

表55　单位:万元

指标	累计完成	比上年增长(%)	指标	累计完成	比上年增长(%)
社会消费品零售总额	2391584.8	10.23	其中:住宿业	23139.6	118.77
1. 批发业和零售业	2267993.3	9.01	餐饮业	100451.9	27.89
其中:批发业	354775.5	20.31	2. 限上企业	1563012.4	6.88
零售业	1913217.8	7.15	限下企业	828572.4	17.16
住宿业和餐饮业	123591.5	38.67	—	—	—

2016年栖霞区限额以上批发和零售业、住宿和餐饮业基本情况

表56

指标	法人企业(个)	营业面积(平方米)	年末从业人员(人)
总计	195	384955	12089
一. 批发和零售业	160	282463	9393
(一)批发业	91	96733	4309
内资	84	46033	3740
有限责任公司	15	13750	1125
私营企业	69	32283	2615
港澳台投资企业	4	200	114
外商投资企业	3	50500	455
(二)零售业	69	185730	5084
内资	66	173274	4088
集体	2	1298	60
有限责任公司	16	54595	1234
股份有限公司	2	10843	387
私营企业	42	105609	2154
其他内资	4	929	253
港澳台投资企业	1	2750	786
外商投资企业	2	9706	210
二. 住宿和餐饮业	35	102492	2696
(一)住宿业	8	22148	540
1. 内资	8	22148	540
国有	—	1000	108
有限责任公司	5	5848	238
私营企业	3	6300	121

续表56

指标	法人企业（个）	营业面积（平方米）	年末从业人员（人）
其他内资	—	9000	73
2. 旅游饭店	3	5800	323
一般旅馆	5	16348	217
3. 三星	1	1500	148
其他	7	20648	392
4. 独立门店	7	12148	347
连锁门店	1	—	12
5. 中型	1	3000	108
小型	7	9148	251
（二）餐饮业	27	80344	2156
1. 内资	26	75037	1818
国有	1	3000	175
有限责任公司	3	4509	277
股份有限公司	—	29628	113
私营企业	22	37900	1253
港澳台投资企业	—	57	6
与港澳台商合资经营	—	—	—
港澳台商独资		57	6
外商投资企业	1	5250	332
外资企业	1	5000	296
其他外商投资		250	36
2. 正餐服务	23	46580	1747
快餐服务	4	33557	392
饮料及冷饮服务	—	207	17
3. 独立门店	19	30250	1039
连锁总店（总部）	2	6100	283
连锁门店	2	2766	174
其他	4	11600	547
4. 中型	3	10900	688
小型	23	39000	1264
微型	1	40	8

说明：按单位规模分组的为法人企业，而汇总数中包含达到限额以上标准的个体户、产业活动单位

财　　政

2016年栖霞区财政收入情况

表57　　单位：万元

指标	数值	比上年增长（%）	指标	数值	比上年增长（%）
财政收入合计	1921427	12.24	其中：税收收入	1026795	30.05
一、上解中央收入	796363	-1.60	非税收入	98269	-13.10
二、地方财政公共预算收入	1125064	24.64	—	—	—

2016年栖霞区财政支出情况

表58　　单位：万元

指标	数值	同比增减（%）	指标	数值	同比增减（%）
总计	839832	-12.23	17. 国土资源气象等事务	3714	166.24
#一般公共预算支出	655882	6.25	18. 住房保障支出	12227	56.64
1. 一般公共服务	54413	-0.94	19. 粮油物资储备事务	0	—
2. 国防	19	-13.64	20. 其他支出	1073	-67.29
3. 公共安全	23483	17.87	21. 债务付息支出	387	—
4. 教育	114549	6.31	22. 债务发行费用支出	0	—
5. 科学技术	39649	4.97	#政府性基金预算支出	183950	-45.83
6. 文化体育与传媒	12435	56.91	1. 教育	0	—
7. 社会保障和就业	50329	7.63	2. 文化体育与传媒	220	340.00
8. 医疗卫生与计划生育	28876	14.08	3. 社会保障和就业	2	-96.77
9. 环境保护	11493	11.15	4. 城乡社区事务	174471	-48.39
10. 城乡社区事务	169182	-14.27	5. 农林水事务	0	—
11、农林水	54520	15.68	6、交通运输	351	127.92
12、交通运输	6794	-35.78	7、资源勘探信息	20	—
13、资源勘探信息	59405	119.88	8、其他支出	2332	116.73
14、商业服务业	9830	13.85	9、债务付息支出	6469	—
15、金融	399	-19.39	10、债务发行费用支出	85	-48.80
16、援助其他地区	3105	8.00			

注：本表数据由区财政局提供

教科文卫体事业

2016年栖霞区普通教育事业情况

表59

指标	学校（所）	班级（个）	学生（人）	教职工（人）		备注
					专任教师	
一、幼儿园	75	692	21376	2947	1482	
二、小学	37	815	30349	2234	2103	含十二年一贯制仙林外校小学部数据
三、初中	16	298	10734	1435	1206	含完全中学师大附校、十二年一贯制仙林外校初中部数据
四、高中	4	93	3403	657	474	含完全中学师大附校、十二年一贯制仙林外校高中部数据
五、职高(电大)	1	59	1553	212	171	
合计	133	1957	67415	7485	5436	

注：本表数据由区教育局提供

2016年栖霞区专利申请量与授权量情况

表60　单位：件

指标	数量	比上年增长（%）	指标	数量	比上年增长（%）
专利申请量	6137	21.40	专利授权量	2580	11.30
其中：发明	3229	21.16	其中：发明	820	37.82
实用新型	2498	22.63	实用新型	1509	7.63
外观设计	410	16.15	外观设计	251	−21.81

注：本表数据由区科技局提供

2016年栖霞区新增高新技术企业和产品情况

表61　单位：个

指标	数量	比上年增长（%）
高新技术企业	45	61.00
高新技术产品	76	19.00

注：本表数据由区科技局提供

2016年栖霞区文化事业情况

表62

指标	数值	比上年增长（%）
一、图书馆：藏书（册）	233306	47.45
书架单层总长（米）	2657	0.00

续表62

指标	数值	比上年增长(%)
发放借书证(本)	4749	119.15
书刊外借(册次)	82867	246.91
新购图书(册)	75075	17.44
二、文化馆：举办展览数(个)	24	242.86
组织文艺活动(次)	106	1.92
举办训练班(班次)	14	100.00
街、镇文化站(个)	9	0.00
群众业余演出团队(个)	72	0.00
三、文物管理：文物保护单位(个)	111	81.97
四、电影放映(场)	497	13.99
五、广播电视：街、镇电视站(个)	0	—
有线电视光缆主干线(公里)	3521	−6.48
光缆联网街镇(个)	9	0.00
有线电视用户终端(户)	281274	42.06
宽带网用户(户)	20762	38.41

注：本表数据由区文化旅游局提供

2016年栖霞区卫生事业情况

表63

指标	医疗机构(个)	实有床位(张)	工作人员(人)	卫生技术人员	执业(助理)医师
总计	184	2344	4689	3859	1508
一、医院	16	1827	3114	2554	903
其中：综合医院	13	868	1608	1334	458
中西医结合医院	1	809	1337	1110	412
专科医院	1	100	120	92	29
护理院	1	50	49	18	4
二、社区卫生服务中心(站)	47	255	574	462	198
三、门诊部(所)(不含诊所、卫生所、医务室)	116	0	424	354	212
四、疾病预防控制中心(防疫站)	1	0	36	32	21
五、专科疾病防治院(所、站)	1	60	61	53	28
六、妇幼保健院(所、站)	2	202	462	388	146
七、卫生监督所(局)	1	0	18	16	0

注：本表数据由区卫生局提供

2016年栖霞区体育事业情况

表64

指标	单位	数值	比上年增长%
体育系统职工	人	11	10.00
其中：教练员	人	6	-14.29
青少年业余体校	所	1	0.00
专职教练员	人	5	0.00
运动员	人	408	23.64
其中：田径运动员	人	78	4.00
跆拳道散打运动员	人	120	4.35
柔道运动员	人	70	7.69
射击运动员	人	40	14.29
击剑运动员	人	100	150.00
举行各类体育竞赛	次	27	3.85
参加全国、省、市体育竞赛	次	45	9.76
其中：获金牌	枚	77	71.11
获银牌	枚	50	100.00
获铜牌	枚	40	166.67
向省、市输送体育人才	人	60	500.00

注：本表数据由区体育局提供

人民生活

2016年栖霞区城镇居民家庭抽样调查现金收支情况

表65　　单位：元/人

指标	数值	比上年增长（%）	指标	数值	比上年增长（%）
一、可支配收入	48378.5	8.44	（二）衣着	2036	6.88
（一）工资性收入	29122.1	8.80	（三）居住	7511	6.57
（二）经营性收入	4393.4	9.51	（四）生活用品及服务	1849	6.33
（三）财产性收入	5165	8.53	（五）交通通信	4618	7.15
（四）转移性收入	9698	6.88	（六）教育文化娱乐	6817.6	8.18
二、消费支出	34986.6	6.87	（七）医疗保健	2786	5.81
（一）食品烟酒	8024	6.56	（八）其他用品和服务	1345	5.91

2016年栖霞区城镇居民家庭抽样调查住房情况

表66　　单位：元/人

指标	数值	比上年增长（%）	指标	数值	比上年增长（%）
一、现住房情况			6.拆迁安置房	33.8	-1.6
（一）人均住房建筑面积（平方米/人）	30.1	-3.8	7.继承或获赠住房	—	—

续表66

指标	数值	比上年增长(%)	指标	数值	比上年增长(%)
(二)按居住空间样式分的户数比重(%)	100	—	8.其他	—	—
1.单栋楼房	16.3	-0.2	二、生活设施状况	—	—
2.单栋平房	3.5	0	(一)住房卫生设备使用情况(%)	100	—
3.单元房	80.2	0.2	1.使用水冲式厕所的户数	98.9	0.1
4.其他	—	—	2.使用旱厕的户数	1.1	-0.1
(三)按主要建筑材料分的户数比重(%)	100	—	3.无厕所的户数	—	—
1.钢筋混凝土	74.4	0.3	(二)取暖设备使用情况(%)	100	—
2.砖混材料	25.6	0.9	1.使用空调的户数	100	0
3.其他	0	-1.2	2.使用其他暖设备的户数	—	—
(四)按房屋来源分的户数比重(%)	100		(三)炊事使用的主要能源(%)	100	—
1.租赁住房	8.1	-0.1	使用天然气、煤气、液化气	100	0
2.自建住房	9.3	-0.1	(四)饮用水来源情况(%)	100	—
3.购买商品房	37.2	3.1	饮用自来水的户数	100	0
4.购买房改住房	11.6	-1.3	(五)住宅外道路路面状况(%)	100	—
5.购买保障性住房	—	—	水泥或柏油路面的户数	100	0

2016年栖霞区农村居民家庭抽样调查人均收入情况

表67　　单位：元/人

指标	数值	比上年增长(%)	指标	数值	比上年增长(%)
一、全年可支配收入	22739.6	9.00	1.第一产业经营净收入	2717	10.18
(一)工资性收入	15946.6	8.92	2.第二产业经营净收入	0	—
1.工资	14744	9.02	3.第三产业经营净收入	881	8.36
2.实物福利	28	6.59	(三)财产净收入	2181	9.21
3.其他	1175	7.80	(四)转移净收入	1014	7.21
(二)经营净收入	3598	9.73	—	—	—

2016年栖霞区农村家庭抽样调查人均消费支出情况

表68　　单位：元/人

指标	数值	比上年增长(%)	指标	数值	比上年增长(%)
消费支出总计	19732	12.10	6.教育文化娱乐	3860	13.97
1.食品消费	6364	11.52	其中：教育	2331	13.38
2.衣着	921	11.50	7.医疗保健	554	11.24
3.居住	2971	11.96	其中：医疗服务	370	11.11
4.生活用品及服务	777.8	10.77	8.其他用品和服务	500	11.61
5.交通通信	3784.2	11.93	—	—	—

附　　表

2016年南京市各区主要经济指标对比情况

表69

各区名称	地区生产总值		地方财政公共预算收入		规模以上工业企业总产值		全社会固定资产投资		社会消费品零售总额		利用外资		农村居民人均可支配收入		城市居民人均可支配收入	
	累计完成（亿元）	比上年增长%	累计完成（亿元）	比上年增长%	累计完成（亿元）	比上年增长%	累计完成（亿元）	比上年增长%	累计完成（亿元）	比上年增长%	累计完成（亿美元）	比上年增长%	人均累计实现（元）	上年比增长%	人均累计实现（元）	比上年增长%
玄武	590.20	9.1	48.91	7.8	36.36	−6.1	133.93	14.4	475.17	10.3	2.26	18.0	—	—	55641	8.5
秦淮	690.22	9.2	70.14	8.3	159.24	−8.4	226.19	10.2	925.67	10.1	0.90	−25.1	—	—	50871	8.5
建邺	325.47	9.0	70.78	20.8	4.16	6.7	323.86	9.2	198.58	11.0	2.70	5.7	—	—	48776	8.4
鼓楼	1123.03	9.0	94.12	8.7	117.84	−7.4	251.43	−9.2	884.84	10.3	2.80	−24.4	—	—	54791	8.4
浦口	820.34	10.6	109.62	17.0	1498.38	4.4	1070.04	15.0	302.25	12.3	4.92	85.8	21521	9.1	47374	8.4
栖霞	927.23	9.0	112.51	24.6	2392.06	0.7	603.66	9.6	239.16	10.2	5.27	−7.2	22740	9.0	48379	8.4
雨花台	444.69	8.6	69.72	13.8	114.35	−3.1	242.00	−7.1	366.62	10.0	2.79	62.9	22461	8.1	48289	8.6
江宁	1680.52	9.5	210.25	9.7	3002.72	1.8	915.37	1.1	469.43	11.6	7.88	11.8	21699	8.5	48526	8.5
六合	804.54	8.0	98.57	18.9	1463.26	0.3	485.86	−21.6	381.48	10.1	3.74	80.4	20623	8.5	46147	8.3
溧水	624.96	9.3	51.28	10.5	1080.87	6.8	552.33	9.2	193.53	10.7	1.92	5.6	20650	8.5	44082	8.3
高淳	573.73	8.0	25.45	1.9	932.16	7.0	463.75	9.0	187.70	10.0	1.05	−13.3	21093	8.3	45054	8.3

索引

说　明

1.本索引采用分析索引方法，按索引词首字汉语拼音音序排列，首字音序相同，按第二字音序排列，依此类推。

2.凡编目、类目、分目、副分目标题和人名作索引词的均用黑体字标明。

3.索引词后标的阿拉伯数字表示内容所在页码；数字后的拉丁字母a、b、c分别表示左、中、右栏；索引词后括注“图”、“表”字样的为图或表。

4.索引词后第二个及其后的页码表示“参见”内容的所在位置，缩后两格排印的索引词为相关主索引词的“附见”内容。

5.“专文”“重要文献”“大事记”和“综录”等编目的部分内容未作索引。

D

F

J

R

S

T

W

《栖霞山赋》碑亭

（『魅力栖霞』系列之十一）

《栖霞山赋》由南京金陵刻经处刊印

栖霞山雄峙扬子江左，是一座享誉海内外的文化名山，曾被清乾隆皇帝盛赞为“第一金陵明秀山”；“一座栖霞山，半部金陵史”，更在史学界成为定论，且成为时下的一个流行热词。

2012年，栖霞区决定延请南京大学文学院教授、中国辞赋学会会长许结撰写《栖霞山赋》，中国书法家协会顾问言恭达书写赋文，江苏省书法院院长、江苏省书法家协会副主席李啸作记，中国碑刻非物质文化传承人戈春男刻石，历时四年始告完成，并建亭立碑。

2016年3月26日，在栖霞古寺举行《栖霞山赋》揭碑仪式，遂使栖霞山又增添了一处新地标。

栖霞山远眺图及清乾隆《游栖霞山》诗手迹

区声像中心供稿

《栖霞山赋》碑亭于 2016 年 3 月 26 日建成，坐落于栖霞山千佛岩东侧

2016 年 3 月 26 日,《栖霞山赋》碑亭揭碑仪式在南京栖霞古寺举行

栖霞山赋

维兹灵岳，峿嵘阴阳，形如伞盖，义取摄养；柢艮出震，郡望显彰，占牛女之分野，乃齐梁之旧乡。六代物华，荷天衢以拓宇；一山明秀，恢地紘而张皇。钟阜邻比，见龙蟠之逶迤；石城遥屹，若虎踞之昂扬。俯视江流，如环如抱，星罗百舸，棋布洲屿，犹闻千年之古调；回观群翠，若东若西，龙王神庙，象山偎依，玄览须臾之奇章。三峰雄峙，万象开新，诚堪舆之佳丽，文明之青箱。

粤稽悬岩青翳，神明攸居，挟太虚兮为侣，携岭云兮可怡。禹王治水，九派分流，天书古雅，名士称奇。忆昔始皇临江，惊畏金陵王气；梁武耽释，捐情千佛夙期。隋帝修文，诏兴舍利古塔；乾隆驻跸，欣题初遇情诗。慷慨之士，桓元子喟叹树犹如此，定蜀攻秦，官拜司马；忠烈之人，李香君皈依桃花涧边，参禅觉慧，义感聘之。登高崇以献诗，太白、东坡之游屐；临渊泉而作画，奇峰、悲鸿之论辞。片云断壁，万籁疏钟，刘长卿吟哦之地；布帆秣陵，秋山收眼，林则徐羁旅之思。明生张怡，赋写山居闲趣；青峰剑石，影映岩壁神姿。懿兮明征君碑，唐皇御笔，玉阙昆仑，天竺鼎彝。

嗟乎！四大丛林，三论宗学，蜂房燕垒，雕像镌刻。伽蓝圣教，培育法师之摇篮；故域名山，高扬金陵之佛国。僧绍隐处，栖霞由是而彰名；仲璋秉持，寿佛因之而润色。鉴真东渡，宏愿寄发于梵天；宗仰矢志，古刹振兴于盛德。星云依止此间，佛光彰显海域。崇教帝王，风流名士，弘法上人，栖心仙隐，百代传承，功勋是勒。然则历兵燹，渡劫难，精华久掩，宝藏是匿。欣乎拨云见日，释智重光，玉冠耸翠，彩虹镜明。观夫大雄宝殿，巍然耸跱：殿前则牌楼山门，钟鼓经幢，途通古镇街衢，遥眺丽日飞甍。殿中则三宝三圣，接引飞天，瞻千年佛顶，遥思报恩旧寺；赞感应舍利，近聆玉堂磬声。殿后则飞来之石，纱帽之峰，明月之台，畅观之亭，游心乎今古，泉涧兮争鸣。玉佛殿前，香客祇敬于曾宇；枫林湖畔，市民闲逸于轩楹。

江乘故里，新城胜迹，众泉迸玉，吐珠巩于翠谷；群岚掩杳，垂蝃蝀于瑶天。东峰有龙起之势，太虚憩心，小营暂驻，忆饮马池边，品新茗庄前。西峰呈虎啸之威，叠浪岩高，纵想凌云之意；桃花湖阔，静思待月之禅。最是中峰奇崛，如凤翔于层巅。嶄峣以挺其阜，穹窿而藏其秀，临天开而鸟瞰，似卧云以流连。或如孤峰迸笋，或如眉横螺青，或如云枕星离，或如攒崿启莲。噫嘻美哉！四季之风光，因时序而迁变；一方之丽色，缘秋景而远传。万壑枫红，霜醉丹霞神韵；九乡水绕，欢迓南北群贤。

于是地志开辟，宏图再展。一核居要，凝聚创意智心；两带十区，抒写佛缘美善。五大空间，民国印象重现；六朝石刻，江左风流丕显。嘉执事之勤黾，献新文之丽典。赞曰：金陵锦秀，六代名蓝。怡红拾翠，春水秋岚。三峰并起，佛国东南。摄生养性，精气神涵。抽思作颂，贻世美谈。

许结　二〇一四年七月

栖霞山赋碑记

栖霞山名，声闻遐迩；栖霞文化，流誉千年。远望山形，犹如凌霄伞盖，或称“伞山”；近察山间，百草涵蕴于中，摄生养性，复谓“摄山”。至于秋景奇丽，漫山枫红，万壑凝霞，乃有“栖霞”之名。论其形胜，南邻绵延之钟山，北临浩瀚之长江，龙虎凤翔，三峰耸峙，是谓“第一金陵明秀山”，亦有“一座栖霞山，半部金陵史”之说。

名山胜迹，有赖自然风光，所谓“造化钟神秀”，然更重在人文景象。考栖霞之名，据《南齐书·高逸传》记载，明僧绍归隐于此，捐建“栖霞精舍”，即栖霞寺前身，摄山于是更名栖霞山。此后大德高僧，多栖居于此，开窟造像，诵经讲法，栖霞山寺，又成“佛国”，自六朝以来千有余年，经历代废兴，而今盛况，远迈前古，佛教名都，由是彰显。

二零一四年二月，中共南京市委、市人民政府出台了加强栖霞山文化休闲旅游度假区建设发展之意见，管理运行机制因之理顺。以佛教文化为脉络，以栖霞山风景名胜区为核心，整体推进基础设施建设规划，得以实施。以文化资源保护与利用为主导，发展文化产业体系，提升自然生态质量，构建以礼佛、养生、创意、赏景为特色之文化休闲旅游度假区和文化创意产业集聚区，已然成为发展栖霞之举措，振兴栖霞之目标。

国运昌隆，人民福祉，为时代而讴歌，因盛世而作赋。“赋者，铺也，铺采摛文，体物写志”。赋可“体国经野”，可“随物赋形”，可“宣上德”“抒上情”。所谓“物以赋显，事以颂宣，匪赋匪颂，将何述焉”。赋之为体，能彰显时代之精神，栖霞盛况，亦非赋何以叙其事，状其景、抒其情，而骋其势。缘此，中共栖霞区委、区人民政府邀请南京大学文学院教授、中国辞赋学会会长许结先生撰写《栖霞山赋》，集思广益，数易其稿而后成；并请中国书法家协会副主席言恭达先生书写赋文，影印刻碑。

《栖霞山赋》历叙地理人文，物态景观，以精练语言，凝括栖霞人文；以优美文字，浓缩栖霞精华；赋笔纵横恢宏，赋体雅韵天成。赋文书法，锦上添花，珠联璧合，相映生辉。赋碑刻成，诚为栖霞山人文新景，序意明旨，以助观瞻。

南京市栖霞区人民政府立

二〇一四年十二月　李啸谨书

注：自右向左竖读，余类推。赋文书法局部。

鍾阜櫛比見龍蟠出
逶迤石城逶屹若虎
踞之昂揚俯視江流
田觀群翠三峰雄峙
萬象開新識堪輿之
佳麗文明出青箱
粤稽題嶮青翳禕明

攸居扶太虛于為侶
攜頻靈兮更怡億昔
禹王治水九派分流
天書古雅名士稱奇
始皇臨江驚畏金陵
王氣梁武崇釋捐情
千佛同期隋文隋心

利近聆玉堂磬聲殿
後則飛來之石紗帽
山峯明月山臺暢觀
之亭遊心乎今古泉
澗兮争鳴王佛殿前
緇素祇敬於層宇楓
林湖畔士女間逸於

軒檻江乘故里新
城勝迹衆泉迸玉吐
珠瓔於翠谷群嵐掩
杳靄蟠蝀於瑤天東
峯有龍起之勢参虛
憩心小嘗暫駐憶歸
馬沱邊品新茗莊前

瞰似臥雲以深運或
如孤峰迸筍或如眉
橫螺青或如圖構星
離或如攢崿啟蓮嗄
嘻笑哉四季之風光
因昔序而遷變一方
之麗色緣識景而遠

傳萬數楓紅霜醉月
霞祀韻九鄉水繞歡
逗南北群賢 於是
地志開闢宏圖再展
千載芬芳山間氣象
崢嶸六朝石刻江左
風流本顯嘉執事之

勒罨獻新文出麗典贊曰金陵錦秀六代名藍怡紅拾翠菩水顯嵐三峰聳起佛國東南攝生養性精氣神涵抽思作頌貽世美譚

南京市棲霞區人民政府立

甲午顯月許結撰文海寧言恭達謹書